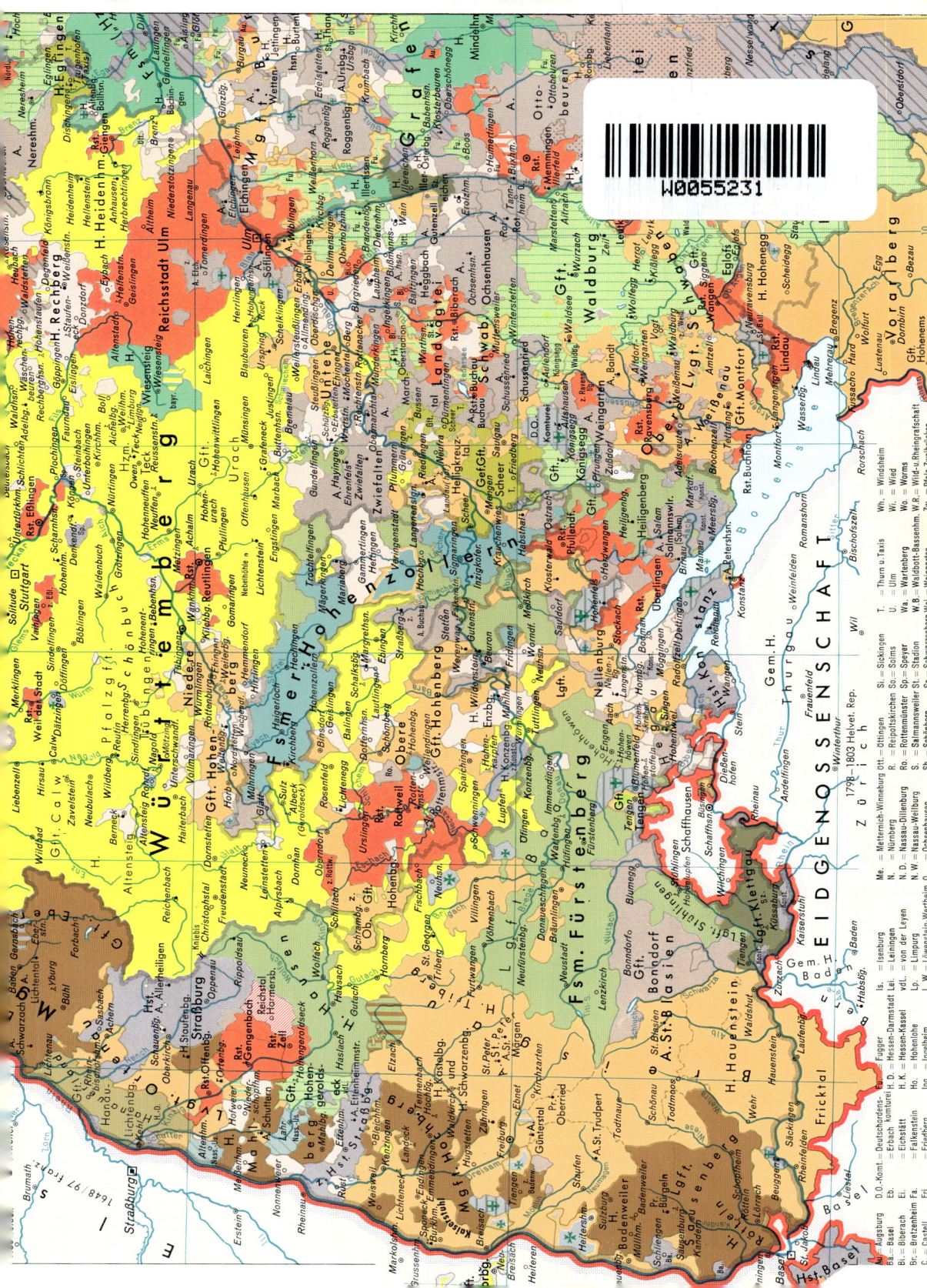

Karl Weller und Arnold Weller

Württembergische Geschichte im südwestdeutschen Raum

Württembergische Geschichte im südwestdeutschen Raum

von Karl Weller
und Arnold Weller

8. Auflage
Mit 16 Karten und 125 Abbildungen

Konrad Theiss Verlag Stuttgart und Aalen

© Konrad Theiss Verlag Stuttgart und Aalen, 1975
ISBN 3 8062 0141 2
Alle Rechte vorbehalten
Schutzumschlag: Ottmar Frick
Gesamtherstellung: Grafische Betriebe Süddeutscher Zeitungsdienst, Aalen
Printed in Germany

Vorwort

1971 erschien die „Württembergische Geschichte im südwestdeutschen Raum" mit völlig neugestaltetem Text und mit zahlreichen Bildern und Karten. Die nach kurzer Zeit nun vorgelegte 7. Auflage ist gründlich durchgesehen und an zahlreichen Stellen ergänzt. Die Abschnitte XXIII „Das Land Baden-Württemberg" und XXIV „Baden-Württemberg und der Bund" wurden erheblich erweitert und bis zur Regierungsbildung nach der Landtagswahl vom 23. April 1972 fortgeführt. Wie ich im Vorwort zur 6. Auflage feststellte, hat sich der Blickpunkt gewandelt, von dem aus die Geschichte des Landes zu betrachten ist. Eine Darstellung der Landesgeschichte kann sich heute, zwei Jahrzehnte nach der Schaffung des Landes Baden-Württemberg, nicht darauf beschränken, die Entwicklung der Gebiete zu schildern, die zu Beginn des 19. Jahrhunderts zum Königreich Württemberg zusammengefügt wurden. Sie muß auch die nichtwürttembergischen Bereiche des neuen Bundeslandes soweit berücksichtigen, daß der Leser ein Gesamtbild der geschichtlichen Entwicklung im südwestdeutschen Raum erhält. Das Buch bringt daher nicht nur die Geschichte des württembergischen Staatswesens, sondern auch diejenige der anderen bedeutsamen Territorien, die diesen Raum prägten. Dazu gehören außer Baden, der Kurpfalz und Hohenzollern die früher selbständigen Gebiete im späteren Württemberg, vor allem Hohenlohe, Vorderösterreich, die Reichsstädte und die geistlichen Gebiete, die bis ins 19. Jahrhundert die bunte Karte des deutschen Südwestens mitgestaltet haben. Das Bundesland Baden-Württemberg hat sich inzwischen im Rahmen der Bundesrepublik Deutschland eine bedeutsame politische und wirtschaftliche Stellung geschaffen. Diese Entwicklung ist nur zu verstehen, wenn man sowohl die lange gemeinsame Geschichte des südwestdeutschen Raumes wie die seiner Teile seit dem Aufhören des Herzogtums Schwaben am Ende der Stauferzeit kennt, die sich 1952 in einer völlig gewandelten Welt wieder zu einem Land zusammenfanden. Der Weg zum Südweststaat und die Geschichte des Landes Baden-Württemberg bis 1972 werden eingehend und erstmals in dieser geschlossenen Weise dargelegt. Das Buch ist damit ein zuverlässiger Führer durch das politische, geistige, wirtschaftliche und soziale Geschehen bis zur jüngsten Gegenwart und macht auch die gesellschaftspolitischen Aspekte deutlich, die für die Zukunft des Landes wesentlich sind. Auch heute soll es auf der Grundlage echter Wissenschaftlichkeit eine allgemein verständliche Darstellung der Entwicklung des Landes bieten. In diesem Sinne habe ich das Werk meines 1943 verstorbenen Vaters zunächst 1957 in vierter, 1963 in fünfter und 1971 in sechster Auflage gründlich überarbeitet und jeweils bis zur Gegenwart fortgeführt. Es soll nun in neuer Fassung dazu beitragen, die Kenntnis der Geschichte des Landes und seiner Teile zu verbreitern und zu vertiefen.

Für manchen Rat bin ich Dank schuldig. Ich darf ihn besonders Herrn Ministerialdirektor a. D. Johannes Duntze in Freiburg für Hinweise zur neueren Geschichte Badens, Herrn Professor Dr. Hermann Haas, Vizepräsident a. D. des Statistischen Landesamts Baden-Württemberg in Stuttgart für wirtschaftliche und Herrn Ministerialrat Dr. Peter Dallinger in Bonn für solche zur Verwaltungs- und Bildungsreform sagen. Zahlreiche kundige Hinweise habe ich Herrn Gerhard Ihme zu verdanken. Die Karten und Bilder haben Herr Verlagsleiter Hans Schleuning und Herr Werner Jaeckh, Stuttgart, ausgewählt, der auch das Register mit Sachkenntnis fertigte.

Bonn-Bad Godesberg, im Herbst 1975   Arnold Weller

Inhalt

I. Vorgeschichte

Die Zeitabschnitte, die wir als vorgeschichtliche und geschichtliche bezeichnen, sind nur eine kurze Spanne im Vergleich zu den Zeiträumen der Erdgeschichte, an die sie sich anschließen. Die letzte geologische Umwandlung unseres Raumes, das *Diluvium*, umfaßt in etwa einer Million Jahren mehrere Eiszeiten und wärmere Perioden. In den Eiszeiten schoben sich aus den Alpen gewaltige Eismassen bis zur oberen Donau ebenso wie vom Norden in die norddeutsche Tiefebene. In unserem Raum drang der Rheintalgletscher zeitweise bis zur Donau zwischen Sigmaringen und Riedlingen vor; der letzte Stoß reichte bis in die Gegend von Schussenried.

Nach den Gletscherablagerungen (Moränen) unterscheidet man vier, von wärmeren Epochen unterbrochene *Eiszeiten*, die nach den Donauzuflüssen Günz, Mindel, Riß und Würm genannt werden. Die Wissenschaft geht davon aus, daß in diesem gewaltigen Zeitraum, der etwa 600 000 Jahre zurückgeht, Voraussetzungen für die Entwicklung des Menschen, zunächst in Vorformen des homo sapiens, gegeben waren. Alles Leben drängte sich, als die Eiszeit zu Ende ging, auf einem etwa 400 km breiten, eisfreien, mit Tundra bedeckten Landstrich zusammen, der sich vom heutigen Frankreich bis ins Donautiefland erstreckte. Sein Klima dürfte dem des nördlichen Rußland an der Eismeerküste entsprochen haben. In den warm-feuchten Zwischenzeiten war das Land mit Urwald bedeckt. Lebten in den Warmzeiten Elefant, Nashorn, Wisent, Bär und Hirsch, so hausten in den Kältezeiten Nashorn, Rentier und Eisfuchs. Aus der Riß- und Würmeiszeit und den wärmeren Perioden zwischen und nach ihnen stammen die ersten Spuren des Menschen.

Funde aus der Vorzeit sind am Neckar, auf der Schwäbischen Alb, an der oberen Donau, am Bodensee und am Oberrhein zahlreich und bieten ein wechselvolles Bild aufeinanderfolgender Epochen, die man heute nach dem Material der Werkzeuge in die lange Steinzeit und die viel kürzere Metallzeit, je mit mehreren Unterabschnitten einteilt. Diese „Kulturgruppen" der Vorzeit haben sich meist noch nicht an bekannte Volksgruppen anschließen lassen; sie gehören der *Vor-*

geschichte an. Von Frühgeschichte kann man erst sprechen, wenn Völker mit einiger Wahrscheinlichkeit bestimmt werden können.

Die ältesten Zeugnisse frühmenschlichen Lebens sind in Europa der etwa 530 000 Jahre alte Unterkiefer eines Urmenschen, der 1907 im Schotter einer verlassenen Neckarschleife bei Mauer in der Nähe von Heidelberg entdeckt wurde (Homo Heidelbergensis), und der 1933 in einer Sandgrube an der Murr gefundene, etwa 200 000 Jahre alte Schädel eines Vorzeitmenschen, des Homo Steinheimensis, der wohl einer der letzten Zwischeneiszeiten angehört. Die beiden bedeutsamen Funde sind also in Baden-Württemberg gemacht worden. Der 1856 im Neandertal bei Düsseldorf gefundene Schädel ist etwa 50 000 Jahre jünger.

Mit dem Auftreten des Menschen beginnt die *Steinzeit*, die man in die *Altsteinzeit* von etwa 600 000 bis zum Ende der Würmeiszeit etwa um 8000 v. Chr., die *Mittelsteinzeit* von etwa 8000 bis 4000 v. Chr. und die *Jungsteinzeit* von 4000 bis 2000 v. Chr. einteilt.

In der *Altsteinzeit* (Paläolithikum) lebten nur einzelne Sippen und Horden zusammen. Für die weit überwiegende Zeit von etwa 600 000 bis 80 000 v. Chr., die ältere Altsteinzeit, kann nach den Bodenfunden keine andere Wirtschaftsform als die des Jägers und Sammlers in Betracht kommen. Sein Verhalten ist von dem der Tiere bestimmt, denen er nachstellt. Er jagt Wildpferd und Bison, Mammut und Rentier, Panther und Höhlenbär. Die Jagd auf Großwild setzt schon gewisse gesellschaftliche Zusammenschlüsse voraus. Soweit der Mensch der Steinzeit nicht im Freien haust, benützt er Höhlen oder durch überhängende Felsen gebildete Halbhöhlen als Unterschlupf. Das Leben spielte sich um das Herdfeuer vor diesen Wohnplätzen ab. Werkzeuge waren vor allem der aus einem größeren Feuerstein geschlagene Faustkeil, dann Feuersteinklingen und Knochengeräte. Sie sind in der jüngeren Altsteinzeit schon erheblich spezialisiert. Die Kleidung scheint der Fellkleidung polarer Jägerstämme ähnlich gewesen zu sein. Zur Jagd wurden Pfeil und Bogen, Speer, auch Fallgruben, zum Fischen Harpunen gebraucht.

Über 40 bewohnte Höhlen und Felsnischen und über 15 Lagerplätze im Freiland, die naturgemäß nur selten festgestellt werden können, aus der Altsteinzeit sind in Württemberg bekannt. Bedeutsam sind besonders die Höhlen am Sirgenstein, der Hohle Fels und die Zwickerhöhle im Aachtal bei Schelklingen, Brillenhöhle und Große Grotte bei Blaubeuren, der Rosenstein bei Heubach. Mehrere Höhlen liegen im unteren Lonetal, so die Bocksteinhöhle mit Bocksteinschmiede, Hohlenstein, die Heidenschmiede unter dem Schloß Hellenstein. In der Vogelherdhöhle bei Stetten nordwestlich von Niederstotzingen fand man elfenbeingeschnitzte Figürchen von Jagdtieren, die wohl als Zaubermittel (Amulette) dienten; sie sind etwa 35 000 bis 50 000 Jahre alt und die frühesten und besten Kunstwerke der Altsteinzeit in Deutschland. Ein eigenartiges Frauenfigürchen wurde in der Brillenhöhle, weitere am Petersfelsen bei Engen geborgen. An der Endmoräne des Rheintalgletschers bei Schussenried hatten Rentierjäger einen Standort. Andere Jägerlager fanden sich z. B. in Niedernau, Kreis Tübingen, im Raum von Stuttgart bei Untertürkheim und auf dem Birkenkopf sowie bei Heilbronn-Böckingen.

Die Übergangszeit zwischen Altsteinzeit und Jungsteinzeit, etwa von 8000 bis 4000 v. Chr. wird als *Mittelsteinzeit* (Mesolithikum) bezeichnet. Das Klima wird wärmer. Die Gletscher weichen zurück. Der Wald breitet sich aus. Reh, Wildschwein und Haselhuhn tauchen auf. Der Mensch bleibt zunächst weiterhin Jäger und Sammler. Überreste aus dieser Zeit sind selten. Funde wurden im Neckarland, in den schwäbisch-fränkischen Waldbergen, auf der Alb, im Ries, um den Federsee, am westlichen Bodensee, im Oberrheintal und sogar auf den Schwarzwaldhöhen gemacht. Vor der Ofnethöhle bei Utzmemmingen (Kreis Aalen) fand man zwei sorgfältige Schädelbestattungen, eine mit sechs und eine mit 27 Menschenschädeln. Ob es sich dabei um kultische Kopfbestattungen oder um ein, dann allerdings auffallend vereinzeltes, Zeugnis des Kannibalismus handelt, ist nicht geklärt.

Gegen Ende der mittleren Steinzeit beginnt eine Trockenperiode. Der Urwald lichtet sich. Weite Strecken, insbesondere die Löß- und Lehmgebiete des Unterlandes und die wasserarme Alb, werden waldfrei und erhalten Steppencharakter. Auch der Mensch dieser Zeit ist noch Nomade. Braunbär, Hirsch, Reh und Wildschwein werden gejagt. Kleinere Feuersteingeräte (Mikrolithen), die wohl meist an Pfeilen und Fischharpunen eingesetzt waren, sind typisch.

Von der *Jungsteinzeit* an, etwa von 4000 bis 2000 v. Chr., herrscht in Mitteleuropa gemäßigtes Klima. Mit der Einwanderung stärkerer Bevölkerungsgruppen, die sowohl aus Vorderasien über den Donauraum wie aus Nordafrika über Westeuropa kamen, tauchen seit Beginn des dritten Jahrtausends Ackerbauern in Mitteleuropa auf. Sie besetzten die offenen Landschaften, vor allem solche mit dem leicht zu bebauenden Lößboden. Der Übergang vom Nomadentum zu Ackerbau und Besiedlung bedeutet den Beginn fester Besiedlung. Guten Einblick in das Leben dieser nach dem Schmuck ihrer Gefäße genannten *Bandkeramiker* gibt ein am Viesenhauser Hof bei Stuttgart-Mühlhausen ausgegrabenes Dorf. Als Behausung dienten Hütten und Pfostenhäuser aus Holz. Rind, Schwein, Schaf, Ziege und Hund sind Haustiere. Weizen, Gerste und Hirse, Bohnen, Erbsen, Linsen und Möhren werden angepflanzt. Man fertigt Geräte aus Stein, Hirschhorn und Holz und stellt Gefäße aus gebranntem Ton her, deren Form und

Schmuck die Unterscheidung verschiedener Kulturgruppen ermöglicht. Werkzeug und Waffen werden nun aus hartem Stein geschliffen und poliert. Pflugschar, Hacke, Fischnetz und Holzboot sind bekannt. Stoffe werden aus Flachs und Wolle hergestellt. Fliehburgen sprechen für über die Dorfgemeinschaft hinausgehende Zusammenschlüsse.

Klimaschwankungen, Hungersnöte und der Druck neu auftauchender Gruppen verursachen weitere Völkerbewegungen: aus Westeuropa, vor allem wohl aus dem Rhonetal, wandern Angehörige eines westlichen Kulturkreises, die *Glockenbecherleute*, genannt nach der Form ihrer Tongefäße, ein. Zahlreiche jungsteinzeitliche Siedlungen lagen an trockenen Ufern oberschwäbischer und Schweizer Seen, so am Bodensee bei Sipplingen und Unteruhldingen, im Federseegebiet unter anderem bei Aichbühl und Riedschachen. Die bei einem Klimaumschwung überschwemmten Reste der Hütten wurden, als sie im 19. Jahrhundert entdeckt waren, fälschlich für Pfahlbauten, in den See nahe des Ufers auf Pfähle gestellte Hütten, gehalten.

Aus dem fruchtbaren Kornland an der mittleren Donau kam, wohl von stärkeren Kräften verdrängt, eine dritte Gruppe, die sogenannten *Schnurkeramiker*, auch Streitaxtleute genannt. Ursprünglich ein Steppenvolk, suchten sie sich die besten Weideplätze und Ackerböden. Solche Siedlungen, die noch der Jungsteinzeit angehören, sind im oberen Neckarland, im Schwarzwaldvorland, im Unterland, in der Hohenloher Ebene und im Ries festgestellt worden. Alb und Keuperberge blieben damals unbesiedelt. Bei Großgartach (westlich Heilbronn) fand man beiderseits der Talsohle der Lein in einer Länge von sechs Kilometern eine fast ununterbrochene Reihe solcher Gehöfte. Die Reste des 1952 ausgegrabenen Steinzeitdorfes Ehrenstein im Blautal westlich Ulm vermitteln ein eindrucksvolles Bild dieser Zeit.

Die frühste Kenntnis des *Metalls* kam wohl durch Einwanderer aus dem Gebiet des Schwarzen Meeres nach Mitteleuropa. Die ältesten Metallgegenstände waren aus reinem, wohl in den Ostalpen gewonnenen Kupfer. Man bezeichnet diese Übergangszeit, die in Süddeutschland etwa von 2000 bis 1700 v. Chr. dauerte, als *Kupferzeit*. Etwa zu gleicher Zeit wanderte ein neues Volk aus Südwesteuropa ein, das für Waffen und Werkzeuge Metall benutzte und zwar Bronze, eine Legierung von Kupfer und Zinn. Nach den Funden gingen beide Völkergruppen auch in unserem Raum ineinander auf. Unsere Kenntnis der Bevölkerungsgruppen dieser Zeit weist jedoch noch große Lücken auf. Ihre Zusammensetzung hat sich im Europa des zweiten vorchristlichen Jahrtausends, vielleicht wegen der ersten Wellen indogermanischer Ausbreitung, häufig und erheblich verschoben.

Die *Bronzezeit* beginnt in Süddeutschland etwa um 1700 und endet um 750 v. Chr. Neben den Lößlandschaften wurden nun auch Kalk- und Sandgebiete soweit sie Steppenland waren, insbesondere die Schwäbische Alb besiedelt, wo man günstige Weideplätze fand, bis die Albhochfläche in einer Trockenperiode wieder verödete. Schmuck, Dolch, Streitaxt, Lanzenspitze und schließlich auch das Schwert werden nun aus Bronze gefertigt. Die Bevölkerung wuchs und trotz örtlicher Unterschiede bildete sich im Raum nördlich der Alpen eine einheitliche Kultur. Das Pferd wird auch Zugtier. Die Sitte der Flachbestattung wird teilweise durch Hügelgräber verdrängt (Hügelgräberbronzezeit). Erste „Fürstengräber" tauchen auf, so bei Gammertingen. Menge und Qualität der Grabbeigaben bekunden wachsenden Wohlstand, bis eine erneute Periode starker Trockenheit schwere Hungersnot bringt, die die Bauern zum Ausweichen in feuchtere Gegenden an Seen und Flüssen zwingt. Es war eine Zeit großer Wanderung, in der die Bevölkerung unseres Gebiets stark von außen beeinflußt wurde. Die Hügelbestattung weicht nun der Verbrennung und Urnenbeisetzung (Urnenfelderzeit).

II. Keltenzeit

Im 8. Jahrhundert vollzieht sich der Übergang von der späten Bronzezeit zur frühen Eisenzeit. Als um 750 v. Chr. das Klima wieder feuchter wurde, bringt wohl ein neu eingewandertes Volk die im Orient schon seit dem 12. Jahrhundert bekannte Kunst, Eisen zu schmelzen und zu schmieden, nach Süddeutschland. Tauglichere Waffen entstehen, bessere Ackergeräte ermöglichen die Besiedlung geringerer Böden; man beginnt auch Waldgebiete zu roden.

In dieser Zeit tauchen in Süddeutschland erstmals indogermanische Stämme auf, zunächst *Illyrer,* deren Sprache das Wort „Eisen" entstammt, dann um 800 v. Chr. eine Völkergemeinschaft, über die unser Wissen nicht mehr nur auf Bodenfunde angewiesen ist, über die wir vielmehr durch zahlreiche Äußerungen antiker Schriftsteller unterrichtet sind, die *Kelten.*

Die *ältere Eisenzeit* von 750 bis 450 v. Chr. wird in Deutschland nach den reichen Funden in Hallstatt (Salzkammergut) *Hallstattzeit* genannt. Sie entwickelt sich südlich und nördlich der Alpen und zwar ostwärts als illyrische, westwärts als keltische Hallstattkultur. In Baden-Württemberg deckt sich die Hallstattzeit weitgehend mit der *älteren Keltenzeit.*

Die *Kelten* waren ein Herrenvolk, das in dieser Zeit auch in Südwestdeutschland die Kultur bestimmt hat. Längere Zeit lagen die Schwerpunkte ihrer Sitze in den weiten Gebieten beiderseits des Rheins und der oberen und mittleren Donau: von hier aus drangen Teile dieser Völkergemeinschaft in gewaltigen, wohl durch Hungerkatastrophen veranlaßten Wanderungen, über die griechische und römische Autoren berichten, westwärts durch Frankreich bis nach Spanien und zu den britischen Inseln, südwärts über die Alpen nach Italien und ostwärts über die Balkanhalbinsel bis nach Kleinasien (Galatien = Keltenland) vor. Süddeutschland war einer der Ausgangspunkte der blühenden keltischen Kultur. Die Kelten waren phantasiebegabter als die Germanen, mit denen sie im antiken Schrifttum oft verwechselt wurden, haben aber nie eine zusammenfassende Staatsgründung erreicht. Auch in späterer Zeit blieben für ihr politisches Leben die zahlreichen Stämme bestimmend. Die Verbindung mit den Mittelmeerkulturen

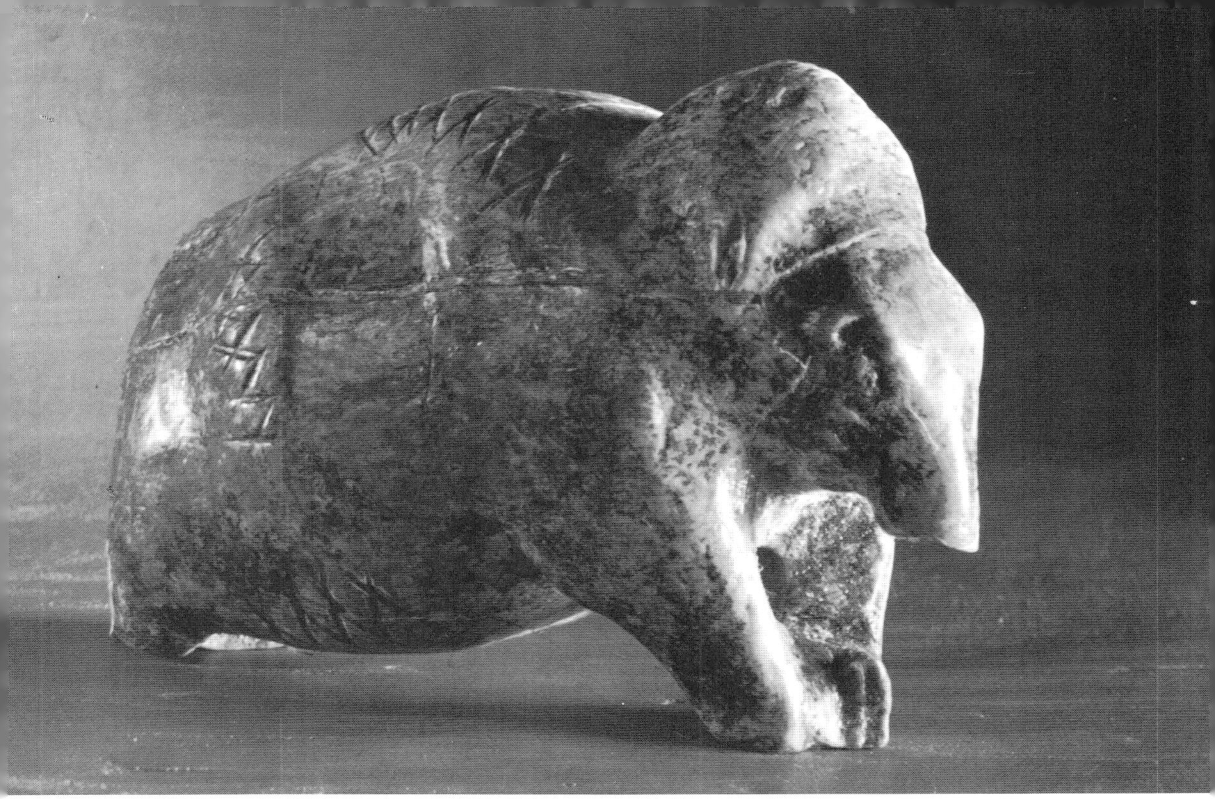

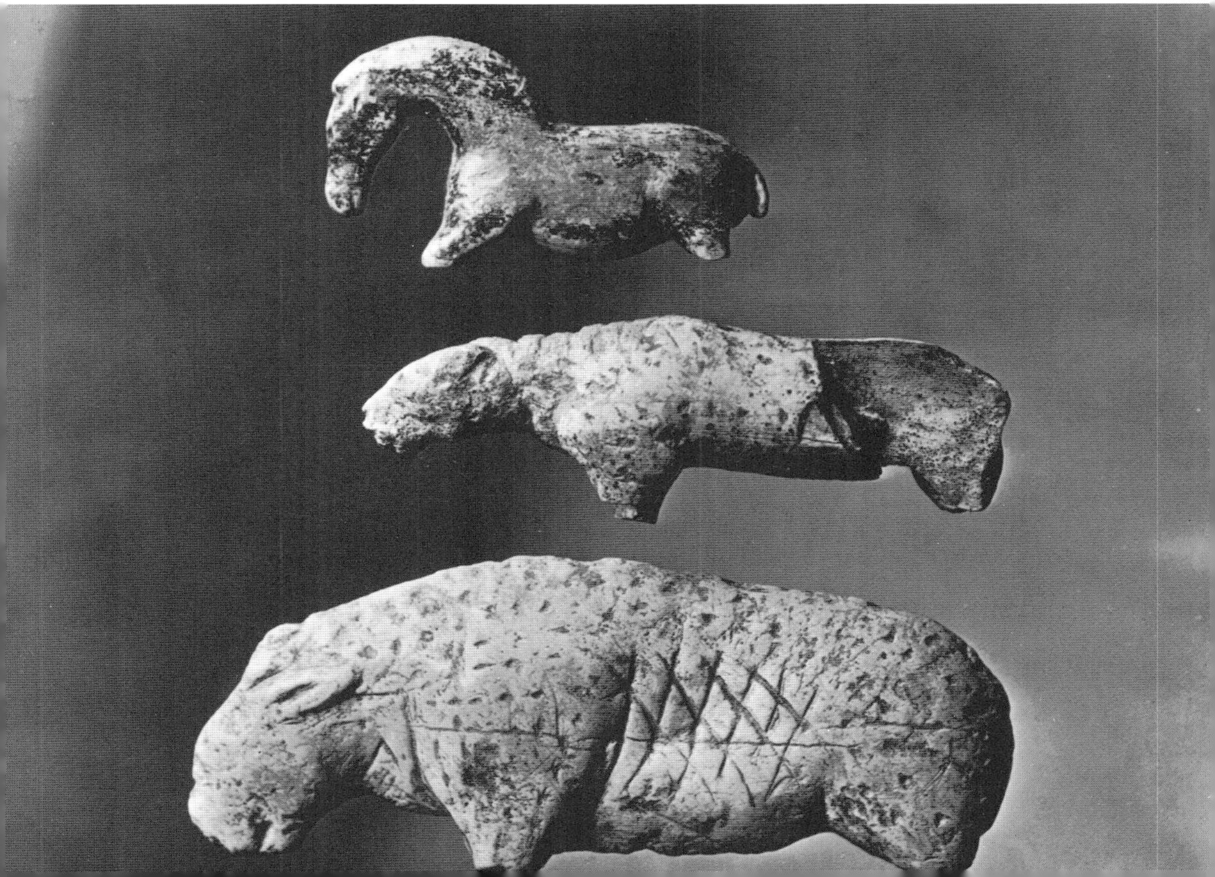

5 *Heidengraben bei Grabenstetten. Wall eines spätkeltischen „oppidum"*

6 *Fürstengrabhügel Hohmichele bei Hundersingen/Donau, größter Grabhügel Mitteleuropas aus der späten Hallstattzeit*

7 *Ipf bei Bopfingen mit Volksburg der späten Hallstattzeit*

1/2 *(umseitig) Mammut, Wildpferd, Pantherkatze und Höhlenlöwe aus Elfenbein. Vogelherdhöhle bei Stetten im Lonetal*

3/4 *Gesichtsgefäß der Bandkeramik (Bad Cannstatt) und Gefäße mit Standboden der Rössener Keramik (Stgt.-Mühlhausen)*

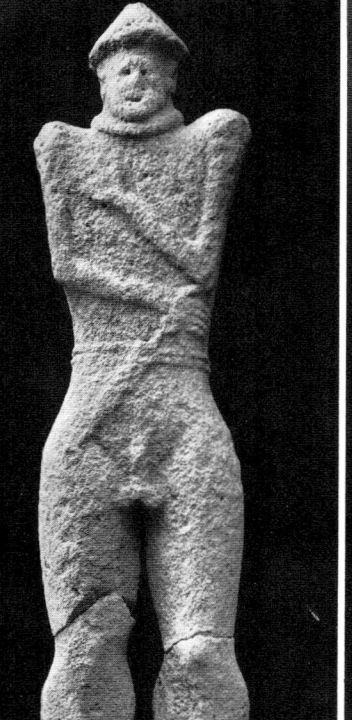
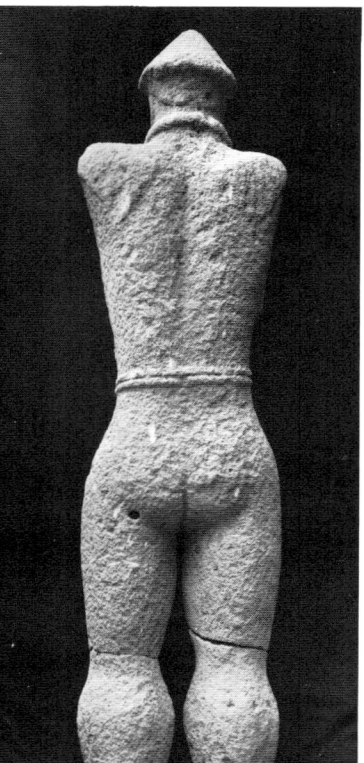

8 Keltischer Halsring von Trichtingen
bei Oberndorf am Neckar

9 Keltische Stele eines Kriegers
von Hirschlanden bei Leonberg

der Etrusker und der griechischen Kolonialstädte hat später ihre Kultur geprägt. Mit ihrer Epoche geht in Süddeutschland die Vorgeschichte zu Ende. Für unser Land ist die keltische Epoche bedeutsam geworden, nicht zuletzt, weil zahlreiche Berge und Flüsse aus dem Keltischen stammende Namen tragen und manche keltische Volksteile in der späteren Bevölkerung aufgegangen sein dürften.

Die Bodenfunde aus der Keltenzeit sind in Württemberg besonders zahlreich. Das Land galt lange Zeit als klassisches Gebiet der keltischen Hallstattzeit. Da die Viehzucht an erster Stelle vor dem Ackerbau stand, war die Hochfläche der Schwäbischen Alb bevorzugtes Siedlungsgebiet, wie noch heute zahlreiche Grabhügel, oft in größeren Gruppen, zeigen. Auch in Teilen Oberschwabens, in den höher gelegenen Gebieten des Unterlandes, im Vorschwarzwald und in Hohenlohe finden sich keltische Siedlungen. In den badischen Landesteilen haben sich Kelten besonders auf dem seit der Jungsteinzeit bebauten Lößboden der Gebirgsränder, an Talmündungen sowie um den Kaiserstuhl niedergelassen. Ein besonders großer Grabhügel ist der Magdalenenberg bei Villingen. Waffen und größere Geräte werden aus Eisen hergestellt. Für Schmuck und kleinere Gegenstände wird noch Bronze benützt. Goldschmiedearbeiten, besonders Hals- und Armreifen sind nicht selten. Der Individualität der Leistung war bei dem begabten Volk weiter Raum gegeben. Zahlreiche Befestigungen, teilweise Wohn- und Fürstensitze, andere nur Fliehburgen, wurden angelegt. Eine durch dreifaches Pfahlwerk geschützte Befestigung lag im Moorgelände zwischen Buchau und Oggelshausen. Von den Ringwällen ist derjenige auf dem Ipf noch heute weithin sichtbar. Häufig sind Abschnittswälle, bei denen ein von der Natur geschützter Höhenzug durch Wall und Graben abgeriegelt wird. Besonders bekannt sind die Heuneburgen (Heunen, Hünen = Riesen), vor allem die *Heuneburg bei Hundersingen* am Steilufer der Donau zwischen Sigmaringen und Riedlingen, ein Fürstensitz mit umfangreichen Befestigungsanlagen aus dem 6. Jahrhundert, also der keltischen Frühzeit. Sie wurde zwischen 600 und 450 v. Chr. dreimal erneuert. Die seit 20 Jahren währenden, noch nicht abgeschlossenen Ausgrabungen haben unsere Kenntnis dieser keltischen Feudalgesellschaft, ihre Handelsbeziehungen zum Mittelmeerraum und dessen Einflüsse auf Kunst und Bauwesen sehr bereichert. Scherben attischer Gefäße bekunden den hohen Lebensstandard und haben die Datierung erleichtert. Neben einheimischen Mauerkonstruktionen aus Holz und Stein wurde Mauerwerk aus luftgetrockneten, ungebrannten Ziegeln gefunden, eine sonst nur in Südeuropa bekannte Technik. Nahe mächtige Grabhügel weisen auf die Bedeutung dieser Herren hin, vor allem der „Hohmichele", dessen Ausgrabung neue Einsichten in den Totenkult der damaligen Zeit vermittelt hat. Eine zweite Heuneburg liegt bei Upflamör, nordwestlich Riedlingen.

Andere befestigte Höhensiedlungen lagen z. B. auf der Oberlimpurg bei Schwäbisch Hall, auf dem Goldberg im Ries, auf dem Hohenasperg, bei Zarten, Kreis
Freiburg (Tarodunum) und bei Altenburg-Rheinau, Kreis Waldshut. Ein bedeutendes Zeugnis aus der späten Hallstattzeit ist die im November 1962 bei Hirschlanden (unweit Leonberg) am Fuße eines keltischen Grabhügels gefundene lebensgroße
Steinfigur eines Bewaffneten (Bild 9) mit Spitzhelm, wohl die älteste Vollplastik
nördlich der Alpen (H. Zürn).

Die *jüngere Eisenzeit* (Latènezeit genannt nach den bei La Tène am Nord-
ufer des Neuenburger Sees gemachten Funden) beginnt im 5. Jahrhundert vor
und endet im 1. Jahrhundert nach Christus. Die Kelten erreichten damals einen
Höhepunkt ihrer Bedeutung. Die Eisenverarbeitung stand nun im Vordergrund;
zahlreiche Schmelzöfen und Verarbeitungsstätten, besonders im bayerischen Nach-
barland, sind bekannt. In den letzten Jahrhunderten v. Chr. siedelten im Lande
der keltische Stamm der *Helvetier*. Ein Fürstensitz befand sich auf dem Hohenasperg, in dessen Nähe große und reiche Grabhügel liegen, so der sogenannte
Fürstenhügel bei Ludwigsburg und das Kleinaspergle südlich der Feste; aus diesen wurden Goldschmuck, attische Tonschalen und etruskische Bronzegefäße des
5. Jahrhunderts geborgen. In der späteren Keltenzeit dienten als Zufluchtsstätten
befestigte *oppida*, die eine riesige Fläche einschlossen, in Friedenszeiten aber nicht
oder nur zum Teil bewohnt waren, ähnlich den durch Cäsar bekannten Städten
in Gallien wie Bibracte, Alesia u. a. Ihre durch Holzbalken versteiften Steinmauern waren mehrere Meter dick. Eine dieser Städte lag auf der Höhe der Alb
südlich des Hohenneuffen zwischen den Schluchten der Elsach (heute noch am
„Heidengraben" bei Grabenstetten erkenntlich), eine andere auf dem Rosenstein
bei Heubach, eine dritte war der „Burgstall" bei Finsterlohr ostwärts Mergentheim. Die bäuerliche Siedlungsweise war im übrigen das Einzelgehöft. Die von
den Kelten angelegten sogenannten *Viereckschanzen* – in Württemberg sind etwa
60, in Süddeutschland rund 250 bekannt – wurden zunächst als Befestigungsanlagen und Zufluchtsstätten für die Hintersassen von Grundherren gedeutet.
Neue Untersuchungen haben ergeben, daß es sich um Kultstätten, nach außen
abgeschlossene geheiligte Bezirke ohne Tempel handelt. Gut erhalten ist die „Rie-
senschanze" auf der Federlesmahd bei Echterdingen. Eine weiträumige Flucht-
burg lag auch auf dem Heiligenberg bei Heidelberg. Die Art des Kultes konnte
noch nicht geklärt werden, doch sind Tieropfer nachgewiesen. Den Glauben an
das Fortleben in einem unterirdischen Totenreich scheinen alle Kelten geteilt zu
haben. Von dem Geschick und dem Reichtum der Bewohner zeugen über-
raschend vollkommene Werkzeuge und Geräte, treffliche Waffen und Schmuck,
aber auch zahlreiche aus Griechenland, Etrurien und anderen Ländern einge-

führte Gegenstände, so ein kunstvoller bei Trichtingen (östlich von Oberndorf a. N.) aufgefundener Silberring, der wohl aus dem Raum nördlich des Schwarzen Meeres stammt. Die zahlreichen Funde keltischer Münzen, die sogenannten Regenbogenschüsselchen, beweisen Anfänge des Übergangs von der Natural- zur Geldwirtschaft etwa seit der Mitte des 2. Jahrhunderts v. Chr.

Schon in alter Zeit führten wichtige *Verkehrswege* durch das Land. Eine Fernstraße von Nordwestdeutschland über Miltenberg am Main nach Aub (südlich Ochsenfurt) und von da über Feuchtwangen und Donauwörth nach Augsburg berührte Württemberg nur wenig, aber die große Handelsstraße vom westlichen ins südöstliche Europa führte durch den nördlichen Teil des Landes von Paris, Metz und Worms her über Ladenburg, Wiesloch und Wimpfen nach Öhringen, dann in zwei Strängen teils über Crailsheim und Weißenburg am Sand, teils über Ellwangen nach Kösching und Pförring an der Donau, von da weiter über Passau und Wien ins ungarische Tiefland. Eine andere verlief von Speyer über Vaihingen an der Enz, Cannstatt, Köngen und Urspring an der Lone nach Augsburg, wieder eine von Genf, Windisch (bei Brugg im Aargau) und Zurzach am Rhein herkommend südlich der Donau über Mengen und Rißtissen nach Günzburg. Diese Hauptverkehrswege überdauerten Völker und Zeiten und blieben mit teilweise geänderter Führung bis zur Gegenwart im Gebrauch.

Die blühende Kultur der keltischen Helvetier wurde um 80 v. Chr. von den vordringenden *Germanen* gestört, die das Rheintal bis zum Nordrand des Breisgaus besetzten, so daß sich die keltischen Bewohner des Hinterlandes nicht mehr sicher fühlten. Ihr größter Teil mag das Land verlassen und sich zu den Stammesgenossen in der heutigen Schweiz begeben haben. Um dem ständigen Druck der Germanen zu entgehen, versuchten die Helvetier, auch aus der Schweiz abzuziehen und neue Wohnsitze im heutigen Frankreich zu gewinnen. Cäsars Sieg bei Bibracte zwang sie im Jahr 58 v. Chr. zur Rückkehr in die Schweiz und schob weiterem Vordringen der Germanen über den Hochrhein einen Riegel vor. An der Mündung des Neckars setzten sich jetzt Sueben fest, deren Vormarsch nach Westen Cäsar im gleichen Jahr durch seinen Sieg über Ariovist auf dem Ochsenfeld bei Mühlhausen im Elsaß verhindert hatte. Ihr Hauptort war Lopodunum (Ladenburg am Neckar). Am mittleren und oberen Main saßen damals Markomannen, wohl ein zu einer besonderen Völkerschaft herangewachsener Teil des Suebenstammes, die jedoch kurz vor unserer Zeitrechnung ins Land der keltischen Bojer, nach Böhmen zogen. Im heutigen Württemberg scheint ein Teil der keltischen Bevölkerung zurückgeblieben zu sein. In den Randgebieten saßen auch nach der Landnahme durch die Alamannen zunächst noch Kelten, und zwar in Oberschwaben und im bayerischen Schwaben die *Vindeliker,* deren Name in der römischen Zeit in Augusta Vindelicorum (Augsburg) fortlebte, als Teilstamm von ihnen nördlich des Bodensees die *Brigantier* mit ihrem Hauptort Brigantium (Bregenz), im Illergebiet die *Estionen* mit dem Hauptort Campodunum (Kempten) und am Lech die *Likkatier*.

Die Sprache der einheimischen Bevölkerung dürfte auch unter römischer Herrschaft keltisch gewesen sein, wie das für andere Gebiete bezeugt ist. Die vorrömische Bevölkerung hat vor allem in *geographischen Namen* ihre Spuren hinterlassen, so in den Flußnamen Schussen, Donau, Iller, Brenz, Neckar, Echaz, Erms, Fils, Rems, Murr, Enz, Nagold, Zaber, Kocher, Jagst, Tauber und vielen anderen, wohl auch in den Bergnamen Twiel, Zollern, Neuffen, Teck, Ipf; die meisten dieser Namen scheinen keltisch zu sein; Tauber z. B. ist keltisch dubia (Mehrzahl = Wasser). Der Virngrund, das Waldland bei Ellwangen, der Rest des großen Virigundawaldes entspricht der Hercynia (silva) der alten Geschichtsschreiber. In römischer Zeit haben sich auch keltische Ortsnamen wie Sumelocenna (Rottenburg), Grinario (Köngen), Cassiliacum (Kißlegg), Lauriacum (Lorch) u. a. erhalten.

III. Römerzeit

Die Grenze des Römerreiches war zu Cäsars Zeit der Rhein, den die Germanen im Laufe des ersten Jahrhunderts v. Chr. erreicht hatten. Die Adoptivsöhne des Augustus, Drusus und Tiberius, haben im Jahr 15 v. Chr. die ursprünglich illyrischen Räter in den Zentralalpen und die keltischen Vindeliker unterworfen und das Land südlich der oberen Donau in das Imperium einbezogen. Strabo berichtet über diese Kämpfe und erwähnt auch ein Seegefecht auf dem Bodensee. Die Niederlage des Varus im Jahre 9 n. Chr. und die folgenden verlustreichen Kämpfe veranlaßten Tiberius, den Plan, Germanien bis zur Elbe dem Römischen Reich einzugliedern, aufzugeben und sich auf defensive Sicherung zu beschränken. Um Italien besser zu sichern, wurde nun die Donau zur Reichsgrenze gemacht und unter Kaiser Claudius (41–54) befestigt. Damals sind die Kastelle Tuttlingen, Hüfingen (Brigobanne) bei Donaueschingen, Mengen, Emerkingen bei Ehingen, Rißtissen (Riusiava), Unterkirchberg (Viana) bei Ulm, Aislingen, Kreis Dillingen und Burghöfe und Oberstimm bei Ingolstadt angelegt worden. Das Land südlich der Donau wurde die römische Provinz *Raetia* mit Augusta Vindelicorum als Provinzhauptstadt. Das schwach bevölkerte Neckarland, ein Gebiet zweifelhaften Besitzes, schob sich jetzt als auffallender Winkel zwischen Gebiete des Römerreichs. Als der Bataverkrieg den Römern die Notwendigkeit einer kürzeren Verbindung zwischen Rhein- und Donaulegionen deutlich machte, legten sie die Hand auch auf dieses Gebiet. Im Jahre 74 n. Chr. ließ Kaiser Vespasian durch den Legaten Gnaeus Pinarius Cornelius Clemens den Südteil unterwerfen und von Straßburg aus eine Straße über Offenburg und das Kinzigtal nach Waldmössingen und Roweil, wo Kastelle gebaut wurden, anlegen; sie führte weiter über Tuttlingen und vereinigte sich mit der älteren von Windisch über Mengen und Rißtissen nach Finningen (bei Ulm) und Augsburg, die die Römer früher ausgebaut hatten. In Rottweil wurde eine bürgerliche Siedlung angelegt; sie erhielt nach der Kaiserfamilie den Namen Arae Flaviae und besaß Stadtrecht (municipium).
Die weitere Besitznahme vollzog sich durch einen zweiten Feldzug in den Jahren 83–85. Von Mainz über Großgerau, Ladenburg, Cannstatt und Köngen wurde eine Heerstraße an die Donau gebaut und um 90 n. Chr. eine Befestigungslinie

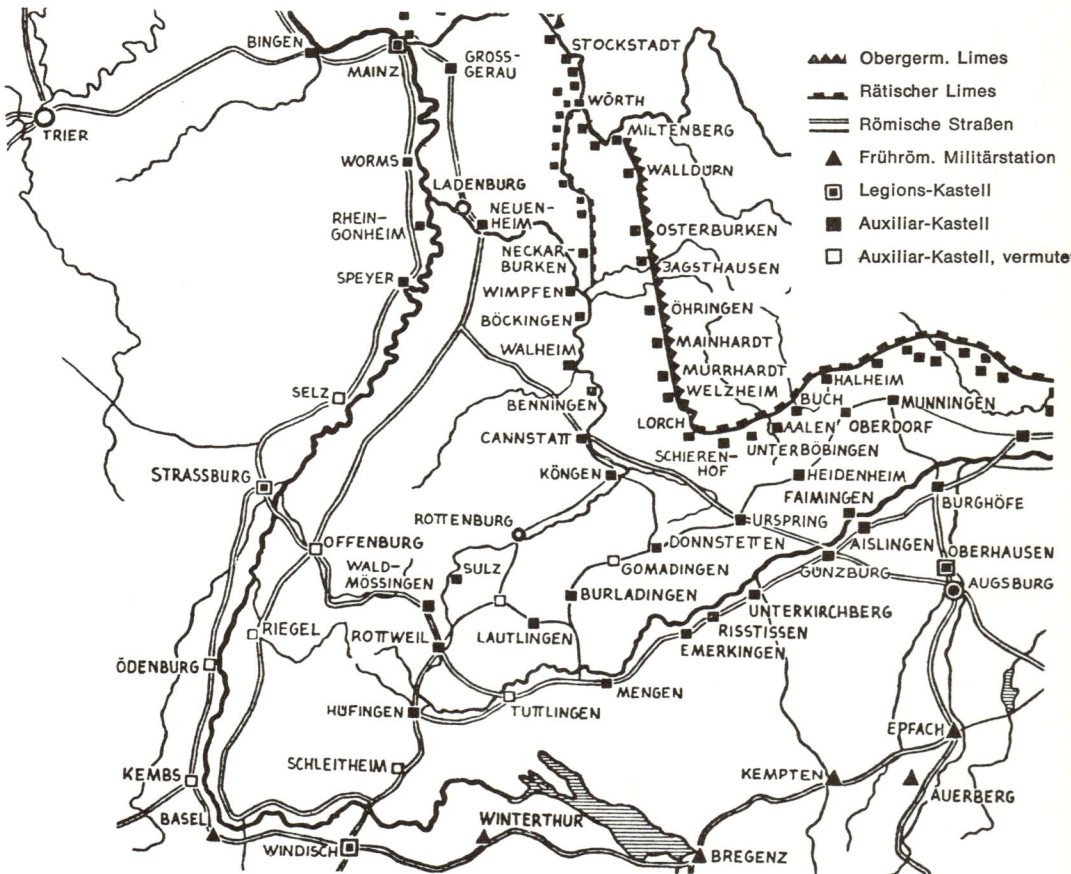

Karte 1: Die römische Besetzung Südwestdeutschlands 15 v. Chr. bis 260 n. Chr.

von Cannstatt nach Wimpfen, der sogenannte *Neckarlimes*, errichtet mit den
Kastellen Cannstatt, Benningen (bei Marbach), Walheim (bei Besigheim), Böckingen und Wimpfen; von dort führte der Odenwaldlimes an den Main bei Wörth.
Rottweil und Köngen verband man durch eine über Sumelocenna (Sülchen bei
Rottenburg) führende Straße. Dieses nunmehr besetzte Land nennt die Germania
des Tacitus *Agri Decumates*, ein Name, der noch nicht sicher gedeutet ist. Es
wurde überwiegend der von Gallia Belgica abgetrennten Provinz Germania
superior (Obergermanien) zugeteilt. Die Grenze zur Provinz Rätien verlief etwa
vom Westende des Bodensees bis nach Lorch bei Schwäbisch Gmünd.
Nach der Mitte des zweiten Jahrhunderts unter Kaiser Antoninus Pius rückte

man die Grenze über den Neckar vor, besonders um Öhringen (Vicus Aurelianus), das an der alten Fernstraße über Wimpfen zur Donau lag, einzubeziehen. Die neue Grenzwehr, der *Obergermanische Limes*, zog sich als Teil des 550 km langen gewaltigen Befestigungswerks, das vom Rhein (bei Andernach) zur Donau (bei Eining, westlich Regensburg) führte, von Miltenberg am Main über Walldürn, Osterburken, Jagsthausen, Öhringen, Mainhardt, Murrhardt, Welzheim bis nach Lorch hin. An allen diesen Orten wurden Kastelle errichtet. Zwischen ihnen lagen kleinere Befestigungen und Feldwachen. Der Limes sollte das Land gegen größere Einfälle schützen und in friedlicheren Zeiten Grenzverletzungen verhindern. Der Obergermanische Limes wurde zwischen Walldürn und dem Haghof bei Welzheim 81 km völlig geradlinig über Berge und Täler angelegt, um Alarmzeichen in der Richtung des Grenzwegs rasch zu den Kastellen weitergeben zu können; eingemessen war er von einem sechseckigen Turm bei Gleichen (südlich von Öhringen), wo er die Höhe der Keuperberge erreicht. Die mit zahlreichen Wachttürmen besetzte Grenzlinie wurde durch eine Palisade gesperrt. Die *Erforschung des Limes* und seiner Kastelle hat in Württemberg schon im 18. Jahrhundert eingesetzt. Als erster hat sich der hohenlohische Historiker Christian Ernst Hanselmann (1699–1776), im 19. Jahrhundert haben sich vor allem der Topograph und Archäologe Eduard Paulus (1803–1878), später Oskar Paret (geb. 1889) und Hans Schönberger verdient gemacht.
Mit der Besetzung des Neckarlandes war auch die Grenze Rätiens auf der Alb vorgeschoben worden (daher „Ries"), wo man die Kastelle Lautlingen (zwischen Ebingen und Balingen), Burladingen (zwischen Hechingen und Gammertingen), Gomadingen bei Münsingen, Urspring an der Lone südlich von Geislingen, Heidenheim an der Brenz (Aquileia), Oberdorf bei Bopfingen (Opia) und andere anlegte. Der *Rätische Limes*, wohl unter Kaiser Trajan (98–117) begonnen und unter dessen Nachfolger Hadrian (117–138) ausgebaut, setzt sich vom Rotenbachtal ostwärts von Lorch, wo er auf die obergermanische Grenzlinie stößt, nicht geradlinig, sondern dem Gelände angepaßt in östlicher Richtung fort an der Südgrenze eines Nadelholzgebiets, des Virigundawaldes, der in vorrömischer und römischer Zeit unbewohntes Gebiet war. Kastelle wurden in Lorch, beim Schierenhof und in Unterböbingen, beide bei Schwäbisch Gmünd, bei Buch und in Halheim (südlich und südöstlich von Ellwangen) aufgefunden. Das größte Römerkastell am rätischen Limes für eine Besatzung von 1000 Reitern lag bei Aalen. Auf seinem Gelände wurde 1964 das *Limes-Museum*, Zweigmuseum des Württ. Landesmuseums eingerichtet, das vor allem die römische Heeresgeschichte würdigt.
Die erreichten Grenzlinien in Obergermanien wie in Rätien waren zunächst als vorläufige gedacht. Seit dem Krieg mit den Markomannen, der die Römer von 166

bis 180 in Atem hielt und nur mit Mühe beendet werden konnte, waren die
Römer in die Verteidigung gedrängt: die nach der Mitte des 2. Jahrhunderts er-
reichten Grenzen mußten als endgültig betrachtet werden. Das Land behielt den
Charakter eines Grenzgebiets ohne größere, für das Gesamtreich wichtige Orte.
Jenseits des Limes wurde in einem etwa 36 km breiten Streifen keine Ansiedlung
geduldet; dieses Vorland verödete.

Als wieder gefährliche Einfälle der Germanen drohten, wurden die Grenzland-
bewohner als Miliz organisiert und die Grenzwehren verstärkt. Beim Oberger-
manischen Limes schuf man hinter der Palisade einen tiefen Schutzgraben, der mit
seiner Erdanschüttung auf der Innenseite noch heute an vielen Stellen sichtbar
ist. Wohl unter Caracalla (211–217) wurde die Palisade des Rätischen Limes
durch eine meterdicke, massive, etwa zweieinhalb Meter hohe Mauer ersetzt, die
sich 175 km von Lorch bis an die Donau bei Kehlheim oberhalb Regensburg hinzog. Seit etwa dem Jahr 235 bot dieser Grenzwall nicht mehr genügenden Schutz.
Das Land ging den Römern bald für immer verloren: um 259 haben die Alamannen das Gebiet rechts des Rheins erobert und das Land am Neckar und an der
oberen Donau in dauernden Besitz genommen.

Der militärischen Besetzung des Dekumatenlandes durch die Römer war die planmäßige *Besiedlung* gefolgt. Die Zusammensetzung der Bevölkerung vor dem
Einfall der Alamannen ist schwer festzustellen. Überwiegend war sie keltischer
Herkunft. Dazu kamen Zuwanderer und angesiedelte Veteranen aus den verschiedensten Teilen des Römerreichs. Die Verkehrssprache des größten Teils der
Bevölkerung war lateinisch. Die Vermischung spiegelt sich deutlich wider in den
vielfältigen Götterkulten; neben den römischen wurden keltische und oriental-
ische Gottheiten verehrt, wie zahlreiche Weihinschriften bezeugen. Verbreitet
waren der Kult des persischen Lichtgottes Mithras und der keltischen Pferdegöttin
Epona. Im Gegensatz zum linksrheinischen Gebiet, wo größere Römerstädte entstanden, gab es rechts des Rheins fast nur kleine Landstädte und ländliche Siedlungen. Bedeutende Bauwerke fehlen im Dekumatenland, das im Schutz einer
langen Friedenszeit aber doch eine beachtliche Blüte und zuletzt auch eine ziemlich dichte Besiedlung erreichte. Es bietet das Bild einer römischen Provinzialkultur, die aber bescheidener war als die des Rheinlands. Bedeutendste Stadt und
Verwaltungszentrum war Sumelocenna (Rottenburg am Neckar), Mittelpunkt
einer kaiserlichen Domäne, des saltus Sumelocennensis, der unter einem Proku-
rator („Landpfleger") stand. Im 2. Jahrhundert teilte man das Land in größere
Bezirke, civitates, mit einer gewählten, selbständigen Lokalverwaltung und einem
Vorort als organisatorischem Mittelpunkt ein. Ein Stadtrat bestand meist aus
wohlhabenden Grundbesitzern. Die civitas Sumelocennensis umfaßte auch den

fernen vicus Grinario (Köngen). Die Gegend von Mühlacker gehörte zur civitas Aquensis (Baden-Baden); weitere waren die civitas Alisinensium (Wimpfen), vermutlich nach dem Fluß Elsenz genannt, an der Fernstraße von Worms, und die civitas Ulpia Sueborum Nicretum mit Ladenburg. Auch im Schutze der Kastelle entstanden vielfach bürgerliche Niederlassungen, so der vicus Murrensis (Marbach–Benningen). Zahlreiche Einzelhöfe mit steinernen Wirtschaftsgebäuden (villae rusticae) lagen in den durch Gunst der Lage und des Verkehrs bevorzugten Bezirken, vor allem in Oberschwaben und im Neckarland, gewöhnlich am Hang einer Bodenwelle. Etwa 800 solche Gutshöfe sind in Württemberg nachgewiesen.

Die Römer brachten den *Steinbau* ins Land; ihre Wohnhäuser hatten Steinmauern und waren vielfach mit Bädern ausgestattet. Die Sorgfalt der Bauweise zeigt der ausgegrabene Keller eines Gutshofs in Oberriexingen (bei Vaihingen/Enz), heute Zweigmuseum des Württ. Landesmuseums. Für die Truppenverschiebung und den Kurierdienst, aber auch für die Versorgung und wirtschaftliche Erschließung wurden zahlreiche Straßen mit festem Steinkörper meist von römischen Legionären angelegt, oft unter Benützung vorrömischer Wege. Meilensteine wurden angebracht. Für den Verkehr bestand eine Staatspost mit Umspannstationen. Auch Neckarschiffahrt ist bezeugt. Ein lebhafter Handel importierte Lebensmittel, Wein, Bücher, Bronzegegenstände, Glas und anderes. Schmiedewerkstätten, Töpfereien, Ziegeleien, Steinbruchbetriebe sind bekannt.

Zeugnisse des Christentums aus römischer Zeit wurden auf württembergischem Gebiet nicht gefunden, dagegen in den nahegelegenen Römerstädten Augsburg, Bregenz, Konstanz und Arbon. Dort bestanden offenbar gegen Ende des 3. Jahrhunderts christliche Gemeinden.

Bei der Eroberung des rechtsrheinischen Landes durch die Alamannen wurden die Wohnstätten fast ganz vernichtet, die römische Bevölkerung umgebracht oder verdrängt; andere wurden Knechte und gingen allmählich in der germanischen Bevölkerung auf. Nur verhältnismäßig wenige Ortsnamen blieben erhalten. So lebt der Name der Provinz Rätien noch im „Ries", der Landschaft um Nördlingen fort. Das Problem der Kontinuität der Bevölkerung wird auch heute noch von der Wissenschaft nicht einheitlich beurteilt.

Die Römerzeit des Landes hat verhältnismäßig kurz gedauert: im rätischen Teil südlich der Donau 210 Jahre, im Unterland zwischen Rhein und Neckar etwa 170 Jahre, rechts des Neckars wenig mehr als 100 Jahre. Das spätere Baden-Württemberg war also wesentlich kürzer römisch als das Rhein- und Moselgebiet und als Rätien östlich der Iller.

IV. Alamannenzeit

Nach der Mitte des zweiten Jahrhunderts waren die germanischen Völker zwischen Elbe und Weichsel in Bewegung gekommen. Ob der Anlaß Übervölkerung und Hungersnot, Druck nichtgermanischer östlicher Völker oder Lockungen der in Wohlstand lebenden Gebiete des Römerreichs waren, ist nicht festzustellen; verschiedene Gründe mögen zusammengewirkt haben. Eine Folge der Auswanderung war der Markomannenkrieg 166 bis 180, durch den Kaiser Marcus Aurelius die Germanen an der mittleren Donau zum Stehen brachte. Weitere in Unruhe geratene germanische Völkerschaften umgingen die Markomannen und suchten andere Wege. Drei Jahrzehnte nach Beendigung des Markomannenkrieges hatten die Römer am Schwarzen Meer mit den Goten, am oberen Main mit den Alamannen zu kämpfen.

Von den neuen Stämmen, zu denen sich in der Völkerwanderungsepoche die westgermanischen Völkerschaften zusammenschlossen, den Alamannen, Franken, Sachsen, Thüringern, Bayern werden die *Alamannen* am frühesten genannt.

Der Name taucht erstmals um 213 auf; er bedeutet „alle Männer", also eine Bundesgenossenschaft mehrerer Verbände der vorher östlich der mittleren Elbe sitzenden *Sueben*. Sie siedelten zuvor wohl längere Zeit im heutigen Holstein an der Mündung der Eider, wovon die angelsächsische Überlieferung noch spät berichtet. Die Ostsee wird auf römischen Landkarten in der Regel „mare suebicum" (Schwäbisches Meer) genannt. Ihr Kern waren die Semnonen, die als angesehenste Völkerschaft der Sueben galten. Auch die Hermonduren, die seit der Zeitenwende ihre Sitze in Mittelfranken hatten, gehörten zu ihnen.

Landnahme

Schon unter Kaiser Caracalla (211–217) durchstreiften Gruppen von Alamannen das Land südwestlich des Limes. Er bekämpfte sie von Rätien aus und drängte sie nach einem Sieg an der oberen Donau zurück. Bei einem Angriff um das Jahr 233 stießen die Alamannen bis in die Gegend von Öhringen und Cannstatt vor, wurden aber einige Zeit später durch den Einsatz persischer Panzerreiter nochmals zurückgewiesen. Ein Teil der zerstörten Limeskastelle wurde wieder hergestellt. Um 259 überrannten die Alamannen erneut die römischen Grenzwehren, bezwangen die Kastelle, vernichteten die Siedlungen und besetzten das ganze Land bis zum Rhein einschließlich Oberschwabens endgültig. Die Städte, auch Augusta Raurica (Augst bei Basel) und die römischen Einzelhöfe wurden niedergebrannt. Einfälle in Italien bis nach Ravenna unter Kaiser Claudius um 269 führten jedoch nicht zu einem dauernden Erfolg; der tatkräftige Kaiser Aurelian schlug sie im Jahr 270 zurück. 277 vertreibt Kaiser Probus wieder in Italien und Gallien eingefallene Alamannen und verfolgt sie über Donau und Alb. Die Gefahr erschien den Römern so groß, daß damals Rom und andere Städte Italiens nach langer Friedenszeit wieder ummauert wurden. Mühsam gelingt schließlich die Abriegelung des Alamannen-Einbruchs auf der Linie Hochrhein, Bodensee, Iller und Donau. Das Land rechts des Rheins blieb in der Hand der Alamannen, deren Gebiet nördlich bis an den Main und in die Wetterau reichte. An der neuen Reichsgrenze wurden seit 294 zahlreiche neue Kastelle sowohl im Bodenseegebiet wie an Iller und Donau angelegt, so auf württembergischem Boden bei Isny (Vemania).

Im Rücken der Alamannen ließen sich, durch das Ödland vor dem einstigen Limes getrennt, die ostgermanischen *Burgunder* nieder, die in den niederdeutschen Ursitzen östlich von den Semnonen gesessen waren. Sie standen in ständigem Gegensatz zu den Alamannen, lagen oft im Kampf mit ihnen und waren dadurch natürliche Verbündete der Römer. Jedoch ist nicht das ganze Volk der Alamannen aus der alten Heimat ausgewandert; die Nachkommen der Zurückbleibenden begegnen uns später noch zwischen Elbe und Oder unter dem Namen der *Nordschwaben;* sie besetzten in der zweiten Hälfte des sechsten Jahrhunderts den Schwabengau im nördlichen Thüringen zwischen Bode, Harz, Unstrut und Elbe, während die rechtselbischen Heimatsitze im siebten Jahrhundert den vordringenden Wenden zufielen.

Von den Persönlichkeiten, die den Stamm ins Land führten und während der ersten Landnahmezeit leiteten, wissen wir nichts. Der germanische Heldengesang hat erst die Namen und Taten späterer Jahrhunderte, der eigentlichen Völkerwanderungszeit überliefert, als die große Kampfzeit der Alamannen schon vorüber war.

Dem Einbruch der Alamannen folgten eineinhalb Jahrhunderte eines offenen oder kalten Kriegszustandes mit den Römern. Deren Versuch, das Land wieder zu erobern, hatte keinen Erfolg. Nach einer Niederlage auf dem Plateau von Langres gelang es den Alamannen längere Zeit nicht, auf der linken Rheinseite festen Fuß zu fassen. Seit der Mitte des 4. Jahrhunderts tritt *Chnodomar* als erfolgreicher Führer alamannischer Scharen hervor und besetzt um 350 das Elsaß. Der spätere Kaiser Julian, Neffe Konstantins, schlägt die Hauptmacht der Alamannen jedoch 357 bei Argentoratum (Straßburg). Chnodomar gerät in Gefangenschaft und stirbt in Rom. Bei mehreren Vorstößen verwüstet Julian Teile des Alamannenlandes und dringt bis an den Limes bei Öhringen vor. Der bedeutende römische Geschichtsschreiber Ammianus Marcellinus hat über diese Kämpfe aus eigenem Erleben berichtet. Im Jahre 378 wurde nochmals ein alamannisches Heer bei Horburg östlich Kolmar geschlagen. Zu Beginn des 5. Jahrhunderts, als die Westgoten unter Alarich an der Grenze Italiens erschienen, mußten die Römer ihre Truppen von Rhein und Donau abziehen.

Eine ungeheure Bewegung ergriff auch das Alamannenvolk, als im Jahre 406 die Vandalen, Alanen und Quaden von Pannonien (Westungarn) aus gegen Westen zogen, die Burgunder aufscheuchten und durch das nördliche Alamannien über den nicht mehr verteidigten Rhein nach Gallien und *Spanien* zogen. Ein Bruchteil des Stammes schloß sich ihnen an und gründete im galicischen Gebirgsland im Nordwesten Spaniens ein unabhängiges *Suebenreich* mit der Hauptstadt Braga im Binnenland am Deste, nördlich des Duro. Trotz häufiger Kämpfe mit den Westgoten nahmen sie 465 deren arianischen Glauben an; sie wurden 585 nach einer Niederlage dem Westgotenreich eingegliedert.

Das Alamannenland blieb unruhig. Mainz (Mogontiacum) wurde im 4. und 5. Jahrhundert wiederholt von ihnen heimgesucht und niedergebrannt. In der Mitte des 5. Jahrhunderts besetzten die Alamannen das Gebiet bis zu den Vogesen und südlich bis zu den Alpen, also das Elsaß (von ihnen Alisaz, Sitz auf fremdem Boden, genannt) und die heutige deutsche Schweiz. Das Ende der römischen Herrschaft am Oberrhein wird in der Regel auf das Jahr 454 gelegt.

Ihre nördlichen Sitze haben die Alamannen bei der starken Ausdehnung nach Westen und Süden verloren. In diesen Landstrichen begegnen wir jetzt den Burgundern, die bei der großen Völkerbewegung des Jahres 406 ebenfalls westwärts gezogen waren und auf beiden Seiten des Rheins einige Jahrzehnte lang ihr in Sage und Dichtung berühmtes Reich um Worms behaupten konnten. Als die Burgunder 435/36 durch Römer unter Aëtius und Hunnen in römischem Dienst die schwere Niederlage erlitten, die im Lied von der Nibelungen Not noch in später Zeit nachklingt, verließen sie ihre Sitze am Rhein und siedelten 443 in die Sapaudia (Savoyen, südlich des Genfer Sees) über, um dort das weitere Vordringen der Alamannen zu verhindern. Die Alamannen drangen nun wieder nach Norden vor, besetzten die von den Burgundern geräumten Gebiete und grenzten jetzt zwischen Worms und Mainz an die Franken. Eine weitere Ausdehnung erreichten sie in dem noch von den Römern behaupteten Rätien. Im Laufe des 5. Jahrhunderts wurde dieses Land jenseits der Iller und des Bodensees wohl im Wege friedlicher Durchdringung gewonnen. Links des Rheins sowie in Helvetien und Rätien, wo die römische Zivilisation tiefe Wurzeln geschlagen hatte, scheint die Bevölkerung etwas mehr geschont worden zu sein als in dem bisherigen Alamannenland. Um diese Zeit hat der von Alamannen besiedelte Raum seine größte Ausdehnung erreicht.

Besiedlung

Die Meinungen über die *ständische Gliederung der Alamannen* zur Zeit der Einwanderung und in den ersten Jahrhunderten ihrer Seßhaftigkeit im heutigen Raum gehen bei der Dürftigkeit der Quellen, die erst mit den Klosterurkunden reichlicher fließen, erheblich auseinander. Nach der älteren, von Karl Weller, Viktor Ernst und anderen in zahlreichen Arbeiten (vgl. Literaturverzeichnis) vertretenen Auffassung war die Masse der Alamannen bei der Einwanderung freie Männer, gegliedert in größere Verbände, Hundertschaften und Sippen. Es kam ihnen vor allem darauf an, die gut angebauten Fluren des Römerlandes in Besitz zu nehmen; wo sie bestellbares Ackerland, fruchtbare Ebenen antrafen, ließen sie sich nieder. Doch war ihre Art des Wohnens völlig verschieden von der der Römer. Sie lehnten, im Gegensatz zu den Franken, römische Gewohnheiten ab, benützten ihre Felder, mieden aber die römischen Wohnsitze und legten ihre eigenen Wohnplätze in einiger Entfernung an. Herrschende Siedlungsform war nach dieser Ansicht das Dorf, Hauptfrucht der Dinkel, den sie wohl erst im neuen Land kennenlernten, wo er seit der Bronzezeit angebaut wurde.
Die *Besiedlung* des neugewonnenen Landes ging danach folgendermaßen vor sich: zunächst hielten sich größere Verbände zusammen; einige sind bekannt: die früh zugewanderten Bucinobanten gegenüber von Mainz, die Juthungen an der Donau, die Lentienser nordwestlich des Bodensees. Innerhalb dieser Gruppen vollzog sich die Ansiedlung nach Hundertschaften, d. h. Abteilungen, denen ein bestimmtes Gebiet zugewiesen wurde. Die Namen mancher solcher Hundertschaften sind uns bekannt, z. B. Munthariheshuntari (um Munderkingen), die Munigiseshuntari (um Münsingen). Im Gebiet der Hundertschaften wurde den Sippen Land zugeteilt: auf Sippenniederlassungen gehen die meisten der im Alamannenland besonders zahlreichen *Ortsnamen auf -ingen* zurück (ursprünglich der dritte Fall der Mehrzahl: Sindelfingen = zu den Leuten eines Sindolf); wo sie auf schwäbischem Boden begegnen, handelt es sich um altalamannische Sied-

lungen. Die Führung der Hundertschaften hatte der Hochadel, der die hohe
Gerichtsbarkeit ausübte. Der Führer der Sippe hatte Schutz und Fürsorge zu
gewähren, konnte aber auch Gehorsam fordern.

Neuerdings vertreten andere, so Heinrich Dannenbauer, Theodor Mayer und
Hans Jänichen, die Ansicht, das sogenannte Haufendorf mit Gewannflur und großer Markung sei nicht ursprünglich, sondern das Ergebnis allmählicher Ausdehnung kleinerer Gehöftegruppen, von denen aus zunächst mehr Weidewirtschaft als
Feldbau getrieben wurde. Das Dorf sei nicht eine Siedlung freier Markgenossen, sondern unfreier Bauern gewesen. Auch im Alamannenland hätten von Anfang an adlige Herren unfreien Bauern gegenübergestanden. Hufe und Gewannflur sei erst eine Einteilung von Grundherrschaften nach fränkischem Vorbild
gewesen. Hundertschaften, Sippendörfer und Sippenführer habe es in der alamannischen Frühzeit nicht gegeben. Die Hundertschaft (centena) sei vielmehr
eine fränkische Militärsiedlung sogenannter Königsfreier, die an den Grenzen und
in unterworfenem Land nach spätrömischem Muster als Bauern angesiedelt
wurden.

Alamannen und Franken – Schutzherrschaft Theoderichs

Um die Führung der gesamten deutschen Stämme zu übernehmen, fehlte den
Alamannen eine straffe, einheitliche Leitung. Die unruhigen Bewegungen der
Völkerwanderungszeit haben schließlich einem anderen der neuen Stämme die
Oberherrschaft gebracht, den *Franken*. Der Frankenkönig *Chlodwig*, ebenso be-
deutend wie rücksichtslos in der Wahl seiner Mittel, eroberte vom Kernraum
seines Reichs im Pariser Becken aus weite Teile Galliens, beseitigte durch seinen
Sieg bei Soissons 486 die Herrschaft des letzten römischen Statthalters Syagrius
im nördlichen Gallien und wandte sich dann weiter gegen Norden und Osten.
Der Zusammenstoß mit den Alamannen war nun unabwendbar. In einer großen
Schlacht bei Tolbiacum im Jahr 496, wahrscheinlich im Wormser Raum und
nicht, wie lange angenommen wurde bei Zülpich südwestlich Köln, besiegte Chlodwig die Alamannen. Sie büßten ihre nördlichen Sitze und ihre Vormachtstellung
im südwestlichen Deutschland an die Franken ein und wurden soweit zurückgedrängt, daß sie die nach Westen führenden Fernstraßen nicht mehr stören konnten. Die fränkische Nachbesiedlung hat zwar auch dort die frühere alamannische
Bevölkerung nicht ganz verdrängt. Die *Grenze zwischen Franken und Schwaben*
wurde nun aber in scharfer Linie festgelegt: vom Hesselberg im Osten zog sie

durch das Keuperbergland südlich der heutigen Städte Crailsheim, Gaildorf, Murrhardt, Marbach (= Mark-Bach) über den Lemberg bei Affalterbach zum Hohenasperg und dann ein Stück entlang der Glems in Richtung Weil der Stadt nach Calw mit einer Ausbuchtung nach Süden, die den nördlichen Schwarzwald den Franken zuwies, in die Gegend der Hornisgrinde, von hier die Oos entlang über den Rhein und nördlich vom Hagenauer Forst bis zum Kamm der Vogesen. Die Grenze zwischen den Stämmen hat ihre Bedeutung als Grenze zwischen den fränkischen und alamannischen Bistümern und, wenn auch mit späteren Verschiebungen, als Mundartgrenze behalten.

Mit dem ihnen verbliebenen Teil ihres Landes begaben sich die Alamannen in den Schutz des Herrn von Italien, ihres Nachbarn in Rätien, des Ostgotenkönigs *Theoderich*, der eine Einbeziehung ganz Alamanniens in den fränkischen Herrschaftsbereich nicht dulden wollte. Eine Vereinbarung zwischen ihm und Chlodwig, dem es nun vor allem auf den Gewinn des südlichen Galliens ankam, das in der Hand der Burgunder und Westgoten war, hat diese Abmachung bestätigt. Die Alamannen konnten sich dadurch eine gewisse Unabhängigkeit bewahren.

Um diese Zeit war ihnen auch nach Osten die Möglichkeit weiterer Ausdehnung genommen. Während der ersten Jahrzehnte des 6. Jahrhunderts wanderten, von den Langobarden verdrängt, die Bajuvaren, wie sich das einstige Markomannenvolk nun nannte, aus ihren böhmischen Sitzen in das Land südlich der Donau und östlich des Lechs ein. Das nunmehrige Bayern unterstand damals auch den Ostgoten, so daß jetzt Alamannen und Bayern deren Oberhoheit anerkannten. Damit war der Alamannenstamm auf das Gebiet beschränkt, das er in der Folge behaupten konnte und noch heute bewohnt: den größten Teil Württembergs mit Hohenzollern, die südliche Hälfte Badens, das bayerische Schwaben, Vorarlberg, das Elsaß und die deutsche Schweiz. Der Druck des oströmischen Reiches zwang die Ostgoten bald, diese Oberherrschaft aufzugeben: Alamannien und Bayern wurden, wohl im Jahre 536, dem *Frankenreich* einverleibt. Die Franken verlangten Tribut und Heerfolge und setzten Herzöge ein; ihre Herrschaft blieb aber zunächst locker. Am Ende der Ostgotenkämpfe in Italien drang auf Veranlassung des Frankenkönigs ein alamannisches Heer unter den Brüdern Leutharis und Butilin 553 in Italien ein, wurde aber im folgenden Jahr durch Malaria und einen Sieg des Narses am Volturnus in Campanien völlig vernichtet. Der letzte Versuch des Stammes, Neuland zu gewinnen, war mißlungen, er war und blieb nun zwischen Bayern, Franken und dem romanisierten Frankreich eingeengt. Diese Beschränkung des Ausdehnungsdranges hat zweifellos auch die Bildung des Stammescharakters beeinflußt und die Blickrichtung stärker als bei weiträumigeren deutschen Stämmen nach innen verwiesen.

Religion – Kultur – Mundart

Die *religiösen Vorstellungen* der Alamannen entsprachen im allgemeinen denen anderer germanischer Stämme: Sie sahen vor allem in Erscheinungen der Natur Wesen, deren Hilfe es zu erlangen galt. Das Übersinnliche wurde in Bäumen, in Flüssen, auf Hügeln und in Bergschluchten verehrt. Sie kannten auch den Kult von Göttern; als vornehmster Gott galt bei ihnen nicht wie bei anderen Germanen Wodan, sondern der Licht- und Kriegsgott Ziu. Weissagung, Los und Zauber standen in hohem Ansehen, doch fehlte im Unterschied zu den Kelten ein besonderer Priesterstand.

Zur Zeit der Einwanderung pflegten die Alamannen ihre Toten zu verbrennen. Spätestens im 4. Jahrhundert wird die Erdbestattung üblich, seit Ende des 5. Jahrhunderts in Reihengräbern. Etwa 900 *Reihengräberfriedhöfe* an rund 600 Orten, oft mit hunderten von Gräbern, meist etwas oberhalb der damaligen Siedlungen gelegen, sind in Württemberg festgestellt worden. Sie gaben vielfältige Aufschlüsse über die Kultur des Landes im 6. und 7. Jahrhundert. Besonders wertvolle Funde verdankt man dem schon 1846 ausgegrabenen Gräberfeld von Oberflacht nordwestlich von Tuttlingen. Särge (Totenbäume) und Grabbeigaben waren dort infolge der Bodenbeschaffenheit recht gut erhalten. Das größte alamannische Gräberfeld mit 801 Bestattungen wurde erst vor wenigen Jahren bei Weingarten freigelegt, andere z. B. in Hailfingen bei Rottenburg mit 496 Gräbern, Holzgerlingen und Sirnau bei Esslingen. In Baden wurden große Reihengräberfelder z. B. bei Mengen (Kreis Freiburg) mit 749 Gräbern, bei Lörrach-Stetten, bei Herten (Kreis Lörrach) und bei Güttingen (Kreis Konstanz) festgestellt. Einzelne Gräber, so bei Entringen, Gammertingen und Sindelfingen brachten wertvolle Waffen, kostbare Spangenhelme und Schmuck zutage. Das persönliche Eigentum, beim Mann Kleidung und Waffen, bei der Frau vor allem Schmuck, wurde ins Grab mitgegeben. Noch in den Gräbern des 5. Jahrhunderts findet man häufig das zweischneidige Langschwert der Reiter, die Spatha, welches das Reitervolk aus der niederdeutschen Ebene mitgebracht hatte.

Die *Kultur* des alamannischen Bauernvolkes der damaligen Zeit erweist seine kunsthandwerkliche Leistung, für die die Gräberfunde vielfältiges Anschauungsmaterial, oft recht schöne Stücke, bieten: Als Zierat wurde gern die bei allen Germanen gebräuchliche Verbindung von Tier und Band benützt. Manches wird von der römischen Provinzialkultur übernommen und weiterentwickelt. Auch, durch die Goten vermittelt, östliche sowie fränkische und seit Beginn des 7. Jahrhunderts langobardische Einflüsse wirken sich aus. *Runen* als Schriftzeichen waren auch den Alamannen bekannt; sie werden sie wohl von den Goten übernommen

10 Mithrasstein von Heidelberg-Neuenheim. Beim römischen Militär verbreiteter Kult aus Persien

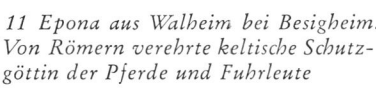

11 Epona aus Walheim bei Besigheim. Von Römern verehrte keltische Schutzgöttin der Pferde und Fuhrleute

12   *Römisches Reiterkastell Aquileia. Ausgrabung am heutigen Limesmuseum Aalen*

13/14 *Einzige römische Münze (Vorder- und Rückseite), die auf die Provinz „Raetia" hinweist
(vermutlich Erinnerungsmünze Kaiser Hadrians, der 120/121 n. Chr. in Rätien weilte)*

15 *Der Obergermanische Limes bei Pfahlbronn-Welzheim. Luftbild*

16 *Alamannisches Goldblattkreuz von Sontheim/Brenz, eine der frühesten Christusdarstellungen des Landes, 7. Jh.*

haben. Nur wenige Zeugnisse blieben jedoch erhalten, so auf einer Scheibenfibel aus Balingen und einer Lanzenspitze aus Wurmlingen bei Tuttlingen. Zu bedenken ist, daß die Runen bald, mit der Annahme des Christentums, durch die lateinische Schrift ersetzt wurden.

Zur Frage der *Stammesbezeichnung* und der *Mundart* ist folgendes zu bemerken: der Stamm trug von Anfang den Namen Sueven oder Alamannen; in der Karolingerzeit schwindet der Name „Alamannen" mehr und mehr zugunsten von „Schwaben". Wenn man heutzutage *alemannischen und schwäbischen Dialekt* unterscheidet und die Bezeichnung „Alemannen" für den Süden, vom südlichen Schwarzwald, der Baar und dem Bodensee an, sowie für die deutsche Schweiz, „Schwaben" für den schwäbischen Norden und Osten verwendet, so hat sich diese Unterscheidung erst seit Beginn des 19. Jahrhunderts, seit dem Erscheinen von Hebels „Alemannischen Gedichten", eingebürgert. Die sprachliche Verschiedenheit der beiden Dialektgruppen stammt jedoch aus dem späteren Mittelalter und ist nicht in verschiedener Herkunft der nördlichen und südlichen Alamannen oder Schwaben begründet. Die ersten Spuren der schwäbischen Mundart im weiteren Sinn lassen sich ins Althochdeutsche verfolgen; mit Sicherheit sind sie im 13. Jahrhundert festzustellen. Während des späteren Mittelalters dringt „schwäbisch" als Bezeichnung gegen Norden vor infolge der Zugehörigkeit fränkischer Städte zum hohenstaufischen oder zum Reichsgut, dann zur niederschwäbischen Reichsvogtei. So gilt Hall schon früh als eine schwäbische Stadt. Heilbronn, Hall und Wimpfen wurden im 16. Jahrhundert dem schwäbischen Reichskreis zugeteilt. Auch die *schwäbische Mundart* schiebt sich zu Lasten des Fränkischen nördlich über die einstige Stammesgrenze hinaus, soweit fränkischer Boden zu Altwirtemberg geschlagen wurde. Sie ist noch heute im Vordringen begriffen.

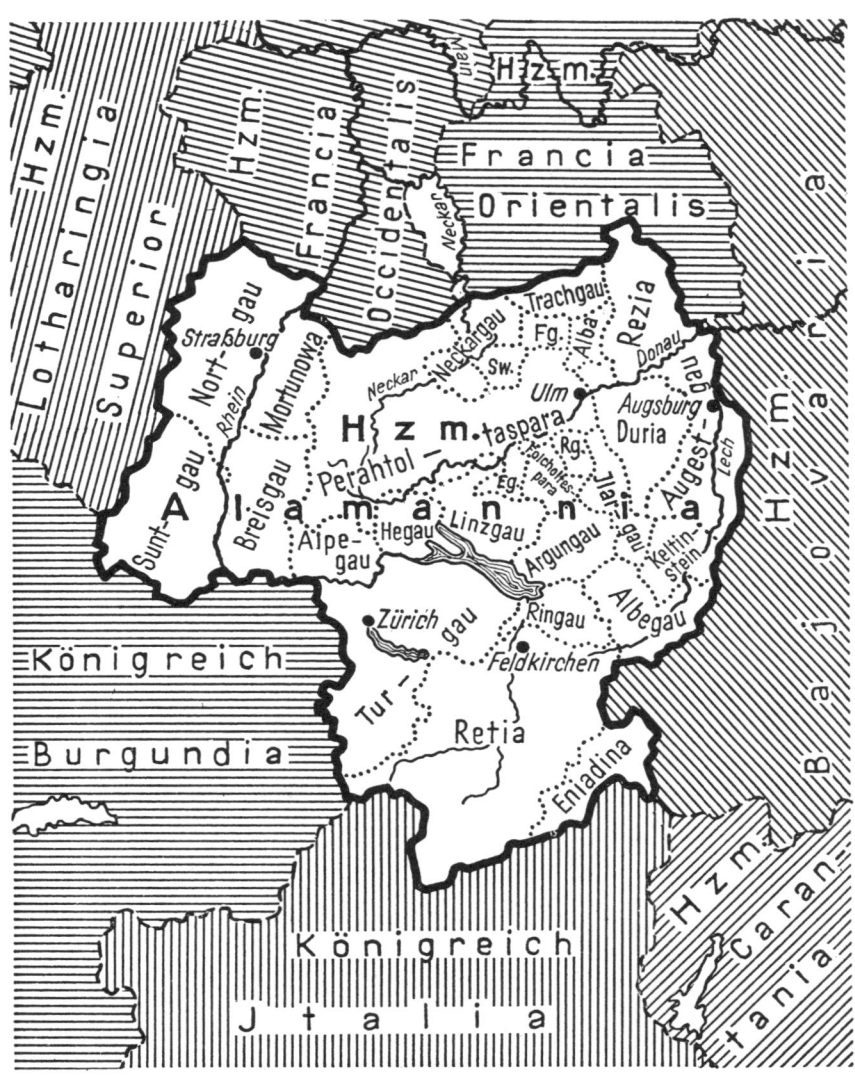

Karte 2: Herzogtum Alamannien

V. Das Alamannenland im Frankenreich

Die Franken haben auf das innere und äußere Leben des nun in ihr Reich einge-gliederten Alamannenstammes starken Einfluß ausgeübt. Die andauernden Wir-ren, die das Frankenreich in der späteren Merowingerzeit schwächten, ließen den Außenlanden aber erhebliche Bewegungsfreiheit. Mit dem nicht unbedeutenden, aber grausamen König Chlotar I. (um 560) beginnt der sittliche Verfall des me-rowingischen Königshauses, der zur Teilung des Reiches in drei Sonderstaaten: *Austrasien*, das Ostland an Maas und Rhein, *Neustrien*, das westliche Eroberungs-land, und *Burgund* führte. Dem alamannischen Land wurde im 6. Jahrhundert anstelle des bisherigen Teilfürsten (reguli) ein Herzog aus einheimischem Adel als Vertreter des Frankenkönigs vorgesetzt, der insbesondere den Oberbefehl über das Aufgebot führte. Der Stamm erhielt damit eine zentrale Gewalt, die ihm bisher gefehlt hatte. Das Amtsherzogtum bildete sich auch in Alamannien wie in Thüringen und im austrasischen Franken allmählich zu einem erblichen Stammesherzogtum aus, das nur noch die Oberhoheit des Frankenkönigs aner-kannte.

Annahme des Christentums

Das bedeutendste Ereignis nach der schweren Niederlage der Alamannen in Italien im Jahr 534 war zunächst die *Annahme des Christentums*. Von spät-römischen Christengemeinden haben sich wohl nur geringe Reste, so in Augsburg (Afra-Kult) und am Bodensee erhalten. Die fränkischen Könige aber betrach-teten sich trotz ihres Niedergangs als Hüter des christlichen Glaubens und die Kirche als Stütze ihrer Herrschaft. Unzweifelhaft ist von dort ein nachhaltiger Druck auf die Alamannenführer ausgeübt worden, der früher oder später zum Übertritt führen mußte. Mitgewirkt hat, daß die Alamannen nun von christ-lichen Völkern und Stämmen umgeben waren und das Christentum als Teil hö-herer Kultur erschien. Auch mag die Erinnerung an die Niederlage gegen Chlod-

wig, der 496 nach der Alamannenschlacht das Christentum annahm, und an den
mißglückten Feldzug gegen Italien den Glauben an die alten Götter untergraben
haben. Zunächst hat das Christentum wohl im Elsaß, das vom alamannischen
Herzogtum unabhängig war, Fuß gefaßt. Wie die Einführung der neuen Lehre
vor sich ging, wissen wir nicht. Wahrscheinlich haben die Alamannen das Christentum in römisch-katholischer Form auf einer Stammesversammlung um 560
oder 570 freiwillig angenommen. Starke Gegenwehr scheint es nicht gegeben zu
haben; dazu fehlte ein Priesterstand, um den sich der Widerstand hätte konzentrieren können. Offenbar wurden alte Bräuche schonend in die neue Form über-
geleitet. Zeugnisse des bisherigen Volksglaubens haben sich noch lange erhalten.
Für das Land wurden nicht neue *Bistümer* eingerichtet, sondern die bestehenden
in Straßburg, Windisch (seit etwa 630 Konstanz) und Augsburg bestellt. Priester
waren zunächst wohl überwiegend römisch-gallischer Herkunft; Missionare
wurden Mönche aus Irland und Schottland, vor allem der eifrige *Columban*, der
610 das burgundische Kloster Luxeuil gegründet hatte und dann von Bregenz
aus wirkte. Als er das Land verlassen mußte, blieb sein Mitarbeiter *Gallus* zurück, gründete eine Zelle an der oberen Steinach und setzte dessen Werk fort.
Schon in der Merowingerzeit wurden in Alamannien *Kirchen* errichtet, zuerst
wohl auf Herzogs- und Königsgut z. B. in Lauffen am Neckar, in Heilbronn
und auf der Stöckenburg (bei Vellberg). Die schlichten Gotteshäuser aus Holz
oder Fachwerk waren meist dem Heiligen Martin von Tours, dem volkstüm-
lichen Nationalheiligen der Franken, oder dem Erzengel Michael geweiht, der
oft an Stätten heidnischer Götterverehrung tritt. Urkirchen sind unter anderem
die von Altenburg bei Cannstatt, Brenz, Dornstetten, Göppingen, Kirchheim
u. Teck, Langenau, Lorch, Metzingen, Mössingen, Münsingen und Pfullingen. Eine
Kirche war damals in der Regel *Eigenkirche,* das heißt Eigentum des adligen
Herren, auf dessen Grund und Boden sie errichtet wurde. Sie konnte vom Grundherrn veräußert und vererbt, aber nicht ihrem Zweck entfremdet werden. Er
hatte den Geistlichen einzusetzen und zu bewidmen, wofür ihm der Kirchen-
zehnte zustand.

Alamannenrecht

Der Herzog von Alamannien betrachtete sich bald als fast selbständiger Herrscher. Noch vor dem Ende des 6. Jahrhunderts wird, wohl auf einer Landesversammlung, der *Pactus Alamannorum* vereinbart, ein nur in fünf Bruchstücken er-
haltenes Gesetz, das auf einem durch fränkische Synoden bestimmten Königs-

gesetz beruht. Die ständigen Wirren der späteren Merowingerzeit benützte wohl
Herzog Lantfrit während der Regierungszeit des Frankenkönigs Chlotar IV.
(717–719) auf einer Versammlung der alamannischen Großen, ein einheitliches
Landesrecht, die *Lex Alamannorum*, eine Überarbeitung des früheren Gesetzes,
beschließen zu lassen. Das Gesetz enthält an erster Stelle Bestimmungen über das
Recht der Kirche. Aus dem Pactus fallen im Gesetz Lantfrits die Bestimmungen
über die Ehescheidung auf Grund freiwilliger Übereinkunft und über das Ver-
stoßen der Ehefrau weg. Das Asylrecht der Kirchen wird gewahrt. Ein Eid wird
nicht mehr, wie im Pactus auf die Waffen, sondern am Altar geleistet. Ein Ein-
segnen der Ehe wird noch nicht erwähnt, auch bei einer Ehescheidung spricht die
Kirche noch nicht mit. Von der Lex Alamannorum bestehen 53 Handschriften,
davon 14 in Paris, je 5 in München und im Vatikan, je 4 in St. Gallen und in
Wolfenbüttel, 1 in Stuttgart (aus dem 9. oder 10. Jahrhundert, früher im Kloster
Weißenau).

Fränkische Herrschaft – Grafschaftsverfassung

Die Verwaltung des Frankenreichs kam immer mehr in die Hand der obersten
Beamten und Führer der königlichen Gefolgsleute, der *Hausmaier* (maiores do-
mus). Im Streit verschiedener Hausmaier setzte sich 687 das austrasische Geschlecht der Pippine, der Ahnen der Karolinger, durch. Zu Beginn des 8. Jahrhunderts werden die Merowinger unter Beihilfe der Kirche von den Karolingern
zunächst der Herrschergewalt und dann auch der Königswürde entsetzt. Diesen
ist es gelungen, nacheinander die Stammesherzogtümer zu beseitigen. Nach verschiedenen Feldzügen, zunächst des Hausmaiers Pippin des Mittleren in den Jahren 709 bis 711, leitet Karl Martell (714–741) als fränkischen Stützpunkt in
Alamannien die Gründung eines Klosters auf der Insel *Reichenau* im westlichen
Bodensee in die Wege und übergab sie dem wohl aus Südfrankreich stammenden
Pirmin, der dort 724 ein Kloster eröffnete. Gegen Herzog Lantfrit, der Pirmin
vertreibt, zieht Karl Martell 725 und 728 erneut zu Feld. Nach dem Tod Lantfrits
(etwa 730) wird das alamannische Herzogtum aufgehoben. Da dessen Bruder
Theutbald sich nicht fügen will und 745 in das Elsaß einfällt, rückt 746 der
Sohn Karl Martells, Karlmann, Bruder Pippins und Onkel Karls des Großen, in
Alamannien ein und läßt 746 auf der Altenburger Höhe bei *Cannstatt* die zu
einem Gerichtstag berufenen Großen, die sich dem Aufstand angeschlossen hatten, und ihre Begleiter durch das fränkische Heer umstellen und als Empörer
niedermachen. Theutbald stellte sich in Cannstatt nicht, wurde später gefangen

und soll 751 in Gallien gestorben sein. Der beträchtliche Besitz der Herzogsfamilie und die Güter anderer Hochadeliger wurden eingezogen und waren künftig Krongut des karolingischen Reiches. *Königshöfe* waren fortan Waiblingen,
Ulm, Altdorf (heute Weingarten), Rottweil, Neidingen in der Baar, Bodman am
nach ihm benannten Bodensee, Zürich und andere. Von ihnen wurde der weit
verstreute königliche Besitz verwaltet. Der alamannische Stammesadel war entscheidend geschwächt, jedoch nicht völlig beseitigt. Alamannien wurde nun fest
in das Frankenreich eingegliedert; bis 771 gehörte es zum Königreich Karlmanns
des Jüngeren, eines Bruders Karls des Großen.

Nach dem Aufhören des Herzogtums wurde auch in Alamannien nach fränkischem System die *Grafschaftsverfassung* eingeführt. Der Graf, in der Regel
zunächst ein Franke, war persönlicher Beauftragter und Vertreter des Königs, Befehlshaber, Verwaltungsbeamter und Richter. Während in den von den Alamannen Ende des 5. Jahrhunderts abgetretenen, nun fränkischen Gebieten des heutigen Württemberg früh zahlreiche Gaue genannt werden (Neckar-, Glems-,
Enz-, Murr-, Kocher-, Jagst-, Maulach- und Taubergau), wurde das gesamte alamannische Gebiet zunächst nur als *ein* Gau angesehen. Jetzt führten die Karolinger die im Frankenreich übliche Abgrenzung von Grafschaften allmählich auch
in Schwaben durch. Man bildete zunächst große, über den Umfang fränkischer
Grafschaften hinausgehende Verwaltungsbezirke, die *Baren* (Bar = Gerichts-
schranke). Bereits im 4. Jahrzehnt des 8. Jahrhunderts wird die Bertoldsbar genannt, ein großer Grafschaftsbezirk am obersten Lauf von Donau und Neckar.
In der zweiten Hälfte des Jahrhunderts wurde sie in mehrere Grafschaften aufgeteilt, die später in kleinere zerfielen. (Als „Baar" bezeichnete man im Volks-
mund später den südlichen Teil der verkleinerten Bertoldsbar, die Landschaft
zwischen Donaueschingen und Tuttlingen.) Seit der Zeit Karls des Großen wurden auch in Alamannien wie sonst im Frankenreich die Grafschaften immer
mehr geteilt.

Da der *Heerbann* für weite Feldzüge zu schwerfällig war und man gepanzerte
Reiter brauchte, wurde im 8. Jahrhundert der *Lehensdienst* geschaffen. Das als
Lehen verliehene Gut (beneficium, feudum) ermöglichte die Beschaffung von
Streitroß und Rüstung, wofür der Lehensmann durch Treueid Dienst zu Pferd
versprach. Mit dem König war der Lehensmann meist indirekt durch einen von
diesem Belehnten verbunden. Das Lehenswesen hat die ständische Ordnung des
Mittelalters bestimmt, war aber in Schwaben wie überhaupt im ostfränkischen
Reich schwächer entwickelt als im westfränkischen.

Manche Alamannen haben sich im Dienst der Karolinger ausgezeichnet; alamannische Große spielten nach den fränkischen eine bedeutende Rolle. Hervorragend

war der Graf des Nagoldgaues, *Gerold*, der Bruder der Königin Hildegard, der zweiten Gemahlin Karls des Großen, ein ausgezeichneter Kriegsmann, der 799 im Kampf gegen die Avaren, ein turko-finnisches Nomadenvolk im heutigen Ungarn, fiel. Daß Karl sich 771 die von ihm geliebte und auch nach ihrem frühen Tod besonders in Ehren gehaltene *Hildegard* (gest. 783), Enkelin des Alamannenherzogs Godefrid, zur Frau nahm, zeigt, daß damals die Gleichstellung des alamannischen mit dem fränkischen Reichsteil erreicht war. Hildegards Söhne Karl, Ludwig und Lothar wurden später die Erben des Reichs. Mächtige schwäbische Familien waren die Alaholfinger, Angehörige der einstigen Herzogsfamilie, die Unruochinger, die Markgrafen von Friaul, die mit Berengar sogar Könige von Italien wurden, und die Welfen aus dem schwäbischen Augstgau östlich des Lech.

Kirche – Klöster – Geistesleben

Auch in Alamannien ist die *Kirche* nun ein Teil der Reichskirche. Deren Charakter und Organisation wurden von Bonifatius geprägt. Dieser bedeutende angelsächsische Mönch Wynfrith (um 675–754) hatte 44jährig in Rom den Auftrag zur Missionierung erhalten und führte ihn mit Mut und Zähigkeit zunächst bei den Friesen, dann erfolgreich bei Hessen und Thüringern durch. Während ihn die hohe fränkische Geistlichkeit bekämpft, wirkt er eng mit Karl Martell zusammen. In Alamannien, dessen kirchliche Verhältnisse durch Herzog Lantfrit geordnet waren und wo man Karl Martell widerstrebte, kam Bonifatius nicht zur Wirksamkeit, wandte sich vielmehr Bayern zu und führte dort ab 736 die Neuordnung der Kirche durch. 741 errichtet er die Bistümer Eichstätt und das fränkische Würzburg. Auf seiner letzten Missionsreise wurde er 754 von Friesen erschlagen.
Im Jahr 751 setzte Pippin im Einverständnis mit dem Papst den letzten Merowingerkönig ab und ließ sich zum König der Franken wählen.
Das *geistige Leben* im Osten des Fränkischen Reiches blieb zunächst hinter dem des Westens zurück, das noch viel von spätrömischer Kultur bewahrt hatte. Die Bildung blieb der Kirche überlassen; Bischofssitze und Klöster waren die einzigen Stätten wissenschaftlicher und künstlerischer Verfeinerung. Großen Einfluß erlangten im 8. und 9. Jahrhundert die *Klöster*, vor allem Fulda in Hessen, Lorsch an der Bergstraße, Weißenburg im Elsaß, Reichenau und St. Gallen. Die Schenkungsbücher von Lorsch, Fulda und St. Gallen geben erste urkundliche Nachrichten über zahlreiche Orte des Landes. Die bedeutendsten Klöster im alamannischen Raum entstanden unweit des Bischofssitzes Konstanz: Reichenau im

Bodensee und St. Gallen südlich des Sees. Während wir über die Entstehungs-
geschichte St. Gallens gut unterrichtet sind, fehlen für Reichenau frühe Urkunden; selbst der Inhalt der Schenkungsurkunde Karl Martells von 724 konnte nur
aus gefälschten Bearbeitungen des 12. Jahrhunderts rekonstruiert werden.

Eine bedeutende Rolle spielte zunächst vor allem die Abtei *Reichenau*, deren erster
Abt von 724–727 Pirmin war. Die Gründung war ein missionarisches Werk,
aber doch in erster Linie eine Maßnahme der fränkischen Reichsgewalt zur Stärkung ihrer Position im alamannischen Land. Kloster Reichenau hat das Schicksal
der anderen großen Reichsabteien der Karolingerzeit geteilt. Die Ordensregel war
nicht die asketische des Kolumban, sondern die aufgeschlossenere Benedikts von
Nursia. Auch die folgenden Äbte, wiederholt zugleich Bischöfe von Konstanz,
waren Stützen der fränkischen Politik. Das von Anfang an begüterte Kloster
erhielt durch zahlreiche Schenkungen großen Besitz zwischen Bodensee und
Schwarzwald, um Bussen und Ulm sowie in der heutigen nördlichen Schweiz.
Abt Waldo (786–806), in enger Verbindung mit dem Kaiserhaus, begründete
die Gelehrtenschule und begann mit dem Bau des Münsters in Mittelzell. Unter
Abt Heito (806–822), Gelehrter und Staatsmann, seit 803 auch Bischof von
Basel, erreicht das Kloster hohen Glanz. 811 entsendet ihn Karl der Große nach
Konstantinopel zur Aussöhnung mit dem oströmischen Kaiser. Die Klosteranlage
entstand wohl im wesentlichen nach dem um 820 entstandenen sogenannten St.
Galler Klosterplan. Der romanische Klosterbau wurde anfangs des 17. Jahrhun-
derts abgerissen und im Renaissancestil wieder aufgebaut. Der berühmte Abt Wa-
lahfrid Strabo (842–849), ein geistvoller Dichter, anmutig besonders in seinem
Gedicht über den Gartenbau (Hortulus), übt in der Zeit Kaiser Ludwigs des Frommen und seiner Söhne großen Einfluß auf die Reichspolitik aus. Der unglückliche
Kaiser Karl III., der Dicke, war dem Kloster eng verbunden und ist auch dort
begraben. Um das Jahr 1000 erlebt Kloster Reichenau eine zweite kulturelle Blüte.
Seine Malschule war für die Monumentalmalerei schon seit Mitte des 9. Jahrhunderts weit berühmt. Für die Buchmalerei war Kloster Reichenau im 10. und
11. Jahrhundert die größte und einflußreichste, an künstlerischer Kraft und
Eigenart überragende Schule Europas, für die der Trierer Egbert-Psalter aus dem
letzten Viertel des 10. Jahrhunderts ein herrliches Beispiel bietet. Die Zeit der
politischen Bedeutung als Reichskloster war allerdings vorüber.

Das Kloster *St. Gallen* entstand etwa seit 744 aus einer Zelle, in die sich Kolum-
bans Mitarbeiter Gallus zurückgezogen hatte und die von Otmar zum Kloster
umgestaltet wurde. St. Gallen gewann ebenfalls rasch Besitz und Einfluß, kam
aber früh in Konflikt mit dem Bistum Konstanz. In der 2. Hälfte des 9. Jahrhunderts beginnt St. Gallen die Reichenau zu überflügeln: Notker der Stammler

(gest. 912), Gelehrter und Dichter, schrieb die noch vorhandenen Erinnerungen an Karl den Großen auf und begründete mit religiösen Liedern und Tonschöpfungen die deutsche Musik. Formelbücher überlieferten das nicht aufgehobene, aber durch mündliche Weitergabe abgewandelte Alamannenrecht und erleichterten die Abfassung von Urkunden.

Noch im 8. Jahrhundert wurden als Reichsklöster Ellwangen an der Jagst, im übrigen Schwaben Kempten und Ottobeuren, im 9. Jahrhundert das Frauenkloster Buchau gegründet. In Baden waren frühe Stiftungen in der Ortenau Arnulfsau, später Schwarzach genannt, und Gengenbach an der Kinzig.

Auch Kloster *Ellwangen* (Elchenfane, Elchenfang), bis 1802 als Fürstpropstei das größte geistliche Territorium in Württemberg, war eine fränkische Gründung (wohl schon 764) im nordöstlichen Schwaben, nahe der schwäbisch-fränkischen Stammesgrenze am Jagstübergang der alten Straße, die von Paris über Metz und Worms ins Donautiefland führte, am Südrand des Virigundawaldes. Gründer ist der hochadelige Hariolf, wahrscheinlich ein Moselfranke, zusammen mit seinem Bruder Erlolf, Bischof von Langres, auf eigenem Grund und Boden. Woher die ersten Mönche kamen, ist nicht bekannt; auch die Reihe der Äbte läßt viele Zweifel zu. Wirtschaftlich blühte die Reichsabtei auf. Sie wurde eine wichtige Bildungsstätte für das nordöstliche Schwaben. Aber ihr geistiger Zuschnitt und ihre politische Bedeutung kann sich mit Reichenau und St. Gallen nicht messen. Abt Hartpert spielte um 960 eine Rolle in der ottonischen Reichspolitik. Der schöne dritte Bau der Stiftskirche stammt aus der Zeit um das Jahr 1200.

Kloster *Murrhardt*, anfangs des 9. Jahrhunderts auf Königsgut durch Walderich, wohl einem Verwandten Kaiser Ludwigs des Frommen, gegründet, war nicht Reichsabtei und hatte sich lange gegen die Abhängigkeit vom Bistum Würzburg zu wehren. Das Nonnenkloster *Buchau* (am, früher im Federsee), gegründet angeblich um 770 auf Königsgut, gefördert von Ludwig dem Frommen, war Reichsabtei und nahm nur hochadelige Frauen auf. Um 850 war Ludwig des Deutschen Tochter Irmingard Äbtissin. Während Frauenklöster sich oft nicht lange halten konnten, bestand das Stift bis zur Säkularisation.

Dorfverfassung – Grundherrschaft

Mit dem Beginn des 6. Jahrhunderts war die Binnenkolonisation das alleinige Mittel weiterer Ausbreitung für das Alamannenvolk geworden; sie bestand im Ausbau der einzelnen Dorfmarken und in der Urbarmachung unberührter bewaldeter und gebirgiger Landstriche. Nach der oben erwähnten älteren Auffas-

sung sind die großen Urmarken früh in selbständige Dorfmarken aufgelöst worden. Der Sippenverband blieb lange bestehen, erfuhr aber im Lauf der Zeit eine
Lockerung. Die anfängliche Gemeinwirtschaft der Sippe wandelte sich allmählich
um, je mehr die Zahl der Einzelfamilien anwuchs und diese sich in der Bebauung
des ihnen zustehenden Anteils am Ackerland selbständig machten; die Geschlechts-
gemeinde wird zu einer *Markgenossenschaft,* die Dorfbewohnerschaft aus einer
verwandtschaftlichen zu einer nur noch örtlich zusammengehörigen Gruppe. Die
Verteilung einer Feldmark an die einzelnen Familien zur Sondernutzung setzte
etwa um 400 ein, als der Stamm gezwungen war, den Ackerbau intensiver zu betreiben. Die verschiedenen Zweige einer Sippe siedelten sich in einzelnen Gehöft-
gruppen nahe beieinander an, so daß die Teilsiedlungen bald zusammenwuchsen.
Das ursprüngliche Gemeineigentum der Sippe oder des Dorfes, die Allmende,
wurde nach und nach zum Sondereigentum; dem allmählichen Werden entsprach
die Vielzahl der zum einzelnen Bauernhof gehörigen Ackerstücke und ihre Streu-
lage innerhalb der Feldflur. Die Gewanne, ursprünglich rechteckige Teile davon,
umfaßten je eine Anzahl von Äckern verschiedener Gemeindegenossen. Die Gewannflur führte schließlich zu starker Besitzzersplitterung. Das Sonderrecht, das
die einzelnen Bauern an den Stücken hatten, war zeitlich beschränkt; sie durften
das Ackerland nur wenige Monate im Jahr, von der Aussaat bis zur Ernte,
nützen, während es die übrige Zeit der Gemeinde für den Weidebetrieb zur Verfügung stand. Die ursprünglich der ganzen Gemeinde zustehenden Rechte übte
ein bestimmter Hof des Dorfes aus, der Herrenhof (Fronhof, Salhof, später auch
Maierhof), der, größer als die übrigen Höfe, meist an bevorzugter Stelle „innerhalb Etters" (des Dorfzauns) lag, auch seine Felder nicht wie die übrigen Bauern in Gemengelage, sondern in wenigen großen Stücken unmittelbar beim Dorfe
hatte. Die Rechte des Herrenhofs sind aus denen des Sippenhauptes herausgewachsen; ihre Inhaber bildeten als Mittelfreie einen besonderen Stand zwischen dem
Adel und den Gemeinfreien. Die Befugnis, die Ackerfläche zu sperren und frei-
zugeben, wurde „Zwing und Bann" genannt; die Gemeindegenossen hatten dem
Dorfherrn Frondienste zu leisten. Pflichten und Rechte der einzelnen Genossen
wurden nach einem normalen Anteil, welcher der Leistungsfähigkeit und dem
Bedürfnis der Durchschnittsfamilie innerhalb einer Dorfmark entsprach, der *Hufe,*
berechnet. Sehr früh gelangte man durch die dauernde Einführung der Winter-
saaten zur *Dreifelderwirtschaft,* dem Wechsel von Winterfeld, Sommerfeld und
Brache (Zelgen); sämtliche Dorfgenossen hatten sich für den Anbau dieser Felder dem *Flurzwang* zu fügen.
Diese Auffassung ist freilich nicht unbestritten. Nach K. S. Bader und anderen,
die sich an die erwähnten neueren Ansichten anschließen, soll die Markgenossen-

schaft erst eine spätmittelalterliche Bildung, die Dreifelderwirtschaft eine grundherrliche Einführung und das Dorf in seiner spätmittelalterlichen und neuzeit-
lichen Gestalt etwas Neues sein. Er hält Versuche, mit Hilfe späterer Zeugnisse die
Zustände der älteren Jahrhunderte zu erfassen, für aussichtslos. Eine Einheitlichkeit der Meinungen wird sich bei der geringen, oft nur aus späteren Verhältnissen
abzuleitenden Überlieferung schwer erzielen lassen.

In der Karolingerzeit vollzog sich eine starke Verschiebung des Grundbesitzes:
die großen *Grundherrschaften,* wie sie schon im späten Römerreich bestanden
hatten und in Gallien von den Franken übernommen worden waren, drangen
mehr und mehr auch über den Rhein herüber. Der Uradel des Stammes hat sich
offenbar mit dem fränkischen Dienstadel zu einem neuen Stammesadel vermischt.
Es entstanden zahlreiche Grundherrschaften mit Streubesitz, d. h. ihr Besitz war
in der Regel aus vielen in verschiedenen Dörfern zerstreuten Höfen zusammengesetzt; sie waren aber nicht etwa festgeschlossene Güter mit eigener Landwirtschaft. Sehr stark wurde der königliche Besitz im Land; die *Königsgüter* wurden
zum Teil als Pfalzen eingerichtet und dienten den Herrschern als zeitweiliger Aufenthalt. Die Könige hatten kein dauerndes Hoflager, sondern zogen durch das
Reich, um ihr Königsamt persönlich auszuüben. Das Recht der Markgenossen,
durch Rodearbeit noch freies, dem Flurzwang nicht unterworfenes Land zu erwerben, kam insbesondere den großen Grundherrschaften zugute. Diese bevorzugten bei ihren Neubrüchen die Anlage der kleinen Weiler, Siedlungen von
wenigen Höfen, die oft schon durch das Gelände geboten war. Doch sind die
grundherrschaftlichen Ansiedlungen in Schwaben weniger zahlreich als in anderen
deutschen Ländern, auch im benachbarten Ostfranken. Hier bildet die einstige
Römergrenze einen bemerkenswerten Einschnitt. Während das westlich und südlich von ihr gelegene Gebiet frühe Siedlung zeigt, mußte die Landschaft jenseits
des Limes, die als unbebautes Vorland des Römerreiches lange eine öde Wildnis
war, erst mühsam wieder gerodet werden; hat jenes vorzugsweise größere Dörfer
mit umfassender Markung, so ist die Landschaft ostwärts des Limes, auch wo sie
vorzüglichen Ackerboden hat wie die Hohenloher Ebene, im wesentlichen erst von
den großen Grundherrschaften wieder in Anbau genommen worden.

Die Epochen der Ansiedlung haben sich in den Grundwörtern der *Ortsnamen*
niedergeschlagen. Die ältesten deutschen Ortsnamen sind die auf -ingen, die meist
auf Sippensiedlung hindeuten, ferner die auf -weil (an der Stätte römischer Bau-
lichkeiten, vom lateinischen villa) und auf -heim. Später als diese sind zum weitaus größeren Teil die von Flurbezeichnungen hergenommenen, benannt nach
einem Bach, Brunnen (Bronn), Berg, Tal, Anger (-ang), einer Au, einem Wald
(dafür die Grundwörter -hardt, -holz, -strut, -loch oder -lohe); solche Namen

waren von bewohnten Örtlichkeiten aus bereits den Fluren gegeben, ehe auf
ihnen eine Siedlung entstand. Ebenfalls jünger als die Ortsnamen auf -ingen, -weil
und -heim sind im allgemeinen die auf -hausen, -hofen, -stetten, -dorf und die
aus dem westlichen Frankenreich herübergedrungene, auf mittelalterliches vil-
lare weisende Endung -weiler, die gerne für die auf alten Dorfmarken entstandenen Tochterorte und für die von den Grundherrschaften ausgehenden Siedlungen gewählt wurden. Befestigte ständige Wohnsitze der Großen, Herrenbur-
gen, wie sie uns auch jetzt schon begegnen, führen den Namen -burg, so Neckar-
burg bei Rottweil, Rottenburg, Altenburg am Neckar, Biberburg (Mühlhausen am
Neckar), Runingenburg (Michaelsberg bei Cleebronn).

In der *Hausanlage* kann alamannische und fränkische Wohnungsweise nicht unterschieden werden. Der römische Steinbau ist auch für Kirchen und Edelsitze
nur ganz allmählich aufgenommen worden, zuerst von den Franken in Gallien,
später rechts vom Rhein, jedenfalls nicht vor dem sechsten Jahrhundert; vorherrschend blieben noch lange die Holzbauten.

VI. Schwaben vor der Stauferzeit

Im Karolingerreich

Karl der Große hat in den 46 Jahren seiner Regierungszeit das fränkische Reich gestaltet. 773 wurde das Langobardenreich in Italien erobert, 787 der Bayernherzog Tassilo abgesetzt, 791 die immer wieder aus dem Donaubecken vordringenden Avaren besiegt, in wiederholten Kriegen die Araber über die Pyrenäen gedrängt, die Sachsen in dreißigjährigem Kampf niedergerungen. Karl herrschte von Mittelitalien bis ins heutige Holstein, von der Spanischen Mark bis an die Elbe. Nur eine überragende Persönlichkeit konnte dieses Reich einheitlich beherrschen. Karl setzte sich das Ziel, das weströmische Kaisertum zu erneuern und den Franken zu sichern: Am Weihnachtsfest des Jahres 800 wird er durch Papst Leo III. zum Römischen Kaiser gekrönt. Das Kaisertum sah er als eine ihm von Gott übertragene Herrschergewalt an; er betrachtete sich als Schutzherr der abendländischen Christenheit. Auch Ostrom anerkannte 814 Karls Kaiserwürde für das Abendland.

Sein Nachfolger *Ludwig der Fromme* war der schweren Aufgabe nicht gewachsen. Seine Söhne bekämpften sich und den Vater. Nach seinem Tod teilte der *Vertrag von Verdun* 843 die Gebiete rechts des Rheins dem Reich König Ludwigs des Deutschen zu. Von nun an gab es ein *Ostfränkisch-deutsches Reich*. Durch das Aussterben der Linie Kaiser Lothars und den Wegfall des Zwischenreichs wurde der nationale Scheidungsprozeß zwischen Ost- und Westreich vollendet. Im Vertrag von Meersen 870 schlug man Lothringen zum ostfränkischen Reich. Das Elsaß kam wieder zu Alamannien. Die deutschen Stämme waren unter einheitlicher Staatsgewalt zusammengefaßt. Unter dem schwachen Karl III., viel später der Dicke benannt, konnte das Frankenreich zwar nochmals für wenige Jahre vereinigt werden. Da er meist in Alamannien residierte, erhielt das Land gesteigerte Bedeutung. Den Gefahren, vor allem den Einfällen der Normannen, die 881 auch Aachen verwüsteten, war er nicht gewachsen: er wird 887 abgesetzt und stirbt 888. Auf der Reichenau, die ihm viel verdankt, wird er begraben. Auch in der

darauf folgenden Zeit haben Alamannen erheblichen Einfluß auf die Geschicke
des Reiches ausgeübt. 911 starben die ostfränkischen Karolinger im Mannesstamm
aus.

Schon unter den späteren Karolingern strebten die Stämme wieder nach politischer
Selbständigkeit. Vor allem trugen dazu die Einfälle der Normannen und Ungarn
bei. Die Schwerfälligkeit des königlichen Aufgebots war solchen plötzlichen An-
griffen nicht mehr gewachsen; nur enger Zusammenschluß der Angehörigen der
alten Stämme und Unterordnung unter bewährte Führer bot die Möglichkeit zu
erfolgreichem Widerstand. Es bildeten sich die Stammesherzogtümer Sachsen,
Bayern und die beiden fränkischen, Lothringen und Franken (d. h. Ostfranken).
An ihrer Spitze standen Herzöge, die als Vertreter des Königs die höchste Gerichtsbarkeit in ihren Landen ausübten und den Oberbefehl über die Heeresmacht führten. Bereits 939 kam das Herzogtum *Franken* mit den in ihm gelegenen Grafschaften unter die unmittelbare Verwaltung des deutschen Königs. Erst später
sprach man wieder von einem Herzogtum Franken, als der Bischof von Würzburg die herzogliche Gerichtsbarkeit innerhalb seines Bistums erhalten hatte.

Herzogtum Schwaben

In *Schwaben* ist es nur unter schweren Kämpfen und Erschütterungen gelungen,
eine neue Herzogsgewalt zu begründen, nicht zuletzt da nur wenige große Geschlechter die Katastrophe von Cannstatt im Jahre 746 überstanden hatten. Vor
allem widerstand der tatkräftige Bischof Salomon III. von Konstanz (890 bis
919), Kanzler unter Ludwig dem Kind und Konrad I., der Schaffung eines Herzogtums. Zwei schwäbische Große, die Brüder Erchanger und Berchtold aus der
in der Bertoldsbar mächtigen Sippe, strebten in den Jahren der Ungarnnot diese
Stellung an; König Konrad belagerte ihren Sitz, den Hohentwiel. Eine Synode
der deutschen Bischöfe, die 916 im Ries tagte, verurteilte sie zu lebenslänglicher
Buße im Kloster; im folgenden Jahr ließ sie König Konrad I. (911–919), ihr
Schwager, zu Ötlingen bei Kirchheim u. T. hinrichten. Im selben Jahr 917 konnte
ein anderer, Burkhard I. (917–926), aus dem Geschlecht der Markgrafen (Chur-)
Rätiens die herzogliche Gewalt an sich bringen: er wurde 920 von Heinrich I.,
dem ersten König aus dem sächsischen Hause, anerkannt. Die Beherrschung
Schwabens war ein wichtiger Ansatzpunkt für die Stärkung der Königsmacht und
der Besitz der Bündnerpässe der Schlüssel für die Italienpolitik König Heinrichs
und der späteren Kaiser. Schwaben wurde dadurch zu einem Kernland des Reichs;
das *Herzogtum Schwaben* bestand bis zum Untergang der Staufer.

König Heinrich I. (919–936) und Kaiser Otto I. (936–973) betrachteten die herzogliche Würde als eine amtliche, der freien Verfügung der Krone unterstellte; um die Abhängigkeit der Herzogtümer zu erhalten, erkannten sie eine Erbfolge in ihnen nicht an. Sie glaubten am besten zum Ziele zu kommen, wenn sie zur herzoglichen Würde nicht einheimische, sondern auswärtige Große beriefen oder die Herzogsgewalt an Glieder ihres Hauses verliehen; dadurch suchten sie die einheitliche Staatsgewalt gegenüber den Sonderbestrebungen der Stämme zu behaupten. Heinrich übertrug Schwaben 926 dem ostfränkischen Grafen *Hermann I.* (926–948), Otto 950 seinem eigenen Sohn *Liudolf,* dem Schwiegersohn Hermanns; als sich Liudolf wenige Jahre darauf gegen seinen Vater erhoben hatte, wurde er nach harten Kämpfen 954 abgesetzt. Das Herzogtum erhielt *Burkhard II.* (955–973), wohl der Sohn Burkhards I. Da Otto der Große das Königtum auf die Mitwirkung der Reichskirche, das heißt der deutschen Erzbischöfe, Bischöfe und Reichsäbte stützen konnte, gelang es ihm, den dauernden Zusammenhalt der auseinanderstrebenden Stämme zu sichern; die stammesrechtliche Stellung des Herzogs wurde damit zwar geschwächt, die Umwandlung der herzoglichen Gewalt in ein von der Krone abhängiges Amt freilich weder von ihm noch von seinen Nachfolgern erreicht. Der maßgebende Einfluß auf die Reichskirche ist dem Königtum erst im Investiturstreit entglitten.

Herzog Burkhard II. heiratete eine Nichte des Kaisers Otto I., die schöne und geistvolle Tochter des Herzogs Heinrich von Bayern, *Hadwig,* bekannt durch Scheffels Roman „Ekkehard". Sie behielt nach dem Tode ihres Gemahls den ansehnlichen Güterbesitz am Bodensee, insbesondere den Hohentwiel, wo sie bis zu ihrem Ableben 994 als stolze und strenge Herrin residierte.

In der Folge blieb das Herzogtum bis zum Beginn des elften Jahrhunderts in den Händen von Verwandten oder treuen Freunden des sächsischen Kaiserhauses, wie den Herzögen *Otto* (973–982), einem Sohn Liudolfs, und *Hermann III.* (997 bis 1003), 1012 fiel es an einen Zweig des babenbergischen (nach Bamberg genannten) Geschlechts, das auch in der Mark Österreich zur Regierung gelangt war, zunächst an den Markgrafen *Ernst I.* (1012–1015). Dessen Witwe Gisela wurde die Gemahlin des rhein-fränkischen Großen Konrad, der nach dem Erlöschen des sächsischen Hauses 1024 als Konrad II. auf den deutschen Königsthron berufen wurde. Ihr und Ernsts I. Sohn, der eigenwillige *Herzog Ernst II.* hatte mit seinem Stiefvater wegen der Nachfolge im Königreich Burgund erbitterten Streit; da Gisela eine Nichte Rudolfs, des letzten Königs aus dem Welfenhause, war, glaubte er nähere Rechte an dessen Erbe zu haben und schritt wiederholt zur Empörung. Die schwäbischen Großen verweigerten ihm jedoch die Heeresfolge. Nach seiner zweiten Erhebung ließ ihn Konrad 1027 auf einem Fürstentag zu Ulm absetzen und auf die Burg Giebichenstein bei Halle an der Saale bringen. Nach einiger Zeit befreit, erhielt Ernst sein Herzogtum wieder zurück, wollte aber an seinem einstigen Genossen, dem Grafen Werner von Kiburg (bei Winterthur), die Reichsacht nicht vollstrecken und wurde darum selbst geächtet. Die beiden zogen sich in den damals fast unbewohnten Schwarzwald auf den Falkenstein bei Schramberg zurück und fanden 1030 durch Truppen des Kaisers gemeinsam den Tod. Das Geschick des unglücklichen Fürsten machte einen tiefen Eindruck. Die Sage verschmolz ihn und den früheren Schwabenherzog Liudolf, der mit seinem Vater Otto dem Großen in heftigen Zwist gekommen war. Zur Zeit der Kreuzzüge wurde die Erzählung mit Fabeln des Orients ausgeschmückt und als Sage vom Herzog Ernst und seinen wunderbaren Fahrten in Gedichten des 12. und 13. Jahrhunderts, später auch in einem deutschen Volksbuch festgehalten. Ludwig Uhland hat ihm sein 1817 verfaßtes Trauerspiel „Ernst, Herzog von Schwaben" gewidmet. Mit dem Bruder Ernsts, *Hermann IV.* (1030–1038), starb die schwäbische Linie des babenbergischen Geschlechts aus. Das nächste Anrecht hatte nun Heinrich, der Sohn Konrads II. und der Kaiserin Gisela, der bereits Herzog von Bayern war und später auch Herzog von Kärnten wurde; aber als Kaiser Heinrich III. vergab er die drei an ihn gefallenen Herzogtümer wieder. Die Stellung Schwabens im Ganzen des Reichs hatte an Bedeutung zugenommen, seitdem Italien durch die Politik Ottos des Großen und die Verbindung der Kaiserwürde mit dem deutschen Königtum in den Vordergrund der Reichspolitik getreten war. Je mehr das Reich aus einer Vorherrschaft des fränkischen und dann des sächsischen Stammes über die anderen Stämme zu einem deutschen Gemeinwesen wurde, desto mehr gewann Schwaben an Bedeutung. Es war unter den Ottonen ein Kernland des Reiches geworden und blieb es bis zum Untergang der Staufer. Andererseits erfaßte das Verhängnis, das unter Kaiser Heinrich IV. über das Reich hereinbrach, Schwaben schwer, weil dort die geistigen Strömungen und die politischen Kräfte besonders hart aufeinanderstießen. Als 1057 der schwäbische Herzog Otto (von Schweinfurt) starb, erhob die schwache Regentin Agnes, Witwe Kaiser Heinrichs III., eine Frau ohne politisches Urteil, ihren Schwiegersohn, den Grafen *Rudolf von Rheinfelden* bei Basel, zum Herzog von Schwaben; zugleich wurde ihm die Verwaltung des an Schwaben angrenzenden Königreichs Burgund übertragen. Graf Berthold I. (gestorben 1078), der Stammvater des Geschlechts der *Zähringer*, der Ansprüche auf das ihm von Heinrich III. zugedachte Herzogtum erhoben hatte, wurde 1061 mit dem Herzogtum Kärnten und der Markgrafschaft Verona abgefunden, konnte aber beides nicht in Besitz nehmen. Seine Nachkommen, die Herzöge von Zähringen und die von Teck sowie die Markgrafen von Baden leiten davon ihre Titel her. Beide Männer haben sich als ge-

17 Reichenauer Buchmalerei.
Kaiser Otto III. aus dem
Evangeliar des Kaisers um 1000

18 St.-Georgs-Kirche
in Reichenau-Oberzell mit Wand-
malereien vom Ende des 11. Jh.

19 Bau der Klosterkirche in Maulbronn. Tafel eines Flügelaltars
von 1450

20 Aureliuskirche in Hirsau.
Altarbild Ende 15. Jh.

21 Großkomburg bei Schwäbisch
Hall. Großartige Klosteranlage aus
der Zeit der Hirsauer Reform

22 Romanischer Radleuchter
der ehem. Klosterkirche Großkomburg. Teilstück

23 *Alpirsbach, Klosterkirche der Hirsauer Schule aus der 1. Hälfte des 12. Jh.*

24 *Klosterkirche Lorch, gegr. 1102. Grablege der Hohenstaufen*

fährlichste Gegner Kaiser Heinrichs IV. erwiesen. Zunächst konnte dieser sich aber noch auf seinen Schwager Herzog Rudolf stützen, vor allem bei der Niederschlagung des großen Sachsenaufstandes, zu dem der Versuch, das Königsgut in Sachsen auszudehnen, geführt hatte. Insbesondere mit dem schwäbischen Heerbann unter Rudolfs Führung erstritt der König 1075 den Sieg bei Homburg an der Unstrut (unweit Langensalza).

In dieser Schlacht haben die Schwaben das *Recht des Vorstreits* ausgeübt. Es muß zuvor von König Heinrich anerkannt worden sein. Bis dahin war es auf Karl den Großen zurückgeführt worden. Wahrscheinlich ist der Vorstreit ein Recht, das Karl seinem heldenhaften Schwager, dem schwäbischen Grafen Gerold, höchstpersönlich verliehen hat und das durch Überlieferung und Volksdichtung im Gedächtnis der Schwaben blieb. Allmählich kam so die Meinung auf, auch der Stamm habe den Anspruch auf das Vorrecht. Seit der Schlacht bei Homburg galt der Vorkampf der Schwaben, wenn auch nicht immer eingehalten, als feststehend.

Das Herzogtum Schwaben hatte unter den sächsischen und den ersten salischen Kaisern seine Stellung gewahrt. Der rasche Wechsel der Herzöge und der Dynastien war der Entfaltung der Herzogsmacht nicht förderlich, aber im allgemeinen für das Land kein Unglück. Sein Ausbau machte Fortschritte, die Bevölkerung wurde dichter. Auch die Besiedlung der Waldgebiete wurde nun verstärkt in Angriff genommen.

VII. Staufische Herzöge, Könige und Kaiser

Investiturstreit

Die Regierung Heinrichs IV. bildet die Wende in der Geschichte des deutschen Königtums. Die kirchliche Reformbewegung, die ursprünglich vom Kloster Cluny im französischen Burgund ausgegangen war und sich zunächst auf das Mönchtum, dann aber auf das gesamte kirchliche Leben erstreckte, brachte dem Deutschen Reich die schwerste Erschütterung, als Papst Gregor VII. im *Investiturstreit* die Einsetzung der Bischöfe und Reichsäbte dem deutschen König streitig machte und durch Zusammenwirken mit den Selbständigkeitsbestrebungen der deutschen Fürsten den König unter seine Obergewalt zu beugen suchte, um das Gottesreich auf Erden unter Leitung der römischen Kurie und die Eigenständigkeit des kirchlichen Lebens zu verwirklichen. Als Heinrich IV. im Jahre 1076 von Gregor gebannt wurde, sagten sich die deutschen Fürsten, vor allem die einflußreichsten süddeutschen Dynastengeschlechter, so die Herzöge Rudolf von Schwaben, Welf von Bayern, Berthold von Kärnten, von ihm los. Sie benützten die Gelegenheit, um unter dem Schutz der Kirche die Macht des Königtums zu brechen. Im März 1077 setzten sie zu Forchheim an der Regnitz unter dem Vorsitz eines päpstlichen Legaten Heinrich IV. ab und erhoben an seiner Stelle Herzog *Rudolf von Schwaben* zum Gegenkönig; zugleich beschlossen sie, die bisher übliche Erblichkeit der deutschen Königskrone abzuschaffen. Nun folgten erbitterte Kämpfe zwischen der vereinigten Macht des Papstes und der deutschen Fürsten einerseits, dem König Heinrich andererseits. Schwaben, eine der wichtigsten Brücken zwischen Deutschland und Italien, wurde auch kirchlich der Haupherd des Widerstands gegen die Königsmacht durch die Tätigkeit des Abts *Wilhelm von Hirsau* im Schwarzwald (Abt von 1069–1091), der sich 1079 der cluniazensischen Klosterreform anschloß und der Vorkämpfer für die Reform der Benediktinerklöster und die Befreiung der Kirche vom weltlichen Einfluß im Sinne der gregorianischen Ideen wurde.

Staufer und Welfen

Schwaben, in dem die Hauptbesitzungen der abgefallenen und von Heinrich abgesetzten Herzöge lagen, wurde hart umstritten und furchtbar verwüstet. In diesem Kampf zwischen König und päpstlicher Partei gelangte in Schwaben das Haus zur Führung, das für die deutsche Geschichte des Mittelalters zu entscheidender und tragischer Bedeutung gelangen sollte: die *Staufer*. Heinrich IV. übergab 1079 dem konsequentesten Vertreter seiner Sache, dem schwäbischen Großen *Friedrich von Staufen*, das Herzogtum Schwaben und verlobte ihm sein Töchterlein Agnes. Der Gegenkönig Rudolf von Rheinfelden, der Schwaben seinem Sohne Berthold abgetreten hatte, wurde 1080 in der Schlacht bei Hohenmölsen südwestlich von Leipzig schwer verwundet und erlag seinen Verletzungen; daß er im Kampf die rechte Hand verlor, mit welcher er dem Kaiser einst den Eid der Treue geschworen hatte, sah man als Gottesurteil an. Die auf der Seite des Papstes stehenden Schwaben kämpften noch bis gegen Ende des Jahrhunderts unter Führung Bertholds von Rheinfelden, der 1090 starb, dann unter dessen Schwager und Erben Berthold II. von Zähringen.

Nachdem Welf IV. sich 1096 mit Heinrich ausgesöhnt hatte, gelang es diesem, auch in Schwaben einen Ausgleich herbeizuführen. *Friedrich I. von Staufen* (1079 bis 1105) wurde 1098 als *Herzog* allgemein anerkannt, der Gegenherzog Berthold II. von Zähringen verzichtete auf das Herzogtum Schwaben, in dem er sich seit dem Tode Bertholds von Rheinfelden behauptet hatte, und wurde mit dem bedeutenden Reichslehen Zürich, das aus dem Herzogtum ausgegliedert wurde, und dem Herzogtitel abgefunden. Nach dem Tode des ersten staufischen Herzogs 1105 folgte ihm unangefochten sein ältester Sohn, Herzog *Friedrich II.* (1105–1147), der Vater Barbarossas, während der jüngere, *Konrad*, der spätere König Konrad III., Herr der ostfränkischen Besitzungen des Hauses wurde. Der Zusammenhalt des staufischen Besitzes blieb jedoch gewahrt, eine wesentliche Voraussetzung für den weiteren Aufstieg des Hauses. Als mit Kaiser Heinrich V. das salische Geschlecht erlosch, wurde unter Ablehnung eines Erbrechts nicht Herzog Friedrich II. von Schwaben, sondern Herzog *Lothar von Sachsen* (1125 bis 1137) zum König gewählt, weil den deutschen Fürsten und dem Papst die nächsten Verwandten des salischen Kaisergeschlechts, eben die Staufer, allzu mächtig geworden waren; daß Herzog Friedrich auf den Thron kraft Erbrechts Anspruch erhob, galt den Fürsten bereits als ausreichender Grund, ihn nicht zu küren. Heftige Kämpfe, während derer das staufische Ulm 1134 durch den Schwiegersohn Kaiser Lothars, den Welfen Heinrich den Stolzen, zerstört wurde, tobten ein Jahrzehnt lang zwischen Lothar und den staufischen Brüdern, bis sich diese 1134 mit dem Kaiser aussöhnten. Lothar war der Schwiegervater des Welfen Heinrich des Stolzen, Herzogs von Bayern. Dieser gewann noch die Herzogswürde in Sachsen; so wurde das *Welfenhaus* das mächtigste Geschlecht in Deutschland.

Die *Welfen* werden schon zur Zeit Karls des Großen mit großen Ehren genannt. Die Anfänge des Hauses sind nicht völlig aufgeklärt. Ihm gehörten unter Ludwig dem Frommen die Kaiserin Judith, unter Ludwig dem Deutschen die Königin Emma an; ein Zweig hatte von 888 bis 1032 die Königswürde in Hochburgund inne, doch erlosch der Mannesstamm dieses Welfenhauses mit Welf III. im Jahr 1055. Ein Neffe des letzten Welfen, der Sohn eines Markgrafen Azzo von Este in Oberitalien, Welf IV., wurde der Begründer des jüngeren Welfenhauses; 1070 übertrug ihm Kaiser Heinrich IV., zu dessen schärfsten Gegnern er später zählte, das Herzogtum Bayern. Die Begräbnisstätte der Welfen war das bei ihrer Hauptfeste Ravensburg gestiftete Kloster Altdorf, später Weingarten genannt. Welfs IV. Söhne waren Welf V. und Heinrich der Schwarze, nacheinander Herzöge von Bayern, Heinrichs des Schwarzen Söhne Heinrich der Stolze und Welf VI. Seit unter Kaiser Lothar zu Bayern und zu den schwäbischen und italienischen Besitzungen des Hauses noch das Herzogtum Sachsen und die Markgrafschaft Tuszien (Toskana) getreten waren, nahmen die Welfen eine überragende Stellung innerhalb des Reichs, ja in Mitteleuropa ein. Durch die Heirat der Welfin Judith, Schwester Heinrichs des Stolzen, mit Herzog Friedrich II. von Schwaben waren beide Häuser nah verwandt; Friedrich Barbarossa war ein Vetter Heinrichs des Löwen.

Die Burg *Hohenstaufen* auf einem hochragenden Vorberg der Schwäbischen Alb zwischen Göppingen und Schwäbisch Gmünd ist erst in der zweiten Hälfte des 11. Jahrhunderts erbaut worden. Der Vater des ersten Herzogs nannte sich noch Friedrich von Büren nach seinem Herrenhof zu Wäschenbeuren nördlich vom Hohenstaufen. Im 11. Jahrhundert begannen die Großen ihren Wohnort auf schwerer zugängliche und leichter zu verteidigende Berghöhen zu verlegen. So hatten die Grafen von Urach und Achalm ihren Sitz ursprünglich zu Dettingen an der Erms, die Grafen von Calw zu Ingersheim am Neckar (zwischen Marbach und Besigheim); die Welfen machten statt Altdorf die Ravensburg zu ihrem Hauptsitz. Die Grablege der Staufer war in dem noch von Herzog Friedrich I. 1102 gestifteten Benediktinerkloster *Lorch* an der Rems. Den Gütern, welche das von Anfang an bedeutende Geschlecht in Schwaben und im Elsaß besaß, konnte es zur Zeit Kaiser Heinrichs V. Hall und den Kochergau sowie Rothenburg ob der Tauber in Ostfranken hinzufügen, reichen Besitz, der von den ausgestorbenen Grafen von Comburg und Rothenburg stammte, und nach des Kaisers Tod das Privaterbe des salischen Hauses um Speyer und Worms.

Nach dem Tode Kaiser Lothars 1137 erhob die päpstliche Partei nicht den von Lothar zum Nachfolger bestimmten mächtigen Welfen Heinrich den Stolzen auf den Thron, weil sie von ihm eine Erstarkung der Krone befürchtete, sondern den Hohenstaufen *Konrad III.* (1138–1152). Er war tapfer und unternehmend, aber nicht von überragendem Weitblick. Die Welfen waren zunächst nicht gewillt, sich Konrad zu beugen. Da Heinrich der Stolze die Anerkennung verweigerte, sprach ihm Konrad seine beiden Herzogtümer ab. Heinrich der Stolze wurde 1139 vorzeitig hinweggerafft. Für seinen erst zehnjährigen Sohn *Heinrich den Löwen* verfocht sein Oheim Welf VI. die Interessen des Hauses. Gegen Ende des Jahres 1140 zog sich der Krieg um die Feste Weinsberg bei Heilbronn zusammen, die König Konrad belagerte. Welf nahte mit überlegener Streitmacht, um die bedrängte Burg zu entsetzen, erlitt aber eine schwere Niederlage. Es war für die staufische Führung des Reiches das entscheidende Treffen; die Welfen haben sich seitdem zwar immer wieder, aber ohne nachhaltigen Erfolg gegen die Macht des Hohenstaufenhauses aufgelehnt. An die Übergabe der Burg knüpft sich die Erzählung von den *Weibern von Weinsberg:* Konrad gewährte allen Frauen freien Abzug mit der Zusage, so viel mitzunehmen, als sie auf den Schultern fortzutragen vermöchten. Eine derartige Erlaubnis wurde damals öfters bei Kapitulationen gegeben. Die Frauen legten die Absprache in ihrem Sinne aus und trugen ihre Männer herab. Zwar meinte Herzog Friedrich von Schwaben, des Königs Bruder, das könne man nicht zulassen; Konrad aber erwiderte, an einem Königswort dürfe man nicht deuteln. Die urkundlich wohlbezeugte Geschichte verdient Glauben und ist nur irrtümlich für eine Sage gehalten worden. Erst seit der Zeit, da sie im 16. Jahrhundert allgemein bekannt wurde, findet man sie als Wandersage auch auf andere Burgen übertragen. Seit dem 18. Jahrhundert wird die Burgruine Weinsberg „Weibertreu" genannt.

In den Kämpfen dieser Jahre kamen auch die beiden Parteinamen *Waiblinger* und *Welfen* auf. Waiblingen im Remstal war Königsgut und ist vom salischen Haus an die Hohenstaufen gelangt. Es war in der ersten Hälfte des 11. Jahrhunderts ein bevorzugter Aufenthaltsort des Geschlechts. Durch die Verbindung Welfs IV. mit dem normannischen König Roger von Neapel und Sizilien drangen diese Parteibezeichnungen auch nach Italien und wurden hier später unter Kaiser Friedrich II. die Losungsworte der Parteien (Ghibellinen und Guelfen).

Karte 3: Das Reich der Hohenstaufen

Kaiser Friedrich I. Barbarossa

Die Periode der staufischen Reichsregierung bildete die Höhe des mittelalterlichen Kaisertums. Nach dem Tode König Konrads III. bestieg nicht sein sechsjähriger Sohn, sondern sein von ihm empfohlener Neffe Herzog Friedrich III. von Schwaben, der 1122 geborene Sohn des 1147 hingeschiedenen Herzogs Friedrich II., als *Friedrich I.* (1152–1190) den deutschen Königsthron, von den Italienern *Barbarossa* genannt, ein Herrscher voll Kraft, mit Menschenkenntnis, staatsmännischer Begabung und dem Blick für das Notwendige und Mögliche, rastlos und großzügig. Friedrichs Politik ging darauf aus, die königliche Macht zu stärken und Oberitalien seinem Gebot zu unterwerfen. Sein Kampf mit Papst Alexander III. und dem Lombardischen Städtebund führte nach dem Abfall Heinrichs des Löwen zu den Friedensschlüssen von Venedig 1177 und Konstanz 1183 und zur Aussöhnung mit dem Papst. Mit seiner Thronbesteigung wuchs die Bedeutung Schwabens, seines Stammlandes. Italien war eine gegebene Richtung für die politische Aktivität des schwäbischen Stammes, der nicht wie die Bayern und Franken, Thüringer und Sachsen ein Kolonisationsgebiet vor seinen Grenzen hatte. 1191 kam zu dem staufischen Hausgut in Schwaben nach dem Tode Welfs VI. noch der ganze von Barbarossa dem geldbedürftigen Welf VI. abgekaufte welfische Besitz im Herzogtum, insbesondere dessen Besitzungen um Augsburg, Memmingen, Kaufbeuren, Schongau, Ravensburg und Buchhorn. Heinrich der Löwe wollte die ihm zu hohe Summe nicht zahlen. Damit verlor das Welfenhaus, das schon 1180 durch die Ächtung Heinrichs des Löwen seine Herzogtümer Bayern und Sachsen eingebüßt hatte und auf seinen norddeutschen Eigenbesitz Braunschweig und Lüneburg beschränkt war, seine Stellung im südlichen Deutschland. Bayern kam an das Haus Wittelsbach. Während Friedrichs Regierungszeit wurde Schwaben von seinen Neffen und Söhnen verwaltet, erst von dem Sohne König Konrads III., Friedrich von Rothenburg, den 1167 in Italien die Pest wegraffte, dann nacheinander von dem tüchtigen Herzog Friedrich V., der seinen Vater auf dem Kreuzzug begleitete, nach dessen Tod im Salephfluß in Cilicien 1190 Führer des deutschen Heeres war und 1191 vor Akkon starb, hernach von dessen Brüdern, dem gewalttätigen Konrad (bis 1196), dann von Philipp, dem späteren König (1196–1208). Seit dem Aufbruch Barbarossas zum dritten Kreuzzug führte sein kühler und schroffer, aber staatsmännisch befähigter Sohn Kaiser *Heinrich VI.* (1190–1196) das Reich. Er konnte 1194 das Normannenreich, das Erbe seiner Frau Konstanze in Sizilien und Unteritalien gewinnen. Damit war der am straffsten organisierte Staat Europas in Personalunion mit dem Reich verbunden. Diese starke Stellung mußte erneut die Feindschaft des bedeutenden, aber nun von allen Seiten bedrohten Papstes Innocenz III. (1198–1216) hervorrufen. Im Innern plante Heinrich VI. die Umgestaltung des die Königsmacht schwächenden Wahlreichs in eine Erbmonarchie, starb aber zu früh mit zweiunddreißig Jahren. Sofort erhoben sich die Gegner der Staufer in Deutschland und Italien. Herzog Berthold V. von Zähringen kandidierte für die Nachfolge. Als es den Anhängern der Staufer nicht gelang, die Anerkennung des fünfjährigen Kaisersohns Friedrich durchzusetzen, wählte die Mehrheit der Fürsten 1198 *Philipp von Schwaben* zum deutschen König. Die Gegenpartei gab ihre Stimme dem Welfen Otto IV., dem zweiten Sohn des 1195 verstorbenen Heinrichs des Löwen. Die Doppelwahl, ein unheilvolles Ereignis der deutschen Geschichte, führte zu schweren Kämpfen. Um seine Anhänger an sich zu binden, muß Philipp vielfach Reichsbesitz abgeben; so kam das Remstal mit Waiblingen an Ulrich von Wirtemberg. Als Otto der Kirche entgegenkam, wurde Philipp gebannt. Er gewann zwar ab 1204 allmählich die Oberhand, wurde aber 1208 in Bamberg von dem Pfalzgrafen Otto von Wittelsbach ermordet, dem er seine jüngste Tochter versprochen, dann aber doch versagt hatte. Seine Gattin Irene, Tochter des griechischen Kaisers Isaak Angelos, starb kurz nach Philipps Tod auf der Burg Hohenstaufen; sie wurde im Kloster Lorch beigesetzt.

Hausmacht, Reichsgut, Städtegründung

Friedrich I. war von Anfang an bestrebt, die beträchtlichen Besitzungen seines Hauses in Schwaben und im Elsaß zu mehren und sie mit dem Krongut in Schwaben, an Rhein und Mosel und in der Wetterau zu einem *Territorium* zusammenzufassen. Weiteres Mittel zur Abrundung der Hausmacht war der Erwerb von Kirchenlehen (von geistlichen Fürsten an Dritte vergeben) und von Kirchenvogteien über Klöster und Stifte. Alle diese Güter und Rechte wurden als eine einheitliche Masse verwaltet. Heimgefallene Lehen vergab Friedrich meist nicht mehr, sondern ließ ihre Verwaltung durch beamtete Dienstmannen führen. Untere Verwaltungseinheit wurde das „Amt", der Amtmann war Richter und Verwaltungsbeamter seines Bezirks. Diese sogenannten Immunitäten verdrängten in Schwaben die alten Grafschaften, in Ostfranken die Centgerichte, die sich in anderen Gegenden bis zu Beginn des 19. Jahrhunderts erhalten haben.
Die territoriale Neuordnung des Reichs- und Hausguts der Staufer führte zu zahlreichen *Städtegründungen,* zunächst in königlichem Gebiet, dann in fürstlichen Territorien. Sie haben den Grund gelegt für die Blüte von Gewerbe und Handel im mittelalterlichen Deutschland. Zuvor gab es in Deutschland nur we-

nige Städte, meist Römerstädte, in der Regel Bischofssitze. Seit der Mitte des 12. Jahrhunderts und noch zahlreicher im 13. und 14. Jahrhundert handelt es sich um Neuschöpfungen durch Gründungsakt, der teils an frühere Verleihung des zu den Königsrechten (Regalien) gehörenden *Marktrechts* anknüpft, nicht selten auch an schon bestehende *Burgen*. In dieser Zeit des beginnenden Übergangs von der Natural- zur Geldwirtschaft richtete Friedrich *Münzstätten* ein, in Schwaben allerdings nur an wenigen Orten, z. B. in Ulm und Hall. Die Haller Kleinmünze, der Heller, gewann rasch weite Verbreitung. Mit ihrer Ummauerung beherrschte die Stadt ihre Umgebung; sie war Verkehrsplatz und Festung zugleich.

Die früheste Städtegründung Kaiser Friedrichs I. war Gmünd, nahe seiner Stammburg inmitten großen Reichs- und Hausguts, bald darauf Ulm, das noch 1163 als Dorf (villa), 1181 als Stadt (civitas) bezeichnet wird, einer der wichtigsten Plätze der staufischen Macht. Die nächsten Gründungen sollten das östliche Schwaben militärisch gegen Heinrich den Löwen sichern: so entstanden u. a. die Städte Giengen an der Brenz, Weißenburg, Dinkelsbühl und Bopfingen. In den letzten Jahren des Kaisers wurden die Städte Breisach, Überlingen, kurz darauf Ravensburg gegründet. Die Neuordnung dehnte Friedrich auch auf andere nutzbare Königsrechte, das Zoll-, Geleit- und Wildbannrecht sowie auf den Bau der Reichsstraßen aus.

Städte gründen konnte nur, wer die Verwaltungsautonomie in einem Gebiet innehatte – damals nur Herzöge, noch nicht Grafen. Besonders aktiv als Städtegründer haben sich neben den Staufern die Herzöge von Zähringen betätigt, die im 11. Jahrhundert ein wachsendes Territorium auf beiden Seiten des Schwarzwaldes gewonnen hatten (vgl. S. 106). So gründete Konrad von Zähringen 1127 Freiburg im Breisgau.

Unter den schwäbischen *Grafengeschlechtern* dieser Zeit ragen die *Herzöge von Teck*, eine Seitenlinie der Zähringer, die ebenfalls den Herzogtitel führte, aber schon im 14. Jahrhundert ausstarb, sowie die *Grafen von Tübingen*, seit 1146 *Pfalzgrafen* von Schwaben (s. S. 104), hervor. Einflußreich war das alte Geschlecht der *Grafen von Calw-Löwenstein-Vaihingen* mit Sitz ursprünglich in Ingersheim am Neckar, dann in Sindelfingen und Calw, von Bedeutung auch als Neugründer des Klosters Hirsau (1049) und des Chorherrenstifts Sindelfingen (1066). Die *Grafen von Urach-Fürstenberg* (heute Fürsten von Fürstenberg in Donaueschingen) waren 1218 Haupterben der Zähringer, verloren aber im 13. Jahrhundert ihr Hausgut um Urach; die *Grafen von Helfenstein* (bei Geislingen) wirkten verantwortungsvoll im staufischen Reichsdienst. Die mit den Staufern verwandten oberschwäbischen *Grafen von Berg-Schelklingen* wurden später Markgrafen von Burgau. Mit den *Zollern* (vgl. S. 117) sind die *Grafen von Ho-*

Karte 4: Stauferstädte, Pfalzen, Burgen

henberg (nach ihrer Stammburg bei Deilingen, Kreis Tuttlingen) eng verwandt, deren Besitz später an Habsburg überging (s. S. 108, Vorderösterreich). Ihren Amtscharakter hatten alle diese Grafschaften lange verloren; sie waren erbliche Lehen geworden.

Die wichtigsten *freiherrlichen*, also ebenfalls zum Hochadel gehörenden Geschlechter sind in *Schwaben* die von Justingen (Kreis Münsingen), von Neuffen, von Urslingen (Irslingen nördlich Rottweil) – seit 1183 Herzöge von Spoleto –, von Zimmern (bei Rottweil), in *Franken* vor allem das Haus Hohenlohe (s. S. 112). Von *hohenstaufischen Dienstmannenfamilien* sind in Schwaben die von Waldburg-Winterstetten und die von Fronhofen-Königsegg hervorzuheben, beide ursprünglich in welfischen Diensten, ferner die von Rechberg, in Franken die von Weinsberg, die aus Lindach bei Gmünd gekommen waren, und die von Limpurg (s. S. 115). Eine Anzahl solcher Geschlechter aus der Spitzengruppe der Reichsministerialität sind als Inhaber von Hofämtern zur Ebenbürtigkeit mit dem hohen Adel aufgestiegen, so die von Waldburg als Truchsessen (Hofbeamte über Küche und Tafel), die von Limpurg als Schenken. Die von Waldburg und Limpurg galten später als Stellvertreter der Kurfürsten in deren Erzämtern.

Neben diese gräflichen, freiherrlichen und Reichshofbeamtenfamilien trat als *niederer Adel* der Stand der einstigen Mittelfreien, die Familien der Dorfherren, der Inhaber der Befehls- und Strafgewalt in Dorfsachen. Im Heere hatte das Fußvolk längst seine Bedeutung verloren; der allgemeine Heerbann wurde nur noch zur Verteidigung aufgeboten. In der Stauferzeit kämpfte man fast ausschließlich zu Pferde. Die weltlichen und geistlichen Herren suchten daher möglichst viele ritterliche Krieger als Dienstmannen (Ministerialen) zu gewinnen; jeder erhielt zu *Lehen* ein Gut, vielfach eine Burg, die er zu bewachen hatte. Die gepanzerten Reiter, die *Ritter*, wurden allmählich ein gehobener Stand, der eine besondere Kunst der Waffenführung pflegte und sich durch *Wappen* und bestimmte gesellschaftliche Formen von Stadtbürgern und Bauern unterschied.

König *Otto IV.*, seit 1209 Kaiser, war nach Philipps Tod ohne Gegner in Deutschland; auch die Oberdeutschen erkannten ihn nun an. Durch seine Vermählung mit Philipps noch sehr junger Tochter Beatrix gewann Otto die Verfügung über das staufische Hausgut, noch immer mehr als 250 Burgen. Dem Papst gegenüber erneuerte er zunächst weitgehende Zusagen, änderte aber seine Politik und machte die Rechte des Reichs in Italien wieder geltend. Innocenz III. bannte ihn und entschloß sich in der Not, den 17jährigen König Friedrich von Sizilien, Kaiser Heinrichs VI. Sohn, aufzufordern, das Reich zu gewinnen. Rasch bildete sich in Deutschland eine Gegenpartei, die Otto des Throns für verlustig erklärte und Friedrich wählte. Die schwäbischen Edlen Heinrich von Neuffen und Anselm von

Justingen überbrachten Friedrich das Angebot der Krone. 1212 schlug er sich von Italien aus nach Schwaben durch und gewann rasch das südliche und mittlere Deutschland. Im Dezember wurde er in Frankfurt zum König gewählt. Unter Billigung der Fürsten erkannte er 1213 die Verzichte Ottos gegenüber der Kurie an. Die Entscheidung im Thronstreit fiel 1214 mit dem französischen Sieg bei Bouvines über die Engländer und Otto als ihrem Verbündeten. Er starb 1218.

Kaiser Friedrich II.

Friedrich II. (1215–1250) war eine hervorragende, geistig ungewöhnlich rege, wenn auch in manchem zwiespältige Persönlichkeit, reich an Kenntnissen und Interessen, auch für Mathematik, Naturwissenschaften und Philosophie, genuß-froh und selbstherrlich. Er war entschlossen, den Schwerpunkt seiner Macht nach Italien zu verlegen, hat aber in den wenigen Jahren, in denen er sich in Deutschland aufhielt, für das Reich und für Schwaben unter Überwindung großer Widerstände Erstaunliches geleistet. Ehe er 1220 nach Italien zurückkehrte, ließ er seinen neunjährigen Sohn *Heinrich,* schon seit 1217 mit dem Herzogtum Schwaben belehnt, zum deutschen König wählen und übertrug ihm seine Vertretung in Deutschland. Die Verwaltung Schwabens führte während seiner Abwesenheit vor allem der Truchseß Eberhard von Tanne-Waldburg und der Schenk Konrad von Winterstetten.

Wie sein Großvater Friedrich Barbarossa benützte Friedrich II. den Heimfall von Reichslehen und die Übernahme von Kirchenvogteien und Kirchenlehen, um das Reichsgut zu mehren. Er und seine Beauftragten gründeten mit klarem Blick für den richtigen Ort weitere *Städte* als wichtige Stützen seiner Macht. Zudem bildeten die Stadtsteuern die einträglichste regelmäßige Geldquelle des Reichs. Viele Städte sind schon während seiner ersten Anwesenheit in Deutschland ge-plant und begonnen worden. Neu war, daß Gründungen nun auch auf geistlichem Gebiet, dessen Vogtei er innehatte, vorgenommen wurden. Vielfach wurden Stadt-gemeinden gebildet, wo schon Verwaltungsmittelpunkte bestanden, so Esslingen (1212), Pfullendorf, Biberach, Kaufbeuren und Schongau. An Rottweil wurde das Marktrecht wohl von den Zähringern, Stadtrecht von Friedrich verliehen. Weitere seiner Gründungen im heutigen Württemberg waren: Heilbronn, Wimpfen, Weinsberg, Weil der Stadt und Wangen im Allgäu.

König Heinrich, Friedrichs erster Sohn, war begabt, lebensfroh und kunstsinnig, aber dem Vater innerlich fremd, unbedacht und haltlos. Seine eigenwillige Poli-tik und sein Trachten nach größerer Selbständigkeit trieb ihn, 22jährig, 1234 zu offener Empörung gegen seinen Vater, der nach Deutschland ziehen mußte, um den Aufstand niederzuschlagen. In Schwaben, besonders im Gebiet der Schwäbischen Alb, fanden schwere Kämpfe statt; die Anhänger Heinrichs wurden im Juni 1235 von den Kaiserlichen im Tal der Erms, Swiggerstal genannt, besiegt, worauf sich Heinrich zu Wimpfen seinem Vater unterwarf. Er wurde abgesetzt und nach Apulien gebracht; sieben Jahre später starb er in der Gefangenschaft. Die neuffische Feste Achalm wurde damals Reichsbesitz. Herzog von Schwaben und erwählter König war seit 1237 Friedrichs zweiter Sohn *Konrad IV.*, zunächst noch ein Knabe, dessen Erziehung und Leitung der tüchtige Gottfried von Hohenlohe übernahm. Die königliche Regierung mehrte das Reichsgut und *setzte die Städtegründung fort:* als Städte entstanden nun Reutlingen, Leutkirch, Saulgau, Buchau, Göppingen, Welzheim, Markgröningen, in dem eine Reichsburg erbaut wurde, und Öhringen, das aber bald an Gottfried von Hohenlohe kam. Wer in eine Stadt zog und von seinem Grundherrn binnen Jahr und Tag nicht angefordert wurde, blieb frei. Diese Freiheit gestand man auch solchen zu, die sich auf ländlichem Boden des Reichsbesitzes neu ansiedelten, so daß fortan wie in anderen Gegenden Schwabens auch in der Waldlandschaft nördlich der Rems, bei Leutkirch und im Allgäu *freie Bauern* saßen, es sind die freien Leute der Waibelhub (um Gmünd), die freien Leute der Leutkircher Heide und die Freien im Allgäu, die als Bürger der Stadt Eglofs galten. Die Deutungen gehen jedoch auch hier auseinander: im Gegensatz zu den Rodungsfreien werden für frühere Zeit nachgewiesene freie Bauern von manchen als Centenarfreie, als Nachkommen fränkischer Militärsiedler angesehen. In anderen Fällen stand die Verleihung solcher Immunitäten im Zusammenhang mit der Alpenpaßpolitik der Staufer, die auf gesicherte Verbindungen Südwestdeutschlands mit Oberitalien hinwirkten.

Untergang der Staufer

Der Familienzwist innerhalb des hohenstaufischen Geschlechts hat dazu beigetragen, seinen Untergang zu beschleunigen. Heinrich hatte 1234 mit den lombardischen Städten ein Bündnis gegen den Kaiser geschlossen, was den Anlaß gab, diesen den Reichskrieg zu erklären. Der Kampf mit den Lombarden war ein voller Erfolg des Kaisers, führte aber 1239 zum endgültigen Bruch der Kurie mit Friedrich. Die Auffassung des Papstes von der Freiheit der Kirche vertrug sich nicht mit weiteren Erfolgen Friedrichs in seiner italienischen Politik. Die Päpste wollten den Kaiser nicht übermächtig werden lassen; der Kampf war für sie ein Ringen auf Leben und Tod. Seit der Absetzung Friedrichs auf dem Konzil von

Lyon am 17. Juli 1245 bemühte sich Papst Innocenz IV., der die Vernichtung des staufischen Hauses als sein Lebensziel ansah, mit allen Mitteln, eine entschlossene Gegenpartei gegen die Staufer auch in Deutschland zu schaffen. Der jetzt 18jährige zweite Sohn des Kaisers, Konrad IV., brachte zwar wider den Gegenkönig Heinrich Raspe von Thüringen eine großenteils aus schwäbischen Edlen bestehende Heeresmacht zusammen. Aber am 5. August 1246 wurde er von ihm bei Frankfurt am Main geschlagen. Der größere Teil der schwäbischen Herren hatte ihn, durch Versprechungen der päpstlichen Partei gewonnen, vor dem Zusammenstoß verlassen und war zum Feind übergegangen. Die Führer der Schwaben bei diesem politischen Frontwechsel waren *Graf Ulrich von Wirtemberg* und dessen Vetter Graf Hartmann von Grüningen. Konrad wurde auf dem Reichstag zu Frankfurt, den die Gegenpartei nach der Schlacht abhielt, des Herzogtums Schwaben und seiner in Deutschland gelegenen Besitzungen verlustig erklärt. Heiß entbrannte nun der Kampf der beiden Parteien. Zuerst waren die Päpstlichen im Vordringen und bedrängten König Konrad, der sich hauptsächlich auf seine Städte stützte. Heinrich Raspe erschien selbst in Schwaben und belagerte im Januar 1247 die Stadt Ulm, ohne sie bezwingen zu können; erkrankt mußte er nach Thüringen zurückkehren und starb auf der Wartburg. Esslingen wurde schwer bedrängt, um Pfingsten 1247 Reutlingen ebenfalls ohne Erfolg belagert. Die Verteidigung in festen Plätzen war damals dem Angriff meist überlegen. Konrad IV. ist es trotzdem nie gelungen, seine Widersacher in Schwaben völlig niederzuwerfen.

Gegen Ende des Jahres 1250 war Kaiser Friedrich II., erst 56 Jahre alt, unbesiegt in Italien gestorben zum größten Schaden der staufischen Sache; sein Tod bedeutete einen Wendepunkt in der Machtstellung des Reichs nach außen und innen.

Konrad IV. (1250–1254) zog 1251 nach dem Süden, um sich ein Erbkönigreich zu sichern; er starb in Unteritalien bereits 1254. Als dessen Gegenkönig Wilhelm von Holland 1256 erschlagen wurde, kam bis 1273 keine einhellige Königswahl mehr zustande: so lange dauerte das sogenannte *Interregnum.* In Schwaben war es auf einer Zusammenkunft der schwäbischen Großen in Urach 1254 gelungen, von Herzog Ludwig dem Strengen von Bayern die Anerkennung seines Neffen und Mündels Konradin, des damals erst zweijährigen Sohnes Konrads IV. und Enkels Friedrichs II., als Herzog von Schwaben zu erreichen und einen Landfrieden zu vereinbaren, der dem erschöpften Lande einigermaßen Ruhe verschaffte. Aber der begabte Hohenstaufenjüngling, dessen Wahl der Papst verboten hatte, scheiterte mit dem Versuch, das sizilische Erbland aus den Händen des vom Papst damit belehnten Karl von Anjou zurückzuerobern. Er wurde von diesem in der Schlacht bei Tagliacozzo oder Scurcola (nordöstlich von Rom in der Nähe des

Fuciner Sees) am 23. August 1268 geschlagen. Bald nach der Niederlage gefangen-
genommen, endete er erst 16jährig zusammen mit seinem Freund, dem Zähringer Friedrich von Baden und Österreich auf dem Blutgerüst von Neapel durch
Henkershand, am 29. Oktober. Er ist der letzte schwäbische Herzog gewesen;
mit seinem Tode erlosch auch dieses deutsche Stammesherzogtum. Seine Erben
waren die Wittelsbacher, die damit ihre Stellung in Ostschwaben begründeten.

Rodung, Burgen, Märkte, Städte

Bevölkerungszahl und wirtschaftliche Kraft des Landes hatten in der Zeit der
sächsischen, fränkischen und hohenstaufischen Kaiser erheblich zugenommen. Die
spätere Hohenloher Ebene war besiedelt, meist mit grundherrschaftlichen Wei-
lern, zuletzt vom 11. Jahrhundert an der Ohrnwald östlich von Öhringen. An
einzelnen Orten setzte man auch slavische Kriegsgefangene an, wovon Orts-
benennungen wie Winnenden (Winden), Windisch-Brachbach (Kreis Schwäbisch
Hall) und Windischbockenfeld bei Schrozberg sich herleiten. Allenthalben wurde
Wald gelichtet und Ödland kultiviert. Die meisten Ortsnamen auf -reut, -rode
oder -rot gehen in diese Zeit zurück. Insbesondere wurden nun, nicht zuletzt
durch die Klöster, auch der Schwarzwald und das Nadelholzgebiet in den Keuper-
bergen am Oberlauf von Jagst und Kocher, an der Murr, Lein, Wieslauf und Rems
in Rodung genommen. Zwischen Enz und Nagold finden sich, wie auch sonst in
den Waldgebirgen Deutschlands, Reihen- oder Waldhufendörfer, deren einzelne
Höfe sich in gleichen Abständen längs der Dorfstraße aneinanderreihen, so daß
sich an jeden Hof ein geschlossener Grundbesitz unmittelbar anfügt und rück-
wärts in langen gleichgerichteten Streifen bis an den Wald fortsetzt. Im 13. Jahrhundert war der innere Ausbau des Landes ziemlich vollendet; die Zahl der ländlichen Ortschaften ist bis zu unseren Tagen nicht nennenswert gewachsen, viele
sind wieder abgegangen. Durch die Ausbildung feinerer Anbauarten, wie des
Wein- und Obstbaus, steigerten die Bauern den Ertrag ihres Besitzes; Schwaben
und Franken gehörten bald zu den Hauptweinländern Deutschlands. Um die
Mitte des 12. Jahrhunderts vollzieht sich der Übergang von fast ausschließlicher
Naturalwirtschaft zu stärkerer Geldwirtschaft, die von den höher entwickelten
Verhältnissen Oberitaliens, auch Frankreichs, herüberdrang. Die überschüssige
Landbevölkerung zog zum Teil in die Städte.
Das 12. und 13. Jahrhundert ist die Zeit des *Burgen- und Städtebaus*. In der
zweiten Hälfte des 11. Jahrhunderts entstanden die *Bergburgen* des Hochadels,
Limburg bei Weilheim, Hohenstaufen, Achalm, Tübingen, Calw, Weinsberg,

Ravensburg, Wirtemberg, Comburg bei Hall, denen im 13. Jahrhundert zahlreiche andere folgten. Oft schloß sich an eine Burg eine Ortschaft an, die deren Namen (mit den Endungen -burg, -haus, -fels, -stein, -eck) trägt.

Seit dem 9. Jahrhundert waren manche vom König bevorrechtete *Märkte* entstanden, so in Esslingen, Marbach, Öhringen, Kirchheim unter Teck, Heilbronn, Hall, Ellwangen und an anderen Orten. Dadurch, daß Märkte mit einem Mauerring versehen oder neue ummauerte Märkte errichtet wurden, entstanden die *Städte,* in denen die Kaufleute ihre Waren, die verschiedenen Handwerker ihre Erzeugnisse darboten. Jede Stadt hatte also einen Markt, war von einer Befestigung umgeben und hatte außerdem ihren besonderen Stadtgerichtsbezirk, dem ein eigenes Schultheißenamt zukam, zu dessen Sitzungen Schöffen beigezogen wurden. Von der zweiten Hälfte des 13. Jahrhunderts an bildete sich in den Städten ein Rat unter dem Vorsitz eines Bürgermeisters, der häufig wechselte. Die Ratsverfassung wurde für Deutschland die Stadtverfassung schlechthin.

Eine Stadt konnte nur von einem Herrn errichtet werden, dem die hohe Gerichtsbarkeit zukam. Die staufischen Städtegründungen wurden allenthalben von den kleineren Landesherren nachgeahmt; so erstand z. B. Isny durch die Grafen von Veringen, Tübingen durch die Pfalzgrafen von Tübingen, Rottenburg durch die Grafen von Hohenberg, Geislingen durch die Helfensteiner, Calw durch die von Calw. Da auch Grafen und Freiherrn im 14. und 15. Jahrhundert weitere Städte errichteten, so erhielt das Land eine Vielzahl von Kleinstädten, als verfehlte Unternehmungen auch Zwergstädte. Die Städte waren durchaus Gründungsstädte: das frühere Dorf wurde bei der Stadtgründung meist an einen für den Mauerbau günstigeren Platz verlegt und ging als solches ein; manchmal blieb es auch daneben als Dorf bestehen (Lauffen Dorf neben Lauffen Stadt, Oberdorf neben Bopfingen, Altenstadt neben Geislingen, Ennetach neben Mengen, Isny Dorf neben Isny, Altensteig Dorf neben Altensteig Stadt).

Kirche und Klöster

Als Folge der Kirchenreform blieb seit dem 12. Jahrhundert dem früheren Eigenherrn einer Kirche nur das *Patronatsrecht,* das Vorschlagsrecht für den Pfarrer, und gewisse Ehrenrechte. Zu den herkömmlichen Klöstern traten neue Formen kirchlichen Zusammenlebens: so vereinigten sich in *Chorherrenstiften* Geistliche, die an einer Kirche wirkten, zu gemeinsamem Leben und Gebet. 1037 gründeten Adelheid, die Mutter Kaiser Konrads II., und ihr Sohn, Bischof Gebhard von Regensburg, das Chorherrenstift *Öhringen,* 1066 ein Graf von Calw das Stift

25 Palas der staufischen Kaiserpfalz Wimpfen
um 1200

26 Hildegard von Egisheim, Gemahlin
Friedrichs von Büren, Stammutter der Staufer,
gest. 1094 (oder ihre Tochter Adelheid).
Der Leichnam wurde mit Kalk überschüttet,
so erhielt sich das Bild

27 Kaiser Friedrich I., Barbarossa.
Brakteat der königlichen Münzstätte zu Ulm
um 1190

28 Brakteat der königlichen Münzstätte zu
Rottweil, 1. Hälfte 13. Jh.

29 a - b Kaiser Friedrich II. Augustalis der
Münzstätten Messina oder Brindisi (ab 1231)

30/31 Meinloh von Söflingen und Reinmar der
Alte von Hagenau aus dem Weingartener
Liederbuch, Anfang 14. Jh.

32 Grabmal Rudolfs von Rheinfelden, Herzog von Schwaben, im Merseburger Dom. Gegenkönig Heinrichs IV.

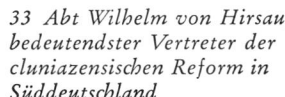

33 Abt Wilhelm von Hirsau, bedeutendster Vertreter der cluniazensischen Reform in Süddeutschland

Sindelfingen, 1116 ein Markgraf von Baden das Stift *Backnang.* Von *Hirsau* aus wurde ab 1084 unter dem aus Bayern stammenden Abt Wilhelm die *cluniazensische Klosterreform* zunächst in Schwaben, dann auch in Mitteldeutschland, Bayern und Kärnten verbreitet, die das Hauptgewicht auf verschärfte Askese und unbedingte Unterordnung unter Rom legte und Laien als dienende Brüder oder in freiem Verhältnis den Klöstern angliederte. Noch im 11. Jahrhundert wurden die Hirsauer Klöster *Zwiefalten* 1089, *Blaubeuren* um 1090, *Alpirsbach* vor 1095, *Neresheim* 1095 und andere gegründet; *Comburg* (bei Schwäbisch Hall) wurde aus einer Feste in ein Mönchskloster umgewandelt. Von den älteren Reichsabteien schloß sich nur Ellwangen der Reform an; St. Gallen und Reichenau widerstrebten. Vor Gericht und gegen äußere Angriffe bedurften die Klöster der Vertretung und des Schutzes hochadeliger Vögte, die als erblich galten. Im 12. Jahrhundert erlahmte die Hirsauer Reformbewegung; dagegen gewannen die neuen Orden der *Zisterzienser* und *Prämonstratenser* weite Verbreitung, jener von Citeaux bei Dijon, dieser von Prémontré bei Laon ausgehend. Im 12. Jahrhundert wurden die Zisterzienserklöster Maulbronn 1147, Herrenalb 1149/1150, Schöntal um 1157 und Bebenhausen um 1187, die Prämonstratenserklöster Rot um 1140, Weißenau 1145, Marchtal 1171, Adelberg 1178 und Schussenried 1183 errichtet. Die Zisterzienserklöster bildeten eine Genossenschaft mit strenger, einheitlicher Ordnung nach den Grundsätzen prunkloser Frömmigkeit und harter wirtschaftlicher Arbeit; im 13. Jahrhundert wurden auch viele Frauenklöster dieses Ordens gestiftet: Rottenmünster bei Rottweil, Heiligkreuztal bei Riedlingen, Lichtenstern bei Löwenstein, Gnadental bei Hall u. a. Die Zisterzienser legten ihre Klöster fern vom Verkehr an. Sie versorgten sich völlig selbst und bearbeiteten ihren Landbesitz mit Hilfe zahlreicher Laienbrüder im Eigenbetrieb; nicht selten ließen sie alte Dörfer ganz eingehen und verwandelten sie in Wirtschaftshöfe. Auf solche Weise wurde aus Elfingen durch die Maulbronner Mönche der Elfinger Hof, aus dem Dorfe Geisnang durch Bebenhausen der Erlachhof, an dessen Stelle später das Schloß Ludwigsburg erstand. Auch die geistlichen Ritterorden gewannen Besitz im Lande, die *Deutschherren* (s. S. 120) besonders in Mergentheim, das drei Herren von Hohenlohe bei ihrem Eintritt in den Orden 1219 übergeben hatten. In den neuentstandenen Städten ließen sich die *Bettelorden,* die *Franziskaner* (Minderbrüder, Barfüßer) und *Dominikaner* (Predigermönche) nieder. Zahlreiche neue Pfarreien wurden im Laufe des Jahrhunderts errichtet; im 12. Jahrhundert faßte man sie zu größeren Bezirken, den *Landkapiteln* (Dekanate), zusammen, von denen je eine Anzahl ein *Archidiakonat* (d. h. einen Sprengel für das geistliche Sendgericht) bildeten.

Der bedeutendste Gelehrte jener Zeit war der Schwabe *Albertus Magnus* (um

1200–1280), geboren in Lauingen im Ries im heutigen bayerischen Schwaben, Dominikanermönch und gefeierter Lehrer in Paris und Köln, der Wiederentdecker des Aristoteles und Lehrer des Thomas von Aquin.

Kunst und Literatur

Der Kunstsinn des Mittelalters zeigt sich am glänzendsten in der Baukunst, und zwar im *Kirchenbau des Romanischen Stils,* wie er sich aus der christlichen Antike entwickelt hat. Reste einer Kirchenbasilika aus der Mitte des 10. Jahrhunderts fanden sich in Unterregenbach an der Jagst unterhalb von Langenburg, wo die ehemalige Krypta noch im Keller des Pfarrhauses erhalten ist. An der Entwicklung des Romanischen Stils hat auch Schwaben einen bedeutenden Anteil durch die *Hirsauer Schule,* die mit ihren ernsten, technisch gediegenen und wohlabgemessenen Bauwerken den schlichten altchristlichen Basilikenstil zur Vollendung brachte. Die Kirchenbauten dieser Schule, die auf Cluny zurückgeht, dehnten sich weithin in Deutschland aus. In Hirsau wurden noch während des 11. Jahrhunderts die Aurelius- und dann die größtenteils zerstörte Peter- und Paulskirche gebaut; sonst blieben in unserem Lande Kirchen Hirsauer Stils in Alpirsbach, in Kleincomburg und (Groß-) Comburg bei Hall, zu Lorch, Sindelfingen, Klosterreichenbach an der Murg und an anderen Orten erhalten. Die Hirsauer haben auf die Überwölbung des Schiffs verzichtet. Herrliche Denkmäler des romanischen Kirchenstils haben wir noch in der Kirche des Benediktinerklosters Ellwangen, in Denkendorf mit seiner Unterkirche, in den Bauten der Zisterzienser in Maulbronn und Bebenhausen, die beide zu den besterhaltenen Klosteranlagen in Deutschland gehören, in der Walderichskapelle zu Murrhardt, der Johanniskirche in Schwäbisch Gmünd und den Kirchen in Oberlenningen bei Kirchheim unter Teck, Neckartailfingen bei Nürtingen und Faurndau bei Göppingen. Der rheinische *Übergangsstil,* der eine Richtung auf das Hochstrebende und Schwungvolle hatte, spätromanisch mit aus Frankreich übernommenen gotischen Einzelheiten, begegnet in vielen Bauten des Klosters Maulbronn. Die Lösung des Problems der Überwölbung, die sich allen anderen gegenüber durchsetzte, brachte die *Gotik,* die um die Mitte des 12. Jahrhunderts in Nordfrankreich und um die Mitte des 13. in Deutschland durchdrang. Sie wurde insbesondere für die zur Ausübung der Predigertätigkeit erbauten Kirchen der Bettelorden und die neuen Stadtkirchen gewählt; gotisch sind bereits das Gotteshaus der Dominikaner zu Esslingen (ab 1233) und die Reutlinger Marienkirche.

Auf dem Gebiet der weltlichen Baukunst müssen vor allem die zahlreichen *Bur-*

gen, oft Meisterleistungen, genannt werden. Auch die *Bildhauerei* Schwabens zeigt die phantasiereiche Zierlust, die sich zumal an den Außenwänden der romanischen Kirchen durch ganz Süddeutschland bemerkbar macht. In der *Malerei* sind hervorzuheben die Wandgemälde des Kirchleins zu Burgfelden bei Balingen, die der zweiten Hälfte des 11. Jahrhunderts angehören und der bedeutenden Malerschule des Klosters Reichenau, der ältesten in Süddeutschland, entstammen, ferner die der Kirchen zu Kappel bei Buchau, Kleincomburg und Alpirsbach und anderen.

Geschichtswerke sind auf dem Boden des jetzigen Württemberg in alter Zeit nur wenige entstanden, meist Klosterchroniken mit überwiegend örtlichem Interesse. Die bedeutendste, die Chronik von Ursberg an der Mindel im heute bayerischen Schwaben, ist von dem Propst Burchard verfaßt, der in Biberach geboren von 1207 bis 1215 Propst des Prämonstratenserstifts Schussenried war. In der Stauferzeit blühte die *Dichtung*. Waren bisher die Hauptträger der Bildung die Klöster, so widmeten sich nun auch Laien der Dichtkunst. Von den großen höfischen *Epikern* gehört der liebenswürdige Hartmann von Aue, ein ritterlicher Dienstmann (geboren zwischen 1160 und 1170, gestorben vor 1220), vielleicht dem Lande an. Er führte den Artusroman in die deutsche Dichtung ein; die reizvolle Erzählung vom „Armen Heinrich" behandelt eine Episode aus der Familiengeschichte der Herren von Aue. In der *lyrischen Dichtung* tritt in der zweiten Hälfte des 12. Jahrhunderts neben die mehr volksmäßigen Lieder eines Meinloh von Söflingen (bei Ulm) die Kunstlyrik Heinrichs von Ruck (bei Blaubeuren). Im 13. Jahrhundert traten als Minnesänger auf Gottfried von Neuffen, Sohn des am Hof Heinrichs, des Sohnes Kaiser Friedrichs II., einflußreichen Edlen Heinrich, und ein Schenk von Limpurg, wahrscheinlich Konrad, der Begleiter Herzog Konradins auf seinem letzten Italienzug. Eine der zwei Bilderschriften, die uns die Lieder der Minnesänger aufbewahrt haben, kam im 16. Jahrhundert von Konstanz ins Kloster Weingarten und befindet sich jetzt in der Landesbibliothek in Stuttgart; diese Weingarter Liederhandschrift ist zu Anfang des 14. Jahrhunderts geschrieben und geht auf dieselbe wahrscheinlich schwäbische Quelle wie die große Heidelberger Liederhandschrift zurück.

Liebestätigkeit und Wohlfahrtspflege

Im Mittelalter gehörte es zu den althergebrachten Aufgaben der *Klöster*, Armen zu helfen, Kranke zu besuchen und Fremde zu beherbergen. Die Klosterreformen von Cluny und Hirsau und der jüngeren Orden brachten einen Aufschwung der Liebestätigkeit. Die Arbeit in den Klosterspitälern leisteten Laienbrüder. In den Städten begannen seit Ende des 12. Jahrhunderts christliche *Bruderschaften* Spitäler einzurichten, die vielfach dem Heiligen Geist geweiht waren. Vom 13. bis zum 15. Jahrhundert wurden auch in Schwaben zahlreiche Spitäler in Reichs-, dann auch in Landstädten gegründet, zunächst in Konstanz 1225, Hall 1228, Esslingen 1232, Biberach 1239 und Ulm vor 1240, das *Spital*, meist ein stattlicher Gebäudekomplex mit Wohn- und Wirtschaftsräumen, Spitalkirche oder Kapelle, Werkstätten und Landwirtschaft, war Alters- und Siechenheim, Kranken- und Waisenhaus, Armenhaus und Herberge für Obdachlose. Es war ursprünglich kirchliche Anstalt. Die Städte versuchten jedoch bald, nicht selten in scharfen Auseinandersetzungen, die Spitäler in ihre Hand zu bringen, die oft über großen Grundbesitz und Vermögen verfügten. Das bedeutete jedoch keine Entkirchlichung. Die Intensität des Einflusses, den die Städte gewannen, war dabei verschieden. Einzelne Spitäler blieben bis in die Gegenwart in kirchlichem Besitz, so Isny. Im Spätmittelalter basieren die Spitäler fast durchweg auf weltlichen Stiftungen. Am Ende des Mittelalters ist kaum eine Stadt ohne Spital: das Herzogtum Wirtemberg zählt um 1525 etwa 30, das später württembergische Gebiet mindestens 70. Für ansteckend Kranke, vor allem Aussätzige, gab es Siechen-, Gutleut- oder Leprosenhäuser außerhalb der Städte. Seit dem 14. Jahrhundert kauften sich häufig wohlhabende Leute durch Pfründen im Spital ein, dessen soziale Funktion dadurch teilweise beeinträchtigt wurde. Oft wurde das Spital für die Stadt einträglicher Wirtschaftsbetrieb und Großgrundbesitzer; so hatte das Biberacher Spital mit 20 Ortschaften den größten Teil des reichsstädtischen Territoriums inne.

VIII. Vom Interregnum bis zur Reformation

1. Südwestdeutschland vor der Reformation

Als die Staufer im Kampf mit den Päpsten zugrunde gingen und mit ihnen die Weltmachtstellung des deutschen Kaisertums dahinsank, wurde Schwaben unter den deutschen Ländern besonders getroffen. Eben als sich hier eine staufische Landeshoheit zu bilden begann, brach das Verhängnis über Friedrich II. und sein Haus herein. Das Herzogtum wurde nach dem Tode seines letzten Herzogs Konradin nicht erneuert. Ein deutscher König hätte gemäß dem Reichsrecht die Verpflichtung gehabt, Schwaben nach dem Aussterben des Hohenstaufengeschlechts als erledigtes Reichslehen neu zu besetzen. Keines der im Lande verbliebenen Geschlechter vermochte berechtigte Ansprüche geltend zu machen. Da König Rudolf von Habsburg (1273–1291), der vor und nach seiner Wahl eine ausgreifende Territorialpolitik trieb, die Herzogtümer Österreich und Steiermark seinen Söhnen übertrug, konnte er nicht wagen, gleichzeitig noch ein drittes Herzogtum des Reiches an sein Haus zu bringen. Sein rastloses Bemühen, den habsburgischen Besitz durch Ankauf weiterer Herrschaften zu mehren, blieb insoweit ohne Erfolg. Auch später gelang es den Habsburgern nicht, Herzöge von Schwaben zu werden, weil die Kurfürsten einer solchen Stärkung der Königsmacht widerstrebten. Die Reichstagsbeschlüsse von 1245 und 1281, die die Rückgabe aller ehemaligen Reichsgüter forderten, vermochte er nicht durchzusetzen. Das war besonders für Schwaben und Franken von Bedeutung, wo eine weitgehende *territoriale Zersplitterung* eingetreten war. Auch viele kleine Herren waren nunmehr reichsunmittelbar. Während die Macht des königlichen Geschlechts und des Königtums auf Schwaben mit dem Elsaß und auf Franken seit mehr als 100 Jahren beruht hatte, herrschte hier jetzt eine Menge kleiner Gewalten; der Schwerpunkt der Führung in Deutschland verschob sich in die südöstlichen Gebiete, die die Hauptmacht der Habsburger bildeten.

Habsburg ringt um Schwaben

Die Habsburger behielten aber auch in Schwaben eine hervorragende Stellung; trotz der Verlegung ihrer Herrschaft in die Ostmark blieben die „vorderen Lande" für sie stets ein wertvolles Besitztum. Der habsburgische Süden Schwabens freilich, die Schweiz, löste sich in zweihundertjährigem Kampfe der Eidgenossen von den Habsburgern und vom Reiche völlig los und beschränkte sie auf ihre nördlichen schwäbischen Besitzungen, *Vorderösterreich.* Dazu gehörten im späteren Württemberg insbesondere die Landvogtei Schwaben in Altdorf (Weingarten) mit den sogenannten Donaustädten Mengen, Munderkingen, Riedlingen, Saulgau und Waldsee, die Herrschaft Ehingen, die obere und untere Grafschaft Hohenberg (vgl. S. 108). Neben und vielfach im Gegensatz zu ihnen arbeiteten sich die *Grafen von Wirtemberg* am mittleren Neckar zu umfangreichem Besitzstand empor und erwarben 1495, um die Zeit, da die Habsburger sich zur Weltmacht aufschwangen, die Herzogswürde. Außer diesen behaupteten sich vor allem noch die Markgrafen von *Baden* und die Grafen von *Helfenstein,* während die Geschlechter der Grafen von *Calw,* der Pfalzgrafen von *Tübingen,* der Herzöge von *Teck* und andere teils ausstarben, teils verarmten und ihren Besitz verpfändeten oder verkauften. Der Besitz der Kirche blieb zwar meist unangetastet, nicht wenige Klöster gerieten aber im Lauf der Jahrhunderte bis zur Reformation unter die Landeshoheit weltlicher Herren.

Die Tatsache, daß die Hohenstaufen sich besonders auf Schwaben gestützt hatten, brachte es mit sich, daß hier noch am meisten *Reichsgut* erhalten blieb. Vor allem waren viele *Reichsstädte* vorhanden: Ulm, Giengen an der Brenz, Bopfingen, Gmünd, Hall am Kocher, Heilbronn, Weil der Stadt, Esslingen, Reutlingen, Rottweil, Biberach, Ravensburg, Wangen, Leutkirch, Buchhorn, Buchau sind die Namen dieser Städte, zu denen bald noch Isny und Aalen traten, während Saulgau, Göppingen, Welzheim, Markgröningen und Weinsberg im 14. und 15. Jahrhundert die Reichsunmittelbarkeit wieder verloren. *Reichsburgen* waren die Burg Hohenstaufen, die aber 1319, und die Burg Achalm, die 1376 wirtembergisch wurden. Auch *Reichsdörfer* gab es, z. B. Altdorf bei Ravensburg (heute Weingarten) und Kirchheim am Neckar.

War in der Hohenstaufenzeit das Hausgut der Königsfamilie mit dem Besitz des Reichs fast untrennbar verbunden und gemeinsam verwaltet worden, so sollte von nun an das Reichsgut vom Hausbesitz des Königs streng geschieden sein. Für die Verwaltung des Reichsguts und um den Landfrieden zu wahren, richtete König Rudolf sofort, nachdem durch seine Wahl 1273 die Zeit des Interregnums beendet war, in Anlehnung an die staufischen Ämter *Landvogteien* ein, so in

Schwaben neben Augsburg die in Oberschwaben und Niederschwaben, die durch die Alb voneinander geschieden waren, in Franken die von Wimpfen, welche im 14. Jahrhundert meist mit der niederschwäbischen verbunden wurde. Der Landvogt vertrat den König in seinen Rechten. Für Niederschwaben wurde Rudolfs Schwager Albrecht von Hohenberg, für die Vogtei Wimpfen Kraft von Hohenlohe bestellt. Rudolf betrachtete es als eine seiner wichtigsten Aufgaben, den Reichsbesitz wiederherzustellen. Sein Streben, das entfremdete Reichsgut ans Reich zurückzubringen, erregte aber die Gegenwehr der schwäbischen Großen. Stärksten Widerstand leisteten Markgraf Rudolf von Baden, Egino von Freiburg und Hartmann von Grüningen, dem die Reichsstadt Markgröningen von dem niederschwäbischen Landvogt nach schweren Kämpfen wieder abgenommen wurde. Nach Hartmanns Tod war der Führer der widerspenstigen Schwaben der junge Graf Eberhard der Erlauchte von Wirtemberg; er und seine Genossen leisteten dem König während zweier Feldzüge, die er 1286 und 1287 gegen sie unternahm, harten Widerstand. Da Rudolf das Herzogtum Schwaben wieder aufrichten und an sein Haus bringen wollte, vermehrten er und sein Sohn Albrecht auch an der oberen Donau den habsburgischen Besitz nach Kräften. Infolge der verhängnisvollen Ereignisse, die das Geschlecht in den folgenden Jahrzehnten betroffen haben, gelang es den Habsburgern jedoch nicht, dieses Ziel zu erreichen.

Mit jeder Landvogtei war ein königliches *Landgericht* für die Reichsbesitzungen und Reichsleute verbunden; aus dem Landgericht der niederschwäbischen Landvogtei ist wohl das königliche Hofgericht zu Rottweil herausgewachsen (so genannt, weil es auf dem Boden des einstigen Königshofes tagte), aus dem der oberschwäbischen das freie Landgericht in Schwaben mit den Malstätten Leutkirch, Lindau, Ravensburg und Wangen. Bei dem Eifer, den alle deutschen Könige seit Rudolf I. für ihre Hausmacht zeigten, haben sie das Reichsgut nicht weiter gemehrt.

Schwäbische Städtebündnisse

Bald sahen sich die *Städte* des Reichs genötigt, um ihre Unabhängigkeit mit den benachbarten Landesherren zu kämpfen; ihre entschiedenen Widersacher waren die Grafen von Wirtemberg. Die Furcht, vom König an die Territorialherren verpfändet zu werden, ferner die Sorge, durch die Landvogtei in Abhängigkeit von deren Inhabern zu geraten, bewog die Städte, Schutz in Bündnissen zu suchen. Die ersten Städtevereinigungen entstanden in der Mitte des 13. Jahrhunderts um den Bodensee zum Friedensschutz, zu gegenseitiger Beratung und Hilfe-

leistung. Wie sich Hanse- und rheinische Städte zu großen Bünden zusammenschlossen, so vereinigten sich auch die schwäbischen Städte 1370 zum *Schwäbischen Landfriedensbund*. Während aber die Hanse den Schutz des Kaufmanns
im Auslande, Handelsfreiheit und Handelsvorrechte erstrebte, war das Ziel der
Städtebünde am Rhein und in Schwaben die Erhaltung der Unabhängigkeit der
einzelnen Städte gegenüber den Landesherren. Im Hansebund überwogen die
landsässigen Städte, den süddeutschen Bündnissen gehörten nur Reichsstädte an.
Als Kaiser Karl IV., der zum Erwerb der Mark Brandenburg eine große Summe
brauchte, sie mit harten Geldforderungen bedrängte und mit deren Eintreibung
den Grafen Eberhard den Greiner von Wirtemberg als niederschwäbischen Landvogt beauftragte, schlossen 12 oberschwäbische Reichsstädte sowie Reutlingen und
Rottweil 1376 ein dauerndes Bündnis zu Schutz und Beistand gegen jedermann,
den älteren *Schwäbischen Städtebund*. Er sollte ihre Reichsfreiheit, insbesondere
gegen die Landvögte als Vertreter des Königs, schützen und weitere Verpfändungen verhindern. Die Seele des Bundes war *Ulm*, das die Entschlossenheit besaß,
die Politik des Bundes mit Aussicht auf Erfolg zu führen; die Aktivität der übrigen Städte blieb oft hinter den Zielen zurück. In einem Reichskrieg gegen die
Städte belagerte der Kaiser Ulm im Oktober 1376 ohne Erfolg. Von den schwäbischen Reichsstädten war besonders Reutlingen in Gefahr, zur Landstadt herab-
zusinken, als im gleichen Jahr die Reichsburg Achalm an Wirtemberg kam. Graf
Ulrich von Wirtemberg, der Sohn des Greiners, bedrohte die Stadt von der Feste
aus mit einem kleinen Ritterheer, erlitt aber am 14. Mai 1377 vor den Toren
Reutlingens eine blutige Niederlage, die durch Uhlands Gedicht bekannt gewor-
den ist. Durch Vermittlung König Wenzels erreichten die Städte 1378 einen
Frieden: Eberhard der Greiner mußte auf die niederschwäbische Landvogtei ver-
zichten. Der Städtebund dehnte sich jedoch weiter aus und gab sich eine straffe
Ordnung: 1379 umfaßte er 34 meist schwäbische Reichsstädte. Die Haltung der
Herzöge von Bayern führte 1388 erneut zum Krieg zwischen Reichsstädten und
Landesherren. Auf einem Kriegszug durch Wirtemberg werden die Städte am
23. August 1388 von Graf Eberhard bei *Döffingen* (bei Weil der Stadt) geschlagen. Der Führer des Bundes, Stadthauptmann Konrad Besserer von Ulm, fiel.
Im gleichen Jahr unterlag auch der Rheinische Städtebund dem Pfalzgrafen Rudolf II. bei Worms. Im Landfrieden von Eger mußten die Städte ihren Bund auf-
lösen. Der Kampf zwischen Fürsten und Städten war zu Gunsten der Territorial-
fürsten entschieden. Die Reichsstädte konnten aber ihre Unabhängigkeit gegenüber den Landesherren aufrecht erhalten; die Versuche, sie zu verpfänden, hörten allmählich auf.
Wie in Nieder- und Oberschwaben stieß auch in den benachbarten Alpenländern,

die einst zum Herzogtum Schwaben gehörten, die ausgreifende Politik der Fürsten, hier des Hauses Habsburg, auf wachsenden Widerstand. Die bäuerlichen Gemeinwesen Uri und Schwyz waren schon unter Kaiser Friedrich II., der den Gotthardpaß sichern wollte, reichsunmittelbar. Zum Schutz dieser Stellung schlossen sie sich 1291 mit Unterwalden zu einer *Eidgenossenschaft*, einem ewigen Bund, zusammen. In mutigem Freiheitskampf mit dem Höhepunkt in der Schlacht bei Sempach 1386 errangen sich die Eidgenossen zunächst die Unabhängigkeit von den Habsburgern als Landesherren; sie führte, seit Habsburg den Kaiserthron dauernd innehatte, allmählich zur Lösung der Schweiz vom Reich. Die verschiedenen Wege der Teile des Alamannenstammes haben das Gefühl der ursprünglichen Stammesverbundenheit zurückgedrängt, aber im späteren Mittelalter und in der Folge der Reformation vielfältige Verbindungen zwischen den Ländern erhalten.

Noch ein verheerender Krieg zwischen Reichsstädten und Territorialherren entbrannte infolge einer Fehde zwischen Markgraf Albrecht Achilles von Brandenburg und der Stadt Nürnberg 1450. Noch einmal konnten sich die Städte im ganzen halten. Allein ihre politische Bedeutung war seitdem im Sinken. Während die Hanse noch als einheitliche Macht auftrat, verzichteten die oberdeutschen Städte auf eine großzügige Gesamtpolitik. Vom 14. Jahrhundert an brachten sie aber vielfach die Rechte an sich, die dem Reich innerhalb ihrer Mauern noch zustanden, so daß die Landvogteien in Schwaben bedeutungslos wurden. An Stelle des kaiserlichen Vogts, des Schultheißen, tritt der gewählte Bürgermeister. Die meisten Reichsstädte waren dadurch ebenso selbständig geworden wie die unter Landesherren stehenden Territorien (vgl. S. 124 ff.). Das Reichsgut löste sich in kleine Gemeinwesen auf. Nur wenige Reichsstädte erwarben ein größeres Gebiet; das umfangreichste hatte Ulm (mit Geislingen und Langenau), Hall (mit Ilshofen und Vellberg) und Rottweil. Ein Erfolg der Reichsstädte war es, daß sie im Jahre 1489, wenn auch nicht unangefochten, Sitz und Stimme auf den Reichstagen erhielten, so daß seitdem die drei Kurien der Kurfürsten, Fürsten (mit Grafen) und Städte auf diesen erschienen. Jede von ihnen beriet gesondert; hielten die beiden oberen Bänke zusammen, so hatte die Meinung der Reichsstädte kein Gewicht.

In der *Blütezeit der deutschen Städte* vom 14. bis 16. Jahrhundert wirkten Handwerk, Handel und Landwirtschaft meist nebeneinander. Die schwäbischen Städte waren mit wenigen Ausnahmen mehr Handwerker- als Handelsstädte. Von den etwa 3000 Städten, die Deutschland im 15. Jahrhundert zählte, hatten nur etwa 2800 mehr als 1000 Einwohner. Neben dem Stadtpatriziat, meist auch bürgerlicher Herkunft, das das Stadtgericht und seit dem 13. Jahrhundert den sich als

Selbstverwaltungsorgan bildenden Rat besetzte und sich von der übrigen Bevölkerung ständisch abschloß, drängte das handwerkliche Bürgertum immer mehr zur Beteiligung an der Stadtregierung. Die bäuerlichen Hintersassen, die sogenannten „Pfahlbürger", die durch die Aufnahme in die Stadt Schutz und städtische Freiheit („Stadtluft macht frei") erlangten, waren ohne Einfluß. Die Handwerker fanden die gesellschaftspolitische Stütze zur Erweiterung ihrer Rechte gegenüber den „Geschlechtern" in genossenschaftlichen Zwangszusammenfassungen, den „Zünften". Der Aufschwung des städtischen Gewerbes veranlaßte sie, Sitz und Stimme im Stadtrat zu fordern. Während des 14. Jahrhunderts wurden heftige Kämpfe der Zünfte mit den Geschlechtern ausgefochten, die in den meisten schwäbischen Reichsstädten für die Zünfte günstig verliefen; in manchen war der Sieg so vollständig, daß das politische Regiment förmlich auf die Zunftverfassung gegründet wurde.

Schwäbischer Bund von 1487

Auf Drängen des Kaisers Friedrich III. wurde 1487 in Esslingen der *Schwäbische Bund* ins Leben gerufen. Er bestand aus der Rittergesellschaft St.-Georgs-Schild, den schwäbischen Reichsstädten, dem Erzherzog Sigmund von Tirol und Vorderösterreich und dem Grafen Eberhard im Bart von Wirtemberg. Sein Zweck war, den 1486 auf zehn Jahre festgesetzten Frankfurter Landfrieden durchzuführen, das wirkliche Ziel freilich, ein Gegengewicht wider die immer bedrohlicher um sich greifende Macht ebenso Bayerns wie der Eidgenossen zu bilden. Am 14. Februar 1488 wurde der Bundesbrief besiegelt. Veranlaßt hatte den Bund hauptsächlich Graf Haug von Werdenberg (bei Sargans im Rheintal), der an der Spitze der St.-Georgs-Ritter stand; von den Städten zeigte sich das von Bayern bedrohte Ulm am rührigsten. Der Bund dehnte sich unter dem kaiserlichen Schutz nicht nur über Schwaben aus, bald gehörten ihm auch die Markgrafen von Brandenburg-Ansbach und Bayreuth und die Erzbischöfe von Mainz und Trier an. Er bildete nach dem Tode Eberhards im Bart mehr und mehr das Mittel, mit dem die Habsburger ihre Vorherrschaft in Süddeutschland sicherten. Beim Ablauf des Landfriedens war er so erstarkt, daß er weiter bestehen blieb. Inzwischen wurde auf dem berühmten Reichstag zu Worms 1495 der Allgemeine und Ewige Landfriede verkündet und das Reichskammergericht eingesetzt. Die Schweizer Eidgenossenschaft wollte sich jedoch den Beschlüssen dieses Reformreichstags nicht unterwerfen und betrachtete sich von nun an als nicht mehr zum Reiche gehörig. Der Schweizerkrieg von 1499, den Kaiser Maximilian mit den Kräften des

Schwäbischen Bundes mehr um Österreichs als um des Reiches willen führte, vollendete diese Sonderstellung. Maximilians Feldhauptmann, Graf Heinrich von Fürstenberg, erlitt bei Dornach bei Basel eine schwere Niederlage. Die wesentlichsten Taten des Bundes waren 1519 die Vertreibung des Herzogs Ulrich von Wirtemberg und 1525 die Unterdrückung des Bauernkriegs in Schwaben und Franken. Das eroberte Herzogtum Wirtemberg wurde 1520 an Kaiser Karl V. als Herrn von Österreich verkauft, der es 1522 seinem Bruder Ferdinand übergab. Der Schwäbische Bund war jetzt die Hauptstütze der Habsburger und der Katholischen Kirche in Deutschland und für Österreich das Mittel, Wirtemberg zu behaupten. Damit Herzog Ulrich ins Land zurückgeführt werden konnte, mußte der Bund vorher aufgelöst werden. Den Bemühungen des Landgrafen Philipp von Hessen gelang es im Februar 1534 dies zu erreichen; nach 46jähriger Dauer fiel der Bund auseinander. Daß das habsburgische Haus den Schwäbischen Bund nicht zusammenzuhalten vermochte, war für seine und des Reiches Geschichte von einschneidenden Folgen.

Wirtschaft – Handel – Verkehr

Der *Fernhandel* trat neben dem Handwerk noch zurück. Zunächst wurde die Umgebung der Städte mit Waren versorgt. Allmählich gewannen manche Reichsstädte, besonders Ulm und Ravensburg, auch für den Fernhandel Bedeutung. Der Verkehr nach Italien, das während der Kreuzzüge den Levantehandel überwiegend an sich gezogen hatte, ging von Ulm teils über den Fernpaß und Brenner, teils über den Bodensee und den durch die staufische Verwaltung eröffneten Gotthard. Die wichtigste *Straße* durch das heutige Württemberg führte von Speyer über Vaihingen an der Enz, Berg (bei Cannstatt) und Esslingen nach Ulm und Augsburg. Die West-Ost-Straße von Worms über Wimpfen und Öhringen nach Pförring an der Donau und Passau, die auch das Nibelungenlied kennt, hatte um die Mitte des 12. Jahrhunderts ihre Bedeutung verloren, als die Regensburger eine steinerne Brücke über die Donau gebaut hatten und der Durchgangsverkehr nun über Würzburg, Nürnberg und Regensburg lief. Wichtige Fernstraßen führten von Ulm über Nördlingen nach Nürnberg, ferner über Zurzach und den Aargau nach Genf und Lyon, von Cannstatt das Remstal aufwärts nach Nördlingen. Dagegen waren die Wirtschaftsbeziehungen zwischen Süd- und Norddeutschland gering. Im 15. Jahrundert begannen die *Frühformen der Industrie*, besonders die Leinenweberei, auch in Schwaben, vor allem in Oberschwaben, mehr und mehr für den Fernabsatz zu arbeiten. Die Ulmer spezialisierten sich auf das Barchentweben; die neben dem Flachs dazu nötige Baumwolle erhielten sie über Venedig aus der Levante. Esslingen und andere Städte des mittleren Neckarlandes betrieben vor allem den Weinhandel. Während in der Zeit des sächsischen und salischen Kaiserhauses Regensburg die bedeutendste Stadt im oberen Donaugebiet war, trat jetzt Ulm an dessen Stelle, bis im Reformationszeitalter Augsburg in den Vordergrund rückte. Gegen Ende des 14. Jahrhunderts gründeten einige tatkräftige Handelsfamilien, vor allem aus Ravensburg (Humpis und Hinterofen), Buchhorn (Mötteli) und Konstanz (Muntprat) die *Große Ravensburger Handelsgesellschaft*, welche Bürger einer Anzahl von Städten, Kaufleute und Einleger, zu einem Wirtschaftsverband unter einheitlicher Leitung zusammenschloß. Sie war eine Vorläuferin der augsburgischen Kompagnien der Fugger und Welser, eine reine Handelsgesellschaft, aber ein weitreichendes Unternehmen, das vor allem den Großteil der oberschwäbischen Leinenerzeugung vertrieb, Filialen in Frankreich, Italien, Spanien, Flandern u. a. unterhielt, die Messen von Frankfurt am Main, Antwerpen und Lyon beschickte und ihren Handel über Genua bis nach Spanien ausdehnte. Das Unternehmen bestand bis 1530. Ein Zufallsaktenfund im Kloster Salem 1911 ermöglichte es Aloys Schulte, die bedeutsame Geschichte der Gesellschaft zu schreiben.

Judengemeinden im Mittelalter

Seit wann Juden in Südwestdeutschland ansässig sind, steht nicht fest. Einen frühen Hinweis bietet eine hebräische Inschrift aus Heilbronn, die nach neuer Auffassung dort eine Judengemeinde für die zweite Hälfte des 11. Jahrhunderts bezeugt. Ähnliches gilt für Schwäbisch Hall. Die mittelalterlichen Juden sind aus dem Westen nach Deutschland gelangt; in Städten am Rhein sind sie seit dem 10. Jahrhundert nachgewiesen. Um 1090 legte Kaiser Heinrich IV. mit Schutzbriefen für die Juden in Speyer und Worms die Grundlage für den kaiserlichen Judenschutz. Friedrich Barbarossa und Friedrich II. dehnten die Judengesetzgebung aus: die Juden sind danach unfreie Kammerknechte des Kaisers, die für den Schutz erhebliche Abgaben zu entrichten haben. Steuerlisten von 1241 weisen Juden in Schwäbisch Hall, Schwäbisch Gmünd, Esslingen, Bopfingen und Ulm aus. In Heilbronn bestand im 13. Jahrhundert eine ansehnliche Judengemeinde. Die Kreuzzüge führten wiederholt zu schweren Judenverfolgungen und seit dem 12. Jahrhundert zur Auswanderung deutscher Juden nach Polen und Rußland. 1298 werden in Franken, so auch in Heilbronn, Widdern, Öhringen, Ingelfingen, Künzelsau, Kocherstetten und Creglingen Tausende von Juden umgebracht. Blutigste Pogrome ereigneten sich in den Pestjahren 1348 und 1349. Die durch die Seuche geängstigte Bevölkerung suchte Schuldige und warf den Juden Brunnenvergiftung vor. In Deutschland wurden damals etwa 350, im späteren Württemberg etwa 50 jüdische Gemeinden vernichtet. Die schändlichen Verfolgungen waren für die Stellung der Juden in Deutschland von nachhaltiger Wirkung: sie kehrten zwar vielfach an die alten Orte zurück, blieben aber Außenseiter, denen es verboten war, ein bürgerliches Handwerk zu betreiben. Die Abdrängung auf Geld- und Handelsgeschäfte bewirkte, daß die Judengemeinden verhältnismäßig bald wirtschaftlich erstarkten. Die erst spätmittelalterliche Ghettoverweisung schuf eine fast unüberbrückbare Kluft. Mit dem Verfall der kaiserlichen Macht wurde das Judenregal ein begehrtes Objekt der Landesherren und der Städte.

Im altwirtembergischen Gebiet sind Juden zum Beispiel in Calw 1281, in Kirchheim u. Teck 1329, in Stuttgart seit der ersten Hälfte des 14. Jahrhunderts, in Tübingen 1350 bezeugt. 1360 verlieh Kaiser Karl IV. dem Grafen Eberhard II. dem Greiner und Ulrich IV. das Judenschutzrecht. Eberhard im Bart schränkte im Herzogtum die Tätigkeit der Juden ein und leitete die nach seinem Tode ergangene Regimentsordnung von 1498, ein Grundgesetz des Landes, in die Wege, die die Juden aus dem Land verwies. Die Ausschließung galt mit wechselnder Strenge bis zur Aufhebung der ständischen Verfassung 1806.

An Ulm trat König Wenzel 1377 und 1392 den Judenschutz und einen Teil des Schutzgeldes ab. Auch dort wurden die Juden 1499 verdrängt; dauernder Aufenthalt war ihnen bis 1803 verboten. Heilbronn vertrieb die Juden gegen Ende des 15. Jahrhunderts; sie wurden vor allem in den Deutschordensbesitzungen Neckarsulm und Sontheim aufgenommen. Kleinere, besonders ritterschaftliche Territorien nahmen nach wie vor Schutzjuden auf.

Ritter und Ritterbünde

Wie die Städte hielten es auch die *Ritter* für geboten, sich zusammenzuschließen. In Schwaben kamen sie in Gegensatz zu den Landesherren, die bestrebt waren, die innerhalb ihrer Gebiete sitzenden Ritter ihren Territorien einzugliedern; ebenso bedrohlich wurde den Rittern die Macht der Städte. Die Gründung des älteren Schwäbischen Städtebundes 1376 gab Anlaß zur Entstehung mehrerer *Rittergesellschaften*. 1393 oder im folgenden Jahr entstand der weitverzweigte Bund der Schlegler, der sich nach seinem Abzeichen, dem Schlegel, benannte, und lebhafte Besorgnisse bei Reichsstädten und Landesherren hervorrief. Dem Grafen Eberhard dem Milden von Wirtemberg, dem Enkel des Greiners, glückte es, mit Hilfe

der Städte 1395 das von den Schleglern besetzte Städtchen Heimsheim bei Weil
der Stadt in Brand zu schießen und drei ihrer Anführer („Könige") gefangenzu-
nehmen. König Wenzel befahl die Auflösung der Gesellschaft. Die Wirtemberger
konnten jedoch die Ritter nicht ihrer Oberhoheit unterwerfen. Kaiser Sigismund
erkannte 1422 die *Reichsritterschaft* förmlich als Stand an. Im 15. Jahrhundert
war die bedeutendste Rittervereinigung in Schwaben die Gesellschaft St.-Georgs-
Schild, die sich 1408 zusammengeschlossen hatte und aus selbständigen Teilgesell-
schaften bestand. Sie verband sich mit den Reichsstädten 1487 zum *Schwäbischen
Bund*. Während die Ritterschaft in Bayern wie in den norddeutschen Gebieten
landsässig wurde, konnten sich unter dem Schutze dieses Bundes die Ritter in
Schwaben, Franken und am Rhein, und zwar nicht nur die ursprünglichen Reichs-
dienstmannen, sondern auch die ritterlichen Lehensleute der Landesherren, als unmittelbar unter dem Reiche stehend behaupten.

Allerdings büßte der ritterschaftliche *Adel* in dieser Zeit sein kriegerisches Übergewicht ein. Die neue Art der Kriegsführung mit geschlossenen Infanteriemassen
und die Erfindung des Geschützes drängte die Ritter zurück, an deren Stelle mit
den Schweizern und Landsknechten nun das angeworbene Fußvolk trat. Der
Landadel behielt im ganzen seine politisch führende Stellung und bewahrte sie
weiterhin im Heerwesen, besonders in der Reiterei. Wirtschaftlich war er jedoch
dem Wettbewerb mit den leistungsfähigeren Territorien und Städten nicht mehr
gewachsen. Von den verarmenden Rittern schädigten einzelne, auch nachdem das
Fehderecht 1495 aufgehoben war, Verkehr und Wirtschaft durch Landfriedensbruch und Raub. Die von dem tapferen Haudegen Götz von Berlichingen zu Jagsthausen (1480–1562), einem späten Vertreter dieses Rittertums, verfaßte Lebens-
beschreibung hatte Goethe den Stoff zu seinem ersten Drama „Götz von Berlichingen mit der eisernen Hand" (1773) geliefert. Nach dem Aufkommen schwerer
Geschütze waren die Burgen leicht zu bezwingen; sie verloren zum Teil ihre Bedeutung und verfielen. Doch blieben bis zur Gegenwart z. B. Kaltenstein über
Vaihingen an der Enz, Lichtenberg über dem Bottwartal, Reichenberg über dem
Murrtal, Stetten über dem Kochertal, Hornberg über dem Jagsttal und andere
erhalten.

Die Lage der Bauern

In Franken und Schwaben war auch im Mittelalter die kleinbäuerliche Bewirtschaftung des Landes vorherrschend. Ein Großbauerntum, wie es in der zweiten
Hälfte des Mittelalters im deutschen Nordwesten entstand, war nicht bekannt,

ebensowenig Großgrundbesitz in Eigenbewirtschaftung, der seit dem 16. Jahrhundert im Kolonisationsgebiet Nordostdeutschlands aufkam. Freie Bauern gab es nur wenige. In der Regel war die bäuerliche Bevölkerung leibeigen in dreifacher Abhängigkeit: vom Gerichtsherrn, vom Grundherrn und vom Leibherrn, wobei Grund- und Leibherrschaft meist zusammenfiel. Belastet war der „eigene" Mann mit dem Grundzins und einer Reihe anderer Lasten, vielfach nach örtlichem Gewohnheitsrecht oder Absprache, so mit dem Leibhuhn, im Todesfall mit dem sogenannten Besthaupt, also dem besten Stück Vieh, dem besten Rock, dem besten Kleid des Verstorbenen. Besonders drückend waren die Ansprüche gegen Nichtverheiratete und Uneheliche. Heiraten durfte ein Leibeigener an sich nur jemand, der dem gleichen Herrn leibeigen war. Auch durfte er nicht ohne Genehmigung seinen Wohnsitz aufgeben. Von einer Verfügung des Herren über den Leibeigenen kann aber keine Rede sein. Aus dem Dorfgericht, an dem Bauern schon immer mitwirkten, entwickelten sich die Anfänge der Selbstverwaltung ländlicher Gemeinden. Dem standen aber mannigfache andere Abgaben gegenüber: dem Kirchherrn hatte der Bauer den Zehnten, dem Grundherrn die Gülten, dem Gerichtsherrn die Fronen zu leisten; die Gülten waren also privatrechtliche, die Fronen öffentlich-rechtliche Leistungen. Dazu traten die direkten Steuern, ursprünglich Beden (erbetene Beisteuern) genannt; neben diesen ordentlichen Landessteuern kamen immer mehr auch außerordentliche, sogenannte Schatzungen auf.

In Oberdeutschland verschlechterte sich mit dem 15. Jahrhundert durch die steigende Übervölkerung die Lage des Landvolks. Das natürliche Wachstum der Bevölkerung, die weder in Kolonisationsgebiete noch in größere Städte abströmen konnte, förderte die Güterzersplitterung, vor allem auch in den weinbautreibenden Gegenden. Um die Mitte des 15. Jahrhunderts beginnt eine Gärung auf dem Land. Die Bauern fühlten sich durch die gesteigerten Ansprüche der Landesherren bedrängt, die, um ihre wachsenden Ausgaben tragen zu können, ihre Rechte immer stärker ausweiteten, die Steuern erhöhten und die dörfliche Selbstverwaltung beschränkten; all dies wurde mit Recht als Willkür empfunden. Schon 1476 predigte im Taubergrund der schlichte Dorfmusikant Johann Böheim, der „Pfeiffer von Niklashausen" (bei Wertheim), unter großem Zulauf Pfaffenhaß und Bauernbefreiung; er wurde in Würzburg verbrannt. Auch im Gebiet verschiedener oberschwäbischer Klöster, so von Rot an der Rot, Schussenried, Ochsenhausen und Zwiefalten kamen damals Bauernunruhen vor. Am Oberrhein entstand, beeindruckt von den Siegen der Schweizer Bauernheere, unter dem Zeichen des *Bundschuhs* (gebundener bäuerlicher Schuh im Gegensatz zum Ritterstiefel) eine revolutionäre Bauernbewegung, die sich auch im angrenzenden Wirtemberg auswirkte und 1514 zum Bauernaufstand des *Armen Konrad* führte.

Kunst und Wissenschaft

Die Kunst fand vor allem in den Reichsstädten vielseitige Pflege, besonders in Ulm, das im 15. Jahrhundert eine ihrer bedeutendsten deutschen Pflanzstätten war. Unter den Meistern der hochgotischen *Baukunst* ist vor allem die Familie *Parler* zu nennen, die aus der Reichsstadt Gmünd stammt; ihr Ahnherr Heinrich Parler baute dort den Chor der Heiligkreuzkirche, deren Hallenform in Schwäbisch Hall, Dinkelsbühl und Nördlingen Nachahmung fand; dessen Sohn Peter Parler (1330–1399) war der Erbauer des Prager Doms. Die Ulmer begannen im Jahre 1377, in der Zeit der größten politischen Kraftentfaltung der Stadt, ihr Münster, einer der gewaltigsten Kirchenbauten Deutschlands; der erste Baumeister war auch hier ein Parler, dem 1392 Ulrich von Ensingen (um 1359–1419) folgte, der später den Turm des Straßburger Münsters erbaut hat. Den Plan zum Münsterturm in Ulm, wie er als höchster Kirchturm der Erde im 19. Jahrhundert vollendet wurde, entwarf Matthäus Böblinger von Esslingen, der zu Anfang des 16. Jahrhunderts starb. Sein Vater, Hans Böblinger (gestorben 1482), hat die Frauenkirche zu Esslingen mit ihrem zart durchbrochenen Pyramidenturm errichtet. Prächtige gotische Brunnen zieren die Marktplätze von Rottenburg und Urach. Auch in der *Plastik*, in der schon Peter Parler während des 14. Jahrhunderts neue Wege einschlug, nimmt Schwaben während des 15. Jahrhunderts eine hervorragende Stelle ein; hier war wieder vor allem Ulm ein Sammelplatz ausgezeichneter Künstler. Ihre Höhe erreichte die Schwäbische Schule mit dem bahnbrechenden, von „Freien Leuten auf der Leutkircher Heide" stammenden und in Ulm wirkenden Hans Multscher (gegen 1400–1467), der es u. a. im Wurzacher Altar und im Hochaltar von Sterzing wunderbar verstand, menschliche Gestalten in Stein und Holz lebenswahr und mit seelischer Vertiefung zu schildern, und Jörg Syrlin dem Älteren (um 1425–1491), dem neuestens allerdings nicht unbestrittenen Schöpfer der prachtvollen Figuren des Chorgestühls im Ulmer Münster; von Gregor Erhart (um 1470–1540) stammt der Hochaltar der Blaubeurer Klosterkirche von 1493 bis 1494. Der Heilbronner Hans Seyfer (gestorben 1509) schuf den Hochaltar der Kilianskirche und die Kreuzigungsgruppe vor der Leonhardskirche in Stuttgart. Nicht weniger blühte in den Reichsstädten die *Malerei:* von Bedeutung waren Konrad Witz von Rottweil (um 1400–1444), der später in Konstanz und Basel wirkte, der erste deutsche Tafelmaler, der das Raumproblem klar erfaßte und bestimmte Landschaftsausschnitte in seine Werke einbezog. Hans Schüchlin von Ulm (gestorben 1515), der Meister des Hauptaltars von Tiefenbronn bei Pforzheim (die Auffassung, den dortigen Magdalenenaltar habe ein Lukas Moser aus Ulm gemalt, dürfte durch Gerhard Piccard widerlegt sein), Jörg Stocker von Ulm (bis

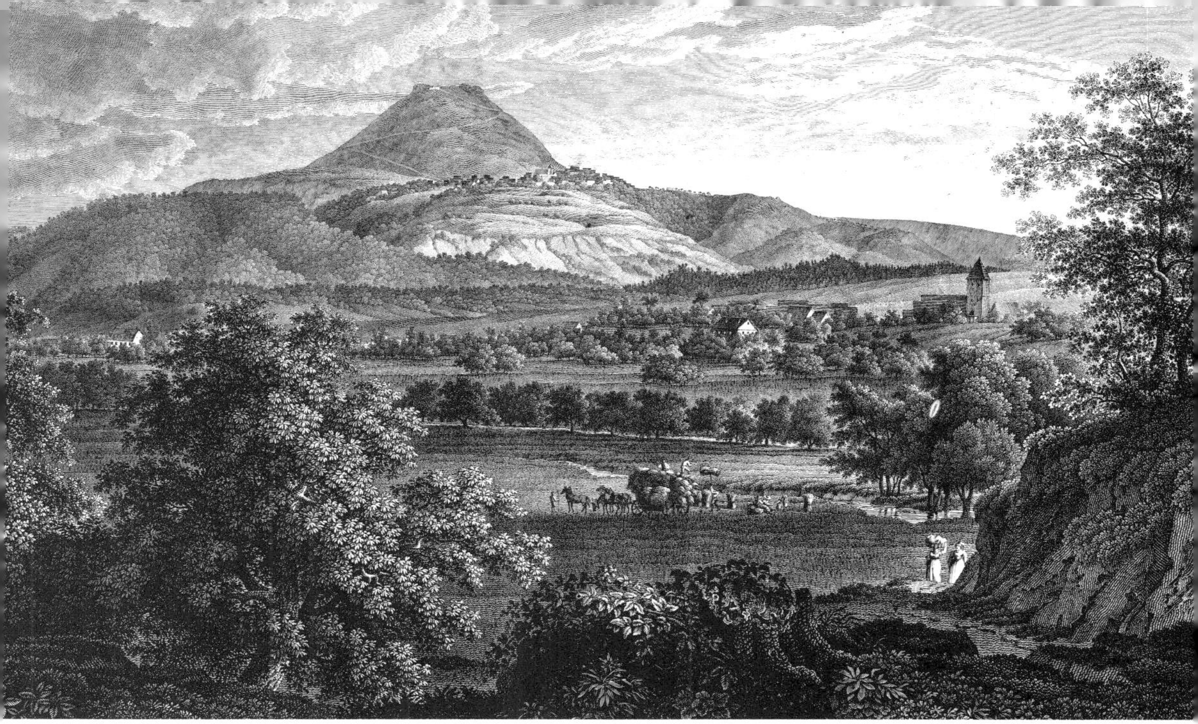

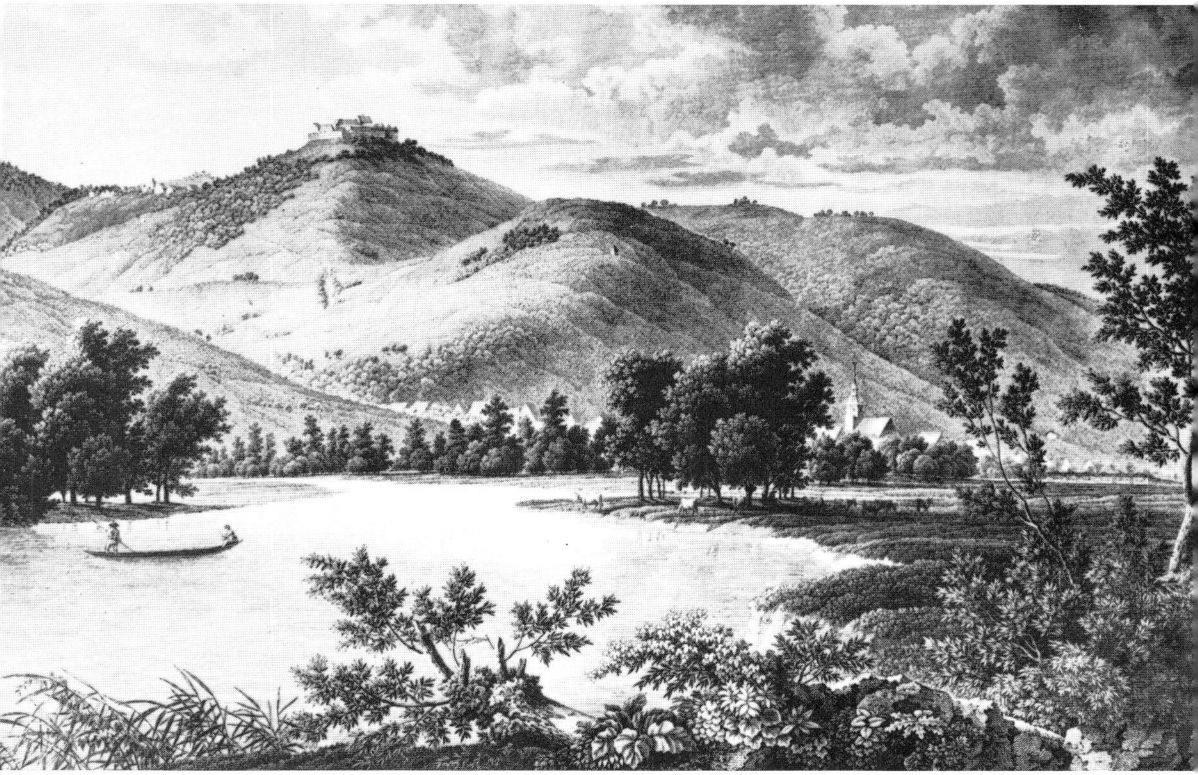

36 *Doppelgrab des Grafen Ulrich I. des Stifters mit seiner zweiten Gemahlin Agnes von Schlesien-Liegnitz in der Stuttgarter Stiftskirche*

34 *(umseitig oben) Der Hohenstaufen. Seyffer um 1815*
35 *(umseitig unten) Stammburg Württemberg. Seyffer um 1814*

1512) und der populärste Meister dieser schwäbischen Kunst, Bartholomäus Zeitblom (nach 1450–1518), ein Nördlinger, der in Ulm lebte. Seine Malerei hat bei aller Realistik und Farbenfreudigkeit etwas Inniges und Tiefes, seine Gestalten sind mit schlichtem, herzenskräftigem Glauben geschaffen; in ihrer Art und in ihren Grenzen bedeutet seine Malerei einen Höhepunkt der Kunst des 15. Jahrhunderts. Jörg Ratgeb aus Schwäbisch Gmünd (um 1470–1526), der vor allem in Stuttgart und Heilbronn wirkte und in Pforzheim wegen Beteiligung am Bauernkrieg und Begünstigung des Einfalls Herzog Ulrichs von Wirtemberg hingerichtet wurde, ist der Schöpfer des Herrenberger Altars (heute in der Stuttgarter Staatsgalerie). Martin Schaffner von Ulm (1478/79–1546/49) hat sich bereits dem Farbenreiz der italienischen Renaissance erschlossen. Der ebenfalls aus Gmünd stammende Hans Baldung, genannt Grien (1484–1545), wirkte als einer der bedeutendsten Maler der Zeitwende von der Spätgotik zur Renaissance vor allem in Straßburg. Erst im 16. Jahrhundert ist die schwäbische Führung in Plastik und Malerei vor der fränkischen, insbesondere vor Nürnberg, zurückgetreten.

Was für die bildende Kunst die schwäbischen Reichsstädte, das bedeuten jetzt für *Dichtkunst und Wissenschaft* die Höfe, während die Städte hierin zurücktreten. Doch wirkte in seinen letzten 18 Lebensjahren in Ulm der in Konstanz oder in Überlingen geborene Mystiker Heinrich Seuse (Suso, um 1300–1366), der im Ulmer Dominikanerkloster starb; die Prosaschriften des feinfühlenden Mannes haben lyrischen Charakter. Im gleichen Kloster in Ulm verfaßte gegen das ausgehende 15. Jahrhundert der aus Zürich gebürtige Felix Fabri (1441–1502) eine kulturgeschichtlich wertvolle Beschreibung Deutschlands, Schwabens und der Stadt Ulm. An verschiedenen Höfen Deutschlands lebte Michael Beheim von Sülzbach bei Weinsberg (1416 bis um 1480), der ohne eigentliche dichterische Gestaltungskraft als Meistersinger zahlreiche Lieder verfaßt hat. Die alte herkömmliche Ritterdichtung pflegte Hermann von Sachsenheim (gestorben 1458), der weitausgesponnene Allegorien liebte; er widmete sein Hauptgedicht der kunstsinnigen Erzherzogin Mechthild von Österreich (1419–1482), deren Hof dem Minnesang noch eine Zufluchtsstätte bot, aber auch bereits der neuen Renaissanceliteratur aufgeschlossen war. Mechthild entstammte dem kunst- und wissenschaftliebenden Pfalzgrafenhause zu Heidelberg; zuerst mit Graf Ludwig von Wirtemberg vermählt, dann als dieser 1450 starb, mit Erzherzog Albrecht von Österreich, dem Bruder Kaiser Friedrichs III., hatte sie nach dem Tode ihres zweiten Gemahls 1463 ihren Witwensitz zu Rottenburg am Neckar, wo sie im Jahre 1482 gestorben ist. Ihr Hof und der ihres Sohnes, des Grafen Eberhard im Bart von Wirtemberg, gehören zu den ersten in Deutschland, die mit der neuen humanistischen Bildung in Berührung getreten sind; der Schweizer Niklas von Wyle (gestorben 1478/79), Stadtschreiber in Esslingen, dann Kanzler Ulrichs V., und der in Weil der Stadt geborene Heinrich Steinhöwel (1412–1482), die Übersetzer mancher lateinischen und italienischen Werke, standen dem wirtembergischen Grafenhause nahe; Eberhard im Bart zog Johannes Reuchlin aus Pforzheim (1455–1522) an seinen Hof, den Meister der lateinischen, griechischen und hebräischen Sprache, das Haupt des älteren deutschen Humanismus. Zur Förderung der Studien stiftete Graf Eberhard, wohl auch angeregt von seiner Mutter, welche schon die Gründung der Universität Freiburg 1457 durch ihren Gemahl veranlaßt hatte, im Jahre 1477 die *Universität Tübingen*, die rasch aufblühte. Der erste Rektor und langjährige Kanzler Johannes Vergenhans oder Nauclerus (1425–1510) verfaßte eine vielgelesene Weltchronik; ferner lehrten an der Hochschule Gabriel Biel (1425–1495), der letzte systematische Scholastiker von Bedeutung, der Humanist Heinrich Bebel (1472–1518), ein Bauernsohn aus Ingstetten, der Verfasser lateinischer Facetiae (Schwänke), die vielfach auf altes schwäbisches Volksgut zurückgehen. Von 1514 bis 1518 wirkte als Lehrer des Griechischen an der Bursa der 1497 geborene, also noch sehr junge Neffe Reuchlins, *Philipp Melanchthon* (Schwarzert) von Bretten, bis er nach Wittenberg berufen wurde und seine bedeutungsvolle Wirksamkeit als Freund und Mitarbeiter Luthers begann. Außerhalb der schwäbischen Heimat seiner Familie führte der in Einsiedeln geborene Arzt und Philosoph Theophrastus Bombastus *Paracelsus* von Hohenheim (1493–1541), einer der bedeutendsten Naturforscher der beginnenden Neuzeit, ein bewegtes Leben.

Kirche

Auf schwäbischem Boden fand 1414–1418 das *Konstanzer Konzil* statt, um die kirchliche Anarchie mit dem Schisma dreier Päpste zu beseitigen, Irrlehren abzuwehren und die notwendigen Reformen durchzuführen. Den deutschen Tagungsort hatte König Sigismund durchgesetzt. Die Einheit der Kirche wurde durch die Absetzung der sich bekämpfenden Päpste hergestellt, der tschechische Theologe Johann Hus trotz Zusage freien Geleits verurteilt und verbrannt. Eine durchgreifende Reform der Kirche kam aber weder hier noch auf dem 1431 nach *Basel* berufenen Konzil zustande. Um der geforderten Überordnung eines Konzils über den Papst entgegenzuwirken, machte die Kurie den Fürsten vielfache Zugeständnisse, die in der Folge die landeskirchliche Entwicklung auch in den deutschen Territorien eingeleitet haben. Insbesondere in Wirtemberg unter dem Grafen Eberhard im Bart finden sich bereits starke Ansätze eines landesherrlichen Kirchenregiments.

Während in Gegenden, in denen kein starker Landesherr über die Masse der kleinen Herrschaften hervorragte, manche Klöster, zumal in Oberschwaben, sich zu selbständigen Reichsabteien erhoben hatten, wurden die unter wirtembergischem Schirm stehenden Klöster allmählich aus Schutzbefohlenen zu landsässigen Untertanen. So ist die Neuordnung des Kirchenwesens, welche die Landesherren der Reformationszeit in die Hand nahmen, bereits im 15. Jahrhundert vorbereitet worden.

Die *Klöster* standen während des Spätmittelalters mehr oder weniger im Zeichen wirtschaftlichen und sittlichen Verfalls; sie wurden vielfach als Anstalten zur Versorgung der jüngeren Familienglieder des grundbesitzenden Adels betrachtet. Von neuen Klosterstiftungen gelangten nur wenige noch zu einiger Bedeutung, so Königsbronn bei Heidenheim, das 1302 von dem deutschen König Albrecht von Österreich gegründet wurde. Die Abteien Ellwangen und Comburg wurden im 15. Jahrhundert in adelige Chorherrenstifte umgewandelt. Der niedere Klerus stand in weitem Abstand zum höheren. Seine Einkünfte waren teilweise recht bescheiden; waren sie durch die nicht seltene Verleihung weiterer Pfründen gebessert, so wurden diese oft durch Hilfsgeistliche in dürftiger Lage versehen. Der kirchlich fromme Sinn der Bevölkerung veranlaßte im 14. und 15. Jahrhundert, namentlich in den Städten, viele geistliche Stiftungen; seit Anfang des 15. Jahrhunderts wurde es Sitte, besondere Predigerstellen einzurichten, um das Bedürfnis nach besserer und häufigerer Predigt zu befriedigen. Die Tatsache, daß zahlreiche Pfarreien Klöstern und Stiften einverleibt und nur von schlecht besoldeten Pfarrverwesern besorgt wurden, erregte die Unzufriedenheit der Pfarrgemeinden. Die Reformkonzilien zu Konstanz und Basel konnten einen Teil dieser Mißbräuche abstellen.

2. Grafschaft und Herzogtum Wirtemberg bis zur Reformation

Ursprung des Hauses Wirtemberg – Aufstieg der Grafschaft

Unter den Territorien, die sich seit dem Niedergang des Stauferhauses im schwäbischen Raum bildeten, hat insbesondere die Entstehung der Grafschaft Wirtemberg sich bis in die Gegenwart ausgewirkt. Die Frage nach dem Ursprung des seit seinem Auftauchen dem Hochadel zugehörenden Geschlechts wird verschieden beantwortet. P. Goessler leitete den Namen der Wirtemberger von dem keltischen Wort Virodonum ab, das die mit einem Palisadenzaun (dunum = Zaun) ge-

schützte Siedlung oder Burg eines Vero bedeute. Er wies aber auch darauf hin, daß
es in Luxemburg bei Betzdorf über der Styr einen „Wirtenberg" gibt, auf dem
ein Votivstein für den keltisch-römischen Gott Veraudinus gefunden wurde.
E. Schneider, M. Decker-Hauff und H. Autenrieth vertreten deshalb die Auffassung, ein von dorther zugewanderter fränkischer Adeliger habe den Namen
einer Burg über der Styr, von der allerdings keine Reste gefunden wurden, auf
den Rotenberg und seine Feste übertragen und sich danach genannt. Der älteste des
Geschlechts, von dem wir wissen, Konrad von Wirtemberg, erscheint urkundlich
erstmals 1092 in den Kämpfen zwischen Kaiser Heinrich IV. und den Anhängern
des Gegenkönigs Hermann von Salm aus dem Hause Luxemburg, in denen er auf
päpstlicher Seite steht. Wahrscheinlich hat die Familie ihren Sitz um 1080 auf den
Rotenberg am Westrand des Schurwalds, oberhalb der heute in die Landeshauptstadt Stuttgart eingemeindeten Dörfer Untertürkheim (vielleicht zuvor sein Wohnsitz) und Uhlbach verlegt. Die Kapelle dieser Burg wurde nach einer erhaltenen
Inschrift 1083 geweiht, jedoch nicht von dem zuständigen Bischof von Konstanz,
sondern von dem als Anhänger Papst Gregors VII. von Heinrich IV. abgesetzten
Bischof Adalbert von Worms. An die Burg schloß sich später das Dorf Rotenberg
an. König Wilhelm I. von Württemberg ließ die Stammburg 1819 abreißen, um
dort die Grabkapelle für sich und seine Gemahlin Katharina zu errichten.
Nachkommen Konrads begegnen ab 1098 als Anhänger der Hohenstaufen auf
deren Feldzügen in Deutschland, Italien und im Heiligen Land. Zu Beginn des
12. Jahrhunderts beerben sie die reichen, mit den Grafen von Calw verwandten
Herren von Beutelsbach, führen den 1136 erstmals genannten Grafentitel und sind
im Besitz der Grafschaft im Remstal. Ob sie diese Würde von den Beutelsbachern
geerbt haben, ist ungewiß. Der Ausdehnung der jungen Grafschaft waren zunächst
durch das Reichs- und Hausgut der Staufer Grenzen gesetzt. Während des Thron-
streits zwischen Philipp von Schwaben und dem Welfen Otto IV., der den Staufer zwang, seinen Parteigängern zahlreiches Kron- und Hausgut zu überlassen,
gewann die junge Grafschaft Wirtemberg Reichsgut im mittleren und unteren
Remstal, insbesondere die Burg Waldhausen, Schorndorf und die alten Reichshöfe
Winterbach und Waiblingen, das Reichsgut in Cannstatt und wohl auch Marbach.
Besonders bedeutsam war die Belehnung mit Zoll- und Geleitsrechten auf den
Reichsstraßen um Cannstatt; die Wirtemberger gewannen damit beträchtliche
Geldmittel, mit denen sie Herrschaften und Güter aufkaufen konnten. Mit ihnen
gleichen Stammes waren die Grafen von Grüningen (bei Riedlingen an der Donau),
die in der ersten Hälfte des 13. Jahrhunderts auftauchen, ebenfalls übereinander-
liegende Hirschstangen im Wappen führen, sich später nach der Burg Landau (bei
Riedlingen) nennen und im 17. Jahrhundert aussterben.

Die Schwächung der Reichsgewalt gab vor allem in Schwaben den territorialen Kräften Auftrieb. Den Grafen von Wirtemberg ermöglichte sie raschen Aufstieg. Graf *Ulrich I.* (1241–1265) „mit dem Daumen", nicht ganz zutreffend auch der Stifter genannt im Hinblick auf den Erwerb des Stiftes Beutelsbach, ebenso erfolgreich wie unbedenklich in der Wahl seiner Mittel, ist der eigentliche Begründer der Stellung seines Hauses. Er ging, wie erwähnt, 1246 in der Schlacht bei Frankfurt zur päpstlichen Partei über und war in den schweren Kämpfen vor und nach dem Tod Kaiser Friedrichs II. der tatkräftigste Widersacher der Staufer unter den schwäbischen Großen; 1254 söhnte er sich jedoch mit der vormundschaftlichen Regierung für Konradin aus.

Nach dem Vorbild der Hohenstaufen sicherten nun auch kleinere Herren ihr Gebiet durch *Städte*. Mittelpunkt der Grafschaft Wirtemberg wurde bald Stuttgart, das Ulrich wohl durch seine Heirat mit einer badischen Erbtochter gewann. Nach M. Decker-Hauffs neuen Forschungen war das Stuttgarter Tal zu Beginn des 10. Jahrhunderts in der Hand der schwäbischen Herzogsfamilie. Von der bezeugten Besitzerin Reginlinde, Gattin sowohl der Herzöge Burkhard I. und Hermann IV., kam das Gebiet über ihre Tochter Ita an deren Mann, den bekannten, bald seiner Ämter entsetzten ältesten Sohn Kaiser Ottos I., Herzog Ludolf, der als Gründer des „Stutengarten" (um 950) anzusehen ist. Das Gestüt lag im unteren Nesenbachtal, den heutigen „Anlagen", das Stuthaus stand neben der späteren Stiftskirche. Nach 1030 entsteht der Ort Stuttgart durch Vereinigung des in der späteren Leonhardsvorstadt gelegenen Fleckens Frankenbach mit dem Gestüt, das über Babenberger, Salier und die in der Gegend begüterten Grafen von Calw an das Haus Baden gekommen zu sein scheint. Stadtrecht hat Stuttgart nach Decker-Hauff um 1219 durch Markgraf Hermann V. (1190–1242) und seine Gattin Irmgard von der Pfalz, Enkelin Heinrichs des Löwen, erhalten. Durch deren Tochter Mathilde kam die junge Stadt, deren Gründungsvorgang und Ummauerung wohl noch nicht abgeschlossen war, an deren Mann Graf Ulrich I. von Wirtemberg, offensichtlich ein gezielter Schritt vorwärtsstrebender Heiratspolitik. Andere Städtegründungen Ulrichs waren 1249 Leonberg, bald darauf neben alten Siedlungen Waiblingen und Schorndorf. Das günstig gelegene Cannstatt gehörte zunächst seinem Vetter Hartmann von Grüningen. 1250 erwirbt er von den im Thronstreit bedrängten Grafen von Urach deren Herrschaft mit Urach, Münsingen, Nürtingen und Pfullingen. Die Vergrößerung seines Gebiets erreichte er vor allem durch Kauf von Herrschaften, Gütern und Rechten, den das Aussterben oder die Verarmung von Familien des hohen Adels in Schwaben förderte.

Ulrich I. ähnlich waren seine Nachfolger bis zum Ende des 14. Jahrhunderts: tatkräftig und haushälterisch gehen sie mit Umsicht darauf aus, ihr Land zu ver-

größern und ein möglichst geschlossenes Herrschaftsgebiet zu bilden. Mit dem
Aufstieg Wirtembergs wird das politische Schwergewicht in Schwaben, das bisher
mehr im Bodenseegebiet lag, allmählich in das mittlere Neckarland verlegt. Begünstigt wird das Haus dadurch, daß die Grafschaft fast immer ohne die damals
häufigen Teilungen vom Vater auf den Sohn überging. Wiederholte gemeinsame
Herrschaft zweier Brüder ohne Teilung des Landes, so der Söhne Ulrichs I.,
Ulrich II. (1265–1279) und *Eberhard I.* (1265–1325), ging rasch vorüber.

Behauptung und Ausdehnung – Reichssturmfahne

Bald kam es jedoch zum Konflikt mit Rudolf von Habsburg (1273–1291), dessen
Ziel es war, das Herzogtum Schwaben unter der Führung seines Hauses wiederherzustellen, und der deshalb den ehemaligen Reichsbesitz an sich bringen wollte.
Dabei stieß er vor allem auf den Widerstand des Grafen *Eberhard I.* des Erlauchten von Wirtemberg, der sich mit Geschick zur Wehr setzte. Rudolf forderte
die Herausgabe alles Reichsguts, ließ die Grafschaft verheeren, belagerte Stuttgart
sieben Wochen lang und zwang Eberhard zu einem Vergleich, nach dem die Stadt
in Rudolfs Hand übergehen sollte. Im Bündnis mit seinem Schwager Hermann
von Baden beginnt Eberhard 1287 den Kampf erneut, der mit seiner Niederlage
und einem Sühnevertrag in Esslingen endet. Trotz der Überlegenheit des Königs
konnte sich Eberhard aber im ganzen behaupten. Rudolfs Plan, das Herzogtum
Schwaben zu gewinnen, ist vor allem an seinem Widerstand gescheitert.
König Albrecht I., Rudolfs Sohn, ernannte Eberhard nach dem Tode König Adolfs
von Nassau 1298 zum Reichslandvogt in Niederschwaben, also zum Wahrer der
Reichsrechte, damals ein einflußreiches und einträgliches Amt, das seine Stellung
gegenüber den Reichsstädten stärkte. Als Albrecht die habsburgische Stellung in
Schwaben ausbauen wollte, kam auch er in scharfen Gegensatz zu Eberhard. Nach
Albrechts Ermordung gelang es den Habsburgern zunächst nicht, sich die Nach-
folge in der deutschen Kaiserkrone zu erhalten. Der Luxemburger Kaiser Heinrich VII. (1308–1315) entzog Eberhard die Landvogtei, insbesondere weil er
seinem Plan, Böhmen seinem Sohn zu verschaffen, entgegenstand, verhängte die
Reichsacht und eröffnete den Reichskrieg gegen ihn. Die Städte, vor allem Esslingen,
und verschiedene Herren vereinigten sich unter dem Reichslandvogt Konrad von
Weinsberg zur Niederwerfung des gefährlichen Grafen. Er verlor fast sein ganzes
Land; seine Stammburg wurde zerstört, Stuttgart und andere Städte durch Esslingen für das Reich in Besitz genommen und 1312 bis 1315 von dort verwaltet.
Davon, daß Stuttgart in dieser Zeit „Reichsstadt" gewesen sei, kann keine Rede

sein; eher könnte man von einer „Besatzungszeit" sprechen. Der Tod seines Gegners Kaiser Heinrich 1313 und die Doppelwahl Ludwigs des Bayern und Friedrichs von Österreich veränderte die Lage und machten es Eberhard, dem seine badischen Verwandten zeitweise Obdach in Besigheim gewährt hatten, möglich, die Grafschaft wiederzugewinnen, die er schließlich sehr vergrößert seinem Nachfolger hinterließ. Er hatte in den letzten Jahren auch wieder die Reichslandvogtei Niederschwaben erhalten. Unter ihm erwarb Wirtemberg Backnang 1304, bis dahin Erbbegräbnis der Markgrafen von Baden, Neuffen und Hohenneuffen 1301 und 1316, den Hohenasperg mit der Glemsgaugrafschaft 1308, Göppingen und den Hohenstaufen 1319, Rosenfeld (Kreis Balingen) 1317, Dornstetten und Neuenbürg 1320. Das zerstörte Stift Beutelsbach verlegte Eberhard 1321 mit der Grablege seines Hauses nach Stuttgart. Um die gleiche Zeit hat er hier die steinerne Wasserburg, den ältesten sogenannten Türnitzbau des Alten Schlosses, und den Chor der Stiftskirche errichtet. Auch die wichtige Fernstraße Stuttgarts nach Süden, die Alte Weinsteige stammt aus der ersten Hälfte des 14. Jahrhunderts.
Die tatkräftige Politik Graf Eberhards I. wurde von seinem Sohn Ulrich III. und seinem Enkel Eberhard II. dem Greiner fortgesetzt. *Ulrich III.* (1325–1344), besonnen und sparsam, bekam 1330 zur niederschwäbischen die ursprünglich fränkische Landvogtei Wimpfen, die dann als „Untere Landvogtei Niederschwaben" mit jener „Oberen Landvogtei" verbunden blieb. Beide waren bis 1360 und dann wieder von 1371 bis 1376 in der Hand der wirtembergischen Grafen. Die Sorge Ulms, diese könnten auch mit der oberschwäbischen Landvogtei betraut werden, hat den Zusammenschluß der Städte 1370 wesentlich gefördert. Unter Ulrich III. kamen zum Lande: die Hälfte der Herrschaft Teck mit Kirchheim, Winnenden 1325, die Grafschaft Aichelberg 1334, Grötzingen 1337, Vaihingen/Enz 1339, Stadt und Herrschaft Tübingen 1342, ferner die Schirmvogtei über die Klöster Herrenalb 1338, über die es zu langen Auseinandersetzungen mit Baden kam, das schon früher verpfändete Denkendorf und Bebenhausen 1342; im Elsaß erwarb er die Herrschaften Horburg (mit Andolzheim) und Reichenweiher.
Mit Geschick war es Ulrich III. im Jahre 1336 noch gelungen, die Stadt Markgröningen durch Kauf zu gewinnen, mit der das Lehen der *Reichssturmfahne* verbunden war, das jedoch mit dem Recht der Schwaben auf den Vorstreit in den Reichsschlachten nichts zu tun hat. Vielmehr wurde Hartmann von Grüningen (aus der Seitenlinie des Hauses Wirtemberg), der unter König Wilhelm von Holland die Würde eines Reichsbannerträgers innehatte, mit der Reichsstadt Markgröningen belehnt. Man sah deshalb die Reichssturmfahne als dauernd mit Markgröningen verbunden an. Er konnte jedoch die Stadt gegen König Rudolf nicht halten. 1322 erhielt von Kaiser Ludwig dem Bayern der ostfränkische Edle Konrad von Schüs-

selburg, der in der entscheidenden Schlacht bei Mühldorf 1322 sein Bannerträger
war, die Stadt. Dieser trat sie 1336 seinem Verwandten Ulrich III. von Wirtemberg käuflich ab, dem Ludwig am gleichen Tag die Reichssturmfahne, nunmehr als
zu Markgröningen gehörig unter Erstattung des Kaufpreises übertrug. Es war der
Lohn für die wertvolle Hilfe, die Graf Ulrich dem Kaiser in seinen Kriegen geleistet hatte. Die Wirtemberger haben die Reichssturmfahne immer als eines ihrer
vornehmsten Rechte betrachtet; 1495 wurde sie, mit schwarzem einköpfigem Adler
auf goldenem Grund, dem Herzogswappen eingefügt.

Siege über Städte und Ritter

Graf *Eberhard II.* (1344–1392) der Greiner (Zänker, Kämpfer), regierte bis 1362
gemeinsam mit seinem Bruder Ulrich IV. Kraftvoll und rührig ist er vom jungen
Schiller und von Uhland in seinen Balladen vor allem als Kriegsheld gewürdigt
worden. Er war jedoch, nicht zuletzt durch die längere Verwaltung des Herzogtums Lothringen während der Minderjährigkeit des mit seiner Tochter Sophie
verlobten Herzogs, staatsmännisch geschult und erfahren. Die von Ulrich IV.
erstrebte Landesteilung wußte er zu verhindern. Die Pest und die anschließen-
den Judenverfolgungen der Jahre 1348 und 1349 haben auch die Grafschaft
schwer erschüttert. Der bekannte Überfall auf Eberhard im Wildbad 1367
durch den Grafen von Eberstein und seine Genossen, bei dem Eberhard auf die
Burg Zavelstein entkam, führte zu einer heftigen Fehde Eberhards mit dem
deshalb in Reichsacht erklärten Ebersteiner. Im Kampf mit den im Schwäbischen
Landfriedensverband zusammengeschlossenen Reichsstädten, der vor allem gegen
Eberhard gerichtet war, besiegte er im April 1372 die Ulmer zwischen Weiden-
stetten und Altheim auf der Ulmer Alb. Die Erstürmung des erst kurz zuvor
wirtembergisch gewordenen Tuttlingen durch die Rottweiler, die Niederlage seines
Sohnes Ulrich durch die Reutlinger, beides 1377, und ihre Folgen, das Umschwen-
ken der Reichsgewalt zu Gunsten der Städter und Eberhards Einbuße der Landvogtei 1378 hinderten die Mehrung seiner Macht auf Kosten der Städte. Als nach
zehn Jahren der Krieg zwischen den Städten und den Herzögen von Bayern, die
jene ständig bedrohten, erneut losbrach, wurde auch Eberhard hineingezogen. Er
schlug, unterstützt unter anderen vom Bischof von Würzburg, vom Burggrafen
von Nürnberg, vom Markgrafen von Baden und vom Pfalzgrafen bei Rhein die
Städte in einer der damals seltenen Feldschlachten bei *Döffingen* im August 1388.
Sein Sohn Ulrich war gefallen, aber der Sieg war vollständig. Der jahrzehntelange
Kampf war zu Gunsten des Territorialfürstentums entschieden. Die Städte traten

als zusammengefaßte Macht zurück. Daß ihre wirtschaftliche Kraft nicht gebrochen war, zeigt die Blüte des 15. und 16. Jahrhunderts. Eberhard versuchte nicht, die 1378 verlorene Landvogtei zurückzugewinnen. Das Ergebnis war deshalb eine allmähliche, wenn auch hin und wieder unterbrochene Besserung des Verhältnisses zu den Reichsstädten.

In der langen Regierungszeit Eberhards II. erwarb Wirtemberg Burg und Stadt Böblingen 1344 und 1357 und den Schönbuch 1348 und 1382 von den Pfalzgrafen von Tübingen, Sindelfingen 1351, Brackenheim 1362, Ebingen 1367/1387, Tuttlingen vor 1377, Herrenberg, zuvor Sitz einer Seitenlinie der Tübinger, 1382, Murrhardt 1388/1395, sowie die Klostervogteien Lorch in der Mitte des Jahrhunderts und Adelberg 1372, vorübergehend auch Ellwangen und Zwiefalten.

Der Enkel Eberhards II. Graf *Eberhard III.* der Milde (1392–1417), Sohn des gefallenen Ulrich und Enkel Kaiser Ludwigs, war mehr ein Mann des Verhandelns als des Krieges. Die Politik des diplomatisch rührigen Grafen richtet sich nicht in erster Linie gegen die Städte, sondern zumal bei der Schwäche der Reichsgewalt, auf das Verhältnis zu den benachbarten Fürsten und Herren. 1395 nimmt er die Häupter der Rittergesellschaft der Schlegler in Heimsheim gefangen und erzwingt die Auflösung ihres Bundes. 1405 schloß er mit dem Kurfürsten von Mainz, dem Markgrafen Bernhard I. von Baden, der Stadt Straßburg und siebzehn schwäbischen Reichsstädten den Marbacher Bund. Er richtet sich gegen König Ruprecht, der die Reichsgewalt, wenn auch mit wenig Erfolg, wieder tatkräftiger zu handhaben versuchte. Eberhard III. erwarb unter anderem 1403 die zollerische Herrschaft Schalksburg mit Balingen und Onstmettingen, 1408 den Rest von Bietigheim. Mit Beginn des 15. Jahrhunderts ging die Zeit der starken Ausdehnung der Grafschaft zu Ende; sie hatte den Gebietsumfang erreicht, den sie nur wenig vermehrt jahrhundertelang behielt.

Auf Eberhard den Milden folgte kurz *Eberhard IV.* (1417–1419). Er war seit 1407 verheiratet mit Henriette, der Erbin der Grafschaft *Mömpelgard* (Montbéliard) südlich von Belfort am mittleren Lauf des Doubs, mit den Herrschaften Blamont, Clémont, Châtelot und Héricourt, Etonbon, Granches und Passavant. Die seit dem Ende des 11. Jahrhunderts genannte Grafschaft gehörte zur Freigrafschaft und wurde unter Rudolf von Habsburg Reichslehen. Eberhard IV. besaß Mömpelgard, das zum französischen Sprachgebiet gehörte, schon seit 1409. Es blieb fast 400 Jahre, bis 1793, bei Wirtemberg, meist Sitz nachgeborener Söhne des Grafen- und späteren Herzogshauses, manchmal auch als Zufluchtsort.

Nach dem frühen Tod Eberhards führte die Vormundschaft über die Söhne die schwierige und herrschsüchtige Henriette; durch sie, wenn nicht schon durch Eber-

hards III. Gemahlin Antonia Visconti, kam geistige Krankheit in das Grafen-
haus, die sich durch mehrere Generationen, zuletzt bei Herzog Ulrich verhängnisvoll ausgewirkt hat. Die kriegerische Dame nahm 1421 den Herren von Gerolds-
eck das feste Sulz am Neckar weg und eroberte 1423 mit den Rottweilern die als
uneinnehmbar geltende Burg Hohenzollern, die zerstört, in der zweiten Hälfte
des Jahrhunderts jedoch wieder aufgebaut wurde. In der Zeit der Vormundschaft
wurden unter anderen Pfalzgrafenweiler und Besenfeld sowie Schloß und halbe
Stadt Hornberg erworben.

Landesteilung: Uracher und Stuttgarter Linie

Graf *Ludwig I.* (1419–1450) kam 1426 zur selbständigen Regierung, später auch
sein Bruder *Ulrich V.* (1433–1480). Schon 1361 hatte Kaiser Karl IV. nach dem
Vorbild der Goldenen Bulle für die Kurfürsten die Unteilbarkeit des Landes
bestimmt; die wichtige Errungenschaft war jedoch in Vergessenheit geraten. Im
Jahr 1442 folgten auch die beiden Grafen der verbreiteten Sitte der Landesteilung:
Im *Nürtinger Vertrag* wurde eine *Teilung des Landes* vereinbart, die dessen politische Kraft für vier Jahrzehnte lahmlegte. Ludwigs Anteil umfaßte die westliche
und südliche Hälfte des Landes mit Urach, Münsingen, Tübingen, Balingen, Tuttlingen, Calw, Herrenberg, Böblingen, Leonberg, Markgröningen, Asperg, Bietigheim, Brackenheim. Er selbst erwarb Blaubeuren und die Schirmvogtei über das
dortige Kloster dazu. Ulrich erhielt Stuttgart, Cannstatt, Waiblingen, Schorndorf,
Marbach, Großbottwar, Göppingen, Nürtingen, Neuffen und andere Städte. Man
nannte seine Hälfte zunächst den *Neuffener*, später besser den *Stuttgarter Teil*,
die Ludwigs den *Uracher Teil* nach dem bevorzugten Sitz der beiden Linien.
Ludwig, der sich mit Mechthild, der Schwester des Kurfürsten Friedrich I., des
Siegreichen, von der Pfalz vermählte, wurde 1450 von einer Seuche weggerafft; er
hinterließ zwei unmündige Söhne, den geisteskranken, bald verstorbenen Ludwig II. (1450–1457) und *Eberhard V.*, später *im Bart* genannt, der im Alter
von vierzehn Jahren 1459 für volljährig erklärt wurde.
Während der vorsichtige Ludwig I. sich von dem verheerenden *Städtekrieg* (1449
bis 1450) ferngehalten hatte, wurde Ulrich V. durch seinen Schwager Markgraf
Albrecht Achilles von Brandenburg-Ansbach, einem scharfen Gegner der Städte,
zur Teilnahme veranlaßt, ohne daß ihm das etwas einbrachte. Bei den Kämpfen,
die im Reich zwischen Kaiser Friedrich III. und Albrecht Achilles mit den Wittelsbachern sowohl des pfälzischen als des bayerischen Zweiges ausbrachen, hielten
Ulrich und Eberhard zu den ersten. Als Ulrich mit Markgraf Karl von Baden

und dem Bischof von Metz in die Kurpfalz eindrang, wurden sie 1462 von Kur-
fürst Friedrich I. bei Seckenheim am Neckar unterhalb Ladenburg besiegt und
längere Zeit gefangen gehalten. Auch Eberhards Truppen wurden von Herzog
Ludwig von Bayern-Landshut bei Heidenheim und bei Giengen an der Brenz
geschlagen. Das Bündnis zwischen Wirtemberg und Baden, das Rückhalt gegen die
Pfalz und Bayern geben sollte, dauerte an. Es fand ab 1475 z. B. Ausdruck in
Münzverträgen, die für drei Jahrhunderte zu einer Währungsverbindung beider
Territorien führten; auch gemeinsame Münzen wurden gelegentlich geprägt. 1480
starb der leutselige (daher „Vielgeliebte"), aber schwache und politisch wenig
kluge Ulrich, dessen Regierung den Stuttgarter Teil des Landes schwächte und verschuldete, dem die Stadt aber die Erweiterung durch zwei Vorstädte (die Esslinger
und die Reiche Vorstadt) und den Bau der Stifts-, der Leonhards- und der Lieb-
frauen-(Hospital-)Kirche verdankt. Seine Söhne hatten beide Anlage zur Geistes-
krankheit und waren nicht regierungsfähig. Heinrich wurde mit linksrheinischen
Besitzungen abgefunden und endete als Geisteskranker auf der Feste Hohenurach; der gewalttätige Eberhard VI. (1480–1482) entsagte am 14. Dezember
1482 im *Münsinger Vertrag* gegen eine erhebliche Jahresrente der Herrschaft
zugunsten seines Vetters Eberhard. Damit war Wirtemberg nach 41jähriger Trennung wieder geeint.

Eberhard im Bart

Dieser, *Graf Eberhard V., im Bart* (1459–1496), hatte sich allmählich zu einem
trefflichen Fürsten entwickelt. Von seiner Einstellung zeugt die Pilgerfahrt, die
er 1468 ins Heilige Land unternahm. Eng verbunden blieb er mit seiner hoch-
gebildeten Mutter Mechthild (1419–1482), einer Tochter des Pfalzgrafen Ludwig II. bei Rhein, die nach dem Tod ihres ersten Gemahls, des Grafen Ludwig I.
von Wirtemberg, Erzherzog Albrecht von Österreich geheiratet hatte, der von
Freiburg aus die vorderösterreichischen Lande regierte. Nach dessen Tod lebte sie
1458 in einem geistig regen Kreis in Rottenburg am Neckar. 1474 vermählte sich
Eberhard mit Barbara, der Tochter des Markgrafen Ludwig von Mantua aus dem
Haus Gonzaga.
Eberhard im Bart schätzte geistige Bildung und ihre Vertreter. Um sie im Lande
zu heben und durch Schaffung eines kulturellen Mittelpunktes auf dessen Wiedervereinigung hinzuwirken, entschloß er sich, in der wichtigsten Stadt seines Landesteils 1477 die *Universität Tübingen* zu gründen. Zu ihrer Fundierung wurde
das Sindelfinger Chorherrenstift dorthin verlegt. Um ihre Existenz und Organi-

sation zu sichern, reiste er 1482 zu Papst Sixtus V. nach Rom in Begleitung verschiedener bedeutender Persönlichkeiten wie Johannes Vergenhans, genannt Nauclerus (1425–1510), Gabriel Briel (1425–1495) und des jungen Johannes Reuchlin (1455–1522). Der Papst gewährte eine Bulle für die Universität und zeichnete Eberhard mit der goldenen Rose aus. In der ersten Zeit seiner Regierung war Graf Eberhard noch in manchen Zwist mit seinen Nachbarn verwickelt. Der Versuch, sein Land zu vergrößern, brachte ihn in Konflikt mit Herzog Sigmund von Tirol. Der erstrebte Erwerb der oberen Grafschaft Hohenberg mißlang; die Habsburger waren zahlungsfreudiger. Später konnte er, auf eine schlagkräftige Truppe gestützt, den Frieden erhalten. Die vertiefte Bildung, die der Humanismus vermittelte, wirkte auch auf seine Auffassung vom Staat ein. Mit großer Mühe gelang es ihm, die beiden getrennten Hälften des Landes wieder zu vereinigen. Das Ziel wurde durch verschiedene Verträge mit der jüngeren Linie des Hauses erreicht: der *Uracher Vertrag* von 1473 bestimmte zunächst, daß in beiden Landeshälften beim Aussterben des Mannesstammes der andere nachfolgen sollte. Der *Münsinger Vertrag* vereinigte 1482 die beiden Landeshälften wieder, indem er die Regierung, zunächst vorläufig, an Eberhard brachte. Durch den *Stuttgarter Vertrag* von 1485, den Frankfurter Entscheid von 1489 und den Esslinger Vertrag von 1492 wurde die *Unteilbarkeit des Landes* endgültig gesichert. Damit war der Bruch mit der bisherigen Vererbung im Sinne des Privatrechts vollzogen und freie Bahn für eine staatsrechtliche Erbfolgeordnung geschaffen. Hierin war Wirtemberg nun fast allen Territorien voraus.

Landstände

In diese Zeit fällt die allmähliche Bildung der Landstände und die Entwicklung einer *Landständischen Verfassung in Wirtemberg*. Während in den meisten größeren Territorien Deutschlands schon im 14. Jahrhundert und früher Landstände einberufen wurden, fehlte in Wirtemberg bis 1457 eine ständische Vertretung: die verhältnismäßig reichen Grafen waren bei ihrem guten Haushalten und der geordneten Verwaltung lange nicht genötigt, die finanzielle Hilfe von Landständen in Anspruch zu nehmen. Im Mittelalter gab es noch keinen regelmäßigen Staatshaushaltsplan und seine Bewilligung durch die Landstände. Nur wenn Fürst und Regierung mit ihren gewöhnlichen Einnahmen nicht auskamen, konnten in „echter Not" die Stände die von ihnen verlangte außerordentliche Hilfe beschließen. In Wirtemberg haben andere Fragen zur Einberufung der Stände geführt: zunächst das mannigfache Unglück Ulrichs V., dann das Streben Eberhards im Bart, die Zukunft des Landes zu sichern.

Der älteste *Landtag*, die erste gemeinsame Tagung von Ritterschaft und Landschaft im Stuttgarter Landesteil, fand wohl im Juli 1457, wahrscheinlich in Stuttgart statt. Die Prälaten nahmen an ihm noch nicht teil. Politisch größere Bedeutung hatte der erste Landtag des Uracher Landesteils, den Graf Ulrich V. auf
17. November 1457 nach Leonberg einberief, um seine Vormundschaft im
Uracher Landesteil gegen die Ansprüche des Pfalzgrafen Friedrich durchzusetzen.
Dies gelang mit Hilfe der Landschaft, die damit erstmals Anteil an der Bildung
der Landesregierung und an der Ausübung der Regierungsgewalt gewann. Eine
Notlage des Landesherrn, nicht aber Fragen der Steuerbewilligung stehen also
in Wirtemberg am Anfang der Landstände. Die Wirkung des Beschlusses war
jedoch von kurzer Dauer: auf dem Tübinger Landtag von 1459 wurde Ulrich V.
auf Betreiben des Adels und der pfälzisch gesinnten Uracher Räte als Vormund
abgesetzt und der vierzehnjährige Eberhard (später: im Bart) als Herr des
Uracher Landes anerkannt.
Der Landtag war jedoch noch nicht fester Bestandteil des Verfassungslebens. Das
Ständewesen entwickelte sich nur langsam. Es wurde gefördert durch die finanziellen Schwierigkeiten, in die Graf Ulrich durch den Pfälzer Krieg geraten war.
Jetzt waren auch in Wirtemberg außerordentliche Leistungen der Untertanen
nur gegen Zugeständnisse des Landesherrn zu erreichen. Die Landstände wurden
auch zu allen wichtigen Verträgen beigezogen.
Die *Stände* setzten sich zusammen aus der Ritterschaft, der „Landschaft", das
heißt den Abgeordneten der Ämter, und den Prälaten der Klöster, über die die
Grafen die Schutzvogtei erworben haten. Die Ritterschaft fühlte sich nur zur
Kriegshilfe, nicht zur Steuerleistung verpflichtet. Sie beteiligte sich in Wirtemberg meist nicht an den Landtagsverhandlungen, da es sich dabei vorwiegend um
Steuerbewilligung handelte. Auch in den Auseinandersetzungen zwischen Eberhard im Bart und Eberhard dem Jüngeren nach dem Münsinger Vertrag von
1482 hat Eberhard im Bart den Erfolg über seinen Vetter vor allem mit Hilfe
der Landstände errungen, deren Bedeutung damit wuchs: Die Stände wurden
Garanten für die Integrität des Landes. Der jahrzehntelange Zwist im Grafen-
haus hat somit wesentlich zur Stärkung der Stände beigetragen.

Verwaltung

Die *Verwaltung* der Grafschaft Wirtemberg war, wie in anderen Territorien,
schon in der zweiten Hälfte des 13. Jahrhunderts nach dem Vorbild der hohenstaufischen Verwaltung in Ämter (Pflegen) eingeteilt; aus Neuerwerbungen

wurden weitere Ämter gebildet. In den Amtsgrenzen lebten oft frühere Herr-
schaftsgrenzen und ältere Gerichtssprengel fort. Größe und Finanzkraft dieser
Ämter wichen erheblich voneinander ab; sie waren in Wirtemberg kleiner als
z. B. in der Markgrafschaft Baden. Das Amt war landesherrlicher Gerichts- und
Verwaltungsbezirk, der meist aus einer Stadt mit dazugehörigen Ortschaften
bestand und einem vom Landesherrn berufenen Vogt unterstellt war. Die Verwaltung durch abhängige Beamte trat an die Stelle lehensrechtlicher Herrschafts-
formen. Der Vogt war zuständig für die Rechtspflege einschließlich der hohen
Gerichtsbarkeit, des Blutbannes, wie für die Verwaltung, für das herrschaftliche
Bauwesen, also Burg und Schloß, Amtshaus und Kelter, Straßen und Brücken.
Das Schwergewicht lag im lokalen Bereich. Die Amtsstadt war dem herrschaft-
lichen Amt eingegliedert und mit dem Amtsbezirk eng verbunden. Das Stadtgericht, meist 12 angesehene Bürger, auf dessen Besetzung der Landesherr maßgeblichen Einfluß hatte, war Verwaltungsinstanz und Hochgericht für den ganzen Bezirk. Die niedere Gerichtsbarkeit in den Dörfern übte ein Dorfgericht
unter Vorsitz des Schultheißen aus; hier verbinden sich also herrschaftliche und
kommunale Elemente (W. Grube). 1360 verlieh Kaiser Karl IV. den Grafen auch
das den Kurfürsten zustehende Vorrecht de non evocando, die Befreiung von
fremder Gerichtsbarkeit, das den Hintersassen verbot, sich an ein auswärtiges
Gericht, auch das königliche Hofgericht zu wenden, ehe die heimischen Gerichte
gesprochen hatten. Seit Ende des 15. Jahrhunderts erscheinen als Zwischen-
instanz meist adlige Obervögte, jedoch ohne feste Einteilung des Landes in Ober-
vogteien; sie hatten vielfach besonders politische oder militärische Aufgaben.
Im Mittelalter beschränkten sich die Aufgaben des Staates im wesentlichen auf
Friedenswahrung und Rechtsschutz. Eine weitergehende Sorge für das allgemeine
Wohl war ihm noch fremd. Nun beginnen die Landesherren sich neue Aufgaben
zu stellen: nach dem Vorgang der Reichsstädte greifen sie in die kirchlichen,
gesellschaftlichen und wirtschaftlichen Verhältnisse ein. Eberhard im Bart hat
insbesondere und mit Erfolg versucht, das landesherrliche Regiment über die
Kirchen im Lande auszudehnen, wie dies während der zweiten Hälfte des
15. Jahrhunderts in den größeren Staaten Europas und in den bedeutenderen
Territorien des Reichs üblich geworden war. Dazu gehörte auch, daß die *Klöster*,
über welche Wirtemberg die Schutzvogtei hatte, nun als landsässig angesehen
wurden. Die Verwaltung, vor allem die Zentralverwaltung mußte sachgemäß
ausgestaltet werden. Während der ersten Hälfte des 15. Jahrhunderts ist in
Wirtemberg der *Landhofmeister* das Haupt der Landesverwaltung und in der
Regel Stellvertreter des Grafen. Die Vermehrung der Schreibarbeit führte zur Einrichtung der Kanzlei. 1496 kam das bis dahin von Klerikern versehene Kanzler-

amt wie anderswo in die Hand weltlicher, juristisch geschulter Beamter. Seither trat der Kanzler in der Regierung neben den Landhofmeister; die laufenden Geschäfte wurden von beiden zusammen erledigt. Während die Hofbeamten früher dem wechselnden Aufenthalt des Grafen folgten, erhielt die Landesverwaltung im Münsinger Vertrag 1482 einen dauernden Sitz: *Stuttgart* wurde zur *Residenz* und *Hauptstadt des Landes* erklärt. 1495, bald nach dem bedeutsamen Wormser Reichstag, erließ Eberhard eine umfassende *Landesordnung,* das erste einheitliche Grundgesetz für das ganze Land.

Erhebung zum Herzogtum

Es war eine fast selbstverständliche Folge der Wirksamkeit Eberhards im Bart, daß nun die geeinte und straff zusammengefaßte Grafschaft zum *Herzogtum* erhoben wurde. Längst war das Haus Wirtemberg das einflußreichste unter den deutschen Grafengeschlechtern; das Land umfaßte etwa 8000 Quadratkilometer und gehörte dem Umfang und der Zahl der Bevölkerung nach unter die mittleren Fürstentümer. Die Erhebung zum Reichsfürstentum war geboten, sobald nach einer Zeit der Teilung und des Niedergangs das Land wiedervereinigt war und von einem tüchtigen, angesehenen Regenten geführt wurde. Die Erhebung erfolgte in dem bedeutungsvollen Jahr, in dem in Worms die Reichsreform beschlossen wurde; sie war zugleich der Lohn dafür, daß Eberhard sich nachhaltig für die Einigung zwischen Kaiser und Fürsten eingesetzt und große Verdienste um das Gelingen des Reformwerkes erworben hatte. Am 21. Juli 1495 wurde Graf Eberhard auf dem Reichstag in Worms durch Kaiser Maximilian zum Herzog erhoben. Der Herzogsbrief bekräftigte erneut den Münsinger Vertrag, den bereits Kaiser Friedrich III. 1484 bestätigt hatte, und erklärte die wirtembergischen Besitzungen in Schwaben zu einem unteilbaren und unveräußerlichen Reichslehen und Herzogtum; auch das Erstgeburtsrecht im Hause Wirtemberg wurde nun reichsrechtlich festgelegt. Den Titel eines Herzogs von Schwaben, den Eberhard erhofft zu haben scheint (F. Ernst), ließ Maximilian mit Rücksicht auf die habsburgische Position im deutschen Südwesten nicht wieder aufleben. Das neue Herzogswappen enthielt die wirtembergischen Hirschhörner, die Mömpelgarder Fische (Barben), die teckischen Wecken und die Reichssturmfahne. Die Erhebung Eberhards war das Ergebnis der Aussöhnung der Territorialinteressen von Habsburg und Wirtemberg, die schon 1488 im Schwäbischen Bund ihren Ausdruck gefunden hatte. Der Kaiser hatte auch insofern ein besonderes Interesse an der Erhebung Wirtembergs zum Herzogtum: in dem damals durchaus denkbaren Fall, daß das Haus Wir-

temberg im Mannesstamm erlosch, mußte das ganze Land, auch der bisher frei
vererbliche Eigenbesitz, als Reichslehen dem Reiche anheimfallen, was den Habsburgern eine gewichtige Stellung in Südwestdeutschland eingebracht hätte.

Bald darauf, am 24. Februar 1496, starb Eberhard, erst 50 Jahre alt. Eine selbständige, charaktervolle Persönlichkeit, hat er mit großer Menschenkenntnis die
fähigsten und erfahrensten Männer zu seinen Räten gewonnen. Staatsmännische
Weitsicht und Willenskraft haben ihn in den Stand gesetzt, das zerrissene, verschuldete, zur politischen Bedeutungslosigkeit herabgesunkene Land in entscheidender Zeit wieder so zu festigen, daß es die Stürme der folgenden Jahrzehnte
überdauern konnte. Für Eberhards Auffassung vom Regentenberuf wie für das
Andenken, das diesem bedeutenden Fürsten im Volk Württembergs bewahrt
wird, ist Melanchthons Erzählung vom „reichsten Fürsten" bezeichnend, die
Justinus Kerner im 19. Jahrhundert zum Dichter des Liedes „Preisend mit viel
schönen Reden" werden ließ.

Der zu frühe Tod Eberhards im Bart führte das Land in eine schwere Staatskrise.
Da er kinderlos war, folgte ihm sein Vetter, der Sohn Ulrichs des Vielgeliebten,
als *Herzog Eberhard II.* (1496–1498). Wegen seiner verminderten Zurechnungs-
fähigkeit hatte man ihn für den Fall, daß er zur Regierung käme, im Esslinger
Vertrag von 1492 wie ein Mündel unter einen Regimentsrat gestellt. Mißregie-
rung und Willkür des Herzogs führten schon nach zwei Jahren zu seiner Absetzung durch die Regimentsräte und den Landtag. Damit haben die Stände erstmals das von ihnen in Anspruch genommene Widerstandsrecht gegen die fürstliche Herrschaftsgewalt mit Erfolg durchgesetzt. Sie erhoben seinen noch minder-
jährigen Neffen Ulrich, den 1487 in Reichenweiher im Elsaß geborenen, rauh
erzogenen, mißtrauischen und leicht erregbaren Sohn des geisteskranken Grafen
Heinrich, zum Herzog. Kaiser Maximilian gab diesen Vorgängen seine Zustimmung. *Herzog Ulrich* (1498–1550) wurde 16jährig im Jahre 1503 vom Kaiser
für volljährig erklärt; er schloß sich zunächst eng an Maximilian an, der ihn mit
seiner Nichte, Sabine von Bayern, verlobt hatte. Im Bayerischen Erbfolgekrieg
1504, der zwischen der Kurpfalz und Bayern über den Nachlaß Herzog Georgs
des Reichen von Bayern-Landshut ausgebrochen war, rückte Ulrich als Verbündeter
des Herzogs Albrecht von Bayern und des Kaisers Maximilian mit einem Heere
von 20 000 Mann in die Pfalz ein und eroberte in leichtem Siegeszug auch das
Kloster Maulbronn, die Grafschaft Löwenstein und die Ämter Weinsberg, Neuen-
stadt am Kocher und Möckmühl; diese Eroberungen und die Vogtei über das
Kloster Maulbronn konnte er beim Friedensschluß festhalten; dazu wurde ihm
noch von Bayern als Kriegsentschädigung das Amt Heidenheim mit der Schutzvogtei über die Klöster Königsbronn, Anhausen und Herbrechtingen überlassen.

37/38 *Graf Eberhard im Bart mit seiner Gemahlin Barbara. Glasmalerei von Peter von Andlau in der Stiftskirche Tübingen*

Ir Ulrich (von gottes gnaden) Hertzog zu wirtemberg
vnd zů Teck Grave zů Mümppelgart ꝛc. Bekennen vnd thon kundt mit dißem Brieff/ als hieuor
zwischen vns vnnd vnser gehorsamen Lanndtschafft/ ain vertrag uff dem gehalten Lanndtag zů
Tüwingen/ gemacht vnd uffgericht ist. Welcher vertrag vnder andern inn ainem sundern artickel/
innhalt vnnd ußwyset/das die fryhaiten/so wir gedachter vnser Lanndtschafft geben haben/von vns
hertzog Ulrichen/vnd darnach für vnd für von ieden regierenden fürsten/allwegen im anfang irs regi
mentes gehalten/des ir brieff vnd sigel darinn sie sich zů iren fürstlichen würden des selbigen fryhaiten zů
halten verpflichten/ gemainer Lanndtschafft übergeben werden sollen. Den nach inn vermög sollichs
vertrags/vns gebürt/des wie vor anzaigt/gegen gedachter vnser Lanndtschafft zůuerschreyben. Das
wir dem nach ain verschreybung uffgericht/die mit vnserm anhangenden innsigel Besigelt/ auch mit
vnser aigen hannde vnderschriben/vnnd die selbig vnnserer Lanndtschafft zů iren hannden gestelt
haben/der innhalt stet von wort zů wort/Also.

wir Ulrich (von gottes gnaden) Hertzog zu wirtemberg
vnd zů Teck/grave zů Mümppelgart ꝛc. Bekennen vnd thon kunde offenbar menigklich mit disen brie
ue/ als zwischen vns vnd gemainer vnser Lanndtschafft ain vertrag vnser Lanndtschafft abgeredt/vnd uffgericht ist wor
den/uff dem landtag inn vnser stat Tüwingen deßhalb gehalten/der von wort zů wort also lutet.
    Des aller durchleuchtigisten/großmechtigisten fürsten vnd herrn/herrn Maximilian vnd gottes gna
den/römische Kaiser zů allen zyte merer des rychs ꝛc. vnsers aller gnedigste herrn/gesant näe/mit namē
wir Jörg Grave zů Montfort/herr zů Bregentz/Cristoff herr zů Lymppurg/des hailigen Rychs Erb
schenck Semperfry/vnnd Johann Schad baider rechte/Doctor/vnd (von gottes gnade) wir Wil
halm Bischoffe zů Straßburg/Landtgrave in Elsaß/auch (von der selben gnade) wir Hug Bischoff zů
Costentz. Auch wir nach benanten/Schenck Valentin herr zů Erdtbach/Florentz vo Ußningen baider
rechten doctor Cantzler/vnd Franciscus von Sickingen/ von vnserm gnedigsten vnd gnedign herren/
herrn Ludwigen Churfürsten/vnd herrn Friderichen/baiden Pfaltzgrauen by Rhyn/ vnd hertzogen
in Bairn gebrüdern. Peter von Uff/aß zů Bomberg vnd Wirtzburg Thumbherr/Probst zů Camberg
vnd Ludwig von Hutten ritter/von vnserm gnedigen herrn/herrn Lorentzen Bischoffen zů Wirtzburg/
vnd hertzogen zů Francken/ vnnd Plycker Lanndtschad/von meins gnedigen herrn/ herrn Philippen
Marggrauen zů Baden vnnd Röcklin/gesant vnd verordnet ꝛät. Bekennen offentlich in disem briene/
vnnd thon kunde aller menglich/nach dem sich zwischen den durchleuchtige hochgebornen fürsten
vnd herren/herrn Ulrichen hertzogen zů Wirtemperg vnd zů Teck/grave zů Mümppelgart ꝛc. vnserm
liebes herren/freund/vnd gnedigen herrn/ains/vnd den erwirdigen vnnd ersamen/Prelaten vnnd ge
mainer Lanndtschafft syner lieb vnnd gnaden fürstenthumbs verwandten vnnd vnderthonen anders
tails/etlich spenn vnnd gebrechen gehalten/derhalb etwas uffrür vnder gemainer Lanndtschafft sich
erwegt vnd begeben. Aber da zwischen/so vil im der güt fürgenomen vnd gehandelt/das die selbigen
zů gemainen syner lieb vnnd gnaden ußgeschriben lanndtag allher vnd zů ferner handlung gebraucht.
Auch etwas vil tagher zwischen inen baider saite gehandelt worden. Aber zů lest für vns zů gietlicher
handlung komen/darinn wir zů vil arbait vnnd flyß fürgewende vnd gethon/das wir sie sollicher aller
vnnd sunderlich/mit ir baidertailn gůten wissen vnnd willen vm die gietentschaiden vnnd vertragen
haben/wie hernach volge.   Nemlich vnd zum ersten/sollen die Lanndtschafft für sich/ob gemelten
hertzog Ulrichen fünff iaur lanng die nechsten/aines ieden iaurs geben vnd raichen/zwaivndzwaintzig
tusent guldin/Darzů sollen im die Prelaten/stifft/clöster/auch die ampter Mümppelgart/Nürtingen/
Blaromont vnnd Rychenwyler/auch geben vnnd raichen/als vil by den selben allen erraicht werden
mag/vnnd sollichs alles zů die angezaigten fünff iaur lang allenthalb wie obstat graicht/sollen zů hertzog
Ulriche wachender schuld/vnnd zů statlicher bezalung der gülten/bewende werden.   Darnach vnd
nach ußgang der fünff iaur obgenelt/sollen gemaine Lanndtschafft mitsampt den Prelaten/stifften/
clöstern auch den ampten Mümppelgart/Nürtingen/Blaromont vnd Rychenwyler/so vil by den
selben ampter auch erlange werden mar/achtmal hundert tusent guldin hauptgeltes/zů ablößung der
zins vnd gülten/damit das fürstenthumb beschwerde ist/uff sich nemen vnd bezaln/wie hernach volge.
    Also dz die landtschafft für sich/daran sollen geben zwaivndzwaintzig tusent guldin aines ieden iaurs/

45 Urach und
Hohenurach
um 1616

46 Hohenneuffen
um 1820

47 Hohentwiel
um 1730

48 Burg Weinsberg (Weibertreu)
vor der Zerstörung 1525. Silber-
stiftzeichnung von Hans Baldung
Grien 1515

49 Belagerung des Hohenasperg
durch Georg von Frundsberg.
Federzeichnung von Albrecht Dürer
1519

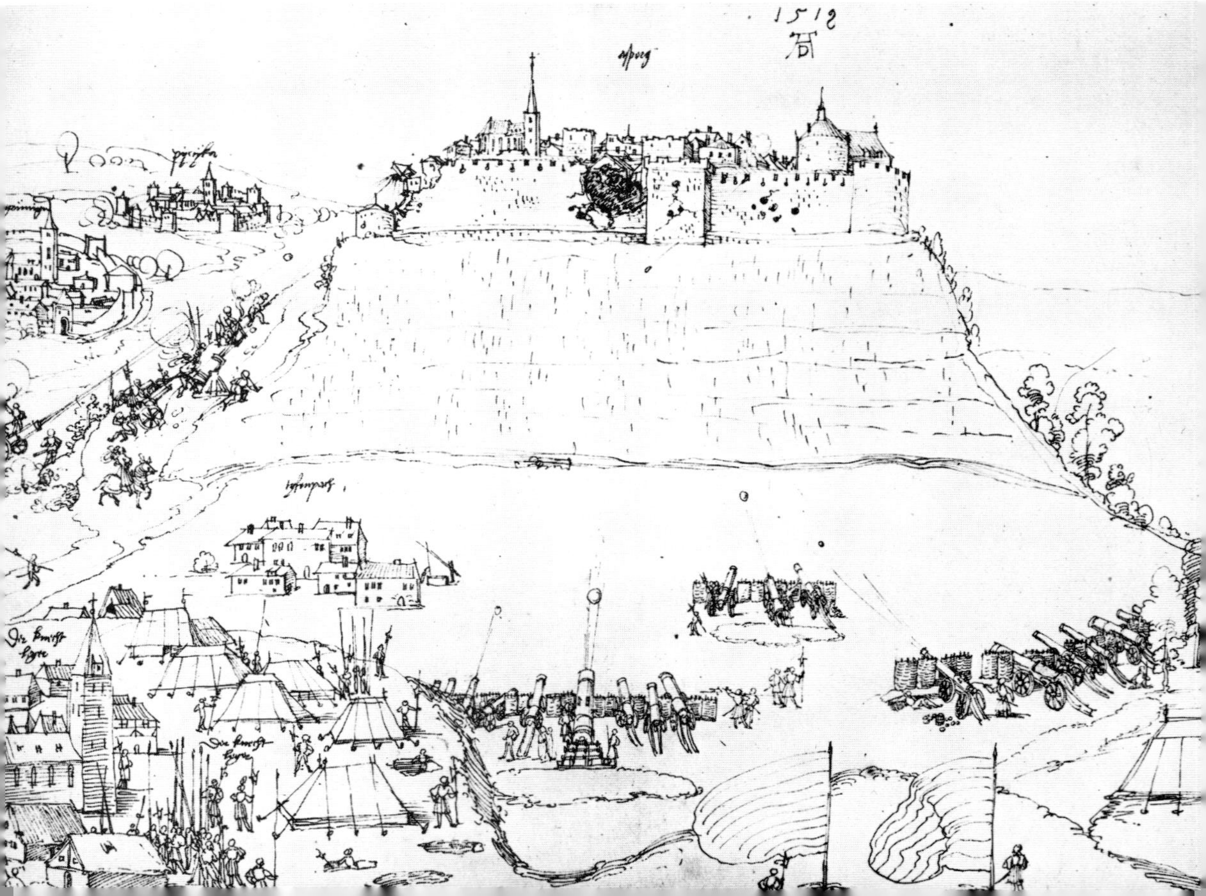

Mit Löwenstein kam an Wirtemberg die Oberhoheit über die dortigen Besitzungen der Grafen von Löwenstein, der Nachkommen des Kurfürsten Friedrich des Siegreichen von der Pfalz und seiner Gemahlin Klara Tott von Augsburg, die gegen Ende des 16. Jahrhunderts die Grafschaft Wertheim am Main erbten und sich später in die evangelische Linie Löwenstein–Wertheim–Freudenberg und die katholische Löwenstein–Wertheim–Rosenberg geteilt haben.

Tübinger Vertrag als Staatsgrundgesetz

Allmählich aber wandte sich Herzog Ulrich vom Kaiser ab; 1512 trat er aus dem Schwäbischen Bund aus. Schon bei seinem Regierungsantritt hatte er eine erhebliche Schuldenlast, noch aus der Zeit Ulrichs des Vielgeliebten, vorgefunden. Die vermehrten Bedürfnisse des Staates, die Zinsenlast und die Verschwendung des Herzogs hatten die Schulden rasch zu einer für die damalige Zeit sehr beträchtlichen Höhe gesteigert. Der Versuch, durch eine direkte Steuer Abhilfe zu schaffen, mißlang; der weitere einer indirekten (Verbrauchs-)Steuer bewirkte bei dem an sich wirtschaftlich aufsteigenden Bauernvolk tiefe Erregung, wobei vor allem die Rechtsnot der unfreien Bauern gegenüber den Forderungen des Herzogs Empörung hervorrief. 1514 brach der Bauernaufstand des „Armen Konrad" aus, der noch unblutig verlief. Nachdem diese Versuche, die Schuldenlast zu tilgen, am Widerstand des einfachen Volkes gescheitert waren, mußte Ulrich sich mit der „Landschaft", den Vertretern der Ämter, die der „Ehrbarkeit", der vermögenden bürgerlichen Oberschicht angehörten, verständigen. Der von ihm nach Tübingen berufene, von den Prälaten und der Landschaft beschickte Landtag, dem Abgeordnete des Kaisers und mehrere Bischöfe und Fürsten beiwohnten, stand unter dem Einfluß des Tübinger Vogts Konrad Breuning (um 1440–1517), eines Staatsmannes aus der Schule Eberhards im Bart, der zwischen Herzog und Landschaft klug vermittelte. Durch den *Tübinger Vertrag* vom 8. Juli 1514, der ein Staatsgrundgesetz des Herzogtums wurde, übernahm das Land die für die damaligen Verhältnisse ungeheuren Schulden im Betrag von mehr als 900 000 Gulden, so jedoch, daß für deren Tilgung eine besondere Kasse der Landschaft eingeführt wurde. Dafür gestand der Herzog dem Landtag wichtige Rechte zu: zu einem „Hauptkrieg" des Landesfürsten war künftig der vorherige Rat des Landtags, zu einer dabei zu leistenden, über die althergebrachte Kriegsfolge hinausgehende Hilfe dessen freier Entschluß erforderlich. Das Steuerbewilligungsrecht war damit ausdrücklich bestätigt. Das besondere Recht der Beratung des Landesherrn durch den Landtag wurde nun verankert. Veräußerung von Land und

Leuten bedurfte künftig der Zustimmung der Stände. Der Herzog verzichtete auf den Landschaden, eine wegen ihrer Unbestimmtheit besonders lästige Steuer, und auf sonstige Schatzungen. Das Recht auf „freien Zug", das nicht nur die Auswanderung, sondern auch die Freizügigkeit z. B. zwischen dem Herzogtum und den Reichsstädten betraf und vielfach für Berufswahl und Existenzgründung ausschlaggebend war, wurde anerkannt; es ging in die Grundrechte des modernen Verfassungsstaates ein. Wichtig war die Garantie des ordentlichen Gerichtsverfahrens in Strafsachen. Das Prinzip der Gewaltentrennung hat hier erstmals eine praktische Verwirklichung erfahren. Für die Entwicklung der altwirtembergischen Verfassung hat der Vertrag grundlegende Bedeutung gewonnen. Nach ihm konnte der Herzog in entscheidenden Fragen der Steuer-, Finanz- und Außenpolitik nicht mehr allein handeln. Der Herzog und seine Nachfolger mußten sich verpflichten, den Vertrag zu halten; zuvor sollte das Land keinen Gehorsam schuldig sein. Der Einfluß der Landstände war nun entscheidend gestärkt. Schattenseiten, die auch dieser Vertrag hatte, werden später deutlich werden. An den Beratungen in Tübingen nahmen neben Räten und Beratern des Herzogs die Städte teil, nicht jedoch die Ritterschaft, die sich der Landständigkeit entziehen wollte, und auch nicht die Vertreter des Landvolks, die gleichzeitig als „Bauernlandtag" in Stuttgart tagten und dort die Tübinger Entscheidungen abwarteten. Unter ihnen wuchs in der Sorge vor neuen Lasten die Erregung: der Aufstand des „Armen Konrad" flammte, vor allem im Remstal, wieder auf, brach aber rasch zusammen.

Der Tübinger Vertrag, zu dem sich Ulrich nur sehr ungern bequemt hatte, brachte dem Land keinen Frieden. Der eigenwillige, heißblütige Fürst schritt nun von Gewalttat zu Gewalttat. Im Mai 1515 erstach er unter den Bäumen des Böblinger Waldes seinen Stallmeister Hans von Hutten, zu dessen Gattin, einer Tochter des Erbmarschalls von Thumb, ihn eine heftige Leidenschaft erfaßt hatte. Die unselige Tat veranlaßte den streitbaren Humanisten und Dichter Ulrich von Hutten, einen Verwandten des Ermordeten, den Herzog in erbitterten Flugschriften vor der Welt zu brandmarken. Im November desselben Jahres floh Ulrichs Gemahlin, Sabine von Bayern, aus dem Land; dadurch wurden ihre Brüder, die Bayernherzöge, zu seinen nie versöhnten Widersachern. Die Versuche Kaiser Maximilians, die Regierung des Landes wieder an einen Regimentsrat zu bringen, schlugen fehl. Ulrich widerstrebte aufs äußerste; es stand ihm das Schicksal seines Oheims und Vorgängers vor Augen. Wiederholt, erstmals 1516, verfiel er der kaiserlichen Acht. Seine Regierung, unter der Leitung des schon einem absolutistischen Staatsdenken zuneigenden Kanzlers Ambrosius Volland (1472–1551), strengte, gestützt auf dem bisher dem Lande fremden Staats-

begriff des römischen Rechts, Hochverratsprozesse an gegen die führenden Männer der Landschaft, Konrad Breuning und andere hervorragende Vögte; schmach-
volle Prozesse, die mit Grausamkeit durchgeführt wurden und mit der Hinrich-
tung dieser verdienten Männer endeten. Die Ehrbarkeit des Landes wurde
dadurch völlig eingeschüchtert, die Kraft jeglichen Widerstandes gebrochen.

Vertreibung Herzog Ulrichs – Österreichische Herrschaft

Trotz der Gefahr, in die der Kaiser durch die Türken geraten war, gelang es
Herzog Ulrich nicht in gleicher Weise, seiner äußeren Schwierigkeiten Herr zu
werden. Schon vorher hatte er die Nachbarn mannigfach gereizt. Nun eroberte er,
gleich nach Kaiser Maximilians Tod, im Januar 1519 aus nichtigem Anlaß die
Reichsstadt Reutlingen, seine Genossin im Schwäbischen Bund, deren Schirmherr er
war, um sie zur wirtembergischen Landstadt zu machen; es war ein letztes Auf-
flackern der alten Gegnerschaft seines Hauses wider die Reichsstädte. Dieser
Landfriedensbruch führte im Frühjahr 1519 den *Schwäbischen Bund*, jetzt unter
Führung des Bayernherzogs, gegen Wirtemberg ins Feld. Das diplomatische
Geschick seiner Gegner erreichte es, daß die Schweizer Söldner, auf deren Zahl
und Kriegstüchtigkeit Ulrich vertraut hatte, abberufen wurden; seine festen Plätze
kapitulierten. Ulrich verzichtete auf weiteren Widerstand und entwich aus dem
Lande, das sich der überlegenen Heeresmacht des Bundes ergab. Bei der Übergabe
des festen Schlosses Hohentübingen fiel Ulrichs vierjähriger Sohn Christoph in
die Hände der Feinde. Als der Vertriebene im Sommer 1519 sein Land teilweise
wieder eroberte, konnte er sich nur wenige Wochen halten.
Die *Verjagung Herzog Ulrichs* hat weltgeschichtliche Bedeutung gewonnen, weil
die habsburgischen Räte mit Erfolg die Aufstellung des bündischen Heeres benützten, um die Wahl des spanischen Königs Karl zum Römischen König gegen
Franz I. von Frankreich durchzusetzen. Einer dieser Diplomaten, der Nieder-
länder Maximilian von Zevenberghen, betrieb, auch im Sinne einflußreicher Herren der Landstände, mit Nachdruck die Einverleibung Wirtembergs in den österreichischen Besitz, um die habsburgische Machtstellung in Oberdeutschland
dauernd zu sichern. Wirtemberg im Besitz der Habsburger bildete eine wichtige
Brücke zwischen deren Besitzungen im Elsaß und in Burgund und den österreichischen Erblanden. Obwohl nach der Reichsverfassung Wirtemberg als Reichslehen dem angestammten Fürstenhause nicht entzogen werden durfte, erreichte
Kaiser Karl V., daß der Schwäbische Bund ihm als Erzherzog von Österreich am
6. Februar 1520 gegen Erstattung der Kriegskosten das eroberte Land überließ.

Er übergab das Land seinem jüngeren Bruder Ferdinand, dem er bereits 1520 die fünf östlichen Herzogtümer abgetreten hatte und der im Jahre 1522 auch Herr des Landes Tirol und der vorderösterreichischen Besitzungen wurde. Herzog Ulrich trat in die Dienste des Königs Franz I. von Frankreich und kaufte 1521 mit französischem Gelde den festen Hohentwiel im Hegau, der ihm als Einfallstor zur Wiedereroberung seines Landes dienen sollte. Sein Versuch, während des Bauernkrieges im Februar 1525 Wirtemberg zurückzugewinnen, mißlang, weil die eidgenössische Tagsatzung, erschreckt durch die Niederlage Franz I. bei Pavia, die angeworbenen Schweizer aus Ulrichs Heer zurückrief. Auf dem Reichstag zu Augsburg im Jahre 1530 belehnte Kaiser Karl V. seinen Bruder förmlich mit dem Herzogtum.

Die *österreichische Zwischenregierung* dauerte von 1520 bis 1534. Sie wurde durch tüchtige österreichische Beamte aus der Burgunder Schule geleitet, war nicht ohne Verdienste um das Land und suchte die Einnahmen und Ausgaben des Landes, das nun für keine Hofhaltung aufzukommen hatte, ins Gleichgewicht zu bringen, insbesondere die Schuldenmasse zu verringern. Die landständische Vertretung wurde verstärkt: die Landschaft übernahm die Kammerverwaltung, also die ganzen staatlichen Finanzen. Die Bemühungen um eine Finanzreform führten zur Schaffung eines kleinen und großen Landschaftsausschusses, der für die weitere Entwicklung des ständischen Wesens in Wirtemberg bedeutsam wurde. Der Schwäbische Bund löste sich infolge der konfessionellen Gegensätze, die in ihm ausgebrochen waren, auf.

Bauern und Bauernkrieg

Während die *wirtschaftliche Lage* in den Städten weiteren Aufschwung nahm, obwohl sie den Höhepunkt ihrer politischen Bedeutung überschritten hatten, blieben die Verhältnisse des überwiegenden Teils des Volkes, der *Bauern*, um die Wende des 15. zum 16. Jahrhundert unbefriedigend. Die Urbarmachung des Landes war zum Abschluß gekommen, aber die Bevölkerung wuchs. Die Zahl der Ortschaften hat sich seit dem 13. Jahrhundert kaum vermehrt. Das führte vor allem in Süddeutschland zu einer starken Güterzerstückelung. Teilweise drückte Überproduktion an Getreide auf die Preise, wenn auch die Schweiz guter Abnehmer schwäbischen Kornes war. Zwar war die Unfreiheit im allgemeinen erträglich und die meisten Bauern im Genuß eines befriedigenden Besitzrechts; aber Vielfalt und Wechsel der Abgaben drückten und brachten Rechtsunsicherheit. Vor allem litten die Bauern unter der sozialen Deklassierung gegenüber dem auf-

strebenden Bürgertum und unter ihrer politischen Einflußlosigkeit. Das machte
sie aufnahmebereit für oppositionelle Parolen und religiöse Strömungen. Nach Art
der Bauern wurden weniger Neuordnungen als das „alte Recht" und die Sicherung
überkommener Verhältnisse erstrebt. Im Ganzen waren die Lebensverhältnisse
der Bauern im deutschen Südwesten bescheiden. Eine durchgreifende Besserung
war nicht in Sicht.

Vermehrung der Lasten und Mißernten mußten zu Krisen führen. Seit der Mitte
des 15. Jahrhunderts gärte es immer wieder unter den Bauern in den verschiedenen Teilen des Reichs, auch in Schwaben. Unter dem Zeichen des *Bundschuhs*
(des mit Riemen gebundenen Schuhes der Bauern im Gegensatz zum Ritterstiefel)
kam es zu Bauernaufständen vor allem am Oberrhein, zunächst besonders in
geistlichen Gebieten, so 1493 im Bistum Straßburg, ab 1497 auch im Gebiet der
Abtei Ochsenhausen, 1502 bei Bruchsal im Bistum Speyer, 1513 um Freiburg
und 1517 in einem ausgedehnten Gebiet zwischen Rhein, Schwarzwald und obe-
rem Neckartal. Der Versuch der Landesherren, ihre wachsenden Ausgaben auf die
Bauern abzuwälzen und die dörfliche Selbstverwaltung zu beschränken, wurde
als Willkür empfunden. In Wirtemberg kam es 1514 im Remstal zum Aufstand
des *Armen Konrad.* Er war nicht Teil des Bundschuhs, sondern eine gegen
Regierung und Ehrbarkeit gerichtete Reaktion auf die Mißwirtschaft unter Herzog
Ulrich. Die mäßigen Forderungen der Bauern wandten sich gegen neue Verbrauchssteuern und Abgaben, die man durch obrigkeitliche Gewichtsverschlechte-
rung herbeigeführt hatte. Dazu wurden Freiheit der Jagd, des Fischens und
der Holzung verlangt. Der Aufstand griff auf andere Landesteile über, auch auf
Amtsstädte, besonders Leonberg und Urach, und erfaßte auch Handwerker, war
aber ohne einheitliche Leitung und wurde nach Abschluß des Tübinger Vertrags,
bei dem das Landvolk nicht vertreten war, von Ulrich mit Unterstützung der
Landschaft und der Ehrbarkeit rasch und hart niedergeschlagen. Einige der Führer wurden in Schorndorf hingerichtet. Die Verhältnisse im Lande wurden durch
eine neue Landesordnung von 1515 geregelt, die die Landesordnung von 1495 und
die Regimentsordnung von 1498 ablöste, Polizei- und Strafbestimmungen verschärfte, aber auch auf bessere Straßen und Brücken hinwirkte und übermäßigem
Aufwand entgegentrat.

Die Reformation Luthers und Zwinglis wurde vom Landvolk auch als eine soziale
Bewegung aufgefaßt. Nun forderte man nicht nur das alte Recht, sondern „gött-
liche Gerechtigkeit" und meinte damit ein religiös begründetes Naturrecht, die
Änderung des gewordenen Rechtszustands nach einem idealen Maßstab. Die neue
Bauernbewegung begann 1524 im südlichen Schwarzwald, im Hegau und Klett-
gau. Im Frühjahr 1525 brach der *Bauernkrieg* in fast ganz Oberdeutschland und

Thüringen aus. In Oberschwaben war das Hauptquartier in Baltringen bei Biberach; zum Baltringer Haufen trat der Allgäuer und der nördlich des Bodensees
gebildete Seehaufe. Ihre Beschwerden legten die oberschwäbischen Bauern in
den von dem Memminger Kürschnergesellen Sebastian Lotzer, einem von Zwingli
beeinflußten, bewußt evangelischen Manne verfaßten *Zwölf Artikeln* nieder,
die das bedeutsamste Schriftstück der Bauernbewegung geworden sind. Sie forderten die Aufhebung der Leibeigenschaft, Minderung der Frondienste, Freigabe des
Waldes, der Jagd und des Fischfangs. Sie verlangten auch freie Wahl der Pfarrer,
womit die Entscheidung für den alten oder neuen Glauben den einzelnen Gemeinden anheimgestellt worden wäre. Die Zwölf Artikel trugen entscheidend
zur Ausbreitung des Aufstands unter der deutschen Bauernschaft bei. Von Oberschwaben griff der Bauernkrieg rasch auf Franken über, wo sich der Taubertal-
haufe und der Neckartal-Odenwaldhaufe bildeten; auch die dazwischen liegenden Gebiete wurden erfaßt. Die Empörungen waren weniger Feldzüge als eine
von ständigen Verhandlungen mit den Herren begleitete Mobilmachung. Allerdings wurde eine Reihe von Klöstern und Burgen zerstört, so die Burgen Hohenstaufen, Teck und Horneck, die Residenz des Deutschmeisters bei Gundelsheim.
Der Neckartal-Odenwaldhaufe erzwang von den Grafen von Hohenlohe den
Vertrag von Grünbühl (bei Neuenstein), nach dem diese ein Bündnis mit ihm
einzugehen hatten; am Ostersonntag, 16. April 1525, erstürmte er die wirtembergische Amtsstadt Weinsberg und jagte den Führer ihrer Besatzung, Graf
Ludwig von Helfenstein, mit mehreren Edlen nach einer bei den Landsknechten
üblichen Art der Todesstrafe durch die Spieße. Er besetzte auch die Reichsstadt
Heilbronn, die keinen Widerstand leistete. Sie wurde Sitz der Kanzlei der Bauernheere. Eine Zeitlang war ihr Feldhauptmann der Ritter Götz von Berlichingen,
„Bauernkanzler" war der frühere hohenlohesche Kanzler Wendel Hippler von
Neuenstein (um 1465–1526), der eine Umgestaltung der Reichsverfassung zugunsten der Bauern erstrebte. Den einzelnen Haufen fehlte jedoch das Bewußtsein der Verbundenheit mit den Bauernbewegungen im übrigen Deutschland; sie
sahen nicht, daß sie nur vereint siegen konnten. So unterdrückte schließlich überall die Übermacht der Fürsten die bäuerliche Revolution. In Schwaben und Franken warf der Schwäbische Bund die Bauern nieder. Dessen militärischer Führer,
Georg Truchseß von Waldburg (1488–1531), der „Bauernjörg", spürte die einzelnen Haufen auf und rieb sie in blutigen Zusammenstößen auf: am 4. April jagte
er die Oberschwaben bei Leipheim auseinander. Den starken und kriegstüchtigen
Seehaufen veranlaßte er am 17. April durch eine Vereinbarung in Weingarten
gegen Zusicherung der Straflosigkeit zum Auseinandergehen. Die wirtembergischen Bauern schlug er am 12. Mai 1525 aufs blutigste zwischen Böblingen und

Sindelfingen; etwa 2500 Bauern wurden niedergemacht. Dann trieb er die Bauernscharen im Fränkischen auseinander, meist mit furchtbaren Strafgerichten. Weinsberg und fünf Nachbardörfer ließ er einäschern. Am 2. Juni vernichtete er ein Bauernheer bei Königshofen an der Tauber. Die Schlachten waren weniger ein Kämpfen als ein Niedermachen der Bauern auf der Flucht; im wirklichen Kampf mußten die schlecht geführten Bauernheere ohne Reiterei versagen. Die Aktivität des Schwäbischen Bundes hat die Niederlage der Bauernbewegung in ganz Deutschland besiegelt. Sie war vollständig, der Blutzoll furchtbar: man schätzt rund 100 000 tote Bauern. Sie waren das Opfer harter Gegner, aber auch der eigenen Zersplitterung. So konnte es ihnen nicht gelingen, sich neben dem Adel und dem Bürgertum politisch durchzusetzen, ein Ergebnis, das für Jahrhunderte galt. Ihre Rechtsstellung wurde nicht gebessert, ihre wirtschaftliche Lage jedoch durch die Folgen des Aufstands nicht nachhaltig geschädigt.

3. Andere Territorien in Schwaben und Franken

Will man das Werden und Vergehen der Territorien schildern, die nach der Stauferzeit neben der Grafschaft Wirtemberg im später württembergischen Raum entstanden sind, so kann keine vollständige Darstellung der vielfach kleinen oder vorübergehenden Herrschaften in Betracht kommen. Hier sollen diejenigen gewürdigt werden, deren Existenz ihren Bereich für einen erheblichen Zeitraum geprägt und wesentliche Akzente gesetzt hat.

Territorien sind in der deutschen Geschichte Gebiete, denen im Laufe der Zeit eigene Landeshoheit zugewachsen ist. Das Wort „Land" für ein Herrschaftsgebiet kommt im Laufe des 12. Jahrhunderts auf. Schon Kaiser Friedrich II. hat 1220 zunächst den geistlichen und 1232 auch den weltlichen Fürsten die Rechte der Landesherren zuerkannt. Es besteht heute im wesentlichen Übereinstimmung darüber, daß die Landeshoheit weder aus der Grundherrschaft noch aus der Lehensherrschaft noch aus der hohen oder niederen Gerichtsbarkeit allein hervorging, sondern aus allen oder aus mehreren von ihnen (K. S. Bader). In Südwestdeutschland beginnt unabhängig von den Gaugrafschaften der fränkischen Zeit, aber doch meist anknüpfend an Grafen- oder grafenähnliche Gewalt eine allmähliche Verselbständigung von Herrschaftsrechten, die bisher dem Reich gehörten oder von ihm ausgingen. Ihre wesentliche Ausprägung erhält diese Entwicklung in Schwaben in der nachstaufischen Zeit: die enge Verbindung des schwä-

bischen Herzogtums mit der Reichsgewalt und die des staufischen Hausguts mit
dem Reichsgut hat seit dem Zusammenbruch der Staufer die Rechte des Reichs entscheidend geschmälert und die Herzogsgewalt aufgelöst. Damit war in diesem
bisherigen Kerngebiet des Reichs Raum geschaffen für die Entwicklung zahlreicher
Kräfte, die nun Gebiete und Rechte errangen, die Grundlagen landesherrlicher
Gewalt werden konnten. Das Bemühen, ein geschlossenes Herrschaftsgebiet zu
gewinnen, ist vielen mißglückt. Keinem der Territorien gelang die vor allem von
den Habsburgern erstrebte Wiederherstellung des schwäbischen Herzogtums, auch
nicht dem Hause Wirtemberg, obwohl es das geschlossenste Gebiet und schließlich die Herzogswürde errang. Die Geschichte der Entstehung des wirtembergischen Staatswesens bildet einen wesentlichen Beitrag zur Geschichte des Landes
(vgl. die besonderen Abschnitte über die Geschichte der Grafschaft und des Herzogtums Wirtemberg). Es kann aber nicht auf die Würdigung anderer territorialer Entwicklungen verzichtet werden, die nach der Stauferzeit eigenständig
das Werden dieses schwäbisch-fränkischen Raumes mitbestimmt haben. Den wichtigeren dieser weltlichen und geistlichen Territorien und der Reichsstädte wird
daher nun eine zusammenfassende, über die Jahrhunderte gehende – soweit
geboten bis an die Gegenwart heranführende – Darstellung gewidmet, die ihre
Besonderheit und ihre Bedeutung für das Land würdigt.

A. Weltliche Territorien

Pfalzgrafen von Tübingen

Wären die Hohenstaufen im 12. Jahrhundert ausgestorben, so hätten unter den
großen niederschwäbischen Geschlechtern die schon durch ihre Stellung über
andere Grafenhäuser herausgehobenen Pfalzgrafen von Tübingen besondere
Aussicht auf den Erwerb eines bedeutenden Territoriums gehabt. Als die Stauferherrschaft im 13. Jahrhundert zusammenbrach, war der Höhepunkt ihrer Kraft
überschritten. Die Grafen von Tübingen waren ursprünglich Grafen des Nagoldgaues, hatten aber früh auch Besitz auf der Schwäbischen Alb um Blaubeuren.
Schon im Investiturstreit gehören sie zu den führenden schwäbischen Geschlechtern. Kaiser Heinrich IV. belagert 1078 die Burg Tübingen vergeblich, zwingt aber
Graf Hugo zur Unterwerfung. Während der Kämpfe zwischen König Konrad III.
und Welf VI. erwirbt das Geschlecht nach dem Aussterben der Pfalzgrafen von
Dillingen 1146 das Pfalzgrafenamt von Schwaben mit der Aufgabe der Wahrung der Königsrechte. Da die Staufer die Verwaltung des Reichsguts in ihrer

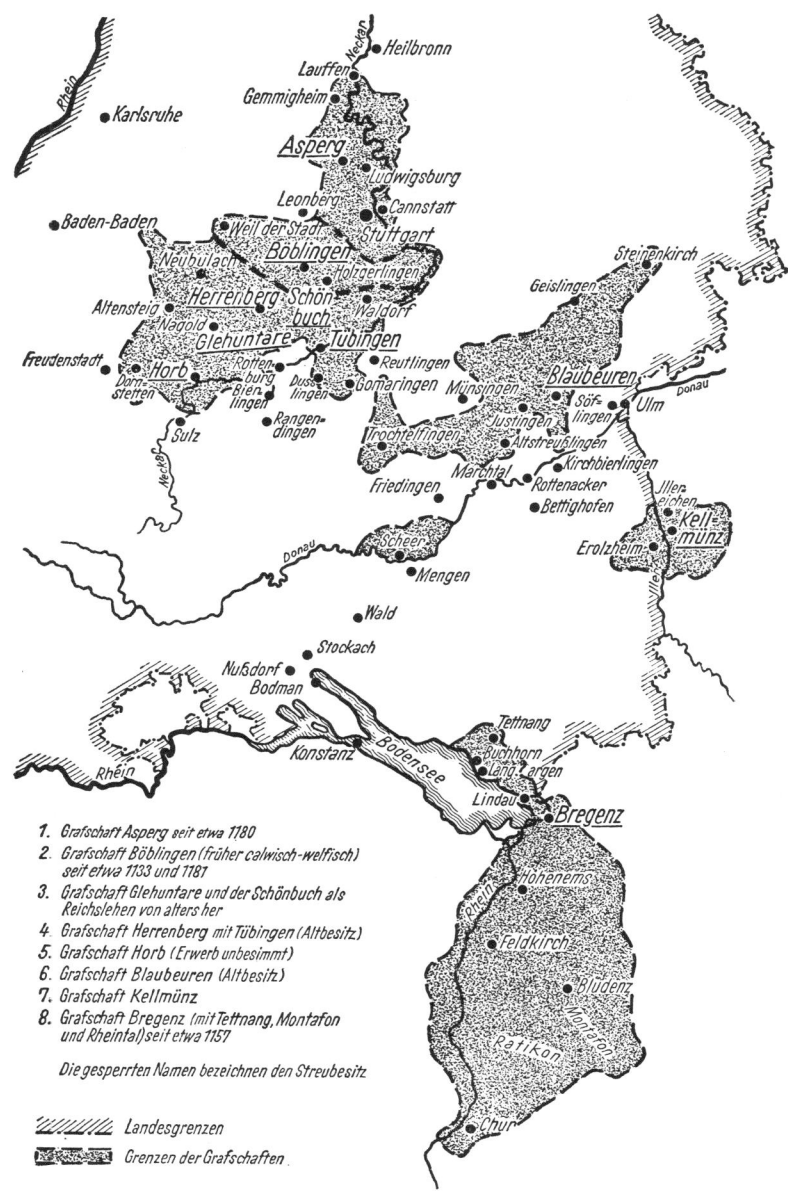

1. *Grafschaft Asperg seit etwa 1180*
2. *Grafschaft Böblingen (früher calwisch-welfisch) seit etwa 1133 und 1181*
3. *Grafschaft Glehuntare und der Schönbuch als Reichslehen von alters her*
4. *Grafschaft Herrenberg mit Tübingen (Altbesitz)*
5. *Grafschaft Horb (Erwerb unbestimmt)*
6. *Grafschaft Blaubeuren (Altbesitz)*
7. *Grafschaft Kellmünz*
8. *Grafschaft Bregenz (mit Tettnang, Montafon und Rheintal) seit etwa 1157*

   Die gesperrten Namen bezeichnen den Streubesitz

   Landesgrenzen
   Grenzen der Grafschaften

Karte 5: Gebiet der Pfalzgrafen von Tübingen

Heimat meist selbst wahrnahmen, konnten die Pfalzgrafen von Tübingen nicht zu der Bedeutung gelangen wie die bei Rhein. Sie spielten jedoch eine wichtige Rolle am Kaiserhof. Hugo II. geriet durch seine Heirat mit der Erbtochter des letzten Grafen von Bregenz in der sogenannten „Tübinger Fehde" in scharfen Streit mit den Welfen. Trotz schwerer Niederlagen der Welfen entscheidet Kaiser Friedrich I. in der Hauptsache zu deren Gunsten; erst nach deren Sturz erhielt der Pfalzgraf zu Churrätien, Werdenberg und Sargans auch die Grafschaft Bregenz. Seine staufertreue Haltung lohnt Barbarossa mit der Überlassung des bisher calwischen Besitzes um den Asperg und auf den Fildern. Mit Rudolf I. (1182 bis 1219), der vor 1187 Bebenhausen als Prämonstratenserkloster gründet und es 1190 den Zisterziensern übergibt, beginnt der Abstieg: Teilungen in verschiedene Linien (Horb, Herrenberg, Böblingen, Asperg) und Familienzwist, auch aufwendiges Hofleben schwächen das Haus. Die oft genannten Schenkungen an das Kloster Bebenhausen haben dabei nur eine zweitrangige Rolle gespielt. Obwohl die Pfalzgrafen selbst Städte gründeten, so in der zweiten Hälfte des 12. Jahrhunderts Tübingen, im 13. Jahrhundert Herrenberg, Böblingen, Asperg, Sindelfingen und Blaubeuren, wurden sie dem politischen und wirtschaftlichen Wandel nicht mehr gerecht. Stück um Stück des verschuldeten Besitzes mußte veräußert werden, vor allem an Wirtemberg, so 1342 Tübingen, 1344 Böblingen, 1345 die Tübinger Hälfte von Calw, 1382 die Herrschaft Herrenberg. Das Geschlecht stand am Ende seiner Aufgabe. Ein Zweig kam 1365 durch Einheirat noch in den Besitz der Herrschaft Lichteneck bei Kenzingen, wird damit in den Breisgau verpflanzt und endet 1631. Auch ein Zweig der Böblinger Linie fristet im Dienste fremder Herren bis ins 17. Jahrhundert ein bescheidenes Dasein.

Herzöge von Zähringen und von Teck

Zu den ältesten Familien des schwäbischen Hochadels gehören die Zähringer, die keineswegs erst in der Stauferzeit zu Einfluß gelangt sind und deren Nachkommen als Großherzöge von Baden bis 1918 regierten. Ihr Ursprung ist nicht geklärt. Frühester bekannter Sitz war Weilheim an der Teck; 1070 gründeten sie dort ihr Hauskloster St. Peter, das sie im Investiturstreit 1093 als Zähringer Erbbegräbnis in den Schwarzwald verlegten. Zweifellos besteht eine Verbindung mit der Familie der Bertolden, die seit dem 10. Jahrhundert Grafen im Breisgau waren. Berthold I. (1024–1079) übt Grafenrechte im Breisgau, Thurgau und Albgau sowie in einem Teil der Baar aus; schon er war einer der bedeutendsten Herren im deutschen Südwesten. Als Entschädigung für das ihm zugesagte Herzogtum

Schwaben, das schließlich an Rudolf von Rheinfelden fällt, wird ihm 1061 das Herzogtum Kärnten übertragen, das er aber nie in Besitz nehmen kann; jedoch bleibt ihm der Herzogstitel. Auch der Titel eines Markgrafen von Verona, den Bertholds I. Sohn Hermann I., der Stammvater der Markgrafen von Baden, erhielt, bedeutete Rangerhöhung, aber nicht Besitz. Da Berthold im Investiturstreit auf päpstlicher Seite steht, werden ihm 1077 das Herzogtum Kärnten und verschiedene Grafschaften aberkannt. Er starb 1077 in Weilheim und wurde in Hirsau begraben. Die herzogliche Linie erhielt 1090 das rheinfeldische Erbe, vor allem in der Schweiz, die markgräfliche die Grafschaften im Breisgau und in der Ortenau.

Die Herzöge von Zähringen haben vom 11. bis zum Beginn des 13. Jahrhunderts eine hervorragende Stellung eingenommen und ein Territorium erworben, das Theodor Mayer den „Staat der Herzöge von Zähringen" genannt hat und das immerhin einem modernen Flächenstaat nahegekommen ist. Durch zahlreiche Klostervogteien, z. B. über St. Georgen, konnten sie sich Besitz auf beiden Seiten des Schwarzwaldes und die Übergänge sichern und mit dem Reichslehen über das durch den Italienhandel aufblühende Zürich eine starke wirtschaftliche Position in der Schweiz gewinnen. Eine wesentliche Leistung der Zähringer sind ihre Städtegründungen, so 1119 Villingen, 1122 Freiburg, kurz danach Offenburg und in der heutigen Schweiz unter anderen Bern, Freiburg im Üchtland, Thun, Laupen und Murten. Unter Berthold IV. (1152–1186), der auch die herzogähnliche Stellung des „Rektors" in Burgund innehatte, wird der Einflußbereich des Hauses nach Südwesten verschoben. Mit Berthold V. starben die Herzöge von Zähringen 1218 aus. Erben des Besitzes im heutigen Baden wurden die Grafen von Urach (später von Fürstenberg), des Hausguts in der Schweiz die Grafen von Kyburg. Bern, Solothurn, Freiburg i. Ü. fielen an das Reich zurück. Durch Erbteilung zwischen Konrad von Urach-Freiburg und Heinrich von Urach-Fürstenberg zerfiel die einstige Herrschaft der Herzöge von Zähringen rechts des Rheins weiter. Die Zähringer haben als Gegner staufischer Territorialbildung nicht zur Festigung der damaligen Reichsgewalt beigetragen, aber sie haben durch Rodung, Landausbau und Städtegründungen Entscheidendes zur politischen und wirtschaftlichen Stärkung des Südwestens geleistet, dessen Tragik es war, daß die drei bedeutenden schwäbischen Herrscherhäuser der Welfen, Zähringer und Staufer innerhalb weniger Jahrzehnte von der politischen Bühne abtreten mußten.

Eine Zweiglinie der Zähringer, die auf Bertholds IV. Bruder Adalbert zurückgeht, erhielt im Jahr 1187 den Besitz des Hauses zwischen Schwarzwald und mittlerem Neckarland. Sie führt seit 1189 den Titel *Herzöge von Teck*. In ihrem Gebiet gründeten sie die Städte Kirchheim u. T., Owen, Oberndorf am Neckar,

Rosenfeld, Dornhan u. a., bleiben aber ohne besondere Bedeutung. Ihr Besitz geht im 14. Jahrhundert durch Verkauf und Verpfändung zumeist an die Grafen von Wirtemberg über. Das Haus starb 1439 aus.

Die Markgrafen von Baden hatten auch in Niederschwaben nicht unerheblichen Streubesitz, der durch Erbschaft, unter anderem von den Grafen von Calw, an sie gelangt war, so in der Gegend von Stuttgart, als dessen Stadtgründer neuerdings Markgraf Hermann V. angenommen wird, ferner Backnang, dessen Stiftskirche Erbbegräbnis der älteren Markgrafen war, Besigheim, Lauffen am Neckar und Kleingartach, deren Gründung als Stadt auf das badische Haus zurückgeht. Anderer Besitz war Reichenberg an der Murr und mancherlei Rechte im mittleren Neckarland. Der größere Teil dieses Besitzes kam früh an Wirtemberg, Backnang 1297, Besigheim endgültig erst 1595.

Vorderösterreich

Als die Fürsten 1273 den schwäbischen Grafen Rudolf von Habsburg zum König wählten, war es ihr Wille, den Thron nicht einem der großen deutschen Dynasten zu überlassen. In der Stärke der Persönlichkeit Rudolfs haben sie sich getäuscht, nicht in der Schwäche seiner Ausgangsposition. Sein Ziel war, seine Stellung ebenso zur Kräftigung der Königsgewalt wie zur Ausbreitung seiner Hausmacht zu nützen. Kein Land bot sich mehr dafür an als Schwaben, dessen Herzogsstuhl seit dem Fall der Staufer unbesetzt und wo keine Familie stark genug war, ihn kampflos zu beanspruchen. Auch Rudolf wagte das nicht; aber er wollte sich hier durch Wiedergewinnung des Reichsguts und andere Erwerbungen eine Stellung schaffen, die eine Belehnung des Herzogtums Schwaben, das immer noch als das Herz des Reiches galt, an sein Haus ermöglichte. Das zäh verfolgte Ziel haben weder Rudolf noch seine Nachkommen erreicht. Was in 150 Jahren mühevoll erworben wurde, war eine Summe weitgestreuter Besitzungen und Rechte, die, vom Breisgau abgesehen, mehr ein Konglomerat von Herrschaften als ein Territorium darstellten (K. S. Bader, H. F. Feine).

Ausgangsstellung für König Rudolf und seinen Sohn König Albrecht waren die Besitzungen seines Hauses im Elsaß und im Aargau. Ihr Streben ging auf den Erwerb des schwäbischen Kronlandes an Bodensee, Donau und Neckar. Ihre Methode war die Ausnützung aller Möglichkeiten des Heimfalls, des Kaufs, der Erbschaft, des Drucks und des Kampfes. Gegner waren die Herren, die in der kaiser- und herzoglosen Zeit eigene Territorien zu festigen oder zu schaffen vermochten. In Oberschwaben und an der Donau stand im Vordergrund der Versuch, das ehemalige Reichsgut wieder in die Hand der Krone zu bringen. Noch im 13. Jahrhundert wurde habsburgisch das Gebiet um den Bussen, die Grafschaften Sigmaringen, Veringen und Scheer, die Markgrafschaft Burgau (bei Günzburg) und die sogenannten Donaustädte Mengen (ab 1285), Munderkingen (1297), Riedlingen (um 1300), dazu später die von der Donau abliegenden Städte Saulgau und Waldsee (1331). Die Landvogtei Schwaben war das Ergebnis der Bemühungen um die Rückgewinnung des Reichsguts; ihre Teile wechselten aber durch Verpfändungen häufig den Besitzer. Die seit 1378 vorkommende Bezeichnung „Reichslandvogtei in Ober- und Niederschwaben" kann nicht darüber hinwegtäuschen, daß es sich um ein wenig ausgedehntes Gebiet um die Reichsstadt Ravensburg (Untere) und auf der Leutkircher Heide (Obere Landvogtei) mit sehr verschiedenen Rechtspositionen handelte. Im Neckarland scheiterte Rudolfs Versuch am Widerstand Wirtembergs; der Erwerb von Kirchheim und der Burg Teck 1303 blieb Episode. Erfolgreicher war Österreich zunächst im Alpenvorland, vor allem um Rapperswil, Glarus und Luzern. Der wiederholte Verlust der Krone 1291 und 1303 und die Doppelwahl von 1315 hemmten die Entwicklung. Seit der Niederlage von Sempach 1386 war Habsburg auch dort in die Defensive gedrängt. Die schwäbisch-österreichischen Gebiete wurden verwaltungsmäßig mit Tirol unter dessen Landesfürsten verbunden; nur von 1448 bis 1458 hatten die schwäbischen Vorlande einen eigenen Regenten, Herzog Albrecht VI., den Gründer der Universität Freiburg (1457) und zweiten Gemahl der Herzogin Mechthild, der Mutter des Grafen Eberhard im Bart von Wirtemberg.

Bedeutsam für Habsburg war 1381 der Erwerb der Grafschaft *Hohenberg* durch Herzog Leopold III. von Österreich. Ob deren Grafen Seitenlinie oder Erben des Hauses Zollern waren, ist ungewiß. Ihr Gebiet verlagerte sich vom Stammsitz Oberhohenberg (bei Spaichingen) in das Neckartal um Rottenburg, Horb und in den Raum von Nagold und Altensteig. Graf Albert II. war Berater, seine Schwester die Gattin König Rudolfs. Nach mehreren Erbteilungen kaufte Österreich die Grafschaft mit Rottenburg, Horb, Oberndorf am Neckar, Schömberg und Nusplingen (beide Kreis Balingen), Haigerloch und den an Wirtemberg verpfändeten, nie eingelösten Städten Ebingen, Dornstetten und Waldenbuch. Wirtemberg und Baden versuchten vergeblich, weitere Teile der Grafschaft Hohenberg an sich zu ziehen. Sie blieb für Österreich ein wichtiger Vorposten. Haigerloch, ihr Mittelstück, gelangte 1497 im Tausch an Zollern. Die getrennten Teile hießen nun Niedere und Obere Grafschaft Hohenberg. Weitgehende Selbstverwaltung wurde unter Kaiser Maximilian durch straffe Bindung an die landesfürstliche Regierung in Innsbruck abgelöst. Reformation und Wiedertäufer fanden zwar Eingang in Rottenburg, wurden aber energisch abgewehrt; ab 1649 waren Jesuiten und ihr Gymnasium

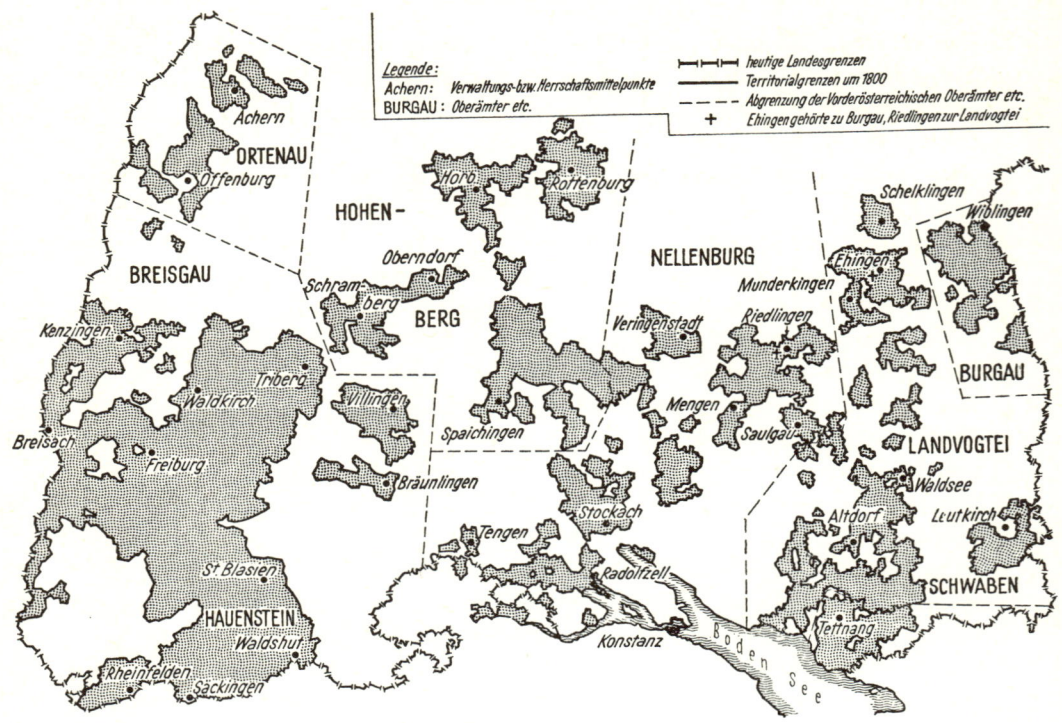

Karte 6: Vorderösterreichische Gebiete bis 1800

einflußreich. Maria Theresias Verwaltungsreform verbesserte die Verhältnisse im
Lande; Josefs II. Kirchenpolitik stieß auf Widerstand. 1805 fiel die Grafschaft an
Wirtemberg.

Nicht zu den „Donaustädten" zählte die für Österreich-Schwaben wichtigste Stadt
Ehingen an der Donau. Der Ort war seit dem frühen 12. Jahrhundert in der Hand
der Grafen von Berg-Schelklingen, die die Stadt 1253 gründeten. Nach 1300 geht
deren Besitz um Ehingen und Schelklingen und die Markgrafschaft Burgau (zwischen Donau, Lech und Iller mit Günzburg) an Österreich über. Im 14. und
15. Jahrhundert erwirbt Ehingen vor allem durch sein Spital ansehnlichen Landbesitz. Besondere *Landstände* für das schwäbische Vorderösterreich bildeten sich
erst allmählich. Der erste Landtag fand 1536 in Altdorf (Weingarten) statt. Bald
wurde Ehingen Sitz der *Landstände* für Österreich-Schwaben, die dessen Charakter
als eines besonderen Territoriums unterstrichen und im Laufe der Zeit zu einer
festen Institution wurden. Davon zeugt das 1749 gebaute Ständehaus. Auch der
Kanton Donau der Reichsritterschaft hatte seinen Sitz in Ehingen.

Zu den später württembergischen Gebieten der österreichischen Vorlande gehörte auch der Rest der Grafschaft *Montfort* mit Tettnang. Das Geschlecht, ein Zweig der Pfalzgrafen von Tübingen, das sich seit Beginn des 13. Jahrhunderts als Erbe der Grafen von Bregenz nach einer Burg bei Feldkirch nannte, gehörte einst zu den einflußreichsten Familien am Bodensee. Unter Graf Hugo II. waren die Grafschaften Bregenz und Unterrätien Kern ihres Gebiets. Sie haben die Städte Feldkirch, Bregenz und Bludenz gegründet, wurden aber ab 1258 durch Teilungen, zunächst in die Linien Montfort und Werdenberg, und durch Familienzwist geschwächt: die Werdenberger hielten zu Habsburg, die von Montfort zu deren Gegnern. Werdenberg starb 1534 aus, Montfort teilte sich weiter und fand nicht mehr zu einer einheitlichen Politik. 1390 und 1418 erwarb Österreich Teile Vorarlbergs mit Feldkirch, Bludenz und dem Montafon. Die schwer verschuldete Grafschaft kam immer mehr ins Elend und schließlich zum Ruin. 1779 mußte Montfort seinen letzten Besitz um Tettnang an Österreich verkaufen; er wurde 1807 kurz bayerisch, 1810 württembergisch. Das verarmte Geschlecht starb 1787 aus. Die österreichische Herrschaft hatte nur 25 Jahre gedauert. Das Herzstück der Vorderen Lande war seit dem 14. bis zu Beginn des 19. Jahrhunderts der *Breisgau*. Von den Erben der Zähringer, den Grafen von Freiburg, einem Zweig der Uracher, kam *Freiburg*, damals die bedeutendste Stadt im rechten Oberrheingebiet mit Teilen des südlichen Schwarzwalds 1368 an Österreich. Der Plan einer Verbindung von Freiburg über den Schwarzwald gelang Habsburg nur südlich, im Hotzenwald. 1465 konnte die Landgrafschaft Nellenburg mit Stockach, erst 1548 das nach dem Schmalkaldischen Krieg der Reichsfreiheit beraubte Konstanz gewonnen werden. Mit der Gründung der Universität Freiburg hat sich die österreichische Regierung in den Vorderen Landen ein dauerndes Denkmal gesetzt.

Vorderösterreich war für den deutschen Südwesten durch 600 Jahre von erheblicher Bedeutung. Mit Ausnahme der geschlossenen Gebiete im Elsaß und im Breisgau konnte von einem Territorium trotz gemeinsamer Einrichtungen keine Rede sein. Das Ziel König Rudolfs hat Österreich nicht erreicht: die Wiederherstellung des Herzogtums Schwaben mußte aufgegeben werden, als Wirtemberg nicht zu gewinnen war. Die Aufgabe der Landbrücke zwischen Österreich und Burgund entfiel, als Burgund spanisch wurde. Auch die Funktion eines Bollwerkes gegen Frankreich war nach dem Verlust des Elsasses nicht zu realisieren. Trotzdem ist die Bedeutung der österreichischen Position im Südwesten keineswegs zu unterschätzen: Freiburg und der Breisgau strahlten starke Kräfte aus. In Österreichisch-Schwaben fehlte ein Mittelpunkt; der zersplitterte Besitz konnte nicht den Charakter eines Territoriums gewinnen, aber er hat einen bedeutenden Einfluß auf das verkehrsfern gewordene Gebiet ausgeübt. Ganz Oberschwaben stand unter österreichischer Führung. Die zahlreichen kleinen weltlichen und geistlichen Reichsstände schätzten den Schutz des Kaisers. Glaube und Lebensart banden das Land an das Haus Habsburg. Gerade dort blieb man mit dem von Österreich geführten Reich besonders verbunden.

Grafen und Fürsten von Hohenlohe

Das edelfreie fränkische Geschlecht von Hohenlohe hat in der deutschen Geschichte von der Stauferzeit an 800 Jahre lang eine bedeutende Rolle gespielt und durch hervorragende Persönlichkeiten die Reichspolitik beeinflußt. Bei der ersten Nennung 1153 führt es noch den Namen von Weikersheim. Zu seinen Stammgütern im alten Tauber- und Gollachgau gehören Mergentheim und seit 1178 die Burg Hohenloch (im Dorf Hohloch bei Uffenheim, nahe der württembergischen Grenze), nach der sich das Geschlecht nun nennt. Das Geleitrecht an der Nord-Süd-Straße von Frankfurt nach Augsburg trug zum Aufstieg der Familie bei, die früh ein enges Verhältnis zum Stauferhaus, besonders mit Herzog Friedrich von Rothenburg (gestorben 1167), dem Sohn König Konrads III., und dann mit Friedrich Barbarossa verbindet. Von den fünf Söhnen Heinrichs von Hohenlohe traten 1219 drei in den Deutschorden ein und übergaben ihm das ihnen zugefallene Mergentheim. Gottfried (gestorben 1254) wird Stammvater der Linie Hohenlohe, Konrad der Linie Brauneck. Beide sind hervorragende Mitarbeiter Kaiser Friedrichs II., der sie mit wichtigen politischen Aufgaben betraut. Um 1230 erhielt Konrad die italienischen Grafschaften Molise in den Abruzzen und Romagna um Ravenna und Rimini. Im Kampf des Kaisers gegen König Heinrich hält Gottfried zum Kaiser. Die Brüder, schon im Besitz einer bedeutenden Grundherrschaft, verlegen nun ihre Tätigkeit in die Heimat. Um 1233 erwerben sie Langenburg. Von 1237 bis 1246 war Gottfried von Hohenlohe maßgebend in der Regierung, die Friedrich II. für Deutschland und den heranwachsenden König Konrad IV. einsetzte. Sein Bruder Heinrich wird Hochmeister des Deutschordens von 1244–1250, in Jahren harten Kampfes zwischen Kaiser und Papst. Bei Frankfurt kämpften Gottfried und Konrad 1246 auf seiten König Konrads, der sie für Verluste durch die Verpfändung der Stadt Rothenburg entschädigt. Vor 1253 wird Gottfried mit den regensburgischen Lehen Neuenstein, Waldenburg und Öhringen und der Vogtei über das dortige Stift belehnt und begründet damit die Landeshoheit über die spätere Grafschaft. Er ist der Stammvater des heutigen Hauses Hohenlohe.

In den folgenden zwei Jahrhunderten territorialer Auseinandersetzungen gelingt

50 Das Steinhaus in Leonberg, vermutlich
Tagungsgebäude des Landtags von 1457

51 Marktplatz in Weil der Stadt mit Kepler-
Denkmal

55 (gegenüber) Schloß Neuenstein bei Öhringen, erbaut
16. Jh.
56 (gegenüber unten)
Hohenlohesches Schloß
Kirchberg/Jagst,
erbaut Ende 16. Jh.
Heute Altenheim der
Evang. Heimstiftung

52 Deutschordenskommende
Altshausen. Torbau des
Schlosses von 1731

53 Deutschordensschloß in
Bad Mergentheim. Schloßhof

54 Deutschordensschloß
Horneck, Gundelsheim am
Neckar

57 (umseitig oben) Reichsstadt
Schwäbisch Hall. Braun und
Hogenberg um 1580
58 (umseitig unten) Reichsstadt
Heilbronn. Aveline 1690

HALA, ad Co
charum flumen in Sueuia op.
salis foecunditate, nobile.
KOCHER
KOC
HER FLU.
1 Das Rath hauß
2 Das zeug hauß
3 Das Parfusser Closter
4 Das Sulfer thor
5 Die zoll turen
6 Das unter werd bad
7 Das Hall und pron
8 Das wasser der Kocher
9 Der schenckler hoff
10 Die Henckers brucken
11 Die schuhtrucher Kirch
12 Das stetthor
13 Das rych thor
16 S. Iohanner hoff
17 Das weiller thor
18 Der frul thurn
19 Das Spittall
20 Das Gelbinger thor
21 Das siech Haus
22 S Ioß der Gotsacker

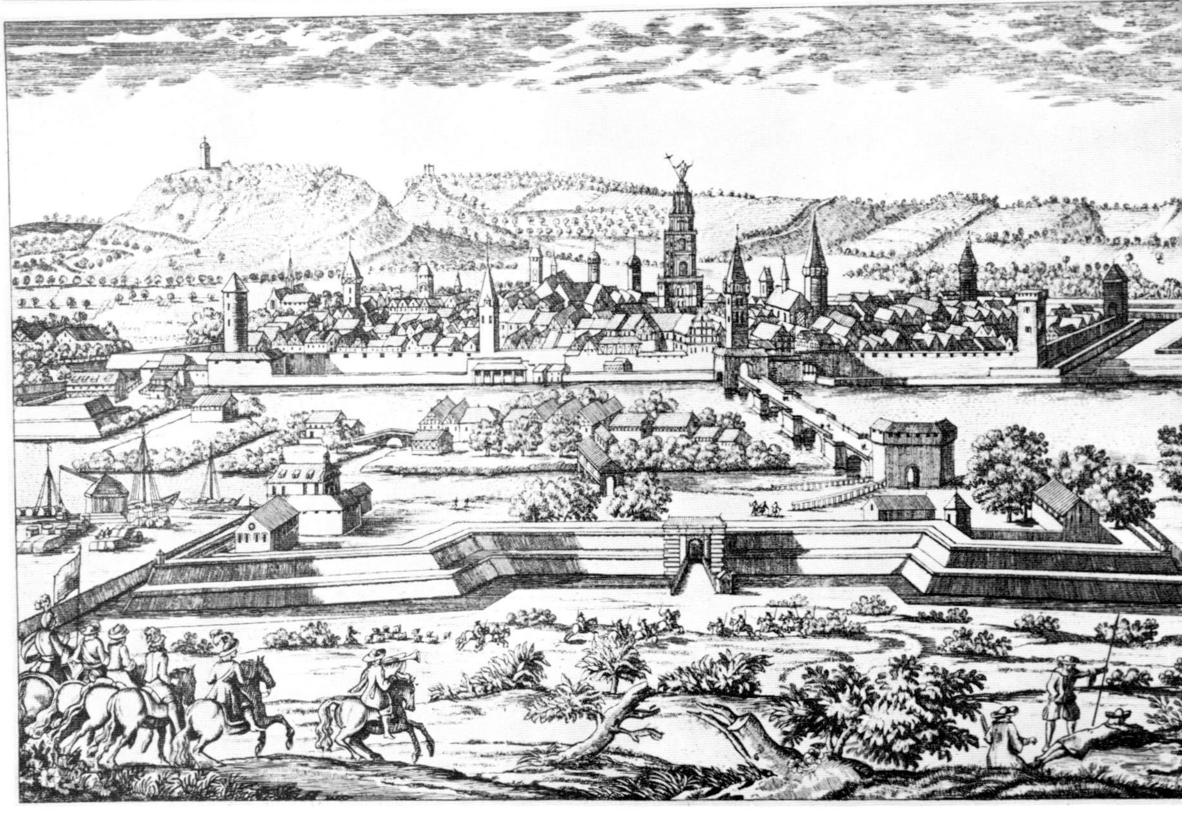

es dem Geschlecht endgültig, die Landesherrschaft über sein Gebiet zu sichern. Wiederholt sind Glieder des Hauses Reichslandvögte in Wimpfen und in Rothenburg. Der Besitz kann im 14. Jahrhundert trotz verschiedener Teilungen im wesentlichen gehalten werden. Damals und später finden wir Glieder des Hauses als Bischöfe von Bamberg, Würzburg und Passau und wieder als Hochmeister des Deutschordens. Seit der zweiten Hälfte des 14. Jahrhunderts führen sie ständig den Grafentitel. 1373 wird Kirchberg an der Jagst erworben, später Ingelfingen, Bartenstein und Tierberg, 1450 für ein halbes Jahrhundert Ziegenhain und Nidda in Hessen. Im Bauernkrieg hatte Hohenlohe erheblich zu leiden: in Grünbühl mußten sich die Grafen Forderungen der Bauern beugen, trotzdem wurden Schillingsfürst und Bartenstein niedergebrannt. Der Reformation gegenüber nahmen sie zunächst eine zuwartende Haltung ein, setzten ihr aber keinen wesentlichen Widerstand entgegen. Sie wurde schließlich insbesondere von Ludwig Kasimir (1517–1568) und Eberhard (1535–1570) durchgeführt und mit der Kirchenordnung von 1553 im Sinne des Augsburger Bekenntnisses abgeschlossen. Die im Lande liegenden Klöster und das Chorherrenstift Öhringen wurden aufgelöst.

Im Gegensatz zu Wirtemberg besaß Hohenlohe keine Primogeniturordnung; sie wurde erst im 18. Jahrhundert in den einzelnen Linien eingeführt. Bis dahin war der Besitz des Hauses unbeschränkt teilbar. In der Hauptlandteilung von 1553 zerfiel das Land in die Neuensteiner Linie, aus der die Zweige Langenburg, Öhringen, Ingelfingen und Kirchberg hervorgingen, und in die Waldenburger Linie, der die heutigen Zweige Bartenstein, Jagstberg, Waldenburg und Schillingsfürst zugehören. Um ein Auseinanderfallen der Grafschaft zu verhindern, wurden zur Vertretung allgemeiner Interessen des Hauses durch Hausverträge, insbesondere die Erbeinigung von 1511 und den Lehensadministrationsregreß von 1703, gemeinsame Institutionen geschaffen, so das Seniorat, ein Lehenshof und das gemeinschaftliche Archiv (heute im Schloß Neuenstein), 1738 auch ein gemeinsames Hohenloher Landrecht. Öhringen blieb bis 1782 gemeinsamer Besitz der Hauptlinien Neuenstein und Waldenburg. Landstände kannte die Grafschaft nicht.

Der Dreißigjährige Krieg hat das Land und die auf evangelischer Seite stehenden Grafen schwer getroffen, die zunächst in die Niederlage des Winterkönigs, dann in die der Schweden bei Nördlingen hineingezogen wurden. Ihre sequestrierten Herrschaften erhielten sie teilweise erst im Westfälischen Frieden zurück. Das Land war verwüstet, zahlreiche Dörfer auch hier verödet. Die Erbuntertänigkeit wurde seit Beginn des 17. Jahrhunderts allmählich abgebaut. 1667 traten die Stammväter der heutigen Linien Waldenburg, Bartenstein und Schillingsfürst zum Katholizismus über. Das ganze Land und die Neuensteiner Linie blieben

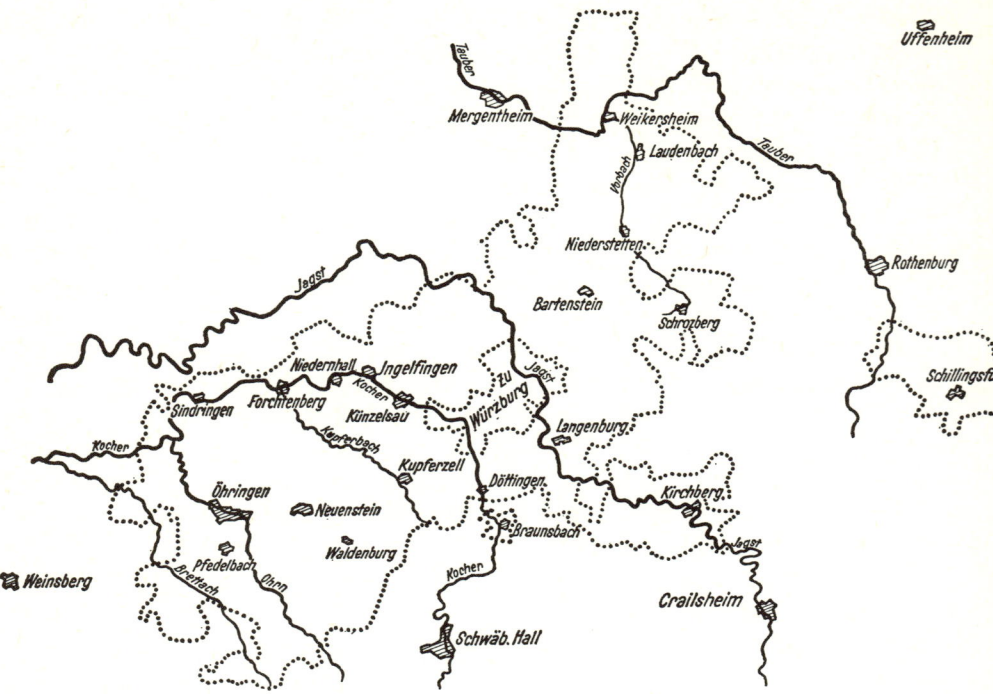

Karte 7: Grafschaft Hohenlohe

evangelisch. Katholisierungsversuche führten zum „Hohenloheschen Osterstreit"
und zu weiteren Auseinandersetzungen zwischen den Linien, nachdem die jüngere Waldenburger Linie 1744 durch Kaiser Karl VII. in den Reichsfürstenstand
erhoben wurde, was den Neuensteinern erst 1767 unter Kaiser Franz I. gelang.
Die zu Fürstentümern erhobenen Gebiete bildeten weiter einen einheitlichen
Fideikommiß. Hohenlohe-Kirchberg besaß mit Langenburg zusammen die Obere
Herrschaft Gleichen in Thüringen; Hohenlohe-Öhringen erwarb in Oberschlesien
bedeutenden Besitz, der 1861 von Preußen zur freien Standesherrschaft „Herzogtum Ujest" (bei Oppeln) erhoben wurde.
Die weite Ebene um Tauber, Jagst und Kocher, die heute noch Hohenlohe heißt,
blieb bis in die Gegenwart vorwiegend Bauernland. Im Gegensatz zum Herzog-
tum Wirtemberg, wo die freie Teilbarkeit zu einer übermäßigen Parzellierung des
Grundbesitzes führte, wirkte das Anerbenrecht einer Zersplitterung entgegen. Die

lebhafte fränkische Bevölkerung zeigte sich der Aufklärung aufgeschlossen, die die letzten Jahrzehnte des Fürstentums prägt, das bei der Mediatisierung 1805 insgesamt 1760 qkm mit 108 600 Einwohnern umfaßte. Der weit überwiegende Anteil fiel an Württemberg, kleine Teile an Bayern.

Das noch heute blühende Haus Hohenlohe, das sich in zahlreichen Schlössern, insbesondere in Weikersheim, Neuenstein, Langenburg, Kirchberg und Schillingsfürst Denkmale seiner langen Geschichte schuf, hat auch im 19. und beginnenden 20. Jahrhundert Persönlichkeiten hervorgebracht, die im politischen, militärischen und kulturellen Leben Österreichs, Preußens und des Deutschen Reiches an hervorragender Stelle gewirkt haben. Der Linie Schillingsfürst, von der ein Zweig im 19. Jahrhundert nach 1803 erworbenem Besitz den Titel „Herzog von Ratibor und Corvey" erhalten hatte, gehörten Fürst Chlodwig (1819–1901), von 1894 bis 1900 deutscher Reichskanzler, und sein Bruder, der Kurienkardinal Gustav von Hohenlohe (1823–1896) an, der Linie Langenburg Fürst Hermann (1832 bis 1913), Kaiserlicher Statthalter in Elsaß-Lothringen, der Linie Waldenburg die Fürstin Maria von Thurn und Taxis-Hohenlohe (1855–1934), die in Schloß Duino bei Triest einen geistigen Mittelpunkt Österreichs schuf, dem vor allem Rainer Maria Rilke („Duineser Elegien") vielfältige Förderung verdankt.

Schenken von Limpurg

Die Schenken von Limpurg sind Nachfahren der Herren von Schüpf (Oberschüpf bei Mergentheim), staufischer Ministerialen aus dem Maintal und Taubergrund, die schon in der zweiten Hälfte des 12. Jahrhunderts als Reichsschenken genannt werden. Sie gehörten zu den Hofbeamten, deren Ämter erblich geworden waren und die als ständige Räte des Königs Einfluß auf Reichsangelegenheiten gewannen. Walter Schenk von Schüpf, Berater König Philipps, Ottos IV. und Friedrichs II., erwarb bedeutende Rechte in Hall, zunächst als Vertreter des Königs, dann als Rechtsnachfolger der Hohenstaufen. Sein Sohn Walter erbaute um 1220 die vielleicht schon vom Vater begonnene Limpurg in unmittelbarer Nachbarschaft von Hall. 1234 beteiligt er sich am Aufstand des jungen König Heinrich VII. gegen seinen Vater und wird nach dessen Niederwerfung auf seinen Besitz am Kocher beschränkt. Lieder seines Bruders, des Minnesängers Konrad von Limpurg aus der zweiten Hälfte des 13. Jahrhunderts hat die Heidelberger Liederhandschrift überliefert; er dürfte jener Schenk Konrad sein, der mit dem letzten Staufer Konradin nach Italien zog und dessen Ende überlebt hat. In langem Streit gelingt es den Limpurgern nicht, die Stadt Hall unter ihre Gewalt zu bringen; 1280 entscheidet König Rudolf endgültig zu Gunsten der Reichsstadt. Nach dem Zusammenbruch der Staufer wird aus dem Dienstgut, vor allem aus dem Reichsforst zwischen Kocher und Bühler („Limpurger Berge") Eigenbesitz; es gelingt die Schaffung eines kleinen geschlossenen Territoriums. Die Goldene Bulle erkennt 1356 das Geschlecht als Reichserbschenken unter dem König von Böhmen an. Seit Beginn des 15. Jahrhunderts wird Gaildorf Mittelpunkt der Herrschaft. Erbgrablege ist Kloster und Stift Comburg. 1441 beginnt eine Reihe von Teilungen, zunächst in die Linien Gaildorf und Speckfeld, später Schmiedelfeld und Sontheim. Die baufällige Limpurg wird 1541 an die Stadt Hall verkauft, die sie 1575 abbricht. Die Reformation kann nach zögernder Haltung 1550 eingeführt werden. Das Geschlecht, das seit 1648 den Grafentitel führt, stirbt 1690 im Gaildorfer, 1713 im Speckfelder Mannesstamm aus: das Reichslehen fällt an Preußen, das Gaildorf einige Jahre besetzt; Welzheim kommt als heimgefallenes Lehen an Wirtemberg. Durch neun Töchter gelangt das allodiale Erbe an die Häuser Wurmbrand und Solms, Assenheim, Hessen-Homburg, Löwenstein, Schönburg, Erbach und andere. Die endgültige Teilung 1774 führte zur völligen Zersplitterung der Herrschaft. Wirtemberg bemühte sich auch später, ihm benachbarte Gebiete zu erwerben. Auch die nicht wirtembergisch gewordenen Teile fielen 1806 an das Königreich. Privatbesitz kam 1863 an die Grafen von Bentink und 1873 an die Fürsten von Bentheim.

Truchsesse von Waldburg

Die Reichstruchsessen von Waldburg sind ein Ministerialengeschlecht, das in welfischem und staufischem Hofdienst eine bedeutende Rolle spielte und dann durch Jahrhunderte für Schwaben und das Reich wesentliches geleistet hat. Schon das seit 1150 bezeugte ältere Geschlecht von Waldburg (südöstlich von Ravensburg) hatte unter den Welfen das Amt des Truchsessen inne. Seit dem Aussterben der schwäbischen Welfen steht die Familie in staufischem Dienst. Truchseß Heinrich von Waldburg besaß das besondere Vertrauen König Philipps von Schwaben. Wahrscheinlich starb er und sein Bruder ohne Nachkommen. Amt und Besitz gingen an die Herren von Tanne (Alttann bei Waldsee) über, ebenfalls Hofbeamte und seit 1192 Schenken der Staufer. 1212 steht Eberhard von Tanne als feste Stütze an der Seite Kaiser Friedrichs II., der ihn und seinen Neffen Schenk Konrad von Winterstetten 1220 zum Vormund und Ratgeber des jungen Königs Heinrich einsetzt. Die beiden Familien sind eng versippt. Der Kaiser vertraut Truchseß Eberhard von Tanne 1220 für eine Reihe von Jahren sogar die Reichs-

kleinodien an, die auf der Waldburg, dem gemeinsamen Besitz der Familie ver-
wahrt wurden. Wahrscheinlich 1234, kurz vor der Empörung König Heinrichs
gegen seinen Vater, ist der Truchseß betagt gestorben. Auch Schenk Konrad war
an der Empörung König Heinrichs, dem er 14 Jahre zur Seite gestanden war,
nicht beteiligt. Er starb 1243; Amt und Besitz erbten die Herren von Schmalen-
eck. Bischöfe von Konstanz wurden Heinrich von Tanne (1233–1248), der entscheidend bei der Niederwerfung des Aufstands König Heinrichs wirkt, sich aber
später gegen den gebannten Kaiser wendet, und Eberhard von Waldburg (1248
bis 1274), ein scharfer Gegner der Staufer, der auch mit seiner Bischofsstadt und
mit dem Abt von St. Gallen in erbittertem Streit stand. Nach dem Ende der
Staufer blieben die Truchsessen reichsunmittelbar, gelangen aber trotz vielfältigen Besitzes nicht zu einem geschlossenen Territorium. Dem stand die starke
Stellung des Hauses Habsburg in Oberschwaben entgegen. Im 14. Jahrhundert
erwirbt Waldburg die Herrschaften Trauchburg, Zeil und Waldsee. Die 1454
zugefallene Grafschaft Friedberg-Scheer wird 1723 an das Haus Thurn und Taxis
verkauft. 1429 teilt sich die Familie in die Linien Trauchburg, Wolfegg und
Waldsee; der letzte Zweig später in die weiteren Linien Wolfegg-Waldsee, Wolf-
egg-Wolfegg, Zeil-Wurzach, Zeil-Zeil und Zeil-Trauchburg. Als Anerkennung für
die Verdienste, die sich Georg III., der „Bauernjörg“, als Führer des Schwäbischen Bundes, besonders bei der Niederschlagung des Bauernkriegs erwarb, wird
das Gesamthaus 1525 zu Reichserbtruchsessen ernannt, 1628 zu Reichsgrafen und
1803 die noch blühenden Linien Wolfegg-Waldsee und Zeil-Zeil in den Reichsfürstenstand erhoben. 1806 kam ihr Gebiet an Württemberg.

Grafen und Fürsten von Hohenzollern

Die Bedeutung der Grafen von Zollern, deren fränkischer Zweig über Nürnberg,
Brandenburg und Preußen im 18. Jahrhundert zur Königs- und schließlich 1871
zur Kaiserkrone gelangt ist, liegt nicht in der Größe ihres heimatlichen Gebiets,
sondern in der Rolle, die die verschiedenen Zweige des Hohenzollernhauses in
Deutschland und darüber hinaus gespielt haben. Das erstmals 1061 genannte
Geschlecht gewinnt vom Raum um Hechingen aus rasch ansehnlichen Besitz zwischen oberer Donau und Neckar, dessen westlicher Teil aber um 1170 an die verwandten Grafen von Hohenberg gelangt. Der Verlust kann nicht ausgeglichen
werden; der Aufstieg des Geschlechts ging in anderer Richtung: 1191 erhält Graf
Friedrich III. durch Heirat aus dem Erbe der Herzöge von Meran die Burggraf-
schaft Nürnberg; diese fränkische Linie erwirbt ein weites Gebiet um Nürnberg

mit Ansbach, Fürth, Bayreuth, Kulmbach und Hof. 1411 ernennt König Sigismund den verdienten Burggrafen Friedrich VI. zum erblichen obersten Hauptmann und Verweser der Mark Brandenburg, die von den Askaniern über die Wittelsbacher an die Luxemburger gelangt war. 1415 tritt er ihm auch die markgräfliche und kurfürstliche Würde (als Markgraf und Kurfürst: Friedrich I., 1415–1440) ab.

Die Lage der schwäbischen Grafschaft Zollern verschlechterte sich durch Mißwirtschaft und Teilungen. Die Burg Hohenzollern wurde 1423 nach einjähriger Belagerung durch die Städte und Wirtemberg zerstört. Erst Eitelfriedrich I. (1402–1439) konnte von Hechingen aus den Besitz wieder sammeln und festigen. Die Burg, nun Hohenzollern genannt, wurde um 1460 aufgebaut. 1497 gelingt durch Tausch mit Habsburg der Erwerb der Herrschaft Haigerloch; nach dem Aussterben der Grafen von Werdenberg-Heiligenberg fallen 1534 die Lehen Sigmaringen und Veringen an die Söhne Eitelfriedrichs III.; 1553 wird die Herrschaft Wehrstein erworben. Graf Karl I. (1535–1576) vereinigt den zollerschen Besitz, der in der Reformation katholisch blieb, teilt ihn aber 1575 in die drei Linien Hohenzollern-Hechingen, Hohenzollern-Sigmaringen und Hohenzollern-Haigerloch. Die kleinen Residenzen erleben eine bauliche Blüte. Die Linie Haigerloch starb bald aus. Johann Georg von Hechingen erlangt 1623, Johann II. von Sigmaringen 1631 die Reichsfürstenwürde. Seit dem 17. Jahrhundert tritt die Linie Sigmaringen in den Vordergrund gegenüber der verschuldeten Linie Hechingen. Der hundertjährige „Untertanenstreit", in dem Bürger gegen die uneingeschränkte Jagdhoheit des Landesherrn klagten, erschütterte das Land bis zum Ende des 18. Jahrhunderts. In der napoleonischen Zeit verhindert zunächst Preußen die Aufhebung der Fürstentümer. Die Mediatisierung konnte Fürst Anton Aloys (1785–1831) durch die einflußreiche Fürsprache der Gattin Napoleons, Josefine Beauharnais verhindern, die mit seiner Gemahlin, einer Prinzessin Salm-Kyllburg aus Pariser Schreckenstagen befreundet war: 1803 und 1806 wurde Hohenzollern-Sigmaringen um das Doppelte vergrößert und erhielt unter anderem die Herrschaften Glatt, Achberg und Hohenfels, die Klöster Inzigkofen, Beuron, Habsthal und Wald, ferner Trochtelfingen, Meßkirch, Gammertingen und Hattingen. 1815 wurde der Besitzstand bestätigt. Versuche Württembergs, Hohenzollern zu gewinnen, schlugen fehl. Im gut verwalteten Sigmaringen wurde durch Fürst Karl (1831–1848), in Hechingen 1848 eine Verfassung eingeführt. Die Radikalisierung des Jahres 1848 und wirtschaftliche Schwierigkeiten veranlaßten 1849 die Fürsten Karl Anton von Sigmaringen und Friedrich Wilhelm Constantin (1838–1850) von Hechingen, ihre Lande durch Vertrag an Preußen abzutreten. Sie werden der Rheinprovinz angegliedert; Sigmaringen wird

Sitz eines preußischen Regierungspräsidiums. Die Linie Hechingen starb 1869 aus. Fürst Karl Anton war 1858–1862 preußischer Ministerpräsident, unmittelbarer Vorgänger Bismarcks. Sein Sohn Leopold wurde 1870 durch die Kandidatur für den spanischen Thron bekannt, die zum deutsch-französischen Krieg führte; ein jüngerer Sohn begründete als Carol I. (1866–1914) das rumänische Königshaus. Die preußische Verwaltung und der durch die hohenzollerische Amts- und Landesordnung 1873 gegründete Landeskommunalverband Hohenzollern haben Wirtschaft und Verkehr gefördert. 1933 unterstellte man das Regierungspräsidium dem Reichsstatthalter in Stuttgart. 1945 wurde Hohenzollern durch die französische Besatzungsmacht mit Südwürttemberg zum Land Württemberg-Hohenzollern vereinigt, das 1952 zum Land Baden-Württemberg kam. Die im gemeinsamen Besitz der Familien Hohenzollern und Preußen stehende Burg Hohenzollern wurde auf Veranlassung des Königs Friedrich Wilhelm IV. 1850–1867 im Geist der Romantik auf- und ausgebaut und birgt seit 1952 die Särge der Preußenkönige Friedrich Wilhelm I. und Friedrich des Großen.

Andere weltliche Herrschaften

Zu Bayern gehörte im späteren Württemberg seit 1627 die früher helfensteinische Herrschaft Wiesensteig, den Fürsten von *Fürstenberg* (aus dem Geschlecht der einstigen Grafen von Urach) die Herrschaft Gundelfingen mit dem Städtchen Hayingen (auf der Schwäbischen Alb), den Fürsten von *Öttingen* zahlreiche Dörfer nördlich und südlich von Bopfingen mit dem Schloß Baldern. Das Haus *Thurn und Taxis,* das durch das Postwesen hochgekommen und im 18. Jahrhundert fürstlich geworden war, hatte Besitz in der Neresheimer Gegend (Trugenhofen und andere Dörfer). 1775 kaufte es die Herrschaft Friedberg-Scheer. Seit 1629 nannten sich die Herren von *Königsegg* (mit Aulendorf) Grafen; ein Zweig dieser Familie besaß die Herrschaft Rothenfels (mit Immenstadt) im Allgäu. Das ursprünglich augsburgische Geschlecht der Grafen von *Fugger* hatte Besitz in Kirchberg an der Iller. Die kleine Herrschaft Eglofs (zwischen Wangen und Isny) war im 17. Jahrhundert von den bayrischen Grafen von Traun und Abensberg erworben worden, die sie 1804 den österreichischen Fürsten von *Windischgrätz* verkauften; 1805 wurde die Grafschaft zum Reichsfürstentum Windischgrätz erhoben. Zu Brandenburg-Ansbach gehörten Crailsheim, Gerabronn, Blaufelden und Creglingen.

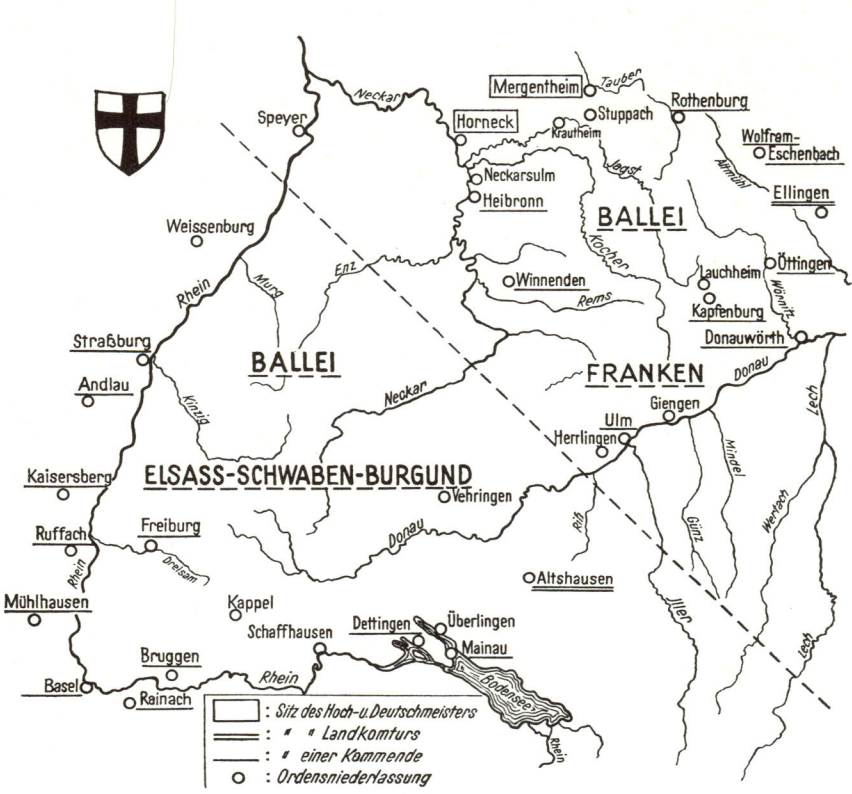

Karte 8: Der Deutschorden in Südwestdeutschland vor der Französischen Revolution.

B. Geistliche Territorien

Deutschorden

Wenn der Deutschorden hier unter den Territorien, deren Gebiet später ganz oder zum Teil zu Württemberg kam, genannt wird, so nicht, weil seine Balleien (Ordensprovinzen) Franken oder Elsaß-Schwaben-Burgund mit ihren Komtureien, die den vielfältigen Ordensbesitz verwalteten, ein zusammenhängendes Gebiet darstellten, sondern weil der Deutschmeister, später auch der Hochmeister als Reichsfürst seinen Sitz in Mergentheim hatte und von dort aus unbestritten landesherrliche Gewalt ausübte. Begründet wurde die Stellung des Ordens im

Taubergebiet, als 1219 drei Brüder Gottfrieds von Hohenlohe, der in den letzten Jahrzehnten des Stauferhauses eine führende Stellung in Deutschland einnahm, dem 1198 im Heiligen Land gegründeten Ritterorden der Brüder zum Deutschen Hause beitraten und ihm ihr Erbe in und um Mergentheim übergaben. Der Orden richtete dort eine Kommende (Ordenshaus) ein; Heinrich von Hohenlohe wird ihr erster Komtur, 1232 Deutschmeister und in schwierigster Lage des Reichs und des Ordens 1244 Hochmeister. Selbst Stütze des Stauferhauses hat er sich aufopfernd, wenn auch erfolglos um eine Aussöhnung zwischen Kaiser und Papst bemüht. Der Orden, der seine historische Aufgabe in der Eroberung und Christianisierung des Preußenlandes sah und der seinen Ordensstaat nach normannisch-staufischem Vorbild gestaltete, konnte auch seine innerdeutsche Position rasch aufbauen. Zu Besitz in Ulm und Altshausen bei Saulgau gewinnt er 1258 Horneck (Gundelsheim), vor 1275 Besitz in Giengen an der Brenz, 1279 in Heilbronn, 1288 in Winnenden, 1307 Stocksberg und 1367 die Kapfenburg bei Lauchheim. Im Kampf zwischen Ludwig dem Bayern und dem Papst stand der Orden auf Seiten des Kaisers. Damals wird Mergentheim befestigt; 1340 erhält es Stadtrecht. Als Hochmeister Albrecht von Brandenburg, evangelisch geworden, das Ordensland Preußen, das seit 1466 unter polnischer Lehensherrschaft stand, in ein weltliches Herzogtum umwandelte, wird der Deutschmeister, der katholisch blieb, Administrator des verlorenen preußischen Hochmeistertums. Nach der Zerstörung der Burg Horneck im Bauernkrieg residiert er seit 1525 als Reichsfürst in Mergentheim. 1530 verleiht ihm Karl V. die Würde des Hochmeisters. Der Orden konnte jedoch von hier weder seine alten Aufgaben erfüllen noch neue gewinnen; die Zeit dafür war vorbei. Nach letzten militärischen Leistungen in den Türkenkriegen blieb ihm der Niedergang auch innerhalb des Reiches nicht erspart. Im 17. und 18. Jahrhundert war das Amt des Hoch- und Deutschmeisters meist Sekundogenitur großer Fürstenhäuser; so war von 1732 bis 1761 der Wittelsbacher Clemens August, schon Kurfürst von Köln und Bischof von Münster, Paderborn, Hildesheim und Osnabrück, auch Hochmeister. Die Würde war zum Nebenerwerb herabgesunken; in Mergentheim vertreten ihn Statthalter. Auch die Komture überließen die Verwaltung meist besoldeten Beamten. Die letzten Hochmeister waren meist Habsburger, so Maria Theresias jüngster Sohn, der Kölner Kurfürst Maximilian Franz.
Der Friede von Preßburg beseitigt 1805 die Reichsunmittelbarkeit und säkularisiert den Besitz. Die Kommenden Kapfenburg und Altshausen kommen 1806, Mergentheim 1809 an Württemberg; hier kam es bei Aushebungen zu Unruhen, die durch Militär unterdrückt wurden. Im gleichen Jahr wird der Orden aufgehoben. Kaiser Franz I. erneuert ihn 1834 als katholische Adelsgemeinschaft.

In seinem geistlichen Zweig besteht er bis heute fort. Wesentlich geringere Bedeutung hatte im Lande der *Johanniterorden,* der um 1200 in der Taubergegend Fuß
faßte und bald Besitz in Mergentheim, Hall, Rexingen, Hemmendorf (Kreis Tübingen), Dätzingen und Rohrdorf gewann.

Fürstpropstei Ellwangen

Die Frühzeit des um das Jahr 764 gegründeten Klosters Ellwangen ist im Zusammenhang mit der Gründung der anderen fränkischen Reichsklöster in Schwaben (S. 41) geschildert worden. Über seine ersten Jahrhunderte ist wenig bekannt. Die Abtei, der der König seinen besonderen Schutz angedeihen ließ, blieb in
fränkischer Zeit Ansatzpunkt fränkischer Sicherungspolitik und kirchlicher Arbeit.
Einzelne Äbte spielen eine bedeutende Rolle in Kirche und Reich. Bis ins 13. Jahrhundert blieb das Kloster Hochadeligen vorbehalten; dann nahm es auch Angehörige des niederen Adels, nicht aber Bürgerliche auf. Ellwangen erwirbt ein
verhältnismäßig großes Herrschaftsgebiet unter den Abteien. Ab 1215 erscheint
der Abt als Reichsfürst. Kloster und Kirche brannten wiederholt nieder. In den
Jahren vor 1233 wird die dritte Klosterkirche, die bedeutende spätromanische
heutige Stiftskirche erbaut. Um 1370 übernimmt Wirtemberg auf Geheiß Kaiser
Karls IV. den Schutz der Abtei; erst 1590 gibt das protestantisch gewordene
Land die Vogtei auf. Im Gegensatz zu den meisten Klöstern des Landes ist
Ellwangen jedoch nicht in die Landstandschaft geraten. Lockerung der Kloster-
zucht, Mißwirtschaft und Brände führen zum Niedergang. 1460 gelingt mit der
Umwandlung in ein Chorherrenstift unter Fürstpröpsten ein Neubeginn. Diese
waren nicht selten zugleich Regenten größerer geistlicher Gebiete und brachten
damit ein Stück Weltoffenheit in das abgelegene Gemeinwesen. Die Reformation
faßte Fuß, wurde aber zusammen mit den aufständischen Bauern 1525 niedergeschlagen. Unter Fürstpropst Kardinal Otto Truchseß von Waldburg (1552 bis
1573), zugleich Bischof von Augsburg, verschärft sich die konfessionelle Situation.
Ab 1557 dringt die Gegenreformation durch, getragen vom Jesuitenorden, der
1611 eine Niederlassung und bald ein Kolleg gründet. Das kleine Land wird
umsichtig verwaltet. Fürstpropst Johann Christoph von Westerstetten (1603
bis 1613) begründet die Eisenerzgewinnung und -verarbeitung in Wasseralfingen,
ein frühes und zukunfträchtiges Zeugnis für industrielle Initiative (heute
Schwäbische Hüttenwerke). In Schrezheim entsteht 1752 eine Fayencefabrik,
die Gutes leistet und bis in die Mitte des 19. Jahrhunderts wirkt. 1802 fällt die
Propstei mit ihrem Gebiet von 400 qkm und mehr als 20 000 Einwohnern an

Wirtemberg. Ellwangen wird zunächst Residenz des kurzlebigen Landes „Neuwürttemberg", in dem König Friedrich die Erwerbungen zusammenfaßte, um sie
dem Einfluß der Stände zu entziehen, und bleibt bei sich wandelnder Bezirks-
einteilung bis 1938 Verwaltungssitz, 1817 bis 1924 auch Sitz einer der vier Kreisregierungen des Landes. Nach der Verfassung von 1819 war Ellwangen eine der
sechs „guten Städte" mit dem Vorrecht der Wahl eines besonderen Abgeordneten.
Die Errichtung eines Generalvikariats und einer katholisch-theologischen Fakultät bleibt Episode. Aus dem geistlichen Fürstensitz wurde eine sich ihrer Vergangenheit sehr bewußte Beamtenstadt.

Andere geistliche Herrschaften

Das *Bistum Würzburg*, im 18. Jahrhundert ein Hauptsitz der katholischen Aufklärung, besaß bis zum Reichsdeputationshauptschluß im späteren Württemberg
die Herrschaften Jagstberg und Haltenbergstetten (Niederstetten); mit der letzt-
genannten waren von 1641–1794 die Grafen, später Fürsten von Hatzfeld
belehnt. Zu den reichsunmittelbaren geistlichen Fürstentümern gehörten seit alter
Zeit auch das Frauenkloster *Buchau* am Federsee, nun ein weltliches Chorfrauen-
stift, das mit der Säkularisierung 1802 an die Fürsten von Thurn und Taxis und
1808 an Württemberg kam.
Reichsstände waren ferner die *Männerklöster Weingarten* und *Weißenau* (bei
Ravensburg), *Rot* (zwischen Ochsenhausen und Memmingen), *Ochsenhausen* (bei
Biberach), das, früher ein Priorat des Klosters St. Blasien, sich in der zweiten
Hälfte des 14. Jahrhunderts selbständig gemacht hatte, *Schussenried* (bei Buchau)
und *Marchtal* (an der Donau bei Munderkingen), die *Frauenklöster Baindt* (bei
Weingarten), *Gutenzell* (bei Ochsenhausen), *Heggbach* (bei Biberach) und *Rot-
tenmünster* (bei Rottweil). In der zweiten Hälfte des 18. Jahrhunderts erwarben
auch die Klöster *Zwiefalten* (bei Riedlingen), *Neresheim, Söflingen* (bei Ulm),
Schöntal (an der Jagst) und *Isny* die Reichsstandschaft. Österreich war Schirmvogt
oder Landesherr von *Wiblingen* (bei Ulm), *Heiligkreuztal* (bei Riedlingen),
Urspring (bei Schelklingen), *Löwental* oder Himmelswonne (bei Buchhorn) und
Kirchberg (bei Sulz); unter öttingischer Hoheit stand *Kirchheim* am Ries, unter
würzburgischer *Comburg* (bei Hall), das 1488 aus einer Benediktinerabtei in ein
weltliches Chorherrenstift umgewandelt worden war, in wirtembergischem
Schutz *Margrethausen* (zwischen Balingen und Ebingen). Die meisten Klöster
erfreuten sich behaglichen Wohlstands, am reichsten waren Weingarten, Ochsenhausen und Ellwangen.

4. Reichsstädte

In keinem Teil Deutschlands waren nach dem Zusammenbruch des städtegründenden Stauferhauses die Reichsstädte so zahlreich wie in Schwaben, und nirgends hat eine solche Anzahl das Ende des Heiligen Römischen Reiches erreicht wie im heutigen Württemberg: nicht weniger als achtzehn konnten hier ihre Reichsunmittelbarkeit bis in die Napoleonische Zeit bewahren. Freilich waren keineswegs alle bedeutsame Gemeinwesen. Wenige erwiesen sich als Fehlgründungen, einige erlagen stärkeren Nachbarn, anderen fehlte die Kraft, mehr als örtliche Aufgaben zu bewältigen. Manche sind nach Zeiten wirtschaftlicher Blüte in landstädtische Gemächlichkeit verfallen. Ihre Zahl hat sich von der Reformationszeit bis zum Beginn des 19. Jahrhunderts nicht geändert. Fast alle hat der Dreißigjährige Krieg schwer getroffen. Aber eine ganze Reihe dieser Städte hatte durch Jahrhunderte eine erhebliche Bedeutung und war wirtschaftlich wie kulturell Rückgrat des rohstoff- und zunächst auch städtearmen Landes. Ihre Geschichte ist mit der schwäbischen, manchmal auch mit der des Reiches in einer Weise verwoben, daß sie Anspruch auf nähere Schilderung haben. Das bedeutet nicht, daß nicht auch andere Städte in einzelnen Abschnitten ihrer Geschichte besondere Beachtung verdienen; darauf wird am Ende dieses Abschnittes hingewiesen werden. Hier soll zunächst die Geschichte derjenigen Reichsstädte geschildert werden, deren besondere Bedeutung in Vergangenheit und Gegenwart dies rechtfertigt.

Biberach

Wie so viele der schwäbischen Städte ist Biberach, an beiden Seiten der Riß gelegen, eine Gründung der Staufer. Das Grenzland zum römischen Rätien entlang der Iller hatte die alamannische Besiedlung ursprünglich wenig angezogen: sie fand im wesentlichen erst im 5. bis 8. Jahrhundert statt. 1083 wird der Ort erstmals genannt; 1170 erwirbt Friedrich Barbarossa Güter der Herren von Bibra zu seinem Hausgut. An der Gabelung der Straße von Ulm zum Bodensee, die weithin der alten Römerstraße von Rißtissen nach Bregenz folgt, und der Straße nach Pfullendorf und Schaffhausen gründete Kaiser Friedrich II. wohl während seines ersten Aufenthaltes in Deutschland um 1218 nordöstlich des Dorfes Biberach, des heutigen Mittelbiberach, die Stadt an der Stelle einer durch Friedrich I. bestätigten Marktsiedlung. 1226 urkundet König Heinrich hier. Die Stadt nimmt unter den Staufern einen raschen Aufschwung; mit deren Aussterben fällt sie spätestens 1258 an das Reich. 1282 bestätigt ihr Rudolf von Habsburg alle früheren Freiheiten und Rechte. Das junge Gemeinwesen, das 1312 Ulmer Stadtrecht erhält, wird zunächst von einem dem Landvogt von Oberschwaben unterstellten Ammann geleitet, der den Vorsitz im Stadtgericht führt. Erst im 14. Jahrhundert erringt der Rat die führende Stellung. Seit 1345 sind die Zünfte im Rat vertreten, 1374 wird die aristokratische Stadtführung durch eine Zunftverfassung nach Ravensburger Muster abgelöst. Das Stadtgebiet war wenig ausgedehnt; wesentlich umfangreicher waren die vom 13. bis zum 15. Jahrhundert erworbenen Besitzungen des vor 1258 gestifteten Spitals zum Heiligen Geist. Es ging bald in die Verwaltung der Stadt über, so daß die Spitaldörfer praktisch Dörfer der Stadt wurden.

Die Reformation setzte sich in Biberach zunächst rasch durch: 1529 schloß sich die Bürgerschaft mit großer Mehrheit dem Speyerer Protest, 1530 dem Schmalkaldischen Bund an. 1531 wird die Messe verboten und die Schweizer Kirchenordnung eingeführt; die Patrizier, die zum größeren Teil katholisch blieben, werden aus dem Rat verdrängt. Nach der Niederwerfung des Schmalkaldischen Bundes mußte die Stadt 1547 ihre Teilnahme durch hohe Kontributionen und spanische Besetzung büßen. 1551 verfügte Kaiser Karl die Wiederherstellung der Herrschaft des Patriziats. 1574 rafft die Pest allein in Biberach 1500 Menschen hinweg. Auch der Dreißigjährige Krieg hat Biberach schwer bedrängt: Über 22 Jahre lang hausten kaiserliche, schwedische oder französische Besatzungen in der Stadt, die völlig verarmte. Mit dem Wechsel der Besatzungsmacht änderte sich jeweils die Herrschaft im Rat und über das Spital. Der Westfälische Friede gewährleistete schließlich die volle Parität der Konfessionen für den Rat, für die Pfarrkirche und für alle Ämter bis zu den Hebammen und Nachtwächtern; der Stadt blieben aber auch weiterhin Streitigkeiten und Auseinandersetzungen nicht erspart.

Barock und Biedermeier brachten der Stadt trotz der Enge der Verhältnisse, die ihr größter Sohn, der Dichter Christoph Martin Wieland, von 1760 bis 1769 hier Stadtschreiber, trefflich gezeichnet hat, ein lebhaftes und schöpferisches Kulturleben. Wielands Übersetzung ist es zu danken, daß hier 1761 die erste Shakespeare-Aufführung in deutscher Sprache stattfand. Auch eine Reihe namhafter Maler, Edelsteinschneider und Goldschmiede hat Biberach hervorgebracht. 1796 und 1800 wurden in der Nähe der Stadt die Österreicher von den Franzosen unter Moreau geschlagen. 1802 kam sie zunächst an Baden, 1806 an Württemberg. Wirtschaftlich war für Biberach seit dem 12. Jahrhundert die Leinen-, seit dem 14. Jahrhundert die Barchentweberei (1506 über 400 Webstühle) von großer Bedeutung. Im 19. Jahrhundert ging die Weberei zurück. An ihre Stelle traten vor allem metallverarbeitende Betriebe; auch andere Wirtschaftszweige, so die Posamentenfabrikation, gewannen Bedeutung. Die Stadt, die Mittelpunkt eines großen landwirtschaftlichen Hinterlandes blieb, hat den Charakter der alten schwäbischen Reichsstadt noch weithin gewahrt. Ihren Künstlern, nicht zuletzt dem Maler Johann Baptist Pflug (1785–1866) hat sie mit dem im traditionsreichen Heiliggeistspital eingerichteten Braith-Mali-Museum eine würdige Denkstätte bereitet.

Esslingen

Esslingens Geschichte ist geprägt durch seine Lage an der alten Fernstraße im Neckartal und deren Flußübergang, durch 500 Jahre Reichsfreiheit und durch sein Verhältnis zum wirtembergischen Nachbarn. Funde bezeugen Besiedlung in vorgeschichtlicher, keltischer und alamannischer Zeit. Seine Frühgeschichte wurde jüngst durch Ausgrabungen in der Stadtkirche weitgehend geklärt: am Beginn steht die cella des heiligen Vitalis, eine kirchliche Niederlassung mit dem Grab eines Märtyrers, die Abt Fulrad von St. Denis, Erzkanzler und Berater Pippins und Karls des Großen, von einem Alamannen Hafti erwirbt und 777 seinem Kloster vermacht. Nach Fulrads Tod wird die cella Besitz von St. Denis, den Ludwig der Deutsche bestätigt. Die Grabungen machen noch einen zweiten größeren karolingischen Kirchenbau wahrscheinlich. Schon im 9. Jahrhundert besitzt Esslingen Markt und Zoll. In der Spätkarolingerzeit geht die Verbindung mit St. Denis, dessen Titelheiligen die Kirche noch heute führt, verloren. Um 950 ist der Königshof in der Hand des Herzogs von Schwaben und als Münzstätte nachgewiesen. 1079 verleiht ihn Heinrich IV. an Herzog Friedrich von Staufen. Die Lage an der Reichsstraße von Speyer nach Ulm, Weinbau und Weinhandel geben der Stauferpfalz rasch Gewicht; sie ist Mittelpunkt eines größeren Bezirks des Reichs- und staufischen Hausguts. Ob Barbarossa oder Friedrich II. die Stadtgründung vornahm, ist nicht zweifelsfrei; sicher ist, daß Esslingen um 1219 Stadt war. Kaiser Otto IV. verleiht das erstmals 1229 erwähnte Stadtrecht, das an Ulm, Reutlingen, Brackenheim, Cannstatt und teilweise an Hall weitergegeben wird. Der Zusammenbruch des Stauferhauses bringt Esslingen die Reichsunmittelbarkeit. Ihre geschichtliche Aufgabe sieht die Reichsstadt im Kampf gegen die aufstrebende Grafschaft Wirtemberg; schon 1286 ist es Ausgangsposition für die Unternehmungen Rudolfs von Habsburg gegen Stuttgart. Den Reichskrieg gegen Graf Eberhard 1308–1313 führt vor allem Esslingen, das Stuttgart zur Unterwerfung zwingt, sich aber 1321 vergleichen muß. Im 14. Jahrhundert ist die Stadt auf der

Höhe ihrer Entwicklung und eine der führenden unter den schwäbischen Städten. Ihr Gebiet bleibt bescheiden; durch das Spital kommt sie in den Besitz von Deizisau, Vaihingen a. F., Möhringen und Hohenheim. Im Rat wirken seit dem 13. Jahrhundert die Zünfte mit und erhalten 1335 das Übergewicht bis zur aristokratischen Verfassungsänderung unter Karl V. Die Wirtschaft blüht; im Vordergrund stehen Weinbau und Weinhandel, Weberei und Gerberei. Der Fernhandel erreicht nicht den von Ulm und Ravensburg. Eberhard des Greiners Sieg über die Städter bei Döffingen 1388 bringt für Esslingen die Wende und den Beginn des allmählichen politischen, wenn auch noch nicht wirtschaftlichen Abstiegs. Die Umklammerung durch Wirtemberg bedroht die Selbständigkeit. Noch findet Esslingen Rückhalt in den schwäbischen Städtebünden. In der „Esslinger Einung" kann sie 1418 bis 1443 die innerschwäbischen Städte Heilbronn, Reutlingen, Weil der Stadt, Wimpfen, Rottweil nochmals um sich scharen. Der Große Städtekrieg von 1448 bis 1454 erschöpft ihre Kraft: 1473 tritt sie unter den Schutz Wirtembergs. Der Schutzvertrag wird immer wieder verlängert, die Auseinandersetzungen flauen ab, aber der einschnürende Druck bleibt. 1488 wird in Esslingen der Schwäbische Bund zur Wahrung des Landfriedens gegründet, der schließlich Herzog Ulrich vertreibt. 1524 bis 1531 ist das noch katholische Esslingen anstelle Nürnbergs vorübergehend Sitz des von Kaiser Karl V. für die Zeit seiner Abwesenheit errichteten Reichsregiments, das aber nicht zu nachhaltiger Wirkung kommt.

In der Kunst des späteren Mittelalters hat Esslingen nicht die überragende Bedeutung von Ulm. Die Baumeister Ensinger und Böblinger, die von Esslingen ausgingen, haben aber weit über die Stadt hinaus gewirkt und mit der schönen, vom 14. bis 16. Jahrhundert von der Bürgerschaft erbauten Frauenkirche das Muster für den schwäbischen Hallenbau geschaffen.

Die Reformation versetzte die Stadt in religiöse Bewegung und soziale Gärung. Der Rat hielt sich zurück aus Rücksicht auf das Reichsregiment und auf die österreichische Herrschaft in Wirtemberg. 1531 wurde nach einer Bürgerbefragung ihre Einführung beschlossen und durch Ambrosius Blarer zunächst im Sinne Zwinglis durchgeführt. 1567 erreichte Jakob Andreä die Zuwendung zur Lehre Luthers. Im Dreißigjährigen Krieg kam die Stadt dank der Geschicklichkeit des Bürgermeisters Georg Wagner (1605–1661) glimpflich davon. 1662 bis 1665 brach die Hexenverfolgung wie eine Seuche aus; 31 Menschen wurden hingerichtet.

Vom 16. Jahrhundert an rückt Esslingen ins zweite Glied der schwäbischen Reichsstädte. Das politische Gewicht ist verloren; größere Initiativen gehen nicht mehr von ihr aus. Verschuldung lähmt die Aktivität. Der unerfreuliche Zustand der Verwaltung unter wenig weitblickenden Ratsfamilien führt zu sozialen Spannungen zwischen Zunftkreisen und dem aristokratischen Magistrat. Auf Grund des

Friedens von Luneville wird Esslingen Ende 1802 von Wirtemberg in Besitz genommen. Der Wegfall der wirtschaftlichen Hemmungen kann sich nun auswirken.
Die bisher zurückhaltende Bevölkerung entwickelt plötzlich überraschende, zum
Teil auf dem Boden des Pietismus gewachsene Kräfte. Für die nunmehrige Oberamtsstadt beginnt ein schneller Aufstieg. Neben traditionelle Frühformen der Industrie, z. B. Mühlen, treten jetzt vor allem Werke der metallverarbeitenden,
der Leder- und Lederhandschuh-, der Nahrungs- und Genußmittel- und der
Holzwarenindustrie. Für die Metallindustrie war der weitsichtige Karl Deffner
(1817–1877) bahnbrechend. Schon 1830 steht Esslingen nach Betriebsgrößen und
Arbeiterzahl an erster Stelle unter den württembergischen Städten. Die unter Mit-
hilfe des Staats 1846 von Emil Keßler (1813–1867) gegründete Maschinenfabrik
Esslingen trägt wesentlich zu diesem Aufschwung bei: Esslingen wird in wenigen
Jahrzehnten ein Zentrum der Metallverarbeitung, das bekannt ist für die Qualität seiner Erzeugnisse und für seine bodenständige und charaktervolle, politisch
früh engagierte Arbeiterschaft. In der aufstrebenden Industriestadt wird 1894 die
erste kommunale Arbeitsvermittlungsstelle eingerichtet. Die Stadt wuchs rasch und
konnte den Zweiten Weltkrieg ohne ernstere Schäden überstehen. Durch die Fortführung der Neckarkanalisierung erfuhr ihre Wirtschaft weitere Förderung.

Heilbronn

Die liebliche Talweite um Heilbronn verdankt ihre alte Besiedlung und ihren
Aufschwung neben ihrer Fruchtbarkeit und später ihrem trefflichen Wein vor
allem ihrer verkehrsgünstigen Lage, während die reichen Salzlager unter der Erde
der Stadt erst im 19. Jahrhundert bekannt wurden. Schon in der jüngeren Steinzeit sind zahlreiche Siedlungen, so das Steinzeitdorf Neckargartach, bezeugt; auch
spätere Epochen der Vorgeschichte haben Reste von Wohnstätten, Grabhügel und
Ringwälle hinterlassen. In der Römerzeit war das Kastell Böckingen ein wichtiger
Verteidigungspunkt der Neckarlinie und sicherte zahlreiche Niederlassungen.
Gräberfunde ergaben alamannische Besiedlung; für einen frühen Fürstensitz
spricht der spätere fränkische Königshof, der 841 als königliche Pfalz erwähnt
wird. Doch ging das Königsgut der Krone allmählich verloren. Schon in der ersten
Hälfte des 8. Jahrhunderts schenkt Pippins Bruder Karlmann die Kirche zum
Heiligen Michael, wohl die spätere Kilianskirche, dem Bistum Würzburg, das bald
landesherrliche Gewalt gewinnt. Schon vor 1147 ist Heilbronn Marktsiedlung mit
Münze und Hafen; 1150 wird es „portus", Hafen oder Anlände, genannt. Um
1225 tritt der Bischof von Würzburg das nun ummauerte oppidum an die

DONAU FL.

DANUBIUS FLUVIUS

ULM gegen Süd West

Michels Berg

59 Reichsstadt Ulm. Matth. Seutter Anfang 18. Jh.   60 Reichsstadt Esslingen. Merian um 1640

Die H. Röm. Reichs Statt Eßlingen.

61 *Ellwangen, Stiftskirche*

62 *Schwäbisch Gmünd,*
Heilig-Kreuz-Kirche

Staufer ab. Die Pfalz dürfte gleichzeitig in den Besitz des Deutschordens übergegangen sein. Am weiten Mauerring wurde noch 1241 gebaut.

Die Stellung von Vogt und Schultheiß, die die Stadt zunächst als königliche
Beamte leiteten, wird im Interregnum zurückgedrängt. König Rudolf von Habsburg muß 1281 mit dem Speyerer Stadtrecht die erste Stadtverfassung mit weitgehender Selbstverwaltung zugestehen. Der Weg zur freien Reichsstadt wird
unter Kaiser Ludwig dem Bayern tatkräftig fortgesetzt, der der Stadt für ihre
Unterstützung gegen Friedrich von Österreich 1322 den Blutbann verleiht und
1333 das wichtige Recht, den Lauf des Neckars aufzustauen und an die Stadtmauer
zu verlegen. Diese Neckarverlegung war eine große Leistung der Bürgerschaft. Heilbronn wurde damit zum Endpunkt der Neckarschiffahrt und dank des Stapel-
rechts zu einem wichtigen Umschlagplatz. 1331 tritt die Stadt dem Schwäbischen
Städtebund bei. Nach vergeblichen Versuchen erzwingen die Zünfte 1371 ihr Mit-
spracherecht im Rat. Mit der Einlösung des vom Reich an Graf Eberhard von
Wirtemberg verpfändeten kaiserlichen Schultheißenamts ist die Entwicklung zur
Reichsstadt auch formell abgeschlossen. Dem Großen Schwäbischen Städtebund
gehört Heilbronn seit 1377 an. Von 1417 bis 1622 war es zur Sicherung gegen
Wirtemberg mit der Kurpfalz verbündet.

Im späteren Mittelalter schuf sich die Stadt eindrucksvolle Zeugen ihrer Leistungskraft. Die um 1278 erbaute Kilianskirche wurde 1487 durch einen Chor,
wohl nach Plänen des bedeutenden Wiener Dombaumeisters Anton Pilgram, und
durch Erhöhung des Seitenschiffes erweitert. Sie birgt vor allem Hans Seyfers berühmten Hochaltar von 1498, dessen Figuren und Flügel den Zweiten Weltkrieg
überstanden haben. Das schöne, gegen Ende des 13. Jahrhunderts erbaute Rathaus
wird 1417 erweitert, ab 1579 umgebaut und mit der berühmten Kunstuhr versehen. Kilianskirche, Rathaus und eine Reihe anderer wiederaufgebauter Bau-
denkmäler sichern in der neuerstandenen Stadt die Erinnerung an ihre reichsstädtische Vergangenheit.

Die zögernde Entwicklung der Reformation in der Stadt hat der Bauernkrieg, in
den sie durch ihre schwache Haltung 1525 hineingezogen wurde, beeinflußt. Heilbronn öffnete dem Neckartalhaufen nach der Bluttat von Weinsberg seine Tore;
die Klöster wurden geplündert. Das mannhafte Auftreten des Reformators seiner
Heimatstadt, Johann Lachmann, bewahrte die Stadt vor Schlimmerem. 1530 hatte sich die Reformation durchgesetzt, dem Schmalkaldischen Bund trat die Stadt
jedoch nicht bei. 1552 stellte die oktroyierte Karolinische Ordnung die Stellung
des Patriziats im Rat wieder her; doch waren die ständischen Gegensätze hier nie
so stark wie in anderen Städten. Der Dreißigjährige Krieg brachte lange Besat-
zungsnöte und Plünderungen. Der „Heilbronner Konvent" von 1633 blieb ein

kurz wirkender Versuch Oxenstjernas, ein Bündnis der protestantischen Reichsstände und europäischen Fürsten zustande zu bringen.

Daß die Stadt im 18. Jahrhundert nicht wie die meisten Reichsstädte dem wirtschaftlichen Verfall und der Bedeutungslosigkeit verfiel, verdankt sie neben der
Anpassungsfähigkeit ihrer fränkischen Bevölkerung einer tüchtigen Verwaltung,
die einen aufgeklärten Absolutismus vertrat, vor allem dem Bürgermeister Georg
Heinrich von Roßkampff (1720–1794). Die Finanzlage besserte sich. Haupt-
erwerbsquelle war zunächst noch der Weinbau. Der zu Beginn des 18. Jahrhunderts noch nicht bedeutende Handel hob sich dank der Neckarschiffahrt zusehends;
vor allem entwickelte sich ein lebhafter Speditionshandel. Als die Stadt 1802 zu
Wirtemberg kam, war sie ein durchaus geordnetes Gemeinwesen. Im 19. Jahrhundert wurde die Oberamtsstadt, in der 1814 bis 1876 als ihr berühmtester Sohn
der Entdecker des Gesetzes von der Erhaltung der Kraft, der Arzt und Physiker
Robert Mayer, lebte, rasch die größte Industriestadt des Landes; 1885 hatte sie
27 750 Einwohner. Der 1837 errichtete Freihafen und der seit 1840 bestehende
regelmäßige Dampfschiffverkehr zwischen Heilbronn und Rotterdam konnten
allerdings nicht hindern, daß die Konkurrenz der Eisenbahn die Neckarschiffahrt
nach einer kurzen Epoche der Kettenschleppschiffahrt zwischen Mannheim und
Heilbronn zunächst zum Erliegen brachte, bis 1935 der vor allem von Peter Bruck-
mann (1865–1937) unermüdlich betriebene Ausbau des Neckars zwischen Mannheim und Heilbronn zur Großschiffahrtsstraße und die Eröffnung des Kanalhafens
eine neue Epoche Heilbronns als Hafen- und Handelsstadt einleitete. Aufs schwerste
wurde die Stadt im Zweiten Weltkrieg getroffen: am 4. Dezember 1944 vernichtete
ein englischer Luftangriff, der schlimmste von 32, über 80 Prozent der eigentlichen
Stadt und 60 Prozent des Gebäudebestandes einschließlich der Vororte. 7137 Tote
waren Opfer der furchtbaren Zerstörungen und Feuerstürme. Keine Stadt Württembergs wurde schwerer getroffen; das alte Heilbronn war nicht mehr. Von zuvor
75 000 fanden noch knapp 20 000 Einwohner kümmerlichen Unterschlupf. Mit er-
staunlicher Energie hat sich unter Führung des Oberbürgermeisters Paul Meyle aus
den Trümmern eine moderne und doch ihrer Geschichte verpflichtete neue Stadt erhoben, die heute wieder Mittelpunkt eines umfangreichen Wirtschaftsgebiets ist. Ein
gewisser Rückgang im Güterumschlag des Hafens Heilbronn nach der Eröffnung
des Neckarhafens Stuttgart hat sich rasch ausgeglichen. Der Stadt eng verbunden
war der spätere Bundespräsident Theodor Heuss, der dort Jugend- und Mannes-
jahre verbracht hat. Mit der Eingemeindung von Klingenberg 1970 wurde Heilbronn Großstadt.

Ravensburg

Die Freilegung einer der größten Reihengräberfriedhöfe mit mehr als 800 Gräbern beweist, daß das mittlere Schussental schon in der Alamannenzeit verhältnismäßig stark besiedelt war. Ravensburg verdankt seine frühe Bedeutung dem wohl um 750 als fränkischer Stützpunkt zur Niederhaltung der Alamannen errichteten Königshof. Er lag an der Stelle, die heute nach dem Patron einer abgebrochenen Burgkapelle Veitsburg heißt. Wann mit dem Bau der namengebenden Burg begonnen wurde, ist fraglich, jedoch für das 11. Jahrhundert bezeugt. Seit Beginn des 9. Jahrhunderts haben hier die Welfen als Grafen im Linz- und Aargau umfangreichen Besitz aus Reichsgut erworben, dessen Hauptort und kirchlicher Mittelpunkt zunächst Altdorf, das heutige Weingarten, war. Dort stiftet in der ersten Hälfte des 10. Jahrhunderts der Welfe Graf Heinrich ein Frauenkloster, das bald Begräbnisstätte seines Hauses wurde, und 1047 zum Männerkloster umgewandelt wird. In der ersten Hälfte des 11. Jahrhunderts tritt Altdorf als Welfensitz hinter der nahen, neu errichteten Ravensburg zurück, die im Investiturstreit eine erhebliche Rolle spielt und seit Beginn des 12. Jahrhunderts Hauptsitz der Welfen ist; hier wird 1129 Heinrich der Löwe geboren. In der Mitte des 12. Jahrhunderts besteht eine Marktsiedlung vor dem Anstieg zur Burg, die, in den Kämpfen zwischen Staufern und Welfen zerstört, von Welf VI. aber wieder rasch gefördert wird. Stadtrecht erhält Ravensburg wohl erst einige Jahre nach dem Sturz Heinrichs des Löwen zwischen 1191 und 1197 durch Kaiser Heinrich VI. Nach dem Tod Welfs VI. fällt die Stadt mit den welfischen Gütern in Süddeutschland an die Staufer und wird Sitz der Verwaltung der oberschwäbischen Reichs- und Hausgüter. Spätestens 1276 erhält Ravensburg unter König Rudolf von Habsburg, der 1274 die Landvogtei Oberschwaben errichtet hatte, die Reichsfreiheit, zunächst mit Überlinger, seit 1296 mit Ulmer Recht. Bis 1348 blieb unter dem Landvogt der kaiserliche Ammann Stadtoberhaupt; dann wird er allmählich vom städtischen Bürgermeister verdrängt. Zu gleicher Zeit setzen die Zünfte ihren Einfluß in einer aristokratische und demokratische Elemente verbindenden Verfassung durch. 1376 schließt sich die Stadt dem Schwäbischen Städtebund an; sie hält auch nach dessen Auflösung den engen Zusammenhang mit den Städten am Bodensee aufrecht und gehört den späteren Städtebündnissen bis ins 16. Jahrhundert an. Wirtschaftlich kam Ravensburg, besonders durch die Verarbeitung von Flachs und Hanf und durch seine günstige Lage für den Handel mit Italien, bald zu Wohlstand. 1380 gründeten Ravensburger Kaufherren, vor allem aus der Patrizierfamilie Humpis, die „Große Ravensburger Handelsgesellschaft", auch Große oberschwäbische Handelsgesellschaft genannt, ein mächtiges

Unternehmen des Tuchhandels, das sich auf die Leinenerzeugung der oberschwäbischen Städte stützte, aber auch mit anderen Stoffen, mit Leder, Gewürzen und Edelsteinen handelte und bis Oberitalien, Frankreich und Spanien Agenturen unterhielt. Gegen Ende des 15. Jahrhunderts muß die Gesellschaft der starken Konkurrenz der Fugger und Welser weichen; 1530 wird sie aufgelöst. Das Stadtgebiet blieb bescheiden. Das umfangreiche Ravensburger Stadtrecht bedarf noch näherer Untersuchung.

Die Reformation fand in Ravensburg verhältnismäßig spät Eingang; nach lebhaften Auseinandersetzungen mit den Anhängern Zwinglis setzte sich schließlich Luthers Lehre durch. Die Niederlage der Evangelischen im Schmalkaldischen Krieg bringt jedoch eine spanische Besatzung, die einen Teil der Bürgerschaft zum alten Glauben zurückführt. 1552 wird die von Kaiser Karl V. befohlene Ratsverfassung eingeführt. Noch im 16. Jahrhundert setzt sich die im Religionsfrieden von 1555 sanktionierte paritätische Leitung der Stadt durch, die 1649 bestätigt wird.

Nach dem Erliegen der Handelsgesellschaft und der Änderung der großen Handelswege im Zeitalter der Entdeckungen geht die wirtschaftliche Bedeutung der Stadt rasch zurück. Im Dreißigjährigen Krieg wird sie von der Pest, vor allem aber von Schweden und Kaiserlichen schwer heimgesucht. Ihr Wohlstand ist vernichtet. Handwerk und Gewerbe lagen so darnieder, daß die verschuldete Stadt Teile ihres Gebiets veräußern mußte. 1802 kommt Ravensburg zunächst an Bayern, 1810 an Württemberg. 1821 übernimmt das Land die Schulden der Stadt im Betrag von 430 000 Gulden. Sie erholt sich im 19. Jahrhundert, wird Sitz von Spinnereien, seit 1856 auch von Maschinenfabriken und immer mehr der kulturelle Mittelpunkt Oberschwabens. Das 1939 eingemeindete Weingarten wurde 1946 wieder selbständig. 1962 wird Ravensburg Sitz einer Pädagogischen Hochschule.

Reutlingen

Unter den schwäbischen Reichsstädten hat nächst Ulm Reutlingen eine besonders bewegte Geschichte. Viele Funde beweisen schon vorgeschichtliche Besiedlung, eine Reihe von Römerstraßen sind im Bezirk nachgewiesen und zahlreiche Orte auf -ingen zeigen, daß Alamannen hier früh seßhaft geworden sind. Das Dorf Reutlingen wird erstmals 1090 erwähnt. Unter Friedrich Barbarossa hat Reutlingen um 1180 Marktrecht erhalten, doch ist die Annahme, er habe schon eine erste Städtegründung vorgenommen, nicht hinreichend bezeugt. Kaiser Otto IV. bewil-

ligte weitere Freiheiten. Kaiser Friedrich II. verwirklichte die geplante Stadtgründung in den Jahren vor 1240, als nach dem Aufstand König Heinrichs
dessen Parteigänger Heinrich von Neuffen seine Burg Achalm dem Reich abtreten
mußte. Die neue Stadt wurde auf einem günstigeren Platz südöstlich des Dorfes
gebaut, wo die alte Straße vom Mittelrhein zum Bodensee sich mit der Straße von
Straßburg über den Kniebis nach Ulm kreuzte.

Das Schicksal Reutlingens war zunächst eng mit der Reichsburg Achalm verbunden, deren Vogt den Schultheißen ernannte. Von 1335 bis 1360 und von 1376 bis
1500 waren dieses und andere Rechte mit der Achalm an Wirtemberg verpfändet,
das sie als Lehen an Reutlinger Bürger weitergab. Schon 1247 hatte die Stadt
durch Anhänger des Gegenkönigs Heinrich Raspe die erste Belagerung zu überstehen; zum Dank für die Rettung soll der Bau der Marienkirche gelobt worden
sein. Das Territorium Reutlingens war klein. Die Stadtverfassung kennt ein
Stadtgericht unter Vorsitz des kaiserlichen Schultheißen, der in seiner Bedeutung
allmählich zurücktritt. 1347 erreichen die Zünfte Sitz und Stimme im Rat. 1311
beteiligt sich die Stadt am Reichskrieg gegen Graf Eberhard I. von Wirtemberg.
1331 bis 1389 gehört sie dem Schwäbischen Städtebund an. Die Auseinandersetzungen mit Wirtemberg bestimmen trotz verschiedener Einungen und eines
Schirmvertrags von 1505 die Entwicklung. Im Städtekrieg brachten die Reutlinger 1377 Ulrich, dem Sohn Eberhard des Greiners, eine Niederlage bei, die Wirtemberg den dauernden Verlust der Landvogtei Niederschwaben eintrug. 1519
belagert und erobert Herzog Ulrich die Stadt aus nichtigem Anlaß und gibt damit
den Anstoß zum Krieg des Schwäbischen Bundes, der mit seiner Vertreibung
endet. Doch blieben auch weiterhin Schirmverträge, an denen die eingeengte Stadt
wachsendes Interesse haben mußte, bis 1802 Grundlage des Verhältnisses zu Wirtemberg.

Der Reformation hat sich Reutlingen besonders früh zugewandt: Matthäus Alber,
der in Reutlingen geboren ist und dort seit 1518 wirkte, wurde ihr tatkräftiger
Reformator. Ein Bürgeraufstand erzwang vom zögernden Rat 1524 im berühmten Markteid die Verpflichtung „bei Gottes Wort bleiben zu wollen". Albers Ver-
hör vor dem Reichsregiment in Esslingen 1525 kam einem Sieg gleich. Reutlingen
hat dann als erste evangelische Stadt in Schwaben 1529 den Speyerer Protest und
1530 die Augsburger Konfession unterzeichnet. Bei der eindeutigen Hinneigung
zur Lehre Luthers kommen in Reutlingen, im Gegensatz zu anderen Städten,
schwärmerische Bewegungen nicht auf. Die Stadt beteiligte sich am Schmalkaldischen Bund und mußte 1552 die von Kaiser Karl dekretierte Verfassung hinnehmen, kehrte aber auf Grund eines Privilegs Maximilians II. zur alten demokratischen Verfassung zurück. Von den Schäden des Dreißigjährigen Krieges und

der Zerstörung von vier Fünfteln ihres Wohnraums durch den Brand von 1726
hat sich die Wirtschaft der Reichsstadt, in der seit dem Mittelalter Tuchmacher,
aber auch Gerber und Leimsieder führend waren, nicht mehr erholt; doch hatten
die von der textilen Hausindustrie gefertigten „Reutlinger Artikel" noch lange
einen guten Ruf. 1803 kommt Reutlingen an Württemberg, wird Oberamtsstadt
und von 1817 bis 1924 Sitz der Kreisregierung des Schwarzwaldkreises. In der
Revolution von 1848/49 war die Stadt eine Hochburg der Demokraten.
In der Mitte des 19. Jahrhunderts nimmt Reutlingen einen raschen wirtschaftlichen Aufschwung. Im Vordergrund steht dabei die Textilindustrie; die Gründung zahlreicher Baumwollspinnereien und -webereien wird durch das mit staatlicher Hilfe 1856 geschaffene Technikum für Textilindustrie gefördert. Am Anfang einer langen Reihe bedeutender Werke stand die Firma Ulrich Gminder, die
1864 ihre erste mechanische Weberei errichtete. Daneben entwickeln sich Stricke-
reien und Wirkereien, Papier- und Metalltuchfabriken. Der Bedarf an Textil-
maschinen bahnt der Maschinenindustrie den Weg. Sie nimmt wie die Elektroindustrie einen raschen Aufschwung. Selbst das Liebeswerk der Gustav-Werner-Stiftung
(vgl. S. 248) ist zugleich Teil dieser industriellen Entwicklung. Reutlingen hat diesen Aufschwung nicht zuletzt den Lehren seines großen rastlosen Sohnes Friedrich
List (1789–1846) zu danken. Der Dichter Hermann Kurz (1813–1873) hat die
reichsstädtische Vergangenheit seiner Vaterstadt immer wieder verklärend dargestellt. In den ersten Monaten des Jahres 1945 wurde die Stadt durch Flieger-
bomben erheblich getroffen; sie hat die Schäden rasch und großzügig behoben.

Rottweil

Zwar tritt der Name Rottweil erstmals als fränkischer Königshof auf, aber die
Geschichte des Platzes am oberen Neckar zwischen Alb und Schwarzwald ist viel
älter. Schon in vorgeschichtlicher Zeit besiedelt, gewinnt er in der Kelten- und der
Römerzeit wachsende Bedeutung. Auf der Höhe zwischen Neckar und Prüm
kreuzten sich zwei wichtige römische Heerstraßen; die eine kam von Straßburg
über Offenburg und Waldmössingen, führte weiter nach Tuttlingen und traf dort
auf die alte Donaustraße nach Regensburg, die andere kam von Windisch über
Zurzach, Hüfingen und Schwenningen. Nach seinem Feldzug zur Sicherung des
Neckargebiets in den Jahren 73 und 74 ließ Vespasian hier die Niederlassung
Arae Flaviae errichten, die rasch städtischen Charakter (municipium) annahm. Sie
war durch zwei Kastelle gesichert, verlor bald ihre militärische Bedeutung, bestand aber bis zur Landnahme durch die Alamannen, die die Gegend verhältnis-

mäßig dicht besiedelt haben. Im letzten Drittel des 8. Jahrhunderts wird der fränkische Königshof Rottweil erstmals genannt. Im 12. Jahrhundert besteht eine Marktsiedlung, deren Vogtei die Zähringer und die Herzöge von Teck innehatten. Wahrscheinlich haben die Zähringer den Markt, die Staufer die Stadt in ihrer günstigen Lage etwa einen Kilometer nordwestlich des Königshofes gegründet. Sie blieb bis zum Ende des Geschlechts Stauferstadt und erreichte damals schon eigene Gerichtsbarkeit und Selbstverwaltung. Kaiser Karl IV. verlieh ihr 1359 den Blutbann. 1401 bringt Rottweil das Schultheißenamt endgültig an sich. Der Weg zur freien Reichsstadt ist damit abgeschlossen. Die Stadt erwarb ein ansehnliches Territorium und war Sitz des „Kaiserlichen Landgerichts auf dem Hofe zu Rottweil", kurz Hofgericht genannt, des neben Reichskammergericht und Reichshofrat bedeutendsten der kaiserlichen Gerichte im alten Reich. Seine Entstehung ist umstritten: die Verbindung mit dem Königsgut scheint auf königliche Domanialgerichtsbarkeit hinzuweisen. Andere nehmen ein Herzogsgericht an; dagegen spricht jedoch die weite räumliche Kompetenz, die über Schwaben hinausging, und die Begrenzung der sachlichen Zuständigkeit. Das Amt des Hofrichters lag seit der Mitte des 14. Jahrhunderts bei den Grafen von Sulz und kam nach deren Aussterben an die Fürsten von Schwarzenberg. Der Ausbau des Reichskammergerichts und die Festigung der Territorien hat schließlich den Niedergang des Hofgerichts herbeigeführt.

Die Reichsstadt, die zahlreiche Fehden führte, trieb eine weitgespannte Bündnispolitik. Von besonderer Bedeutung war das 1463 geschlossene Bündnis, nach dem Rottweil der Eidgenossenschaft als „zugewandter Ort", also mit minderem Recht, angehörte, aber ihren Schutz genoß und ihr Kriegshilfe leisten mußte. Für das Verhältnis zum Reich und für das Hofgericht hatte man sich Vorbehalte ausbedungen. Der 1519 erneuerte „ewige Bund" lockerte sich während der Reformation und wurde mit dem Ende des Dreißigjährigen Krieges praktisch bedeutungslos. Über die Auseinandersetzungen der Stadt mit den Grafen von Zimmern auf Herrenzimmern gibt die bekannte zwischen 1560 und 1570 entstandene Zimmersche Chronik ein der Reichsstadt wenig gewogenes Bild.

In der Reformation hielt Rottweil am alten Glauben fest, dem der Magistrat treugeblieben war. Protestanten, die versucht hatten, sich durchzusetzen, wurden 1529 aus der Stadt gewiesen. Die Stürme des Dreißigjährigen Krieges, in denen die auf katholischer Seite stehende Stadt, die keine Hilfe der Eidgenossenschaft erwarten konnte, 1643 von Franzosen und Schweden belagert, eingenommen und aufs schwerste heimgesucht wurde, haben die Stadt in ihrem Kern getroffen. Ihre Bedeutung und ihre Wirtschaft gingen, vollends nach dem großen Brand von 1696, rasch zurück. Die Bevölkerung nahm ab. Die mißliche Lage führte auch in der

Stadt zu ständigen Auseinandersetzungen: Stellenhandel und finanzielle Mißwirtschaft minderten ihr Ansehen. Schon um 1777 wurde die herzogliche Regierung
in Stuttgart als ausschreibende Stelle des Schwäbischen Kreises wiederholt um ihr
Eingreifen ersucht. Die Stadt ging, am Ende ihrer Kraft, 1802 mit dem größeren
Teil ihres Gebiets an Wirtemberg über; einige Orte kamen an Baden. Der Anschluß an das größere Land brachte der Stadt eine ruhige Entwicklung; der Aufbau der Pulverfabrik Rottweil durch Max Duttenhofer (1843–1903) zeigte, daß
der unternehmerische Geist in ihr nicht verschwunden war. In der Folge entstand
auch eine Reihe anderer Industriewerke. In ihrem „Narrensprung" hat die Stadt
einen der bekanntesten alten Fasnachtsbräuche Süddeutschlands bis heute bewahrt.

Schwäbisch Gmünd

Gmünd, unweit des Rätischen Limes an der alten Remstalstraße von Cannstatt
über Nördlingen nach Augsburg gelegen, war wie Esslingen schon im 8. Jahrhundert Ort einer cella, eines klösterlichen Stützpunktes. Die früh behauptete Verbindung mit der Abtei St. Denis ist zwar nicht erwiesen, doch erhielt die Siedlung
wohl schon in karolingischer Zeit Marktrecht. Friedrich Barbarossa gründete dann
hier seine erste Stadt in Schwaben als Mittelpunkt für die Verwaltung der ausgedehnten Haus- und Reichsgüter in der Umgebung seiner Stammburg. 1162 wird
Gmünd erstmals als Stadt erwähnt: In diesem Jahr oder kurz zuvor muß sie gegründet worden sein; keine andere im heutigen Württemberg kann sich rühmen,
vor ihr Stadtrecht erhalten zu haben. Zunächst steht ihr der Reichsschultheiß als
Vertreter des Kaisers vor; neben ihn tritt aber noch während der Stauferzeit der
Bürgermeister. Die kaiserlichen Beamten werden allmählich durch städtische ersetzt. Nach dem Untergang der Staufer gelingt es der Stadt, reichsunmittelbar zu
werden. Doch hat die Nachbarschaft stärkerer Herren wie derer von Wirtemberg,
Rechberg, Limpurg und des Stifts Ellwangen ihre Entwicklung nicht begünstigt.
Trotzdem erwarb Gmünd ein ansehnliches Gebiet, das allerdings zum großen Teil
dem Kloster Gotteszell, dem Heiliggeistspital u. a. gehörte, deren Schirmherr
die Stadt war. 1380 erkämpften sich die Meister der Zünfte ein Anhörungsrecht,
seit 1462 sind sie im Rat vertreten. Früh hat sich in der klöster- und gewerbe-
reichen, im 15. Jahrhundert vor allem durch ihre Sensenschmiede bekannten Stadt
besonderer Kunstsinn entwickelt. Mit der Heiligkreuzkirche, dem Hauptwerk
der Familie Parler, schuf sich Gmünd die größte und älteste Hallenkirche Süddeutschlands. Den nach 1300 begonnenen Bau leitete seit 1320 der geniale Heinrich, um 1372 sein Sohn Johannes Parler; auch Peter Parler, der Erbauer des Prager Doms, wirkte am Chor mit. Von der schöpferischen Kraft Gmünds zeugt, daß

hier zwischen 1470 und 1484 zwei der bedeutendsten Maler an der Wende von der Gotik zur modernen Zeit, Jörg Ratgeb und Hans Baldung Grien, geboren sind. Die Reformation fand keinen nachhaltigen Eingang in der Stadt; Versuche in den Jahren 1524 und 1525 scheiterten an der Haltung des Rats. Die Beteiligung der Zünfte am Stadtregiment wurde 1552 beseitigt.

Wirtschaftlich geben der Stadt seit dem 15. Jahrhundert die Gold- und Silberschmiede das Gesicht. Von den Nöten des Dreißigjährigen Krieges kann sie sich verhältnismäßig rasch erholen: um 1739 gibt es in Gmünd nicht weniger als 250 Gold- und Silberschmiedemeister; das Handwerk ist übersetzt. Absatzschwierigkeiten infolge der Zollpolitik Kaiser Josephs II. und innere Streitigkeiten schwächen das Gemeinwesen. Als Gmünd 1802 an Wirtemberg kommt, war seine durch die Revolutionskriege vollends zerrüttete Wirtschaft am Zusammenbruch. In der ersten Hälfte des 19. Jahrhunderts gelang jedoch mit dem Übergang von handwerklicher zu industrieller Fertigung, vor allem in der Fabrikation sogenannter Großsilberwaren, ein überraschender Aufschwung. Es war der Stolz der Stadt, daß in den meist kleineren und mittleren Betrieben der Edelmetallverarbeitung hohe Qualität vorherrschend blieb. Verwandte Fabrikationszweige, so Kristallwaren, Armbanduhren u. a., schlossen sich an. Bewährt hat sich auch, daß man in der Schulstadt Gmünd schon seit 1766 eine planmäßige Schulung für die Edelmetallindustrie kennt und daß 1776 eine Gewerbeschule, die zweitälteste in Deutschland, eingerichtet ist, die zu Beginn dieses Jahrhunderts zur Staatlichen Höheren Fachschule für das Edelmetallgewerbe (1965 „Staatl. Werkkunstschule", 1972 „Hochschule für Gestaltung") erweitert wurde und mit einem Kunstgewerbemuseum verbunden ist. Auch ein Forschungsinstitut für Edelmetalle und Metallchemie entsteht. Nach dem Ersten Weltkrieg geben leistungsfähige andere, vor allem eisenverarbeitende Betriebe der Stadt eine größere Krisenfestigkeit; nach dem Zweiten Weltkrieg, der die Stadt verschont, tragen Vertriebene, vor allem aus dem Sudetenland, wesentlich zum raschen Wiederaufbau der Gmünder Wirtschaft bei. Ein Teil der Gablonzer Glas- und Schmuckwarenindustrie findet hier eine neue Heimat; etwa 7000 Gablonzer leben in Stadt und Kreis Gmünd. Rund um die Stadt, deren Einwohnerzahl sich verdoppelt hat, entstanden neue Siedlungs- und Arbeitsgebiete.

Schwäbisch Hall

Keine der einstigen Reichsstädte im heutigen Württemberg vermittelt noch jetzt ein so eindrucksvolles Bild ihrer Vergangenheit wie Hall, dem seine Geschichte die Bezeichnung „Schwäbisch" beigelegt hat, obwohl es im fränkischen Raum liegt.

Hall verdankt seinen Aufstieg dem Salzbrunnen auf dem „Haal", einer einstigen Kocherinsel, der schon in keltischer Zeit genützt, und die Grundlage umfangreicher Salzgewinnung geworden ist. Es war lange das einzige bedeutende Salzvorkommen zwischen dem Salzkammergut und Lothringen. Urkundlich wird Hall 1037 erstmals genannt. Früh bestand ein vom König bevorrechteter Markt. Auch die Nähe des 1079 gestifteten, im 12. Jahrhundert angesehenen und reichen Klosters Komburg förderte die Ansiedlung inmitten staufischen Hausguts. 1156 verleiht Bischof Gebhard von Würzburg als Herzog von Franken bei der Einweihung der Michaelskirche einen siebentägigen Markt. Wann unter der Regierung Friedrich Barbarossas die eigentliche Stadtgründung vorgenommen wurde, ist umstritten. Schon 1190 hält König Heinrich VI. hier einen Reichstag ab; auch andere Staufer weilen oft in Hall. Wohl gleichzeitig mit der Stadt wurde eine Reichsmünze errichtet, deren gangbare Kleinsilberstücke, die „Heller", 1189 erstmals auftreten, in Süd- und Mitteldeutschland rasch eine große Verbreitung fanden und den Geldumlauf in großen Teilen Deutschlands durch drei Jahrhunderte bestimmten. Bis 1918 blieb der Heller die Bezeichnung der kleinsten Münzeinheit in Österreich; noch heute kennt ihn die Tschechoslowakei als Halar, Ungarn als Fillér. Als staufischer Besitz gehört Hall auch später zur Landvogtei Niederschwaben. Den Reichsschenken von Limpurg standen zunächst als Vertreter des Königs, dann als Rechtsnachfolger der Staufer wichtige Rechte zu. Nach dem Untergang der Staufer gelingt es der Stadt, die Reichsunmittelbarkeit zu gewinnen. Rudolf von Habsburg bestätigt ihr die Freiheit von fremdem Gericht; der Erwerb des Schultheißenamtes schließt 1382 die Entwicklung ab. Im 13. Jahrhundert ist Hall Sitz zahlreicher Adelsgeschlechter, gegen die sich die Bürgerschaft in langen Auseinandersetzungen behauptet. Nach der „Zweiten Zwietracht" von 1340 sichert Kaiser Ludwig der Bayer die Mehrheit der Bürger und Handwerker im Rat. Ein letzter Umsturzversuch des Adels endet 1512 mit dem Sieg des Handwerks; die Adeligen wanderten allmählich ab. Jahrhundertelang hält Hall enge Verbindung mit seinen Nachbar-Reichsstädten Rothenburg und Dinkelsbühl. An den Städtekriegen hat auch die Stadt Anteil. Ihr verhältnismäßig umfangreiches Gebiet, das außer Hall die Städte Ilshofen und Vellberg und über 100 Dörfer und Weiler umfaßte, wurde seit dem 14. Jahrhundert durch eine „Landheg" gesichert. Der ursprünglich königliche Salzbrunnen, an dessen Salzpfannen im Laufe der Jahrhunderte zahlreiche weltliche und geistliche Körperschaften und Einzelpersonen Rechte erworben hatten, geht um 1500 in den Mitbesitz der „Erbsieder" über; er bleibt der wirtschaftliche Rückhalt der Stadt.

Der Reformation hat sich Hall früh zugewandt und schon 1522 zu ihrer Durchführung nach Luthers Lehre den jungen Johannes Brenz berufen, der hier eine bedeutsame Wirksamkeit entfaltet. Seiner maßvollen und überlegten Haltung hat es die Stadt zu danken, daß sie Bildersturm und Bauernkrieg ohne Schaden überstand. Während des Interims mußte Brenz 1548 in Wirtemberg Zuflucht suchen. Hall kam im Dreißigjährigen Krieg ohne Zerstörung, wenn auch mit Verlust eines Drittels der Bevölkerung davon, konnte unter dem tüchtigen Stättmeister Georg Friedrich Seufferheld (1613–1686) weiter gesunden, fiel aber 1728 zu drei Vierteln einer Brandkatastrophe zum Opfer. Wirtschaftlich hat sie sich davon nicht erholt, obwohl der Salzbrunnen auch im 18. Jahrhundert nach der Errichtung neuer Gradierhäuser noch recht beachtliche Umsätze – bis zu 80 000 Zentner Salz im Jahr – erbrachte.

Außer Brenz wirkten hier die Chronisten der Stadt Georg Widmann (1486 bis 1560) und Johann Herolt (1490–1562), beide Pfarrer, der Bildhauer Sem Schlör (gest. 1597/98) und in der Frühzeit des Barock Leonhard Kern (1588–1662), sowie der Germanist Friedrich David Gräter (1768–1830).

Nach dem großen Brand von 1728, der 400 Häuser der Altstadt vernichtete, hat sich die Reichsstadt mit dem schönen Barockrathaus in der Zeit von 1732 bis 1735 unter wesentlicher Beteiligung von Eberhard Friedrich Heim aus Stuttgart (1703–1739) ein letztes Denkmal ihres Bürgerstolzes gesetzt. Der Niedergang war aber nicht aufzuhalten: Die Stadt war schwer verschuldet, als sie schließlich 1802 zu Wirtemberg kam. 1811 und 1827 wurde die Saline zugunsten des Steinsalzbergwerks Wilhelmsglück gegen Entschädigung der Sieder verstaatlicht; noch heute werden Entschädigungsrenten an die Nachkommen der Sieder bezahlt. Die Salzquelle diente danach einem Solbad. Hall, seit 1803 Sitz eines Oberamts, von 1868 bis 1932 eines Landgerichts, heute eines Landkreises, wurde Beamten- und Schulstadt für sein weites landwirtschaftliches Hinterland. Im Weltkrieg fast verschont, ist es mit seinen Zeugnissen einer bedeutenden Vergangenheit, seinen Mauern und Türmen und mit seinem einzigartigen, von der Michaelskirche überragten Stadtbild ein steter Anziehungspunkt geblieben.

Ulm

Die Geschichte Ulms, dessen Glanz durch Jahrhunderte heller strahlte als der aller anderen Städte im heutigen Württemberg, reicht bis weit ins zweite Jahrtausend v. Chr. zurück. Schon in dieser vorgeschichtlichen Zeit war hier, am Zusammenfluß von Donau, Iller und Blau, ein wichtiger Flußübergang. Umfangreiche Reste einer jungsteinzeitlichen Siedlung wurden im Blautal bei Ehrenstein, wenige Kilometer westlich der Stadt, ausgegraben. Auch keltische Besiedlung wird vermutet, römische ist erwiesen. Mit dem Einbruch der Alamannen wird die Donau-Iller-

Linie bis ins 5. Jahrhundert Grenze des Römerreichs. Bedeutung gewinnt die frühe alamannische Siedlung aber erst, als aus dem alamannischen Herrensitz ein fränkischer Königshof auf dem Hügel des späteren Weinhofs zwischen Donau und Blau erwächst. Ob er ursprünglich ein nach dem Gerichtstag von Cannstatt enteigneter Besitz eines alamannischen Großen war oder ob er zum Erbe der Königin Hildegard gehörte, ist umstritten. In einer Urkunde Ludwigs des Deutschen wird die königliche Pfalz Ulm 854 erstmals genannt. Umfangreiche Schenkungen in ihrem Gebiet an das Kloster Reichenau gehen wohl schon auf Karl den Großen zurück. An die Pfalz, oft Stätte bedeutsamer Ereignisse, schließt sich bald ein Markt in günstiger Lage an; schon im 11. Jahrhundert ist Ulm einer der wichtigsten Orte in Schwaben. Im Investiturstreit werden Pfalz und Siedlung Hauptstützpunkt der Welfen und Zähringer, also der Gegner Heinrichs IV. 1079 versucht der Staufer Herzog Friedrich I. von Schwaben, das von seinen Gegnern befestigte Ulm einzunehmen. Um 1100 ist Ulm im Besitz der Staufer, die die Pfalz zu einer starken Feste ausbauen; sie wird in den Kämpfen mit Kaiser Lothar und den Welfen 1134 durch Heinrich den Stolzen zerstört. König Konrad III. baut Pfalz und Marktort rasch wieder auf und ummauert beide. Zwischen 1163 und 1181 – Urkunde und genauer Zeitpunkt sind nicht bekannt – erhält Ulm durch Friedrich Barbarossa Stadtrecht, blüht schnell auf und wird die bedeutendste Stadt im staufischen Schwaben. Eine Reichsmünze ist in Ulm schon gegen Ende des 11. Jahrhunderts bezeugt.

Nach dem Zusammenbruch der Stauferherrschaft erhält Ulm 1274 die Reichsfreiheit und das Recht der Stadt Esslingen. Damit beginnen mehr als zwei Jahrhunderte einer glanzvollen reichsstädtischen Geschichte. Eine großzügige Erweiterung des Mauerrings ab 1316 vergrößert die Stadt um das Vierfache und gibt ihrer Entwicklung bis ins 19. Jahrhundert genügend Raum. Ulm gewinnt auch ein weites Landgebiet, das bis Altheim, Albeck, Langenau, Leipheim, Geislingen an der Steige (mit der Feste Helfenstein) und Süßen reicht, fast das größte, das eine Reichsstadt je besaß. Schwere Kämpfe zwischen Patriziat und Zünften führen schließlich zu der maßvollen, im Schwörbrief von 1397 niedergelegten Stadtverfassung, mit der die Zünfte das Übergewicht bekommen. 1377 wird mit dem Bau des Münsters als kraftvolles Zeugnis des Selbstgefühls der Bürgerschaft begonnen, den ab 1392 Ulrich von Ensingen leitet. Seit der zweiten Hälfte des 14. Jahrhunderts führt Ulm den Schwäbischen Städtebund, der allerdings keinen wesentlichen Einfluß auf die Reichspolitik zu gewinnen vermag. Die Niederlage bei Döffingen trifft Bund und Stadt schwer. Insofern entsprechen die politischen Erfolge nicht den wirtschaftlichen, die der Stadt den Ruf „Ulmer Geld regiert die Welt" verschafften.

Ulms Wirtschaftskraft beruhte seit dem 12. Jahrhundert auf der Herstellung und dem Handel mit Textilien, vor allem von Barchent, einem Gewebe aus Leinen und Baumwolle. Im 13. und 14. Jahrhundert blühte auch die Wollweberei; in der Mitte des 15. Jahrhunderts tritt die Leineweberei in den Vordergrund, die sich nach dem Dreißigjährigen Krieg nochmals erholt. Ulm war in seiner großen Zeit führend im Handel Süddeutschlands mit den Donauländern, den Städten am Rhein, mit Frankreich und Spanien. Dagegen waren die wirtschaftlichen Beziehungen des Südens zum Norden Deutschlands noch gering.

Die Wohlhabenheit der Stadt und die langen Jahrzehnte des Münsterbaus haben Ulms Bürgerschaft zu bedeutenden künstlerischen Leistungen angespornt: der Bildhauer Hans Multscher, seit 1427 Bürger Ulms, Jörg Syrlin der Ältere und sein Sohn Jörg Syrlin der Jüngere, Gregor Erhart, der Meister des Blaubeurer Hochaltars, Martin Schaffner, der letzte bedeutende Maler und Bildschnitzer der oberdeutschen Spätgotik, der Maler Hans Schüchlin und sein Schwiegersohn Bartholomäus Zeitblom schaffen der Stadt im 15. Jahrhundert und in den ersten Jahrzehnten des 16. Jahrhunderts eine bedeutende Epoche künstlerischer Gestaltungskraft, wie sie damals außer Nürnberg keine andere deutsche Stadt aufweisen kann. Andere Künstler, wie der Glasmaler Peter von Andlau, der ältere Holbein und Martin Schongauer, wirken für kurze Zeit in der Stadt. Dann vermag Augsburg solche Kräfte stärker anzuziehen. Um 1520 gehen Ulms künstlerische Leistungen rasch zurück, jedoch findet der Humanismus hier eine frühe Wirkungsstätte. 1531 vernichtet ein Bildersturm den größten Teil der Ulmer Kunstwerke.

An der Vertreibung Herzog Ulrichs von Wirtemberg 1519 hat Ulm wesentlichen Anteil. Die Reformation fand trotz der vorsichtigen Politik des Bürgermeisters Bernhard Besserer früh Eingang. In einer denkwürdigen Abstimmung lehnen 87 Prozent der Bürgerschaft 1530 den Augsburger Reichstagsabschied ab. Ulm schwenkt damit in die Front der evangelischen Reichsstädte ein und tritt 1531 dem Schmalkaldischen Bund bei. Während zunächst Zwinglis Einfluß stark ist, wird ab 1531 die Reformation in lutherische Bahnen gelenkt. Nach dem Schmalkaldischen Krieg muß Ulm das Interim annehmen. Karl V. läßt auch hier die Verfassung von 1397 aufheben und stärkt die Stellung des Patriziats; dabei bleibt es bis 1803. Der Bau starker Festungswerke in den Jahren 1617 bis 1624 mindert zwar die Nöte des Dreißigjährigen Kriegs, kann aber den Niedergang der Wirtschaft nicht aufhalten. Im 18. Jahrhundert gelingt eine gewisse Erholung; die Einwohnerzahl des Jahres 1600 mit 21 000 wird aber erst in der Mitte des 19. Jahrhunderts wieder erreicht. Nach der Kapitulation des österreichischen Generals Mack in Ulm läßt Napoleon 1805 die Befestigungen schleifen.

Der Reichsdeputationshauptschluß spricht die Stadt 1803 zunächst Bayern zu. Sie kommt 1810 an Württemberg und wird Sitz der Kreisregierung des Donaukreises. Die Grenzlage und der Ausbau zur Bundesfestung in den Jahren 1842 bis 1859 lassen eine Ausweitung des Wirtschaftsraumes vorerst nicht zu. In der zweiten Hälfte des 19. Jahrhunderts beginnt ein neuer Aufschwung. Zahlreiche Betriebe der verarbeitenden, vor allem der Metall- und Elektroindustrie, des Maschinen- und Fahrzeugbaus u. a. gewinnen weiten Ruf. 1852 wird hier der erste katholische Gesellenverein des Landes gegründet. Die Stadt ist zunächst noch Festung, Württembergs größte Garnison. Gesteigerte Wirtschaftskraft und romantische Hinwendung zur Vergangenheit ermutigen, 1844 bis 1890 den Hauptturm, die Seitentürme und das Strebwerk des Münsters nach alten Plänen zu vollenden. Der Luftkrieg 1944/45 schlägt der Stadt schwerste Wunden und vernichtet fast alle alten Bauten außer dem Münster. Ein tatkräftiger und würdiger Wiederaufbau der von Oberbürgermeister Theodor Pfizer geleiteten Stadt hat rasch den Grund für eine erneute wirtschaftliche und kulturelle Entfaltung gelegt, die sich ihren großen Traditionen verpflichtet weiß. Die Ansiedlung des Telefunken-Röhrenwerks, die Gründung der Hochschule für Gestaltung und schließlich der Aufbau einer Universität sichern der Stadt als der berufenen Mittlerin zwischen den Kräften der Landesmitte und Oberschwabens einen weiten, auch nach dem bayerischen Schwaben erheblichen Einfluß.

Andere Reichsstädte

Die eben gewürdigten ehemaligen Reichsstädte waren nicht die einzigen im später württembergischen Raum. In den Auseinandersetzungen der nachstaufischen Zeit gelang es noch einer Anzahl anderer Städte, die Reichsstandschaft zu erwerben. Ihre Bedeutung war verschieden: zu den mittleren Reichsstädten zählten Isny, Leutkirch, Wangen im Allgäu und Weil der Stadt; kleinere waren Aalen, Bopfingen, Buchau und Giengen an der Brenz. Dazu kommt Wimpfen, das erst nach dem Zweiten Weltkrieg dem Lande zugeschlagen wurde.

Isny im Allgäu, in dessen Nähe an der Straße von Bregenz zur Donau ein spätrömisches Kastell lag (vgl. S. 27), erhielt im Anschluß an die 1042 durch Graf Wolfrad von Altshausen-Veringen gestiftete Pfarrkirche, die 1096 Hirsauer Mönchen zur Gründung eines Klosters übergeben wurde, Markt- und gegen 1238 Stadtrecht. Die Stadt kam bald an die Truchsessen von Waldburg, erhielt 1281 das Recht von Lindau und wurde 1365 reichsunmittelbar. Das Zusammenwirken mit der Großen Ravensburger Handelsgesellschaft förderte die Leinenweberei und brachte wirtschaftlichen Aufschwung. Die Reformation wurde rasch aufgenommen und nachhaltig vertreten, führte aber zu manchen Auseinandersetzungen mit dem Kloster, das katholisch blieb und 1781 noch die Reichsfreiheit erlangte. Im Dreißigjährigen Krieg erlitt die Stadt schwere Schäden. 1802 kamen Stadt und Kloster an die Grafen von Quadt, 1806 an Württemberg.

Leutkirch, als Dorf Aufhofen schon im 8. Jahrhundert genannt, war Gerichtsstätte und Mittelpunkt der „Freien auf der Leutkircher Heide". Der befestigte Markt, um 1240 staufisch, wurde bald Stadt, erhielt 1293 die Rechte von Lindau und im 14. Jahrhundert die vollle Reichsstandschaft. Auch Leutkirch kam durch die Leinenweberei zu Wohlstand. Seit 1525 neigte die Stadt der Reformation zu, die 1546 durchdrang. Der Dreißigjährige Krieg brachte Plünderungen und Seuchen. Die Rechte der katholischen Minderheit wurden 1672 vertraglich festgelegt. Ein wirtschaftlicher Aufschwung ab 1680 konnte den Niedergang der Stadt gegen Ende des 18. Jahrhunderts nicht hindern. Sie wurde 1802 bayerisch, 1810 württembergisch und war bis 1938 Oberamtsstadt.

In *Wangen im Allgäu,* einem alten kirchlichen Mittelpunkt an der Argen, hatte das Kloster St. Gallen seit dem 9. Jahrhundert umfangreichen Besitz. Im 12. Jahrhundert entstand ein Markt, den Kaiser Friedrich II. vor 1217 zur Stadt erhob. 1347 wurde Wangen nach harten Auseinandersetzungen mit St. Gallen endgültig reichsfrei. Wirtschaftlich entwickelte sich Sensenschmieden und Leinenweben in Verbindung mit der Großen Ravensburger Handelsgesellschaft. Die Stadt gewinnt ein namhaftes Gebiet und entfaltet eine rege Bautätigkeit, die das Stadtbild noch heute bestimmt. Der Rat und die Mehrheit der Bürgerschaft blieben nach der Reformation katholisch. Die im Dreißigjährigen Krieg schwer mitgenommene und verschuldete Stadt kam 1802 an Bayern, 1810 an Württemberg und war bis 1971 Sitz eines Landkreises.

Weil der Stadt, im Gäu an einer wichtigen Straßenkreuzung gelegen, kam 1133 von den Grafen von Calw an die Welfen und 1191 an die Staufer, die es vor 1241 zur Stadt erhoben. Die Grundherrschaft stand dem Kloster Hirsau zu. 1275 wurde sie reichsunmittelbar und gewann Ende des 14. Jahrhunderts eigene Gerichtsbarkeit und den Blutbann. Der Erwerb eines nennenswerten Gebiets gelang nicht. Die Stadt wurde 1526 fast ganz evangelisch, aber seit dem Ende des 16. Jahrhunderts durch die Gegenreformation allmählich zum katholischen Glauben zurückgeführt. 1648 eroberten französische Truppen während der Friedensverhandlungen die Stadt und brannten sie nieder. Sie fiel 1803 an Wirtemberg. Ihre bedeutendsten Söhne sind der Reformator Johannes Brenz und der große Astronom Johannes Kepler.

Von kleineren Reichsstädten ist zunächst *Aalen* zu nennen, wo in römischer Zeit in einem Limes-Kastell westlich der Stadt eine große Reitertruppe stationiert war

(seit 1964 Limesmuseum). 839 hat Kloster Fulda hier Besitz. Zwischen 1241 und
1246 gründeten die Staufer zum Schutz der wichtigen Straße von Nördlingen
nach Straßburg eine Stadt, die bald in den Besitz der Grafen von Dillingen,
später der von Öttingen gelangt. Kaiser Karl IV. gewährt ihr 1360 die Reichsfreiheit; 1374 erhält sie Selbstverwaltung und 1401 den Blutbann. Die Reformation wird 1575 mit Hilfe Wirtembergs eingeführt. Im Dreißigjährigen Krieg
erlitt die Stadt nach der Schlacht bei Nördlingen schwere Schäden. Sie blieb
bis nach dem Ersten Weltkrieg überwiegend evangelisch, erhielt aber wie die
oberschwäbischen Reichsstädte durch Zuzug aus der Nachbarschaft eine katholische Mehrheit. Die Stadt mit ihrem kleinen Gebiet kam 1802 an Wirtemberg.
Im 19. Jahrhundert entwickelte sich eine ausgewogene Industrie, die nach 1945
einen weiteren Aufschwung nahm. Die Einwohnerzahl, damals 2000, stieg auf
16 000 im Jahre 1939 und auf 37 000 im Jahre 1971. Aalen ist Sitz des 1938
durch die Zusammenlegung der Oberämter Aalen, Ellwangen und Neresheim
gebildeten Kreises.

Das Gebiet um *Bopfingen* war schon in vorgeschichtlicher Zeit durch Besiedlung
und Befestigungen um und auf dem Ipf geprägt. In der Römerzeit lag hier das
Kastell Opia. Bopfingen wird in Fuldaer Klosterakten des 8. und 9. Jahrhunderts
erwähnt; es kommt im 12. Jahrhundert mit Flochberg an die Staufer und wird
zwischen 1274 und 1338 in mehreren Stufen reichsunmittelbar. Ein Gebiet konnte
die stets von den Grafen von Öttingen bedrängte Stadt nicht erwerben, gelangte
aber im 15. und 16. Jahrhundert zu gewisser Blüte. Von schweren Bedrängnissen
im Dreißigjährigen Krieg erholte sie sich nicht. 1802 fiel Bopfingen an Bayern,
1810 an Württemberg.

Die kleine Reichsstadt *Buchau*, ursprünglich *im*, später *am* Federsee gelegen,
entstand in engem Zusammenhang mit dem um 770 gegründeten Stift für hochadelige Damen, dem sich im 11. Jahrhundert eine Siedlung anschloß. Sie erhielt
gegen Ende des 13. Jahrhunderts Stadtrecht und wurde um 1320 Reichsstadt. Auf
engstem Raum drängten sich zwei Reichsstände: das Stift und das Städtchen mit
kaum 700 Einwohnern. Nach mancherlei Verstimmungen kam es zwischen beiden
zu gutem Einvernehmen. Die Reformation fand keinen Eingang; beide litten
aber schwer im Dreißigjährigen Krieg. Seit dem 16. Jahrhundert hatte Buchau
eine namhafte Judengemeinde, zeitweise ein Drittel der Einwohnerschaft, aus der
die Hoffaktorenfamilie Kaulla und die Ahnen Albert Einsteins hervorgingen.

Buchhorn am Bodensee war früh Sitz einer Gerichtsstätte und des Grafen-
geschlechts der Ulriche, das um 1085 Kloster Hofen gründete, aber bald ausstarb. Buchhorn fiel an die Welfen, war Marktsiedlung, kam 1189 an die Staufer
und wurde bald Stadt. Nach deren Untergang erwarb sie die Reichsfreiheit und

63 Burg Hohenzollern

64 Schloß Sigmaringen

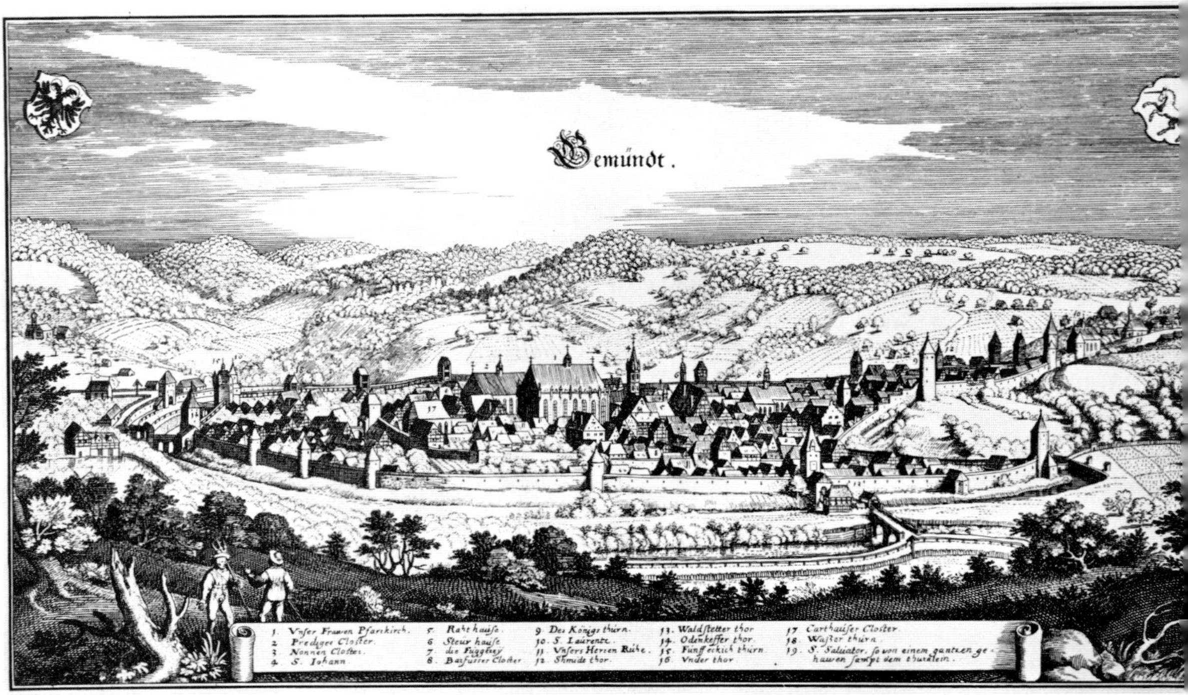

Gemündt.

1. Vnser Frawen Pfarrkirch.	5. Rahthauß.	9. Des Königs thurn.	13. Waldstetter thor.	17. Carthäuser Closter.
2. Prediger Closter.	6. Steur hauß.	10. S. Laurentz.	14. Odnhöffer thor.	18. Waister thurn.
3. Nunnen Closter.	7. die Fuggkey.	11. Vnsers Herren Rähe.	15. Fünffeckich thurn.	19. S. Salvator, so von einem gantzen ge-
4. S. Johann.	8. Barfüsser Closter.	12. Shmide thor.	16. Vnder thor.	hawen sampt dem thürnlein.

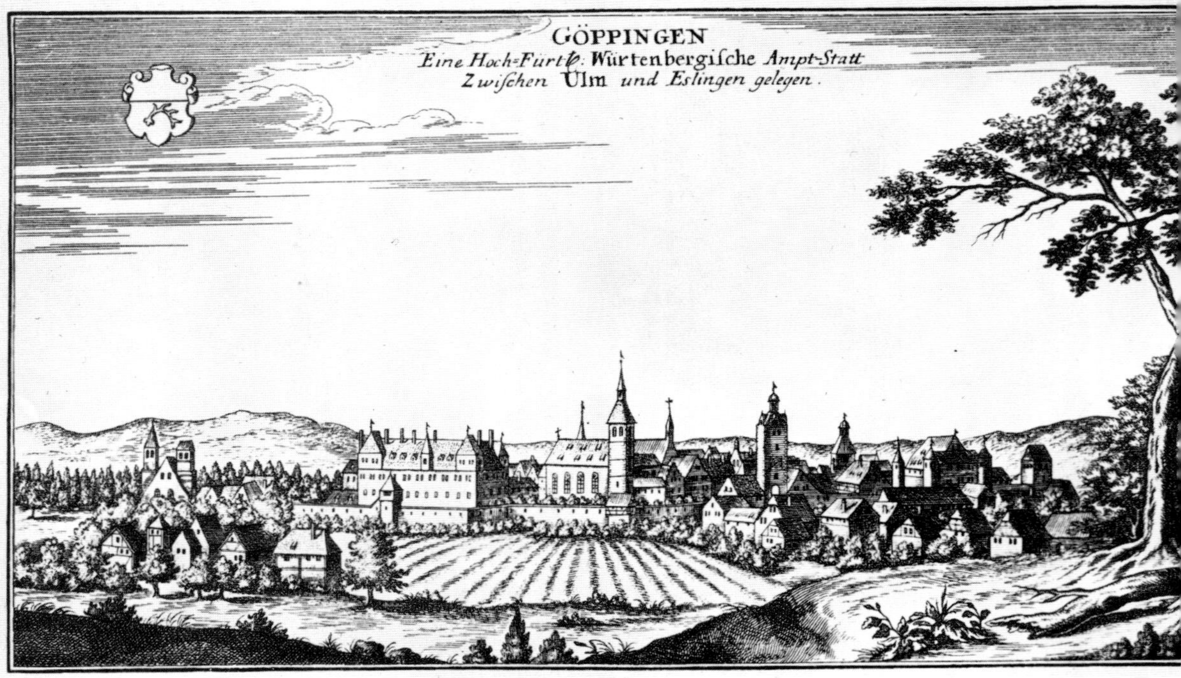

GÖPPINGEN

Eine Hoch=Fürſtl. Würtenbergiſche Ampt-Statt
Zwiſchen Ulm und Eſlingen gelegen.

65 Reichsstadt Schwäbisch Gmünd. Merian um 1640   66 Göppingen. Merian um 1640

erhielt 1275 das Recht von Überlingen. Den Niedergang seit dem Dreißigjährigen Krieg konnte das Städtchen mit 800 Einwohnern nicht überwinden. Es fiel 1802 an Bayern. Mit dem Übergang an Württemberg und der Vereinigung mit dem säkularisierten Kloster Hofen 1811 gewann die Stadt, nun *Friedrichshafen* genannt, Bedeutung für Handel und Verkehr um und über den Bodensee. Eisenbahn, Schiffbau, Lederindustrie, Zeppelins Luftschiffe, Flugzeug- und Maschinenbau gaben der Stadt, auch nach den schweren Zerstörungen des Zweiten Weltkriegs, vielfältige Entfaltungsmöglichkeiten. Sie zählte 1910: 7000, 1939: 25 000, 1970: über 42 000 Einwohner und wurde 1971 Kreisstadt.

Das Brenztal um die spätere Reichsstadt *Giengen an der Brenz* hat reiche Funde der Ur- und Frühgeschichte zutage gebracht. Die Siedlung entstand als Burgweiler, kam um 1147 in den Besitz der Staufer und wurde Mittelpunkt ihrer Güter im Brenztal. In der Mitte des 13. Jahrhunderts erhält Giengen Stadtrecht. Um die Wende vom 15. zum 16. Jahrhundert zeichnet sich trotz weltweiter Entsie helfensteinisch, kann sich jedoch 1378 freikaufen. Unter Ulms Einfluß gewann ab 1528 die Reformation an Boden. 1634 brannte die Stadt ab. Der Erwerb eines eigenen Gebietes gelang nicht. Giengen kam 1802 an Wirtemberg.

Wimpfen, am Zusammenfluß von Neckar und Jagst, heute Bad Wimpfen, gehört nicht zu den Reichsstädten, die in der napoleonischen Zeit zu Württemberg kamen. Es wurde 1803 hessische Enklave und gelangte auf Grund einer Volksabstimmung 1952 an Baden-Württemberg. Schon ab 85 n. Chr. war hier ein Römerkastell am Neckarlimes, eine ummauerte Siedlung und eine Neckarbrücke entstanden, die um 1300 zerstört und erst 1927 erneuert wurde. Hier wuchs an der alten „Nibelungenstraße" eine Siedlung, bald Vorort des Elsenzgaues, an der der Bischof von Worms weitgehende Rechte besaß. Im 10. Jahrhundert wurde ein Ritterstift gegründet. Um 1200 erbauten die Staufer auf der Höhe über Wimpfen eine bedeutsame Kaiserpfalz, von der wesentliche Teile erhalten sind; gleichzeitig gründeten sie die Stadt Wimpfen am Berg. Hier unterwarf sich 1235 König Heinrich seinem Vater Kaiser Friedrich II. Nach dem Untergang der Staufer wird die Bergstadt allmählich selbständig und im 14. Jahrhundert freie Reichsstadt. Die Talsiedlung geht in ihr auf. Wimpfen wurde Sitz der Reichslandvogtei Franken, später Niederschwaben. Vom 14. bis 17. Jahrhundert war die Stadt Sitz eines Oberhofs als Gericht für die weitere Umgebung. Die Entwicklung der Reichsstadt wurde durch die Nähe Heilbronns beeinträchtigt. Der Dreißigjährige Krieg führte zum Niedergang. Wimpfen und sein Dominikanerkloster wurden 1802 badisch, das Ritterstift hessisch; 1803 fiel der badische Teil durch Tausch ebenfalls an Hessen, wurde 1805 selbständiger Kreis und war von 1873 bis 1945 Teil des Kreises Heppenheim. 1945 bis 1952 war die Stadt der Verwaltung von Nordbaden unterstellt. Seit 1952 gehört sie als Teil des Kreises Heilbronn zu Baden-Württemberg.

In *Baden* haben nur *fünf Reichsstädte* ihre Reichsstandschaft bis zur Auflösung des alten Reiches bewahren können: in der Ortenau Gengenbach, Offenburg und Zell am Harmersbach, dazu Überlingen und Pfullendorf. Von den ehemals reichsunmittelbaren Dörfern bestand noch das freie Reichstal Harmersbach. Sie alle fielen 1803 an Baden.

5. Reichsritterschaft

Während es den größeren Territorien vielfach gelang, sich die Ritterschaft ihres Bereichs einzugliedern, konnte sich in Schwaben, Franken und am Rhein eine größere Anzahl die Reichsunmittelbarkeit erhalten. Diese Reichsritter sind jedoch weder zur vollen Landeshoheit noch zur Reichsstandschaft gelangt. Schützend hatte sich in Schwaben seit Beginn des 15. Jahrhunderts der Zusammenschluß zu Ritterbünden, die Adelsgesetzgebung König Sigismunds von 1431 und der Rückhalt im Schwäbischen Bund von 1487 erwiesen (vgl. S. 74). Zu den Reichsrittern gehörten in *Schwaben* vor allem die Herren von Rechberg, Degenfeld, Stadion, Stauffenberg, Enzberg, Wöllwarth, Adelmann von Adelmannsfelden, Thumb von Neuburg, Reischach, Gültlingen, Leutrum, Liebenstein, Ow, Bissingen-Nippenburg, vom Holtz, Sternenfels; in *Franken* die Neipperg, Gemmingen, Ellrichshausen, Weiler, Berlichingen, Stetten, Crailsheim, Seckendorff mit zahlreichen Genossen. Die schwäbische und die fränkische Ritterschaft organisierten sich je zu einem ritterschaftlichen Verband (Kreis) mit Unterabteilungen (Kantonen) und Hauptleuten; 1560 erhielt die Entwicklung der schwäbischen Ritterschaft durch die Ritterordnung von Munderkingen ihren Abschluß. 1561 bestätigte Kaiser Ferdinand die Reichsunmittelbarkeit, doch blieb ihr die Reichs- und Kreisstandschaft versagt. Die drei Reichsritterschaften in Schwaben, Franken und am Rhein traten 1577 zu einem Gesamtbund, der Reichsritterschaft, zusammen, der sich bis 1805 erhalten hat. Der Landbesitz der meisten Reichsritter war klein, etwas umfangreicher der der Rechberg (mit Donzdorf und Weißenstein), Neipperg (mit Schwaigern) und Enzberg (mit Mühlheim an der Donau bei Tuttlingen). Im allgemeinen standen die wenig umfangreichen Gebiete der Reichsritter ohne wirklichen Zusammenhang mit einem größeren Ganzen und führten ein unbedeutendes Sonderdasein. In Oberschwaben kann von einer gewissen Anlehnung an Österreich gesprochen werden, das sich dieses Adels gern zur Erfüllung seiner staatlichen Aufgaben bediente: zahlreiche Reichsritter traten in die Dienste deutscher Fürsten, vor allem der Habsburger, wo nicht wenige zu Ehren gelangten, so Graf Wilhelm Reinhard von Neipperg als österreichischer Feldherr im Türkenkrieg von 1737 bis 1739 und im Ersten Schlesischen Krieg 1740 bis 1742 als Führer der Armee Maria Theresias gegen Friedrich II. von Preußen in der Schlacht bei Mollwitz, und Graf Johann Philipp von Stadion (1763–1824) als hervorragender österreichischer Minister der auswärtigen Angelegenheiten in den entscheidungsreichen Jahren von 1805 bis 1809. Graf Franz Ludwig Schenk von Castell zu Oberdischingen an der Donau (1736–1821), der „Malefizschenk", machte sich in der zweiten Hälfte des 18. Jahrhunderts verdient durch die energische und wirksame Bekämpfung des Räuber- und Gaunerunwesens; diese Aufgabe hatte er sich in dem vielzersplitterten und deshalb besonders heimgesuchten Oberschwaben durch Vereinbarung mit den einzelnen Herrschaften übertragen lassen.

6. Der Schwäbische Kreis

Die Schwäche der Reichsgewalt hatte schon seit der ersten Hälfte des 15. Jahrhunderts den Ruf nach einer Reichsreform laut werden lassen, der mit den Bemühungen um die Sicherung des Landfriedens zusammentraf. Erste Versuche scheiterten; das Landfriedensgesetz Kaiser Friedrichs III. von 1442 blieb praktisch wirkungslos. Da der Kaiser versagte, griffen die Fürsten unter der Führung des staatsklugen Mainzer Kurfürsten und Erzkanzlers Berthold von Henneberg (1484–1504) den Reformgedanken auf, nicht zuletzt, um dabei Beeinträchtigungen ihrer territorialen Position zu verhindern. In den Jahren 1485 bis 1497 wurde die Verfassung des Reichstages ausgebaut und insbesondere die Vertretung der Kurfürsten, Fürsten und Reichsstädte in getrennten Räten (Bänken) festgelegt. Die Einrichtung des im wesentlichen vom Kaiser unabhängigen Reichskammergerichts mit dem Sitz in Speyer, seit 1693 in Wetzlar, hat trotz seiner Mängel und der Schwerfälligkeit des Verfahrens wesentlich zur Rechtseinheit im Reich auf der Basis des rezipierten römischen Rechts beigetragen. Kaiser Maximilian fand sich zunächst nur zur Regelung des Ewigen Landfriedens und der Aufhebung des Fehderechts bereit. Das ständische Reichsregiment in Nürnberg unter Vorsitz des Kaisers oder seines Stellvertreters, das ihm schließlich in der Regimentsordnung von 1500 abgenötigt wurde, war so einflußlos, daß es sich schon 1502 auflöste.

Kaiser Karl V. hat die Bemühungen um die Reichsreform aufgegriffen, den Landfrieden und das Reichskammergericht bestätigt und erneut ein Reichsregiment errichtet, das aber auf die Stellvertretung während seiner Abwesenheit beschränkt war. (Über dessen vorübergehende Verlegung nach Esslingen vgl. S. 127.)

Schon 1497 war eine Einteilung in die sechs *Reichskreise*, den Schwäbischen, Fränkischen, Bayerischen, Oberrheinischen (bestehend aus dem Elsaß, Lothringen und Hessen), Westfälischen und Niedersächsischen Kreis vorgenommen worden. 1512 kamen vier weitere, der Österreichische, Burgundische, Kurrheinische und Obersächsische Kreis dazu. Sie sollten vor allem der Wahrung des Landfriedens und dem Schutz nach außen dienen, haben aber zu ihrer Stellung als Reichsorgan bald auch Aufgaben der Selbstverwaltung in eigener Verantwortung übernommen. Als der Augsburger Reichstag 1555 den Religionsfrieden und die Exekutionsordnung zur Durchführung des Landfriedens beschloß, waren die zehn Kreise schon ständige Einrichtungen. Die anderen Pläne zur Reichsreform wurden, abgesehen vom Reichskammergericht, nicht verwirklicht.

Die Reichskreise haben ihre Aufgaben infolge des nachhaltigen Widerstands vieler Stände mit recht verschiedener Intensität erfüllt. Am aktivsten zeigte sich der *Schwäbische Kreis*. Sein Bereich, etwa von Rhein, Bodensee, Lech und Jagst begrenzt, umfaßte über 2 Millionen Einwohner in 139 verschiedenen Herrschaften (68 weltlichen, 40 geistlichen und 31 Reichsstädten). „Kreisausschreibende Fürsten" waren der Herzog von Wirtemberg und der Bischof von Konstanz. Der erste Kreistag wurde 1542 nach Ulm einberufen. Mit ihm beginnt die Konstituierung der Kreisorgane, die 1563 in der auf Vorschlag von Herzog Christoph erlassenen Kreis-Exekutionsordnung normative Gestalt erhält. Abgestimmt wurde in fünf Bänken: weltliche Fürsten, geistliche Fürsten, Grafen, Herren, Reichsstädte. Die zum Beitritt aufgeforderte Reichsritterschaft blieb fern. Jede Bank hatte ihren Direktor: die weltlichen Fürsten Wirtemberg, die geistlichen Konstanz, die Städte Augsburg und Ulm; die Grafen und die Prälaten wechselten ihren Vorsitzenden. Daneben gab es „Kreisviertel", wieder mit Direktoren. Das Kreisdirektorium mit Kreiskanzlei, Kreisregistratur und Kreisarchiv lag, wenn auch nicht ohne Widerspruch, dauernd bei Wirtemberg; der Herzog hatte seit Christoph die ständige Leitung der Kreistage, die in der Regel in Ulm stattfanden. Dort war auch die durch Kreisumlagen gespeiste Kreistruhe (Kreiskasse). Trotz seiner umständlichen Verwaltung hat der Schwäbische Kreis in seiner Doppelfunktion als Reichsorgan und als Selbstverwaltungskörper Beachtliches zustandegebracht. Auftragsangelegenheiten des Reiches an die Kreise waren: Wahrung des Landfriedens, Schutz der Grenzen, Einziehung der Reichssteuern und Abgaben, Wahlen zum Reichskammergericht und Ausführung seiner Urteile. Gute Arbeit hat der Schwäbische Kreis auf dem Gebiet des Münzwesens, insbesondere im Kampf gegen die Münzverschlechterung geleistet. Dazu kamen Aufgaben polizeilicher Sicherung, so gegen vagabundierende Räuber und Gauner, der Ausbau und die Unterhaltung von Landstraßen, Gewerbepolizei sowie die Einrichtung von Zucht- und Arbeitshäusern, z. B. in Ravensburg (K. S. Bader, W. Grube).

Wesentliche Pflichten oblagen den Kreisen auf dem Gebiet des *Heerwesens*. Die Reichsstände waren zu festgelegten Leistungen der Reichsverteidigung verpflichtet. Kreisoberst war der Herzog von Wirtemberg. Die Sollstärke der Truppen, die meist angeworben werden mußten, und die Höhe der finanziellen Verpflichtungen für militärische Zwecke richtete sich nach der durch Jahrhunderte wenig geänderten Matrikel des Wormser Reichstags von 1521. Die Kontingente der einzelnen Stände, die die Kreistruppe bildeten, betrugen bei kleinen Gebieten oft nur wenige Mann. Nach der Regelung von 1555 verteilten sich im Schwäbischen Kreis 2707 Mann zu Fuß und 1321 Reiter auf 87 Kreisstände, im Fränkischen Kreis 1902 Mann zu Fuß und 980 Reiter auf 20 Stände, ein Kennzeichen für die außerordentliche territoriale Zersplitterung im Südwesten. Die Organisation der Truppe war dem Kreis überlassen. Sie mußte, meist nur mäßig ausgebildet, im Bedarfsfall erst aufgerufen und ihren Einheiten zugeleitet werden. Große militärische Leistungen konnten von ihr nicht erwartet werden. Die Lage änderte sich mit dem erneuten Ausbruch der Türkenkriege 1663. Die Reichsdefensionalverfassung von 1681, die die Militärorganisation auf Kreisebene regelte, besserte die Verhältnisse nur langsam, nicht zuletzt, weil manche Territorien lieber Truppen gegen Entgelt für die Kriege der Generalstaaten und Venedigs aufstellten. Zu wirksameren Verteidigungsleistungen konnte der fähige Markgraf Ludwig Wilhelm von Baden-Baden, der „Türkenlouis" (geb. 1655, regierte bis 1707), der 1693 den Befehl gegen die Franzosen am Oberrhein übernommen hatte, die fünf „vorderen Kreise", den Schwäbischen, Fränkischen, Kurrheinischen, Oberrheinischen und Westfälischen, im Assoziationsrezeß von 1697 veranlassen. Zustande kam im wesentlichen nur eine ständige Organisation der schwäbischen und fränkischen Kreistruppen. Was später „Reichsarmee" genannt wurde, waren in der Regel Aufgebote dieser vorderen Kreise.

Als Frankreich 1793 das linke Rheinufer besetzte, beschloß die Schwäbische Kreisversammlung die Aufstellung einer Landmiliz von 40 000 Mann, an der sich Wirtemberg mit 14 000 Mann beteiligte. Nach dem Einbruch der Franzosen in Südwestdeutschland im Jahre 1796 wurde diese Miliz entlassen. In der Erkenntnis, daß nun ein schlagkräftiger Schutz notwendig sei, hob Herzog Friedrich, der spätere König, die Landmiliz auf und übergab ihre Waffen dem stehenden Heer. Mit der Auflösung des Reiches und der Zuerkennung der Souveränität an die

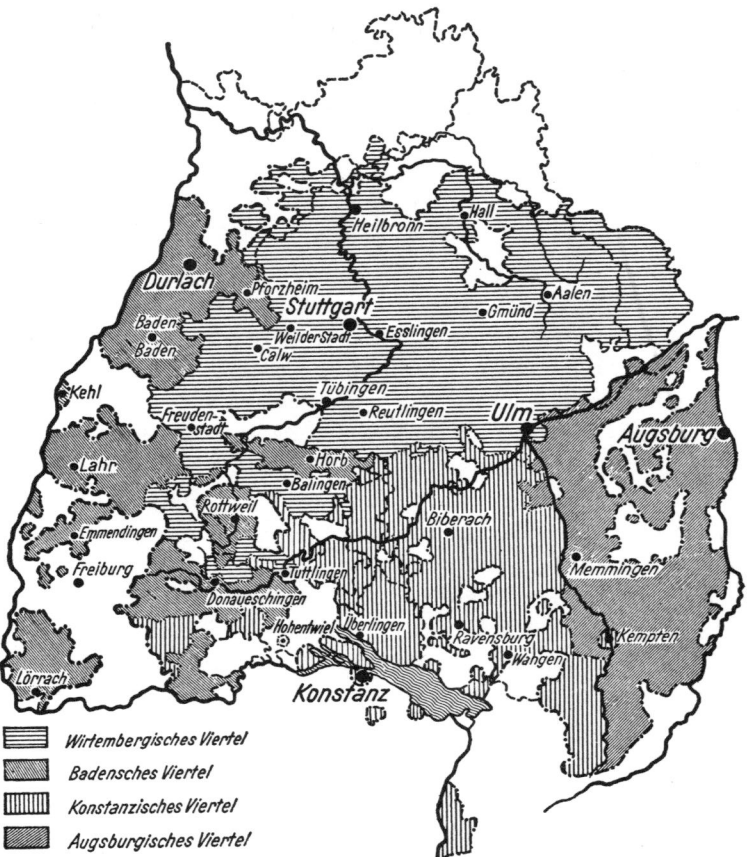

Karte 9: Der Schwäbische Kreis im 17. und 18. Jahrhundert

übrig gebliebenen Länder hören die Reichskreise auf zu bestehen. Ein Vertrag
der Beteiligten vom 4. Mai 1809 über die Auseinandersetzung der Schwäbischen
Kreisverhältnisse stellt fest, daß „die bisherige Kreisgemeinschaft mit dem letzten
April 1808 gänzlich aufgehört hat".

Nicht bestritten werden kann, daß der Schwäbische Kreis sich durch die Jahrhunderte trotz mancher Enttäuschungen als ein reichstreues und auch immer wieder zu Opfern für das Reich bereites Element im südwestdeutschen Raum erwiesen hat.

IX. Reformation und Gegenreformation in Südwestdeutschland

Um die Wende vom 15. zum 16. Jahrhundert zeichnet sich trotz weltweiter Entdeckungen, trotz des Aufblühens der Bildung des Humanismus und der Kunst der Renaissance eine Krisensituation in den verschiedensten Lebensbereichen ab. In der Kirche hatten die Reformkonzilien nicht zu der erstrebten Erneuerung geführt, im Reich waren die Versuche einer Reform an Haupt und Gliedern am Egoismus der Beteiligten gescheitert. Den Fürsten ging es um die Festigung der errungenen Territorialgewalt und nicht wenige Ritter straften den Landfrieden Lüge. Im Osten rückte der Türke vor. Der Blick der erstarkenden Nationalstaaten am Rande Europas richtete sich schon nach Übersee. Den Deutschen aber stand die Schwäche des Reichs und die innere Aushöhlung der Kirche vor Augen. Das alles geschah in einer Epoche, die geistig sehr lebendig geworden war, in der Werke der Kunst hohe Reife zeigten. Die in wenigen Jahrhunderten des Mittelalters gewachsenen Städte waren zur Blüte gekommen, und die Wege des Handels hatten sich noch nicht von der alten Mitte Europas abgewandt. In Deutschland wurde nun aber das Geschehen innerhalb weniger Jahre in rasch wachsendem Maße von den schweren Erschütterungen bestimmt, in welche die Glaubensspaltung Mitteleuropa gestürzt hat. Es ist der kirchliche Gegensatz, der nun über ein Jahrhundert lang auch für die Geschichte Südwestdeutschlands ausschlaggebend wird.

Reformation im Südwesten

Die gewaltige religiöse Bewegung, die von Luther und dem kursächsischen Wittenberg ausging und in Süddeutschland bald auch von der Züricher Reformation Zwinglis beeinflußt wurde, hat auch Schwaben und Franken aufgerührt. In den schwäbischen Landschaften wurde die Reformation, von Gruppen der städtischen Ehrbarkeit abgesehen, als religiöse und soziale Volksbewegung im allgemeinen mit Wärme begrüßt. Das Herzogtum Wirtemberg jedoch blieb unter der österreichischen Herrschaft fest beim alten Glauben. Ansatzpunkte der Reformation wurden hier rasch ausgelöscht. Als Beginn der schwäbischen Reformation kann man die Heidelberger Disputation Luthers vor dem Generalkapitel der sächsischen Augustinerprovinz am 26. April 1518 ansehen, bei der junge Schwaben, die später bei der Reformation des Landes führend geworden sind, erstmals mit Luther in Verbindung kamen. Andere hatten den Boden vorbereitet: so zog der Ulmer Barfüßermönch Eberlin von Günzburg (um 1470–1530) in geharnischten Flugschriften wider die Kirche und für soziale Reformen zu Felde. Aus Schwaben und den angrenzenden Gebieten stammt eine lange Reihe von Männern, die als Träger der Reformation in Territorien und Städten Bedeutung gewonnen haben, so Johann Ökolampadius von Weinsberg (1482–1531), der Reformator Basels; Paul Speratus (Spret) von Rötlen bei Ellwangen (1484–1551), Reformator Ostpreußens; Eberhard Schnepf von Heilbronn (1495–1558), der Mitbegründer der evangelischen Kirche in Wirtemberg und als Professor in Marburg der Vertrauensmann des Landgrafen Philipp von Hessen; Johannes Lachmann (etwa 1490–1538), der Reformator Heilbronns; Ambrosius Blarer von Konstanz (1492–1564), der eine umfassende reformatorische Tätigkeit in zahlreichen Städten und in Wirtemberg entfaltet hat; Matthäus Alber (1495–1570), der Reformator Reutlingens; vor allem aber Philipp Melanchthon aus dem damals kurpfälzischen Bretten (1497–1560), der Reformator und nächste Mitarbeiter Luthers, der von Wittenberg aus entscheidenden Einfluß auf die Gestaltung der evangelischen Lehre nahm, und nicht zuletzt Johannes Brenz von Weil der Stadt (1499–1570), der Reformator von Hall, der in enger Zusammenarbeit mit Herzog Christoph die zweite Reformation in Wirtemberg durchgeführt und die Landeskirche gestaltet hat.

Die Gegenwirkungen gegen die lutherische Lehre waren in Südwestdeutschland, gestützt auf die politische Vorherrschaft Österreichs, stark. In Wirtemberg unterdrückte die habsburgische Verwaltung protestantische Regungen mit Eifer und Härte. Besonders verfolgt wurde in den meisten Territorien die spiritualistische und sozialkritische Bewegung des vielgestalteten Täufertums, die von Zürich aus nach Schwaben vorgedrungen war und vor allem in den einfachen Schichten Anhänger fand. Diese Täufer, die nicht Wiedertaufe, sondern Erwachsenentaufe forderten, wollten nach dem Vorbild der ersten Christen eine Gemeinde der Heiligen bilden; ihre erste größere Gemeinde in Schwaben gründete Balthasar Hubmaier in Waldshut. Viele ihrer Anhänger und ihnen nahestehende Gruppen, so später auch der Schlesier Caspar Schwenkfeld (1499–1561), der über Esslingen ins Land kam, wurden um 1528 bis 1530 im Land aufgespürt, grausam niedergemacht oder hingerichtet; Hubmaier wurde in Wien verbrannt, seine tapfere Frau in der Donau ertränkt.

67 Nürtingen
um 1830

68 Kirchheim/Teck
um 1840

69 Calw um 1835

70 *Reichsstadt Reutlingen. Merian um 1640*

71 *Reichsstadt Rottweil. Merian um 1640*

RAVENSBVRGK INN SCHWABEN.

72 Reichsstadt Ravensburg. Wenzel Hollar 1657

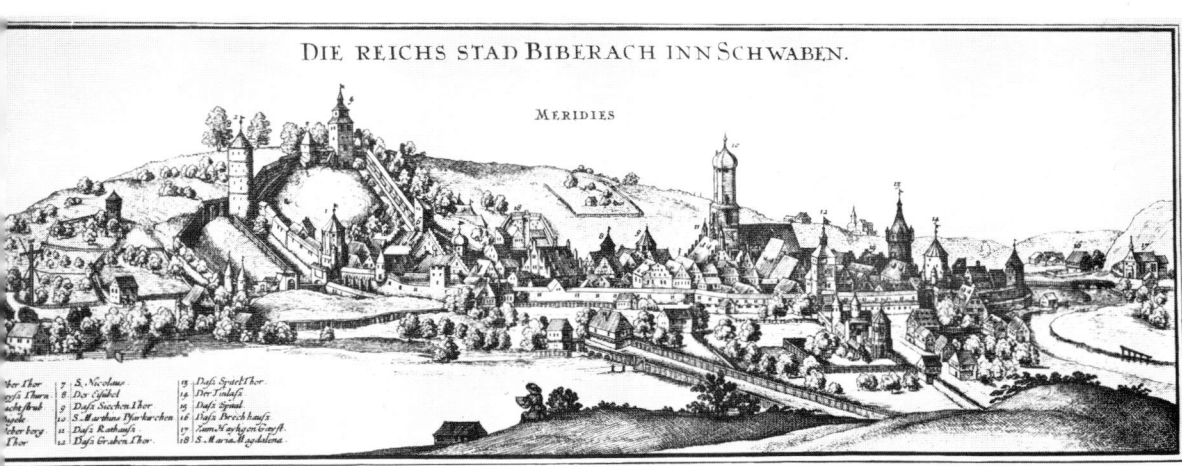

DIE REICHS STAD BIBERACH INN SCHWABEN.

MERIDIES

73 Reichsstadt Biberach. Wenzel Hollar 1657

74/75 Schilling der Münzstätte Tübingen. Gemeinschaftsprägung von Wirtemberg und Baden 1478/80

76 Geschenktaler der Stadt Freudenstadt an Herzog Johann Friedrich von Wirtemberg mit Idealplan der Stadt von Heinrich Schickhardt. Geschlagen in der Münzstätte zu Christophstal 1627

Besonders früh unter den Oberdeutschen drang die Reformation in Brandenburg-
Ansbach durch, zu dem die Stadt Crailsheim mit dem Pfarrer Adam Weiß
(etwa 1480–1534) gehörte, ferner in mehreren Reichsstädten, vor allem in
Reutlingen. Da der Beschluß des Reichstags zu Speyer 1526 die Entscheidung in
Sachen der Religion vorläufig den einzelnen Reichsständen überlassen hatte, über-
nahmen nun die der Reformation anhängenden Landesherrschaften an Stelle der
Bischöfe das Kirchenregiment. Den „Speyerer Protest“, von dem sich der Name
„Protestanten“ herleitet, unterschrieben 1529 mit fünf Reichsfürsten und zehn
anderen Städten auch Ulm, Isny, Reutlingen und Heilbronn. Das auf dem Reichstag von 1530 vorgelegte Augsburger Bekenntnis unterzeichnete von den Reichsstädten zunächst außer Nürnberg nur Reutlingen, nachträglich auch Heilbronn,
dann Ulm, Isny, Biberach und endlich Hall. Das wichtigste Ereignis für die Reformation in Schwaben war die Zurückführung Herzog Ulrichs 1534 durch Landgraf Philipp von Hessen. Wirtemberg wurde nun das größte protestantische
Staatswesen im Süden Deutschlands und der natürliche Führer und Schutzherr
der Evangelischen in Schwaben; zugleich bildete es eine territoriale Verbindung
der nord- und mitteldeutschen Lutheraner mit den reformierten Kantonen der
Eidgenossen.

Schmalkaldischer Bund – Interim – Augsburger Religionsfriede

Zur Verteidigung des evangelischen Glaubens wurde im Dezember 1530 der
Schmalkaldische Bund geschlossen, dem Ulm, Reutlingen, Biberach, Isny und 1531
Esslingen beitraten; er war und blieb, wie alle protestantischen Bünde, ein
reines Verteidigungsbündnis (Heimpel).
Die Reformation in der Schweiz wurde 1531 durch die Niederlage der Züricher
bei Kappel, bei der Zwingli fiel, geschwächt und ihr weiteres Vordringen gehin-
dert. Der religiöse und politische Einfluß der Zwinglianer in Süddeutschland ging
damit zu Ende. Dafür verstärkten sich die vermittelnden Bestrebungen von Bucer
aus Straßburg.
Kaiser Karl V. war durch die Verwicklungen seiner europäischen Politik genötigt,
1532 das Nürnberger Abkommen mit dem Bunde zu treffen und für lange Zeit
die Protestanten sich selbst zu überlassen. Als diese erkannten, daß des Kaisers
Haltung gegen sie eine reine Machtfrage sei, erneuerten sie 1535 ihren Bund auf
zehn Jahre und gewährten nun allen Reichsständen, die sich zur Augsburger Konfession hielten, Aufnahme, obwohl der Nürnberger Friede nur deren damaligen
Anhängern Duldung gewährt hatte. Nun traten 1536 auch Herzog Ulrich von

Wirtemberg, 1538 Heilbronn und Hall dem Bündnis bei. Sobald dem Kaiser sein Verhältnis zu Frankreich freie Hand ließ, ging er zum Angriff über. Nach Ausbruch des *Schmalkaldischen Krieges* 1546 war der Kriegsschauplatz fast ein halbes Jahr an der oberen Donau; im Oktober lagen sich die Heere bei Giengen an der Brenz gegenüber. Der Einfall des evangelischen, aber mit dem Kaiser verbündeten Herzogs Moritz von Sachsen, des Schwiegersohns Philipps von Hessen, ins kursächsische Land veranlaßte im November die mitteldeutschen Fürsten Kurfürst Johann Friedrich von Sachsen und Landgraf Philipp von Hessen Oberdeutschland preiszugeben. Das Heer des Schmalkaldischen Bundes löste sich im Herbst 1546 bei Giengen auf. Die protestantischen Städte und Fürsten mußten die unvermeidliche Demütigung hinnehmen. Ulm hatte 100 000, Hall 60 000 Gulden Strafe zu zahlen, ähnlich nach ihrer Leistungsfähigkeit die übrigen Städte; schwer büßte auch Herzog Ulrich von Wirtemberg, der 300 000 Gulden Kriegsentschädigung entrichten und in seine festen Plätze Schorndorf, Kirchheim unter Teck und Hohenasperg kaiserliche Besatzungen aufnehmen mußte; außerdem strengte König Ferdinand als Lehensherr des Herzogs einen Prozeß wegen Felonie (Treuebruch) gegen ihn an. Die Niederwerfung der Protestanten in Mittel- und Norddeutschland 1547 vollendete den Sieg des Kaisers.

Die Macht Karls V. war nun so überragend, daß er darangehen konnte, bis zur vollen Wiedervereinigung der Parteien die religiösen Angelegenheiten vorläufig zu ordnen; im Juni 1548 wurde durch Reichsgesetz zu Augsburg eine Art „Zwischenreligion", das sogenannte *Interim*, eingeführt, das wesentlich katholischen Charakter zeigte und nur für die protestantischen Stände gültig war. Es sollte bis zur Entscheidung eines Konzils Geltung haben, gestand den lutherischen Ständen zwar den Laienkelch beim Abendmahl und die Priesterehe zu, verlangte aber die Feier der Messe und die Anerkennung der bischöflichen Gewalt. Die oberdeutschen Regierungen mußten sich fügen; die hervorragendsten evangelischen Kirchenmänner verwarfen das Interim und räumten die Stätten ihrer Wirksamkeit; so wich Alber aus Reutlingen, Brenz aus Hall. In den hart bedrängten Reichsstädten hatte das Interim vielfach einschneidende verfassungsrechtliche Änderungen zur Folge. Auf Befehl Karls V., dem die Verfassungen der Reichsstädte zu demokratisch waren und der in den Zünften zugleich den evangelischen Teil der Bürgerschaft treffen wollte, wurde die Regierung in die Hände der Geschlechter gelegt; die neuen Ratswahlordnungen entwarf Karls Kanzler Heinrich Haas; die sogenannten „Haasenräte" blieben meist bis zum Aufhören der politischen Selbständigkeit der Reichsstädte in Kraft. Die große Fürstenerhebung des Jahres 1552 warf jedoch die ganze mühsam errungene Stellung des Kaisers wieder über den Haufen. Sein bisheriger Anhänger Kurfürst Moritz von

Sachsen verband sich mit Landgraf Wilhelm von Hessen und anderen Fürsten. Sie nahmen im April des Jahres Augsburg ein; die Herzöge von Bayern und Wirtemberg verhielten sich neutral. Der *Passauer Vertrag* von 1552, der den protestantischen Ständen Gleichberechtigung und freie Religionsausübung bis zum nächsten Reichstag zusagte und ihre Unabhängigkeit von den Beschlüssen des Trienter Konzils anerkannte, bedeutete einen Sieg der kirchlichen Opposition; das Interim wurde nun allgemein wieder aufgegeben. Ein Umschlag der politischen Lage zugunsten des Kaisers erfolgte nicht mehr. Der *Augsburger Religionsfriede* von 1555 schuf einen dauernden Ausgleich zwischen der alten und der neuen Kirche, die jetzt erst zu einer rechtlich begründeten Stellung innerhalb des Reichs gelangte.

Von den Reichsstädten waren Reutlingen, Hall, Heilbronn, Isny, Ulm, Esslingen, Bopfingen und Giengen der Reformation beigetreten, 1575 folgte noch Aalen nach; katholisch blieben, zum Teil nach heftigen Auseinandersetzungen Rottweil, wo 1530 etwa 400 Evangelische weichen mußten, Gmünd, Weil der Stadt, wo der Gegensatz der Bekenntnisse erst während des Dreißigjährigen Kriegs ein Ende fand, Buchau, Wangen im Allgäu und Buchhorn; konfessionell gemischt waren Biberach mit evangelischer, Ravensburg mit katholischer Mehrheit; in Leutkirch duldete man eine begrenzte Zahl katholischer Familien. Von den Fürsten und Grafen wurden protestantisch: Brandenburg-Ansbach, Wirtemberg, Baden-Durlach, die Grafen von Öttingen (von der 1731 ausgestorbenen Öttinger Linie), die Schenken von Limpurg und die Grafen von Hohenlohe; auch viele Reichsritter führten evangelischen Gottesdienst in ihren Gebieten ein. Sämtliche Protestanten folgten der lutherischen Richtung, die reichsrechtlich allein anerkannt war; es blieb zweifelhaft, ob die Reformierten Anteil am Augsburger Religionsfrieden hätten. Bei der alten Kirche verharrten die geistlichen Herrschaften, soweit sie reichsunmittelbar waren, auch Zwiefalten und Ellwangen, die in einem Schutzverhältnis zu Wirtemberg gestanden hatten, manche Grafen und Herren, wie die von Waldburg, Königsegg, Rechberg und andere, vor allem aber das Haus Habsburg mit seinen zahlreichen Besitzungen am oberen Laufe des Neckars und der Donau.

Der *Augsburger Religionsfriede* von 1555 hatte die Gleichberechtigung des lutherischen Bekenntnisses mit dem katholischen anerkannt; tatsächlich war damit jedoch nur ein vorläufiger, kein endgültiger Zustand geschaffen. Zunächst schienen die Protestanten noch in langsamem Fortschreiten; in Oberdeutschland suchte insbesondere Herzog Christoph von Wirtemberg, der Sohn Herzog Ulrichs, als Vertrauensmann der evangelischen Stände deren Einigkeit zu fördern.

Gegenreformation und Orthodoxie

Seit dem Abschluß des Konzils von Trient setzt eine kräftige *Gegenreformation* ein, vor allem durch den wachsenden Einfluß des Jesuitenordens. Eifrig unterstützte dessen Bestrebungen der Kardinal Otto Truchseß von Waldburg, Bischof von Augsburg und Propst von Ellwangen, der 1564 die 1554 gegründete Universität Dillingen den Jesuiten übergab. 1570 wurde die Markgrafschaft Baden-Baden zur katholischen Kirche zurückgebracht, während Baden-Durlach evangelisch blieb. Die Glaubensspaltung trennte die beiden Parteien immer schroffer; die Streitigkeiten über die Tragweite der Bestimmungen des Religionsfriedens, zumal über das Schicksal der von den Protestanten eingezogenen geistlichen Güter, wurden erbitterter.

Der Einigkeit der Protestanten schadete der sich mehrende Hader zwischen Lutheranern und Calvinisten. Die Kurpfalz war 1559 zur Lehre Calvins übergegangen, die 1563 im Heidelberger Katechismus ihren Ausdruck fand. Unter dem vorwiegenden Einfluß des wirtembergischen Theologen Jakob Andreä (1528 bis 1590), dem führenden Mann der nun einsetzenden Orthodoxie, einigten sich Wirtemberg und Baden-Durlach 1576 in Maulbronn über ein Bekenntnis im Sinn des rechtgläubigen Luthertums; im Jahr 1577 schloß sich nach langen Verhandlungen in Torgau Kursachsen dieser *Konkordienformel* an: sie war eine Einigungsschrift der Lutheraner, welche die Streitigkeiten zwischen der streng lutherischen und der melanchthonischen Auffassung der Lehre schlichten sollte, mit scharfer Abgrenzung gegen die Calvinisten. Durch sie wurde die dogmatische Spaltung zwischen den Anhängern Luthers und denen der Schweizer Reformatoren vertieft und damit ein politisches Zusammengehen sämtlicher deutscher Protestanten erschwert. So blieb die Lage der oberdeutschen Protestanten, welche die Macht der katholischen Staaten Österreich und Bayern gegen sich hatten, dauernd gefährdet. Die Folge war, daß sie wieder zu einer engeren politischen Verbindung wie einst dem Schmalkaldischen Bund gedrängt wurden. Herzog Friedrich I. von Wirtemberg bildete das Bindeglied zwischen den lutherischen Fürsten und der calvinistischen Pfalz; dem Eingreifen Wirtembergs ist das Zustandekommen des Bundes zuzuschreiben. Am 14. Mai 1608 wurde zu Ahausen an der Wörnitz bei Wassertrüdingen im Ansbachischen die *Union* protestantischer Fürsten Oberdeutschlands geschlossen zwischen Kurpfalz, Wirtemberg, Baden-Durlach, Brandenburg-Ansbach, Brandenburg-Kulmbach (oder Bayreuth) und Pfalz-Neuburg an der Donau zur Verteidigung der protestantischen Belange, namentlich zur Wahrung des Rechts auf die eingezogenen geistlichen Güter. Ulm, Straßburg und Nürnberg schlossen sich an, später folgten Heilbronn, Hall und andere Reichsstädte. Die Leitung des Bundes wurde dem Kurfürsten Friedrich IV. von der Pfalz übertragen; sein Hauptberater war Christian von Anhalt, der Statthalter der Oberpfalz.

Demgegenüber schloß sich der tatkräftige Herzog Maximilian von Bayern (1598 bis 1651), der aktivste Förderer der Gegenreformation, im Jahre 1609 mit den geistlichen Fürsten Oberdeutschlands zur *katholischen Liga* zusammen, der auch die drei geistlichen Kurfürsten beitraten. Die vorausgegangene gewaltsame Besetzung der evangelischen Reichsstadt Donauwörth, ihre Annexion durch Maximilian und die zwangsweise Rückführung zur alten Kirche im Jahre 1607 war ein bedrohliches Warnzeichen. Die Gründung dieses Gegenbundes und der Beginn des Jülich-Kleveschen Erbfolgestreits zwangen die Union zu entschlosseneren Maßregeln und zu einem Bunde mit auswärtigen Mächten; 1610 verband sie sich auf einem Tag zu Hall mit König Heinrich IV. von Frankreich, der aber noch im selben Jahr ermordet wurde. Auch der Pfälzer Kurfürst starb. So fehlte der Union eine starke Führung; die Opferwilligkeit ihrer Glieder war gering; der mächtigste evangelische Landesherr, der Kurfürst von Sachsen, hielt sich fern.

Da führte der Gegensatz der Protestanten in den habsburgischen Erblanden zum katholischen Herrscherhaus im Jahre 1618 doch zum Ausbruch des lange befürchteten Krieges. Die Böhmen empörten sich und wählten 1619 den jungen Kurfürsten Friedrich V. von der Pfalz, das Haupt der Union, zu ihrem König. Die Parteinahme der Union für den Kurfürsten veranlaßte die Sammlung eines ligistischen Heeres unter Herzog Maximilian. Doch vereinbarten Union und Liga auf Drängen Frankreichs im Juni 1620 den Ulmer Vertrag, nach dem zwar Böhmen von der Union preisgegeben wurde, die evangelischen Stände aber, also auch die Kurpfalz, in ihrem Besitz nicht geschädigt werden sollten. Damit gewann die Liga in Böhmen freie Hand; am 8. November verlor der Pfälzer in der Schlacht am Weißen Berg bei Prag die böhmische Krone. Die Niederlage des Kurfürsten wurde für die Uniierten und für das Schicksal der deutschen Protestanten verhängnisvoll; im April 1621 löste sich die Union auf. Ihre zerfahrene und schwächliche Politik war nicht imstande gewesen, das kommende Unheil aufzuhalten.

Dreißigjähriger Krieg

Mit dem böhmischen Aufstand beginnt der *Dreißigjährige Krieg* (1618–1648). In die Kurpfalz waren die Spanier eingefallen. Der Krieg zugunsten Friedrichs V. wurde fortgesetzt von den Söldnerführern Ernst von Mansfeld und dem Markgrafen Georg Friedrich von Baden-Durlach, der, um Baden-Durlach nicht

zu gefährden, zugunsten seines ältesten Sohnes auf die Herrschaft verzichtet
hatte. Aber dieser wurde am 6. Mai 1622 bei Wimpfen, besonders auf Markung
des wirtembergischen Obereisisheim, von dem ligistischen Feldherrn Tilly und
den Spaniern unter Cordova besiegt; einer der gefallenen Obersten war der
wirtembergische Prinz Magnus, ein Sohn Herzog Friedrichs I. Auch Norddeutschland lag bald zu Füßen der Liga und des Kaisers, deren Heere Sieg auf
Sieg erfochten. Damit stieg bei den katholischen Ständen das Verlangen nach der
Rückgabe der einst von den Protestanten eingezogenen geistlichen Güter. Der
evangelische Süden, in den der kaiserliche Heerführer Wallenstein seine Armee
legte, war den Gegnern preisgegeben, Widerstand aus eigener Kraft nicht mehr
möglich. Ein Prozeß, den der kampffreudige Bischof von Augsburg, Heinrich von
Knöringen, im Verein mit zwei anderen Prälaten gegen Wirtemberg anstrengte,
um die Herausgabe des Klosters Reichenbach im Murgtal zu erlangen, wurde die
unmittelbare Veranlassung zu dem 1629 erlassenen *Restitutionsedikt* Kaiser Fer-
dinands II.: sämtlicher geistlicher Besitz, der zur Zeit des Passauer Vertrags vom
1. August 1552 nicht protestantisch gewesen war, sollte wiederhergestellt werden;
dazu gehörten nach katholischer Auffassung die geistlichen Güter aller Territorien, in denen damals noch das Interim, nach der katholischen Theorie eine
Einrichtung der römischen Kirche, geherrscht hatte, also fast des ganzen evangelischen Südens Deutschlands. Für die Durchführung des Edikts sollte das
nächst erreichbare kaiserliche oder ligistische Heer beigezogen werden können. Es
war der größte Erfolg der Gegenreformation. Der Herzog von Wirtemberg büßte
22 Klöster und Stifte ein und war noch mit dem Verlust von 14 weiteren bedroht;
die Restitution kostete ihn ein Drittel seines Herzogtums. Ähnlich ging es den
hohenloheschen Grafen und den Reichsstädten. Andererseits trieb das Allgemeine
und Ausnahmslose des Edikts die bis dahin entzweiten Protestanten zur Einigkeit;
sie verbanden sich auf dem *Leipziger Konvent* gegen die Durchführung der Restitution und vereinbarten am 12. April 1631 den „Leipziger Schluß", an dem aus
Südwestdeutschland Wirtemberg, Baden-Durlach, Öttingen-Öttingen, Straßburg
und Ulm teilnahmen. Als jedoch die vom Krieg um Mantua aus Italien kommenden kaiserlichen Truppen unter Graf Egon von Fürstenberg, 24 000 Mann stark,
in Süddeutschland einrückten und nach vergeblicher Berennung von Ulm bis gegen
Tübingen vordrangen, erhielt Wirtemberg keine Hilfe von seiten seiner Bundes-
freunde. Es unterlag im unblutigen „Kirschenkrieg" im Juli 1631 und mußte sich,
wie auch Ulm, den kaiserlichen Mandaten unterwerfen und aus dem Leipziger
Bund austreten.

Die Wende brachte der Kriegseintritt *König Gustav Adolfs von Schweden,* der
1630 in Pommern gelandet war, um seinen Glaubensgenossen in Oberdeutsch-

land Hilfe zu bringen: der Sieg der Schweden und Sachsen über Tilly bei Breitenfeld nördlich von Leipzig am 17. September 1631 machte den geängstigten Protestanten Luft. Die Schweden drangen rasch der Mainlinie entlang in Richtung auf Mainz und nach Süden vor; am 25. Dezember nahm Feldmarschall Horn Mergentheim, die Residenz des Hoch- und Deutschmeisters, ein, am Neujahrstag 1632 besetzte er Heilbronn. Die Fortschritte der Schweden befreiten Wirtemberg von den Kaiserlichen. Es war eine Pflicht der Selbsterhaltung, daß sich die evangelischen Stände Schwabens dem Schwedenkönig anschlossen. Der wirtembergische Kanzler Jakob Löffler (1582–1638), ein vortrefflicher Diplomat, wurde von Gustav Adolf unter Beibehaltung seiner Stellung in der Heimat zum Vizekanzler in deutschen Angelegenheiten ernannt. Nach dem Beispiel des Kaisers begabte der siegreiche König aus eigener Machtvollkommenheit seine neugewonnenen Getreuen mit den eroberten katholischen Gebieten; die bisherigen Erfolge gingen der katholischen Seite zunächst wieder verloren. Diese Umgestaltung der Landkarte hatte keinen langen Bestand. Zwar änderte der frühe Tod Gustav Adolfs in der Schlacht bei Lützen am 16. November 1632 zunächst die Sachlage noch nicht. Wirtembergische Truppen eroberten Ende 1632 die Reichsstadt Rottweil und belagerten das vorderösterreichische Villingen. Das Bündnis, das der schwedische Reichskanzler Axel Oxenstjerna auf dem *Heilbronner Konvent* im April 1633 mit den evangelischen Mitgliedern der vier oberen Reichskreise (des Schwäbischen, Fränkischen, Ober- und Kurrheinischen) zustande brachte, war eine Erneuerung der evangelischen Union. Der Versuch des kaiserlichen Feldherrn Wallenstein, auf der Grundlage religiöser Duldung Frieden zu schließen, ehe die Franzosen sich einmischten, wurde durch seine Ächtung durch den Kaiser und seine Ermordung am 24. Februar 1634 vereitelt. Der Vorherrschaft der Schweden in Süddeutschland bereitete ein jähes Ende die *Schlacht bei Nördlingen* (südlich der Stadt) am 6. September 1634, die größte Schlacht des Krieges, in der die Feldherrn der Schweden Bernhard von Weimar und Horn von den an Zahl weit überlegenen Kaiserlichen und Bayern unter König Ferdinand (dem späteren Kaiser Ferdinand III.) und Gallas eine schwere Niederlage erlitten; ihr Heer wurde aufgerieben; auch die Mehrzahl der aufgebotenen wirtembergischen Landmiliz fiel. Das Herzogtum Wirtemberg wurde nun von den Kaiserlichen überschwemmt und verwüstet; Waiblingen und Calw wurden niedergebrannt, alle Festungen des Landes bezwungen außer dem Hohentwiel, der mitten in der österreichischen Landgrafschaft Nellenburg lag, wo sich der tapfere Konrad Wiederholt bis zum Ende des großen Krieges halten konnte. Der schwer bedrohte Heilbronner Bund warf sich in die Arme Frankreichs; er schloß im November 1634 einen Vertrag, nach welchem die Franzosen Subsiden für 12 000 Mann zahlen sollten; im März

1635 übernahm Bernhard von Weimar die Führung der Bundesarmee. Aber nun gingen die beiden mächtigsten protestantischen Fürsten, die Kurfürsten von Sachsen und Brandenburg, im *Prager Frieden* Mai 1635 gegen erhebliche Zugeständnisse zum Kaiser über. Die Teilnehmer am Heilbronner Bund waren von diesem Frieden ausgeschlossen; doch sollte das Augsburger Bekenntnis 40 Jahre lang nach dem Stand vom 12. November 1627 den protestantischen Ländern frei gegeben sein. Die Liga wurde aufgelöst und bestimmt, daß es im Reiche fortan nur *ein* Heer, das kaiserliche, geben sollte.

Das drohende Übergewicht der kaiserlichen Waffen bewog den Leiter der französischen, gegen die spanischen und deutschen Habsburger gerichteten Politik, Kardinal Richelieu, sich offen am Krieg Schwedens gegen den Kaiser zu beteiligen mit dem Ziel, das habsburgische Kaisertum zu schwächen und die Oberrheingrenze für Frankreich zu gewinnen. Im April 1635 gab er der Allianz eine feste Form. Der Heilbronner Bund war nicht in der Lage, ein Heer im Felde zu halten; die Armee Bernhards von Weimar mußte in französische Dienste treten. Herzog Eberhard III. von Wirtemberg erhielt 1638 von Kaiser Ferdinand III. einen Teil des Herzogtums zurück. Seit der Einmischung Frankreichs wurde Schwaben erneut einer der hauptsächlichen Schauplätze des Krieges: Quartier, Durchzugsland und Schlachtfeld der Franzosen und Schweden auf der einen, der Kaiserlichen und Bayern auf der anderen Seite; die beiden letzten größeren Kämpfe, die Schlacht bei Tuttlingen, in der die Franzosen 1643 unter Turenne von den Bayern unter von Mercy geschlagen wurden, und die bei Herbsthausen (auf der Ebene zwischen Tauber und Jagst südlich von Mergentheim) 1645 fanden auf dem Boden des heutigen Württemberg statt. Im ganzen waren die Franzosen aber doch mit den Schweden ihren Gegnern überlegen; noch zwei Tage vor dem Friedensschluß haben sie Weil der Stadt verbrannt.

Der *Westfälische Friede* 1648 stellte die früheren Verhältnisse im südwestlichen Deutschland diesseits des Rheins wieder her. Zur Schlichtung des unheilvollen Streites der kirchlichen Parteien wurde der Grundsatz der Gleichberechtigung des katholischen, lutherischen und reformierten Bekenntnisses im Reich gesetzlich festgelegt; bei den geistlichen Gütern sollte der Besitzstand des 1. Januar 1624 für das Recht der einen oder der anderen Partei entscheidend sein. Den Evangelischen in den österreichischen Erblanden, auch in Vorderösterreich, blieb die Gleichstellung und der Rechtsschutz ausdrücklich versagt, den der Friede für das übrige Reich zur Anerkennung brachte. Über religiöse Angelegenheiten sollte fortan auf dem deutschen Reichstag nicht die Mehrheit entscheiden, vielmehr eine katholische und eine evangelische Gruppe, das Corpus Catholicorum und das Corpus Evangelicorum, getrennt beraten und sich dann verständigen.

77 Die Stiftskirche in Stuttgart. Heideloff 1806

78 (umseitig oben) Fürstlicher Lustgarten zu Stuttgart. Merian 1616
79 (umseitig unten) Altes Schloß. Innenhof mit Reiterstandbild Graf Eberhards im Bart

1. Fürstliche Schloß.   3. Stift kirch.   5. Neaw Lust haus.   7. Neuve renn plan.   9. Sticß hauß.   11. Reiger hauß.
2. Kunsthauß.   4. Cantzly.   6. Alt Lust hauß.   8. Alt renn plan.   10. Hof mul.   12. bomeranßen gart.

Die Folge der Gegenreformation war eine größere Vereinzelung Wirtembergs und der anderen evangelischen Gebiete innerhalb des nunmehr viel stärkeren katholischen Bekenntnisstandes im deutschen Süden. Auch die politische Lage der südwestdeutschen Territorien war gegenüber der Zeit vor dem großen Kriege geändert. Jetzt waren sie an die Grenzen des Reichs gerückt, Frankreich hatte sein Gebiet bis an den Oberrhein vorgeschoben, und die Schweiz war durch den Frieden förmlich aus dem Reichsverband ausgeschieden. Politische Macht hatte in Süddeutschland außer den Habsburgern nur noch Bayern, das Kurfürstentum geworden war und die Oberpfalz gewonnen hatte. Daß das Herzogtum Wirtemberg als evangelisches Gebiet zwischen zumeist katholischen Territorien erhalten blieb, war für die gesamtdeutsche Entwicklung insofern wesentlich, als dadurch der Trennung Deutschlands in einen fast ausschließlich katholischen Süden und einen überwiegend evangelischen Norden entgegengewirkt wurde.

X. Das Herzogtum Wirtemberg vom Beginn der Reformation bis zum Ende des Dreißigjährigen Krieges

Rückkehr Herzog Ulrichs

Zu den wesentlichen und folgenreichsten Ereignissen der Reformationszeit gehört die Rückführung des vertriebenen Herzogs Ulrich von Wirtemberg im Jahre 1534. Sie bedeutete dreierlei: erstens das Ende des letzten habsburgischen Versuchs, trotz der Mißerfolge durch mehr als zwei Jahrhunderte eine dem einstigen Herzogtum Schwaben ähnliche Stellung zu gewinnen; zweitens eine bedeutsame Stärkung der protestantischen Position in Süddeutschland, das von Städten und einigen Territorien, insbesondere in Franken, abgesehen, bisher katholisch geblieben war, und drittens den politischen Versuch der im Schmalkaldischen Bund zusammengeschlossenen Kräfte, ihre Position durch Inanspruchnahme französischer Hilfsgelder zu festigen. Die Rückkehr Herzog Ulrichs war ein wichtiger Vorgang in der damaligen Situation und ist von seinen Initiatoren und Zeitgenossen als solcher betrachtet worden. Ulrich, dem naturgemäß die Wiedergewinnung seines Landes als wichtigste Aufgabe erscheinen mußte, gab der Einführung der neuen Lehre die Bahn frei. Damit fiel eine Entscheidung, die das Land aufs stärkste geprägt und seine Entwicklung bis in unser Jahrhundert, also durch rund 400 Jahre in wesentlichen Zügen bestimmt hat. So wichtig überterritoriale Gesichtspunkte für die Beurteilung dieses Geschehens sind, so unerläßlich ist es für eine landesgeschichtliche Darstellung, die Fakten und Kräfte aufzuzeichnen, die dem Land sein geistiges Profil und die Grundlagen seines politischen, kulturellen, wirtschaftlichen und sozialen Werdens gegeben haben.
Der vertriebene Herzog Ulrich, keineswegs eine unbegabte, aber doch eine widersprüchliche und menschlich wenig erfreuliche Erscheinung, hatte in den Jahren seiner Verbannung die linksrheinischen Besitzungen seines Hauses, Horburg und Reichenweiher im Elsaß, und Mömpelgard in der burgundischen Pforte behalten und 1521 dazu den Hohentwiel besetzen können. Wiederholte Versuche, sein Land im Handstreich zu gewinnen, schlugen fehl. Von 1519 bis 1526 lebte er in Mömpelgard, dessen Lage ihm sowohl die Verbindung mit den Eid-

genossen wie zu deutschen Ständen und nach Frankreich ermöglichte; er hat davon zielbewußt Gebrauch gemacht. In richtiger Erkenntnis seiner Situation zeigte er sich der Reformation gegenüber bald aufgeschlossen, für die ihn der schwärmerisch-begeisterte Hartmut von Kronberg freundlich zu stimmen wußte, ohne sich durch Festlegung auf die Richtung Luthers oder Zwinglis mögliche Bundesgenossen zu verscherzen. Im Sinne der Reformation wirkte auf ihn Johann Ökolampadius, damals Prediger in Basel, ein. 1524 führte Ulrich die Reformation in der Grafschaft Mömpelgard durch, wobei die lutherische und die reformierte Richtung nebeneinander geduldet waren. 1526 nahm ihn der tatkräftige Landgraf Philipp von Hessen, der Großneffe Eberhards im Bart, in Marburg auf und betrieb seine Zurückführung, weil er sich dadurch eine wesentliche Stärkung der evangelischen Sache versprach. Der Schmalkaldische Bund, die wegen der wachsenden Macht Österreichs besorgten Bayernherzöge und die Könige von Frankreich und Dänemark vereinbarten zur Durchführung der Aktion in Wirtemberg ein Bündnis gegen König Ferdinand; doch wollte Bayern das Land nicht an den gehaßten Ulrich, sondern an dessen katholisch erzogenen Sohn Christoph kommen lassen. 1534 rückten Philipp und Ulrich an der Spitze eines mit französischem Geld ausgerüsteten Heeres ins Feld. Zur Sicherung des großen Darlehens mußte Ulrich Mömpelgard zum Pfand geben, das bis 1555 von französischen Truppen besetzt blieb. Der österreichische Statthalter von Wirtemberg, Pfalzgraf Philipp von Neuburg, wurde am 12. und 13. Mai in mehreren Scharmützeln bei Nordheim und Lauffen, südlich von Heilbronn, zurückgeworfen. Philipp und Ulrich besetzten Stuttgart und das übrige Land. Ferdinand, seit 1526 Herr von Böhmen und Ungarn, war durch die Türkengefahr abgehalten einzugreifen. Er schloß mit dem Kurfürsten Johann Friedrich von Sachsen am 29. Juni 1534 den Vertrag von Kaaden an der Eger. Ulrich erhielt sein Land zurück, aber nur als österreichisches Lehen, das beim Aussterben des wirtembergischen Mannesstammes an Österreich fallen sollte. Der Sachse erkannte dafür den Habsburger als römischen König an. Ulrich war damit nach fünfzehn Jahren wieder Herr seines Landes. Infolge der Vermittlung Johann Friedrichs konnte die Reformation nur in lutherischer Form eingeführt werden; die zwinglische Richtung wurde vom Frieden ausgeschlossen. Kaiser Karl V., der gerne gegen die Fürsten und gegen Frankreich vorgegangen wäre, wurde durch die Eroberung von Tunis durch den Beherrscher von Algier Chaireddin Barbarossa im Juli 1534 und die Bedrohung seiner Mittelmeerländer genötigt, von seinem Plane abzustehen und alle Kraft gegen Afrika zu richten.

Auf weltlichem Gebiet organisierte Ulrich die *Zentralverwaltung* des Landes zum Teil nach burgundischem und österreichischem Vorbild, wie sie schon wäh-

rend der habsburgischen Zwischenregierung eingerichtet worden war. Für die
laufenden Geschäfte wurden Räte bestellt, die er in einer ständigen Behörde mit
kollegialer Verfassung vereinigte, dem nachmals sogenannten Oberrat; die
Finanzverwaltung wurde einer ebenso gestalteten Behörde, der Rentkammer,
übertragen. Den Landtag schaltete Ulrich weitgehend aus.

Reformation in Wirtemberg

Zur *Neuordnung des Kirchenwesens* kraft des landesherrlichen ius reformandi
berief der Herzog unter dem Einfluß von Hessen und Straßburg Eberhard
Schnepf, Professor an der neugegründeten hessischen Universität Marburg, einen
Lutheraner der milderen Tonart, und Ambrosius Blarer aus Konstanz, der eine
umfassende reformatorische Tätigkeit in den schwäbischen Städten Konstanz,
Memmingen, Ulm und Isny entfaltet hatte und in der Abendmahlslehre eine
vermittelnde Stellung zwischen Luther und Zwingli einnahm, jedoch mit größerer
Hinneigung zu der von Zwingli ausgehenden Straßburger Richtung. Schnepf
und Blarer einigten sich in der Stuttgarter Konkordie vom 2. August 1534 über
die gemäßigt lutherische Formel des Abendmahls. Ihre Wirkungskreise wurden
durch die von Stuttgart auf die Fildern führende (alte) Weinsteige abgegrenzt,
so daß Schnepf das Land „unter der Steig" mit Stuttgart, Blarer das „ob der Steig"
mit Tübingen reformierte. 1535 wird die Messe abgeschafft, 1536 erläßt Ulrich
eine neue Kirchenordnung, die den Altgläubigen nur noch die häusliche Andacht
gestattete. Die Reformation wurde von den beiden Reformatoren auf dem Weg
der Visitation der Pfarrer und der Kirchengemeinden durchgeführt. Pfarrer, die
nicht evangelisch werden wollten, wurden entlassen, erhielten aber eine Pension;
ein Teil der Stellen wurde abgeschafft. Im September 1537 fand zu Urach ein
theologisches Gespräch zwischen Schnepf und Blarer statt, der sogenannte „Göt-
zentag", in dessen Folge der Herzog in Blarers Sinn die Entfernung aller Bilder
aus den Kirchen anordnete. Der Befehl ist jedoch nicht streng durchgeführt
worden, so daß manche Kunstwerke des Mittelalters erhalten blieben. In Wirtemberg setzte sich allgemein die schlichte „Reutlinger" Weise des reinen Predigt-
gottesdienstes durch mit Ablehnung von allem, was an den katholischen Kultus
erinnerte. Aber auf die Dauer war ein Zusammenwirken beider Reformatoren
doch nicht möglich, so daß Blarer 1538 das Feld räumte. Die Masse des Volkes
zeigte sich der Reformation von Anfang an zugetan, während die sogenannte
Ehrbarkeit lieber an der alten Kirche festgehalten hätte; Ulrich führte darum
die neue Ordnung ohne Beiziehung des Landtags ein. Ein Teil der Ehrbarkeit wanderte nach habsburgischen Landen aus. Die Reformation Wirtembergs ist mehr als

anderswo in ihrer äußeren Form ein Werk der Landesregierung. Ulrich betrachtete alles Gut der Kirche als fürstliches Kammergut, über das er kraft seines Rechts als Landesherr frei verfügen könne. Seine finanzielle Lage veranlaßte ihn, das Kirchengut rücksichtsloser einzuziehen als es in anderen protestantischen Territorien geschah. Der Bedarf der Kirche wurde zunächst kärglich bemessen, die Kirchenstellen verringert. Die Klöster und Stifte wurden gegen erheblichen Widerstand der meisten Äbte und Konvente säkularisiert, unter ihnen die vierzehn großen der Landeshoheit unterworfenen Männerklöster St. Georgen, Alpirsbach, Hirsau und Herrenalb im Schwarzwald, Maulbronn, Murrhardt, Lorch, Adelberg und Denkendorf, Bebenhausen, Blaubeuren und in der Heidenheimer Gegend Herbrechtingen, Anhausen und Königsbronn; ihre Einkünfte wurden dem allgemeinen Landesvermögen einverleibt. Erhebliche Schwierigkeiten machte die Reformierung der Universität Tübingen; auf Melanchthons Veranlassung wurde 1537 zu diesem Zweck der Haller Reformator Brenz berufen, dem es auch gelang, sie neu zu ordnen. Zur Ausbildung von geistlichen und weltlichen Beamten errichtete Ulrich 1536 nach dem Vorgang einer von dem Landgrafen Philipp von Hessen in Marburg 1527 begründeten Studienanstalt auf Betreiben Blarers eine Stiftung, der 1547 das Tübinger Augustinerkloster eingeräumt wurde; an diese Stiftung hat die von Herzog Christoph begründete theologische Bildungsanstalt des Landes, das heutige Evangelisch-theologische *Stift,* angeknüpft.

Dem Schmalkaldischen Bunde trat Ulrich 1536 bei. Er suchte das Land durch starke Festungen, Hohenasperg, Schorndorf, Hellenstein, Göppingen, Kirchheim unter Teck, Hohenneuffen, Hohenurach und Hohentübingen zu schützen; das Städtchen Asperg wurde deshalb an den Fuß des Berges verlegt. Als Karl V. 1546 freie Hand gewonnen hatte, um sich gegen die Fürstenopposition und die Reformation zu wenden, wurde auch Ulrich in die Niederlage des Bundes verwickelt; im Heilbronner Vertrag vom Januar 1547 erhielt er das von Albas spanischen Truppen besetzte Land nur gegen harte Leistungen wieder zurück. 1548 wurde er genötigt, das Augsburger Interim verkündigen zu lassen, das er freilich möglichst wenig aufkommen ließ; die eingezogenen Klöster lebten wieder auf. Ulrich starb am 6. November 1550 in Tübingen, nach einem an Stürmen und Schicksalsschlägen überaus reichen Leben.

Herzog Christoph

Ihm folgte sein Sohn, Herzog *Christoph* (1550–1568), ein Regent von ausgesprochenen Herrschereigenschaften, staatsmännischer Begabung und bedeutendem Organisationstalent. Während Ulrichs Vertreibung in Österreich und im

Gefolge Kaiser Karls V. aufgewachsen, hatte er sich 1532 diesem entzogen. Ulrich schickte nach seiner Heimkehr den Sohn, dem er mit Abneigung und Mißtrauen gegenüberstand, in die Dienste des französischen Königs. Wann Christoph, wohl schon lange protestantisch gesinnt, zur lutherischen Lehre übertrat, ist nicht genau bekannt. Im Reichenweiher Vertrag mit seinem Vater verpflichtet er sich 1542 zur Beibehaltung der evangelischen Lehre. Er hatte die auf die Kirchenreformation und den Humanismus gegründete Bildung seines Zeitalters in sich aufgenommen und verstand es, sie in bleibenden Schöpfungen für sein Land nutzbar zu machen. Die Fürstenerhebung Moritz' von Sachsen und seiner Genossen gegen Karl V. machte es ihm möglich, das dem Land aufgedrungene und längst nicht mehr befolgte Interim am 30. Juni 1552 für aufgehoben zu erklären; der Passauer Vertrag vom 2. August gab dann den Augsburger Konfessionsverwandten vorläufig die Freiheit des Handelns zurück. Mit dem noch unversöhnten König Ferdinand, der Herzog Ulrich wegen seiner Teilnahme am Schmalkaldischen Krieg als treubrüchigen Lehensmann angeklagt hatte und das Land an sich ziehen wollte, kam Christoph 1553 zur Einigung. Die landständische Verfassung wurde wiederhergestellt.

Große Kirchenordnung – Johannes Brenz

Als der Augsburger Religionsfriede 1555 den Landesherren in den evangelischen Gebieten das Recht der kirchlichen Gesetzgebung einräumte, ging auch Herzog Christoph, erfüllt von religiösem Ernst und Vertrauen auf die Überlegenheit seines Glaubens über den der alten Kirche, in seinem Land an eine Neuordnung des Kirchenwesens, die nach vielen Mühen und Verhandlungen in der zahlreiche einzelne Ordnungen zusammenfassenden, das kirchliche, aber auch weite Bereiche des weltlichen Lebens regelnde *Großen Kirchenordnung* vom 15. Mai 1559 ihren Abschluß fand. Sie hatte den Charakter eines Staatsgrundgesetzes des protestantischen Staatswesens. Christoph wurde der Organisator der altwirtembergischen Landeskirche. Sein erster und bedeutendster Ratgeber war der unermüdliche, besonnene *Johannes Brenz* (1499–1570), der jetzt als Propst an der Spitze des wirtembergischen Kirchenwesens stand. Drei Einrichtungen Herzog Christophs haben der württembergischen Kirche ihre besondere Eigenart gegeben: die Vorbildung des geistlichen Nachwuchses, die Vereinigung des Kirchenguts mit dem Staatsgut und die straffe Zentralisation des Kirchenregiments. Den größten Teil der Pfarreien, die Herzog Ulrich aufgehoben hatte, stellte er wieder her. Die Wirtembergische Kirchenordnung ist auch von anderen Ländern, zum Beispiel der Kurpfalz und von Baden-Durlach übernommen worden.

Die während des Interims wieder von Mönchen besetzten Klöster wandelte man allmählich durch eine Reihe von Übergangsstufen in Vorschulen für Theologen um. Die Klosterherrschaften blieben jedoch besondere Verwaltungseinheiten, die durch ihre Prälaten in den Landständen vertreten waren. Im Jahre 1556 erließ Herzog Christoph eine neue *Klosterordnung:* die Männerklöster wurden mit einer Ausnahme zu *Klosterschulen,* so daß anfangs 13 bestanden; ihre Aufgabe war die Vorbereitung zum theologischen Studium; dem Abt gab man zwei Klosterpräzeptoren bei. Die Organisation schloß sich an die 1543 durch Herzog Moritz von Sachsen, den späteren Kurfürsten, eingerichteten Fürstenschulen zu Pforta, Meißen und Grimma an, wo jedoch auch Mediziner und Juristen aufgenommen wurden. Für den Unterbau im Lateinunterricht dienten die Partikular- oder *Lateinschulen,* die in allen Städten als Gemeindeschulen unter Aufsicht des Staates bestehen sollten. Daneben wurden deutsche Volksschulen begründet. In der grundsätzlichen Einrichtung von *Volksschulen* ist Wirtemberg anderen Ländern vorangegangen. Eine Volksschulpflicht bestand aber noch nicht; sie ist erst durch die Synodalordnung von 1648 eingeführt worden. Für die Aufnahme in die Klosterschulen entschied eine Prüfung, das später sogenannte Landexamen. Aus den Klöstern traten die Schüler in das Stipendium zu *Tübingen* über, das „Stift", das 1557 ausschließlich zur theologischen Anstalt wurde; der Übertritt geschah ebenfalls nach einer Prüfung. Es versorgte auch andere Territorien mit jungen Geistlichen. In Wirtemberg hat sich das Prüfungswesen früher ausgebildet als in den anderen deutschen Staaten; hier wurde auch zuerst das akademische Studium aller Theologen und zugleich dessen längere, gleichmäßige Dauer Regel und Tatsache. Das wirtembergische Schulwesen ist aufs engste verknüpft mit der Landeskirche; die *Schulordnung,* die in die Große Kirchenordnung von 1559 aufgenommen ist, kann als eines der besten deutschen Schulgesetze gelten; sie zeigt eine ansprechende Verbindung von Humanismus und religiöser Lebensauffassung. Andere deutsche Territorien haben sie im Lauf des 16. Jahrhunderts zum Muster genommen, so Braunschweig 1569 und für die Lateinschulen Kursachsen 1580.

Geleitet von seinem feinfühligen evangelischen Gewissen brach Christoph mit der Auffassung seines Vaters Ulrich, daß das Gut der Kirche als Eigentum des Landesherrn zu betrachten sei. Er begründete 1552 das allgemeine *Kirchengut,* aus dem die Bedürfnisse der Kirche bestritten wurden, mit einer von der weltlichen Rentkammer streng gesonderten Finanzverwaltung. Während in den übrigen deutschen Territorien die Pfarrer auch nach der Reformation im Genuß der mit ihrer Pfründe verbundenen örtlichen Ausstattung blieben, zog er den Besitz sowohl der eingegangenen als der fortbestehenden Kirchenstellen samt dem der Stifte und Frauenklöster in den „*Gemeinen Kirchenkasten*" zusammen, der dann die für die

Pfarrer ausgesetzten festen Besoldungen zu bezahlen und für die weiteren Bedürfnisse der Kirche aufzukommen hatte. Der Mehrbetrag der Einnahmen des
Kirchenguts über die Ausgaben für die Zwecke der Kirche sollte zu allgemeinen
Landeszwecken verwendet werden. Auch die Erträgnisse der ehemaligen großen
Männerklöster, die ihre selbständige wirtschaftliche Verwaltung unter ihren Prälaten behielten, mußten ihren Überschuß zunächst für weltliche Zwecke abliefern;
erst nach dem Dreißigjährigen Krieg wurde er unmittelbar dem Kirchenkasten zugewiesen, der zu den Zwecken des Herzogs nach Bedarf beigezogen werden
konnte.

Hatte Herzog Ulrich ohne besondere kirchliche Zwischenstellen regiert, so schuf
Christoph nun als höchste Behörde der Aufsicht und Visitation den *Kirchenrat*,
dem auch die Verwaltung des Kirchenguts übertragen wurde; die bisherigen vorübergehenden Visitationen, die Ulrich nach sächsischem Vorbild für die Aufsicht
über Lehre, Gottesdienst und Kirchlichkeit eingerichtet hatte, wurden in eine
ständige Landesbehörde mit kollegialer Verfassung umgebildet. Während in
Nord- und Mitteldeutschland das landesherrliche Kirchenregiment von vornherein
schwach entwickelt und durch die freie Stellung von städtischen und adeligen
Patronen stark eingeschränkt war, bestand nun in Wirtemberg eine Kirchen-
regimentsbehörde und dadurch eine Vereinheitlichung des ganzen Kirchenwesens
wie sonst nirgends. Andere protestantische Territorien Deutschlands haben die
wirtembergische Einrichtung einer kirchlichen Oberbehörde vielfach nachgeahmt,
insbesondere auch Kursachsen mit seiner von Jakob Andreä beeinflußten Kirchenordnung von 1580. Zugleich wurde die kirchliche Verfassung nach unten ausgebaut, indem man die seinerzeit in Kursachsen geschaffenen Superintendenten
auch in Wirtemberg einführte. Je ein Amt oder auch mehrere Ämter wurden 1552
zu kirchlichen Bezirken (Dekanaten) unter einem Spezialsuperintendenten, insgesamt 28, zusammengefaßt, dessen Amtssitz gewöhnlich eine Amtsstadt war. Vier
Generalsuperintendenten waren mit der Aufsicht und regelmäßigen Visitation
ihrer Bezirke betraut. Der geistliche Stand hatte damit in Wirtemberg eine stärkere Stellung als in den anderen lutherischen Territorien.

Durch den Landtag von 1565 wurde die evangelisch-lutherische Lehre, wie sie in
der Augsburger und in der 1551 von Brenz und anderen Theologen des Landes
erarbeiteten und 1552 von Christoph dem Konzil von Trient übergebenen besonderen Confessio Wirtembergica enthalten war, zur ausschließlichen Landesreligion
erklärt und der Bestand der *Landeskirch*e samt dem Kirchengut verfassungsmäßig
festgelegt. Der Herzog verzichtete für sich und seine Nachfolger auf die künftige
Ausübung des im Augsburger Religionsfrieden den weltlichen Fürsten zuerkann-
ten Reformationsrechts. Das Land sollte also auch beim Übertritt eines Fürsten

zum katholischen Glauben evangelisch bleiben. Damit erhielt die wirtembergische Kirchenverfassung eine Festigkeit gegenüber Katholizismus und Calvinismus, die das Land vor konfessionellen Wirren anderer Territorien, zum Beispiel der Markgrafschaft Baden oder der Kurpfalz, bewahrte. Die Confessio Wirtembergica hat übrigens auch die einzige Bekenntnisschrift der Kirche von England, die 39 Artikel von 1571, beeeinflußt.

Landesordnung – Landschaft

Im Jahre 1552 erließ Christoph neue Vorschriften für die Verwaltung des Landes durch eine *Landesordnung*, welche die früheren Ordnungen Herzog Eberhards im Bart von 1495 und Herzog Ulrichs von 1536 ersetzen sollte. Sie wurde 1567 mit Zusätzen erneut veröffentlicht und blieb gegen zwei Jahrhunderte für Wirtemberg bestimmend. Der höchste weltliche Beamte blieb der Landhofmeister. Justiz und Verwaltung waren wie bisher in den Ämtern vereinigt, deren „Stadt- und Amtsschreiber" zu großem Einfluß gelangten. 1555 wurde das wirtembergische *Landrecht* verkündet, eine Kodifikation des Privat- und des Zivilprozeßrechts, die von den herzoglichen Räten und der Tübinger Juristenfakultät auf Grundlage des Römischen Rechts ausgearbeitet war; die reichen Schätze des geltenden Gewohnheitsrechts, die man durch Anfrage bei den wirtembergischen Ämtern zusammengebracht hatte, um sie bei der Abfassung zu benützen (heute als Codex consuetudinum in der Landesbibliothek) blieben unberücksichtigt, so daß das heimische Recht aus dem neuen Gesetz fast ganz verdrängt war.

Während Christoph in dem schon gegen Herzog Ulrich angestrengten Prozeß wegen Lehensuntreue 1555 gegen König Ferdinand obsiegte, gelang es dem Herzog nicht, das endgültige *Ausscheiden der Ritterschaft aus der Landeszugehörigkeit,* das während der österreichischen Zwischenregierung gefördert worden war, zu verhindern. Die schwäbische Ritterschaft war reichsunmittelbar geworden. Als politischer Stand war nun der Adel im Herzogtum nicht mehr vorhanden, wenn er auch am Hof und in der Verwaltung weiter eine Rolle spielte. Das hatte für die künftige Entwicklung des Landes tiefgreifende Folgen. Während in den meisten deutschen Territorien die Ritterschaft sich begnügte, innerhalb der landständischen Vertretungen eine gewisse Macht gegenüber den Landesherren zu behaupten, dadurch aber auf den Landtagen wie überhaupt im politischen, wirtschaftlichen und sozialen Leben die Führung behielt, setzten sich in Wirtemberg die Landstände nur aus den Abgeordneten der gemeinen Landschaft und den Prälaten der Männerklöster zusammen, die ebenfalls den bürgerlichen Kreisen angehörten. In Wir-

temberg war diese Verfassung mit ihrer ausschließlich bürgerlichen Landesvertretung von da an ein integrierender Bestandteil des Staatslebens. Dadurch entstand
eine neue bürgerliche Führungsschicht, die als „Ehrbarkeit" besonders in den späteren ständischen Auseinandersetzungen eine maßgebende Rolle gespielt hat.
Die *Landschaft* bestand aus etwa 70 Abgeordneten, gewählt teils von Amtsver-
sammlungsausschüssen, die aus Deputierten der Amtsstadt und der Amtsdörfer gebildet waren, teils von den Magistraten einzelner berechtigter Städte und Dörfer,
die in den Städten aus dem Rat, in den Dörfern aus zwei Abteilungen, Gericht
und Rat, bestanden. Die Klosterämter waren durch ihre *Prälaten* vertreten. Deren
Zugehörigkeit zum Landtag war darin begründet, daß das Kirchengut, das auch
von den großen Abteien Zufluß erhielt, zu den allgemeinen Ausgaben des Landes
beizutragen hatte; die Prälaten wurden als zweiter Stand neben der Landschaft
anerkannt. 1554 bildete man wieder den aus zwei Prälaten und sechs Abgeordneten der Landschaft bestehenden landständischen *engeren Ausschuß*, der das Recht
der Selbstergänzung besaß und die Macht der Landstände im wesentlichen auf sich
vereinigte; unter den sechs Landschaftsvertretern sollte je ein Abgeordneter von
Stuttgart und von Tübingen sein. Der engere Ausschuß konnte sich durch sechs
weitere Mitglieder der Landschaft und zwei Prälaten zum großen Ausschuß er-
weitern. Diese ständigen Ausschüsse waren ein stets vorhandenes Organ zum
Schutz der landständischen Rechte und zur Verwaltung des dem Landtag zustehenden Steuerwesens; durch die Macht, welche die Verwaltung der ständischen
Kassen in ihre Hand gab, neigten sie aber zu einer oligarchischen Nebenregierung.
Das hat später zu manchen Mißbräuchen geführt.
Als rechtsverständigen Beirat nahmen sich Landschaft und Ausschüsse einen Landschaftskonsulenten, der meist großen Einfluß hatte. Der Herzog blieb im Besitz
seines ausgedehnten und einträglichen Kammerguts, über dessen Einkünfte er frei
verfügte; für alle dadurch nicht gedeckten Bedürfnisse des Staates war er aber auf
die Bewilligung von Steuerzuschüssen durch den Landtag angewiesen.
In der *auswärtigen Politik* strebte Herzog Christoph nach Vereinigung der augsburgischen Glaubensgenossen zu einem festen Bund; aus der Erkenntnis, daß der
Protestantismus auch nach dem Religionsfrieden nicht rasten dürfe, sondern sich
weiter in Deutschland und über dessen Grenzen ausdehnen müsse, war er bestrebt,
als erste Vorbedingung dazu ein engeres Einvernehmen zwischen den lutherischen
Reichsständen herbeizuführen. Dabei stieß er allerdings auf den Widerstand der
lauen Politik Kursachsens. Aus gleichem Grund versuchte er als Vermittler zwischen dem französischen Königshof und den Hugenotten zu wirken. Christoph
ließ sich besonders auch die Verbreitung des Protestantismus in den habsburgischen
Alpenländern angelegen sein. Herzog Christoph starb bereits am 28. Dezember

1568, noch nicht 54 Jahre alt, eine charaktervolle Persönlichkeit von großem sittlichen Ernst und unermüdlichem Wirken, neben Eberhard im Bart der tüchtigste
wirtembergische Herzog. Mit der Regierung Herzog Christophs sind die wesentlichen und charakteristischen Bestandteile der *wirtembergischen Verfassung* klar-
gelegt: die Herrschaft der evangelisch-lutherischen Konfession und der bürgerliche
Charakter der Landstände. Der beherrschende Einfluß eines glaubensstarken Protestantismus und die festgefügte Organisation der bürgerlichen Stände geben der
weiteren Geschichte des Landes bis ins 19. Jahrhundert ihre Besonderheit. Mehr
und mehr tritt das Land nun aus seiner Umgebung heraus, und macht eine selbständige innere Entwicklung durch; es erhält eine immer stärker zutage tretende
Eigenart. Die Abschließung gegen die umgebenden katholischen Gebiete hatte aber
auch einengende Wirkungen für das Land und den Volkscharakter.
Auf Herzog Christoph folgte sein Sohn Herzog *Ludwig* (1568–1593), bis 1578
noch unter vormundschaftlicher Regierung, ein kunstsinniger, in seiner Lebensführung dem Vater aber wenig ebenbürtiger, dem Trunk ergebener Fürst, dem jedoch die Erhaltung und Ausbreitung der protestantischen Lehre wie seinem Vater
Herzenssache war. Weniger um den Weiterbau als um die Erhaltung des Bestehenden bemüht, ließ er sich von seinen Theologen und Räten leiten. Der hervor-
ragendste und einflußreichste Theologe des Landes war der unermüdliche Tübinger Kanzler Jakob Andreä (1528–1590), der Verfasser der Konkordienformel.
In Ludwigs Regierungszeit fallen die ersten Erfolge der Gegenreformation, aber
auch die Verschärfung des Gegensatzes zwischen den lutherischen und den reformierten Fürsten Deutschlands. Unter ihm entstanden in Stuttgart das berühmte
Lusthaus, die Grafenstandbilder in der Stiftskirche und das Jagdschloß im Kloster-
bereich von Hirsau, in dessen Ruine die von Uhland besungene Linde steht. Er starb
1593, noch nicht vierzig Jahre alt; mit ihm erlosch der Stamm Herzog Ulrichs.

Verschärfung der Gegensätze – Herzog Friedrich

Ihm folgte Herzog *Friedrich I.* (1593–1608), der Sohn des Grafen Georg von
Wirtemberg-Mömpelgard, eines jüngeren Halbbruders Ulrichs. Georg war seit
dem Augsburger Reichstag von 1530 evangelisch und starb 1558, nachdem er spät
noch eine Ehe geschlossen; seinem Sohn war Mömpelgard vererbt. Friedrich, in
Mömpelgard unter französischen Sitten herangewachsen, hatte die neuen Anschauungen des Absolutismus in sich aufgenommen; regsam und tatkräftig war er im
Unterschied von seinen Vorgängern ohne wärmeren Anteil an der evangelischen
Lehre und kam bald in Gegensatz zur Landschaft, die seinen selbstherrlichen Tendenzen und seinen merkantilistischen Bestrebungen im Wege stand. Sein Ziel war,

in den großen politischen Fragen Macht und Einfluß zu gewinnen, zu diesem Zweck die landesherrliche Gewalt zu festigen und durch eine merkantilistische Politik die Wirtschaftskraft und den Einfluß seines Herzogtums zu verstärken. Die Räte aus der Zeit Herzog Ludwigs wurden ausgeschaltet; an ihre Stelle trat als Geheimer Rat der geschmeidige und gewissenlose Tübinger Professor des römischen Rechts Matthäus Enzlin (1556–1613), der die Stärkung der fürstlichen Macht vertrat. Da der Herzog fürchtete, bei dem drohenden Zusammenstoß mit den Habsburgern sich wie sein Oheim Herzog Ulrich einer Anklage wegen Lehensuntreue auszusetzen, löste er durch den *Prager Vertrag* von 1599 das Lehensverhältnis zu Österreich mit 400 000 Gulden ab und gewann damit außenpolitische Handlungsfreiheit. Wirtemberg wurde dadurch wieder zu einem unmittelbaren Reichslehen, doch behielt das österreichische Haus die Anwartschaft auf das Land bei einem etwaigen Aussterben des wirtembergischen Hauses. Sie wurde erst durch den Preßburger Frieden von 1805 aufgehoben. Friedrich erwarb durch Kauf von der Markgrafschaft Baden 1595 die Ämter Altensteig, Mundelsheim und Besigheim, 1603 Liebenzell. Das damals noch katholische Kloster Reichenbach an der Murg (heute Klosterreichenbach), dessen wirtembergische Landeshoheit angefochten wurde, reformierte er, freilich zur großen Erbitterung der katholischen Gegenpartei. Herzog Friedrich, der in Auseinandersetzungen um den Straßburger Bischofstuhl die Pfandschaft über das Straßburger Amt Oberkirch im Renchtal erworben hatte, ließ ab 1599 auf der Schwarzwaldhochfläche zwischen Dornstetten und dem Kniebis durch Heinrich Schickhardt die Stadt Freudenstadt im Viereck um den großen Marktplatz anlegen; außer Wirtembergern ließen sich dort besonders auch evangelische Flüchtlinge aus Steiermark, Kärnten und Krain nieder, die Friedrich heranzog. Die innere Verwaltung des Herzogtums wurde verbessert, Gewerbe und Handel, so die Leinenweberei in Urach, gefördert. Die Zahl der *Klosterschulen,* die bereits unter Herzog Ludwig auf zehn vermindert worden war, setzte er, um zu sparen, auf vier herab: Bebenhausen, Maulbronn, Blaubeuren und Adelberg; auf die Vorstellungen der Landschaft wurde jedoch Hirsau wieder eröffnet. Im Dreißigjährigen Krieg ging Adelberg ein; als Hirsau 1692 von den Franzosen verbrannt wurde, wählte man dafür Denkendorf, so daß während des 18. Jahrhunderts die vier Klosterschulen Bebenhausen, Maulbronn, Blaubeuren und Denkendorf bestanden. An die Stelle von Bebenhausen und Denkendorf traten später Urach und Schöntal. Das Collegium illustre, eine von Herzog Ludwig zu Tübingen gegründete Erziehungsanstalt für künftige weltliche Beamte, wandelte er 1596 in eine Fürsten- und Adelsschule um, die als solche bis 1689 bestand. Sie war die erste der zahlreichen Ritterakademien in Deutschland zur Erziehung der adeligen Jugend.

Bei dem immer mehr sich verschärfenden Gegensatz zwischen Protestanten und Katholiken suchte Herzog Friedrich die lutherischen Fürsten mit den calvinistischen Pfälzern zu einem Bündnis zusammenzubringen; seine Bemühungen führten schließlich zur *Evangelischen Union*, die gleich nach seinem Ableben zustande kam. Die Gefahr eines Krieges mit den katholischen Reichsfürsten ließ militärische Vorbereitungen geboten erscheinen; Friedrich wollte neben der Landmiliz, deren Ausbildung er förderte, auch ein Berufsheer schaffen. Aber seine Versuche, die Landesverfassung abzuändern, um die Wehrkraft des Herzogtums bei dem drohenden Ausbruch eines Religionskrieges zur Verfügung zu haben, führten zu schwerem Hader mit den widerstrebenden Landständen. Im Jahre 1607 setzte er, unterstützt von seinem einflußreichen Berater Enzlin, doch die Zustimmung der Landschaft zur Änderung des Tübinger Vertrags durch: das Steuerbewilligungsrecht des Landtags wurde eingeschränkt; im Fall eines Krieges sollte die Landschaft drei Viertel der Kriegskosten bezahlen; der größere Ausschuß wurde abgeschafft. Der Herzog hatte sich damit zunächst in den Auseinandersetzungen mit der Landschaft durchgesetzt; der landständische Einfluß war zurückgedrängt. Allein die Maßnahmen seiner Regierung im Innern waren nicht von Dauer. Im Januar 1608 starb er noch nicht 51 Jahre alt.

Nachfolger Herzog Friedrichs I. war sein ältester Sohn *Johann Friedrich* (1608 bis 1628), wohlwollend und glaubenstreu, aber, anders als sein Vater, zu keinem nachhaltigen Entschluß fähig. Er gab das gegenüber den Landständen Erreichte auf und verzichtete damit auf eine kräftige Stellungnahme Wirtembergs in den zu erwartenden Kämpfen der folgenden Zeit. Enzlin wurde als „Landschaftsfeind" in einem anfechtbaren Verfahren lebenslänglich eingekerkert, später zum Tode verurteilt und 1613 in Urach enthauptet.

Landstände – Ämter, Städte, Dorfgemeinden

Die Macht der wirtembergischen *Landstände* festigte sich durch diese Vorgänge und die Schwäche von Friedrichs Nachfolgern sehr; man hatte eine „Geheime Truhe" eingerichtet, eine landständische Kasse, welche die Mittel gegen verfassungswidrige Maßregeln der Regierung bereithalten sollte. 1638 entzog man ihre Verwaltung der Aufsicht des Landtags und vertraute sie völlig dem Engeren Ausschuß an; später diente sie nicht selten selbstsüchtigen Nebenzwecken. Im Jahre 1629 wurde der mit der Ausübung der Regierung betraute *Geheime Rat* als dauernde Einrichtung vom Landtag anerkannt, aber in gleicher Weise den Landständen wie den Herzögen verpflichtet; er sollte auch über die Aufrechterhaltung der

Verfassung wachen. Es war ein beachtenswerter Versuch, den Dualismus zwischen Herrn und Land in eine Einheit zu bringen, wie er sonst nirgends in Deutschland gemacht wurde. Unter dem Geheimen Rat als oberster Regierungsbehörde standen der *Regierungsrat* für die Verwaltung und Rechtspflege, der Kirchenrat für das Kirchengut und das seit Ende des 17. Jahrhunderts vom Kirchenrat abgetrennte Konsistorium als höchste geistliche Behörde für Kirche und Schule, die Rentkammer für die Verwaltung der herzöglichen Einkünfte und andere Behörden; in ihrer Unterordnung unter den Geheimen Rat besaß die Beamtenschaft eine verfassungsmäßig geschützte Selbständigkeit.

Ämter, Städte und Dorfgemeinden genossen eine weitgehende Selbstverwaltung. Das Amt war seit Ende des 15. Jahrhunderts in Wirtemberg herrschaftliche Verwaltungseinheit und Selbstverwaltungsbezirk zugleich. Aus der Beteiligung der Gemeinden an den Umlagen des sogenannten Landschadens, einer direkten Staatssteuer, und an den Amtsausgaben wuchs allmählich, insbesondere infolge der Steigerung des Steuerbedarfs im 17. Jahrhundert, die *Amtskörperschaft* zu einem wirklichen Selbstverwaltungskörper. Die Vertretungen der Amtsstädte besaßen das Recht der Selbstergänzung. Die Amtmänner oder Oberamtmänner waren sowohl Vorsteher des Amts wie des Rats der Amtsstadt; mit dem Wachsen der Amtsgeschäfte und des Schriftverkehrs gewinnen die Stadt- und Amtsschreiber eine immer größere Bedeutung.

Dreißigjähriger Krieg – Schlacht bei Nördlingen – Notjahre

Johann Friedrich schloß sich 1608 der Evangelischen Union an, vertrat aber den Gedanken eines gütlichen Abkommens zwischen den beiden Religionsparteien und befürwortete ein möglichst nur verteidigendes Verhalten des Bundes. Mild, aber unentschlossen kam er in den immer schwieriger werdenden Zeitläuften vor und im *Dreißigjährigen Krieg* zu keiner stetigen Politik. Seine schwächliche Neutralität trug 1622 wesentlich zum Sieg Tillys über den tapferen Markgrafen Georg Friedrich von Baden-Durlach im Gefecht bei Wimpfen bei, in dem sein Bruder Herzog Magnus fiel, der, obwohl zurückgerufen, der Sache des Markgrafen treu geblieben war. Johann Friedrich starb gerade in der Zeit des Beginns der ärgsten Bedrängnis 1628. Für die nächsten fünf wichtigen Jahre folgte eine vormundschaftliche Regierung seiner zwei Brüder, erst des an sich tüchtigen *Ludwig Friedrich* (1628–1631), dann des unfähigen *Julius Friedrich* (1631–1633). Der Anspruch der katholischen Reichsstände, daß alle seit dem Passauer Vertrag von 1552 durch die Protestanten eingezogenen geistlichen Güter wieder herausgegeben werden sollten, bedrohte insbesondere auch Wirtemberg, da zur Zeit des Vertrags hier noch das Interim, also eine Einrichtung der katholischen Kirche, geherrscht habe. Das *Restitutionsedikt* von 1629 sollte vor allem die Zustände in Wirtemberg und im Schwäbischen Reichskreis treffen und führte fast ein Drittel des Herzogtums wieder dem Katholizismus zu. Der Widerstand der Regentschaft war zunächst vergeblich. Aber die Fortschritte des Katholizismus wurden aufgehalten durch das Vordringen des Schwedenkönigs *Gustav Adolf*, dessen Partei Wirtemberg im Mai 1632 ergriff; im Frühjahr 1633 trat das Herzogtum dem Heilbronner Bund bei. In den Jahren 1624 bis 1635, vor allem im Kampf um das Restitutionsedikt, war für Wirtemberg der Geheime Regimentsrat und Kanzler Jakob Löffler (1582 bis 1638) ein hochverdienter Staatsmann, Ratgeber und Wortführer der evangelischen Stände Süddeutschlands. Von 1632 bis 1635 durch Gustav Adolf zugleich zum schwedischen Vizekanzler und Vertreter Oxenstiernas in deutschen Angelegenheiten berufen, starb er, vom Haß des Kaiserhofes verfolgt, fern der Heimat.

1633 übernahm *Eberhard III.*, der Sohn Johann Friedrichs, erst neunzehnjährig die Regierung (1628–1674). Allein die *Schlacht bei Nördlingen* im September 1634 gab, wie oben S. 159 dargelegt, Wirtemberg den Feinden preis, die das Land verheerten. Der Herzog floh nach Straßburg, was ihm im Lande verübelt wurde. Kaiser Ferdinand II. betrachtete das Land als von Österreich erobertes Gebiet und ließ es als solches verwalten. Erst nach langen Verhandlungen erhielt Eberhard 1638 von dem neuen Kaiser Ferdinand III. das ausgesogene und entvölkerte Herzogtum, wenn auch stark geschmälert, zurück; die Klöster blieben im Besitz der Mönche und auch mehrere Ämter in österreichischer Gewalt. Doch durfte der evangelische Gottesdienst nach den Bestimmungen des Prager Friedens beibehalten werden. Der Kommandant der Festung Hohentwiel, Konrad Wiederholt (1598 bis 1667), der seit 1619 in wirtembergischem Dienst stand, zuletzt als Obervogt in Kirchheim, weigerte sich, den Platz an die Österreicher abzutreten, wie Eberhard mit dem Kaiser vereinbart hatte; er wollte die wichtige Feste seinem Herzog erhalten und hatte die Kühnheit, zu diesem Zweck 1637 in die Dienste Bernhards von Weimar, nach dessen Tod 1639 in die Frankreichs zu treten. Er hielt bis zum Ende des Krieges das Land weithin um den Hohentwiel in Unruhe; trotz fünfmaliger Belagerung vermochten sich Kaiserliche und Bayern des Berges nicht zu bemächtigen. Die Grafschaft Mömpelgard war von 1635 bis 1650 von Frankreich besetzt. Wirtemberg hatte beim Fehlen eigener Wehrkraft im letzten Jahrzehnt des großen Krieges unter den Durchzügen, Kämpfen und Winterquartieren der Truppen beider Parteien weiter furchtbar zu leiden. Das Übergewicht der schwedischen und französischen Waffen entschied aber auch über das Schicksal Wirtembergs. Beim allgemeinen Friedensschluß, *dem Westfälischen Frieden von 1648,* wurde das Herzogtum, das bei den Verhandlungen durch seine Gesandten Andreas Burkhard (1594–1651) und Johann Konrad Varnbüler (1595–1657), beide einst Löfflers Mitarbeiter, vorzüglich vertreten war, vollständig wiederhergestellt, obwohl der Prior von Murrhardt, Adam Adami, als Vertreter der restituierten Klöster in Schwaben auf dem Friedenskongreß mit zähem Eifer für deren Reichsunmittelbarkeit gekämpft hatte. Diesen Erfolg verdankt Wirtemberg neben dem Geschick seiner Unterhändler dem Interesse Schwedens, in Oberdeutschland ein bedeutendes protestantisches Territorium zu erhalten. Trotzdem war das Ergebnis des Krieges für das Land furchtbar.

Closter-Bebenhausen

80 (umseitig oben)
Kloster Bebenhausen
1744
81 (umseitig unten)
Kloster Maulbronn,
Paradies, um 1835

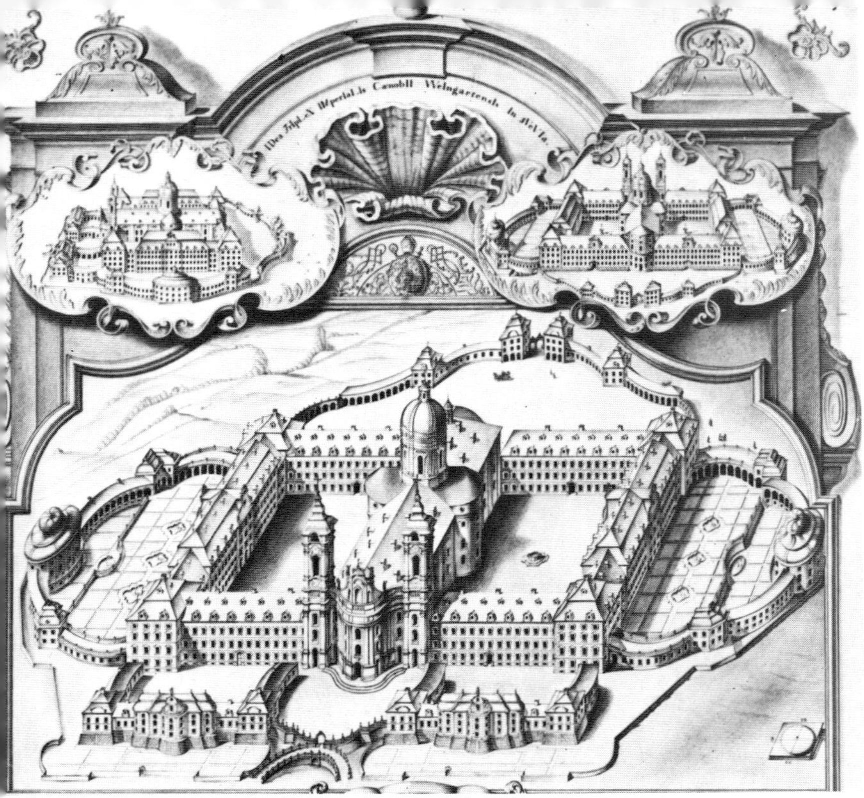

82 Kloster Weingarten.
Kopie nach dem Ideal-
plan von 1723

83 Kloster Hofen bei
Buchhorn am Bodensee
(heute Friedrichshafen)

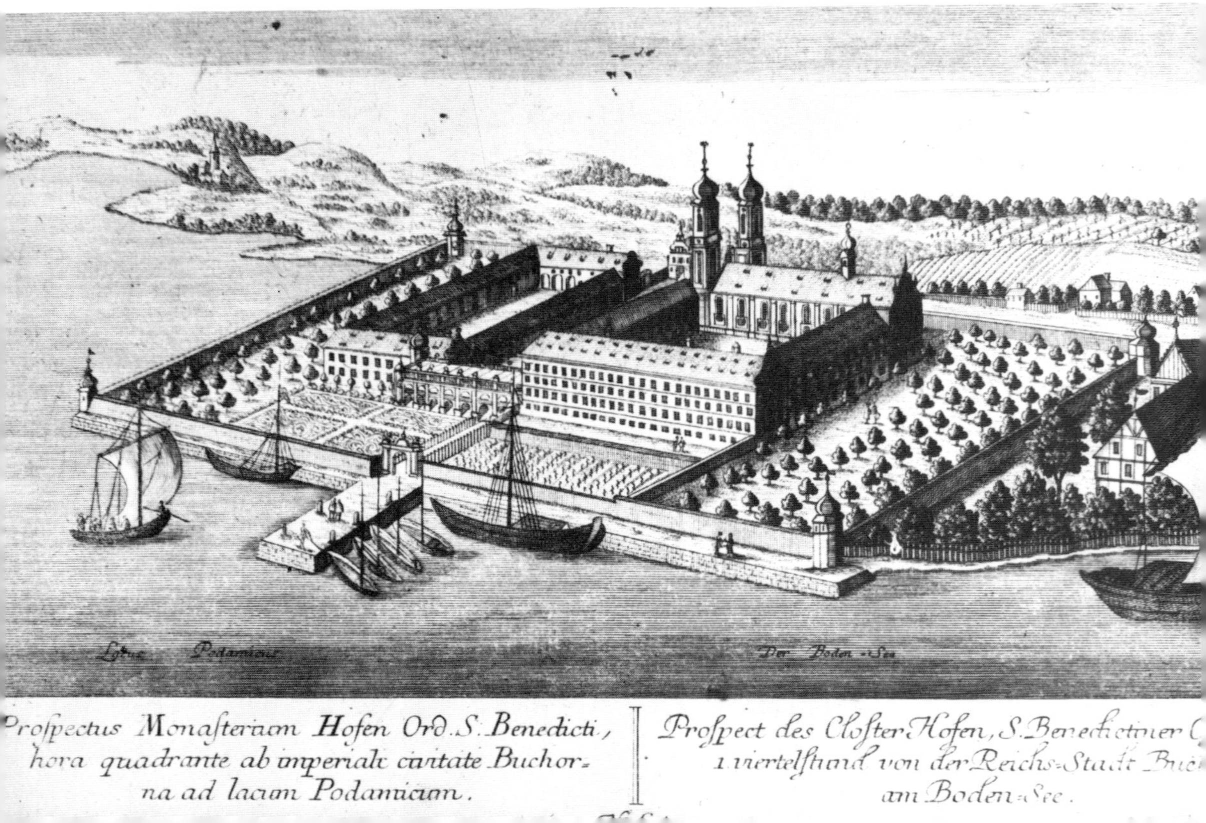

Prospectus Monasterium Hofen Ord. S. Benedicti,
hora quadrante ab imperiali civitate Buchor-
na ad lacum Podanicum.

Prospect des Closter Hofen, S. Benedictiner O[rd],
½ viertelstund von der Reichs-Statt Buch[orn]
am Boden-See.

Lacus Podamicus   Der Boden-See

Wirtemberg von 1648 bis 1805

Nach dem Großen Krieg

Die *Folgen des Dreißigjährigen Krieges* waren für Wirtemberg, das seit 1629 immer Operations- und Kriegsgebiet gewesen war, verheerend. Die *Bevölkerung* des Landes, die vor dem Krieg rund 450 000 betrug, war 1639 weniger durch Schlachten, als durch Gewalttaten und Seuchen auf etwa 100 000 zurückgegangen, vor allem durch die *Pest* der Jahre 1626 und 1634 bis 1639, der die hungergeschwächte Bevölkerung zu vielen Tausenden zum Opfer fiel, allein in Stuttgart von Herbst 1634 bis 1638 über 8800 Personen. Sie zählte 1645 wieder 121 000 und nach dem Krieg 166 000 Seelen. Erst gegen die Mitte des 18. Jahrhunderts wurde die Vorkriegszahl erreicht (G. Mehring, G. Franz). Die Lage war im allgemeinen in den Städten, die einen gewissen Schutz boten, besser als auf dem Land; sie wurden aber durch den Niedergang von Handel und Gewerbe getroffen. Besonders schwer litten Orte an großen Heerstraßen. Calw, Giengen und Waiblingen wurden niedergebrannt, Aalen, Besigheim, Böblingen und Kirchheim unter Teck hart mitgenommen. Andere Gegenden, so der Schwarzwald, hatten weniger zu leiden. Die Felder konnten wegen der marodierenden Soldaten nur unzureichend bestellt werden; noch 1652 lag etwa ein Drittel allen Nutzlandes, Äcker, Weinberge, Wiesen und Gärten wüst und verwildert. Der Weinbau ging infolge des Krieges auf die Dauer erheblich zurück. Die Regierung bemühte sich um die wirtschaftliche Wiederaufrichtung des Landes. Es gelang durch Zusicherung kostenfreier Übergabe verlassenen Bodens und mehrjähriger Steuerfreiheit Neusiedler vor allem aus der Schweiz, aber auch aus anderen Gegenden, z. B. Tirol heranzuziehen. Aus Österreich wandern wieder zahlreiche Exulanten zu, die ihres Glaubens wegen die Heimat verlassen mußten; einzelne Orte, so Schützingen bei Maulbronn, sind fast ausschließlich von ihnen besiedelt worden. Im Gegensatz zum Osten hat der Krieg in Südwestdeutschland nicht zu einer Änderung der Agrarverfassung geführt; doch wurde der Güterzersplitterung weiterer Vorschub geleistet. Auch nach Baden, der Kurpfalz und dem Elsaß kamen zahlreiche Zuwanderer, vor allem aus

der Schweiz, von hier auch Flüchtlinge nach dem niedergeschlagenen Bauernaufstand von 1653.

Fast alle größeren weltlichen Fürsten im Reich außer den Habsburgern hatten im
Dreißigjährigen Krieg eine Vergrößerung ihres Besitzstandes erreicht und erstrebten weitere Ausdehnung ihrer Herrschaft. Wirtemberg konnte trotz seiner
schwachen Politik seine Grenzen zwar behaupten; seine Stellung war aber schwieriger, sein politischer Einfluß geringer geworden. Die Möglichkeit territorialen
Zuwachses war ihm weitgehend verschlossen. Einige Ortschaften, so Gomaringen,
Neckarwestheim, Stetten im Remstal und das Deutschordensschloß Winnental
konnten in diesen Jahren durch Kauf erworben werden. Während die Fürsten-
macht sich im allgemeinen gegenüber den Landständen verstärkte, wuchs in
Wirtemberg, dem größere außenpolitische Aufgaben fehlten, der Einfluß der
Landstände. In vielen deutschen Territorien kamen jetzt stehende Heere auf;
in Wirtemberg hat das die Landschaft verhindert. Erst später und unter vielen
Schwierigkeiten wurde eine kleine Armee geschaffen. Es fehlten daher die zum
Schutz des Landes erforderlichen Truppen; dies um so mehr, als gleichzeitig
fremden Mächten, insbesondere Venedig und Holland die Möglichkeit gegeben
wurde, wehrfähige Landeskinder durch Anwerbung und Kauf für ihren Dienst
zu gewinnen. Diese militärische Schwäche hat es mitverschuldet, daß der deutsche
Südwesten wenige Jahrzehnte später zur Abwehr der französischen Einfälle nicht
genug beitragen konnte und das Land erneut in schwere Not geriet.

Die katholische Partei war zwar, soweit Reichsinteressen in Frage kamen, im
großen Krieg zum Nachgeben gezwungen worden; doch hatte auch der oberdeut-
sche Protestantismus große Verluste erlitten. Nach der katholischen Restauration
in den österreichischen Ländern, in Bayern, in Pfalz-Neuburg und in der Oberpfalz, in Gebieten geistlicher Fürsten und in anderen Territorien waren die Protestanten im Süden Deutschlands mehr isoliert als in der zweiten Hälfte des 16.
Jahrhunderts. Wirtemberg wurde jetzt fast ein *Außenposten des Luthertums.* Die
lange Kriegszeit hat auch dem *geistlichen Leben* des Landes erheblichen Schaden
zugefügt. Eberhard III. bemühte sich, die zahlreichen verwaisten Pfarrstellen
rasch zu besetzen. Wenn es nicht zu einer Verkümmerung kam, so verdankt das
Land dies seinen religiösen und sittlichen Kräften. Die Arbeit des Pfarrstandes hat
wesentlich dazu beigetragen, wieder Haltung und innere Zucht im Volk herzustellen. Dem Niedergang des kirchlichen Lebens wirkte besonders Johann Valentin
Andreä (1586–1654) entgegen, im Krieg zunächst Dekan in Calw, seit 1638 Hof-
prediger in Stuttgart, eine der bedeutendsten Gestalten der wirtembergischen Kirche. Er hat die Landeskirche und ihre Ordnung in klarer Richtung auf Übereinstimmung von Lehre und Leben mit dem Blick auf ein praktisches Christentum

wieder aufgebaut und damit zugleich die enge Haltung der Orthodoxie überwunden. Nach reformiertem Vorbild wurden Kirchenkonvente 1642 zunächst für die Amtsstädte, 1644 für das ganze Land eingerichtet, in denen Pfarrer und Ortsvorsteher mit Beisitzern zur Ausübung der Kirchenzucht zusammenwirkten. In der Synodalordnung von 1648 ist zum erstenmal in Wirtemberg die *Schulpflicht* für alle Kinder gesetzlich verankert worden. 1653 zählte man 478 Schulorte, nur 68 ohne Schulen; fast jeder Pfarrort hatte eine einklassige Schule. In den Dörfern wurde zunächst nur winters Schule gehalten. Lehrer war noch oft der Mesner. Als privaten Familienbesitz des herzoglichen Hauses trennte Eberhard III. vom Kammergut, dessen Erträgnisse sowohl für den Bedarf des Herzogs wie den der Regierung bestimmt waren, das Kammerschreibereigut (später Hofkammergut) als Familienfideikommiss (als solcher bis 1922) ab. Es gehörte nicht zum Staatsgut, sondern ist Privateigentum des Hauses Württemberg.

Die Einheit des Reiches blieb zwar äußerlich erhalten, die kaiserliche Zentralgewalt war aber geschwächt. Die Souveränität, die man im Westfälischen Frieden jedem Reichsstand zuerkannt hatte, gab das Recht, mit anderen Reichsständen oder mit fremden Ländern Bündnisse abzuschließen, vorausgesetzt, daß sie sich nicht gegen Kaiser und Reich richteten. Ein solches Bündnis mit Frankreich, Schweden und einigen deutschen Fürsten, darunter den Kurfürsten von Mainz, Köln und Trier war der von Mazarin gegen die Vorherrschaft Österreichs betriebene *Rheinische Bund*, dem Eberhard 1660 zögernd beitrat, ein Vorläufer des napoleonischen Rheinbundes. Der Bund fiel nach kurzer Dauer bei Beginn der Kriege Ludwigs XIV. auseinander. Eberhard III. starb 1674, ein um Land und Leute hausväterlich besorgter und in seinen reiferen Jahren beliebter Fürst, aber ohne größere Beständigkeit und ohne Entschlußkraft in der Politik. Von seinen 25 Kindern aus zwei Ehen überlebten ihn acht Söhne und sechs Töchter.

Sein Sohn, Herzog *Wilhelm Ludwig* (1674–1677) starb schon nach dreijähriger Regierung, erst dreißigjährig. Er hinterließ einen einjährigen Sohn *Eberhard Ludwig* (1677–1733), der bis 1693 unter der Vormundschaft seines Oheims, des Herzogadministrators *Friedrich Karl* von Wirtemberg-Winnental stand. Dessen Versuche, ein kleines stehendes Heer zum Schutz gegen französische Einfälle zu schaffen, stießen wieder auf scharfen Widerstand der Stände. Im dritten Eroberungskrieg Ludwigs XIV., 1688 bis 1697, hatte das Land wieder erheblich zu leiden (über die Vorgänge im einzelnen vgl. S. 193 f.). Als der Herzogadministrator 1693 aus französischer Gefangenschaft, in die er in dem Gefecht bei Ötisheim im September 1692 geraten war, zurückkehrte, war die Vormundschaft aufgehoben und Eberhard Ludwig mit siebzehn Jahren für mündig erklärt. Friedrich Karl hat sich später als Feldmarschall in österreichischen Diensten bewährt.

Herzog Eberhard Ludwig

Eberhard Ludwigs vierzigjährige Regierungszeit war keine Glückszeit des Landes. Es darf aber nicht verkannt werden, daß der junge Herzog in den zwei Jahrzehnten des kaum unterbrochenen Krieges mit dem Frankreich Ludwigs XIV., wie schon sein Vormund und Vorgänger, der Herzogadministrator, und wie später sein Nachfolger Herzog Karl Alexander sich dem Reich treu verbunden fühlte und mit Energie um die Verbesserung der Wehrverhältnisse des Landes zum Schutze des deutschen Südwestens bemüht war. Eberhard Ludwig hat dabei zunächst noch mit dem bewährten Führer der Reichstruppen am Oberrhein, Markgraf Ludwig Wilhelm von Baden zusammengewirkt. Trotz erheblicher Leistungen und Leiden des Landes und obwohl sich seine Truppen 1704 in den Schlachten am Schellenberg und Höchstädt tapfer bewährten, brachte der Friedensschluß nach dem Spanischen Erbfolgekrieg nicht einen den Anstrengungen entsprechenden Gewinn. Die großen Mächte hatten sich über die Interessen des Reichs und der kleineren deutschen Fürsten hinweg geeinigt. Auch Straßburg blieb französisch. Ein stehendes Heer im Frieden, das der Herzog nach wie vor für nötig hielt, konnte nach weiterem Widerstand der Landstände schließlich 1724 geschaffen werden. Seine Bemühungen um die Kurwürde im Zusammenhang mit der Erhebung des welfischen Herzogtums zum Kurfürstentum im Jahre 1692 blieben trotz seiner reichsfreundlichen Haltung ohne Erfolg.

Eberhard Ludwigs Name ist mit dem *Gymnasium in Stuttgart* (seit 1881 Eberhard-Ludwigs-Gymnasium) verbunden, das während seiner Minderjährigkeit 1686 unter dem Herzogadministrator Friedrich Karl durch Umwandlung des von Herzog Christoph in Stuttgart gegründeten Pädagogiums errichtet wurde und sofort auch der naturwissenschaftlichen und neusprachlichen Bildung neben der humanistischen Raum gewährte. 1722 wurde durch die Bemühungen des tüchtigen Konsistorialdirektors Johannes Osiander die Konfirmation in Wirtemberg eingeführt. Die nach Aufhebung des Edikts von Nantes 1685 geflohenen Hugenotten wurden nicht ins Land aufgenommen, da sie der lutherischen Rechtgläubigkeit als Calvinisten verdächtig waren. Doch wies man 1699 den aus den Tälern Piemonts verdrängten etwa 3000 *Waldensern* Wohnplätze im Nordwesten des Landes an. Sie waren Untertanen des Herzogs von Savoyen, die, aus Frankreich verjagt, zunächst in Piemont einwanderten, dort aber nach dem zwischen Ludwig XIV. und dem Herzog 1696 vereinbarten Frieden vertrieben wurden und in den Jahren 1699 und 1700 unter Führung ihres tapferen Pfarrers und Kriegsobersten Henri Arnaud (1643–1721) um Aufnahme im Herzogtum nachsuchten. So entstanden in verödeten Gebieten die Waldensergemeinden: in der

Maulbronner Gegend Groß- und Klein-Villars, Dürrmenz mit Schönenberg, Sengach und Corres, Pinache mit Serres und (Wurmberg-)Lucerne; in der Gegend von Heimsheim und Calw Perouse und Neuhengstett; bei Brackenheim Nordhausen. Die alte Waldensersekte in Südfrankreich hatte sich schon 1532 mit den Reformierten vereinigt. Die Waldenser behielten auch in Württemberg ihre eigene Kirchenorganisation und die südfranzösische Bauernsprache bis ins 19. Jahrhundert bei. Sie brachten den Anbau der Kartoffel und der Luzerne in das Land.

Herangewachsen, führte Eberhard Ludwig einen glänzenden *Hof in französischem Stil*. Auf dem Boden des zum Kirchengut gehörigen Erlachhofs baute er von 1704 an das prachtvolle Schloß *Ludwigsburg;* daneben wurde nach der regelmäßigen holländisch-französischen Städtebaukunst eine Stadt angelegt, wie damals vielfach die Fürsten neben den alten Landeshauptstädten neue Residenzorte (so Mannheim, Darmstadt, Karlsruhe, Schwetzingen und Bruchsal) erbauten. 1709 nahm der Herzog dort dauernden Aufenthalt; zeitweise wurden während des 18. Jahrhunderts auch die Regierungsbehörden dahin verlegt. Sie hat sich in der Folge als eine durchaus lebensfähige Gründung erwiesen. Von 1707 an übte auf den mit Johanna Elisabeth von Baden-Durlach wenig glücklich verheirateten Herzog die aus Mecklenburg stammende schöne und ehrgeizige *Wilhelmine von Grävenitz* (1686–1744) entscheidenden Einfluß aus. Auch nachdem er die mit ihr geschlossene Doppelehe, die großes Ärgernis erregt hatte, 1708 für nichtig erklären und die Mätresse eine Scheinehe mit einem verschuldeten, unter der Bedingung sofortigen Verlassens des Herzogtums zum Landhofmeister ernannten Grafen von Würben eingehen ließ, beherrschte die „Frau Landhofmeisterin" den Hof mehr als zwei Jahrzehnte lang. Ihr Verhalten unterschied sich nur negativ von dem anderer Hofmätressen jener Zeit: sie mischte sich in Staatsgeschäfte, übernahm den Vorsitz im Kabinettsministerium, das mit ihren Brüdern und Vertrauten besetzt wurde, finanzierte ihre Liebhabereien durch Ämterhandel und durch die geschickte Verwaltung von Gütern, die ihr der Herzog schenkte. Erst 1731 fiel sie in Ungnade. Eberhard Ludwig war desungeachtet ein zielbewußter Vertreter des fürstlichen Absolutismus, persönlich tapfer und ein glänzender Kavalier im Sinne seiner Zeit. Aber er war ohne höhere sittliche Auffassung seines Regentenberufs. Das Land geriet unter seiner aufwendigen Regierung immer mehr in finanzielle Schwierigkeiten. Wirtschaftliche Unternehmungen, die er durch die Schaffung eines „Komerzienraths" fördern wollte, hatten wenig Erfolg; die Landstände, die an Bedeutung verloren, waren nicht bereit, seine merkantilistische Wirtschaftspolitik mitzumachen.

Herzog Karl Alexander

Nach Eberhard Ludwigs Tod 1733 fiel die Regierung an seinen 1684 geborenen
Vetter Herzog *Karl Alexander* (1733–1737), den Sohn Friedrich Karls von Wirtemberg-Winnental. Er hatte sich als österreichischer General im Spanischen Erbfolgekrieg und in den nachfolgenden Türkenkämpfen ausgezeichnet, war kaiserlicher Feldmarschall und seit 1719 Statthalter in Serbien; als Freund und Waffen-
gefährte des Prinzen Eugen von Savoyen benannte er seine drei Söhne nach ihm.
1712 trat er wie viele andere Männer in österreichischen Diensten zur katholischen
Kirche über. Er regierte im Geist des Absolutismus, bemühte sich um die Verbesserung der Landesverteidigung und ließ die vorhandenen Befestigungen in-
standsetzen. Im Westfälischen Frieden war seinerzeit bestimmt worden, daß ein
Landesherr nicht befugt sei, die Religionsübung, die 1624 in seinem Lande
herrschte, zu stören: trat er von der einen zu der anderen Konfession über oder
gelangte er durch Erbfolge in einem Land mit anderem Bekenntnis zur Regierung, so durfte er den Religionsstand seines Landes nicht ändern. Die landes-
bischöflichen Rechte wurden auf Grund der Religionsreversalien von 1565 dem
Geheimen Rat übertragen, dem damit noch die besondere Stellung des Wahrers
der evangelischen Landesreligion zukam. Im Polnischen Erbfolgekrieg (1733–1735)
schloß der reichs- und kaisertreu gesinnte Karl Alexander einen Vertrag mit
Kaiser Karl VI. über die Stellung eines Heeres. Die nötigen Geldsummen brachte
ein geschickter und skrupelloser jüdischer Finanzmann, Süß Oppenheimer (um
1698 bis 1738, aus Heidelberg), sowohl durch Anwendung merkantilistischer Wirt-
schaftsmethoden wie durch Ämterhandel, Münzverschlechterung und andere Übergriffe auf. Wegen des Widerstands der Landschaft und des Landes kam Karl
Alexander offenbar zu dem Entschluß, die Macht der Landstände zu brechen und
der katholischen Kirche gleiche Rechte neben der evangelischen zu verschaffen;
Verhandlungen wurden deswegen mit dem aufgeklärten Bischof von Würzburg
und Bamberg, Friedrich Karl von Schönborn, eingeleitet, der über ein kleines
kriegstüchtiges Heer gebot. Das Mißtrauen des streng protestantischen Volkes
wurde rege; indessen schied der Herzog am 12. März 1737 durch einen Herzschlag
jäh aus dem Leben, ehe es zu schweren Konflikten kam.

Herzog Karl Eugen

Der älteste Sohn des verstorbenen Herzogs, *Karl Eugen* (1737–1793), war beim
Tode seines Vaters erst neun Jahre alt und wurde aus Sorge, Frankreich könne
sich im Ersten Schlesischen Krieg trotz der Neutralität des Landes des Prinzen

bemächtigen, von 1741 an am Hofe Friedrichs des Großen erzogen. Die vormundschaftliche Regierung des Herzogs Karl Rudolf von Wirtemberg-Neuenstadt, eines
bewährten Heerführers, der alt und den Regierungsgeschäften nicht gewachsen
war, und des tüchtigen Herzogs Karl Friedrich von Wirtemberg-Oels, Administrator seit 1738, dauerte nur bis zur Mündigerklärung des erst sechzehnjährigen
Karl Eugen 1744. Der verhaßte Süß Oppenheimer wurde verhaftet und nach
wenig gesetzmäßigem Verfahren 1738 hingerichtet.

Karl Eugen, frühreif, von lebhaftem Temperament und starkem Selbstgefühl,
begabt, von rascher Auffassung und klarem Urteil, aber weder maßvoll noch
ausdauernd, war den Ideen der Aufklärungszeit nicht unzugänglich und von einer
ungewöhnlichen Vorurteilslosigkeit; er hatte einen regen Kunstsinn und den lebhaften Trieb, Neues anzuregen und zu schaffen, auch Sinn für Organisation und
Verwaltung, war aber doch in erster Linie auf den Effekt seines Handelns bedacht. Dazu kamen erhebliche Mängel des Charakters: er erwies sich nach seinem
sittlichen Empfinden durchaus als ein Sohn der Rokokozeit, eitel, genußsüchtig
und verschwenderisch, kurz eine widerspruchsvolle Persönlichkeit. Allzufrüh
auf den Thron gelangt, gab er sich bald zügelloser Ausschweifung hin.

1752 verabredete Karl Eugen, wie Bayern, die Pfalz und Köln, einen Subsidienvertrag mit Frankreich, durch den er jährlich erhebliche Hilfsgelder erhielt gegen
die Verpflichtung, im Kriegsfalle 6000 Mann zu stellen. Er hatte ein solches Abkommen mit König Friedrich II. von Preußen abschließen wollen, war jedoch von
diesem an das damals mit Preußen verbündete Frankreich gewiesen worden, da
Wirtemberg für Preußen zu weit ablag. Karl Eugen erhielt damit zwar die Mittel
zu einer üppigen Hofhaltung, geriet aber bald in *Streit mit der Landschaft*. Als
1756 der Siebenjährige Krieg Frankreichs mit seinen Gegnern Preußen und England ausbrach, mußte er die französischen Subsidienregimenter aufbringen, was
nicht ohne Anwendung harter Gewalt möglich war, da das evangelische Volk
im preußischen König den Schützer seines Glaubens sah. In seine Gunst teilten
sich der Oberkriegsrat und Oberst Friedrich Philipp Rieger (1722–1782) und
der in Franken begüterte anpassungsfähige und ränkesüchtige Graf Friedrich
Samuel von Montmartin (1712–1778); die Nebenbuhlerschaft beider endete zuletzt mit Riegers Einkerkerung.

Ein unwürdiger Diensthandel sollte weitere Gelder einbringen. Die Erhebung von
Steuern, die von den Landständen nicht bewilligt waren, steigerte den Zwiespalt:
der Verfassungskonflikt zwischen Herzog und Ständen, zwischen Drang zum
Absolutismus und bürgerlich-oligarchischer Führungsschicht, spitzte sich immer
mehr zu. 1759 wurde der Landschaftskonsulent Johann Jakob Moser (1701 bis
1785), der berühmte Staatsrechtsgelehrte, in seiner Haltung und seiner ständischen

Rechtsgesinnung eine außerordentliche Persönlichkeit, verhaftet und fünf Jahre lang ohne Recht und Urteil auf dem Hohentwiel gefangengehalten, 1764 der Oberamtmann von Tübingen, Ludwig Huber (1723-1800), der die Erhebung einer vom Landtag nicht genehmigten Steuer verweigerte, auf den Hohenasperg gebracht. Der ständische Ausschuß wandte sich 1764 mit einer Klage an den Reichshofrat in Wien, der in Konkurrenz mit dem Reichskammergericht Recht sprach, aber mehr als dieses dem Einfluß des Kaisers und damit politischen Erwägungen offen stand. Das Eintreten Friedrichs des Großen für die Landschaft in seiner Eigenschaft als eines Garanten der Religionsreversalien Herzog Karl Alexanders, bewog den Reichshofrat, durch eine kaiserliche Hofkommission Vergleichsverhandlungen einzuleiten, deren Ergebnis schließlich in einem Vertrag zwischen dem Herzog und der Landschaft zusammengefaßt wurde, dem *Erbvergleich* vom 27. Februar 1770, so genannt, weil er auch für die Nachfolger Karl Eugens verbindlich sein sollte. Er wurde von Preußen, England und Dänemark garantiert. Der Herzog mußte nachgeben: im allgemeinen wurde der Rechtszustand, wie er im 17. Jahrhundert gegolten hatte, wiederhergestellt. Die Residenz wurde nach Stuttgart zurückverlegt. Karl Eugen fand sich fortan mit dem Engeren Ausschuß ab, dessen Macht sich so verstärkte, daß nun 26 Jahre lang kein Landtag mehr einberufen wurde. Der gerade um die Landstände hochverdiente Johann Jakob Moser wurde durch die Ausschußoligarchie, in der vor allem verschiedene Glieder der Familie Stockmayer einen unerfreulichen Einfluß ausübten, aus seinem Amt gedrängt. Die eigennützige Haltung dieses Klüngels hat starke Schatten auf die letzten Jahrzehnte der Landstände geworfen. Der Erbvergleich bedeutete einen Einschnitt im Leben Karl Eugens, bei dem sich eine äußere und innere Wandlung anbahnte. Seine Eigenwilligkeiten mäßigten sich, zumal unter dem Einfluß seiner Geliebten, Franziska von Leutrum, geborene von Bernerdin (1748–1811), seit 1774 Reichsgräfin von Hohenheim, die er 1785 ehelichte und die 1791 als Herzogin von Wirtemberg anerkannt wurde. Die Landschaft begünstigte die Verbindung, um die Nachfolge der evangelischen Nachkommen Herzog Friedrich Eugens zu sichern. In den letzten zwei Jahrzehnten seiner Regierungszeit hat sich Karl Eugen verantwortungsbewußt um die Verbesserung der Verhältnisse des Landes bemüht. Die Bestrebungen Kaiser Josephs II., Bayern der österreichischen Monarchie anzugliedern, wodurch die politische Lage Wirtembergs wesentlich kompliziert worden wäre, scheiterten an dem Widerstand König Friedrichs II. von Preußen; der Herzog hat sich jedoch an dem von diesem 1785 begründeten Deutschen Fürstenbund nicht beteiligt. Karl Eugen starb am 24. Oktober 1793, als bereits die Stürme der Französischen Revolution das Land in Mitleidenschaft zu ziehen begannen. Karl Eugen erwarb 1751 die Herrschaft

Justingen, auf der Alb zwischen Münsingen und Schelklingen, 1780 bis 1790 Teile der Grafschaft Limpurg, 1785 Bönnigheim. Die Bevölkerung des Landes stieg auf etwa 620 000 Einwohner an; seine Fläche betrug nun 9400 Quadratkilometer.

Hohe Karlsschule

Karl Eugens persönlichste Schöpfung war die von ihm gegründete *Karlsschule*. An ihrem Anfang standen Bemühungen um die Errichtung eines Militärwaisenhauses, einer Offiziersschule und einer Kunstschule zur Heranbildung von Kunsthandwerkern, Musikern und Sängern für die Bauten und Theater des Herzogs. Während sich für das Militärwaisenhaus andere Lösungen in Stuttgart und Hofen am Neckar fanden, konnte die Militärakademie 1770 auf Schloß Solitude bei Stuttgart eröffnet werden. Karl Eugen, bei dem sich Absolutismus und Aufklärung mit lebhaftem pädagogischen Interesse verbanden, hat sich um das Wachsen seiner Stiftung und ihrer Zöglinge unermüdlich, auch durch Auswahl tüchtiger Lehrer, bemüht. Er stieß aber auf lebhaften Widerstand der Landschaft, die die finanziellen Belastungen, und der Universität Tübingen, die eine Beeinträchtigung ihrer Stellung als Landesuniversität befürchtete. 1775 wurde die Akademie, die trotz mancher Anfeindungen weites Ansehen gewonnen hatte, nach Stuttgart in umfangreiche Bauten hinter dem Neuen Schloß verlegt, die bis zur Zerstörung 1944 als „Akademie" bezeichnet worden sind. 1781 wurde sie von Kaiser Joseph II. unter dem Namen *„Hohe Karlsschule"* zur Universität erhoben. Sie hat humanistische und eine für ihre Zeit moderne Bildung verbunden und erreichte eine hohe Blüte. Die militärische Strenge und die autokratische Fürsorge, die Herzog und Schule den Studierenden angedeihen ließen, wurde vor allem seit der Französischen Revolution von den jungen Menschen vielfach als harter Eingriff in ihre persönliche Freiheit empfunden. Schiller, der von 1773 bis 1780 in der Karlsschule seine hauptsächlichste Schulung erhielt, entzog sich als junger Militärarzt 1782 der Bevormundung durch seine Flucht nach Mannheim. Die Erinnerung an dieses Ereignis hat die positiven Leistungen der Schule lange verdunkelt. Die durch den unter der unmittelbaren Aufsicht des Herzogs stehenden Intendanten Christoph Dionysius Seeger (1745-1808) gut geleitete Schule hat zahlreiche tüchtige Lehrer gewonnen, so die beiden Philosophen Friedrich Abel (1751–1829), Schillers anregenden Lehrer und Freund, dessen Auffassungen sich in den „Räubern" widerspiegeln, und Johann Christoph Schwab (1743–1821), Jakob Friedrich Rösch (1743-1841) als Mathematiker und

Militärwissenschaftler, Jakob Friedrich Autenrieth (1740-1800) für die Kameralwissenschaften und Johann Gotthard Müller (1747–1830) als Leiter der Kupfer-
stecherschule. Mit Karl Eugens Tod am 24. Oktober 1793 und dem Regierungsantritt des unbedeutenden und sparsamen Herzogs Ludwig Eugen, dem die pädagogischen Interessen seines Bruders abgingen, war das Schicksal der Hohen Karlsschule besiegelt: am 4. Januar 1794 wurde ihre Aufhebung zu Ostern d. J. de-
kretiert. In den 23 Jahren ihres Bestehens hat die Gründung Karl Eugens für das
Land und darüber hinaus eine große Zahl hervorragender Persönlichkeiten heran-
gebildet, so den bedeutenden Naturforscher Georges Cuvier aus Mömpelgard
(1769–1832), der die vergleichende Anatomie begründete und in Paris zu hohen
Ehren kam, die Maler Friedrich Heinrich Fugger (1751–1818), Eberhard Wächter (1762–1852) und den früh hingeschiedenen Gottlieb Schick (1776–1812),
die stärkste malerische Begabung des deutschen Klassizismus, sowie den bekannten Bildhauer Johann Heinrich Dannecker (1758–1841). Eine Reihe von Karls-
schülern haben als führende Verwaltungsbeamte an der Seite König Friedrichs an
der Neuordnung des Landes gewirkt, so der Staatsminister Philipp Christian von
Normann (1756–1817), seit 1799 Friedrichs fähigster Mitarbeiter, und der viel-
gewandte Kult- und Finanzminister Ulrich Lebrecht von Mandelsloh (1760 bis
1827). Die Hohe Karlsschule hat wesentlichen Schichten des Landes den Geist
einer gemäßigten Aufklärung nahegebracht und damit zur Überwindung der gewissen Enge beigetragen, in die sich das Land abgekapselt hatte.
Die Mehrzahl der Bevölkerung verhielt sich jedoch dem höfischen Bildungsideal
und der Aufklärung gegenüber ablehnend. Da der Adel außer am Hofe keine
Bedeutung hatte, blieb im gesellschaftlichen Leben die Honoratiorenschicht der
Beamten und Geistlichen tonangebend, zu der, nicht zuletzt dank Klosterschulen
und Stift, jedem begabten Sohn des Landes der Zutritt offenstand.
Wachsenden Anklang hatte seit etwa 1680 der *Pietismus* gefunden, der als evan-
gelische Bewegung gegen die starre lutherische Orthodoxie in der zweiten Hälfte
des 17. Jahrhunderts entstand und zunächst unter den Pfarrern, dann auch in
Gemeinschaften des einfachen Volkes auf eine religiöse Vertiefung hinwirkte. Es
war das erstemal, daß Kreise, die nicht zur Ehrbarkeit gehörten, in die geistige
Geschichte des Landes eingriffen (G. Schäfer). Der Pietismus gewann bald Einfluß auf führende Persönlichkeiten der Kirche, ohne diese ganz zu durchdringen.
Separatistische Tendenzen konnten in Wirtemberg kaum wirksam werden, vor
allem nachdem der tolerante Theologe und Geheime Rath Georg Bernhard Bilfin-
ger (1693–1750) als Konsistorialpräsident mit dem Generalreskript von 1743 das
Verhältnis der Kirche zu den Pietisten geregelt hatte. Es ist die einzige Verordnung, durch die sich eine Landesregierung mit dem Pietismus befaßt und seine

besonderen Zusammenkünfte zugelassen hat. Sie führte dazu, daß sich das Gemeinschaftswesen in Württemberg auf dem Boden und im Schoße der Kirche entwickelte, das man allerdings deutlich zu kritisieren wußte. Der bedeutendste der pietistischen Laien war in Wirtemberg der Bauernsohn Michael Hahn (1758 bis 1819) aus Altdorf bei Böblingen, der Begründer der „michelianischen Gemeinschaften", die noch heute bestehen. Gegen Ende des Jahrhunderts drang die Aufklärung auch in das Kirchenregiment ein.

Ludwig Eugen – Friedrich Eugen

Auf Karl Eugen folgten für wenige Jahre seine Brüder *Ludwig Eugen* (1793 bis 1795) und *Friedrich Eugen* (1795–1797): jener ein wohlwollender Fürst ohne Tatkraft, dieser, Reiterführer Friedrichs des Großen im Siebenjährigen Krieg, in glücklicher Ehe mit einer preußischen Prinzessin verheiratet, war das Haupt eines durch rege geistige Interessen ausgezeichneten Familienkreises, seit 1776 Schwiegervater des Großfürsten Paul von Rußland, des späteren Zaren; seine Kinder wurden evangelisch erzogen. Damit wurde die regierende Linie des Hauses bis zum letzten König wieder evangelisch.

Am 22. Mai 1793 war der *Erste Koalitionskrieg* als Reichskrieg an Frankreich erklärt worden. Herzog Ludwig Eugen schloß sich aus Abneigung gegen die Revolution entschieden der österreichischen Politik an, um so mehr, als Mömpelgard 1792 von den Franzosen besetzt und 1793 annektiert worden war. Seine Nachfolger behielten diese Richtung zunächst bei. Nach dem französischen Einfall im Sommer 1796 wurde Wirtemberg, für das in Paris je ein Gesandter des Herzogs und der Landschaft unabhängig voneinander verhandelt hatte, zunächst zu einem Waffenstillstand und dann zu einem Sonderfrieden mit der Französischen Republik genötigt, auf den die Landschaft seit 1794 drängte. Das Selbstgefühl der wirtembergischen Landstände war während des 18. Jahrhunderts so angewachsen und ihr Einfluß auf die Landespolitik zuletzt so gestiegen, daß sie jetzt ihre eigene auswärtige Politik neben der herzoglichen treiben zu können glaubten. Nach dem Vertrag sollten Mömpelgard und die elsässischen Gebiete gegen Ersatz auf dem rechten Rheinufer abgetreten und eine Kriegsentschädigung bezahlt werden. Um diese aufbringen zu können, mußte 1797 wieder ein Landtag einberufen werden, der sogenannte *Reformlandtag*. Ihm lag allerdings mehr die Reform der Landstände als die Aufbringung der Kriegslasten am Herzen. Er erreichte die Aufhebung der unerfreulichen Ausschußherrschaft; der mißliebige Landschaftsadvokat Friedrich Amandus Stockmayer wurde gestürzt und Eberhard

Friedrich Georgii (1757–1830) zum Landschaftskonsulenten des „Reformlandtages" gewählt, ein unbeugsamer Vertreter des Rechts, den man den „letzten Alt-Wirtemberger" genannt hat. Die Verfassung des Landes paßte aber nicht mehr in eine Lage, die eine einheitliche Staatsleitung erforderte. Beide Parteien rangen deshalb um die Erweiterung ihrer Befugnisse.

Herzog Friedrich II.

Dies mußte zu heftigem Streit führen, als der älteste Sohn Friedrich Eugens, Herzog *Friedrich II.* (1797–1816), 44 Jahre alt, den Thron bestieg. Friedrich war in jüngeren Jahren in preußischen, dann in russischen Diensten gestanden, dort Gouverneur von Cherson gewesen, aber 1786 offenbar bei der Zarin Katharina II. in Ungnade gefallen und ohne seine Gattin Karoline Auguste von Braunschweig zurückgekehrt, die kurz darauf in Estland einen bis heute nicht geklärten Tod fand. Friedrich war ein Mann von durchgreifendem Herrscherwillen und hohen staatsmännischen Fähigkeiten, aber auch menschenverachtend und von einem zur Gewalttätigkeit neigenden Temperament. Während der neugewählte ständische Ausschuß für Wirtemberg Frieden oder Neutralität im Kampf der Großmächte wollte und einen Beitrag zur Unterhaltung des vom Herzog geforderten verstärkten Heeres hartnäckig verweigerte, erkannte Friedrich die Notwendigkeit, sich eng an eine Großmacht, zunächst an Österreich, anzuschließen und das Heer zu verstärken. Das Ende des Ersten Koalitionskrieges im Herbst 1797 vertagte den Konflikt; allein da Friedrich den festen Willen hatte, eine stehende bewaffnete Macht von bestimmter Stärke zu unterhalten, um in den bevorstehenden Kämpfen die Existenz des Landes schirmen zu können, während die Landstände eine durchgreifende Neuerung im Heerwesen ablehnten, mußte der Ausbruch des Zweiten Koalitionskrieges 1799 den Gegensatz unheilbar verschärfen. Der Herzog gab das Neutralitätsbündnis mit Frankreich trotz dem heftigen Einspruch der Landstände auf und trat im Juli 1799 auf die Seite Österreichs; gegen die Stände, denen vom Reichshofrat Eingriffe in die Außen- und Militärpolitik des Landes verboten wurden, konnte er nun mit kaiserlicher Rückendeckung Zwangsmaßnahmen ergreifen; der Reformlandtag wurde aufgelöst und sein Auseinandergehen erzwungen. Damit waren die Versuche, die altständische Verfassung in modernerem Sinn umzubauen, gescheitert. Auch der Zweite Koalitionskrieg war ein Mißerfolg (vgl. S. 206/7).
1800 schloß Friedrich einen Subsidienvertrag mit England, dessen König Georg III. sein Schwiegervater war; er hatte sich 1797 mit der Princess Royal Charlotte

Mathilde vermählt. Sein Truppenkontingent stellte Friedrich dem Kaiser zur Verfügung. Er selbst mußte im Frühjahr 1800 aus dem Lande weichen. Im Frieden von Lunéville 1801 von Österreich im Stich gelassen, entschloß er sich zu einer grundsätzlichen Wendung seiner Politik und nahm Verhandlungen mit Frankreich über einen Sonderfrieden auf. Im Mai 1802 kam in Paris ein Vertrag zustande, in dem Friedrich der Fortbestand des Landes zugesichert und sehr reichliche Entschädigung für die verlorenen linksrheinischen Gebiete in Aussicht gestellt wurde: noch im Dezember dieses Jahres konnte er von den neun Reichsstädten Esslingen, Reutlingen, Rottweil, Weil der Stadt, Heilbronn, Hall, Gmünd, Aalen und Giengen, der Fürstpropstei Ellwangen, den katholischen Stiften und Klöstern Comburg, Schöntal, Zwiefalten, Heiligkreuztal bei Saulgau, Margrethausen bei Ebingen und Rottenmünster bei Rottweil sowie dem evangelischen Damenstift Oberstenfeld bei Beilstein Besitz ergreifen. Diese Erfolge verdankte Friedrich neben seinem politischen Geschick auch seinen dynastischen Beziehungen zu Rußland und England. Der fortdauernde Zwist mit den Landständen, die ebenfalls versucht hatten, neue Lande zu erhalten und dadurch ihre Stellung gegenüber dem Landesherrn zu festigen, bewog Friedrich, die neuen Erwerbungen dem Lande nicht einzuverleiben, sondern als *Neuwirtemberg* zu einem besonderen, von den Landständen unabhängigen, absolut regierten Staat mit eigenem Ministerium und mit dem Regierungssitz in Ellwangen zusammenzufassen. Im Toleranzedikt vom Februar 1803 wurde den neuen Untertanen freie Religionsübung zugesagt. Der Reichsdeputationshauptschluß brachte Friedrich im Februar 1803 die Bestätigung der neugewonnenen Besitzungen und noch aus des Kaisers Hand die *Kurwürde*. Auch für Altwirtemberg wurde nun ein Staatsministerium gebildet. Wegen der Bezahlung der Kriegsschulden brach der Konflikt mit den Ständen neu aus. Sie versuchten, durch finanzielle Zuwendungen an Friedrichs ältesten Sohn Wilhelm dessen Gegensatz zu seinem Vater zu vertiefen. Ein Liebesverhältnis zwischen Wilhelm und der Tochter des früheren Landschaftskonsulenten Konradin Abel (1750-1823), des Bruders des Professors an der Hohen Karlsschule, der als Landschaftsgesandter in Paris Gegenspieler des Herzogs gewesen war, verschärfte die Lage. Den 1804 nochmals einberufenen Landtag löste Friedrich als Gegenschlag gegen dessen Verhandlungen mit dem Kurprinzen Wilhelm auf; dieser kehrte nach vergeblichen Bemühungen Talleyrands, ihn zur offenen Rebellion gegen seinen Vater zu veranlassen, 1805 in die Heimat zurück. Für die Heereslieferungen und Finanztransaktionen dieser Jahre bediente sich Friedrich der Hoffaktorenfamilie Kaulla, deren Haupt die aus der Judengemeinde in Buchau stammende, zunächst an den Höfen von Donaueschingen und Hechingen wirkende Madame Kaulla (1739–1809) – ihr Vorname wurde der Geschlechtsname der Familie –

war. Sie wirkte seit 1770 für den Stuttgarter Hof, die bedeutendste Frau unter
den zahlreichen Hoffaktoren der damaligen Zeit. Die Familie Kaulla war 1802
maßgeblich an der Gründung der Württembergischen Hofbank beteiligt, durch
Jahrzehnte das wichtigste Kreditinstitut des Landes.

Anschluß an Napoleon

Die außenpolitische Vereinzelung trieb den Kurfürsten mehr und mehr in die
Arme Napoleons. Seit dem Frieden von Lunéville hatte sich Bayern entschlossen
zu Frankreich gehalten; beim Ausbruch des Dritten Koalitionskrieges im Jahre
1805 verblieb Friedrich keine andere Wahl mehr: nachdem am 24. August
Bayern, am 5. September Baden Kriegsbündnisse mit Frankreich abgeschlossen
hatten und Stuttgart und ein großer Teil seines Landes durch französische Truppen besetzt war, vollzog auch er am 5. Oktober 1805 in persönlicher Ver-
handlung in Ludwigsburg seinen *Anschluß an Napoleon*, der ein sofortiges
Bündnis verlangte. Friedrich mußte gegen 10 000 Mann ins Feld stellen, wogegen
ihm Napoleon die volle Souveränität über sein Land – die Bayern und Baden in
den unmittelbar vorhergehenden Bündnisverträgen nicht zugesichert war – und
Anteil an etwaigen Eroberungen zusagte. Der Fall von Ulm am 20. Oktober hielt
Preußen von einer Teilnahme am Krieg ab. Nach der Schlacht bei Austerlitz
erhielt Wirtemberg im Vertrag von Brünn am 12. Dezember 1805 große Teile der
bisher vorderösterreichischen Landschaften, nämlich die Herrschaften Ehingen,
die Donaustädte Munderkingen, Riedlingen, Mengen und Saulgau, die obere und
untere Grafschaft Hohenberg, die Landvogtei Altdorf sowie mehrere Gebiete, die
im folgenden Jahre an Baden abgetreten wurden, ferner Besitzungen des Deutschordens mit Neckarsulm und Gundelsheim und der Johanniter, sowie die Hoheit
über die kleinen Territorien der Reichsritterschaft. Die Güter der geistlichen Ritterorden und der Reichsritter, soweit sie von Wirtemberg umschlossen waren,
hatte Friedrich schon vorher mit Napoleons Einwilligung in Besitz nehmen lassen.
Zugleich mit dem bayerischen Kurfürsten wurden ihm im Brünner Vertrag und
im Preßburger Frieden vom 26. Dezember 1805, der den Vertrag bestätigte, die
in Aussicht gestellte *volle Souveränität* und die *Königswürde* zuteil; mit jener
war die Zugehörigkeit zum alten Römischen Reich Deutscher Nation, das seit dem
Basler Frieden sich in Auflösung befand, nicht mehr vereinbar.
Der Hader Friedrichs mit den Landständen war in den letzten Jahren immer
heftiger geworden; da ein Festhalten an der altüberlieferten wirtembergischen
Verfassung nach dem Hinzukommen zahlreicher anderer Gebiete unmöglich war,

die führenden Männer des Ausschusses aber zeitgemäßer Umwandlung widerstrebten, war ihr endgültiger Sturz unvermeidlich; Friedrich, der die erlangte
volle Souveränität als gänzliche Unabhängigkeit nach innen wie nach außen
verstand, ging mit Gewalt gegen die Stände vor, ließ einige widerstrebende Führer
verhaften und bemächtigte sich der Kassen. Die ständische Verfassung wurde aufgehoben und jede weitere Beratung der Stände und auch der Amtsversammlungen verboten. Zu Widerstand kam es nicht; man wich der Gewalt. Altwirtemberg wurde zusammen mit den Erwerbungen von 1802 und 1805 jetzt ein einheitlich regiertes *absolutes* Staatswesen.

XII. Südwestdeutschland vom Westfälischen Frieden bis zum Untergang des alten Reiches

Furchtbare Kriegsfolgen

Die Bestimmungen des Westfälischen Friedens von 1648 konnten nur langsam verwirklicht werden. In Südwestdeutschland dauerte es zwei Jahre, bis die auswärtigen Truppen abgezogen waren. Schweden machte die Räumung vom Abzug der Kaiserlichen und Bayern abhängig und umgekehrt. Wirtembergs Stellung blieb schwach. Galt Deutschland vor dem Krieg als reiches Land, so war jetzt sein Wohlstand weithin vernichtet; Südwestdeutschland gehörte zu den am schwersten betroffenen Gebieten. Neben den unmittelbaren Nöten hatte die Pest der Jahre 1634 bis 1639 zu einer starken Entvölkerung geführt. Die sorgfältig festgestellten Verluste Wirtembergs (vgl. S. 177) sind erschütternde Zeugnisse. Auch der Viehstand war vernichtet, die Felder verödet. Es dauerte über zwei Jahrzehnte, bis die Wüstungen beseitigt waren. Wein- und Obstbau bedurften mühsamen Wiederaufbaus. Die mangelnde Kaufkraft ließ Handel und Gewerbe weiter darniederliegen. Die oberdeutschen Städte, schon im 16. Jahrhundert durch die Verlagerung der Fernhandelswege beeinträchtigt, konnten den Niedergang zum großen Teil erst im 19. Jahrhundert aufholen.

Da mit dem Westfälischen Frieden die religiösen Streitpunkte aus der äußeren Politik der deutschen Länder weitgehend ausschieden, war nun ein friedliches Zusammenleben der Konfessionen leichter möglich. Die gesellschaftlichen Wandlungen infolge des Krieges waren in Süddeutschland nicht so einschneidend wie in Teilen Nord- und Ostdeutschlands. Die Struktur der Landwirtschaft, in der noch der weitaus überwiegende Teil der Bevölkerung tätig war, hat sich hier nicht wesentlich geändert. Einschneidender war die Vertiefung der Standesunterschiede, je stärker sich der Einfluß der Hofhaltung und Lebensführung des absolutistischen Frankreichs auch in deutschen Territorien bemerkbar machte. In Süddeutschland war das meist erst im 18. Jahrhundert zu spüren; dann hat auch hier die Bevölkerungsschichtung die erfaßten Kreise scharf abgegrenzt.

Türken- und Franzosenkriege

Die Stellung von Kaiser und Reich war durch den großen Krieg geschwächt, verschiedene Fürstenhäuser, vor allem die Bayerns und Brandenburgs, aber auch Sachsens und der Welfen gestärkt. Frankreich setzte nach dem Tod des Kardinals Mazarin die Politik der Ausdehnung des französischen Machtbereichs fort. Im ersten Eroberungskrieg Ludwigs XIV. wurde das vorderösterreichische Freiburg 1677 besetzt und erst 1697 im Frieden von Rijswijk zurückgegeben. Die Wegnahme Straßburgs 1681 erschwerte die Verteidigung Süddeutschlands. Seit 1663 brachen neue Kämpfe mit den lange durch innere Wirren gehemmten Türken aus. Unter dem Eindruck der wachsenden *Türkengefahr* und der Besetzung Straßburgs beschloß der Reichstag 1681 die Errichtung eines stehenden Heeres. Seine Aufstellung und die wesentlichen militärischen Funktionen wurden den Reichskreisen übertragen. Im zweiten Türkenkrieg 1682 bis 1689 sandte der Schwäbische Kreis einige Kreisregimenter nach Ungarn. Zum Beitritt zu der von Kaiser Leopold I. 1686 in Augsburg geschlossenen Allianz mit dem Fränkischen, Bayerischen und Oberrheinischen Kreis gegen die immer gefährlichere *Bedrohung durch Frankreich* konnte sich der Administrator Wirtembergs während der Minderjährigkeit Eberhard Ludwigs, Herzog Friedrich Karl, nicht entschließen. Da er zugleich bezahlte Truppen an Venedig lieferte, kämpften tausende Wirtemberger nutzlos in fremden Diensten, als die Franzosen 1688 ohne Kriegserklärung in Südwestdeutschland einbrachen. Im dritten Eroberungskrieg (1688–1697) litt Schwaben besonders schwer. Der Einfall traf das Land in völlig verteidigungslosem Zustand, da die Kreistruppen fern im Türkenkrieg standen und Oberdeutschland von der allgemeinen Kriegsleitung dem Feind preisgegeben wurde. Von zwei französischen Streifkorps rückte das eine über Mergentheim und Nördlingen gegen Ulm vor, ein anderes unter Melac brachte im Dezember Esslingen, den Asperg, Tübingen und Stuttgart zur Übergabe. Schorndorf hielt sich trotz gegenteiliger Aufforderung der wirtembergischen Regierung; der Kommandant Peter Krummhaar wurde dabei in seinem Widerstand von den entschlossenen „Weibern von Schorndorf" unterstützt. Die Rückkehr der vier Kreisregimenter aus Ungarn vertrieb die Eindringlinge. 1689 wurde endlich der Reichskrieg gegen Frankreich erklärt, 1691 beschloß der Schwäbische Kreis die Aufstellung von 10 000, 1692 von 12 000 Mann. Der Administrator Herzog Friedrich Karl wandelte die Landmiliz des Herzogtums in Soldtruppen um und schritt, da Werbungen nicht zum Ziel führten, trotz heftigen Widerstands der Landstände zu Aushebungen; im März 1691 trat er als „armierter Fürst" dem Bund zwischen dem Kaiser, England und Holland bei und führte die Aufstellung eines eigenen Heeres durch. Als er 1692 zur

Deckung Schwabens mit ungenügenden Kräften vom Führer der Reichsarmee vorausgesandt wurde, griff ihn der französische General de Lorge bei Ötisheim, südlich von Maulbronn, an, zersprengte sein schwaches Korps und nahm ihn selbst gefangen; er wurde bis 1693 in französischer Haft gehalten. Wie 1689 die Pfalz, so wurden 1693 Teile von Baden und Württemberg furchtbar verheert, Pforzheim, Calw und das Kloster Hirsau niedergebrannt und fast unerschwingliche Kontributionen erhoben. Die Hilfsquellen des Landes sollten vernichtet werden, um dem Feind nicht zugute zu kommen. Die Sprengung des Tübinger Schlosses verhinderte Mut und Geschick des Professors, späteren Prälaten und Diplomaten Johannes Osiander (1657–1724). An die Spitze des Reichsheeres, das fast nur aus Truppen des Schwäbischen und Fränkischen Kreises bestand, stellte Kaiser Leopold nun den berühmten Türkensieger *Markgraf Ludwig Wilhelm von Baden-Baden* (1655–1707); er verstand es, die zahlreichen, in diesen Kreisen vereinigten Reichsstände zu wirklichen militärischen Leistungen zu bringen. Dabei wurde er besonders von dem wirtembergischen Geheimrat Johann Georg Kulpis (1652 bis 1698), einem weitschauenden Staatsmann, unterstützt. Die beiden Kreise verbanden sich zu gemeinsamer Verteidigung mit eigenen Truppen. Der Markgraf zog sich in eine feste Stellung auf dem rechten Neckarufer bei Heilbronn zurück; das französische Heer mußte im Juni 1693 zurückweichen. Auch ein zweites Heer, das im Juli von Süden anmarschierte, stoppte Ludwig Wilhelm in einer guten Verteidigungsstellung ebenfalls bei Heilbronn. Doch sanken Marbach, Backnang, Großbottwar, Beilstein, Winnenden, Vaihingen an der Enz und zahlreiche andere Orte in Asche. Die wirtembergische Regierung mußte im August mit harten Zugeständnissen Schonung für das Land erkaufen. Um Südwestdeutschland gegen weitere Einfälle zu decken, legte der Reichsfeldherr 1694 und danach das Landesdefensionswerk, die sogenannten Eppinger Linien an, das sich vom Nordrand des Schwarzwalds bis zum unteren Neckar hinzog. Die Angriffe konnten nun abgewehrt werden. Im Frühjahr 1694 entschlossen sich die beiden Kreise, zum stehenden Heer überzugehen; der Schwäbische Kreis wollte eine Friedensarmee von 8000, der Fränkische eine von 4000 Mann unter Waffen halten. 1696 traten beide Kreise dem Bund gegen Frankreich bei, blieben jedoch im Frieden von Rijswijk ohne Entschädigung für ihre Mühen.

Im *Spanischen Erbfolgekrieg* (1701–1714) wollten der Schwäbische wie der Fränkische Kreis zunächst ihre Neutralität wahren, ließen sich jedoch im März 1702 in die große Allianz gegen Ludwig XIV. aufnehmen. Der mit Frankreich verbündete Kurfürst Max Emanuel von Bayern (Vater Kaiser Karls VII.) überrumpelte im September 1702 die schlechtgesicherte Reichsstadt Ulm. Jetzt erklärte auch das Reich den Krieg an Frankreich. Max Emanuel vereinigte sich im Mai

1703 mit einem französischen Heer unter Marschall Villars, um Tirol zu erobern, was jedoch mißlang; auch der Markgraf von Baden, der mit einem starken Heer von Schwaben gegen Bayern vorrückte, wurde zum Rückzug genötigt. 1704 faßten die Feldherren der verbündeten Armeen den Plan, gemeinsam Bayern und Franzosen niederzuwerfen. Der englische Feldherr Herzog von Marlborough (1650–1722) marschierte von den Niederlanden nach Schwaben; in Großheppach bei Waiblingen legten er, Prinz Eugen von Savoyen (1663–1736) und der Markgraf am 14. Juni 1704 den Kriegsplan fest: danach sollten sich Marlborough und Ludwig Wilhelm nach Bayern wenden, Prinz Eugen den Oberrhein verteidigen. Als Marschall Tallard mit einem neuen französischen Heer nach Bayern geschickt wurde, folgte ihm Eugen. Marlborough erstürmte mit Markgraf Ludwig Wilhelm die Schanzen am Schellenberg bei Donauwörth, dann schlugen er und Prinz Eugen im August das bayerisch-französische Heer bei Höchstädt und Blindheim im Donautal zwischen Dillingen und Donauwörth; die schwäbischen Kreistruppen hatten an beiden Waffentaten erheblichen Anteil. Im September 1704 wurde Ulm zurückerobert. Die Gefahr war beseitigt, daß Schwaben weiter das ständige Aufmarschgebiet der feindlichen Heere sein werde. Zu Anfang 1707 starb Markgraf Ludwig Wilhelm, der hervorragende Führer des Reichsheeres an den Folgen einer Verwundung. Schwaben litt in diesem Jahr erneut unter einem französischen Einfall. Im Frieden von Baden (im Aargau) 1714 gingen die kleineren Reichsstände wieder leer aus; Wirtemberg mußte die Herrschaft Wiesensteig herausgeben. Doch war Frankreichs Übergewicht nunmehr gebrochen und die stete Bedrohung Oberdeutschlands gemindert. Allerdings ging damit auch das Gewicht der vorderösterreichischen Lande innerhalb des Habsburgerreiches zurück.

Recht und Gericht – Hexenprozesse

Seit dem Ausgang des Mittelalters galt in Deutschland als *Zivilrecht* das durch bodenständiges Recht ergänzte römische Recht des Corpus iuris, das in Wirtemberg durch die Hofgerichtsordnung von 1514 anerkannt war. Auf ihm basierte das unter Herzog Christoph 1555 eingeführte Allgemeine Landrecht, das 1567 und 1610 überarbeitet wurde (vgl. S. 169). Von altersher wurde zwischen Hoch- und Niedergerichtsbarkeit unterschieden. Recht gesprochen wurde in Zivil- und Strafsachen von Dorfgerichten, Stadtgerichten, in Wirtemberg auch vom Hofgericht, das in Stuttgart oder Tübingen tagte. Die Aufgaben des Hochgerichts nahmen bis zum Beginn des 19. Jahrhunderts die Stadtgerichte mit zwölf gewählten Richtern unter dem Vorsitz des Vogts oder Amtmanns wahr. Dem Dorfgericht

stand der Schultheiß vor. Grundlage des *Strafrechts* war die Peinliche Hals-
gerichtsordnung Kaiser Karls V. von 1532, die Constitutio Criminalis Carolina, die in Wirtemberg 1551 ausdrücklich eingeführt wurde. Auf ihr beruhte die
Kriminalprozeßordnung Herzog Eberhard Ludwigs von 1732. In „peinlichen"
Angelegenheiten konnte das Stadtgericht ohne Appellationsmöglichkeit bei sofor-
tiger Vollstreckung Todes-, Leibes- und Ehrenstrafen aussprechen. Jedoch wurde
häufig, bei wichtigeren Sachen regelmäßig, die Tübinger Juristenfakultät durch
Aktenversendung konsultiert. Beweismittel des Strafprozeßrechts, das 1621
zusammengefaßt wurde, waren das sogenannte „Übersiebnen", die Aussage
des Vogts als Ankläger mit sechs Eideshelfern, ferner die Beurteilung nach dem
Leumund und das Geständnis auf Grund der Tortur, der Folterung. Die Wirtembergische Kriminalordnung von 1732 behielt den Anklageprozeß (im Gegensatz
zum Inquisitionsprozeß) bei. Die Anwendung der Folter trat allmählich zurück,
wurde aber erst 1809 endgültig abgeschafft. Zu Anfang des 18. Jahrhunderts
kommt die Freiheitsstrafe auf. Das 1719 im Stuttgarter „Waisenhaus" eingerichtete Zuchthaus wurde 1736 nach Ludwigsburg verlegt. Mit der Neugestaltung
der Rechtspflege durch das Organisationsmanifest von 1806 wurde die Justiz von
der Verwaltung getrennt und in jedem Oberamt für Zivil- und Strafsachen ein
Königliches Oberamtsgericht eingerichtet.

Hexenprozesse traten in Südwestdeutschland im 15. Jahrhundert auf, vor allem
seit die Päpstliche Bulle von 1484 und der fanatische, 1487 erschienene „Hexen-
hammer" der Dominikanermönche Institoris und Sprenger der Hexenverfolgung
obrigkeitliche Anerkennung verschafften. Im 16. Jahrhundert steigern sich die
Verfolgungen. 1563 werden allein im helfensteinischen Städtchen Wiesensteig
bei Geislingen 70 Frauen als Hexen verbrannt. Ende des Jahrhunderts verstärkt
sich der Hexenwahn; die Prozesse wegen Hexerei und Teufelsbuhlschaft, denen
die Bestimmungen der Carolina über Zauberei Vorschub leisteten, nehmen zu.
Geständnisse werden durch die Folter erzwungen. Schrecken und Verrohung im
und nach dem Dreißigjährigen Krieg steigern Furcht, Aberglauben und Ver-
dächtigung. Ein trauriges Beispiel ist der Hexenprozeß gegen die betagte Mutter
des großen Astronomen Kepler in der Zeit von 1615 bis 1621, die er nur unter
Einsatz seiner ganzen Persönlichkeit vor Folter und Scheiterhaufen bewahren
konnte. Im Verhältnis zu anderen Gegenden waren die Opfer in Wirtemberg zwar
gering; sie wurden aber nach 1660 häufiger. Die Folter blieb bis ins 18. Jahrhundert hinein das Mittel, um Geständnisse zu erwirken, wenn auch die Kon-
silien der Tübinger Juristenfakultät ihre Anwendung erschwerten. „Zauberei
ohne Schadensstiftung" wurde mit Freiheitsbeschränkung und Kirchenzucht
geahndet. Mutige Menschen haben den Hexenwahn auch in Wirtemberg früh

bekämpft. Erst die Aufklärung schloß das traurige Kapitel. Die Strafverfolgung klang im 18. Jahrhundert aus, ohne daß die Strafdrohung zunächst aufgehoben wurde.

Wirtschaftliche und soziale Entwicklung

Am Schluß des Dreißigjährigen Krieges war Südwestdeutschland weithin verwüstet und die Bevölkerung, wie dargetan, durch Kriegs- und Hungersnöte, vor allem aber durch die Pest sehr zurückgegangen und verarmt. In der Agrarverfassung hatte sich nichts geändert; der überwiegend kleinbäuerliche Betrieb blieb erhalten. Allerdings bestand in der *Landwirtschaft* zwischen Wirtemberg und anderen südwestdeutschen Gebieten ein erheblicher Unterschied: während dort die Bauerngüter ungehindert unter die Erben verteilt werden konnten und deshalb stark zerstückelt wurden, galt in Hohenlohe und in fast ganz Oberschwaben das Anerbenrecht, nach dem beim Erbgang die Gleichberechtigung der Erben aufgehoben wurde und die Bauerngüter geschlossen blieben, so daß nur einer der Erben, der Anerbe, den Hof übernehmen konnte. Die Regelung sollte die Leistungsfähigkeit des Hofs für die Grundherrschaft erhalten. Das 18. Jahrhundert brachte der Landwirtschaft im allgemeinen verhältnismäßig gute Zeiten. In Wirtemberg herrschten zumeist noch die altüberkommene Dreifelderwirtschaft und der Flurzwang, eine harte Beschränkung im Anbau der Grundstücke, die erst durch die Einführung des Kleebaus allmählich überwunden wurde. Für landwirtschaftliche Reformen waren besonders die hohenlohischen Gebiete aufgeschlossen. In Wirtemberg kam der Obstbau zu großer Blüte. Als man in Oberschwaben in der zweiten Hälfte des 18. Jahrhunderts vom Getreidebau zur Viehwirtschaft überging, wurden, vom Gebiet der Reichsabtei Kempten ausgehend, insbesondere in der Gegend von Leutkirch und Wangen zahlreiche Vereinödungen durchgeführt: die Dörfer wurden verlassen und ihre Markungen in Einzelhöfe mit geschlossenem Besitz frei von Weide- und Flurzwang aufgeteilt. Im Neckarland erreichte der Weinbau wieder eine beachtliche Höhe. Die Schafzucht bildete im letzten Drittel des Jahrhunderts mit 300 000 Schafen in Wirtemberg einen wichtigen Erwerbszweig, der Tausende von Schäfern ernährte und den Feldbau verbesserte. Von einer modernen Forstwirtschaft für die zahlreichen Wälder konnte bei dem vielfachen Raubbau und der übertriebenen Wildhege keine Rede sein; die Forstbeamten waren mehr der Jagd als des Waldes wegen angestellt. Erst nach dem Erbvergleich von 1770 wurde in Wirtemberg der Jagdmißbrauch erträglicher.
Um *Bergbau* und Erzgewinnung hatte man sich in Schwaben schon im Mittelalter bemüht. Der Südschwarzwald zählte damals zu den bekanntesten Gebieten

des Silberbergbaus. Im 13. Jahrhundert bestanden Silbergruben am Kniebis, im 15. Jahrhundert vor allem bei Bulach im Nordschwarzwald. 1365 verlieh Kaiser Karl IV. dem Grafen Ulrich von Helfenstein das Bergregal für Eisenerz im Brenz- und Kochertal. Seit der Mitte des 16. Jahrhunderts entstanden dort Berg- und Hüttenwerke, vor allem in Königsbronn. Die Eisenwerke wurden nach der Schlacht bei Nördlingen 1634 zerstört, Königsbronn jedoch bereits 1651 wieder aufgebaut; die Arbeiter waren in der Brenztaler Bergwerkszunft zusammengeschlossen. Ende des 16. Jahrhunderts steigerte sich die Silbergewinnung in Christophstal, zu deren Förderung ab 1599 Freudenstadt angelegt wurde. Die wirtembergische Bergordnung von 1598 war so brauchbar, daß sie erst durch das Württembergische Berggesetz von 1874 abgelöst worden ist. Im Schwarzwald brachte der Dreißigjährige Krieg den Bergbau zum Erliegen. Die Eisenwerke, besonders in Wasseralfingen, bestanden fort und wurden 1921 zu den „Schwäbischen Hüttenwerken" zusammengeschlossen. Hoffnungen auf abbauwürdige Steinkohlenvorkommen gingen nicht in Erfüllung.

Nach dem Westfälischen Frieden nahmen *Bevölkerung* und Wohlstand langsam, seit dem Ende der Franzoseneinfälle rasch zu, in Wirtemberg von 1734 bis 1790 um 40 Prozent. Um 1800 konnte Schwaben wieder als wohlbevölkert gelten. Mit dem Ende der Türkenkriege setzte eine erhebliche *Auswanderung* ein, der die Landesregierungen ohne viel Erfolg entgegenwirkten. Der „Erste große Schwabenzug" fällt in die Zeit zwischen 1716 und 1738, der Zweite zwischen 1765 und 1771 im Zuge der Theresianischen, der Dritte zwischen 1783 und 1788 im Rahmen der Josephinischen Kolonisation; bei diesem wurden erstmals auch Protestanten zugelassen. Die sogenannten Donauschwaben, die in harter Arbeit im Banat, in der Batschka und in Syrmien blühendes Bauernland schufen, waren allerdings nicht nur Schwaben, geschweige denn Wirtemberger, sondern kamen aus allen oberdeutschen Stämmen; aber überwiegend wurde doch schwäbisch von ihnen gesprochen. Auswanderer zogen auch in andere Länder, vor allem seit der Mitte des 18. Jahrhunderts nach Amerika – allein 1757 trafen dort etwa 6000 Wirtemberger ein – ferner nach Galizien, Südrußland und bis an das Kap der Guten Hoffnung. Seit der Ersten Polnischen Teilung waren auch Westpreußen und der Netzedistrikt Ziele der Neusiedler.

Im *Handel* hatten sich durch die Auffindung des Seeweges nach Ostindien und die Entdeckung Amerikas die Fernwege des Verkehrs schon seit dem 16. Jahrhundert zuungunsten der oberdeutschen Städte verschoben; ihnen blieb mehr und mehr nur der Handel zweiter Hand. Als Voraussetzung des Binnenhandels bemühte man sich um die Verbesserung des in Schwaben fast ganz auf Straßen angewiesenen *Verkehrs*. Seit 1739 wurden Kunststraßen mit Steinunterlage und wassergebundener Decke, sogenannte Chausseen angelegt. Wirtemberg war darin vorbildlich; 1787 verfügte es über 286 km ausgebauter Chausseen. Auch die früher mit wenig Erfolg betriebene Schiffbarmachung des Neckars oberhalb Heilbronns wurde zustande gebracht und führte zu einer Steigerung des Handels zwischen Heilbronn und Cannstatt, wo sich auch das Hauptpostamt im Lande für die gut organisierte Reichspost des Generalpostmeisters Fürst von Taxis befand. Der Handel wurde allerdings im Zeitalter des Merkantilismus durch zahlreiche Zölle, Ein- und Ausfuhrverbote gehemmt.

Das *Handwerk* begann sich im 18. Jahrhundert aufwärts zu entwickeln. Überall galten noch die starren Fesseln des Zunftwesens, die die Erweiterung zu größeren Betrieben erschwerten. Im Herzogtum Wirtemberg konnte es sich im Gegensatz zu den meisten anderen Ländern auch auf den Dörfern ausbreiten. Von *Industrien* ist in Wirtemberg insbesondere die 1650 gegründete (Woll-)*Zeughandelskompagnie zu Calw* bemerkenswert, in der ein mit wirtembergischen Privilegien ausgestatteter Verband von Geschäftsfreunden und Blutsverwandten eine auf Ausfuhr ausgerichtete Hausindustrie betrieb und bis über 1000 Weber, Färber und Zeugmacher, dazu 3000–4000 Spinnerinnen und Kämmer, großenteils Familienangehörige der Weber, weit über Calw hinaus vor allem auf dem Lande beschäftigte. Calw stellte im 17. und 18. Jahrhundert das Handels- und Industriezentrum Wirtembergs dar; hier walteten Kapital und Entschlußkraft, freilich war die Armut der Heimarbeiter rings um Calw groß. Mit der Konkurrenz der englischen Fabriken und dem Überhandnehmen baumwollener Stoffe ließ der Absatz nach; die Gesellschaft löste sich 1797 auf. Weitere größere Unternehmungen im Herzogtum waren die Leinewebereien in Urach, Blaubeuren und Heidenheim und seit 1754 die Zitzfabrik in Sulz am Neckar zur Verarbeitung von Baumwolle. Mit der Erfindung der Kuckucksuhr 1720 beginnt im Schwarzwald die Uhrenindustrie. Der mechanisch hochbegabte Pfarrer Philipp Matthäus Hahn (1739 bis 1796), Erfinder astronomischer Uhren, Waagen und Instrumente, legte 1764 in Onstmettingen den Grund für eine feinmechanische Industrie. Die industriellen Unternehmungen Herzog Karl Eugens, unter denen die 1758 gegründete Ludwigsburger Porzellanmanufaktur hervorragt, zeigten nur eine vorübergehende Blüte.

Kunst der Renaissance und des Barock

In Deutschland hat Schwaben die Anregungen der *Renaissance* früh aufgenommen und am selbständigsten verarbeitet. Ihre Einflüsse wirken sich vor allem in der Plastik und der Architektur aus; die Blüte der Malerei war hier seit der ersten

Hälfte des 16. Jahrhunderts vorüber. Aus der Verbindung der Baukunst der Renaissance mit der späten Gotik sind Werke von eigenartigem Reiz hervorgegangen, so der Westturm der Kilianskirche in Heilbronn (1513–1529) von Hans Schweiner aus Weinsberg und die Kapelle des Schlößchens Liebenstein bei Neckarwestheim (1590).

In der *Baukunst* der Zeit tritt die Kirche als Auftraggeberin zurück; Auftraggeber der Architektur werden nun die Fürsten, insbesondere der Stuttgarter Hof, der zahlreiche Schlösser im Herzogtum errichten läßt. Hohentübingen wurde nach der Rückkehr Herzog Ulrichs ausgebaut. Unter Herzog Christoph wurde in Stuttgart ab 1553 von Aberlin Tretsch (etwa 1510–1570) die Wasserburg der Grafen zum Alten Schloß mit seinem prächtigen Arkadenhof und mit der Schloßkirche, der ältesten protestantischen Predigtkirche in Süddeutschland, umgestaltet. Sein genialer Schüler Georg Beer (gestorben 1600) schuf von 1584 bis 1593) unter Herzog Ludwig das schöne, einmalige Lusthaus in Stuttgart (auf der Stätte des heutigen Kunstgebäudes), das im 19. Jahrhundert durch den Umbau zum (1902 abgebrannten) Hoftheater vernichtet wurde. Beer erbaute auch das Collegium illustre, jetzt Wilhelmsstift, in Tübingen. In Hohenlohe ließ Graf Ludwig Kasimir, der Stammvater der Linie Neuenstein, durch Balthasar Wolf von Heilbronn bis 1586 das stattliche Schloß Neuenstein errichten. Hohenlohisch sind auch das schöne Renaissanceschloß Weikersheim, 1595–1605 von Wolf Beringer aus Würzburg, und Schloß Langenburg aus dem Anfang des 17. Jahrhunderts. Die Grafen von Waldburg erbauten Schloß Wolfegg von 1578 bis 1586 und Schloß Zeil bei Leutkirch als ansehnliche Renaissanceschlösser. Eine großartige architektonische Wirksamkeit auf kirchlichem wie profanem Gebiet entfaltete der kunstsinnige Herzog Friedrich I. von Wirtemberg; sein Baumeister war ein Schüler Beers, Heinrich Schickhardt von Herrenberg (1558–1634), ein ausgezeichneter Architekt, Städtebauer und Ingenieur, vielseitig und fruchtbar, der die Anregungen des Auslands mit seiner eigenen Art harmonisch zu verbinden verstand; Schickhardt hat neben vielem anderen in Freudenstadt schon aus dem Geist des Frühbarocks, aber als durchaus selbständiger Schöpfer die erste baulich einheitliche Stadtanlage auf deutschem Boden mit der originellen, nach der Zerstörung 1945 in seinem Geist wieder hergestellten Stadtkirche, einer der frühesten Versuche selbständigen protestantischen Kirchenbaus, errichtet und den „Neuen Bau" in Stuttgart gestaltet, der unter Herzog Karl Eugen niederbrannte. In der *Plastik* sind zu nennen die elf ab 1574 aufgestellten Standbilder der wirtembergischen Grafen im Chor der Stiftskirche in Stuttgart von dem Haller Sem Schlör (gestorben um 1597), ferner die Grabmäler wirtembergischer Fürsten im Chor der Tübinger Stiftskirche und hohenlohischer Grafen in den Kirchen zu

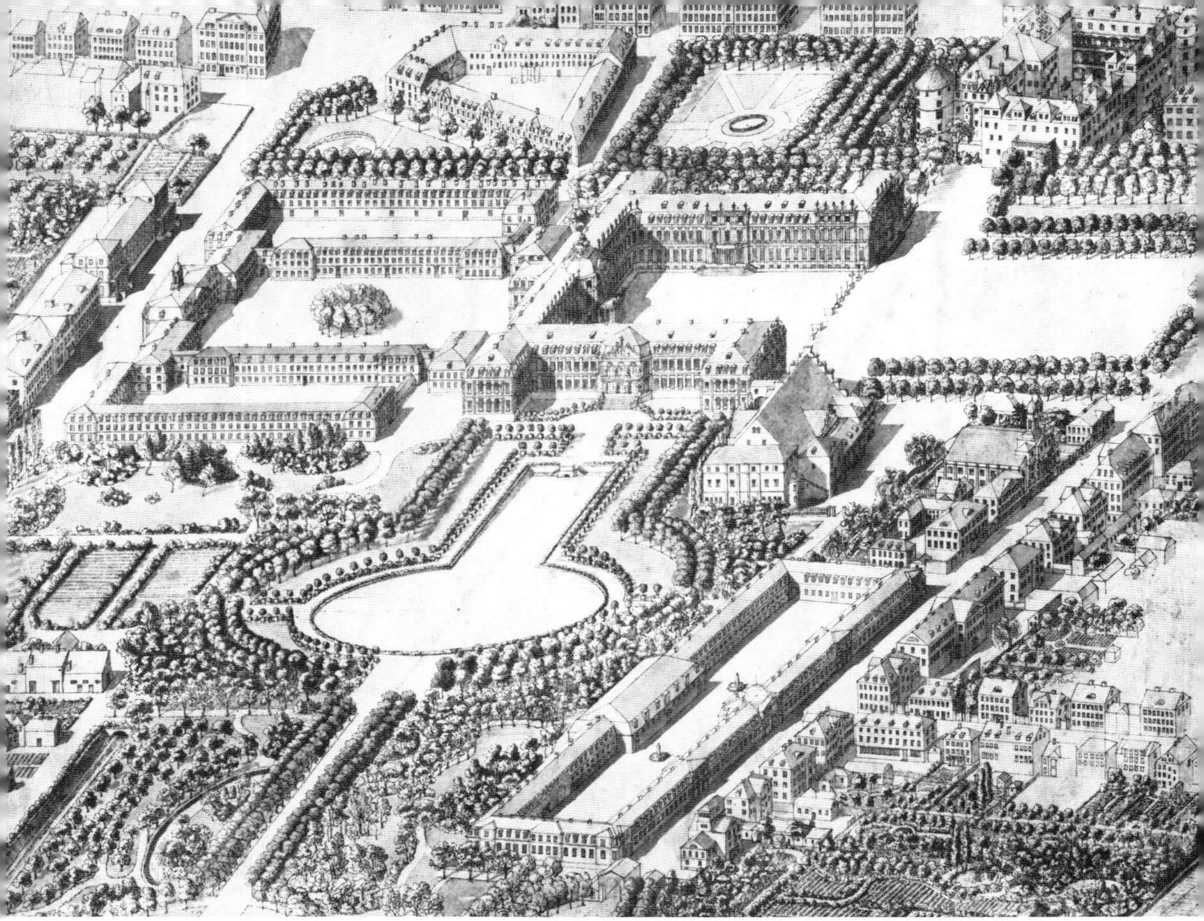

84 Stuttgarter Schloßviertel aus der Vogelschau. Nach Thouret 1835

85 Ludwigsburg, Schloß und Stadt. Kupferstich um 1770

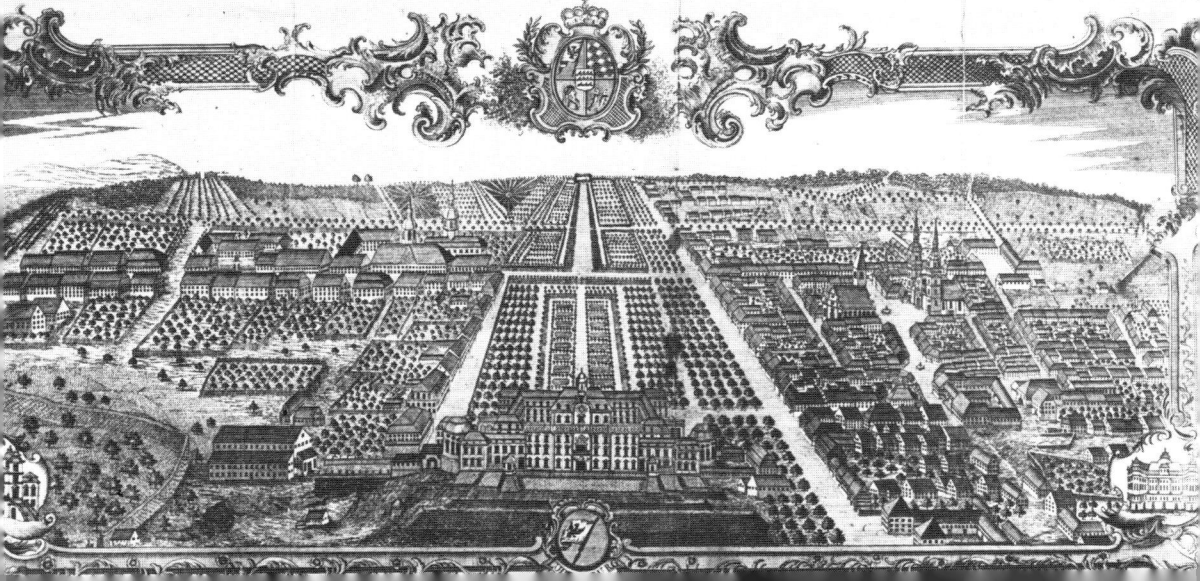

86 Markgraf Ludwig von Baden, Reichsfeld-
marschall, der „Türkenlouis"

87 Herzog Carl Eugen von Württemberg

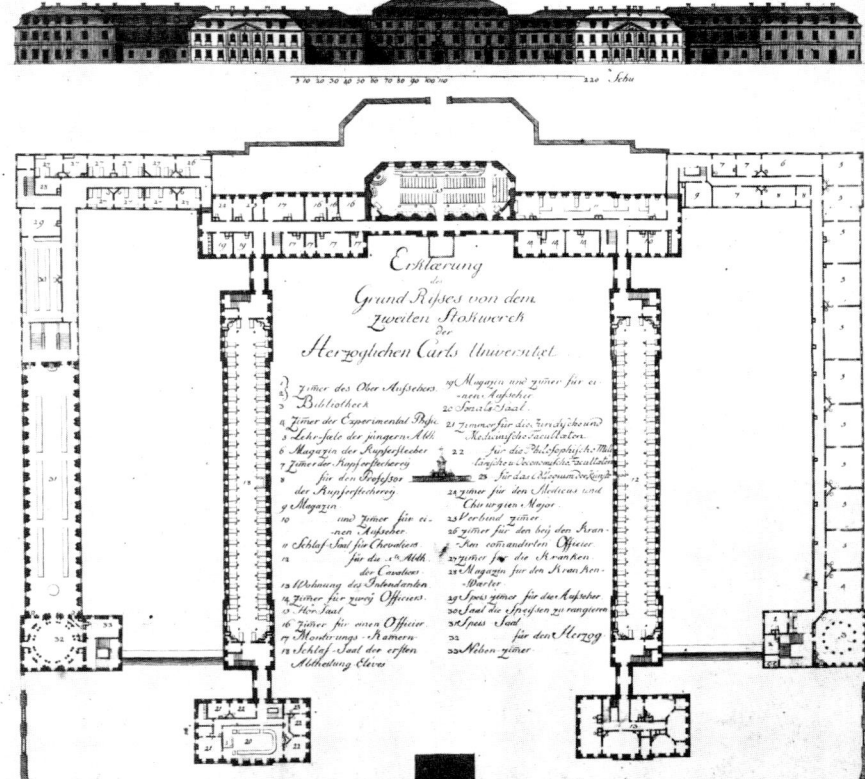

88 Schloß Solitude
um 1765

89 Grundriß
der Hohen Karls-
schule in Stuttgart.
1779

90 Christoph Martin Wieland
91 Friedrich Hölderlin

92 Friedrich Schiller. Pastellbild von Ludovika
Simanowitz

Öhringen und Langenburg, diese vor allem von den Bildhauerfamilien Kern aus Forchtenberg und Sommer aus Künzelsau.

Mit dem Großen Krieg erlischt die Renaissance im Schwabenland. Lange konnte nun in dem verarmten Land nichts von künstlerischer Bedeutung gebaut werden. Die wenigen Schloß- und Kirchenbauten verharrten in herkömmlichen Formen. Eine gute Leistung war der Prinzenbau in Stuttgart (ab 1663) von Matthias Weiß. Erst in der Zeit des *Barock*, von der Mitte des 17. bis gegen die Mitte des 18. Jahrhunderts, der auf den Zusammenklang von Architektur, Plastik und Malerei hinwirkte und besonderen Wert auf die Verbindung der Bauten mit den sie umgebenden Kunstgärten und mit der Landschaft legte, fallen die bedeutenden Schloßbauten der Herzöge Eberhard Ludwig und Karl Eugen, die teilweise von nichtdeutschen Baumeistern ausgeführt wurden.

Von 1704 bis 1733 wird zunächst das großartige, vielgegliederte *Ludwigsburger Schloß* nach einem Plan von Philipp Joseph Jenisch (1671–1736) erbaut, im wesentlichen von Johann Friedrich Nette (1672–1714) gestaltet und nach dessen Tod von Donato Giuseppe Frisoni (1683–1735) und Paolo Retti weitergeführt. Unter den im Wetteifer der absoluten Fürsten mit der Bauleidenschaft Ludwigs XIV. entstandenen Schlössern ist Ludwigsburg das größte; mit seinen schönen, vor einigen Jahren wiederhergestellten Gartenanlagen ist es ein besonders eindrucksvolles Beispiel der verschiedenen Stufen des Barock. Andere gute weltliche Barockbauten sind die Rathäuser der Reichsstädte Esslingen (ab 1705) und Hall (ab 1732).

Von 1746 an ließ Herzog Karl Eugen durch den begabten Leopold Retti (1705 bis 1751), einen Neffen Frisonis, und nach dessen Tod durch den ausgezeichneten französischen Architekten und wirtembergischen Oberbaudirektor Philippe de la Guêpière (um 1715–1773) in jahrzehntelanger Bauzeit, unterbrochen durch einen elfjährigen Konflikt mit den Ständen, das *Neue Schloß in Stuttgart* bauen. Mit seinen feinen Maßen bringt es den formsicheren Geschmack des späten Rokoko im Übergang zum Klassizismus in ausgezeichneter Weise zum Ausdruck. Der Schloßbau kam erst 1791 zum äußeren Abschluß; der Innenausbau wurde unter maßgeblicher Mitarbeit von Nicolaus Friedrich Thouret (1767 bis 1845) fertiggestellt. Das Schloß wurde 1944 schwer getroffen, die Inneneinrichtung aus der Zeit des Rokoko, des Klassizismus und des Empire völlig zerstört. Der Wiederaufbau, der das Außenbild beließ und die wesentlichen Innenräume in alter Form wiederherstellte, wurde 1961 vollendet. Von 1760 an baute Karl Eugen durch de la Guêpière das Seeschloß bei Eglosheim (später durch König Friedrich ergänzt und Monrepos benannt), seit 1763 nach einem Plan des Baumeisters Johann Friedrich Weyhing (1716–1781) das Lustschloß Solitude bei

Stuttgart, von 1772 an durch Reinhard F. H. Fischer (1746–1813) Schloß Hohenheim auf den Fildern. Die Baulust dieses begabten, aber eigenwilligen Fürsten ging erheblich über die finanzielle Leistungskraft des kleinen Landes hinaus. Der Gegensatz von Hof und Volk stand zunächst einem stärkeren Einfluß dieser Hofkunst auf die Ausbildung eines heimischen Kunsthandwerks entgegen. Da Karl Eugen nicht genügend eingesessene Baumeister, Bildhauer und Maler vorfand, berief er sie von auswärts; auch sie waren zunächst noch dem Handwerk verbunden. Erst in der Spätzeit des Herzogs fanden sich höfische und bürgerliche Kunst im Zeichen des Klassizismus; man zog nun mehr Kräfte aus dem Land heran, so den Kupferstecher Johann Gotthard Müller (1747–1830) und die Bildhauer Philipp Jakob Scheffauer (1756–1808) und Johann Heinrich Dannecker (1758–1841).

Im katholischen Schwaben und Franken blühte während des 18. Jahrhunderts der durch die Wiedererstarkung des Katholizismus mächtig vorangetriebene kirchliche Barockbau, in Oberschwaben durch Meister aus Bayern und Vorarlberg begonnen und von einheimischen Künstlern weitergeführt. Hier erheben sich die schönen *Barockkirchen* der Klöster Hofen bei Buchhorn (1695–1701, jetzt Schloßkirche in Friedrichshafen), Weingarten (1715–1724), Weißenau (1708 bis 1724), Zwiefalten (1739–1765) durch den hervorragenden bayerischen Baumeister Johann Michael Fischer (1691–1766), den Gestalter von Ottobeuren, Wiblingen (1772–1783) und Rot (1777–1786), der schöne Bibliotheksaal des Klosters Schussenried (1754–1761) und die Pfarrkirche in Steinhausen bei Schussenried, die „schönste Dorfkirche der Welt" genannt (1728–1733), von Dominikus Zimmermann aus Wessobrunn (1685–1766), der später die Wieskirche bei Füssen erbaute. Der größte und fruchtbarste Künstler seiner Zeit im Barockbau war Johann Balthasar Neumann (1687–1753), der Schöpfer der Würzburger Residenz, der auch die Klosterkirche in Neresheim (1747–1770) geschaffen hat. Im nördlichen Teil Württembergs entstanden die Wallfahrtskirche auf dem Schönenberg bei Ellwangen (1681–1709) und die Kirchen von Comburg (1707–1715) und Schöntal (1708–1727). Außerhalb ihrer Heimat wirkten in Dresden als Goldschmied und Emailleur der Biberacher Johann Melchior Dinglinger (1664–1731), in Wien als angesehener Maler des Spätbarock Franz Anton Maulbertsch (1724–1796) aus Langenargen. Der bedeutendste Bildhauer und Stukkateur des schwäbischen Rokoko war Joseph Christian aus Riedlingen (1706–1777), der Schnitzer des Chorgestühls in Zwiefalten und Ottobeuren. Die reichsunmittelbare, heute im bayerischen Schwaben gelegene Benediktinerabtei Ottobeuren verdankt ihren bedeutenden Barockneubau vor allem dem Abt Rupert Neß (1660–1740) aus Wangen im Allgäu.

Auf dem Gebiet der *Musik* war der schwäbische Raum nicht in gleichem Maße schöpferisch wie in anderen Bereichen; aber der herzogliche Hof verstand es, namhafte Komponisten, Kapellmeister und Organisten zu verpflichten: Leonhard Lechner (um 1553–1606) aus Südtirol, seit 1594 Hofkapellmeister in Stuttgart, war ein genialer Komponist von Motetten, weltlichen Chören und einer Passion. Von der Musikerfamilie Froberger in Stuttgart ist Johann Jakob Froberger (1616–1667) ein Meister von internationalem Rang geworden, der einen starken Einfluß auf die Entwicklung der deutschen Klaviermusik ausgeübt hat. Johann Sigmund Kusser wirkte als tüchtiger Opernkomponist und Orchestererzieher 1700–1704 in Stuttgart. Im 18. Jahrhundert setzt sich die italienische Oper durch. Die Hofmusik nimmt unter Karl Eugen einen starken Aufschwung: er berief unter anderen den hervorragenden italienischen Tonsetzer Niccolo Jommelli (1714–1774), der von 1753 bis 1769 als Hofkapellmeister in Stuttgart und Ludwigsburg eine Glanzzeit der Oper herbeiführte, und den großen Reformator des Balletts Jean Georges Noverre (1727–1810), der 1760 bis 1767 in Stuttgart wirkte. Die Schwäbische Liederschule weist zwei Namen mit eigenständigen Werken auf: den Dichter-Musiker Christian Friedrich Daniel Schubart (1739–1791), geboren in Obersontheim, aufgewachsen in Aalen, dessen beste Lieder in der Gefangenschaft auf dem Asperg entstanden, so 1785 das berühmte Kaplied, und den Karlsschüler und Freund Schillers Johann Rudolf Zumsteeg (1760–1802), der mit seinen Balladen unmittelbaren Einfluß auf den jungen Franz Schubert ausübte. Als Tonsetzer hat sich auch Justin Heinrich Knecht aus Biberach (1752–1817) einen Namen gemacht. Die berühmte Orgel in Weingarten wurde von Joseph Gabler (1700–1771) aus Ochsenhausen in den Jahren 1737 bis 1750 erbaut.

Dichtung

An der geistigen Kraft des Bürgertums hat Württemberg, obwohl es später als andere Gebiete den Anschluß an die bürgerliche Bewegung fand, wesentlichen Anteil. Unter den humanistischen Poeten ragt Nikodemus *Frischlin* (1547 bis 1590) hervor, satirisch hoch begabt, mit 19 Jahren Professor in Tübingen, Dichter zahlreicher, meist lateinisch geschriebener Komödien, doch ungezügelt und haltlos; nach Hohenurach in Gewahrsam gebracht, stürzte er bei einem Fluchtversuch tödlich ab. Ein bedeutender Vertreter der Renaissancepoesie in deutscher Sprache wurde Georg Rudolf *Weckherlin* (1584–1663), der drei Jahrzehnte als Diplomat in englischen Diensten stand. Der Obermarchtaler Prämon-

stratenserpater Sebastian *Sailer* (1714–1777) war ein weitbekannter Kanzel-
redner und als Dichter heiterer Singspiele in oberschwäbischer Mundart der
Begründer der Dialektdichtung im schwäbischen Raum. Seit der zweiten Hälfte
des 18. Jahrhunderts nimmt dann auch Schwaben am literarischen Aufschwung
der Zeit teil. Ein Vorläufer der klassischen Literaturepoche ist der schon als
Musiker genannte Christian Friedrich Daniel *Schubart,* der wegen seiner satirischen Angriffe auf Herzog Karl Eugen von 1777 bis 1787 auf dem Hohenasperg
in zunächst harter, allmählich gemilderter Haft gehalten wurde, ein vielseitig
begabter Dichter und Publizist von unbeherrschtem Temperament, doch auf-
rechter deutscher Gesinnung. Von den Großen der Literatur des 18. Jahrhunderts
stammt aus Schwaben Christoph Martin *Wieland* (geboren 1733 zu Oberholz-
heim im Gebiet der Reichsstadt Biberach, gestorben 1813 in Weimar), der welt-
frohe Dichter des Rokoko und Wegbereiter der deutschen Klassik und Romantik,
von dem der neuere deutsche Roman ausgegangen ist. Die Erfahrungen in Biberach gaben ihm Stoff für die satirischen Schilderungen seiner „Abderiten"; seine
spätere weltmännische Lebensauffassung gestaltete sich insbesondere im Verkehr
mit dem früheren kurmainzischen Minister Graf Friedrich von Stadion (1691 bis
1768), dem Begründer des Warthauser Musenhofs. Der berühmteste Sohn des
schwäbischen Landes wurde Friedrich *Schiller,* geboren am 10. November 1759
zu Marbach, nach Jugendjahren in Lorch und Ludwigsburg Schüler der Hohen
Karlsschule auf der Solitude und in Stuttgart, dessen revolutionäres Drama
„Die Räuber" noch in Stuttgart gedichtet und dessen bürgerliches Schauspiel
„Kabale und Liebe" vielfach von wirtembergischen Verhältnissen angeregt ist.
Durch seine Flucht 1782 der Heimat zunächst etwas entfremdet, nach Jahren der
Not 1789 Professor der Geschichte in Jena und seit 1794 Goethe eng verbunden,
starb er in Weimar am 9. Mai 1805. Er war der erste Dramatiker Deutschlands,
der unerreichte Meister der geschichtlichen und humanen Tragödie, neben Goethe
der größte deutsche Dichter, bewundernswert ebenso durch seine dichterische
Gestaltungskraft wie durch den sittlichen Schwung seiner Persönlichkeit. Über-
wältigend war der Eindruck, den der Geist der Antike auf den edlen und feinen,
romantisch gestimmten Lyriker Friedrich *Hölderlin* (1770–1843) gemacht
hat. In Lauffen am Neckar geboren und in Nürtingen herangewachsen, durchlief
er die Klosterschulen Denkendorf und Maulbronn und bezog als Theologe mit
Schelling und Hegel das Tübinger Stift. Für die Sehnsucht seiner Seele nach einem
Leben voller Schönheit und Harmonie hat er tiefste Worte gefunden und Oden
und Hymnen von wunderbarer Vollendung gedichtet, bis sich seit 1804 sein
Geist in Krankheit umdüsterte.

Wissenschaft

Im 16. Jahrhundert schrieb Graf Froben Christoph von Zimmern (Herrenzimmern bei Rottweil) eine kulturhistorisch wertvolle Geschichte seines Geschlechts, die sogenannte *Zimmersche Chronik*. Zwei Geistliche des Haller Gebiets, Johann Herolt und Georg Widmann verfaßten Hallische Chroniken, der Tübinger Professor Martin *Crusius* (1526–1607) in lateinischer Sprache seine Schwäbischen Annalen. In Tübingen lehrte Leonhart *Fuchs* (1501–1566), der „Vater der Botanik" (nach dem die Fuchsie genannt ist) von 1537 bis 1556. Ein genialer Mathematiker und einer der größten Astronomen aller Zeiten war Johannes *Kepler* (geboren 1571 in Weil der Stadt, gestorben 1630 in Regensburg), der das astronomische Fernrohr erfunden und die Gesetze der Planetenbewegung entdeckt hat; erst auf Grund seiner Entdeckungen konnte Newton durch Zurückführung der Keplerschen Gesetze auf die Schwerkraft das Lehrgebäude vom Sonnensystem vollenden. Wilhelm *Schickhardt* (1592–1635), ein Neffe des Baumeisters, Orientalist, Mathematiker und Erfinder, schuf 1633 die erste brauchbare Rechenmaschine. Als Mathematiker und Astronom wirkte Tobias *Mayer* (1723–1762) aus Marbach. Seit 1751 in Göttingen. *Die evangelische Theologie* wie die Pädagogik hat der weitblickende Johann Valentin *Andreä* (1586–1654), Enkel Jakob Andreäs, gefördert, ein Mann, der bereits Grundgedanken der Reform von Kirche und Schule aussprach, die im 19. Jahrhundert verwirklicht worden sind. Doch verlor die Universität Tübingen um die Wende des 17. zum 18. Jahrhundert ihre führende Stellung in der evangelischen Theologie; die Orthodoxie wurde allmählich durch pietistische Strömungen abgelöst. Später dominierte ein der Aufklärungsphilosophie entgegenkommender Supranaturalismus. Außerhalb der Universität wirkte als Bibelforscher Johann Albrecht *Bengel* (1687–1752), der glaubensstarke Bahnbrecher für Textkritik und Erklärung des Neuen Testaments. In der Nachfolge Bengels stehen die sogenannten „Schwabenväter" des Pietismus, vor allem der zur Theosophie neigende Friedrich Christoph *Oetinger* (1702–1782) und Philipp Friedrich *Hiller* (1699–1769), der bedeutendste geistliche Liederdichter des Landes. In den *Staatswissenschaften* ist insbesondere Johann Jakob *Moser* (1701–1785) zu nennen, der fruchtbare Bearbeiter des historischen deutschen Staatsrechts und des Völkerrechts, der als Landschaftskonsulent von 1759 bis 1764 auf dem Hohentwiel inhaftiert war. Sein Sohn Friedrich Karl von Moser (1723–1798), hessischer Minister und kaiserlicher Reichshofrat, hat als staatswissenschaftlicher Schriftsteller für die Wiederbelebung deutscher Reichsgesinnung gewirkt. Als *Geschichtsschreiber* im Geist der Aufklärung hat sich Ludwig Timotheus *Spittler* (1752–1810) insbesondere durch sein Verständnis für die Entwicklung des deutschen Verfassungslebens ausgezeichnet.

In Göttingen kam der Franke August Ludwig *Schlözer* (1735–1809) zu Ruhm
als Lehrer der Geschichte und Staatenkunde, Begründer der russischen Geschichts-
schreibung und Publizist. Der Tübinger Naturwissenschaftler Johann Georg *Gme-
lin* (1709–1755) hat Innersibirien erforscht und seine Flora beschrieben.

Der Schwäbische *Katholizismus* verfügte im später württembergischen Gebiet
zwar in Oberschwaben über einen konfessionell geschlossenen Bereich, dem allerdings größere Mittelpunkte fehlten. Bischofssitze und die Universität Freiburg
lagen verhältnismäßig fern. Sowohl die österreichischen wie die geistlichen
Gebiete waren offen für die Einflüsse von außen. Sie entzogen sich zwar nicht
dem absolutistischen Zeitgeist, aber er führte nicht zur Despotie. Die Klöster
erstrebten möglichst große Unabhängigkeit von den Diözesanbischöfen. Seit
Mitte des 17. Jahrhunderts bestanden enge Beziehungen zur Benediktineruniver-
sität Salzburg. Das höhere Schulwesen förderten vor allem Jesuiten, so in Rottweil, Rottenburg und Ellwangen. Verschiedene Klöster bemühten sich um ihre
geschichtliche Überlieferung, so Gerhard Heß um die Geschichte seiner Abtei
Weingarten. Martin Gerbert aus Horb (1720–1793), Fürstabt von St. Blasien,
ein universalgelehrter Förderer der Wissenschaften, hat sich auch um die Geschichte seines Klosters sehr verdient gemacht. Die Aufhebung vieler Klöster im
vorderösterreichischen Gebiet durch Kaiser Joseph II. und die Säkularisation der
übrigen haben hier eine tausendjährige Entwicklung mit Härte zu Ende geführt.

Französische Revolution – Napoleon

Im weiteren Verlauf des 18. Jahrhunderts herrschte im Südwesten des Reichs bis
zur französischen Revolution im allgemeinen Friede; die Gefahr eines französischen Einfalls während des Polnischen Erbfolgekriegs 1734 wurde durch Prinz
Eugen bei Heilbronn abgewehrt. Am Reichskrieg gegen Friedrich II. von Preußen
beteiligten sich die Reichstruppen, zu denen die wirtembergischen Kontingente gehörten, ohne Erfolg. Mit der französischen Revolution änderten sich die Verhältnisse. 1793 verstärkte Wirtemberg sein Heer, berief unter dem Eindruck des französischen Massenaufgebots nach Absprache mit Baden die Landmiliz wieder ein
und trat der Allianz gegen Frankreich bei. Spannungen zwischen den Verbündeten Preußen und Österreich, das bei der Zweiten Polnischen Teilung leer ausgegangen war, führten 1795 zum Sonderfrieden von Basel zwischen Preußen und
Frankreich. Preußen willigte in die Abtretung des linken Rheinufers an Frankreich ein. Norddeutschland wurde neutral erklärt. Während der Fränkische Kreis
in die dabei verabredete Demarkationslinie einbezogen wurde, wußte Erbprinz

Friedrich von Wirtemberg zunächst zu verhindern, daß der Schwäbische Kreis dem Baseler Frieden beitrat. Schwaben wurde wieder Kriegsschauplatz: im Juli 1796 überschritt der französische General Moreau den Rhein, bemächtigte sich des nur von schwachen wirtembergischen Kräften verteidigten Kniebispasses und schlug die Österreicher am Dobel bei Herrenalb und bei Cannstatt zurück. Wirtemberg und der Schwäbische Kreis schlossen nun mit Frankreich einen Waffenstillstand, der dem Land von Österreich sehr verübelt wurde; bei Biberach wurden die schwäbischen Kreistruppen von den Österreichern entwaffnet. Erzherzog Karl zwang jedoch Moreau trotz eines für ihn siegreichen Gefechtes bei Biberach im Oktober zum Rückzug auf das linke Rheinufer.

Im Frieden von Campo Formio in Venetien hatte sich 1797 auch Österreich mit der Abtretung des linken Rheinufers einverstanden erklärt; über die Entschädigung der Fürsten, die dort Land verloren, sollte ein Kongreß in Rastatt entscheiden. Aber 1799 brach der Zweite Koalitionskrieg gegen Frankreich aus; Rußland und Österreich standen neben England gegen das Land der Revolution und seinen nunmehrigen Leiter *Napoleon Bonaparte* (1769–1821). Erzherzog Karl führte den Krieg in Oberschwaben mit Geschick und zwang den französischen General Jourdan zum Rückzug. Nun gab Herzog Friedrich von Wirtemberg die Neutralität auf und schloß sich wieder Österreich an; 1800 vereinbarte er einen Subsidienvertrag mit England. Im Frühjahr dieses Jahres rückte Moreau wieder über den Rhein gegen Oberschwaben; ein weiteres französisches Korps unter Vandamme drang von der Schweiz her ein. Der Hohentwiel wurde kampflos übergeben, seine Festungswerke gesprengt. Moreau besiegte die Österreicher in verschiedenen Gefechten, so bei Biberach, und drang nach Bayern vor. Nach seinem Sieg bei Hohenlinden, östlich von München, wurde im Februar 1801 der Friede von Lunéville geschlossen, der im wesentlichen den von Campo Formio bestätigte.

Auflösung des alten Reiches

Folgen der Friedensschlüsse waren die Auflösung der alten Reichsverfassung und einschneidende Änderungen der Ländergrenzen. Die Entschädigung für erbliche Fürsten, die Gebiete auf dem linken Rheinufer besaßen, sollte aus den geistlichen Territorien und den Reichsstädten rechts des Rheins genommen werden. Die Entscheidung über die Verteilung lag in Paris, teilweise auch in Petersburg. Vom Regensburger Reichstag wurde ein Ausschuß, eine „Reichsdeputation" mit acht Gliedern gebildet, zu denen auch Bayern, Wirtemberg und Baden gehörten; sie tagte in Rastatt und legte im Februar 1803 einen Plan für die Entschädigungen, den

Reichsdeputationshauptschluß vor, der vom Reichstag angenommen und von Kaiser Franz II. bestätigt wurde. Bayern, Wirtemberg und Baden wurden reich bedacht, da Napoleon in Süddeutschland einige militärisch leistungskräftige, bündnisfähige Mittelstaaten schaffen wollte, die gegen Österreich und Preußen auf französischen Schutz angewiesen sein sollten. So fielen zahlreiche Abteien und Städte an Wirtemberg (vgl. S. 189); Ulm, Ravensburg und andere Reichsstädte wurden bayerisch, Biberach kam an Baden, Wimpfen an Hessen-Darmstadt. Die Fürsten von Hohenlohe-Bartenstein erhielten bischöflich-würzburgisches Land, Jagstberg und Niederstetten; zahlreiche rheinische Grafengeschlechter wurden mit oberschwäbischen Herrschaften entschädigt, so die Grafen von Schaesberg, von Metternich, von Quadt. Wirtemberg und Baden wurden in das Kurfürstenkollegium des Reiches aufgenommen, das jetzt aus zehn Mitgliedern bestand.

England, das sich seit 1803 wieder im Kriegszustand mit Napoleon befand, brachte 1805 mit Rußland und Österreich einen neuen Bund gegen Frankreich zustande; die süddeutschen Fürsten Max Joseph von Bayern, Karl Friedrich von Baden und Friedrich von Wirtemberg mußten sich den Franzosen anschließen. Friedrichs Versuch, Neutralität zu wahren, war an der Haltung der anderen Höfe gescheitert. Im dritten Koalitionskrieg bezog die österreichische Hauptarmee unter General Mack 1805 eine feste Stellung hinter der Iller; Napoleon marschierte jedoch über Nördlingen und Donauwörth in ihren Rücken. Als Marschall Ney den Donauübergang von Elchingen unterhalb Ulms genommen hatte, war Mack in Ulm eingeschlossen; ein österreichisches Korps mußte bei Trochtelfingen, zwischen Bopfingen und Nördlingen, die Waffen strecken. Die Franzosen erstürmten Ulm; am 17. Oktober kapitulierte Mack dort mit 23 000 Mann. Nach der Dreikaiserschlacht bei Austerlitz in Mähren schloß Kaiser Franz mit Napoleon im Dezember 1805 den *Frieden von Preßburg;* er verzichtete auf die vorderösterreichischen Lande, die unter Bayern, Wirtemberg und Baden aufgeteilt wurden; damals bekam Bayern für kurze Zeit die montfortischen Herrschaften Österreichs (mit Tettnang) und nach dem Schönbrunner Vertrag Preußens mit Napoleon das ansbachische Gebiet (zunächst einschließlich Crailsheim, Gerabronn und Creglingen). Die drei Staaten wurden ermächtigt, sich die reichsritterschaftlichen Gebiete, die innerhalb ihrer Grenzen lagen, einzuverleiben. Bayern und Württemberg erhielten den Königstitel, der Markgraf von Baden den eines Großherzogs (für Württemberg vgl. S. 210/11).

Die wichtigste Folge des Krieges war die Gründung des *Rheinbundes* im Juli 1806 und die diesem folgende endgültige Auflösung des Römischen Reiches Deutscher Nation. Bayern, Württemberg und Baden waren die gewichtigsten unter den sechzehn Mittel- und Kleinstaaten, die sich zum Rheinbund unter Napoleons Pro-

93 *Johann Jakob Moser*

ANNES ALBERTVS BENGELIVS,
DL. D. SEREN. DVCI WIRTENB. A CONSILIIS SACRIS,
PROVINC. SENATVS ARCTIORIS ASSESSOR

94 *Johann Albrecht Bengel*

Peint par Watelet.   Gravé par Louise Vannet

Napoléon reçu au château de Louisbourg par le Duc de Wurtemberg

2 N.º 1805

95 *Napoleons Ankunft in Ludwigsburg 1805*

tektorat zusammenschließen mußten. Durch die Rheinbundakte erhielten diese Staaten das Recht, alle in ihre Gebiete eingesprengten reichsunmittelbaren Fürsten und Grafen ihrer Souveränität zu unterwerfen, sie zu „mediatisieren". In Süddeutschland konnte nur das Haus Hohenzollern dank der Ehe des Erbprinzen von Sigmaringen mit einer Nichte Murats, des Schwagers Napoleons, seine politische Selbständigkeit behaupten. Mit der Gründung des Rheinbundes hörte das alte Deutsche Reich auf; Franz II. legte am 6. August 1806 die deutsche Kaiserkrone nieder. In den Jahren 1809 und 1810 tauschten Bayern, Württemberg und Baden manche Gebiete gegenseitig aus und setzten damit die bis 1945 geltenden Grenzen fest. Nach der Niederwerfung Napoleons verzichtete Österreich im Wiener Kongreß auf den Rückerwerb seiner schwäbischen Landschaften, abgesehen von Vorarlberg, und fand sich mit seinem Ausscheiden aus dem deutschen Südwesten ab, dessen Entwicklung Habsburg seit dem Untergang der Staufer wesentlich beeinflußt hatte. Metternich gab damit Österreichs alte Stellung als Schutzmacht Oberdeutschlands gegen die Franzosen auf, eine Politik, die für das spätere Verhältnis der süddeutschen Staaten zu Österreich und Preußen von wesentlicher Bedeutung geworden ist. Das Königreich Württemberg vereinigte jetzt zu dem bisherigen Herzogtum in sich zahlreiche Herrschaften, die durch Jahrhunderte anderen Territorien zugehört hatten oder reichsunmittelbar gewesen waren.

XIII. Württemberg unter König Friedrich 1806 bis 1815

Im Rheinbund

Am 1. Januar 1806 nahm Friedrich feierlich die Königswürde an. Das auf das
Doppelte seines bisherigen Gebietes vergrößerte Land war nunmehr *Königreich*.
Die bisherige Benennung Wirtemberg änderte König Friedrich, um falscher Ab-
leitung des Namens entgegenzuwirken, in die Schreibweise *Württemberg* um. Napoleons Ziel, Frankreich mit abhängigen Mittelstaaten zu umgeben, schien in
Deutschland erreicht; im Juli 1806 begründete er in Paris den *Rheinbund*, dem
auch der neue König von Württemberg, der den ersten Versuch Napoleons zur
Schaffung des Bundes zum Scheitern gebracht hatte, trotz ernstlichem Widerstand
beitreten mußte. Seine Absicht, den Rheinbund durch eine Verfassung auszubauen,
ließ Napoleon 1808 fallen; er blieb eine militärische und außenpolitische Bindung.
Das Land wurde weiter vergrößert durch die Herrschaft Wiesensteig, durch
Schelklingen, Biberach und Waldsee, die Deutschordenskommenden Altshausen
und Kapfenburg mit Lauchheim sowie die frühere Benediktinerabtei Wiblingen,
Gebiete, die während der letzten Jahre meist im Besitz von Bayern oder Baden
gewesen waren; verschiedene im Frieden von Preßburg erworbene Gebiete (die
Grafschaft Bonndorf, Villingen, Breunlingen und die Herrschaft Triberg) hatte
Württemberg an Baden abzugeben. Nun wurde auch die bisher noch geschonte
Selbständigkeit der kleineren weltlichen Reichsstände vernichtet. Durch diese
Mediatisierung kamen eine Anzahl von reichsunmittelbaren Fürsten und Grafen
mit ihren Besitzungen unter die Landeshoheit Württembergs, vor allem die Für-
sten von Hohenlohe (mit Ausnahme von Kirchberg – bis 1810 – und von
Schillingsfürst, die Bayern erhielt), die Fürsten von Waldburg, die Grafen von
Königsegg-Aulendorf, die Fürsten von Windischgrätz (mit Eglofs), die Besitzer
der Teile, in welche die einstige Grafschaft Limpurg damals zerfiel, dann zahlreiche Herren, die vor wenigen Jahren mit oberschwäbischem Land für ihren
linksrheinischen Verlust entschädigt worden waren: so gelangten Buchau und
Marchtal von den Fürsten von Thurn und Taxis, Weingarten von denen von

Nassau-Dillenburg (Oranien), Schussenried und Weißenau von den Grafen von Sternberg-Manderscheid, Ochsenhausen von den Grafen von Metternich, das einst ochsenhausensche Amt Tannheim bei Memmingen von den Grafen von Schaesberg, Stadt und Kloster Isny von denen von Quadt, Baindt von den Grafen von Aspremont-Lynden, Gutenzell von den Grafen von Törring, Heggbach von denen von Bassenheim, Rot von den Grafen von Wartenberg an das neue Königreich. Den mediatisierten Adel behandelte Friedrich nicht rücksichtsvoll; er erwarb dem Land dort wenig Sympathien.

Unter den Mitgliedern des Rheinbundes nahm Württemberg die zweite Stelle, hinter Bayern, ein: für den Kriegsfall hatte der König 12 000 Mann bereitzuhalten. Die einzige Tochter Friedrichs, Katharina (1783–1835), mußte Napoleons jüngsten Bruder, den nunmehrigen König Jérôme von Westfalen, heiraten, dem sie entgegen dem Willen ihres Vaters auch nach Napoleons und Jérômes Sturz treu blieb. Ein Sohn des Landes, der in Schorndorf 1766 geborene Nürnberger Buchhändler Johann Philipp *Palm* wurde 1806 wegen seiner durch die Verbreitung der Schrift „Deutschland in seiner tiefsten Erniedrigung" bezeigten patriotischen Gesinnung auf Befehl Napoleons erschossen.

Die Wehrverordnung von 1806, die 1809 zur vollen Auswirkung kam, hatte, wenn auch mit einigen Einschränkungen, die allgemeine Wehrpflicht eingeführt. Die *württembergischen Truppen* beteiligten sich an den Feldzügen von 1806 und 1807 gegen Preußen, besonders in Schlesien, 1809 gegen Österreich und gegen die Vorarlberger, die sich gleichzeitig mit Andreas Hofers Tirolern gegen Bayern erhoben hatten, 1812 gegen Rußland, 1813 gegen Preußen, Rußland und Österreich. Das Heer war durch Friedrichs eifriges Bemühen geschult und kriegstüchtig. Im russischen Feldzug wurde es als Teil der Heeresgruppe Marschall Neys jedoch fast völlig aufgerieben; von 15 800 Württembergern, die nach Rußland gezogen waren, kehrten nur knapp 500 zurück. Auch im folgenden Jahr erlitten die württembergischen Kontingente sehr große Verluste.

Im April 1809 nach dem Ausbruch des Krieges gegen Österreich erhielt Friedrich den Deutschordensbesitz Mergentheim; Widerstände vor allem der Bauernschaft wurden dort rücksichtslos unterdrückt. Die endgültige Bestimmung der Grenze des Königreichs erfolgte 1809 und 1810 durch den Wiener Frieden, den Vertrag von Compiègne vom 24. Oktober 1810 und einen weiteren Vertrag mit Bayern vom Mai 1810. Bayern, das Salzburg und andere Landschaften im Osten erwarb, mußte im Westen einige Gebiete an Württemberg abgeben, das seinerseits wieder etliche an Baden verlor, so daß die Grenzen der drei Länder etwas von Westen nach Osten vorgeschoben wurden. Bayern trat Leutkirch, Wangen, Tettnang, Buchhorn, Ravensburg, Söflingen, Ulm mit Langenau und

Geislingen, Bopfingen, Crailsheim, Gerabronn und andere Gebiete ab, ferner die Hoheit über die in den neuen Grenzen eingeschlossenen Besitzungen von Hohenlohe-Kirchberg, Öttingen-Spielberg und -Wallerstein, Thurn und Taxis (Trugenhofen und Neresheim), Fugger-Kirchberg und -Dietenheim; manche bisher zusammengehörige Gebiete wie die der Reichsstädte Rothenburg ob der Tauber und Ulm, die ansbachische und öttingische Landschaft wurden ohne Rücksicht auseinandergerissen und teils an Württemberg, teils an Bayern vergeben. An Bayern kam das kurz vor dem Dreißigjährigen Krieg erworbene Weiltingen an der Wörnitz bei Dinkelsbühl, an Baden von altwirtembergischen Besitzungen das Amt Hornberg mit Schiltach und das Klosteramt St. Georgen im Schwarzwald, westlich von Rottweil, sowie die Landgrafschaft Nellenburg, diese erst auf scharfen Druck Napoleons. Damit hatte Württemberg seinen bis 1945 unveränderten Territorialbestand erreicht. Er war seit Beginn des Jahrhunderts auf mehr als das Doppelte angewachsen; der Flächenraum betrug 19 511 Quadratkilometer, die Einwohnerzahl 1,34 Millionen, darunter 400 000 Katholiken und 12 000 Israeliten. An Stelle von 78 vielfach sehr kleinen Herrschaften, die 1792 im Gebiet des nunmehrigen Königreichs bestanden hatten, war ein abgerundetes und wie die Zukunft erwies, durchaus lebenskräftiges Staatsgebilde getreten.

Ausbau des Königreichs – Aufgeklärter Absolutismus

Württemberg stand die kurze, aber ereignisreiche Spanne eines Jahrzehnts unter der Herrschaft eines *aufgeklärten Absolutismus*. Friedrichs Ziel war die Bildung eines straff geordneten Staatswesens, die Herstellung der inneren Einheit des Königreichs. Mit schonungslosem Durchgreifen schuf er nach dem Vorbild von Preußen und Frankreich eine den modernen Staatszwecken entsprechende *Verwaltung*. Auch der unhistorische Zug des revolutionären Frankreich war ihm dabei Vorbild: Sonderrechte wurden beseitigt; der Aufbau erfolgte nach den Grundsätzen der Einheitlichkeit. Helfer waren ihm dabei insbesondere der Staatsminister Graf von Normann-Ehrenfels und die einstigen Karlsschüler Ulrich Leberecht von Mandelsloh, Paul Friedrich von Maucler (1783–1859) und Karl August von Wangenheim (1773–1850). Württemberg hat 1806 als einer der ersten Staaten die Ministerialverfassung nach französischem Vorbild mit sechs nach Hauptverwaltungszweigen abgegrenzten Ministerien eingeführt; das Staatsministerium zerfiel in die je von einem Minister geleiteten Departements des Auswärtigen, des Innern, der Justiz, des Kriegs, der Finanzen und der geistlichen Angelegenheiten.

Der Geheime Rat wurde aufgehoben. Der gesamte Rechtszustand in den alten und neuen Gebieten wurde nach den neuen Zwecken des Staats ausgerichtet, das Land nach französischem Vorbild in zwölf rein geographisch gesonderte Landvogteien, seit 1811 in zwölf Kreise als Mittelstufe eingeteilt, die Trennung von Justiz und Verwaltung, wenn auch nicht völlig, so doch mit einer sonst in Deutschland noch nicht üblichen Konsequenz durchgeführt, für das ganze Land die Einheit des Rechts und durch das Religionsedikt von 1806 die Gleichberechtigung der christlichen Glaubensbekenntnisse hergestellt. Die Sonderstellung Neuwürttembergs wurde am 1. Mai 1806 aufgehoben und zahlreiche seiner Einrichtungen auf das Land übertragen. Die Selbstverwaltung der Gemeinden und Amtskörperschaften wurde fast völlig beseitigt. Das Kirchengut verschmolz man mit dem Kammergut, wobei alle Verbindlichkeiten für Kirche, Schule und Einrichtungen der Armenpflege übernommen wurden. Die bisherige Vormachtstellung der evangelischen Kirche wurde beseitigt; das Konsistorium verlor das Kirchenregiment und wurde eine dem Ministerium der geistlichen Angelegenheiten nachgeordnete Staatsbehörde; das gesamte höhere Schulwesen entzog man ihm und verwandelte die Klosterschulen in staatliche Seminarien (seit 1817 und 1818 Blaubeuren, Maulbronn, Schöntal und Urach). 1812 wurde eine Katholisch-theologische Fakultät in Ellwangen gegründet.

Friedrich verstand es, die neuen Gebiete mit dem alten Wirtemberg rasch zusammenzuschmieden. Das Ganze stand bald so festgefügt wie irgendein anderer deutscher Staat; seine kraftvolle Regierung hat in wenigen Jahren mit viel Einsicht und Fleiß eine Reihe von Einrichtungen ins Leben gerufen, welche die weitere Entwicklung der Folgezeit bestimmt haben. Dazu gehörten die Oberämter, Kameralämter und Oberamtsärzte, vorbildliche Schöpfungen, die für den Aufbau der Verwaltung grundlegend geblieben sind. Die Justiz wurde unabhängigen Amtsrichtern übertragen.

Wie in der Verwaltung hat Friedrich auch auf dem Gebiet des *Militärwesens* Bedeutendes geleistet. Der Wert des kleinen Heeres, das er vorfand, war gering. Schon 1799 begann er die Neuorganisation, geriet aber auch hier bald in Gegensatz zu den Ständen. Ab 1806 konnte er ohne Rücksicht darauf Wehrpflicht und Aushebung gestalten. Die Dienstpflicht betrug acht, bei der Kavallerie zehn Jahre, jedoch war Beurlaubung nach der Grundausbildung die Regel. Für die Heimatverteidigung wurden Landbataillone eingerichtet. Das Konskriptionsgesetz von 1809 führte die allgemeine Wehrpflicht ohne die bisherige Möglichkeit der Stellvertretung ein und ermöglichte die Aufstellung der großen Kontingente, die Napoleon forderte. Ein tüchtiges Offizierskorps wurde aufgebaut. Der Kampfwert der Truppe stieg erheblich; sie hat sich in den Kriegen der napoleonischen Zeit bewährt. Vor allem die Feldzüge von 1812 und 1813 brachten aber schwere Verluste. Friedrich, der nicht leichtfertig über Gut und Blut seiner Untertanen verfügte, hat auch die Fürsorge für altgediente Soldaten und für Invaliden im Sinne eines für die damalige Zeit fortschrittlichen Militärversorgungswesens neu gestaltet; auch Anstellung im öffentlichen Dienst wurde altgedienten Soldaten zugesichert (P. Sauer).

Die Annäherung Österreichs an Napoleon nach dem Krieg von 1809, die zur Ablösung des dem oberschwäbischen Geschlecht entstammenden tüchtigen Grafen Johann Philipp von Stadion (1763–1824) durch den Fürsten Metternich als Außenminister und zur Vermählung der Tochter Kaiser Franz II. mit Napoleon geführt hatte, schwächte die Stellung der Rheinbundstaaten: Napoleon mußte auf sie, die vor allem Ruhe zum inneren Ausbau wünschten, noch weniger Rücksicht nehmen und ließ sie seine Macht fühlen; die Beziehungen kühlten sich immer mehr ab. Annäherungsversuche Friedrichs an das ihm durch Familienbeziehungen verbundene Rußland konnten keine wirksame Stütze gegen die Anforderungen des Kaisers geben, der keine selbständige Außenpolitik seiner Verbündeten duldete.

Im Bund mit Österreich, Preußen und Rußland

Die Niederlage Napoleons im Russischen Feldzug 1812 und der Krieg von 1813 hatten die Befreiung Deutschlands von der französischen Fremdherrschaft zur Folge. Bayern war schon am 8. Oktober im Vertrag von Ried zu den Verbündeten übergetreten, nachdem Metternich ihm den Fortbestand der vollen Souveränität des Königs und Ersatz für etwaige Abtretungen zugesagt hatte. Friedrich hatte nicht ohne Bayern handeln wollen, wurde aber von diesem nicht unterrichtet. Nach der Schlacht bei Leipzig schloß auch Württemberg am 23. Oktober 1813 mit Österreich zunächst eine Militärkonvention und am 2. November den Vertrag von Fulda, dem Rußland und Preußen kurz darauf beitraten. Die Bedingungen waren im wesentlichen dieselben, die man Bayern zugestanden hatte. Württemberg trat aus dem Rheinbund aus, der mit dem Vorrücken der Verbündeten zusammenbrach. In Baden versuchte man vergeblich Neutralität zu wahren. Minister von Reitzenstein setzte schließlich gegenüber dem zögernden Großherzog Karl im Vertrag von Frankfurt am 20. November 1813 den Übergang zu den Verbündeten durch. Metternich brachte damals auch die Frage der Rückgabe des Breisgaus an Österreich zur Sprache, die auf dem Wiener Kongreß noch eine Rolle spielte. Zum weiteren Kampf gegen Napoleon stellte Württemberg 24 500 Mann; Kronprinz Wilhelm wurde Befehlshaber eines der Schwarzenbergschen Armeekorps, dessen Hauptkontingente die Württemberger bildeten; sie zeichneten sich unter seiner Führung in den Kämpfen der verbündeten Heere im Februar und März 1814 auf dem Vormarsch nach Paris bei la Rothière, Sens, Montereau, Arcis sur Aube, Fère Champenoise und Vincennes aus. Auch als Napoleon 1815 von Elba zurückkehrte, ließ Friedrich 20 000 Mann ausrücken. Doch ging seine Hoffnung auf weiteren Gebietserwerb nicht in Erfüllung. Da das Großherzogtum Würzburg an Bayern fiel, wurde Württemberg (mit dem eingesprengten Hohenzollern) fortan nur noch von den Grenzen Bayerns und Badens umschlossen. Nur im Bodensee grenzte es an das Gebiet Österreichs und der Schweiz.

Wiener Kongreß – Württemberg im Deutschen Bund

Der Erste Pariser Friede hatte 1814 Frankreich schonende Bedingungen gewährt und ihm die Grenzen von 1792 belassen, gegenüber den Grenzen bei Beginn der Revolution ein erheblicher Zuwachs. Zur Ordnung der künftigen politischen, vor allem der deutschen Verhältnisse, wurde 1814 ein Kongreß in Wien einberufen, an dem auch England, Rußland und Frankreich teilnahmen. Manches war schon zuvor vereinbart, so die Garantie des Besitzstandes von Bayern und Württemberg durch Österreich im Herbst 1813. König Friedrich nahm mit Kronprinz Wilhelm am *Wiener Kongreß* persönlich teil. Er betrieb vor allem die Stärkung der Mittelstaaten auf Kosten kleinerer Territorien als Gegengewicht gegen die Großmächte Österreich und Preußen. Württemberg gehörte mit Österreich, Preußen, Bayern und Hannover dem Ausschuß für die Vorbereitung der Bundesverfassung an, setzte sich dort aber nicht durch. Da Friedrich hier ebensowenig Erfolg hatte wie mit den Bemühungen um eine weitere Vergrößerung des Landes, reiste er ab. Die vorderösterreichischen Gebiete verblieben bei den süddeutschen Ländern; der Verzicht auf den Breisgau brachte Österreich den Gewinn des umstrittenen Fürstbistums Salzburg ein.

Dem nach schwierigen Verhandlungen am 8. Juni 1815 gegründeten *Deutschen Bund* schloß sich auch Württemberg an, nicht ohne Widerstand des Königs, der seine Souveränität nicht beschränken lassen wollte. Er war ein Staatenbund, der gewisse Elemente staatlicher Einheit aufwies und über verschiedene ständige Einrichtungen verfügte. Da ihm die beiden Großmächte Österreich und Preußen mit ihren Sonderinteressen angehörten, konnte er nur locker organisiert sein. Er hat viele Hoffnungen enttäuscht, war aber doch fester gefügt als das alte Reich seit 1648. Die Bundesmitglieder hatten einander gegen jeden Angriff beizustehen; Neutralität und Sonderfrieden war nicht mehr möglich. Österreich trat nur mit seinen deutschen Ländern, auch mit Böhmen, Mähren und Schlesien, nicht aber mit Galizien und der Bukowina, Ungarn, Dalmatien, Venetien und der Lombardei, Preußen ohne Ost-, Westpreußen und Posen dem Bunde bei. Dänemark gehörte ihm mit Holstein, die Niederlande mit Luxemburg und England (bis 1837) mit Hannover an. Auf dem Bundestag in Frankfurt am Main, der dem Reichstag des alten Reiches entsprach, führte Österreich als Präsidialmacht den Vorsitz; Württemberg erhielt wie die zehn anderen größeren Staaten je eine Virilstimme; den kleineren Staaten wurden zusammen sechs Kuriatstimmen zuerkannt.

Artikel 13 der Bundesakte bestimmte, daß in allen Bundesstaaten „eine landständische Verfassung stattfinden werde". Bereits am 1. November 1814 hatte ein zwischen Österreich, Preußen und Hannover vereinbarter Entwurf der Akte vorgesehen, daß jeder Bundesstaat solche Verfassungen einführen solle. Um einer Wiederherstellung der Stände im altwirtembergischen Sinne und einer vom Bund aufgenötigten Verfassung zuvorzukommen, durch die er den Mediatisierten zu viele Rechte hätte einräumen müssen, berief Friedrich schon für März einen Landtag ein und legte diesem den Entwurf einer Verfassung vor, die er sofort in Kraft treten lassen wollte. Die künftige Landesvertretung sollte danach nur aus einer Kammer mit fünfzig Stimmführern des hohen und niederen Adels, vier Vertretern der Kirche und der Universität, sieben Deputierten der „Guten Städte" und 64 Abgeordneten der Oberamtsbezirke bestehen. Der Verfassungsentwurf beruhte auf den Anschauungen des englischen Philosophen Locke und dem von ihm und dem Franzosen Montesquieu entwickelten System des monarchischen Konstitutionalismus, der eben in Frankreich durchgedrungen war und in der Charte Ludwigs XVIII. Ausdruck gefunden hatte; an sie schloß er sich in zahlreichen Punkten an. Der Landtag lehnte diesen Entwurf jedoch ab. Er wollte am Aufbau der Verfassung selbständig mitwirken; sie sollte nicht oktroyiert, sondern als Vertrag zwischen Fürst und Volk beschlossen werden, ein Gegensatz, der bei der Einführung moderner Verfassungen oft zutage getreten ist. In dem Entwurf war überdies das Gesetzgebungs- und Steuerbewilligungsrecht der Ständeversammlung erheblich eingeschränkt; der ständige Ausschuß und die Landschaftskasse, Grundelemente der altständischen Verfassung, waren nicht vorgesehen. Mit der Ablehnung begann der vier Jahre dauernde Kampf um die Gestaltung der Verfassung in Württemberg. Die Altwirtemberger bestanden auf der Wiederanerkennung der von Friedrich aufgehobenen landständischen Verfassung, die nunmehr trotz ihrer oligarchischen Züge als das „alte gute Recht" gefeiert wurde, und verlangten, sie mit gewissen Abänderungen auf Neuwürttemberg auszudehnen. Der Widerstand versteifte sich, obwohl es dem Minister Karl August von Wangenheim (1773–1850) zunächst gelang, die Opposition zu spalten. Auch als sich der König im Oktober 1815 zum Nachgeben in wesentlichen Punkten bereit zeigte, war eine Einigung nicht möglich; die Verhandlungen zogen sich bis zu seinem Tode hin.

Friedrich starb unerwartet am 30. Oktober 1816. Er war trotz der Eigenwilligkeit und Rücksichtslosigkeit, mit der er seine politischen Ziele verfolgte, und trotz mancher persönlicher Mängel ein bedeutender, kraftvoller, unermüdlicher Herrscher, der, selbst ein Mann des Übergangs, Württemberg entschlossen mit großem Geschick durch die Stürme der napoleonischen Zeit hindurchgeführt hat. Sein Ziel, ein kräftiges Staatswesen zu bilden, hat er erreicht: er ist der Schöpfer des modernen Württemberg, das er aus einer großen Zahl verschiedenartiger Territorien zu einem einheitlichen Land geformt und wohlgeordnet hinterlassen hat. Ihm aus der zeitweisen Anlehnung an Frankreich, insbesondere aus dem Beitritt zum Rheinbund einen Vorwurf zu machen, wie es vor allem Treitschke getan hat, wird der Lage nicht gerecht. Der von Friedrich zudem erst im letzten Augenblick vorgenommene Anschluß war unvermeidlich, wenn Württemberg diese Zeit tiefgreifender Umwandlungen überdauern sollte.

XIV. Baden in der Zeit Napoleons und nach 1815

Baden

Die napoleonische Ära hat den süddeutschen Ländern im wesentlichen das gleiche Schicksal bereitet: Sie waren zu schwach, um sich der Macht und dem Willen des Kaisers der Franzosen entgegenzustellen. Aber die Lage und das Gewicht des Einzelstaats und Geschick und Kraft der handelnden Persönlichkeiten unterschieden sich doch nicht unwesentlich. Bayern, der größte der Rheinbundstaaten und seit Jahrhunderten immer wieder im Gegensatz zu Österreich stehend, erfuhr wie in früheren Zeiten das besondere Interesse Frankreichs. Die Stellung Württembergs wurde durch die enge verwandtschaftliche Verbindung Friedrichs zu Rußland, aber auch durch seine politische Persönlichkeit gestärkt. Baden, Nachbar Frankreichs an der Rheingrenze, war den französischen Invasionen am unmittelbarsten ausgesetzt. Die kleine Markgrafschaft hatte keine Hilfe zu erwarten. Während in Bayern die Epoche wesentlich durch den gewandten leitenden Minister Maximilian Graf von Montgelas, in Württemberg durch die Autokratie Friedrichs bestimmt wurde, für den auch tüchtige Mitarbeiter allein von seinem Willen abhängige Gehilfen waren, ist in Baden diese Zeit weniger durch den 1728 geborenen, von 1746 bis 1811 regierenden Markgrafen, Kurfürsten und Großherzog Karl Friedrich, der gewissenhaft und umsichtig, aber in dieser Zeit durch sein hohes Alter schon geschwächt war, als durch eine Reihe tüchtiger Mitarbeiter geprägt worden: so durch den allerdings nicht sehr entschlußfreudigen leitenden Minister Georg Ludwig von Edelsheim, durch Goethes Schwager Johann Georg Schlosser und den Organisator der badischen Verwaltung Johann Nikolaus Brauer, in seiner Außenpolitik vor allem aber durch Sigismund von Reitzenstein (1765–1847), den eigentlichen Begründer des badischen Staates (F. Schnabel); seinem Geschick hat das Land die außerordentliche Erweiterung des Gebiets der verhältnismäßig kleinen Markgrafschaft zu verdanken. Baden hatte sich 1792 der Koalition gegen Frankreich noch angeschlossen, mußte aber mit Reitzenstein als Unterhändler 1796 in Paris einen Sonderfrieden schließen und stand von da

an bis 1813 auf Seiten Frankreichs. Der Friede von Lunéville und der Reichs-
deputationshauptschluß brachten die Kurfürstenwürde und sehr umfangreiche
Entschädigungen für die verhältnismäßig bescheidenen verlorenen Gebiete links
des Rheins, vor allem das Hochstift Konstanz und die rechtsrheinischen Teile der
Bistümer Basel, Straßburg und Speyer, verschiedene Klöster, die Reichsstädte
Überlingen, Pfullendorf, Gengenbach und Offenburg, dazu die kurpfälzischen
Ämter Heidelberg, Bretten und Ladenburg sowie die Stadt Mannheim. Durch den
Frieden von Preßburg kam 1805 der größte Teil des Breisgaus, die Ortenau, die
Deutschordenskommende Mainau und die Stadt Konstanz, mit der Rheinbundakte 1806 der Klettgau, die Grafschaft Bonndorf und weitere Herrschaften, 1810
noch die Landgrafschaft Nellenburg und das altwirtembergische Amt Hornberg
hinzu. Auch die weitgehende Entschädigung Badens, der wie bei den anderen süddeutschen Staaten ein wenig schönes Feilschen um die einzelnen Positionen vor-
ausging, war durch den Willen Napoleons bestimmt, im deutschen Süden Mittelstaaten zu schaffen, die sich politisch und militärisch an Frankreich anlehnen mußten, aber kräftig genug waren zur Aufstellung recht erheblicher Truppenkontin-
gente für die Feldzüge des Kaisers. Der Stellung Badens war förderlich die Vermählung des Kurprinzen Karl mit Stephanie Beauharnais, einer von Napoleon
adoptierten Nichte seiner ersten Gemahlin Josephine. Die Beziehungen der in der
gleichen Situation stehenden süddeutschen Rheinbundstaaten untereinander waren
dabei nicht die besten. Bayern versuchte sein Gewicht häufig ohne Rücksichtnahme
auf die andern in die Waagschale zu werfen, Württemberg wollte jede Bindung
vermeiden, die die erstrebte Souveränität beeinträchtigen konnte, und in Baden
schaute man mit gemischten Gefühlen auf Württemberg, dessen Aktivität man
fürchtete.

Nach der Schlacht bei Leipzig, in der seine Truppen in Gefangenschaft der Alliierten kamen, versuchte Baden zunächst durch Neutralitätsbemühungen seiner besonders schwierigen Situation nahe der französischen Grenze Rechnung zu tragen,
trat dann aber durch den Vertrag vom 20. November 1813 auf die Seite der Verbündeten und kämpfte mit ihnen in den Feldzügen von 1814 und 1815. Der Wiener Kongreß ließ dem Lande die gewonnenen Gebiete. Eine geheime Absprache
zwischen Österreich und Bayern, die dieses für die Überlassung Salzburgs durch
ehemals vorderösterreichische, jetzt vor allem badische Gebiete entschädigen
sollte, kam nicht zur Durchführung. Nach dem Friedensschluß wurde das Land
durch die umkämpfte Sukzessionsfrage erregt: für den Fall des Aussterbens der
direkten Linie des großherzoglichen Hauses wurde 1817 durch Hausgesetz die
Erbberechtigung der Söhne Karl Friedrichs aus seiner zweiten Ehe mit der zur
Reichsgräfin von Hochberg erhobenen Luise von Geyersberg, der Grafen von

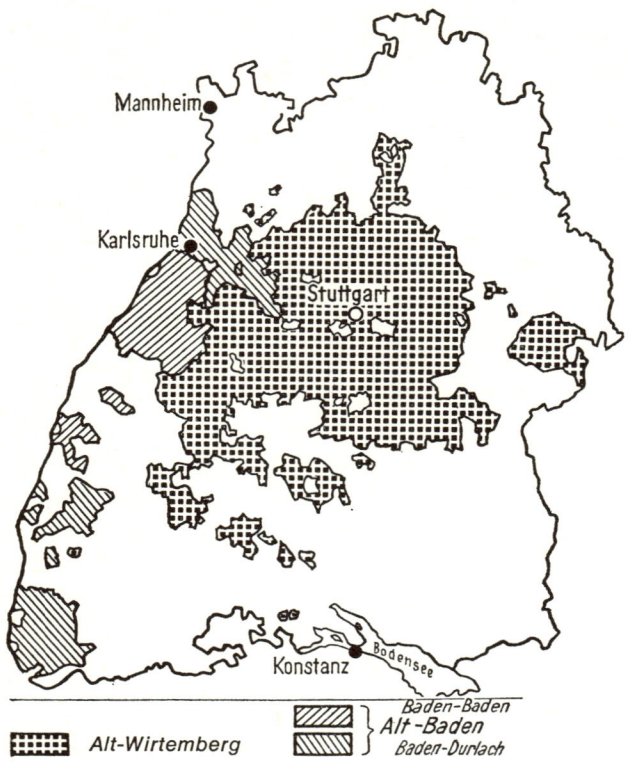

Mannheim

Karlsruhe

Stuttgart

Konstanz

Bodensee

Baden-Baden

Alt-Baden

Baden-Durlach

Alt-Wirtemberg

Karte 10: Alt-Wirtemberg—Alt-Baden

Hochberg, anerkannt. Die Frage hatte in Bayern Erbschaftsansprüche auf die badischen Teile der ehemaligen Kurpfalz erweckt und war deshalb von erheblicher politischer Bedeutung. Im Zusammenhang damit stand ein bekannter Fall: Den nach standesamtlicher Beurkundung 1812 im Alter von 19 Tagen verstorbenen Sohn des Kurprinzen Karl und Stephanies will eine weitverbreitete, unbewiesene Auffassung mit dem 1828 in Nürnberg aufgetauchten, 1832 an einer Verwundung verstorbenen Findling Kaspar Hauser gleichsetzen.

Die Verabschiedung der von Karl Fr. Nebenius (1785–1857) entworfenen *Verfassung* war nicht nur wie in Württemberg durch harte Auseinandersetzungen, sondern mehr durch die Teilnahmslosigkeit des kranken Großherzogs Karl (1811–1818) erschwert, der schließlich am 22. August 1818 kurz vor seinem Tode die Unterzeichnung vollzog. Hier war nicht von einem Vertrag zwischen Herrscher und Volk die Rede. Auch die badische Verfassung war stark von der französischen Charte von 1814 beeinflußt: der Monarch blieb Oberhaupt des konstitutionellen Staates und vereinigte die Hoheitsrechte in seiner Person. Die Ständeversammlung bestand aus zwei Kammern: die Erste, privilegierte, mit Prinzen, Standesherren, Vertretern des Adels, der Kirchen und der Universitäten, die Zweite mit Abgeordneten aus indirekter Wahl der Städte und Ämter. Wichtigste Rechte der Stände waren die Steuerbewilligung und die Zustimmung zu neuen Gesetzen, aber weder Budgetrecht noch Gesetzesinitiative. Die Erste Kammer hatte in Baden, das den Mediatisierten mehr entgegengekommen war, stärkeren und mehr reaktionären Einfluß als in Württemberg. Die oft recht scharfen Auseinandersetzungen, die der autokratische Großherzog Ludwig (1818–1830) nicht zu mildern wußte, gehen im badischen Landtag nicht um „altes gutes Recht", sondern um die Vertretung wirtschaftlicher Interessen. Die liberale Linke war radikaler als in Württemberg. Die Ermordung des in russischen Diensten stehenden Bühnendichters August Kotzebue in Mannheim im Jahre 1819 verschärfte die Spannungen. Fragen der deutschen Einheit standen in Karlsruhe mehr zur Debatte als im Stuttgarter Landtag. Dank der klugen Innenpolitik des Ministers Winter ging die Julirevolution 1830 ohne unmittelbare Folgen vorüber. Mit der Gemeindeordnung von 1831 trat Baden an die Spitze der Entwicklung des Kommunalrechts. Der katholische Einfluß in dem konfessionell geteilten Land verstärkte sich, seit 1822 das Erzbistum Freiburg errichtet worden war. 1835 schloß sich Baden dem deutschen Zollverein an; 1838 genehmigte ein außerordentlicher Landtag den Bau einer badischen Staatsbahn, zunächst von Mannheim bis Basel.

Kurpfalz

In das Kurfürstentum und Großherzogtum Baden wurden in den Jahren 1803 bis 1810 wesentliche Teile der Kurpfalz rechts des Rheins eingegliedert, die heute zum Land Baden-Württemberg gehören. Das gibt Anlaß zu einem kurzen Überblick über die Entstehung der Kurpfalz.
Die Pfalzgrafschaft bei Rhein, später Kurpfalz, entstand aus der Verbindung rheinischer Besitzungen der Salier mit der lothringischen Pfalzgrafenwürde. Sie kam 1214 an das Haus Wittelsbach und gewann, finanziell erstarkt durch die Rheinzölle, rasch überragende Bedeutung im Reich mit Vorrang vor den übrigen weltlichen Fürsten, dazu die Kurwürde und das Vikariat bei Erledigung des Königthrones. 1329 trennen sich die Pfälzer von den bayerischen Wittelsbachern.

1386 gründet Ruprecht I. (1309–1390) die Universität in seiner Residenz Heidelberg. Ruprecht III. von der Pfalz wird nach der Absetzung Wenzels deutscher König, der zwar tüchtig und guten Willens ist, aber doch keine hinreichende Macht im Reich gewinnen kann. Unter Friedrich I., dem Siegreichen (1449–1476), erreicht das Land eine besondere Entfaltung. Ottheinrich (1556–1559), der Erbauer des nach ihm benannten herrlichen Renaissancebaues des Heidelberger Schlosses, führt die Reformation nach Luthers Lehre ein, die jedoch nach wenigen Jahren dem Calvinismus in der gemäßigten Form des Heidelberger Katechismus von 1562 Platz macht. In der Zeit stärkster politischer Spannung am Vorabend des Dreißigjährigen Krieges ließ sich Friedrich V. 1619 zur Annahme der von den böhmischen Ständen dem Kaiser Ferdinand abgesprochenen böhmischen Königskrone bewegen, verlor aber als „Winterkönig" in der Schlacht am Weißen Berg bei Prag das Land. Dem staatsmännisch klugen und toleranten Karl Ludwig (1648–1680) gelang es im Westfälischen Frieden Land und Kurwürde zurückzugewinnen. Die Heirat der Pfälzer Prinzessin Elisabeth Charlotte (Liselotte) mit dem Herzog von Orléans gab nach dem Aussterben der Simmernschen Linie des Kurhauses Ludwig XIV. den Vorwand zum Pfälzischen Erbfolgekrieg von 1688 bis 1697, bei der französische Generale die Pfalz furchtbar verwüsteten und 1689 das Heidelberger Schloß zerstörten. Die nun regierende katholische Linie Pfalz-Neuburg verlegte ihre Residenz nach Düsseldorf; Karl Philipp (1716 bis 1742) kehrte in das 1606 gegründete Mannheim zurück, wo er eine großzügige Bautätigkeit entfaltete. 1720 bis 1760 entstand das kurfürstliche Schloß, heute Sitz des Oberverwaltungsgerichtshofs des Landes Baden-Württemberg und der aus der Wirtschaftshochschule erwachsenen Universität. 1777 trat Kurfürst Karl Theodor (1742–1799) nach dem Aussterben des bayerischen Kurhauses auch die Nachfolge in Bayern an und vereinigte damit nach fünf Jahrhunderten wieder die beiden wittelsbachischen Länder. Seine schwankende Haltung, die sich für Bayern wenig engagierte, war den Stürmen der französischen Revolution nicht gewachsen. Schon 1793 besetzte Frankreich die linksrheinische Pfalz und sicherte sie sich durch den Frieden von Campo Formio. Als Karl Theodor 1799 kinderlos starb, wurde Max Joseph von Pfalz-Zweibrücken Kurfürst und 1805 als Max I. Joseph (bis 1825) König von Bayern. Im Reichsdeputationshauptschluß gingen ihm auch die rechtsrheinischen Gebiete der Pfalz verloren. Baden konnte ein wertvolles Erbe mit reicher Kultur und Tradition antreten.

XV. Die Zeit König Wilhelms I. von Württemberg (1816–1864)

König Wilhelm und Königin Katharina

Mit dem Nachfolger Friedrichs, seinem 35jährigen Sohn König *Wilhelm I.* (1816 bis 1864) kam eine Persönlichkeit anderer Art an die Regierung. War Friedrich der noch vom Barock des 18. Jahrhunderts und von seinem frühen Wirken im friderizianischen Preußen geprägte Vertreter des aufgeklärten Absolutismus, so Wilhelm der des neuen Jahrhunderts, ein nüchterner Charakter, gebildeter und kultivierter als sein Vater, liberal wohl in seiner persönlichen Haltung, in seinen politischen Auffassungen jedoch nicht in dem Maße, wie man sie ihm vielfach zuschrieb. Als Kronprinz stand er lange persönlich und politisch zu seinem Vater in scharfem Gegensatz, der Erinnerungen an das Verhältnis seines Urgroßvaters König Friedrich Wilhelms I. zu seinem Sohn, dem späteren Friedrich dem Großen, weckt. Seinem schlichteren Wesen entsprach, daß er zu Beginn seiner Regierung die Staatsrepräsentation wesentlich vereinfachte, auch ein einfacheres Landeswappen einführte, das nur noch die Hirschstangen seines Hauses und die staufischen Löwen mit dem Wahlspruch „furchtlos und trew" zeigte. So geschmeidig sein Gespür für die Notwendigkeiten der Zeit war, so fehlte ihm doch ein engeres Verhältnis zu deren geistigen Strömungen. Männer wie Schelling und Hegel fanden keinen Lehrstuhl an der Landesuniversität. Der fördernde Einfluß, den er auf seine Bauten nahm, zeugt von Geschmack und Kunstverständnis. Militärische Aufgaben lagen seinem Ehrgeiz; er hatte als Führer im Feld Tüchtiges geleistet und wäre nicht ungern Bundesfeldherr des Deutschen Bundes geworden. König Wilhelm war eine politische Natur und führte die Außenpolitik seines Landes lange persönlich. Sein besonderes Anliegen war die wirtschaftliche Hebung des Landes, zunächst der Landwirtschaft, in der ersten Hälfte des 19. Jahrhunderts immer noch die bei weitem stärkste Erwerbsquelle Württembergs, aber auch der allmählich wachsenden Industrie, deren wirtschaftliche Möglichkeiten er, aufgeschlossen für ihre technischen Probleme, früh erkannt hat.
Wilhelms erste, 1808 im Alter von 27 Jahren geschlossene Ehe mit der sechzehn-

jährigen Charlotte Auguste von Bayern war eine Schutzmaßnahme gegen napoleonische Heiratspläne. Das Verhältnis des Kronprinzen zu ihr blieb denkbar
kühl. Schon Ende 1813 wurde die Lösung dieser nicht vollzogenen Ehe eingeleitet.
Ein Ehegericht des Landes und ein päpstliches Breve erklärten sie 1815 bzw. 1816
als nicht bestehend, da unter politischem Druck geschlossen, so daß auch nach kanonischem Recht sich beide wieder verehelichen konnten. Charlotte Auguste, dann Karolina Augusta, heiratete im Oktober Kaiser Franz I. von Österreich als dessen
vierte Gemahlin. Wilhelm ehelichte im Januar 1816 seine Base, die Großfürstin
Katharina von Rußland (1788–1819), die Tochter des im Jahre 1801 ermordeten
Zaren Paul und der Schwester König Friedrichs, Maria Feodorowna, zuvor Sofie
Dorothea von Württemberg (1759–1828). Katharina war Witwe des Prinzen Georg
von Oldenburg, der 1812 in russischen Diensten verstorben war. Sie hat sich in
den wenigen Jahren, die ihr bis zu ihrem frühen Tod 1819 an der Seite König
Wilhelms vergönnt waren, durch ihre weitwirkenden sozialen und kulturellen Initiativen in und nach den Notjahren 1816 und 1817 ein dauerndes Gedenken im
Volke Württembergs gesichert. Der Ehe entstammten zwei Töchter, Marie, vermählt mit Graf Alfred von Neipperg, und Sophie, spätere Gattin des Königs Wilhelm III. von Holland. Da der Thronerbe noch fehlte, heiratete der König 1820
seine Base Prinzessin Pauline von Württemberg, die Mutter König Karls (geboren
1823).

Die *Lage des Landes* war bei Beginn der Regierungszeit Wilhelms I. keineswegs
einfach. Zwar schien sein Bestand und seine Souveränität im Rahmen des Deutschen Bundes gesichert. Für den inneren Aufbau des in der napoleonischen Zeit
entstandenen Staatswesens hatte König Friedrich mit fester Hand die Grundlagen
geschaffen. Aber das Werk bedurfte des Ausbaus: die Verfassungsfrage harrte
ebenso der Lösung wie die Hinführung der alten und der neu hinzugekommenen
Bevölkerung zu einem gemeinsamen Staatsbewußtsein. Württemberg war damals
ein verhältnismäßig armes, aber eines der dichtest bevölkerten Länder Europas:
1816 zählte es 1,4 Millionen Einwohner oder 72,3 Einwohner auf einen Quadratkilometer, weit mehr als der Durchschnitt im ganzen Deutschland mit 46,7 je
Quadratkilometer (Preußen: 41,2; Bayern: 45,5). Die Wunden der Napoleonischen Kriege mit ihrem hohen Blutzoll waren noch nicht vernarbt, als nach bösen
Mißernten die Hungerjahre 1816 und 1817 das Land aufs schwerste trafen. Es bedurfte der ganzen Energie des Volkes, der Regierung und des Königs, um über
diese Katastrophe hinwegzukommen. Hier zeigte Königin Katharina ihren Ideenreichtum und ihr Können.

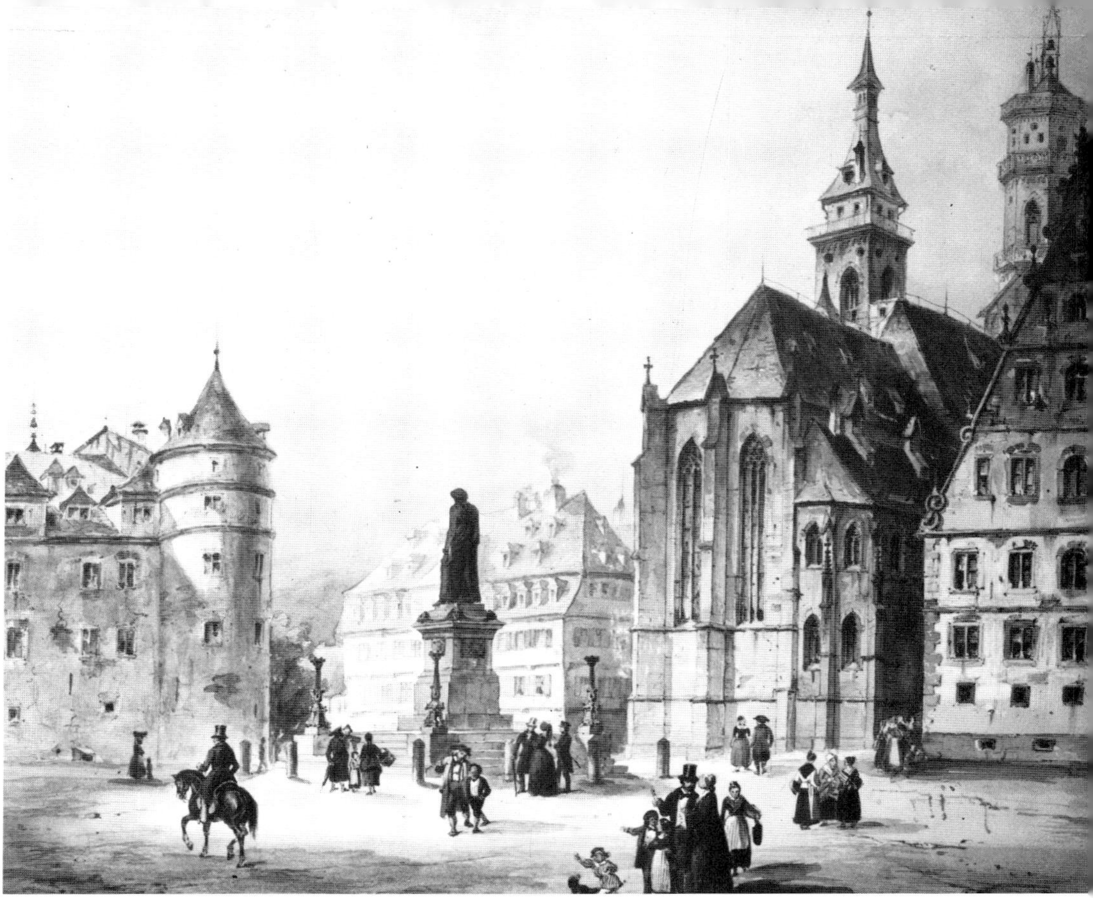

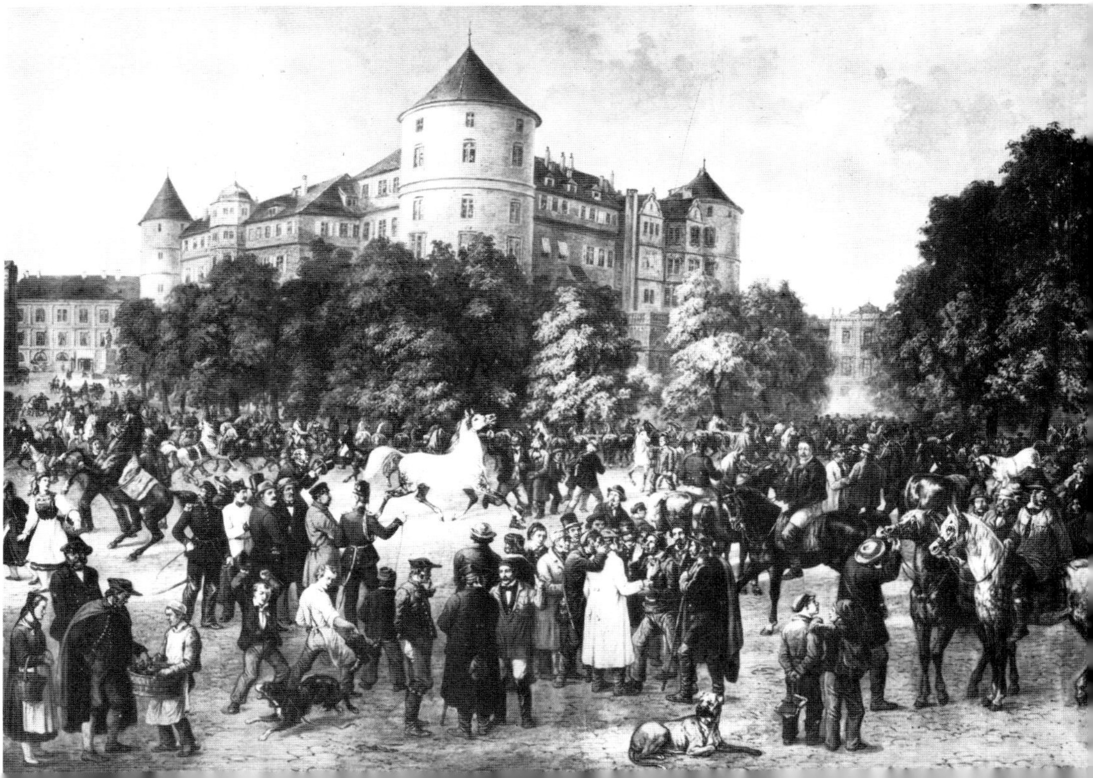

96 (umseitig oben) Schillerplatz in Stuttgart.
Lithographie von 1839
97 (umseitig unten) Altes Schloß Stuttgart
um 1860

98 Ludwig Uhland und Gustav Schwab
bei Justinus Kerner in Weinsberg
99 Halbmondsaal im Stuttgarter Landtag 1833

Die Verfassung von 1819

Um eine Grundlage für seine Aufbaupolitik zu schaffen und um reaktionäre Einflußnahmen von außen zu verhindern, wollte Wilhelm sobald wie möglich den Streit um das alte gute Recht beenden und dem Land eine modernen Ideen entgegenkommende Verfassung geben. Im März 1817 legte er den Landständen einen nach Vorschlägen des Ministers von Wangenheim ausgearbeiteten Entwurf vor, der einen Landtag mit zwei Kammern, einer Adels- und Prälatenkammer und einer Volkskammer vorsah. In der erregten Stimmung des Hungerjahres wurde auch dieser Verfassungsentwurf vom berufenen Landtag mit 67 Stimmen altwirtembergischer Abgeordneter und der Standesherren gegen 42 Vertreter Neuwürttembergs und der Ritterschaft abgelehnt. Der Landtag wurde aufgelöst; die Verhandlungen stockten. Die Stimmung der Altrechtler dieser Zeit spiegeln Ludwig Uhlands „Vaterländische Gedichte" wider, die weithin mit Begeisterung aufgenommen wurden. Auf Anregung Wangenheims ließ der König eine Abstimmung der Amtsversammlungen und Magistrate über die abgelehnte Verfassung durchführen, die mit einer allerdings schwachen Mehrheit für sie einen Umschwung der Stimmung ankündigte. Das Zustandekommen der oktroyierten Verfassungen in Bayern und Baden im Jahre 1818 und die Furcht vor den in Karlsbad nach der Ermordung Kotzebues drohenden Beschlüssen der beiden Großmächte des Bundes, gegen die sich Wilhelm auch bei seinem Schwager Zar Alexander I. von Rußland zu schützen suchte, steigerte die Bereitschaft des neugewählten Landtags zu einer Einigung mit der Regierung. Die Verfassung wurde in Eile beraten und schließlich einstimmig angenommen. Uhland fügte seiner Zustimmung die Worte bei: „Mancher wird manches vermissen, aber das Wesentliche besteht, vor allem jener Urfels unseres alten Rechts, der Vertrag" (W. Grube). Am 25. September 1819 wurde die Verfassung im Ludwigsburger Schloß unter Austausch der beiden Verfassungsurkunden feierlich bestätigt. Das Ziel war erreicht. Die Verfassung war nicht wie in anderen süddeutschen Ländern als „Gnadengeschenk" des Fürsten aus seiner Machtvollkommenheit oktroyiert, sondern ein zwischen Regierung und Ständen vereinbarter Vertrag, der nun von der Bevölkerung mit Jubel begrüßt wurde. Der König ließ eine Denkmünze prägen mit der Inschrift „Verfassungs-Vertrag – den 25. September 1819".

Die Verfassung von 1819 bedeutete das Ende des Absolutismus in Württemberg. Sie war ein Kompromiß zwischen altständischen Elementen und Grundsätzen der konstitutionellen Monarchie. Die Staatsgewalt lag noch in der Hand des Königs, aber die Stände waren an ihrer Ausübung beteiligt. Mit der badischen Verfassung von 1818 war sie die freisinnigste der damaligen Verfassungen deutscher Länder.

Der Ersten Kammer, der *Kammer der Standesherren*, gehörten an die volljährigen Prinzen des königlichen Hauses, die Häupter der Familien des mediatisierten Hochadels und die Grafen von Rechberg und von Neipperg sowie vom König auf Lebenszeit ernannte Mitglieder auch bürgerlicher Herkunft, Vertreter der Kirchen, der Hochschulen, des Handels und der Industrie, der Landwirtschaft und des Handwerks. Die Zweite Kammer, die *Kammer der Abgeordneten*, bestand aus 93 Mitgliedern, nämlich 23 Privilegierten (13 Mitgliedern der Ritterschaft, sechs evangelischen Prälaten, dem Bischof von Rottenburg, zwei weiteren Vertretern der katholischen Kirche und dem Kanzler der Universität Tübingen) und 70 gewählten Volksvertretern, von denen sieben aus den „Guten Städten" (Stuttgart, Tübingen, Ludwigsburg, Ulm, Heilbronn, Reutlingen und Ellwangen) und 63 aus den Oberamtsbezirken entsandt wurden. Die Wahl dieser Abgeordneten erfolgte mittelbar nach einem Zensus- und Klassenwahlrecht: nur wer direkte Staatssteuer zahlte, konnte Wahlmänner wählen, die dann die Abgeordneten zu bestimmen hatten. Wie zur Zeit des alten Rechts vertrat auch dieser Landtag privilegierte und nicht unvermögliche Schichten.

Rechte der Stände waren die Zustimmung zu allen Gesetzen, zur Erhebung neuer Steuern und zur Aufnahme von Staatsschulden sowie die Beratung des Staatshaushalts und ein noch nicht voll ausgebildetes Budgetrecht, jedoch keine Gesetzesinitiative. Dem alten wirtembergischen Recht war die Aufstellung eines Etats fremd, da die Stände die Staatsausgaben nicht zu prüfen und festzusetzen hatten. Die Verwaltung des Kammerguts war allein Sache des Herzogs; die Stände hatten die Befugnis, bewilligte Steuern einzuziehen und die Steuerkassen zu verwalten. Jetzt wurde das gesamte landesherrliche Kammergut Staatsvermögen. Die altständische Verwaltung der Steuern ging an die Regierung über; nur die Staatsschuldenverwaltung durch ständische Beamte wurde beibehalten. Die in der Verfassung vorgesehene schwierige Aussonderung des altwirtembergischen Kirchenguts konnte weder damals noch später vorgenommen werden. Zukunftsweisend war das auf Friedrich List zurückzuführende Bekenntnis der Verfassung zur kommunalen Selbstverwaltung. Der ständische Ausschuß wurde wieder eingerichtet und der 1816 erneut eingeführte Geheime Rat, der den Verkehr zwischen dem König und den Ständen vermitteln sollte, beibehalten. Die in manchen Punkten von Baden beeinflußte Verfassung Württembergs ist Vorbild der Verfassung des Großherzogtums Hessen von 1820 geworden. Die wenige Tage vor der Verkündung der Verfassung ergangenen reaktionären Karlsbader Beschlüsse konnten ihrer Verabschiedung nicht mehr im Wege stehen.

Verhältnis zum Deutschen Bund – Triaspolitik

Die Mittelstaaten waren trotz der durch den Wiener Kongreß verbürgten Souveränität zu einer wirklich selbständigen Außenpolitik nicht in der Lage. Daran änderte auch Wilhelms Ansehen und seine nahe Verwandtschaft mit dem Zarenhof, die das Gewicht des Landes steigerten, nichts Grundsätzliches. Die Politik des Landes mußte darauf gerichtet sein, die Stellung der größeren Mittelstaaten im Deutschen Bund so zu festigen, daß die beiden Großmächte bei der Willensbildung im Bundesrat nicht einfach über sie hinweggehen konnten. Dem entsprach die sogenannte „Triaspolitik" des Königs. Nach ihr sollte neben Österreich und Preußen, deren Interessen über den Deutschen Bund hinausgehen mußten, ein Zusammenwirken der deutschen Mittelstaaten, ein „reines" Deutschland als „dritte Kraft" im Bunde Gestalt gewinnen. Die Auffassung wurde in Frankfurt von Württembergs Bundesgesandten von Wangenheim mit Nachdruck vertreten und rief wachsenden Widerstand und Verärgerung der beiden Mächte hervor, um so mehr als Preußen sich in der Bundespolitik damals an Österreich anlehnte. Ein 1820 unter fingierten Namen veröffentlichtes „Manuskript aus Süddeutschland" vertrat diese Ideen durch die Feder eines Journalisten, der damit teilweise vom König inspirierte Gedanken weitergab. Die Schrift erregte großes Aufsehen; die Stuttgarter Autorenschaft war bald ermittelt. Die Verstimmung richtete sich vor allem gegen Wangenheim, der mit seinen Bemühungen um die „Mindermächtigen" Österreich und Preußen immer lästiger geworden war. Sie setzten mit Zustimmung Rußlands Württemberg durch Abberufung ihrer Gesandten und dem fast völligen Abbruch des diplomatischen Verkehrs so unter Druck, daß der König Wangenheim im Juli 1823 abberufen mußte. Metternich hatte einen weiteren Erfolg auf dem Wege seiner „Epuration des Bundestages" erreicht. Die Schlappe für Württemberg war eindeutig. Wangenheim lehnte eine andere Verwendung ab und trat in den Ruhestand; ein ideenreicher, für die Reform des Deutschen Bundes unermüdlich tätiger Berater König Wilhelms mußte gegen dessen Willen seinen Platz räumen.

Verwaltung

Schon in den ersten Jahren seiner Regierung hat König Wilhelm die *Verwaltung* seines Landes durch sorgfältige Verteilung der Befugnisse und, soweit geboten, durch Zentralisierung neu geregelt. Zugleich sollte das altständische Wesen im Behördensystem beseitigt und durch Einrichtungen ersetzt werden, die neueren Staatsauffassungen entsprachen. Das Prinzip der Gewaltenteilung wurde so ver-

Karte 11: Verwaltungseinteilung Baden und Württemberg (Oberämter und Bezirke) 1835

wirklicht, daß dem Staatsoberhaupt die vollziehende Gewalt und die Gesetzes-
initiative, der Volksvertretung die Gesetzgebung und die Rechtsprechung von
der Verwaltung unabhängigen Richtern übertragen wurden. Wilhelms *leitende
Minister* in den ersten Jahrzehnten waren, ohne daß sie die Stellung eines
Ministerpräsidenten hatten, in der er eine Beeinträchtigung seiner persönlichen
Entscheidung erblickt hätte, von 1818 bis 1831 der noch aus der Schule König
Friedrichs stammende Mömpelgarder Freiherr Paul von Maucler (1783–1859),
tüchtig, aber robust und wenig beliebt, von 1832 bis 1848 der einflußreiche
Innenminister Johann Schlayer (1792–1860), Bäckerssohn aus Tübingen, per-
sönlich liberal, aber den Erwägungen Metternichscher Politik sehr zugänglich.
Elf aufsehenerregende *Organisationsedikte vom 18. November 1817* regelten
die schon von Friedrich eingeführte Ministerialverfassung mit nur fünf Ministerien, die vom König ohne Beteiligung der Volksvertretung berufen und entlassen wurden, und die Stellung des Geheimen Rats. Nach der Abtrennung der
Rechtspflege wurde nun auch die Finanzverwaltung aus der inneren Verwaltung
ausgesondert. Stärker als in anderen Ländern wurden als Kollegialbehörden
fachliche Zentralstellen der Mittelstufe eingerichtet, so das Evangelische Konsistorium, der Katholische Kirchenrat und eine Kommission für das israelitische
Kirchen-, Schul- und Stiftungswesen, ferner Medizinalkollegium, Oberbaurat,
Studienrat, Oberrechnungskammer, Staatskassenverwaltung, Forstrat, Bergrat,
Steuerkollegium und die Generaldirektion der württembergischen Poststellen. Die
zwölf Landvogteien legte man zu vier Kreisen (Regierungsbezirken), Neckar-,
Schwarzwald-, Jagst- und Donaukreis mit den Sitzen in Ludwigsburg (statt des zu-
nächst vorgesehenen Heilbronn), Reutlingen, Ellwangen und Ulm zusammen, die
allerdings von der Bevölkerung als Fremdkörper empfunden und 1924 aufgehoben
wurden (A. Dehlinger, W. Grube). Die Einteilung des Landes in 64 Oberämter
blieb im wesentlichen bis 1938 erhalten. Fünf weitere Organisationsedikte vom 31.
Dezember 1818 regelten vor allem den Aufbau der unteren Verwaltung und der
Rechtspflege in den Oberamtsbezirken, der Amtskörperschaften und Gemeinden.
Bedeutsam war die Trennung des Amtsgerichts vom Oberamt. Mittelstufe der Justiz wurden vier Kreisgerichte (heute Landgericht) in Esslingen, Tübingen, Ellwangen und Ulm. Oberstes Gericht war das Obertribunal (Oberlandesgericht) in Stuttgart. Das Amt des Amts- und Stadtschreibers, das in Altwirtemberg eine so starke
Stellung hatte, wurde 1826 aufgehoben; an seine Stelle trat ein qualifizierter Stand
der Verwaltungsbeamten des mittleren (später: gehobenen) Dienstes.
Die *Selbstverwaltung* hat König Wilhelm durch die verschiedenen Organisationsedikte, zuletzt durch das zusammenfassende Verwaltungsedikt von 1822 nach
demokratischen Grundsätzen aufgebaut. Schon in Altwirtemberg hatte die Stadt-

und Dorfgemeinde das Recht, ihre Angelegenheiten selbst zu ordnen und ihre Beamten zu wählen. Dagegen gab es in den meisten neuwürttembergischen Gemeinden außer in den Reichsstädten (jedoch nicht in deren Gebiet) keine Selbstverwaltung. Nun wurde sie auf das ganze Land ausgedehnt. Die Gemeinden sollten, vor allem in Finanzfragen, möglichst selbständig gemacht und die Bürger an den Aufgaben der Gemeinde beteiligt werden, eine Selbstverwaltung auch kleiner Gemeinden, die man damals in Deutschland noch nicht kannte. Die Einrichtung der Gemeindedeputierten (Gemeinderäte) wurde ausgebaut, das Amt des Gemeindepflegers von dem des beamteten Ratschreibers getrennt. Eine württembergische Besonderheit war das Nebeneinander des Gemeinderats als Beschlußorgan und des Bürgerausschusses zu dessen Überwachung. Die Geschäfte besorgte der auf Lebenszeit gewählte Schultheiß in den Landgemeinden nebenberuflich, sonst meist Männer des mittleren Verwaltungsdienstes. Auch die Polizei wurde im wesentlichen Selbstverwaltungsangelegenheit der Gemeinde. Die Ausübung der freiwilligen Gerichtsbarkeit blieb dem Gemeinderat unter Aufsicht des 1826 eingeführten Bezirksnotars übertragen. Die Amtskörperschaft, früher „Stadt und Amt" (heute Kreisverband), wurde auf die neuerworbenen Landesteile ausgedehnt.

Staat und Kirchen

Für die innere Entwicklung des Landes war die Klärung des Verhältnisses zwischen *Staat und Kirchen*, vor allem zu der nunmehr im Lande gleichberechtigten katholischen Kirche notwendig. Der König behielt die Funktion des evangelischen Landesbischofs. Die Aufsicht über die evangelische Kirche lag nach wie vor in der Hand des Konsistoriums, einer Staatsbehörde. Die wenigen Reformierten im Lande wurden 1823 in die Landeskirche eingegliedert. Der Wegfall der Landstandschaft der 14 Prälaten wurde durch die Berufung von vier Prälaten in den Landtag politisch nicht ausgeglichen. Versuche, das 1806 mit dem Staatsgut vereinigte Kirchengut wiederherzustellen, scheiterten an der Schwierigkeit der Materie. Der Staat übernahm jedoch weiter die Sorge für die Bedürfnisse der Kirche. Die Leistungen waren im Staatshaushalt ausgebracht. Für die katholische Bevölkerung Württembergs wurde unter Aufhebung ihrer Zugehörigkeit zu den Bistümern Konstanz, Augsburg, Speyer, Worms und Würzburg 1821 mit der päpstlichen Kurie die Gründung des *Bistums Rottenburg* vereinbart. Ein eigenes Landesbistum hatte Württemberg seit 1803 angestrebt. Die schwierigen Verhandlungen wurden teilweise für die süddeutschen Regierungen gemeinsam geführt und vom württembergischen Kultminister von Wangenheim geleitet. Das

Bistum Rottenburg wurde mit den Bistümern Mainz, Fulda und Limburg der Oberrheinischen Kirchenprovinz, dem neugegründeten Erzbistum Freiburg zugeteilt. An der Aufhebung des traditionsreichen schwäbischen Bistums Konstanz, dem der größte Teil des nun württembergischen Landes bisher zugehört hatte, war der Vatikan interessiert, der damit den nationalkirchlichen Tendenzen des letzten Bistumsverwesers Ignaz Heinrich von Wessenberg (1774–1860) entgegenwirken wollte. Aus dem gleichen Grund konnte der König Wessenberg auch nicht als Bischofskandidat für Rottenburg durchsetzen. Erster Bischof von Rottenburg wurde schließlich der bisherige Generalvikar Johann Baptist von Keller (1774–1845), der in sein neues Amt erst 1828 eingesetzt wurde. Die Leitung der Kirche lag weiterhin in der Hand des Katholischen Kirchenrats. Das Schutz- und Aufsichtsrecht des Staates über die katholische Kirche des Landes wurde 1830 durch königliche Verordnung in staatskirchenrechtlichem Sinne geregelt, ohne daß dies von der katholischen Kirche ausdrücklich anerkannt wurde.

Die Mediatisierten

Schwierigkeiten machte in Württemberg mehr als in Baden die Regelung der Stellung der mediatisierten Häuser des Hochadels, die schon auf dem Wiener Kongreß ihre Klagen wegen der Nichteinhaltung der Rheinbundakte gegen König Friedrich vorgebracht hatten. Friedrich war wenig rücksichtsvoll mit ihnen umgegangen und hatte sie mit harter Hand in den neuen Staat eingegliedert. Die Wiener Bundesakte sicherte den Standesherren alle Eigentumsrechte zu, die nicht zur Staatsgewalt oder den höheren Regierungsrechten gehörten. Danach blieben Fideikommisse und Hausverträge, aber auch die Patronate für Kirchen- und Schulstellen ihrer einstigen Gebiete und die Befreiung von der Militärpflicht unangetastet. Auch die grundherrliche Patrimonialgerichtsbarkeit, die man ihnen in Baden gelassen hatte, und gewisse polizeiliche Funktionen hätten sie in Anspruch nehmen können. Friedrich wollte sich einer gesamtdeutschen Instanz nicht beugen; auch König Wilhelm, auf die Wahrung seiner Souveränität bedacht, erstrebte eine Regelung ohne Eingreifen des Deutschen Bundes, wollte jedoch die Vorschriften der Bundesakte beachten. Entsprechende Vereinbarungen führten in den zwanziger Jahren zu königlichen Deklarationen, die eine Beruhigung herbeiführten. Vor allem der oberschwäbische Adel fand auch weiterhin den Weg nach München und Wien leichter als den nach Stuttgart.

Bauernbefreiung

Das Ziel, die Bauern von den aus dem Mittelalter herrührenden Abgaben zu entlasten und sie durch deren Ablösung zu freien Eigentümern ihres Besitzes zu machen, war in Württemberg wegen der Verschiedenheit der Verhältnisse in den alten und neuen Landesteilen schwer zu verwirklichen. Die Maßnahmen waren 1808 mit der Umwandlung der sogenannten Fall-Lehen (die mit dem Tode des Inhabers heimfielen) in Erblehen begonnen worden; sie gingen jedoch langsam voran. Die eigentliche *Bauernbefreiung* leitete König Wilhelm 1817 ein durch die Aufhebung des Lehensverbandes, also die Entziehung des Obereigentums an den Bauernlehen, und durch die Ablösung der gutsherrlichen Fronlasten sowie die Umwandlung der Erblehen in freie Zinsgüter. Die Betroffenen, die den Verlust ihrer wirtschaftlichen Existenz und Vorrangstellung befürchteten (L. Schremmer), erhoben Beschwerde beim Bundestag in Frankfurt und erreichten einen Teilerfolg. In den erwähnten Deklarationen sicherte der König zu, die Ablösbarkeit bei den Standesherren zunächst nicht zu realisieren. Sie haben damit für die Anwendung der Edikte von 1817 und 1818 einen Aufschub erreicht, der sie allerdings teuer zu stehen kam. Der Landtag beschloß 1836 verschiedene Gesetze über die Befreiung von den grundherrlichen Lasten; die Standesherren widersprachen aber nun der von der Regierung vorgeschlagenen Höhe der Abfindungssummen. Als die Ablösungsgesetzgebung schließlich unter dem Eindruck der Revolution zum Abschluß kam, mußten sie sich mit wesentlich geringeren als den 1836 vorgesehenen Beträgen begnügen. Damit war die Gesetzgebung über die Bauernbefreiung in Württemberg zum Abschluß gelangt. Das Ziel: freier Bauer auf freiem Grund war erreicht. Die Landwirtschaft war nun weniger gehemmt in ihrer Entwicklung, aber auch anfälliger für die Agrarkrisen der kommenden Zeit. Die letzten Zinsgroschen an Leib- und Lehensherren wurden 1874 gezahlt.

Innenpolitik

Die innere Politik des Landes war in den Jahren nach 1820 allgemein durch das Verhältnis zum Deutschen Bund und das Anwachsen der deutschen Bewegung bestimmt. Sie wurde nachhaltig durch die *Karlsbader Beschlüsse* vom 20. September 1819 beeinflußt, mit denen Metternich liberale und nationale Strömungen niederzuhalten versuchte und die sich vor allem gegenüber Universität, Wissenschaft und Presse auswirkten. König Wilhelm ließ sie erst nach dem Inkrafttreten der Verfassung verkünden. Als es 1825 zu Ausschreitungen in Tübingen kam, ging Wilhelm mit Nachdruck gegen die Universität und ihre Verfassung vor und führte eine Aufsicht durch einen königlichen Kommissar ein, der die akademische Freiheit erheblich einengte. Der König weigerte sich jedoch, ein Mitglied in die seit 1819 bestehende Mainzer Zentralkommission zur Untersuchung revolutionärer Umtriebe abzuordnen.

In diesen Jahren wurde eine Reihe bedeutsamer Gesetzgebungswerke verabschiedet. Wichtig für die Entwicklung des Landes war das *Volksschulgesetz* von 1836. Es hat die in Wirtemberg durch die Große Kirchenordnung Herzog Christophs von 1559 eingerichtete Volksschule, die seit 1649 bestehende Schulpflicht und die in den neuen Gebieten entwickelten Formen zu einer einheitlichen Regelung zusammengefaßt. Jedes Kind war nun vom 6. bis 14. Jahr schulpflichtig; jeder Ort mit 30 oder mehr Familien hatte eine Schule zu unterhalten. Das Gesetz betont den Charakter der Volksschule als einer Staatsanstalt, behielt jedoch die Scheidung nach Konfessionen bei. Die Schulaufsicht wurde im Auftrag des Staates von Geistlichen ausgeübt. Ausbildung und die sehr bescheidene Besoldung der Lehrer wurden allmählich verbessert. Das 1858 ergänzte Gesetz hat sich bewährt und blieb bis 1909 im wesentlichen unverändert.

Zur Bauernbefreiung kamen behutsame Schritte in Richtung auf eine Gewerbefreiheit. Die *Gewerbeordnung* von 1828 brachte zwar noch nicht die Gewerbefreiheit der Hardenbergischen Gesetzgebung in Preußen, lockerte aber den Zunftzwang erheblich und befreite den Handel von zahlreichen Schranken. In der *Steuergesetzgebung* mühte sich der Staat um eine gerechte und gleichmäßige Verteilung. Steuergesetze von 1821 schufen für 60 Jahre die Grundlage für die Grund-, Gewerbe- und Kapitalsteuer; das Jahr 1833 brachte Steuererleichterungen für die ärmeren Schichten. Umstritten war das *Strafgesetzbuch* von 1839. Die Strafbestimmungen, vor allem für politische Vergehen, blieben hart. Bauernfreundliche Bestimmungen der Entschädigung für Wildschäden scheiterten am Widerspruch der Ersten Kammer.

Heerwesen

König Wilhelm bemühte sich mit Erfolg um die Reorganisation des württembergischen Heerwesens. Die Wehrpflicht war in der Bundesakte und in der Verfassung von 1819 verankert. Die Durchführung war den Ländern überlassen. Das Kontingent des Landes, zunächst 1 Prozent der Bevölkerung, bildete mit Baden und Hessen ein Armeekorps des Bundesheeres. Es gelang trotz Sparsamkeit und Einfachheit, eine schlagkräftige Truppe aufzubauen und durch die 1821 errichtete Kriegsschule in Ludwigsburg ein tüchtiges Offizierskorps zu schaffen. Die Wehrverfassung des Landes galt damals als vorbildlich. Der Soldat diente sechs Jahre, stand aber nur sechs Monate unter den Waffen, im übrigen, von Übungen abgesehen, in Bereitschaft. Wer durch das Los ausgehoben war, konnte bei Sicherheitsleistung gegen Zahlung der Rekrutierungskosten einen Ersatzmann stellen. Neben den Bundesfestungen Landau, Mainz und Luxemburg hatte die Bundesakte noch den Bau einer Festung zur Sicherung der Oberrheingrenze vorgesehen. Über den Ort gab es jahrzehntelange Auseinandersetzungen, da Württemberg und Baden bei dem beabsichtigten Ausbau von Ulm für den Ernstfall die Preisgabe von Südwestdeutschland befürchteten. 1841 entschloß man sich zum Bau von zwei südwestdeutschen Bundesfestungen, *Ulm und Rastatt*. Ulms Ausbau zur Festung war 1857 vollendet.

Auswirkungen der Julirevolution

Die Julirevolution, die 1830 in Paris ausbrach, führte auch in Deutschland zu Volksbewegungen und heftigen parlamentarischen Kämpfen. Die Auswirkungen in Württemberg waren gering, obwohl viele erwartet hatten, daß von den süddeutschen Kammern der Anstoß zu einem Wandel der innerpolitischen Verhältnisse in Deutschland ausgehen werde. Es kam hier nicht zu Aufständen wie in einigen norddeutschen Mittelstaaten, die den Druck der von den beiden Großmächten geführten Reaktion verstärkten. Beschlüsse der Bundesversammlung vom Sommer 1832 über „Maßregeln zur Aufrechterhaltung der gesetzlichen Ordnung und Ruhe im Deutschen Bund" mit Zensur, Einschränkungen der Vereins- und Versammlungsfreiheit, Verbot politischer Reden und Zusicherung politischen Beistandes leiteten neue Unterdrückungsmaßnahmen gegen deutsch und freiheitlich Gesinnte ein. Nun entstanden auch in Württemberg Ansätze einer liberalen Partei. Wortführer dieser Opposition waren neben Uhland vor allem Friedrich Römer (1794–1864), der spätere Märzminister Paul Pfizer (1801 bis 1867), der in seinem „Briefwechsel zweier Deutscher" den Gedanken der Einheit Deutschlands unter Preußens Führung erstmals eingehend begründete, und Albert Schott (1782–1861), Mitglied der entschiedenen Linken in der Paulskirche und im Rumpfparlament. Auf Regierungsseite hat Johann Schlayer (1782 bis 1860) als Innenminister von 1832 bis 1848 sich der Machterweiterung der Stände entgegengestellt. Die Stimmung wurde schärfer; der Landtag wurde 1833 aufgelöst. Eine Verschwörung des Oberleutnants Koseritz in Ludwigsburg wurde rasch unterdrückt; Todesurteile folgten, wurden aber nicht vollstreckt. Die durch die Julirevolution angefachte Bewegung verlöschte.

König Wilhelm hat in diesen Jahren die Landwirtschaft und auch schon die beginnende Industrialisierung des Landes nachhaltig gefördert und durch seine

Zollpolitik, die wesentlich zur Bildung des Deutschen Zollvereins von 1833 beitrug, einen wichtigen Schritt zur wirtschaftlichen und damit auch zur Vorbereitung der politischen Einigung Deutschlands getan. Darauf wird bei der Schilderung der wirtschaftlichen Entwicklung des Landes näher einzugehen sein.

Liberale und nationale Bewegung – Deutsche Revolution von 1848/49

Die Befreiungskriege hatten zu einer Bewegung für die deutsche Einheit geführt, die im Deutschen Bund nicht hinreichend Erfüllung fand. Die Reaktion war stärker. Sie führte von den Karlsbader Beschlüssen des Jahres 1819 bis zu denen der Frankfurter Bundesversammlung im Sommer 1832 zu wechselndem Druck. König Wilhelm stemmte sich, in erster Linie zur Wahrung seiner Souveränität, zunächst gegen äußere Einflußnahmen. Aber Österreich und Preußen zwangen die Mittelstaaten bald zum Einschwenken in ihre Linie. Die zwei Jahrzehnte vor 1848 sind auch in Württemberg durch das Hinnehmen der Metternichschen Politik gekennzeichnet. Wenn man im Lande auch fast durchweg großdeutsch dachte, so war von einem Willen zu verstärkter deutscher Einheit hier noch nicht viel zu spüren. Zunächst hatten der Kampf um das alte gute Recht, dann die jahrzehntelangen Auseinandersetzungen zwischen Regierung und Mehrheit der Stände das Feld beherrscht und die politischen Köpfe in Anspruch genommen. Die Kraft der liberalen Opposition schien nachzulassen. Die Elite des freisinnigen Bürgertums begann sich enttäuscht aus dem politischen Leben zurückzuziehen; namhafte Vertreter wie Uhland, Pfizer, Römer und Schott stellten sich 1838 nicht mehr zur Wahl. Die Presse blieb durch die Zensur gehemmt. Wirtschaft und Wohlstand besserten sich. 1841 konnte König Wilhelm unter außergewöhnlicher Zustimmung sein fünfundzwanzigjähriges Regierungsjubiläum feiern. Die Landstände stifteten dazu die Jubiläumssäule auf dem Schloßplatz in Stuttgart, die auch ihre Huldigung abbildet. Aber in Preußen enttäuschte der neue König Friedrich Wilhelm IV. die Hoffnungen auf eine liberale Epoche. Um 1845 wandelte sich auch in Württemberg die Stimmung. Mißernten der Jahre 1846 und 1847 brachten wieder Notzeiten. Im Mai 1847 kommt es in Stuttgart und Ulm zu Hungerkrawallen. Die Unzufriedenheit greift auf weite Teile des Landes über, die Sprache wird fordernder. Im Januar 1848 beginnen auch in Württemberg Unruhen. Eine stürmische Versammlung in Stuttgart verlangt ein Bundesparlament, Presse-, Vereins- und Versammlungsfreiheit, Schwurgericht und Volksbewaffnung. In Bayern führt der Skandal um Ludwig I. und die spanische Tänzerin Lola Montez zur Auflehnung. Als sich die Nachricht von der *Februar-Revolu-*

tion in Paris, vom Sturz des Julikönigtums und der Errichtung der Zweiten Republik verbreitet, bricht auch in Deutschland die Revolution aus, getragen vom Freiheitsstreben und dem Wunsch nach deutscher Einheit. Das gab der Bewegung Kraft und Schwung. Der Verlauf der *Deutschen Revolution von 1848* in Württemberg ist wesentlich durch die persönliche Eigenart und das taktische Verhalten des Königs bestimmt (Th. Heuss). Er versuchte sie zunächst durch Entgegenkommen aufzuhalten, setzte das liberale Pressegesetz wieder in Kraft, entließ den unpopulären Innenminister Schlayer und berief aus Mitgliedern der Opposition das sogenannte „Märzministerium", das erste parlamentarische Ministerium des Landes. Unter Führung des energischen Rechtskonsulenten Friedrich Römer (1794–1864) gehörten ihm unter anderen der Heilbronner Adolf Goppelt (1800–1875), vorübergehend auch Paul Pfizer (1801–1867) an. Die rasche Bildung des liberalen Ministeriums verhinderte in Württemberg größere revolutionäre Erhebungen. Der Landtag wurde aufgelöst und Neuwahlen ausgeschrieben. Die Opposition gliederte sich in die Liberalen der Richtung Römers, die sich in den „Vaterländischen Vereinen", und den radikalen Demokraten, die sich in den „Volksvereinen" organisierten.

Der Bundestag, jetzt aus Bevollmächtigten der neuen Länderministerien, und das Vorparlament aus Kammermitgliedern der Bundesstaaten ordneten die Wahl einer verfassungsgebenden *Nationalversammlung* an. Sie fand Ende April nach allgemeinem, gleichem Wahlrecht statt. Damit war der Weg der gesetzmäßigen Entwicklung beschritten. Von den 586 Abgeordneten der Nationalversammlung wählte Württemberg 28, vor allem solche, die sich als oppositionelle Mitglieder des Landtags einen Namen gemacht hatten, darunter bedeutende Männer wie Römer, Pfizer, Uhland, Friedrich Theodor Vischer und Gustav Rümelin. Die geistigen Berufe überwogen, praktische waren weniger vertreten. Die Mehrzahl schloß sich in der Paulskirche der politischen Linken an. An der Spitze der provisorischen Zentralgewalt wurde als Reichsverweser der bürgerlich verheiratete Erzherzog Johann gewählt und von den Regierungen anerkannt. Die Verfassungsarbeit begann mit der ausführlichen Beratung der Grundrechte, die eine Wiederkehr des Polizeistaats verhindern sollten. Württemberg anerkannte sie im Januar 1849 als erster Einzelstaat. Die Niederschlagung verschiedener Aufstände führte in Österreich mit der Berufung des Fürsten Schwarzenberg, in Preußen mit der des Grafen Brandenburg als Ministerpräsidenten zu einer gewissen Stabilisierung. Die Verfassungsberatungen in Frankfurt gingen weiter. Mit schwacher Mehrheit sprach man sich im März 1849 für das Erbkaisertum aus und wählte Friedrich Wilhelm IV. von Preußen zum Kaiser. Als die Abordnung der Nationalversammlung ihm die Krone anbot, verwies er auf die notwendige Zustimmung der anderen Regierungen und lehnte damit ab. In Württemberg beschlossen Ministerium und Kammer im April die Anerkennung der Reichsverfassung. König Wilhelm fügte sich als einziger der größeren Fürsten dem Druck und ersparte seinem Land damit den Aufstand, der in Sachsen, Baden und der Pfalz ausbrach, um ihre Anerkennung durchzusetzen. Immerhin kam es in Heilbronn zu einer bedenklichen Meuterei des Militärs. Die Nationalversammlung scheiterte schließlich am Widerstand der Großmächte. Nach dem Austritt der meisten Abgeordneten faßte die verbleibende demokratische Linke, ein schwaches Fünftel der Versammlung, den Entschluß, die Sitzungen nach *Stuttgart* zu verlegen. Sie tagte im Juni dort als *Rumpfparlament,* setzte den Reichsverweser Erzherzog Johann ab und eine neue fünfköpfige provisorische Regentschaft ein. Als das Rumpfparlament immer radikalere Beschlüsse faßte, zur Steuerverweigerung und zur Erhebung gegen die Regierungen aufrief, wurde es am 19. Juni 1849 von der württembergischen Regierung Römer zum Auseinandergehen gezwungen. Einzelne Unruhen im Lande blieben ohne Folgen. Der Aufstand in der Pfalz und in Baden wurde von den zu Hilfe gerufenen preußischen Truppen niedergeschlagen, ohne daß er auf Württemberg übergriff. Nach der Wahl einer verfassunggebenden Landesversammlung im August 1849, bei der die gemäßigten Liberalen den Radikalen unterlagen, wurde das Ministerium Römer, das keinen parlamentarischen Rückhalt mehr hatte, durch ein Beamtenministerium, das „Oktoberministerium", zunächst nochmals unter Schlayer, ersetzt. Als dessen Verfassungsentwurf abgelehnt wurde, löste der König diese Landesversammlung auf. Einer zweiten Landesversammlung widerfuhr im Juli 1850 das gleiche Schicksal. Auch bei der dritten, nun von Schlayers Nachfolger Minister Josef Freiherr von Linden (1804–1895) ausgeschriebenen Landesversammlung änderte sich an der Mehrheit der Linken nichts. Im November 1850 führte der Konflikt über die deutsche Frage zur erneuten Auflösung und 1851 zu Landtagswahlen nach dem Recht von 1819. Der in alter Gestalt wieder geöffnete Bundestag beschloß im August 1851 die Aufhebung der Grundrechte, der nun auch der Landtag zustimmte. Die Kammer der Standesherren, die sich aufgelöst hatte, trat wieder zusammen. Die Verfassung von 1819 war damit nach vier Jahren wieder hergestellt. Viele Errungenschaften wurden abgebaut, manche blieben für dauernd: die Unverletzlichkeit der Freiheit der Person, die Abschaffung der körperlichen Züchtigung, volle Glaubens- und Gewissensfreiheit, Möglichkeit der Zivilehe, Geschworenengerichte, Abschluß der Bauernbefreiung und die Bildung moderner Parteien. Von demokratischer Freiheit konnte aber keine Rede mehr sein. Die Frage, wie die deutsche Nation zur politischen Einheit gelangen sollte, blieb unbeantwortet.

Außenpolitisch verfolgte König Wilhelm innerhalb des Deutschen Bundes auch weiterhin im wesentlichen eine gegen Preußen gerichtete Politik aus Abneigung gegen dessen Führungsanspruch. Als Preußen mit norddeutschen Mittel- und Kleinstaaten die Union abschloß, der auch Baden beitrat, kam am 27. Februar 1850 in München unter besonderer Mitwirkung König Wilhelms ein Gegenbündnis zwischen Bayern, Württemberg und Sachsen zustande; es hatte nur eine Abwehrfunktion. Das wiedererstarkte Österreich nötigte mit Rückendeckung Rußlands in Olmütz Preußen zum Verzicht auf die Union. Ebenfalls im Jahre 1850 wurden die beiden fast ganz von Württemberg umschlossenen Fürstentümer Hohenzollern-Hechingen und Hohenzollern-Sigmaringen zum Mißvergnügen Wilhelms an Preußen abgetreten.

Die letzten Jahre König Wilhelms I. – Restauration und innerer Ausbau

Das letzte Viertel der Regierungszeit des nun siebzigjährigen Königs galt der Politik innerhalb des Deutschen Bundes, vor allem aber der Stärkung der Wirtschaft und des Volkswohlstandes, zunächst auch noch der Sorge vor weiteren revolutionären Bewegungen. Die Restauration bestimmte das Klima: die Presse wurde wieder streng zensiert, politische Vereinigungen verboten, zahlreiche Prozesse gegen politisch Tätige oder Verdächtige geführt und unerwünschte Beamte vom Dienst entfernt.

Außenpolitisch fand der Beitritt Württembergs zum Londoner Vertrag von 1852, der die Verbindung Schleswigs zu Dänemark festigte, als Verzicht auf deutsche Interessen scharfe Kritik. Im Krimkrieg, in dem Frankreich und England 1854 bis 1856 mit politischer Unterstützung Österreichs dem Druck Rußlands auf dem Balkan und gegen die Türkei entgegentraten, wirkte Wilhelm I., der weder in einen Gegensatz zu Rußland noch zu Österreich geraten wollte, ausgleichend; die Sicherheit des Bundes sollte nicht durch die österreichische Balkanpolitik gefährdet werden. Das Verhältnis zu Preußen besserte sich. Seine Neutralitätspolitik ermöglichte es dem König, auf freundlichere Beziehungen zwischen Frankreich und Rußland hinzuwirken. Das von ihm angeregte *Kaisertreffen* Alexanders II. und Napoleons III. im Herbst 1857 *in Stuttgart* war Ausdruck dieser Politik und des Ansehens, das der König genoß. Sein Verhältnis zu Napoleon blieb jedoch kühl. Österreich und auch die Mittelstaaten waren über den Versuch Württembergs, eine Mittlerrolle einzunehmen, nicht erbaut. Die Persönlichkeit des Königs trug allerdings dazu bei, daß in seinen späteren Regierungsjahren dem Land keine bedeutenden Minister erwachsen sind. Das gilt nicht zuletzt für den Minister des Auswärtigen der Jahre 1855 bis 1864, Karl Eugen Freiherr von Hügel (1805–1870), der in engem Kontakt mit dem bis 1866 sächsischen, dann österreichischen Außenminister und späteren Staatskanzler Graf Beust eine Anlehnung Württembergs an Österreich verfocht. Die Politik des Bundestags stand zunächst noch vorwiegend unter österreichischem Einfluß. Die Fronten in der deutschen Frage hatten sich verschärft: 1859 war in Frankfurt unter Führung des Hannoveraners Rudolf von Bennigsen der Nationalverein gegründet worden, der die kleindeutsche Lösung, die deutsche Einigung unter Preußens Führung, erstrebte, während der 1862 geschaffene Reformverein den großdeutschen Standpunkt vertrat. Die Entwicklung ließ eine gewaltsame Lösung des deutschen Dualismus befürchten. Auf Einladung Kaiser Franz Josephs von Österreich fand 1863 ein Fürstentag in Frankfurt statt, um die Verfassung des Deutschen Bundes umzugestalten. Auch Württemberg nahm teil; der alte König ließ sich durch Kronprinz Karl vertreten. Nach Österreichs Vorstellungen sollte ihm der Vorsitz und die Leitung des Verkehrs mit dem Ausland, Preußen das Vizepräsidium im Deutschen Bund zukommen. Preußen, nun schon mit Bismarck als Ministerpräsidenten, lehnte die Teilnahme am Fürstentag ab, der ohne Ergebnis blieb. Doch brachte der erneute Konflikt mit Dänemark über die schleswig-holsteinische Frage Österreich und Preußen 1864 nochmals zu gemeinsamem Wirken.

Wirtschaft und Wirtschaftsförderung

Die wirtschaftliche Lage Württembergs in den ersten Regierungsjahren König Wilhelms I. war nicht erfreulich. Das Land war arm nach einem Jahrhundert meist aufwendiger Herzöge; es stand am Ende einer zwanzigjährigen Kriegszeit mit hohen Verlusten. Kaum des Friedens teilhaftig hatte ihm die Hungersnot der Jahre 1816/17 eine neue schwere Wirtschaftskrise gebracht. König Friedrich hatte seinen Staat mit fester Hand zusammengefügt, aber die Gegensätze zwischen alten und neuen Gebieten, zwischen evangelischem und katholischem Volksteil, zwischen Reichsstädten und noch unfreier Bauernschaft waren groß. Das alles in einer Zeit tiefgehenden gesellschaftlichen Umbruchs und eines ideologischen und politischen Kampfes um altes und gutes Recht und liberale Neuordnung. Die Aufgabe war schwer. Für ihre Bewältigung stand eine arbeitsame, an harte Zeiten gewöhnte, sparsame, noch fest im Christentum verankerte, in der Intelligenz vielfach auch der Aufklärungsphilosophie verpflichtete Bevölkerung, ein König von überdurchschnittlicher Begabung, wirtschaftlichem Interesse und

Verständnis für die Landwirtschaft, ein sparsamer Haushalter und anregender Förderer, dazu eine in der Zucht König Friedrichs geschulte saubere, aber noch wenig an selbständiges Handeln gewöhnte Beamtenschaft zur Verfügung. Die Bekämpfung der Not von 1816 auf 1817 war die erste Bewährungsprobe dieses Regimes. Königin Katharina, die in vier Jahren bis in die Gegenwart wirksame Sozial- und Kulturwerke ins Leben rief, hat daran sachlichen und psychologischen Anteil. Plötzlich einen König zu haben, dem nicht nur übergeordnetes Staatswohl, sondern das des einzelnen Bürgers wichtig schien, muß für diese Generation ein verpflichtender Aufruf zu eigener Leistung gewesen sein. Der gute Ausgang des Verfassungskampfes hatte zudem politische Kräfte freigemacht, die sich nun neuen Zielen widmen konnten.

Es ist viel darüber geschrieben worden, welchen Tatsachen und Persönlichkeiten das *Land ohne Bodenschätze* den überraschenden Aufbruch wirtschaftlicher Tüchtigkeit und Leistungsfähigkeit verdankt. Es gab vielfältige Voraussetzungen: eine kleine Zahl weitblickender Männer und eine wachsende, vielfach aus dem Handwerk herkommende Schicht, die gewillt war, zu arbeiten, zu verdienen und ihre Lebensverhältnisse zu verbessern. Gegeben war eine bestimmte bevölkerungspolitische, soziale und konjunkturelle Situation, eine Begabung zum Tüfteln, Erfinden und Gestalten, ein großer Fleiß und die Bereitschaft, auch schwere Anfangsjahre eines Betriebs durchzustehen, und der Eintritt in ein neues *technisches Zeitalter,* das in anderen Ländern, vor allem in England, schon einige Jahrzehnte zuvor begonnen hatte. Dazu kam eine verständnisvolle Staatsführung, die bereit war, sich für die dem Volk gestellte Aufgabe zu engagieren, die Entwicklung in anderen Ländern zu beobachten, Anregungen zu geben, Begabte zu fördern und finanzielle Hilfestellungen zu leisten.

Natürlich gab es schon zuvor gewerbliche Tätigkeit und eine gewisse wirtschaftliche Aktivität. Aber sie war noch gebunden an ein überholtes ständisches Gefüge, an die Unfreiheit der Bauern, die Bindungen des Zunftwesens und die Kleinräumigkeit der durch zahlreiche Zollgrenzen eingeengten Wirtschaftsgebiete. Der Merkantilismus hatte manche Initiative entfaltet, aber die hergebrachten Grundlagen nicht verändert. Die Vergrößerung des Landes hatte zwar Hemmungen beseitigt, aber noch nicht zu einer überregionalen Wirtschaftspolitik geführt. In dieser Situation begannen sich auch in Württemberg die *Anfänge der industriellen Revolution* auszuwirken, die in wachsendem Maße die Entstehung technisch bedingter und kapitalistisch geführter Volkswirtschaften hervorrief. Der Prozeß, der in einem Jahrhundert zu einer völligen Umwandlung der Wirtschafts- und Gesellschaftsformen führte, war zunächst nur in Ansätzen erkennbar. Es kam darauf an, ob begabte Persönlichkeiten die Entwicklung frühzeitig voraussahen und welche Konsequenzen Volk und Staat aus diesen Erkenntnissen zogen. Die Anfänge der staatlichen Förderung industriellen Schaffens in Württemberg sind nicht ohne Eigenart. Sie stehen zunächst im Zusammenhang mit Aufgaben des Armenwesens und der Wohlfahrtspflege, die in den Jahren 1816/17 gestellt waren und zur noch zu schildernden Gründung der Zentralleitung des Wohltätigkeitsvereins geführt hatten. Diese griff den Gedanken der sogenannten *Industrieschulen* auf, die vielen Tausenden von Kindern und jungen Menschen praktische Fertigkeiten beibrachten und sie an Pünktlichkeit und Ausdauer gewöhnten: 1817 gab es 88, 1864 aber 1450 solcher Schulen in fast allen Ortschaften. Es war einer der Wege zur besonderen Qualifikation des schwäbischen Arbeiters. Ab 1816 entstehen, zunächst mit englischen Webmaschinen, die ersten Wollspinnereien in Calw, Hirsau, Salach, Liebenzell, Heilbronn und Göppingen, bald auch weitere Papierfabriken. Andere Versuche kommen hinzu. Um 1825 erfaßte jedoch eine langdauernde Agrarkrise auch Südwestdeutschland; sie brachte die junge Textilindustrie ins Wanken. Zahlreiche Gegenden kamen wieder in Not. Wirkliche Besserung konnte man nur von grundsätzlichen Maßnahmen erwarten: Gewerbefreiheit, Schaffung konkurrenzfähiger Fabriken, Beseitigung der Zollschranken und Möglichkeiten technischer Ausbildung. Die Gewerbeordnung von 1828 war ein erster Schritt. Zu gleicher Zeit wurde die Idee der modernen Fabrik, des „Großgewerbes", von dem jungen Volkswirtschaftler Moritz Mohl (1802–1888) leidenschaftlich verfochten.

Vorbildliches hat das Land auf dem Gebiet der *Zollpolitik* geleistet. Friedrich Lists Gedanken standen dabei Pate. 1824 konnte ein Zollvertrag mit den hohenzollerischen Fürstentümern geschlossen werden. Vorverhandlungen mit Baden, Bayern, Hessen und Sachsen führten zunächst nicht zum Ziel. Ende 1826 regte König Wilhelm bei Ludwig I. von Bayern eine Zollvereinigung an. Sie wurde bahnbrechend; am 1. Januar 1829 fiel die Zollgrenze zwischen Württemberg und Bayern. Auch Preußen griff den Gedanken auf. Es vereinbarte im gleichen Jahr einen Zollverein mit Hessen-Darmstadt. Ein Handelsvertrag zwischen diesem Zollgebiet und dem bayerisch-württembergischen Zollverein schloß sich an. Es waren entscheidende Schritte zur *Gründung des Deutschen Zollvereins* am 22. März 1833, der einen wesentlichen Teil der deutschen Staaten handelspolitisch unter Preußens Führung verband und damit den späteren politischen Zusammenschluß vorbereitet hat. Er trat am 1. Januar 1834 in Kraft; 1835 schloß sich auch Baden an.

Möglichkeiten *technischer Ausbildung* in einigen Fächern gab es an der 1817 von Wangenheim in Zusammenarbeit mit dem jungen Friedrich List gegründeten staatswissenschaftlichen Fakultät der Universität Tübingen und seit 1829 an der

„Vereinigten Kunst-, Real- und Gewerbeschule" in Stuttgart. Aus ihr entstand 1832 die Kgl. Gewerbeschule, die 1840 den Namen Polytechnische Schule erhielt. In den vierziger Jahren wurde ihr hochschulmäßiger Ausbau begonnen und 1862 verstärkt. Sie erhielt 1876 den Namen Polytechnikum, 1890 *Technische Hochschule,* jetzt Universität.

Mit den dargelegten Bemühungen waren die wirtschaftlichen Schwierigkeiten noch nicht überwunden. Das Land war immer noch vor allem Agrarstaat. Die fortschreitende Güterzerstückelung erschwerte die Verhältnisse. Mißernten und Teuerung in den Jahren 1845 bis 1847, die Erschütterungen der Revolutionszeit und wiederholte Kriegsgefahr führten zu einer anhaltenden Wirtschaftskrise, die die verschuldete Landwirtschaft in schwere Bedrängnis brachte, Handel und Gewerbe erschütterte und allein 1849 bis 1855 mehr als 70 000 Württemberger, über fünf Prozent der Bevölkerung, zur Auswanderung zwang. Die Auswanderungsfreiheit hatte schon König Friedrich wieder hergestellt. Noch in den ersten Jahrzehnten des 19. Jahrhunderts waren zunächst, von Zar Alexander I. gerufen, viele nach Südrußland, insbesondere nach Bessarabien gezogen, wo pietistisch eingestellte Schwaben den Anstoß zu einer tiefgehenden religiösen Belebung im russischen Volk, der sogenannten Stundistenbewegung, gegeben haben. Später wandten sich die Auswanderer vor allem den mittleren und westlichen Gebieten der Vereinigten Staaten von Nordamerika zu. Sie sind dort gute Bürger der Staaten geworden und haben vielfach die Verbindung zur alten Heimat auch noch über die beiden Weltkriege hinweg gepflegt.

Aus religiösen Gründen wanderten ab 1868 Mitglieder der von Christoph Hoffmann (1815–1885) und Georg David Hardegg (1812–1879) im Jahr 1861 begründeten pietistischen Deutschen Tempel-Gesellschaft, die sich von der Landeskirche getrennt hatten, nach Palästina aus; blühende schwäbische Kolonien entstanden in Haifa am Karmel, in Jaffa und bei Jerusalem; verbliebene Templer wurden im Zweiten Weltkrieg von den Engländern zwangsweise nach Australien umgesiedelt.

König Wilhelm ist manchmal, nicht zu Unrecht, „rex agricolarum" genannt worden. Sein persönliches Interesse galt in besonderem Maße der Hebung der *Landwirtschaft.* Schon 1818 rief er die Landwirtschaftliche Schule in Hohenheim ins Leben, für die er in dem Rheinländer Johann Nepomuk Schwerz (1759–1844) einen ausgezeichneten Leiter fand. Er erhob sie 1847 zur Land- und forstwirtschaftlichen Akademie, die 1904 die Bezeichnung Landwirtschaftliche Hochschule erhielt und seit 1967 Universität heißt. Die Gründung des Landwirtschaftlichen Festes in Cannstatt 1818 sollte der Verbesserung der Viehzucht und der Förderung bäuerlichen Lebens dienen. Als *„Cannstatter Volksfest"* blieb es den Schwaben in aller Welt bis heute erhalten. Um die Förderung der Landwirtschaft wirksamer zu gestalten, wurde die Zentralstelle des Landwirtschaftlichen Vereins 1848 in eine staatliche Mittelbehörde, die Zentralstelle für Landwirtschaft umgewandelt.

Das Werden der württembergischen Industrie

Der Aufstieg der württembergischen *Industrie* ging nicht überstürzt vor sich. 1832 hatte das Land 257 Gewerbebetriebe (ohne staatliche Betriebe) mit etwa 4400 Beschäftigten, im Durchschnitt also 16 Beschäftigte je Betrieb. 12 Oberämter konnten keine Fabrik aufweisen. Im gleichen Jahr gab es in der Hausindustrie noch 30 000 meist nebengewerbliche Leinenweber. Seit 1824 veranstaltete man regelmäßig „Kunst- und Industrieausstellungen", seit 1842 reine Industrieausstellungen. Der König fuhr 1837 selbst nach England, um Industriewerke und Verkehrseinrichtungen zu besichtigen.

Landwirtschaft und Kleingewerbe hatte in den Jahren zwischen 1850 und 1855 nochmals einen Tiefstand erreicht. Die Verarmung griff erneut um sich; mehrere hundert Gemeinden waren zahlungsunfähig. Die Auswanderung stieg wieder an; in den Bezirken des bäuerlichen Kleinbesitzes nahm die Bevölkerung ab. Nun bahnte sich aber der Wandel an. Er kam von staatlicher Seite; Erfolge der Württemberger auf der Londoner Weltausstellung 1851 hatten Mut gemacht. Durch die Gründung der *Zentralstelle für Gewerbe und Handel* (heute Landesgewerbeamt) im Jahre 1848 war ein Mittelpunkt der staatlichen Gewerbe- und Wirtschaftsförderung geschaffen worden. Ihre Arbeit wirkte sich nachhaltig aus, als Wilhelm 1855 in *Ferdinand Steinbeis* (1807–1893) einen hervorragenden Leiter für sie fand. Das Wirken dieses fähigen und zielbewußten Mannes, eines württembergischen Pfarrersohns, der lange Jahre als Hüttenfachmann außer Landes wirkte, war von großem Einfluß auf die gesamte wirtschaftliche Entwicklung des Landes. Bald fand er das besondere Vertrauen des Königs und erwarb sich auf zahlreichen Reisen im In- und Ausland umfassende Kenntnisse des Standes der Industrie und der Möglichkeiten der Gewerbeförderung. Steinbeis förderte, ohne die Unternehmer zu gängeln. Auf den verschiedensten Gebieten, insbesondere der Textil-, Maschinen-, Papier- und chemischen Industrie regte die Zentralstelle den Unternehmungsgeist an, vermittelte Kenntnisse und Erfahrungen, Darlehen und ausländische Maschinen und bemühte sich um die Schaffung von Fachschulen und die Heranbildung eines tüchtigen Facharbeiterstandes. Steinbeis ist dank des Vertrauens des Königs zu einem der geistigen Väter der qualitativ hochstehenden, dezentralisierten württembergischen Verbrauchsgüterindu-

strie geworden, die sich nach der Beseitigung der Zünfte durch die Gewerbeordnung von 1862, die auf Steinbeis zurückging, und dem Übergang des Deutschen Zollvereins zum Freihandel (1865) noch rascher entwickeln konnte. Steinbeis ist erst 1880, als er sich mit der Schutzzollpolitik des Reiches nicht abfinden
wollte und dabei nicht die Rückendeckung der Landesregierung fand, verbittert
aus seinem Amt geschieden.

Nun wandelten sich in rascher Folge Betriebe, vor allem Textilfirmen, in Groß-
betriebe um. Neue Baumwollspinnereien wurden gegründet. Die Spindelzahl
stieg zwischen 1852 und 1862 von 37 000 auf 237 000 (P. Gehring). Nicht selten
mußten Fabrikanten zunächst ihre eigenen Maschinen bauen. So gab die Rund-
strickmaschine, die bald im Lande selbst hergestellt wurde, der Trikotfabrikation
raschen Aufschwung. Ähnliche Entwicklungen zeigen die Papier- und Musik-
instrumentenindustrie. In der Chemie waren Stuttgart und Heilbronn vor Höchst
und Ludwigshafen führend. Zuckerfabrikation förderte den Ertrag der Landwirtschaft. Die 1846 von Emil Keßler (1813–1867) unter Beteiligung des Staates
gegründete Maschinenfabrik Esslingen baute schon 1847 ihre erste Lokomotive.
Andere Werke der Metallindustrie folgten in Stuttgart-Berg, Heilbronn, Ulm,
Esslingen und Göppingen. Noch in einer für die Wirtschaft schwierigen Anfangs-
zeit konnte die württembergische Industrie so die Grundlage für ihre Entwicklung
schaffen. 1855 wurden Handels- und Gewerbekammern zunächst in Stuttgart, Ulm,
Heilbronn und Reutlingen errichtet.

Verkehr

Der Aufschwung der Wirtschaft des Landes wäre nicht denkbar gewesen ohne neue
technische Möglichkeiten und Entwicklungen im Verkehr. Die *Straßen* hatte man
schon unter König Friedrich und früher sorgfältig ausgebaut. Das gut organisierte *Postwesen* wurde nach Ablösung des Postprivilegs des Fürsten Thurn
und Taxis 1851 gegen die Summe von 1,3 Millionen Gulden vom Staat übernommen. Von weit größerer Bedeutung wurde aber der Ausbau leistungsfähiger
Eisenbahnen mit der Dampfmaschine als Zugkraft, auf die Friedrich List schon
1824, noch aus seiner Haft auf dem Hohenasperg, auf Grund der Erfahrungen in
England hingewiesen hatte. 1834 setzte man eine Kommission ein. Private Inter-
essengemeinschaften wurden gegründet, drangen aber nicht durch. 1835 nahm der
Staat die Sache in die Hand. In einem gründlichen, vielleicht von oben inspirier-
ten Aufsatz über „Das deutsche Eisenbahnsystem mit besonderer Rücksicht auf
Würtemberg" fegte Friedrich List Bedenken vom Tisch. 1842 setzte Minister
Schlayer das Staatsbahnprinzip durch; 1843 kam das erste württembergische

Eisenbahngesetz zustande. In Baden hatte man schon 1838 den Bau einer Bahn auf Staatskosten, zunächst von Mannheim bis zur Schweizer Grenze beschlossen. Im Jahre 1844 folgte der erste Spatenstich an der „Zentralbahn Esslingen–Stuttgart–Ludwigsburg", am 20. Oktober 1845 wurde als erste die Strecke Cannstatt–Untertürkheim eröffnet und rasch bis Esslingen fortgesetzt. In zehnjähriger Arbeit unter der Verantwortung der Finanzminister Karl Gürtner (1788–1861) und Christian Knapp (1800–1866) und nach einem Staatsvertrag mit Baden im Jahre 1850 wurde die Hauptbahn von Bruchsal über Bietigheim und Stuttgart mit dem Albaufstieg bei Geislingen, der ersten Gebirgsüberquerung auf dem Kontinent, nach Ulm und Friedrichshafen erbaut. Technischer Leiter war Karl Etzel (1812 bis 1865), der später auch um den Bau der österreichischen und schweizerischen Bahnen verdiente Sohn des Erbauers der Stuttgarter Neuen Weinsteige Eberhard Etzel (1784–1840). Die Kosten betrugen 27 Millionen Gulden, erheblich mehr als die ganze damalige Staatsschuld. Gleichzeitig entstand eine Bahn von Bietigheim nach Heilbronn. Ihnen folgten weitere Strecken, so die Remstalbahn von Cannstatt nach Nördlingen (bis 1863), von Heilbronn nach Crailsheim und von Pforzheim nach Wildbad (bis 1868), von Crailsheim nach Mergentheim (1869), von Zuffenhausen nach Calw und von Pforzheim nach Horb (bis 1874), von Ulm bis Sigmaringen (bis 1873) und manche andere. Unter den Bauten für die Bahn ragt Etzels Enztalviadukt und der alte Stuttgarter Bahnhof von 1867 hervor, der 1922 durch den neuen Bahnhof von Paul Bonatz ersetzt wurde. Nicht gelungen ist damals eine für Württemberg befriedigende Regelung der Verbindung zur Gotthard-Bahn der Schweiz; diesen Verkehr hat sich Baden über Basel durch großzügiges Zugreifen gesichert. Das Land war mit diesen Haupt- und zahlreichen Nebenstrecken gut erschlossen. Auch abgelegene Gegenden waren nun zu befriedigenden Verkehrsverbindungen gelangt; der Bahnanschluß hat die Industrialisierung solcher Gegenden erst ermöglicht. Insgesamt hat der Eisenbahnbau eine der wesentlichsten Voraussetzungen für den Aufschwung der Wirtschaft des Landes geschaffen. Der Bau der Strecke war zudem jeweils eine wichtige Maßnahme der Arbeitsbeschaffung, die nach den Notjahren der Agrarkrisen den übervölkerten Landstrichen Arbeitsmöglichkeiten vermittelt hat.

Soziale Verhältnisse

Das Zeitalter der Industrie, die heute eine so wichtige Rolle im Lande spielt, hat in Württemberg mit bescheidenen Schritten, dann in immer rascherem Tempo begonnen. Soziale Fragen gab es vor, in und nach dieser Epoche des Werdens, aber

die drängenden Sozialprobleme der frühen Industrialisierung traten in dem
weit überwiegend agrarischen Land nur langsam ins allgemeine Bewußtsein. Die
Struktur der Bevölkerung hatte sich noch nicht wesentlich geändert. Großstädte
fehlten, aber die Bevölkerung wuchs. Von 1834 bis 1861 stieg die Zahl der Einwohner in Stuttgart von 38 000 auf 61 300, in Ulm von 15 100 auf 22 700, in Esslingen von 10 700 auf 15 000, in Heilbronn von 10 700 auf 14 300, in Reutlingen
von 10 800 auf 13 400; die anderen Städte lagen unter 10 000. Die Lebensführung
der Bevölkerung wurde noch lange durch die enge Verbindung von Stadt und Land
geprägt. Die ständischen Gegensätze waren geringer als in anderen deutschen Ländern. Die verschiedenen Landesteile wuchsen rasch zu einer Einheit zusammen;
konfessionelle Unterschiede wurden jedoch als trennend empfunden. Außerordent-
lich hoch war in Württemberg die Kindersterblichkeit im ersten Lebensjahr: sie betrug noch 1865 bis 1870 über 32 Prozent und ging dann allmählich zurück (1910:
16,6 Prozent).

Die *Arbeiterschaft* der jungen Industrie war bodenverbunden, blieb es überwiegend noch lange und bewirtschaftete häufig als Arbeiterbauern eine kleine Landwirtschaft. Für Bauern und Handwerker waren Familie und Betrieb noch eine
Einheit. Die Arbeitsbedingungen in der Industrie waren hart. Schutz gegen Aus-
beutung, gegen heute kaum vorstellbare Arbeitszeiten – mancherorts bis zu 15 Stunden täglich –, gegen Frauen- und Kinderarbeit waren zunächst unbekannt. Öffentliche Hilfe bei Krankheit und Unfällen gab es nur im Rahmen der Armenfürsorge.
Größer als die Not der Fabrikarbeiter war oft das Elend der Bevölkerung in ver-
kehrsfernen Dörfern, wo man in schlechten Zeiten der Landwirtschaft viele Stunden ging auf das Gerücht einer Arbeitsmöglichkeit. Christliche Bindung ließ viele
Not tragen. Als Ausweg sah man nicht die Auflehnung, nur die Auswanderung,
die den Verlust wertvoller Menschen bedeutete und vor der die Regierung meist
erfolglos warnte. Der Aufbau einer sozialen Sicherung gegen Risiken des Lebens
und des Berufs und die rechtliche Ordnung des Arbeitsverhältnisses ließ noch Jahrzehnte auf sich warten. Die Anfänge eines gesetzlichen Arbeitsschutzes gehen in
Württemberg auf den Eisenbahnbau ab 1846 zurück. 1853 ergehen Bestimmungen
gegen die Gefahren der Dampfkessel. Die Gewerbeordnung von 1862 legt den
Gemeinden die Bildung von Hilfskassen als Grundlage einer bescheidenen Kran-
kenversicherung nahe. Älter sind die Anfänge der Arbeitsvermittlung, deren sich
die Zentralleitung des Wohltätigkeitsvereins seit dem Jahre 1817 annahm.
Soziale Leistungen für Arbeiter standen zunächst noch weitgehend auf dem
Boden der Wohlfahrtspflege, die seit 1817 zu einer breiten und fundierten Wirksamkeit kam und eine bedeutende Rolle bei dem Bemühen um die Linderung
sozialer Notstände gespielt hat.

Die Anfänge neuzeitlicher *öffentlicher Armenpflege* gehen in Württemberg, wie dargelegt, auf die Kastenordnung des 16. Jahrhunderts zurück. Sie oblag den Gemeinden und wurde vor allem aus Stiftungsmitteln und aus dem Ertrag örtlicher Sammlungen gewährt. Zu weitergehenden Methoden führten Pietismus und Aufklärung des 18. Jahrhunderts. Man gründete Arbeiter-, Zucht-, Irren- und Waisenhäuser, zunächst noch kaum differenziert, zur Verwahrung von Strafgefangenen und Landstreichern, Geisteskranken, Verwahrlosten und Kindern ohne Eltern und Heimat. Um 1820 beginnt in Württemberg vor allem unter dem Einfluß einer evangelischen Erweckungsbewegung eine breite Welle freier Wohltätigkeit. Aber auch in dieser Zeit der Schaffung christlicher Liebeswerke gingen Rat und Anregung noch von seiten des Staates aus. Mit starker Förderung der klarblickenden Königin Katharina wurde 1817 die *Zentralleitung für Wohltätigkeit* (anfänglich Centralleitung des Wohltätigkeitsvereins) geschaffen, die in einer eigenartigen Mittlerstellung zwischen öffentlichen und freien Kräften großen Einfluß über die Wohlfahrtspflege im engeren Sinne hinaus gewann und sich in den Lokal- und Bezirkswohltätigkeitsvereinen, diese meist unter Leitung des Oberamtmanns, eine wirksame Hilfsorganisation schuf. Erster Vorstand der Zentralleitung wurde der weitblickende Staatsrat August Hartmann (1764 bis 1849), einst Professor der Kameralwissenschaften an der Hohen Karlsschule. Der vielseitige Mann leitete gleichzeitig den Landwirtschaftlichen Verein und den Verein für Handel und Gewerbe, beides Gründungen des Königs aus dem Jahre 1817. Ebenfalls 1817 hatte der auch an anderen Gründungen beteiligte Verleger Johann Friedrich Cotta die Schaffung einer Sparkasse „für Dienstboten und Angehörige der unbemittelten arbeitenden Klasse" in Stuttgart angeregt, die heutige *Württembergische Landessparkasse*, die 1818 gegründet, von Gesichtspunkten der Wohlfahrtspflege ausgehend und in ihren Anfängen von der Zentralleitung gefördert, ein sehr bedeutendes Geldinstitut geworden ist. Die *öffentliche Fürsorge* entwickelte sich zunächst noch in den Bahnen überkommenen Armenwesens. Auch die Fürsorgeerziehung konnte sich gegen Ende des Jahrhunderts nicht von den aus der Strafgerichtsbarkeit entwickelten Formen der Zwangserziehung lösen; doch wurde das Pflegekinderwesen allmählich moderner gestaltet.

Nun werden auch die Kräfte *freier Wohlfahrtspflege* aktiv. Die Gründung des ersten Rettungshauses im badischen Beuggen bei Basel durch den Württemberger Christian Heinrich Zeller (1779–1860) im Jahre 1819 wird der Anlaß, in wenigen Jahrzehnten 24 Rettungshäuser – 19 evangelische, 3 katholische, 1 gemischtes, 1 israelitisches – in Württemberg zu errichten, doppelt soviel wie im übrigen Deutschland zusammen. Als Zentrale der Liebestätigkeit und der Stadtmission wurde 1830 die Evangelische Gesellschaft in Esslingen gegründet, die seit 1835 in

Stuttgart wirkte und bis zur Konstituierung des Landesverbandes der ·Inneren Mission auch dessen Aufgaben wahrnahm. Von den zahlreichen Anstalten sei die verdienstvolle, 1849 zunächst in Rieth bei Vaihingen/Enz gegründete, bald nach Winterbach und 1864 nach Stetten im Remstal verlegte evangelische Heil- und Pflegeanstalt für Schwachsinnige und Epileptische genannt. Den Ruf Württembergs als des klassischen Landes der Heime und Anstalten förderte weiter die Gründung des Bruderhauses in Reutlingen im Jahre 1840 durch den Sozialreformer und Menschenfreund Gustav Werner (1809–1887), ein eigenartiger Versuch, christliche Lebensführung und Hilfsbereitschaft mit den Methoden der aufkommenden Industrie in der Form des Gemeineigentums, der sogenannten Hausgemeinschaft zu verbinden, der noch heute in anderer Rechtsform als „Gustav-Werner-Stiftung" weiterwirkt. In Ludwigsburg entstanden die von dem Arzt August Hermann Werner (1808–1882) gegründeten A. H. Wernerschen Anstalten für Krüppelkinder. Die katholische Caritasarbeit in Württemberg haben nach 1845 vor allem die Pfarrer Ignaz Valentin Haggelin in Warthausen, der „Vater der Armen", und Eduard Vogt (1814–1880) aus Ehingen, der in Ludwigsburg wirkte und von dort 1847 zur Gründung katholischer Anstalten aufrief, gefördert. Bedeutsam war die Rolle, die Württemberg durch den auch bei der Schaffung der Evangelischen Gesellschaft beteiligten Pfarrer Christoph Ulrich Hahn (1805–1881) bei der Konstituierung des Roten Kreuzes 1863 in Genf spielte, dessen Gründer Henri Dunant nach seinem wirtschaftlichen Ruin von 1876 bis 1887 in Stuttgart Zuflucht fand.

Arbeiterbewegung

Als frühe Formen der Arbeiterbewegung entstanden auch in Württemberg ab 1848 Arbeitervereine, die die Besserung der rechtlichen und sozialen Stellung der Arbeiter erstrebten. Der Begriff des „Arbeiters" war in der Mitte des 19. Jahrhunderts noch nicht fest umrissen. Außer dem „eigentlichen Fabrikarbeiter" (G. Schmoller) zählten auch die unselbständigen Handwerksgesellen dazu. Beide Gruppen, etwa gleich groß, umfaßten 1861 knapp ein Zehntel der Bevölkerung. Die ersten Arbeitervereine in Württemberg wurden 1848 in Stuttgart, Heilbronn, Esslingen, Göppingen und Ulm gegründet; bis 1852 folgten etwa zwanzig weitere. Ihre Ziele waren Gleichberechtigung, materielle Hilfe, besonders auf der Wanderschaft, bei Krankheit und Arbeitslosigkeit, und Bildungsmöglichkeiten für den Arbeiter. Sie bildeten eine Landesorganisation und schlossen sich der 1848 von Stephan Born in Berlin gegründeten sozialistischen „Allgemeinen Deutschen Arbeiterverbrüderung" an. Politisch unterstützten sie zunächst meist die Volkspartei. Unter den Führern ragt August Hochberger aus Esslingen hervor. Die politische Reaktion ab 1850 führte zu Verboten und zur Ausweisung Ortsfremder, doch bestanden persönliche Kontakte weiter. Zur gleichen Zeit entstand 1852 in Ulm der erste Katholische Gesellenverein im Lande.

Die Besserung der wirtschaftlichen Verhältnisse seit der Mitte der fünfziger Jahre milderte die soziale Not und auch die Härte des polizeilichen Drucks. Die Einführung der liberalen Gewerbeordnung 1862 war Anlaß zur Gründung neuer Arbeiterbildungsvereine (W. Schmierer). Sie dehnten sich nach Aufhebung des Versammlungsverbots 1864 rasch aus: 1869 bestanden über dreißig Arbeiterbildungsvereine im Lande. Mitglieder waren auch hier noch überwiegend Handwerksgesellen. Politisch hielt man sich an die Volkspartei. Die Gründung der *Sozialdemokratischen Arbeiterpartei* im August 1869 in Eisenach mit ihrem am Klassenstandpunkt ausgerichteten Ausschließlichkeitsanspruch führte in Württemberg zur Trennung von der Volkspartei: die neue Partei breitete sich seit 1871 in den Städten mit stärkerer Industrie rasch, darüber hinaus jedoch nur zögernd aus. Auswärtige dominierten. Lassalles „Allgemeiner Deutscher Arbeiterverein" fand wenig Anklang. Die schwäbische Arbeiterbevölkerung fühlte sich nicht als Proletariat; sie war nicht revolutionär. Die verhältnismäßig liberale Ausrichtung der Landespolitik erleichterte ihre Agitation nicht. Der Landesverband der Partei war bald straff organisiert. Ihr Organ wurde 1873 die „Süddeutsche Volkszeitung". Schon vor der Gothaer Einigung der beiden sozialdemokratischen Parteien schlossen sich in Württemberg der Allgemeine deutsche Arbeiterverein und die Sozialdemokratische Arbeiterpartei zusammen. Durch das Sozialistengesetz vom Oktober 1878 wurden die Partei und die Arbeiterbildungsvereine aufgelöst und auch in Württemberg in die Illegalität gezwungen.

Kirchen

Die innere Entwicklung der *Evangelischen Kirche* in der Zeit König Wilhelms I. ist bestimmt durch den Einfluß des Pietismus, durch die theologischen Richtungen an der Universität Tübingen, durch die Ausgestaltung des Gemeindelebens und durch den Ausbau der Kirche in enger Verbindung mit dem Staat. Vom religiösen Gedankengut der sogenannten „Schwabenväter" Johann Albrecht Bengel (1687–1752), Friedrich Christoph Oetinger (1702–1782) und anderer ausgehend, setzt sich der Pietismus jetzt gegen die rationalistische Theologie zur Wehr. Zu besonderer Wirkung innerhalb des schwäbischen Pietismus kam die in Basel gegründete Deutsche Christentumsgesellschaft, die in Württemberg zur Gründung christlicher Verlage (J. F. Steinkopf 1792, Württ. Bibelanstalt 1812

und Calwer Verlagsverein 1833) führte und das Interesse an der Heidenmission
weckte. Die Basler Mission wurde 1816 vorwiegend von Württembergern gegründet und unterhalten. Auch die erwähnten Anstalten gehen zum Teil auf diesen
Kreis zurück. Um eine Auswanderung von Pietisten zu verhindern, ermöglichte
König Wilhelm 1819 die Gründung der freien, vom Konsistorium unabhängigen
Brüdergemeinde Korntal und, auf der Hofkammer gehörigem Gebiet deren Kolonie Wilhelmsdorf (nordwestlich Ravensburg) durch Gottlieb Wilhelm Hoffmann (1771–1846). Johann Christoph Blumhardt (1805–1880) wirkte seit 1852
von Bad Boll aus gegen die Erstarrung der Kirche.
Der Kampf um das 1835 erschienene „Leben Jesu" von David Friedrich Strauß
(1808–1874), der mit geschliffenem Geist und scharfer Kritik den mythischen
Charakter der Evangelien vertrat, hat die Kirche und das überwiegend evangelische Volk aufgewühlt; das Pfarramt blieb Strauß verschlossen. 1850 sichert die
Berufung des Prälaten Karl Kapff (1805–1879) in die Kirchenleitung dem Pietismus dort maßgebenden Einfluß.
In der zweiten Hälfte des 19. Jahrhunderts räumte man nach dem Vorbild der
Reformierten den Kirchengemeinden einige Mitwirkung ein durch die Errichtung
der Pfarrgemeinderäte 1851, aus denen, wieder durch Staatsgesetz, 1887 die
Kirchengemeinderäte entstanden, die die Befugnisse des Kirchenkonvents und
des Pfarrgemeinderats vereinigen. 1854 werden auf Bezirksebene Diözesansynoden eingeführt. Die erst durch Landesgesetz von 1867 als Gesamtvertretung der
evangelischen Kirchenmitglieder geschaffene Landessynode trat 1869 erstmals
zusammen. Die Entwicklung bedeutete eine gewisse Auflockerung des landesherrlichen Kirchenregiments. Selbständige, von den bürgerlichen Gemeinden getrennte Kirchengemeinden mit eigener Vermögensverwaltung bestehen seit 1887.
In der *Katholischen Kirche* begannen sich in den Dreißiger Jahren das Ordinariat
in Rottenburg und Teile des Klerus gegen den staatlichen Lenkungsanspruch zu
wehren. Es kam zu wachsenden Spannungen, vor allem in den Fragen der Mischehen und der theologischen Prüfungen. Dem König selbst lag an einem Ausgleich; eine entgegenkommende Regelung scheiterte aber 1853 am Widerspruch
des Bischofs Joseph Lipp, seit 1845 Nachfolger des Bischofs Keller. Die Kurie war
schon längere Zeit am Abschluß eines Konkordats mit den süddeutschen Staaten
interessiert. Die Bischöfe der oberrheinischen Kirchenprovinz forderten vor allem
Aufhebung des Katholischen Kirchenrats als staatliche Aufsichtsbehörde und
Revision des Patronats- und Präsentationsrechts. 1857 vereinbarte der Chef des
Kultdepartements, Gustav Rümelin, eine Konvention – den Abschluß eines Konkordats mit einem protestantischen Herrscher lehnte die Kurie ab –, die im Anschluß an das österreichische Konkordat, aber mit gewissen Vorbehalten auf

staatliche Anordnungen für die Kirche verzichtete und das kanonische Recht auch für Württemberg verbindlich machte. Die Abgeordnetenkammer verweigerte jedoch unter Führung des liberalen Juristen August Ludwig Reyscher (1802 bis 1880) ihre Zustimmung. Das schließlich 1862 von der Regierung mit den Kammern vereinbarte Gesetz über das Verhältnis der Staatsgewalt zur katholischen Kirche in Württemberg änderte an den Abmachungen mit der Kirche wenig, bestimmte aber, daß alle kirchlichen Verordnungen, die nicht rein geistliche Gegenstände betreffen, sondern in staatliche oder bürgerliche Verhältnisse eingreifen, dem Placet, der Genehmigung der Regierung unterliegen sollten. Die Kurie fand sich damit ab, da der Staat die Rechte zubilligte, die von ihr für die Katholiken für notwendig gehalten wurden. Rümelin nahm seinen Abschied. Seit 1852 sind in Württemberg weibliche katholische Orden wieder zugelassen. Der im allgemeinen auf Ausgleich bedachte Bischof Lipp starb 1869. Sein Nachfolger wurde Karl Josef Hefele (1809–1893), der bedeutende Kirchenhistoriker der Universität Tübingen, der auf dem Vatikanischen Konzil 1869/70 zu den wissenschaftlichen Gegnern des Unfehlbarkeitsdogmas gehört hatte.

Literatur

In der ersten Hälfte des 19. Jahrhunderts und darüber hinaus wies Württemberg eine Fülle hervorragender Persönlichkeiten der Dichtung und der Literatur im weiteren Sinne auf. Schillers Geist hat diese Zeit noch wesentlich geprägt; die Hauptstadt errichtete ihm 1839 Thorwaldsens eindrucksvolles Denkmal. Ludwig Uhland (1787–1862) und Justinus Kerner (1786–1862) haben besonders rein und kräftig die volkstümliche und vaterländische Richtung der Romantik vertreten; Kerner ist der Dichter des bekannten Württemberger-Liedes „Preisend mit viel schönen Reden". An die frische, von unmittelbarem Leben erfüllte Poesie Uhlands hat sich eine Gruppe von naturfrohen und gemütswarmen Dichtern angeschlossen, von denen Gustav Schwab (1792–1850) am bekanntesten geworden ist. Kerners Haus in Weinsberg bot diesem *Schwäbischen Dichterkreis,* zu dem auch Karl Mayer (1786–1870) und Graf Alexander von Württemberg (1801–1844) gehörten und dem Nikolaus Lenau (1802–1850) in seinen Stuttgarter Jahren nahestand, oft Einkehr. Auch die Erzählerin Ottilie Wildermuth (1817–1873), die diesem Kreis verbunden war, gab bleibende Schilderungen schwäbischen Wesens. Wilhelm Waiblinger (1804–1830), ein hochbegabter Dichter, starb in jungen Jahren in Rom.
In *Eduard Mörike* (1804–1875) erstand dem deutschen Volk in einem stillen, an

äußeren Ereignissen wenig wechselvollen Leben ein großer Lyriker von un-
gemeiner Innigkeit und Tiefe der Empfindung. Mörike wurde in Ludwigsburg
geboren, wirkte als Pfarrer in Cleversulzbach von 1834 bis 1843 und als Professor am Katharinenstift in Stuttgart von 1851 bis 1866 und starb hier. Viele
seiner Gedichte wurden von Schumann, Brahms, Hugo Wolf und anderen ver-
tont und sind zum bleibenden Besitz des deutschen Volkes geworden. Hervorragende Erzähler waren der jung verstorbene Wilhelm Hauff (1802–1827), dessen „Lichtenstein" die Zeit der Vertreibung Herzog Ulrichs von Wirtemberg und
seinen sagenhaften Aufenthalt in der Nebelhöhle und auf dem Schloß Lichtenstein bei Honau behandelt, und Hermann Kurz (1813–1873), dessen aus der Geschichte des Landes erwachsene Romane „Schillers Heimatjahre" und „Der
Sonnenwirt" schwäbisches Leben in der zweiten Hälfte des 18. Jahrhunderts
anschaulich schildern. Die Schwarzwälder Dorfgeschichten Berthold Auerbachs
(1812–1882) zeichnen lebendig die Bewohner seines Heimatdorfes Nordstetten
bei Horb und dessen jüdische Gemeinde. Wilhelm Ganzhorn (1818–1880) fand
in seinen Liedern, so „Im schönsten Wiesengrunde", einen volksnahen Ton.
Weite Verbreitung fanden die revolutionäre Poesie Georg Herweghs (1817 bis
1875), die religiöse des Stuttgarter Prälaten Karl Gerok (1815–1890) und die
Erzählungen des Dichter-Ingenieurs Max Eyth (1836–1906), des Mitbegründers der
Deutschen Landwirtschaftsgesellschaft. Die schlichten Volksweisen Friedrich Sil-
chers (1789–1861) haben den Ruf des schwäbischen Liedes überall hingetragen,
wo in deutscher Sprache gesungen wird. Das reiche literarische Leben der Hauptstadt zog auch Auswärtige an. So lebte Wilhelm Raabe 1862 bis 1870 hier, Ferdinand Freiligrath von 1868 bis zu seinem Tod 1876 in Cannstatt.

Wissenschaft

Auch am Fortschreiten der Wissenschaft hat Württemberg weiter reichen Anteil.
Unter den Philosophen des deutschen Idealismus stammten aus dem Lande Georg
Wilhelm Friedrich Hegel (1770–1831) und Friedrich Wilhelm Josef Schelling
(1775–1854), die Hauptvertreter der spekulativen Philosophie, die 1790 bis
1793 gemeinsam mit Hölderlin im Tübinger Stift studierten. Hegel insbesondere
hat, seit 1818 in Berlin wirkend, als Begründer des umfassendsten Systems der
deutschen Philosophie auf die weitere Entwicklung der Wissenschaft und auf
das Staatsdenken des 19. Jahrhunderts, nicht zuletzt auch auf Karl Marx starken Einfluß ausgeübt. Schelling, Haupt der Romantiker, wurde in späteren Jahren ein scharfer Kritiker des Hegelschen Rationalismus. Auf die Entwicklung

der Theologie behielt das Land nachhaltigen Einfluß. Von der Philosophie Hegels ausgehend haben David Friedrich Strauß als Kritiker, Ferdinand Christian Baur (1792–1860) als Erforscher des Urchristentums und Begründer der historisch-kritischen Schule in der evangelischen Theologie der Wissenschaft reiche Anregung gegeben. Von Johann Adam Möhler (1796–1838), Johann B. Kuhn (1806–1887) und anderen Angehörigen der „Tübinger Schule" ging jene Kräftigung der katholischen Theologie aus, die wissenschaftlicher Kritik zugänglich war und vor allem durch die Erneuerung der Liturgie tiefen Einfluß auf die deutschen Katholiken gewonnen und ihre Vertreter in die erste Reihe unter den Führern des europäischen Katholizismus des 19. Jahrhunderts gestellt hat. Ein Mitglied dieser Schule war der Kirchenhistoriker Karl Josef Hefele, seit 1869 Bischof in Rottenburg.

Auch auf den anderen Gebieten der Wissenschaft herrschte im Lande reges Leben. Der unermüdliche Vorkämpfer der handelspolitischen Einheit des deutschen Volkes war der schon genannte Nationalökonom Friedrich List aus Reutlingen (1789–1846), der dieses Ziel in einem bitteren und bewegten Leben mit stolzem Selbstvertrauen und leidenschaftlichem Gemüt verfochten hat. Staat und Nationalität sind ihm das mächtigste Band für die Volkswirtschaft; durch Schutzzölle und den Bau eines planmäßigen Eisenbahnnetzes sollte die deutsche Industrie fähig gemacht werden, den Wettbewerb mit dem Ausland zu bestehen. Viktor Aimé Huber aus Stuttgart (1800–1869) wirkte als Pionier des genossenschaftlichen Gedankens, als evangelischer Sozialreformer und Historiker. Der Heilbronner Arzt und Physiker Robert Mayer (1814–1878) entdeckte zu Anfang der Vierziger Jahre die mechanische Wärmetheorie und die durch sie ermöglichte Begründung und Bestimmung des Gesetzes von der Erhaltung der Kraft, durch das die weitere Entwicklung der Naturwissenschaften wesentlich beeinflußt wurde. Erst nach Jahrzehnten der Demütigung ist ihm endlich die verdiente Anerkennung zuteil geworden. Ludwig Uhland als Germanist und Deuter alter Volksdichtung, Georg Karl Wächter (1797–1880) auf dem Gebiet des Zivilrechts, Robert Mohl (1799–1875) als Verwaltungsjurist, der bis zu seiner Amtsentsetzung 1845 die staatswissenschaftliche Fakultät in Tübingen aufgebaut hatte und später von Heidelberg aus als Gelehrter, Politiker und Publizist in der Zeit des Übergangs vom Polizeistaat zum liberalen Rechtsstaat wirkte, sein Bruder, der Botaniker Hugo Mohl (1805–1872), der sich um die Gründung der mathematisch-naturwissenschaftlichen Fakultät in Tübingen 1863 als Vorbild für spätere verdient gemacht hat, Johann Christian Pfister (1772–1835), Ludwig Friedrich Heyd (1792–1843) und Christoph Friedrich Stälin (1805–1873) als Geschichtsforscher, Friedrich Theodor Vischer (1807–1889) als Ästhetiker, der vielseitige Gustav

Rümelin (1815–1889) auf dem Felde der Philosophie und der Statistik, Eduard
Zeller (1814–1908) auf dem der Geschichte der Philosophie der Griechen, der
Theologe Carl Weizsäcker (1822–1899), Vater des Ministerpräsidenten und Ahnherr der bekannten Gelehrtenfamilie, als Kirchenhistoriker und Kanzler der Universität, Christoph Sigwart (1830–1904) als letzter Logiker der schwäbischen
Philosophie, und der Nationalökonom und Soziologe Albert Schäffle (1831–1903),
der 1871 österreichischer Handelsminister wurde, zeigen, wie rührig Württemberger am geistigen Schaffen Deutschlands teilgenommen haben.
Aus dem 1820 errichteten Statistisch-topographischen Bureau entstand das für
die Landeskunde und Landesbeschreibung so bedeutsame Statistische Landesamt.

Bildende Kunst

Die bildende Kunst zeigt, wie auch anderwärts, in dem halben Jahrhundert der
Regierungszeit Wilhelms I. epigonenhaften Charakter. Zunächst wirkt aber, insbesondere in der *Baukunst,* die klassizistische Schule weiter, vertreten vor allem
durch den Baumeister König Friedrichs, Nikolaus Friedrich Thouret (1767–1845),
der die Schlösser Ludwigsburg und Stuttgart umgestaltet hatte und nun unter
Wilhelm noch das Katharinenhospital in Stuttgart und den Kursaal in Cannstatt
baute. Wilhelms I. persönliche Schöpfungen, das Schloß Rosenstein und die Grabkapelle, die er für Königin Katharina und für sich auf dem Rotenberg errichten
ließ – die Stammburg war 1819 abgebrochen worden – wurden von dessen Hof-
baumeister Giovanni di Sallucci (1769–1845) erbaut. Gottlob Georg Barth (1777
bis 1848) schuf den Halbmondsaal des Landtags, die Staatsgalerie und die Tübinger Aula. Nach ihm war Christian Leins (1814–1892) führend, der Erbauer
der Villa Berg und des Königsbaus in Stuttgart. Als *Bildhauer* hatte sich der
Altmeister Johann Heinrich Dannecker (1758–1841) noch seine Arbeitskraft erhalten; unter den späteren schuf Friedrich Hofer (1802–1887) die Pferdegruppe
in den Stuttgarter Anlagen. Der *Malerei* war die mehr auf das Gedanken- als
auf das Augen- und Sinnenerlebnis gerichtete Einstellung des evangelischen Würt-
tembergers nicht sehr förderlich (W. Fleischhauer); nur in der verbreiteten Por-
trätkunst, die dem Zeitgeschmack entgegen kam, leisteten vor allem Franz Se-
raph Stirnbrand (um 1788–1882), der seit 1813 in Stuttgart wirkte, und Gottlob
Wilhelm Morff (1771–1857) Bedeutendes. In der Monumentalmalerei trat Josef
Anton Gegenbauer (1800–1876) vor allem durch seine Fresken im Neuen Schloß
in Stuttgart, in der Darstellung schwäbischer Menschen und Sitten und des Sol-
datenlebens der napoleonischen Zeit der Biberacher Johann Baptist Pflug (1785
bis 1866) hervor.

Presse und Verlage

Von einer Presse als periodischem Druckerzeugnis kann man nach Vorläufern aus dem 17. Jahrhundert im später württembergischen Gebiet seit dem 18. Jahrhundert sprechen. Als älteste Zeitungen in diesem Raum darf man das Stuttgartische „Ordinari Dienstags Journal" von 1702 und die 1714 gegründete „Ordinari Riedlinger Freitagszeitung" ansehen, die als Riedlinger Zeitung bis 1945 bestand. 1744 wurde in Stuttgart nach mancherlei anderen Versuchen die Nekkarzeitung, 1752 das Ulmer Intelligenzblatt (bis 1850) gegründet, ebenfalls in Stuttgart ab 1736 mit Unterbrechungen der „Wöchentliche Anzeiger von Neuigkeiten", der ab 1849 Landesintelligenzblatt hieß und 1850 im Staatsanzeiger für Württemberg aufging. Christian Friedrich Daniel Schubart setzte seine zunächst in Augsburg und Ulm erscheinende Deutsche Chronik seit 1787 in Stuttgart fort. Erst allmählich kommen in das bunte Bild des Wechsels beständige Züge. Seit 1748 druckte Christoph Friedrich Cotta (1724–1807) die „Stuttgarter privilegierte Zeitung", ein angesehenes Blatt, das in Konkurrenz stand mit dem erstmals 1719 begründeten „Über Land und See dahineilenden Mercurius", den seit 1785 Christian Gottfried Elben (1754–1829) als „Schwäbischen Merkur" herausgab; er war durch vier Generationen Familienbesitz und blieb über 150 Jahre das bevorzugte Blatt der Gebildeten in Württemberg. Die Stetigkeit einzelner Zeitungen – manche in anderen Städten wären noch zu nennen – darf nicht über die Schwierigkeiten durch die Zensur hinwegtäuschen, die für alle Presseorgane im Polizeistaat bestanden und für viele das Ende bedeuteten. Sie wurde in Wirtemberg erstmals 1737 in einer Verordnung normiert, war aber viel älter und hörte auch nach dem freiheitlichen Pressegesetz von 1817 unter dem Druck der bald einsetzenden Beschlüsse des Bundestages nicht auf.

Alle anderen überragte auf dem Gebiet des Verlags- und Zeitungswesens das Werk des Stuttgarters *Johann Friedrich Cotta* (1764–1832), der 1787 die seit 1659 zum Familienbesitz gehörende Buchhandlung in Tübingen übernahm. Von 1795 bis 1831 gab er die Monatsschrift „Europäische Annalen", seit 1798 anfangs in Tübingen, dann in Stuttgart als politisches Journal die gut geleitete „Allgemeine Zeitung" heraus, die vor König Friedrichs Verbot zunächst nach Ulm, dann nach Augsburg auswich und lange eine bedeutende Rolle gespielt hat. 1807 bis 1865 verlegte Cotta auch das literarisch-kritische „Morgenblatt für die gebildeten Stände". Cotta war ein weitschauender Zeitungsverleger, aber bedeutender war seine Wirkung als Verleger und großzügiger Betreuer der deutschen Klassiker: in weniger als zwanzig Jahren ist er zuerst zum Verleger Schillers und durch ihn von Goethe, Fichte, Alexander von Humboldt, Herder, Hölderlin und einer großen Zahl weiterer aus der Geistesblüte seiner Zeit aufgestiegen, zum „König der Buchhändler", zu einer Persönlichkeit, dem die Großen unserer Literatur einmalige Förderung und seine Heimat wachsendes Ansehen verdanken. Cotta war darüber hinaus gewichtiger politischer und wirtschaftlicher Berater des Landes, der in einer Zeit des Umbruchs einen geraden, dem ihm anvertrauten Geistesgut würdigen Weg gegangen ist. Das Cotta-Archiv, das auch den Briefwechsel mit so vielen großen Deutschen birgt, steht seit 1961 dank großzügiger Mäzene im Schiller-Nationalmuseum in Marbach der Öffentlichkeit zur Verfügung.

Die weitere Entwicklung der Presse Württembergs im 19. Jahrhundert spiegelt die scharfen politischen Auseinandersetzungen wieder. Aus vielen meist kurzlebigen Erzeugnissen ragen in Stuttgart hervor der „Volksfreund aus Schwaben" (1818–1822) und die Neckarzeitung (1819–1833), beide unter der Mitwirkung von Friedrich List, der demokratische „Hochwächter" seit 1830, fortgesetzt seit 1864 durch den „Beobachter" (bis 1920 bzw. 1933), der von dem radikalen Führer der demokratischen Volkspartei Karl Mayer (1819–1889) im Sinne scharfen Kampfes gegen Bismarck geleitet wurde. Andere mehr oder weniger verbreitete Zeitungen waren in Stuttgart das liberale Stuttgarter Neue Tagblatt (1843 bis 1943), das katholische Deutsche Volksblatt (1848–1935), die konservative Deutsche Reichspost (1871–1913) und die sozialdemokratische Schwäbische Tagwacht (1881–1933). Im Lande ist seit mehr als einem Jahrhundert der 1835 gegründete Schwarzwälder Bote aus Oberndorf am Neckar verbreitet.

Stuttgart war und blieb seit Cotta Mittelpunkt des süddeutschen Buchhandels und Buchdruckgewerbes mit mehr als 300 Verlagshäusern. Zu den ältesten gehören: Metzler (1682), die obengenannten christlichen Verlage, ferner Franckh (1822), Deutsche Verlagsanstalt (1848), Kohlhammer (1866).

Auch in *Baden* waren in der Presse im 19. Jahrhundert die liberalen Organe führend, wenn auch teilweise mit radikalerer Tonart, so der „Zeitgeist" von Mathy in Karlsruhe (1832), der „Zuschauer" von Hecker und Strunse in Mannheim und „Der Freisinnige" von Rotteck und Welcker in Freiburg. Dort hat auch der führende Verlag Herder seinen Sitz, der von Bartholomä Herder (1771–1839) zunächst in seiner Heimatstadt Rottweil gegründet wurde, über Meersburg, damals Sitz des Bischofs von Konstanz, 1808 nach Freiburg kam und hier einen außerordentlichen Aufstieg bis in die Gegenwart genommen hat.

100 (umseitig oben) Tübingen.
Lithographie um 1825
101 (umseitig unten) Tübinger Stift
um 1860

102 Friedrich List
103 Robert Mayer
104 König Wilhelm I. von Württemberg

Regierungsende Wilhelm I.

König Wilhelm I. starb am 25. Juni 1864 im Alter von 83 Jahren, vereinsamt in der kühlen Skepsis seines Wesens, unstreitig einer der hervorragendsten Staatsmänner des Deutschen Bundes. In seiner Haltung doch eher selbstherrlich als liberal, war er in seiner Schlichtheit und Sparsamkeit der Vertreter einer neuen Zeit, weit entfernt von dem Prunk einer kaum vergangenen Epoche. Jahrzehntelang hat er um die Reform des Deutschen Bundes gekämpft. Er hat sie nicht erreicht, und der Deutsche Bund hat ihn nur zwei Jahre überlebt. Für seinen Willen zur Erhaltung der Souveränität war das Land zu klein; es bot keine hinreichende Basis, um sein Konzept des „Dritten Deutschland" durchzusetzen. Für einen Rheinbund irgendwelcher Art war er nie zu haben, wie er 1831 dem französischen König Louis Philippe in Straßburg rundweg erklärt hat. Sein Land aber hat Wilhelm I. in dem halben Jahrhundert seiner Regierung entscheidend gewandelt. Er hat den konstitutionellen Staat, den er schuf, in ein neues Zeitalter geführt und die Grundlagen für seine weitere kräftige und gesunde Entwicklung geschaffen.

Wilhelm I. war trotz aller Verfassungstreue und einer für seine Zeit modernen Lebensart im Grunde eine autoritäre Persönlichkeit. Nicht ein genialer, aber ein gescheiter und nüchterner Kopf, ein tüchtiger Soldat von einfacher, den Prunk seines Vaters ablehnender Lebensführung und ein unermüdlicher, die Dinge weitgehend persönlich regelnder Arbeiter. Phantasie war ihm wenig zuteil geworden. Den Kirchen stand der tolerante Rationalist fern; er bemühte sich aber nachhaltig auch um die Eingliederung des katholischen Volksteils. Politisch mußte er, der sich als Deutscher fühlte, rasch an die Grenzen der Möglichkeiten gelangen, die einem Mittelstaat gezogen waren. Sein persönlicher politischer Einfluß war, nicht zuletzt infolge seiner engen verwandtschaftlichen Beziehungen zum Zarenhof, beachtlich. Vor allem aber hat er es verstanden, das Land trotz stürmischer Zeiten innerlich zu kräftigen. Ihm hat es vor anderen zu danken, daß es seine wirtschaftlichen Kräfte in der erstaunlichen Weise entfalten konnte, die sich bis zum heutigen Tage auswirkt.

XVI. Das Ende des Deutschen Bundes –
Württemberg und die Gründung des Deutschen Reiches

König Karl

Der Sohn und Nachfolger, *König Karl* (1864–1891), geboren 1823, war dem Vater wenig ähnlich, eine weiche und zurückhaltende Natur, dem die kraftvolle Art Wilhelms I. abging und der von ihm erst spät zu politischen Aufgaben herangezogen wurde. Er vermied es, sich in den Vordergrund zu stellen und entzog sich schwer einem zielbewußten Einfluß, wie er jedenfalls zeitweise durch die kluge und politisch rege Königin Olga (1822–1892), die Tochter des Zaren Nikolaus I., ausgeübt wurde. Sie war dabei von ihrem Bruder, dem Zaren Alexander II. und dessen Kanzler Gortschakow beeinflußt, der als russischer Gesandter in Stuttgart gewirkt und bei der Vermählung eine Rolle gespielt hatte.

In der Regierung wurde im September 1864 ein gründliches Revirement vorgenommen. Minister von Linden und der als zu österreichfreundlich geltende Außenminister von Hügel wurden entlassen. Leitender Minister und Außenminister wurde Karl Freiherr *von Varnbüler* (1809–1889), ein politisch und wirtschaftlich geschulter Jurist, der gewandt, vorurteilsfrei und aufgeschlossen für den Wandel politischer Verhältnisse die Möglichkeiten der Politik des Landes zu nutzen versuchte. Innenpolitisch nahm die Regierung eine konziliante Haltung ein und stellte die Presse- und Vereinsfreiheit her; nach außen wurde im Einverständnis mit der Mehrheit der Bevölkerung zunächst weiter eine Österreich zugewandte Politik verfolgt. Der Krieg gegen Dänemark endete mit der Abtretung Schleswig-Holsteins an Preußen und Österreich. Die im Vertrag von Gastein 1865 vereinbarte Übernahme der Verwaltung Holsteins durch Österreich und Schleswigs durch Preußen war keine Dauerlösung. Die Spannung der beiden Länder verschärfte sich. Die Mittelstaaten standen auf seiten Österreichs.

Im April 1866 beantragte Preußen, um der ihm ungünstigen Stimmung entgegenzuwirken, beim Bundestag die Berufung eines deutschen Parlaments auf Grund allgemeinen, gleichen Wahlrechts. Der Plan fand rasche Ablehnung. Wie andere Länder ließ nun auch Württemberg gegen Preußen rüsten. Als Österreich

im Juni die schleswig-holsteinische Frage vor den Bundestag bringen wollte, erklärte Preußen das als Bruch des Gasteiner Vertrags, ließ seine Truppen in Holstein einrücken und legte einen Plan für die Bundesreform vor, der das Ausschei-
den Österreichs aus dem Deutschen Bund bedeutete. Österreich mobilisierte; auf
seine Seite traten Bayern, Württemberg, Sachsen und Hannover, beide Hessen,
Nassau und Frankfurt. Baden konnte die von Großherzog Friedrich gewünschte
Neutralität nicht aufrechterhalten und schloß sich noch Österreich an. Am 17.
Juli wurden die Beziehungen zu Preußen abgebrochen. Die württembergische
Division gehörte mit den Badenern und Hessen zum VIII. Bundeskorps unter
Prinz Alexander von Hessen (dem Stammvater des Hauses Battenberg). Die Ent-
scheidung brachte am 3. Juli der Sieg der Preußen bei *Königgrätz*. Ein Gefecht
der Württemberger gegen preußische Truppen bei Tauberbischofsheim am 24.
Juli, nur wenige Tage vor dem Waffenstillstand zwischen Preußen und Österreich, ging unglücklich aus. Auch die Badener wurden in mehreren Gefechten
zum Rückzug gezwungen. Die Preußen rückten bis auf das rechte Kocherufer bei
Hall vor. Österreich ließ die Verbündeten im Stich. Varnbüler schwenkte um,
eilte nach Nikolsburg und bot den Beitritt zum Norddeutschen Bund an. Bismarck blieb mit Rücksicht auf Frankreich zurückhaltend. Österreich schied aus
dem Deutschen Bund aus; der Bundestag löste sich auf. Württemberg schloß am
1. August mit Preußen einen Waffenstillstand, dem am 13. August der Vorfriede
von Nikolsburg und am 23. August der Friede von Prag folgte. Es hatte den
Norddeutschen Bund anzuerkennen, acht Millionen Gulden Kriegsentschädigung
zu zahlen, jedoch, im Gegensatz zu Bayern, kein Gebiet abzutreten. In rascher
Abkehr von seiner bisherigen Haltung entschloß sich Varnbüler, ein zunächst
geheimes *Schutz- und Trutzbündnis mit Preußen* vorzuschlagen, durch das im
Kriegsfall das württembergische Heer dem Oberbefehl des preußischen Königs
unterstellt werden sollte. Bismarck, dessen Wünschen dieses Anerbieten entgegenkam, griff zu; die anderen süddeutschen Staaten folgten, so daß nun das
ganze außerösterreichische Süddeutschland durch Bündnisverträge mit dem deutschen Norden verbunden war. Das um Schleswig-Holstein, Hannover und Nassau vergrößerte Preußen gründete den Norddeutschen Bund; der formelle Anschluß an ihn, den vor allem Baden wünschte, war wegen der drohenden Haltung
Frankreichs zunächst unmöglich. Das Ausscheiden Österreichs aus der Verbindung mit den anderen deutschen Staaten war ein schmerzlicher, aber seit dessen
Entwicklung zum Vielvölkerstaat nicht mehr aufzuhaltender Verlust. Er hat dazu geführt, daß die deutsche Einigung nicht als Folge der nationalen Bewegung
entstand, sondern durch die Machtpolitik Preußens und die Staatskunst Bismarcks, die dem Einheitsverlangen der Nation Rechnung trug.

Parteien – Wehrverfassung – Zollparlament

Die Folgen des Krieges von 1866, das Aufhören des Deutschen Bundes und die Zusammenfassung Norddeutschlands unter Preußens Führung mußten zunächst zu einer nicht ungefährlichen Vereinzelung der formell souverän gewordenen süddeutschen Mittelstaaten führen. Bei der unsicheren Lage des Landes gewann der Gedanke, sich politisch enger als durch das noch geheim gehaltene Militärbündnis an den führenden norddeutschen Staat anzuschließen, auch in Württemberg wachsende Anhängerschaft.

Im Jahre 1864 hatte sich nach Rückkehr der beiden Radikalen Karl Mayer (1819 bis 1889) und Ludwig Pfau (1821–1894) aus dem Exil von der bisherigen liberalen Fortschrittspartei die großdeutsche demokratische *Württembergische Volkspartei* getrennt. Nach dem Krieg von 1866 wurde nun von Julius Hölder (1819 bis 1887) und August Ludwig Reyscher (1802–1880) die *Deutsche Partei* gegründet, die den Beitritt Württembergs zum Norddeutschen Bund betrieb. Gleichzeitig entschieden sich auch in Baden und Bayern die Liberalen für den Anschluß an Preußen, beide im Unterschied zur katholischen Richtung, die im überwiegend evangelischen Württemberg gegenüber dem protestantisch geführten Preußen nicht das gleiche Gewicht hatte. Die neue Partei hatte im Lande zunächst nicht die Mehrheit hinter sich, wurde vielmehr das Ziel scharfer Angriffe. Die Volkspartei und der katholisch geführte Großdeutsche Klub erwärmten sich für den Plan eines Südbundes, einer engeren Verbindung der süddeutschen Staaten. Er scheiterte daran, daß er den einzelnen Staaten keine Sicherheit bieten konnte und daß Württemberg und Baden sich einer Führung Bayerns nicht unterordnen wollten. Seit 1868 organisierte sich auch die *Sozialdemokratische Partei* im Lande und gewann unter der zunehmenden Industriearbeiterschaft an Boden, ohne zunächst im Landtag vertreten zu sein.

Die politische Annäherung an Preußen durch das noch bis März 1867 geheimgehaltene Militärbündnis bewirkte einen grundlegenden Wandel in der Haltung der süddeutschen Länder. Im Februar 1867 einigten sich die vier Südstaaten, ihr Heerwesen einheitlich zu regeln, die *Wehrverfassung* der preußischen anzugleichen und die Streitkräfte zu erhöhen. Württemberg gestaltete 1868 wie Bayern, Baden und Hessen-Darmstadt durch ein neues Wehrgesetz sein Heer nach preußischem Muster um. Unter dem Einfluß des Generalstabsmajors Albert von Suckow (1828–1893), des späteren Kriegsministers, wurde die zweijährige Dienstzeit, die Umbewaffnung der Infanterie mit dem Zündnadelgewehr und die Kommandierung württembergischer Offiziere nach Preußen durchgesetzt. Die Linke forderte ein Milizheer nach Schweizer Vorbild. Dem 1851 durch Hannover und

Braunschweig erweiterten Zollverein traten 1867 Mecklenburg und Schleswig-Holstein bei. Im gleichen Jahr wurde er erneuert, das bisherige Vetorecht der Einzelstaaten beseitigt und ein durch Bevollmächtigte der Regierungen gebildeter Zollbundesrat sowie eine Volksvertretung für die einschlägigen Fragen eingerichtet; 1868 tagte in Berlin dieses *Zollparlament,* das heißt der durch Abgeordnete der süddeutschen Länder verstärkte Reichstag des Norddeutschen Bundes zur Beratung von Zöllen und Verbrauchsabgaben. Damit war auf wirtschaftspolitischem Gebiet der Bundesstaat vorweg verwirklicht. Für die Wahlen zum Norddeutschen Reichstag hatte Bismarck das allgemeine, gleiche, direkte Wahlrecht zugestanden, während Preußen bis 1918 beim hart umkämpften Dreiklassenwahlrecht blieb. Nach diesem Vorgang wurde nun auch in Württemberg das gleiche Wahlrecht für die vom Volk zu wählenden Abgeordneten der Zweiten Kammer eingeführt; eine Steuerleistung wie 1849 wurde nicht mehr vorausgesetzt. Minister Varnbüler, der die Annäherung an Preußen mit Geschick durchgeführt hatte, wurde von dem über seine Selbständigkeit verstimmten König kurz nach Ausbruch des Krieges von 1870 entlassen. Das Land bekam einen neuen fähigen Staatsmann in *Hermann Mittnacht* (1825–1909), einem katholischen Juristen und Abgeordneten, der, kühl, schlagfertig und energisch, seit 1867 Justizminister, von September 1870 an als leitender Staatsminister und später als Ministerpräsident unter dem nicht leicht zu behandelnden König Karl und seinem Nachfolger die Geschicke des Landes bis 1900 maßgebend beeinflußt und entscheidend zur Überwindung der Widerstände gegen den Eintritt des Landes in das Deutsche Reich beigetragen hat.

Deutsch-französischer Krieg 1870/71 – Deutsche Einigung

Beim Ausbruch des *Deutsch-Französischen Krieges* im Juli 1870 trat Württemberg wie das übrige Süddeutschland dem Bündnis gemäß an die Seite des Norddeutschen Bundes und unter preußische Führung. Die Hoffnung Napoleons III., die Süddeutschen würden neutral bleiben, erfüllte sich nicht. Die nationale Begeisterung fegte alle Widerstände hinweg; selbst der Führer der Volkspartei, Karl Mayer, sprach sich für den Kampf an Preußens Seite aus. Der rasche Aufmarsch des deutschen Heeres vereitelte den von Frankreich geplanten Einmarsch in Süddeutschland, der Österreich und Italien zur Teilnahme am Feldzug gegen Preußen bewegen sollte. Der Krieg führte in den ersten Monaten zu großen, allerdings verlustreichen Siegen und zur Gefangennahme Kaiser Napoleons III. in der Schlacht bei Sedan am 2. September, brachte dann aber noch harte Kämpfe

mit den Truppen der Französischen Republik. Die Württemberger kämpften
tapfer unter dem Befehl des preußischen Generals von Obernitz in der III. Armee des Kronprinzen Friedrich Wilhelm, des späteren Kaiser Friedrich, insbesondere bei Wörth und vor Paris, wo sie am 2. Dezember den einzigen ernst-
haften Ausbruchsversuch des vor Paris eingeschlossenen französischen Heeres bei
Champigny in schweren Kämpfen zurückwiesen.

Im Herbst 1870 war die Zeit gekommen, das Kriegsbündnis mit Preußen in ein
engeres staatsrechtliches Verhältnis umzugestalten. Württemberg war bereit, das
Opfer seiner Selbständigkeit zu bringen, um in seinem Teil zur *Einigung Deutschlands* beizutragen. Die Verhandlungen wurden während des Krieges von Minister Mittnacht geführt, zunächst im September mit dem Präsidenten des Norddeutschen Bundeskanzleramts, von Delbrück, in München, wo die Verträge Bayerns
und Württembergs in vertraulichem Meinungsaustausch vorbereitet wurden, dann
im Oktober und November im Hauptquartier in Versailles, wo sich auch bevollmächtigte Minister von Bayern, Baden und Hessen eingefunden hatten. Zugleich
verhandelte dort Kriegsminister von Suckow mit dem preußischen Kriegsminister
von Roon über eine Militärkonvention, die der 1867 von Preußen dem Königreich Sachsen zugestandenen ähnlich sein sollte. König Karl hat sich in dieser
spannungsreichen Zeit im Hintergrund gehalten und überhaupt in diesen Jahren
keine entscheidende Rolle gespielt; sein Festhalten an überkommenen Anschauungen wirkte sich eher hemmend aus. Auch wollte er nicht gerne ohne Bayern
zustimmen, das aber den Nachbarn über den Gang seiner Verhandlungen und
die ihm gewährten Reservatrechte nicht unterrichtete. Erst am 25. November
1870 konnten in Berlin die Vereinbarungen über den Eintritt Württembergs
in den Norddeutschen Bund unterzeichnet werden; Bayern hatte noch zuvor abgeschlossen. Die Verträge wurden im Dezember vom Reichstag des Norddeutschen
Bundes und von beiden württembergischen Kammern gebilligt: der am 5. Dezember 1870 gewählte Landtag nahm sie mit 74 gegen 14, die Kammer der
Standesherren mit 26 gegen 3 Stimmen an. Am 1. Januar 1871 wurde das Königreich Württemberg ein *Bundesstaat des Deutschen Reiches*, das am 18. Januar
1871 in Versailles König *Wilhelm I.* von Preußen zum *Deutschen Kaiser* prokla-
mierte und, nachdem auch Bayern am 1. Februar beigetreten war, am 14. April die
vom deutschen Reichstag verabschiedete *Reichsverfassung* erhielt. Sie zeigte weitgehend Bismarcks Handschrift. Der Friede mit Frankreich, der Elsaß-Lothringen
an das Deutsche Reich brachte, wurde am 10. Mai 1871 in Frankfurt geschlossen.

XVII. Württemberg als Bundesstaat des Deutschen Reiches (1871–1918)

Reichsverfassung, Reservatrechte, Bundesrat

Die Stellung Württembergs im neuen Reich war durch die Bismarcksche Reichsverfassung, durch die *politische Führung Preußens* im Reich und die Position des leitenden Staatsmannes in seiner ausschließlichen Verantwortlichkeit gegenüber dem Kaiser und König von Preußen bestimmt. Das Land hatte zwar seinen Charakter als selbständiges Staatswesen verloren, seine eigene Staatspersönlichkeit war jedoch gewährleistet. Württemberg war nun Teil nicht nur eines lockeren Staatenbundes, sondern eines Bundesstaates, der durch den siegreichen Krieg und die politische Leistung Bismarcks einen angesehenen Platz unter den europäischen Mächten einnahm. Befürchtungen, die sein Aufstieg in manchen Ländern hervorrief, schien eine kluge Friedenspolitik zu beschwichtigen. Daß in Frankreich die Stimmung wuchs, die die Niederlage nicht hinnehmen wollte, war zunächst nicht zu erkennen. Die süddeutschen Staaten hatten anstelle einer fragwürdigen Souveränität den Friedensschutz eines starken Staates eingetauscht.

Alles hing davon ab, ob es dem Reich trotz seiner schwierigen Lage zwischen weithin offenen Grenzen gelingen würde, sich außenpolitisch zu sichern und innerlich zu einem zukunftsträchtigen Gemeinwesen zusammenzuwachsen. Die Voraussetzungen, die die Reichsverfassung in ihrer weniger staatstheoretisch als pragmatisch gelungenen Ausbalancierung der Kräfte dafür bot, waren nicht ungünstig. Für den Charakter des Reichs war wesentlich die ausgewogene Verteilung der Rechte und Pflichten zwischen seinen drei hauptsächlichen Trägern: dem Kaiser, dem Bundesrat und dem Reichstag. Die Schaffung eines verantwortlichen Reichsministeriums hatte Bismarck schon 1869 gegenüber dem Norddeutschen Reichstag als dem Wesen des Bundesstaates widersprechend abgelehnt. Die Verfassung wollte die Empfindlichkeit der Bundesstaaten schonen und hatte dem Reich nur die Zuständigkeit zugebilligt, die vom Standpunkt der preußisch-deutschen Gesamtpolitik unbedingt notwendig erschien, vor allem die auswärtige Politik und das Heerwesen. Fast alles andere, insbesondere die innere Verwaltung, das Kirchen- und Schulwesen und die Eisenbahnen, blieb Angelegenheit der Bundesstaaten, denen im Bundesrat entscheidender Anteil an der Willensbildung des Reiches gesichert war. Über die allgemein verfassungsrechtliche Regelung wurden den Südstaaten noch gewisse *Reservatrechte* belassen: Württemberg weniger als Bayern, doch mehr als Baden und als sie seinerzeit Sachsen eingeräumt worden waren. Im Gerichtswesen behielt sich Württemberg kein Sonderrecht vor, obwohl es erst 1867 eine Justizreform durchgeführt hatte, die sich an das Vorbild Hannovers anlehnte; Bayern hatte sich auch hier eine gewisse Vorzugsstellung ausbedungen. Dagegen wurde Württemberg ebenso wie Bayern die eigene Verwaltung des Post- und Telegraphenwesens zugestanden; seine besonderen Briefmarken gab es 1902 auf. Ferner blieb Württemberg mit Bayern und Baden der Fortbezug der Bier- und Branntweinsteuer; 1887 trat es jedoch der Reichsbranntweinsteuergemeinschaft bei. Dem Lande wurde zwar nicht wie Bayern die Selbständigkeit seines Heeres für Friedenszeiten zugebilligt, aber doch wie Sachsen eine eigene Militärverwaltung mit besonderem Kriegsministerium und das Recht des Königs, die Offiziere zu ernennen. Den kommandierenden General des von den württembergischen Truppen gebildeten XIII. Armeekorps sollte der König nach Einwilligung des Kaisers bestimmen.

Im *Bundesrat*, der Vertretung der 25 Bundesstaaten, erhielt Württemberg wie Sachsen 4 (Preußen 17, Bayern 6, Baden 3) von 58 Stimmen. Von den 397 Abgeordneten des *Reichstags*, die nach allgemeinem, gleichem, direktem Wahlrecht zuerst auf drei, dann auf vier Jahre gewählt wurden, hatte Württemberg 17, je einen auf 100 000 Einwohner, zu wählen. Bei der ersten Reichstagswahl 1871 errang die Deutsche Partei 13 von 17 württembergischen Wahlkreisen.

Die Einnahmen des Reichs wurden vor allem auf die indirekten (Verbrauchs-) Steuern und auf den Ertrag der Zölle aufgebaut; die direkten Steuern verblieben bis zur Einführung der Reichserbschaftssteuer 1906 ganz den Einzelstaaten. Soweit die Einnahmen des Reiches nicht ausreichten, sollten die erforderlichen Mittel durch Matrikularbeiträge nach der Bevölkerungszahl aufgebracht werden.

Was man nicht genügend vorausgesehen hatte, war die Tendenz des Bundesstaates zur Stärkung der zentralen Kräfte. Sie wirkte sich so aus, daß Kaiser und Reich, nicht zuletzt durch die eindrucksvolle Persönlichkeit des ersten Kaisers und die überragende Stellung des Kanzlers, im öffentlichen Bewußtsein immer mehr als die Verkörperung der Staatsgewalt erschienen. Bismarcks Erklärung vor dem Reichstag am 19. April 1871: „Die Souveränität ruht nicht beim Kaiser; sie ruht bei der Gesamtheit der verbündeten Regierungen" war formell richtig, aber sie wurde den verfassungspolitischen Gegebenheiten bald nicht mehr gerecht. Die Bedürfnisse des Wirtschafts- und Rechtslebens, die Aufgabe, eine neue Sozialordnung zu schaffen, gaben dem Reich in seinem Verhältnis zum Einzelstaat eine wachsende Bedeutung; Reichsregierung und Reichstag fielen die wichtigsten Entscheidungen über die Zukunft der Bürger zu. Schon das Jahr 1871 brachte dem Land zur Förderung der nationalen Einheit 65 Reichsgesetze und 15 Landesgesetze. Dazu kam das wachsende Schwergewicht der Reichseinrichtungen, nicht zuletzt die des Heeres und der kaiserlichen Marine. Der Einfluß des sachlich und unauffällig beratenden Bundesrats wurde der Öffentlichkeit weniger bewußt. Das gemeinsame Erlebnis der Reichsgründung hatte zudem, jedenfalls in Württemberg, partikularistische Neigungen weitgehend beseitigt. Sie spielten im politischen Leben des Landes in der Folge keine Rolle mehr. Seine Reichstreue war unbestritten.

Einbau in das Reich

Die *Eingliederung in das Reich* führte auch in Württemberg zu einer stetigen, wirtschaftlich rasch aufwärtsstrebenden Entwicklung. Der Ausbau des Landes im Sinne der konstitutionellen Monarchie unter allmählicher Steigerung des parlamentarischen Einflusses ging weiter. Im Landtag hatte bis 1895 die *Deutsche Partei,* die sich den Nationalliberalen anschloß, die Mehrheit. Allerdings wurden dem Landtag durch den Reichstag manche fähigen und engagierten Persönlichkeiten entzogen. Bestrebungen, die Erste Kammer zu beseitigen, drangen nicht durch. Da der Geheime Rat als oberstes den König beratendes Gremium sich mit moderner Ministerverantwortlichkeit schwer vereinbaren ließ und die Instruktion der Bundesratsbevollmächtigten rasche Entscheidungen erforderte, wurde 1876 ein verantwortliches Staatsministerium gebildet, dem von Mittnacht, nun als Ministerpräsident, noch bis 1900 vorstand. Der Geheime Rat verlor seine Bedeutung und wurde 1911 aufgehoben.

Die *Rechtseinheit* im Reich machte rasche Fortschritte: Schon vom Norddeutschen Bund erlassene Gesetze wie die über Freizügigkeit, Maß und Gewicht und den Unterstützungswohnsitz, die Gewerbeordnung von 1868 und das Strafgesetzbuch von 1870 und zahlreiche andere wurden im Jahre 1871 vom Reich übernommen. Weitere Reichsgesetze vereinheitlichten 1873 das Münzwesen, 1874 die Zivilehe und das Presserecht. Die *Reichsjustizreform* von 1879 regelte Gerichtsverfassung, Zivilprozeß, Strafprozeß und Konkursrecht und brachte als oberstes Gericht das Reichsgericht in Leipzig. Am 1. Januar 1900 trat das Bürgerliche Gesetzbuch, eine wohlvorbereitete, bedeutende Kodifikation an die Stelle des bisher in Württemberg geltenden Landrechts. Bismarcks Versuch, 1876 Besitz und Verwaltung der Staatseisenbahnen der Länder an das Reich zu bringen, scheiterte mit am Widerspruch Württembergs. 1877 begann der Verwaltungsgerichtshof seine Tätigkeit.

Kulturkampf – Sozialistengesetz – Kaiser Wilhelm II.

Obwohl dem Land im Rahmen der verbliebenen Rechte weiterhin wesentliche Aufgaben zukamen, wurden doch nicht nur Außenpolitik und Heerwesen, sondern auch wichtige Fragen der inneren, vor allem der gesellschaftspolitischen Entwicklung durch Vorgänge in Preußen und im Reich maßgeblich beeinflußt. Das gilt für die wirtschaftliche Entwicklung insbesondere durch den Umschwung der Zollpolitik im Jahre 1879, für die sozialpolitische durch die 1881 einsetzende Gesetzgebung zum Schutz und zur Sicherung der Arbeiterschaft, zuvor aber vor allem durch das Aufflammen des sogenannten *Kulturkampfes*. Seine Ursachen lagen in Preußen, wo Staat und Katholische Kirche zunächst darüber in Konflikt gerieten, daß der Staat Theologieprofessoren und Religionslehrer, die das Unfehlbarkeitsdogma nicht anerkannten, in ihren Ämtern beließ. Die Auseinandersetzung dehnte sich auf Fragen der Schulaufsicht und der Eheschließung aus und griff auf das Reich über: 1874 wurden Niederlassungen des Jesuitenordens in Deutschland verboten und die bürgerliche Eheschließung reichsgesetzlich eingeführt. Papst Pius IX. erklärte diese Gesetzgebung für nichtig. Bischöfe wurden abgesetzt, zahlreiche Pfarreien in Preußen waren verwaist. Dank der entgegenkommenden Regelung des Verhältnisses von Staat und Kirche in Württemberg im Jahre 1862 und der toleranten Haltung König Karls und der Regierung wurde dem Land ein Übergreifen des Kulturkampfes erspart. Die damals eingeführte Personenstandsgesetzgebung mit der zivilen Eheschließung hat die Sitte der kirchlichen Trauung noch lange kaum beeinträchtigt. Die katholische *Zentrumspartei* hat sich in Württemberg erst 1895 konstituiert. Konservative katholische Abgeordnete traten zuvor meist der regierungsfreundlichen Landespartei bei, die sich 1894 auflöste; demokratische hielten sich zur Linken.

Noch tiefer wirkend war der Konflikt, in den das Reich mit der sich rasch entfaltenden Sozialdemokratie geriet, die in ihrem berechtigten Kampf um die Besserung der Verhältnisse der Arbeiter und gegen bedenkliche soziale Zustände teilweise eine radikale Agitation gegen den Staat entfaltete. Zwei Attentate auf den greisen Kaiser Wilhelm I. veranlaßten Bismarck 1878 ein zeitlich begrenztes Ausnahmegesetz „gegen die gemeingefährlichen Bestrebungen der Sozialdemokratie" einzubringen, das bis 1890 wiederholt erneuert, dann aber aufgegeben wurde. Dieses *Sozialistengesetz* löste die Organisation der Sozialdemokratischen

Partei auf, verbot ihre Presse und ihre Versammlungen und zwang sie in den Untergrund, konnte aber ihre Entwicklung nicht aufhalten. Die politischen und sozialen Auffassungen der Sozialdemokratie ergriffen weite Teile des Volkes und fanden in den Gewerkschaften vielfache Unterstützung; 1895 errang die Partei die ersten zwei Sitze im Landtag, 1898 den ersten aus Württemberg im Reichstag. Bei der Reichstagswahl 1903 erhielt die Sozialdemokratische Partei im Land schon 25 v. H. der abgegebenen Stimmen.

Die Entwicklung in den Ländern wurde innenpolitisch immer enger mit dem politischen Geschehen im Reich verknüpft. Über die außenpolitischen Lebensfragen der Nation entschied nach der Verfassung das Reich ohne wesentliche Einflußnahme der Bundesstaaten. Richtschnur für die *Außenpolitik*, die *Bismarck* noch zwanzig Jahre souverän leitet, mußte es sein, die Existenz des in offenen Grenzen wenig gesicherten Reiches vor allem gegen drohende Koalitionen zu gewährleisten. Er hat dies im Zeitalter des Imperialismus durch eine Ausbalancierung der Kräfte versucht und dem Deutschen Reich damit mehr als vier Jahrzehnte friedlicher Entwicklung verschafft. Die innere Entwicklung entsprach aber nicht Bismarcks ausgewogener Außenpolitik. Die dargelegten Auseinandersetzungen mit der katholischen Kirche und mit der sozialistischen Arbeiterbewegung waren erstes Wetterleuchten. In beiden Fällen hat sich die vom Reich zunächst eingenommene Position schließlich als nicht haltbar erwiesen. Es wirkte sich aus, daß die politische Haltung der Generation, die das Reich geschaffen hatte, noch in der Zeit vor 1848 wurzelte. Das galt ebenso für den greisen Kaiser wie für den leitenden Staatsmann. Als Kaiser Wilhelm I. 1888 über neunzigjährig starb, kam sein Sohn *Kaiser Friedrich* als todkranker Mann nur für hundert Tage zur Regierung. Den Liberalen, die auf ihn ihre Hoffnung gesetzt hatten, versagte das Schicksal die Wirkungsmöglichkeit. *Kaiser Wilhelm II.*, geboren 1859, der von 1888 bis 1918 als letzter Hohenzoller die Krone Preußens und des Reiches trug, gehörte schon einer anderen Generation an, die zwar die Gründung des Reichs und seine Schöpfer vielfältig rühmte und allerorten Bismarcktürme und Kaiserdenkmale errichtete, aber nicht imstande war, die im Industriezeitalter gestellten gesellschaftspolitischen Aufgaben zu lösen. Das neue Reich wurde spät vor eine Aufgabe gestellt, an der früher geeinte Völker seit Jahrzehnten arbeiten konnten. Kaiser Wilhelm II., zunächst an sozialpolitischen Problemen nicht uninteressiert, war trotz guten Willens nicht die Persönlichkeit, das Reich in eine nach außen und innen gesicherte Zukunft zu führen. Autokratische Reden und die Vorstellung von einer Souveränität, die mit der Konzeption der Reichsverfassung schwer vereinbar war, haben dem Ansehen des Kaisers mehr Abbruch getan, als daß der Autoritätsverlust durch seine spätere

Zurückhaltung hätte aufgeholt werden können. Nach Bismarcks durch Wilhelm II. 1890 herbeigeführten Sturz fand sich kein Kanzler mehr, der dem Monarchen die gesetzten Grenzen aufgezeigt hätte. Trotzdem nahm das Reich vor allem wirtschaftlich eine Entwicklung, die eine große Mehrheit auch der Gebildeten über die drohenden Gefahren hinwegsehen ließ. Das wohlgerüstete Heer schien Sicherheit zu verbürgen, die Kaiserliche Marine, nicht nur vom Kaiser geliebt und als einprägsame Darstellung der Geltung des Reiches empfunden, schien Weltmachtstellung zu repräsentieren. Daß sich das Netz der Einkreisung schon bald nach Beginn des neuen Jahrhunderts geschlossen hatte, kam wenigen zum Bewußtsein. Wenn die Bevölkerung auch außerhalb Preußens mit Ausnahme weniger politisch beiseite stehender Gruppen durchaus reichstreu gesinnt war, ist dies einerseits der politischen Meisterschaft Bismarcks und dem Ansehen, das er dem Reich verschaffte, zum anderen der weitgehenden Besserung der wirtschaftlichen Lage fast der ganzen Bevölkerung zuzuschreiben.

Württembergs letzter König Wilhelm II.

In Württemberg starb 1891 der kinderlose, in den letzten Jahren seiner Regierungszeit auch persönlich umstrittene König Karl. Der Nachfolger, *König Wilhelm II.*, geboren in Stuttgart 1848, ein Urenkel König Friedrichs, regierte von 1891 bis 1918. Er war der letzte männliche Sproß der evangelischen Linie des Königshauses. Da sein einziger Sohn Ulrich aus seiner ersten Ehe mit Prinzessin Marie von Waldeck und Pyrmont (1857–1882) schon 1880 nur fünf Monate alt starb, war nunmehr die katholische Linie thronfolgeberechtigt: zunächst Herzog Philipp (1838–1917), dann Herzog Albrecht (1865–1939), bekannt als tüchtiger Heerführer im Ersten Weltkrieg. Dessen ältester Sohn Herzog Philipp Albrecht, geboren 1893, ist heute Chef des Hauses Württemberg und Haupt einer zahlreichen Familie. Die Tochter des Königs, Prinzessin Pauline (1878–1965), eine originelle und gescheite Persönlichkeit, heiratete 1898 den Erbprinzen Friedrich zu Wied. König Wilhelm II., der schon ganz in die Verhältnisse des neuen Reiches hineingewachsen war, hielt sich pflichtbewußt, reichstreu und jedem Partikularismus abhold, streng an die ihm durch die Entwicklung der konstitutionellen Monarchie gesetzten Grenzen und an die Ratschläge erfahrener Männer, die er zur Regierung berief. Entscheidend war für ihn in seiner gemütvollen Art der Wunsch, mit seinem Volk in Frieden zu leben und den Willen der Landtagsmehrheit zu erfüllen, soweit das mit dem Wohl des Staates irgend vereinbar schien. Seine würdige, schlichte Haltung machte ihn in allen Kreisen beliebt; auch Sozialdemokraten haben ihm ihre Achtung bezeugt.

Im November 1900 trat Ministerpräsident Freiherr von Mittnacht im Alter von 75 Jahren zurück. Nachdem kurz Kriegsminister Schott von Schottenstein das Staatsministerium geleitet hatte, waren seine Nachfolger von 1901 bis 1906 Wilhelm von Breitling (1835–1914), der leitende Minister in der Zeit der Reformgesetzgebung, und von 1906 bis 1918 der kluge und abwägende Karl Freiherr von Weizsäcker (1853–1926). Der Einfluß des Landes auf die Reichspolitik war verhältnismäßig gering; doch spielte in der Reichsführung der Schwabe Alfred von Kiderlen-Wächter (1852–1912) als Staatssekretär des Auswärtigen von 1910 bis 1912 während der Marokko-Krise eine Rolle. Ministerpräsident von Weizsäcker hat die vorsichtige, wenn auch nicht immer glückliche Politik des Reichskanzlers von Bethmann-Hollweg überzeugt unterstützt.

Die ersten zehn Jahre der Regierung König Wilhelms II. standen im Zeichen einer *Reformgesetzgebung* und lebhafter Auseinandersetzungen im Landtag. Die Kammerwahlen von 1895 hatten eine Umwälzung der *parlamentarischen Lage* herbeigeführt und die fast 25jährige Vormachtstellung der nationalliberalen Deutschen Partei beendet. Die Mehrheit bildeten nun die Volkspartei mit 31 und das katholische Zentrum mit 18 Sitzen, das sich kurz zuvor nach Auflösung der Landespartei auch in Württemberg gebildet hatte. Sein Führer war der zielbewußte und temperamentvolle, streng kirchliche Jurist Adolf Gröber (1854 bis 1919), der von 1887 bis 1919 dem Reichstag angehörte und von 1917 bis 1919 dort der Zentrumsfraktion vorstand. Ebenso unumstrittener Führer der demokratischen Volkspartei war seit dem Tod Karl Mayers im Jahre 1889 der Stuttgarter Rechtsanwalt Friedrich Payer (1847–1931), nun Kammerpräsident, schon mit 30 Jahren Reichstagsabgeordneter, 1917/18 Stellvertreter des Reichskanzlers, 1919 bis 1920 Fraktionsführer der Demokratischen Partei in der Weimarer Nationalversammlung. Er war ein weithin anerkannter Politiker, fähig Menschen zu führen und Gegensätze auszugleichen. Schon seit den 70er Jahren hat er auch mit der Sozialdemokratie vielfach zusammengearbeitet. Neben ihm waren führend in der Volkspartei der früh verstorbene Friedrich Haußmann (1857–1907) und sein Zwillingsbruder Conrad Haußmann (1857–1922), ein geschickter Parlamentarier mit weltoffenem Blick, der schon seit 1907 für eine parlamentarische Regierungsweise in Württemberg eintrat. Die Volkspartei schloß sich 1910 mit den norddeutschen linksliberalen Parteien und Nationalsozialen Friedrich Naumanns, der auch in Württemberg unter den Gebildeten zahlreiche Anhänger gewonnen hatte und 1907 in Heilbronn in den Reichstag gewählt worden war, zur Fortschrittlichen Volkspartei zusammen. Die Deutsch-konservative Partei, die vorwiegend positiv-kirchliche Kreise der evangelischen Bevölkerung umfaßte, erreichte durch Verbindung mit dem 1893 entstandenen Württ.

Bauern- und Weingärtnerbund unter der Führung von Theodor Körner (1863 bis 1933) eine größere Stimmenzahl. Für die Sozialdemokratische Partei kamen 1895 erstmals zwei Abgeordnete in den Landtag: Karl Kloß (1847–1908) für Stuttgart und Menrad Glaser für Cannstatt. Die Partei hat 1900 und in Nachwahlen schon sieben Abgeordnete, darunter den damals dreißigjährigen Wilhelm Keil, war jedoch durch scharfe Gegensätze ihres gemäßigten und radikalen Flügels geschwächt. Aufsehen erregte, daß Pfarrer Christoph Friedrich Blumhardt (1842 bis 1919) seit 1880 als Nachfolger seines Vaters Leiter von Bad Boll, sich 1900 als sozialdemokratischer Abgeordneter in den Landtag wählen ließ und damit eine Brücke vom schwäbischen Pietismus zu modernen Gesellschaftsauffassungen herstellte. Das liberale Klima des Landes ermöglichte es, 1907 den Kongreß der Zweiten Internationale in Stuttgart ungehindert abzuhalten.

Reformgesetzgebung

Vorschläge der Regierung für eine Verfassungs-, Verwaltungs- und Steuerreform drangen zunächst nicht durch. Doch konnte die noch von dem tüchtigen Finanzminister Karl Riecke (1830–1898) vorbereitete *Steuerreform* nach achtjährigen Landtagsverhandlungen 1903 abgeschlossen werden. Sie wollte nach dem Vorgang von Preußen und Baden (hier 1884) durch eine progressive, nach der Leistungsfähigkeit abgestufte Einkommensteuer eine gerechte Verteilung der Steuerlast erreichen. Die bisherigen Ertragsteuern von Grundeigentum, Gebäuden und Gewerbe wurden mit verminderten Sätzen weiter erhoben und den Gemeinden als Hauptsteuern überlassen. Die Gesetze traten am 1. April 1905 in Kraft. 1915 kam noch eine mäßige Vermögenssteuer hinzu.

Die *Verfassungsreform*, die seit 1848 wiederholt vergeblich versucht worden war, kam 1904 in Gang und wurde 1906 gegen die Stimmen des Zentrums verabschiedet. Ähnlich wie in Baden 1904 und in Bayern 1906 änderte sich die Zusammensetzung des Landtags. Die Privilegierten schieden aus der Zweiten Kammer aus, die nun eine reine Volkskammer wurde. Die Erste Kammer erweiterte man durch Mitglieder aus dem ritterschaftlichen Adel und Vertreter der Kirchen und Hochschulen, der Landwirtschaft, der Industrie, des Handels und des Handwerks. Auch das Wahlrecht wurde geändert: während bisher jede „gute Stadt" einen Abgeordneten stellte – Stuttgart mit 250 000 ebenso wie Ellwangen mit 5000 Einwohnern – erhielt Stuttgart nun sechs Vertreter. Als erster deutscher Bundesstaat hat Württemberg damals die Verhältniswahl für einen Teil der Zweiten Kammer eingeführt.

Im Zusammenhang mit der Verfassungsreform führte man auch eine *Kommunal-reform* durch. Die von Innenminister Johann Pischek (1843–1916) eingebrachten Entwürfe einer Gemeindeordnung und einer Bezirksordnung wurden am 28. Juli 1906 beschlossen. Sie brachten eine erhebliche Stärkung der Selbstverwaltung. Die umfangreiche *Gemeindeordnung* regelte vor allem Vertretung und Verwaltung der Gemeinden, die Rechtsverhältnisse der Mitglieder der Gemeindekollegien, die Verwaltung des Vermögens und der Polizei und die staatliche Aufsicht. Die Wahl der Ortsvorsteher auf Lebenszeit, eine württembergische Besonderheit, wurde abgeschafft. Die *Bezirksordnung* demokratisierte die Amtsversammlung, in der bis dahin nur Schultheißen ihre Gemeinden vertreten hatten, und schuf im Bezirksrat ein kollegiales Organ der Amtskörperschaft (später Kreisverband), das aus dem Oberamtmann (Landrat) und sechs von der Amtsversammlung gewählten Mitgliedern bestand. Ihm kam die Vertretung der Amtskörperschaft, die Mitwirkung bei der Vermögensverwaltung und die Aufsicht über die Bezirksanstalten zu. Damit war auch auf kommunaler Ebene der Bürgerschaft ein maßgebender Einfluß eingeräumt.

Eine moderne Bauordnung wurde 1910 eingeführt. Die Wasserversorgung wurde im Land großzügig und beispielgebend ausgebaut: die durch den Baudirektor Karl Ehmann (1824–1889) in den Jahren 1869 bis 1889 geschaffene *Albwasserversorgung* beseitigte durch Pumpwerke in den Tälern die Wassernot der verkarsteten Juragebiete. Durch die 1912 bis 1918 erbaute *Landeswasserversorgung*, damals die größte Fernwasserversorgung Deutschlands, erhielten Stuttgart und 140 andere Städte und Gemeinden Trinkwasser aus der Donauniederung östlich von Ulm. Sie wurde 1965 von einem kommunalen Zweckverband übernommen. Über eine Vereinfachung der Staatsverwaltung, vor allem die Aufhebung der Kreisverwaltungen (Regierungsbezirke) und die Zusammenlegung von Oberämtern konnte man sich nicht einigen.

Die Neuwahlen zum Landtag im Herbst 1912 brachten eine neue Gruppierung der *Parteien:* das Zentrum wurde mit 26 Abgeordneten stärkste Fraktion, Konservative und Bauernbund erhielten 20, die Volkspartei 19, die Nationalliberalen 10 Sitze; die Sozialdemokratie, die im Reichstag stärkste Partei geworden war, stieg zwar von 15 auf 17 Sitze; ihre beiden Flügel waren aber besonders in Stuttgart, wo seit etwa 1890 Klara Zetkin wirkte und seit 1904 mit dem radikalen Friedrich Westmayer starken Einfluß ausübte, so zerstritten, daß von einer Zusammenarbeit nur noch bedingt die Rede sein konnte. Die Haltung der in Göppingen erscheinenden „Freien Volkszeitung" führte zu ständigen Konflikten zwischen Revisionisten und Radikalen. 1911 wurde auch die Redaktion der „Schwäbischen Tagwacht" mit Linksgerichteten besetzt. Nach der Wahl entschloß sich das Zentrum, mit den Konservativen und dem Bauernbund zusammenzugehen; Landtagspräsident wurde der konservative Rechtsanwalt Heinrich Kraut (1857–1935). Die Vierhundertjahrfeier des Tübinger Vertrags, die der Landtag im Juli 1914 in Tübingen veranstaltete, stand schon unter dem Zeichen des drohenden Krieges.

Wirtschaft

In der Zeit nach der Reichsgründung stand in Württemberg die *Landwirtschaft* nach der Zahl der in ihr beschäftigten Personen noch an der Spitze. Nach wie vor herrschten bäuerlicher Kleinbesitz und Familienbetriebe vor. Der Ackerbau umfaßte etwa zwei Drittel der landwirtschaftlich genutzten Fläche; bei den geringen Betriebsgrößen konnte er die Ertragssteigerung in anderen Reichsteilen nicht erreichen. Der Weinbau verlor seine zentrale Bedeutung im Land, der Obstbau nahm zu. Viehzucht war weit verbreitet; Pferde spielten noch eine erhebliche Rolle. Der Staat förderte durch die Zentralstelle für Landwirtschaft Ackerbauschulen, landwirtschaftliche Fortbildungsschulen und die Weinbauschule in Weinsberg. Das Meliorationswesen wurde seit 1873, die Flurbereinigung seit 1886 aufgebaut. Der Mangel an Arbeitskräften vergrößerte den Bedarf an landwirtschaftlichen Maschinen.

Für *Industrie und Handel* waren die Jahre zwischen 1871 und dem Ersten Weltkrieg eine Zeit des Fortschritts und der Entfaltung. Die seit 1862 bestehende Gewerbefreiheit öffnete vielfältige Möglichkeiten. Das Land entwickelte trotz des Mangels an Bodenschätzen eine qualifizierte und leistungsfähige Fertigwarenindustrie, für die die Schwaben mit ihrer Gründlichkeit und guten Schulbildung besonders geeignet waren. Unternehmungsgeist und Wagemut haben das Fehlen natürlicher Voraussetzungen ausgeglichen. Die technische Entwicklung bot bald die Grundlage für eine Erweiterung der Produktion. Dazu kam, daß der rasche Ausbau des Eisenbahnnetzes die Verkehrslage des Landes entscheidend verbesserte. Stuttgart und Umgebung, Ludwigsburg, Heilbronn, Esslingen, Göppingen, Geislingen, Ulm, Reutlingen, Gmünd, Backnang, Heidenheim, Ebingen, Tuttlingen, Trossingen, Schramberg, Schwenningen, Ravensburg, Friedrichshafen und andere wurden blühende Industriemittelpunkte. Statistische Unterlagen für den Aufbau der Wirtschaft in dieser Zeit bieten die drei umfassenden Reichs-Berufs- und Betriebszählungen von 1882, 1895 und 1912; danach betrug der Bevölkerungsanteil von Industrie und Handel in den genannten Jahren in Württemberg 41,7 Prozent, 42,9 Prozent und 49,5 Prozent (im Reich: 45,5 Prozent, 50,6 Prozent und 56,2 Prozent). Eine weitgehende Umschichtung fand also auch in

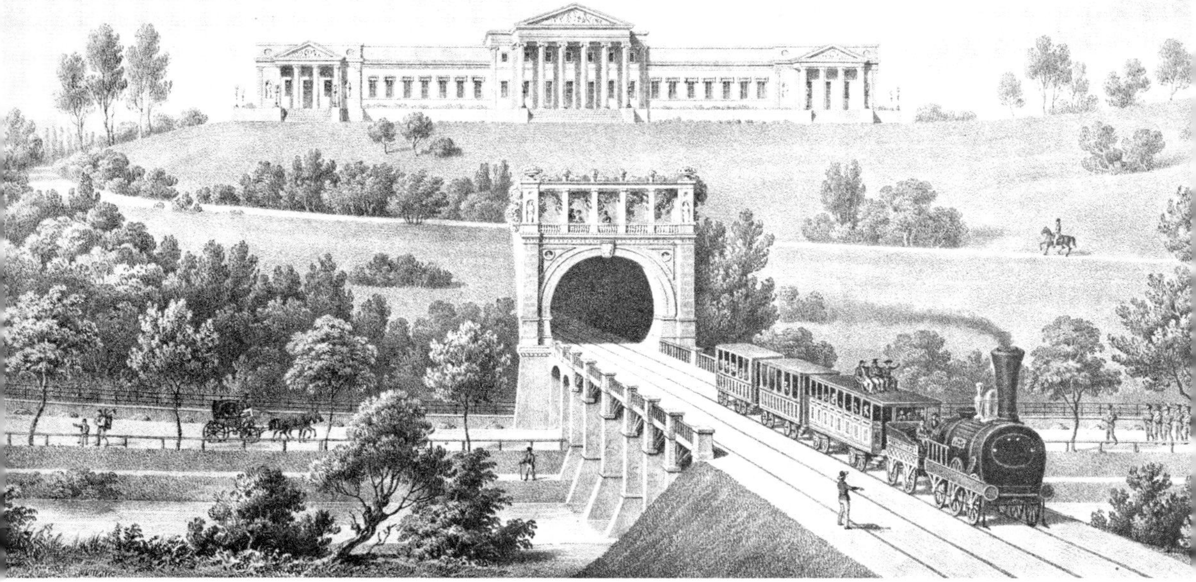

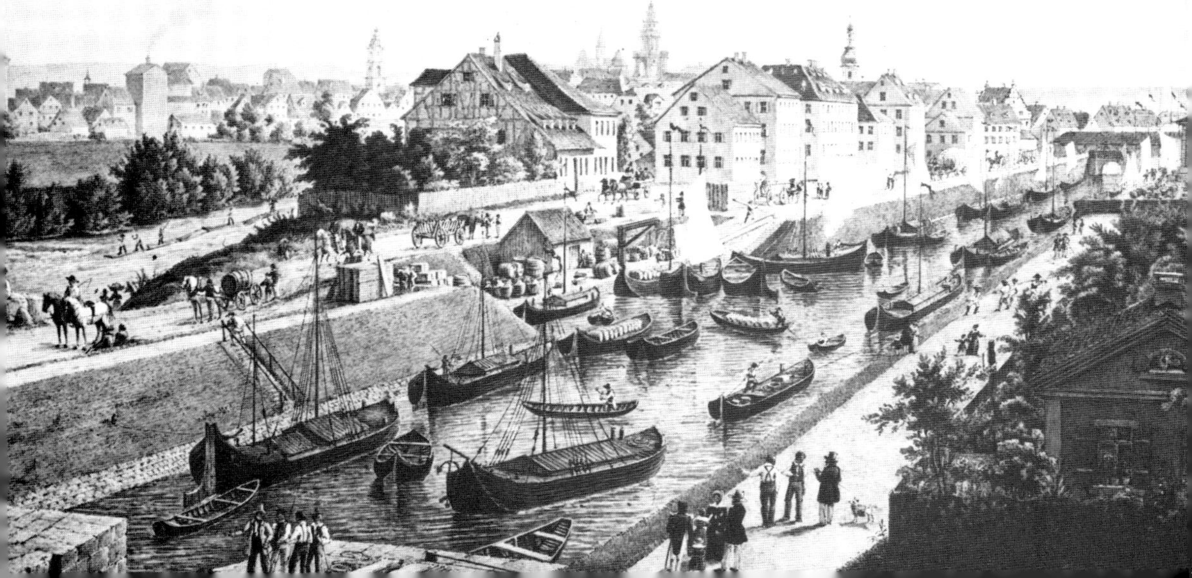

105 (umseitig oben) Königliches Landhaus
Rosenstein mit Neckarbrücke und Tunnel
um 1850. Lithographie von Emminger
106 (umseitig unten) Heilbronn, Wilhelms-
kanal. Um 1850

107 Zeppelin-Luftschiff über Echterdingen
1908

108 Robert Bosch

Württemberg statt, vollzog sich aber etwas langsamer als im Reichsdurchschnitt. Der Wettbewerb mit anderen Ländern innerhalb und außerhalb des Reiches, deren industrielle Entwicklung früher begonnen hatte, verstärkte die Notwendigkeit, sich immer neu zu behaupten. Dabei waren manche Kinderkrankheiten der Industrialisierung, nicht zuletzt soziale Probleme, zu bestehen. Die Ursachen gewisser Konjunkturrückschläge, vor allem in den sogenannten „Gründerjahren" im ersten Jahrzehnt des Reiches, aber auch später, so z. B. 1900, 1907 und 1913, lagen von äußeren Einflüssen abgesehen vor allem im Mißverhältnis zwischen Geldbedarf und Kapitalbildung. Die verdienstvolle staatliche Gewerbeförderung stand der Wirtschaft auch hier zur Seite.

Das Besondere der württembergischen Industrie lag nicht in der Massenfabrikation, sondern überwiegend in der Qualitätsindustrie durch weitgehende Veredelung und Werterhöhung des Arbeitsprodukts. So wurden Textilwaren im Bereich von Stuttgart, Reutlingen, Nürtingen und Göppingen, Maschinen in Esslingen und Göppingen, Schußwaffen in Oberndorf, Militär- und Feuerwehrfahrzeuge in Ulm, Turbinen in Heidenheim, Gold- und Silberwaren in Gmünd, Zieh- und Mundharmonikas und Uhren in der Baar und im Schwarzwald, Nähfaden und Papierwaren um Heilbronn, Fahrräder in Neckarsulm, Kraftwagen in Stuttgart-Untertürkheim hergestellt. Bedeutsame *Erfindungen* regten neue Industrien an, so 1883 die des ersten schnellaufenden Verbrennungsmotors und daran anschließend 1886 die Entwicklung des ersten brauchbaren Kraftfahrzeugs durch Gottlieb Daimler (1834–1900) in Cannstatt, gleichzeitig mit Carl Friedrich Benz (1844–1929) in Mannheim, des lenkbaren Luftschiffs durch Graf Ferdinand von Zeppelin (1838–1917) und Wilhelm Maybach (1846–1929) im Motorenbau; sie zeugen von der technischen Begabung im Lande. Bedeutende Firmen erlangten Weltruf, so Voith im Turbinenbau, die Daimler-Motorengesellschaft im Kraftfahrzeugbau; der auch sozialpolitisch fortschrittliche Robert Bosch (1861 bis 1942) entwickelte die Magnetzündung und anderes elektrisches Autozubehör. Abgelegene Gegenden des Schwarzwaldes und der Alb erfuhren durch Errichtung vor allem feinmechanischer Fabriken, besonders der Uhren-, Instrumenten- und Harmonikaindustrie einen bedeutenden Aufschwung; genannt seien die Werke von Junghans in Schramberg, von Kienzle und von Mauthe in Schwenningen, von Hohner in Trossingen und anderen. Die Dezentralisierung der Industrie förderte die Angleichung der wirtschaftlichen Verhältnisse im Lande; Hohenlohe und Oberschwaben blieben jedoch überwiegend agrarisch ausgerichtet. Die Auswanderung, an der Schwaben neben den Niederdeutschen den größten Anteil gehabt hatten, ging rasch zurück. 1912 zählte das Land 2,5 Millionen, die Hauptstadt Stuttgart 290 000 Einwohner.

Soziale Lage

Mit der wachsenden Industrialisierung des Landes gewannen soziale Fragen eine immer größere Bedeutung. Da Maßnahmen sozialer Sicherung zunächst noch fast völlig fehlten, waren die individuelle Hilfe im Rahmen der *Armenfürsorge,* die nur einen sehr bescheidenen Lebensunterhalt gewährte, und die Leistungen der *freien Wohlfahrtspflege* von erheblicher Bedeutung. Nach dem Unterstützungswohnsitzgesetz von 1871 und württembergischen Ausführungsbestimmungen von 1873 und 1889 war den Kommunen auf dem Gebiet der öffentlichen Fürsorge, den Vereinigungen der freien Wohlfahrtspflege vor allem im Bereich der Anstalts- und Heimfürsorge ein weites Feld überlassen. Eine Reihe neuer Anstalten der *Jugendfürsorge* wurde gegründet, nachdem die gesetzliche Zwangserziehung 1905 in die Fürsorgeerziehung umgewandelt und der Landarmenbehörde, später dem Württ. Landesfürsorgeverband übertragen worden war. Zur Koordinierung der Bestrebungen auf dem Gebiet der Jugendfürsorge wurde 1908 der „Landesverband für Jugendfürsorge in Württemberg" gegründet. Die Trennung von der Armenpflege erfolgte erst durch das Württembergische Jugendamtsgesetz von 1919, mit dem das Land bahnbrechend voranging.

Die Gesetzgebung auf den Gebieten des Arbeitsschutzes und der sozialen Sicherung war Sache des Reiches, das mit der Einleitung der Bismarckschen Sozialpolitik durch die Kaiserliche Botschaft von 1881 allen anderen Nationen voranging und zunächst die soziale Kranken-, Unfall-, Invaliden- und Altersversicherung regelte. Es geriet trotzdem in besonderem Maße in den Brennpunkt der sozialen Auseinandersetzungen, in denen die Industriearbeiterschaft um einen angemessenen Anteil am Sozialprodukt kämpfte. Träger dieser Bestrebungen waren vor allem die *Gewerkschaften.* Aus Gesellenvereinen und aus dem 1870 gegründeten Allgemeinen Deutschen Arbeiterunterstützungsverband Lasallescher Prägung entstanden, haben sie vor allem durch Streikbewegungen nach 1871 Einfluß auf die Arbeiterschaft gewonnen und bei ihnen ein über den Betrieb hinausreichendes Solidaritätsgefühl geweckt. In Württemberg haben sich schon 1862 die Buchdrucker, um 1865 die Zigarrenarbeiter, 1867 die Gold- und Silberarbeiter zusammengeschlossen; dazu kamen liberale Gewerksvereine an verschiedenen Orten. Stuttgart, Esslingen, Göppingen, Schwäbisch Gmünd und andere Städte wurden rasch Mittelpunkt sozialistischer Gewerkschaften, die zahlreiche Arbeitskämpfe um die Verbesserung ihrer Lebensbedingungen durchführten. Noch 1873 mußten die Bäcker in Stuttgart streiken, um ihren 16stündigen Arbeitstag einschließlich Sonn- und Festtagen auf 12 Stunden zu reduzieren. Infolge des Sozialistengesetzes von 1878, das in Württemberg an sich milder gehandhabt wurde

als in anderen Ländern, wurden hier 33 Lokalgewerkschaften von acht Zentral-
verbänden in fünfzehn Städten verboten (W. Schmierer). Die Bewegung wuchs
trotz des Verbots; meist führten Fachvereine die Arbeit weiter. Nach der Aufhebung des Sozialistengesetzes 1890, zwei Monate vor Bismarcks Entlassung, begann ein rascher Aufstieg der Gewerkschaften, die sich als fester Bestandteil
einer neuen Gesellschaftsordnung konsolidierten, und der Sozialdemokratischen
Partei, die bei der Reichstagswahl 1895 im Reich nahezu 20% der Stimmen errang.

Kirchen

Die *evangelische Landeskirche* in Württemberg hatte 1867 mit der Bildung der
Landessynode einen wichtigen Schritt zu neuen Formen der Mitsprache des Kir-
chenvolkes getan. Man lernte sich allmählich des neuen Instruments in einer Weise
zu bedienen, die zu einer weiteren Verselbständigung der Kirche vom Staat führte.
In der gemeinsamen Arbeit kamen sich die kirchlichen Gruppen näher. Die
Synode erwarb rasch Ansehen. In der Theologie herrschte die historisch-kritische
Schule, die in Tübingen neben dem Kirchenhistoriker Karl Weizsäcker durch
Johannes Gottschick (1847–1907) und Theodor Haering (1848–1928) vertreten
war, während Adolf Schlatter (1852–1938) die biblizistische Tradition in eigen-
ständiger Weise fortführte. Die Verbindung zu den anderen deutschen Landes-
kirchen war, vor allem auf Anregung Württembergs, enger geworden. Im An-
schluß an die evangelische Kirchenkonferenz entstand 1902 als erstes ständiges
Organ der deutschen Kirchen der Deutsche Evangelische Kirchenausschuß. Die
im Lande zu erwartende katholische Thronfolge führte 1898 und 1912 zu Gesetzen „über die Ausübung des landesherrlichen Kirchenregiments im Falle der
Zugehörigkeit zu einer anderen als der evangelischen Konfession"; für diesen
Fall, der den evangelischen Volksteil sehr bewegte, wurde eine Evangelische
Kirchenregierung vorgesehen. Mit der Aufhebung der kirchlichen Schulaufsicht
wurde diese vom Konsistorium auf den staatlichen Evangelischen Oberschulrat
übertragen. Das in der Hauptsache auf Alt-Wirtemberg beschränkte Gemeinschaftswesen blieb der Landeskirche näher als in anderen Ländern. Große Dia-
konissenanstalten entstanden in Stuttgart (seit 1854), Schwäbisch Hall (1886) und
Herrenberg, eine Zentrale der männlichen Diakonie seit 1876 auf der Karlshöhe in
Ludwigsburg. Die kirchliche Liebestätigkeit mit ihren zahlreichen Einrichtungen
der Kinder- und Jugendfürsorge, der Rettungsarbeit und der Hilfe für Behinderte schloß sich 1914 zum Landesverband der Inneren Mission zusammen. In

der Kirche führten Auseinandersetzungen um den Bekenntniszwang 1892 zur
Amtsenthebung des Pfarrers Christoph Schrempf (1860–1944), der als bedeutender
Denker eines freien Christentums weiter wirkte.

In der *Katholischen Kirche* bedeutete der Abschluß des Vatikanischen Konzils
im Jahre 1870 einen wichtigen Einschnitt. Nachdem auch der Tübinger Kirchenhistoriker Karl Josef Hefele (1809–1893), seit 1869 Bischof von Rottenburg,
das Unfehlbarkeitsdogma anerkannt hatte, machte sich eine altkatholische Bewegung im Lande kaum bemerkbar. Der Kulturkampf wirkte sich, wie dargelegt,
dank der befriedigenden Regelung des Verhältnisses von Kirche und Staat 1862
und der überlegten Haltung der Regierung kaum aus. Die katholisch-theologische Fakultät in Tübingen konnte mit Franz Xaver Funk (1840–1907), Paul
Schanz (1841–1905) und anderen ihre Bedeutung wahren. Bischöfe der Diözese
Rottenburg waren von 1893 bis 1898 Wilhelm Reiser, 1898 Franz Xaver Lin-
senmann, der vor seiner Inthronisation starb, und von 1898 bis 1926 Paul
Wilhelm Keppler (1852–1926), zuvor Professor für Neutestamentliche und
Moraltheologie in Tübingen und Freiburg. Er stand dem von Lorenz Werthmann
(1858–1929) in Freiburg gegründeten Deutschen Caritasverband nahe und hat
die Gründung des Caritasverbandes für Württemberg veranlaßt. Das Wilhelm-
stift, die Pflanzstätte der katholischen Theologiestudenten in Tübingen, einst
Collegium illustre, wurde gründlich umgestaltet. Katholische Gesellenvereine
entstanden in Württemberg seit 1852, zuerst in Ulm, bald in Gmünd, Mergentheim, Stuttgart und an anderen Orten. Seit 1892 entwickelten sich Katholische
Arbeiter- und Arbeiterinnenvereine, dazu Jugendvereine und zahlreiche Organisationen religiös-caritativen Charakters. Weibliche Orden waren seit 1855 zugelassen. Mittelpunkt der Pflege- und Schulschwestern vom Orden der Vinzen-
tinerinnen war seit 1887 Untermarchtal im Kreis Ehingen. Männerklöster konnten in Württemberg erst seit 1919 errichtet werden; 1920 wurde Neresheim,
1922 Weingarten wieder von Benediktinern besetzt. Bedeutend als Stätte von
Wissenschaft und Kunst und durch die Gründung zahlreicher Benediktinerklöster
im In- und Ausland wurde das 1863 dem Benediktinerorden überlassene, 1868
zur Abtei erhobene Kloster Beuron in Hohenzollern.

Die *Israelitische Religionsgemeinschaft* hatte 1891 in Württemberg 12 325 Glieder in dreizehn Rabbinatsbezirken und 53 zum Teil recht kleinen selbständigen
Gemeinden. Rabbinate bestanden in Stuttgart, Göppingen, Oberdorf bei Bopfingen, Ulm, Lauchheim, Buchau, Heilbronn, Freudental, Mergentheim, Brauns-
bach, Weikersheim, Mühringen und Buttenhausen. 1912 lebten annähernd die
Hälfte der Israeliten in den drei größten Städten des Landes. Leiter der Gemeinden war der Lehrer-Vorsänger, Lehrer an einer israelitischen Schule und

Vorsitzender des Kirchenvorsteheramtes. Die Leitung im Lande übte die Kgl. Israelitische Oberkirchenbehörde aus. Die Gemeinden teilten sich in solche, die von der jüdischen Überlieferung geprägt waren, und andere, die dem Leben der Gegenwart Rechnung tragen und sich an deutsche Sitte und Bildung anpassen wollten. Man unterschied danach orthodoxe und liberale Juden, denen vielfach die Zionisten und die Mitglieder des „Zentralvereins deutscher Staatsangehöriger jüdischen Glaubens" entsprachen. Israelitische Vereine und Wohlfahrtswerke, so der Verein zur Ausbildung israelitischer Krankenschwestern, die Zentrale für jüdische Wohlfahrtspflege in Stuttgart, die israelitische Erziehungsanstalt Wilhelmspflege in Esslingen und zahlreiche andere leisteten wertvolle Arbeit. Das Gemeindeleben wurde durch das Staatsgesetz und die Kirchenverfassung der Israelitischen Religionsgemeinschaft von 1912 im Sinne des Wegfalls des Staatskirchentums, stärkerer Demokratisierung des Gemeindelebens und der Steigerung des Einflusses der Glaubensgenossen auf die Oberkirchenbehörde neu geordnet.

Schulen und Wissenschaft

Die Förderung von Schulen, Wissenschaft, Literatur und Kunst blieben auch im neuen Reich Aufgaben der Einzelstaaten, denen damit ein weites Feld der Betätigung überlassen war. *Volksschulen* besuchten im Jahre 1915 annähernd 92 Prozent der Kinder im schulpflichtigen Alter (höhere Schulen 7 Prozent, Privatschulen 1 Prozent). Sie waren nach wie vor konfessionell getrennt. Durch das Volksschulgesetz von 1909, das an die Stelle des Gesetzes von 1836 trat, wurde die geistliche Schulaufsicht durch hauptamtliche und fachmännische staatliche Bezirksschulämter ersetzt. Die örtliche Aufsicht oblag dem Ortsschulrat, dessen Vorsitz in Gemeinden bis zu sechs Schulklassen der Ortspfarrer führte. Die Höchstzahl der Schüler einer Klasse sollte nun 60 (statt 90) betragen. Das Gesetz wurde durch das Lehrerbesoldungsgesetz von 1911 und das Lehrergesetz von 1912 ergänzt; damit war ein einheitliches Recht für die württembergischen Volksschulen geschaffen. Zu den bestehenden Lehrerseminaren (erstes evangelisches 1811 in Esslingen, erstes katholisches 1825 in Schwäbisch Gmünd) wurden weitere in Nürtingen, Künzelsau, Nagold und nunmehr in Heilbronn und Backnang bzw. in Saulgau und Rottweil errichtet. Als gehobene Volksschulen bestanden seit der Mitte des 19. Jahrhunderts Mittelschulen, deren Schulzeit ein bis zwei Jahre über die Volksschule hinausging. In Württemberg bestand noch nicht, im Gegensatz zu fast allen anderen deutschen Staaten, eine achtjährige, sondern eine siebenjährige Schulpflicht, die die Gemeinden auf acht Jahre ausdehnen konnten, was in der

Hauptstadt und in anderen Städten geschah. Hilfsschulen für Kinder, die einer besonderen Fürsorge bedurften, entstanden seit 1903. An Stelle der Sonntagsschule wurde für die schulentlassene männliche Jugend eine zweijährige, neben der Ausbildung hergehende Fortbildungsschule eingeführt. Errichtung und Unterhaltung der Schulen war Sache der Gemeinden, denen Beiträge zu den Lehrergehältern gewährt wurden.

Die *höheren Schulen* zeigten noch wesentliche Züge der humanistischen Schulordnung, die seit Herzog Christoph das Land nachhaltig beeinflußt hatte. Sie war nicht auf unmittelbare Nützlichkeit angelegt; man hielt sich an das, was bewährt schien. Alte Sprachen spielten noch eine große Rolle. Realschulen setzten sich zunächst nur zögernd, dann rasch durch. 1872 gründete Christian Dillmann (1829–1899) in Stuttgart das erste Realgymnasium; 1912 folgte ein Reformrealgymnasium; ein Mädchengymnasium bestand schon seit 1899. Die Aufsicht führte die Ministerialabteilung für die Höheren Schulen. Preußischen Reformvorschlägen gegenüber verhielt man sich meist abwartend. In anderen Fragen, zum Beispiel in der weitgehenden Zulassung von Mädchen in den höheren Schulen, haben Württemberg und Baden vorbildlich gewirkt.

Vor dem Ersten Weltkrieg bestanden in Württemberg drei *Hochschulen:* die *Universität Tübingen,* die Technische Hochschule Stuttgart und die Landwirtschaftliche Hochschule Hohenheim. Tübingen blieb vor allem Landesuniversität, zog aber immer mehr Lehrer und Studenten anderer deutscher Länder an. 1892 zählte man 1334, im Jahre 1914 über 2200 Studenten. Die Universität wurde durch zahlreiche Lehr-, Instituts- und Klinikgebäude erweitert. 1912 löste eine neue Verfassung das Statut von 1829 ab, die neben Rektor, Kanzler und Großem Senat einen Kleinen Senat für die laufenden Geschäfte vorsah. Die Frage der Verlegung der Universität nach Stuttgart tauchte, vor allem auch von Friedrich Theodor Vischer verfochten, immer wieder auf, wurde aber vom Senat jedesmal abgelehnt. Die *Technische Hochschule Stuttgart* wurde rasch ausgebaut. 1882 nahm man die Elektrotechnik als Fach auf, in den nächsten Jahren wurde das Studium der Chemie verbreitert und zahlreiche Institute und Laboratorien geschaffen. 1910 kamen Luftschiffahrt, Flugzeugtechnik und Kraftfahrzeugbau hinzu. 1914 betrug die Zahl der Studierenden 810, darunter 8 weibliche, und 575 Hospitanten. Die akademische Verfassung unterschied sich nicht von der Universität. Die *Landwirtschaftliche Hochschule Hohenheim* (bis 1904 Akademie) schien 1881 durch die Verlegung der Forstwissenschaft nach Tübingen gefährdet, hatte jedoch 1891 wieder 95 und 1914 rund 250 Studenten. Ihre Einrichtungen wurden ausgebaut und haben auch der heimischen Landwirtschaft vielfältige Anregungen gegeben.

Als *bedeutende Hochschullehrer* wirkten in Tübingen außer den erwähnten Theologen als *Historiker* kurz, aber mit erheblichem Einfluß auf die landesgeschichtliche Forschung Dietrich Schäfer (1845–1929), später auf Treitschkes Lehrstuhl in Berlin, und Georg von Below (1858–1927), durch Jahrzehnte Johannes Haller (1865–1947), Meister historischer Darstellung, und der sachlichere Adalbert Wahl (1871–1957). Das bahnbrechende Schwäbische Wörterbuch gestaltete Hermann Fischer (1851–1920). Bedeutende Rechtslehrer waren Heinrich Triepel (1868–1946), Max Rümelin (1861–1931) und Philipp Heck (1858–1943). Der Heilbronner Gustav Schmoller (1828–1917), der Begründer der historischen Schule der deutschen Volkswirtschaftslehre, war vor allem in Berlin tätig. *Außerhalb der Hochschulen* wirkten: als Paläontologen und Geologen Vater und Sohn Oskar (1824–1897) und Eberhard Fraas (1862–1915) sowie Theodor Engel (1842–1913), als Forschungsreisender und Orientalist Julius Euting (1839–1913), als Germanist und Bibliothekar Karl August Barack (1827–1900), als Historiker und nationalliberaler Politiker Gottlob Egelhaaf (1848–1934), als meisterlicher Schilderer der schwäbischen Literaturgeschichte Rudolf Krauß (1861–1945), als scharfsinniger Deuter altdeutscher Gesellschaftsordnung Viktor Ernst (1871 bis 1933), als Geograph Süddeutschlands und Besiedlungsforscher der württembergische Pfarrer und spätere Erlanger Professor Robert Gradmann (1865–1950), als Kulturhistoriker Hermann Hefele (1885–1936). Zu hohen geistlichen Würden ist Kardinal Franz Ehrle aus Isny (1845–1934), langjähriger Präfekt der Vatikanischen Bibliothek in Rom, aufgestiegen.

Literatur, Kunst und Musik

In der *Literatur* war Württemberg nicht mehr in gleichem Maße führend wie in der ersten Hälfte des 19. Jahrhunderts. Nach den großen Leistungen fast eines Jahrhunderts machte sich eine gewisse Erschöpfung bemerkbar; man fand nur schwer den Anschluß an die neuen Literaturströmungen. Schöngeist und Bildungsdichtung lagen den Schwaben weniger; für naturalistische Dichtungen fehlten die gesellschaftlichen Wandlungen in den Großstädten und Industriegebieten. Karl Weitbrecht (1847–1904) spiegelt in seinen Werken das verbreitete Unbehagen darüber wider. Max Eyth (1836–1906) zeichnet in kulturgeschichtlichen und technischen Romanen lebendige Bilder. Der Bauerndichter Christian Wagner (1835–1918) hat grübelnd und fein beobachtend vor allem Wandel und Wiederkehr von Mensch, Tier und Pflanze gestaltet. Isolde Kurz (1853–1944), die Tochter von Hermann Kurz, hat von Florenz aus mit großer Sprachkunst das

Erlebnis Italiens und seiner Menschen dargestellt. Der Stuttgarter Cäsar Flaischlen (1864–1920) kam vom Naturalismus zur Rechtfertigung der Kunst als Trägerin sittlicher Werte. Mit Hermann Hesse (1877–1962), geboren in Calw, seit 1921 Schweizer Staatsbürger, hat das Land wieder einen bedeutenden Dichter deutscher Sprache hervorgebracht, dem das innere Reifen des Menschen zur Persönlichkeit beherrschendes Thema blieb. Sein Freund Ludwig Finckh (1876–1964) schildert in heimatlichem Boden wurzelnde Schicksale und Idyllen. Heinrich Lilienfein (1879–1952) behandelt vor allem in seinen Romanen seelische Probleme fesselnd und gediegen. Bruno Frank (1887–1945) schrieb auch in der Emigration farbenreiche und menschheitsgläubige Schilderungen. Unter den schwäbischen Dichterinnen dieser Zeit sind Auguste Supper (1867–1951), Anna Schieber (1867–1945), Agnes Günther (1863–1911) und Therese Köstlin (1877–1964) bekannt geworden.

Dank der Initiative und mit lebhafter Unterstützung König Wilhelms II. schuf Otto Güntter (1858–1949) mit dem Schiller-Nationalmuseum in Marbach eine einzigartige Gedenkstätte, die eine einmalige Schillersammlung und die Nachlässe zahlreicher schwäbischer und deutscher Dichter vereinigt und mit über 200 000 Handschriften eine der bedeutendsten Stätten der deutschen Dichtung und Literatur geworden ist (Deutsches Literatur-Archiv), der als Leihgabe auch das Archiv des Verlegers Cotta mit seiner außerordentlichen Bedeutung für die Zeit der klassischen deutschen Literatur eingegliedert wurde.

In der *Bildenden Kunst* haben sich in der Epoche zwischen 1871 und 1914 auch die Künstler in Württemberg zunächst dem Realismus und Impressionismus zugewandt. Als *Maler* steht am Beginn, noch der Tradition verhaftet, Otto von Faber du Faure (1828–1901), der die Kämpfe der Württemberger 1870/71 in eindrucksvollen Bildern festhielt. Die Freunde Anton Braith (1836–1905) aus Biberach und Christian Mali (1832–1906) wandten sich besonders der Tiermalerei zu; ihre Bilder haben im Braith-Mali-Museum in Biberach eine schöne Stätte gefunden. Auch Heinrich von Zügel (1850–1941) war vor allem Tiermaler. Friedrich von Keller (1840–1914) ist durch seine Arbeiterbilder bekannt geworden. Gustav Schönleber (1851–1917) war Landschaftsmaler. Auch Otto Reiniger (1863 bis 1909) und Christian Landenberger (1862–1927) gehören in der feinen Wiedergabe von Licht, Landschaft und des Menschen in ihr noch zur älteren Generation. Hermann Pleuer (1863–1911) hat mit Können die herbe Schönheit der Technik vor allem in seinen Eisenbahnbildern eingefangen.

König Wilhelm II., der der Kunst besondere Förderung angedeihen ließ, hat, gut beraten, insbesondere mit zwei Berufungen dem Kunstleben des Landes zu einem erfreulichen Aufschwung verholfen: 1899 wurde der Maler Graf Leopold

von Kalckreuth (1855–1928) von Karlsruhe nach Stuttgart an die Kunstakademie, 1901 der Architekt Theodor Fischer (1862–1938) von München an die Technische Hochschule berufen, wo er bis 1908 wirkte. Beide haben als Künstler,
Lehrer und Anreger Bleibendes im Lande geleistet. Im ersten Jahrzehnt wurde
vor allem unter dem Einfluß Adolf Hölzels (1853–1934), seit 1905 Nachfolger
Kalckreuths an der Akademie der bildenden Künste, und durch seine bedeutenden Schüler Willi Baumeister (1889–1955) und Oskar Schlemmer (1888–1943),
beide aus Stuttgart, die Möglichkeiten der abstrakten Malerei aufgegriffen. Stuttgart hat damit entscheidend zum Durchbruch der modernen Kunst beigetragen.
In der *Bildhauerei* war zunächst noch die idealistische Richtung durch Adolf
Donndorf (1835–1916), der 34 Jahre an der Stuttgarter Kunstakademie lehrte,
vertreten. Alfred Lörcher (1875–1962) und Jakob Wilhelm Fehrle (geboren
1884) gewannen einen persönlichen Stil. In der Baukunst haben, nachdem man
das Raumproblem zunächst noch mit Formen des Mittelalters und der Romantik
zu lösen versuchte, Theodor Fischer, der Erbauer des Gustav-Siegle-Hauses und des
Kunstgebäudes in Stuttgart, Paul Bonatz (1877–1956), der Architekt des neuen
Stuttgarter Hauptbahnhofs, und Paul Schmitthenner (geboren 1884) vor allem
durch seine Landhausbauten, alle drei außerhalb des Landes geboren, als Häupter
der Stuttgarter Architektenschule auch unter dem Einfluß der damaligen Malerei
entscheidend zum Umschwung von der Anlehnung an historische Stilformen zu
werk- und zweckgerechter Gestaltung beigetragen. Im evangelischen Kirchenbau
hat Martin Elsässer (1884–1957), im katholischen Hans Herkommer (1887–1956)
selbständige Werke geschaffen. Für das Kunsthandwerk beeinflußte vor allem
Bernhard Pankok (1872–1943) die Bildung des guten Geschmacks und den Bau
der Kunstgewerbeschule in Stuttgart; in der Glas- und Edelsteinbearbeitung ging
Wilhelm von Eiff (1890–1943) neue Wege.
Die 1912 (anstelle des 1902 abgebrannten Theaters) nach Plänen von Max Litt-
mann-München fertiggestellten beiden Häuser des Stuttgarter Hoftheaters waren
Ausdruck der nachhaltigen Förderung des *Theaters* durch den König, der in dem
Badener Baron Joachim zu Puttlitz (1860–1922) seit 1892 für lange Jahre einen
hervorragenden Intendanten gefunden hatte. Das besonders gelungene Kleine
Haus wurde im Zweiten Weltkrieg zerstört und modern wieder aufgebaut.
Die *Musik* fand in dem Land, das selbst keinen der großen deutschen Kompo-
nisten hervorbrachte, Pflege und Förderung vor allem in Stuttgart, wo Max von
Schillings von 1908 bis 1918 als Generalmusikdirektor und Tonsetzer wirkte. Das
Kgl. Konservatorium für Musik, heute Staatliche Musikhochschule, stand unter
der Leitung bedeutender Künstler wie Max von Pauer (1866–1945) und Carl
Wendling (1875–1962).

Erster Weltkrieg – Staatsumwälzung

Während der wirtschaftliche Aufschwung anhielt, wurde die politische Lage des Reiches immer mehr gefährdet. Die unsichere Führung nach Bismarcks Abgang war den zunehmenden internationalen Spannungen nicht gewachsen. Weiten Schichten wurde der Ernst der außenpolitischen Lage nicht bewußt. Auch in den kritischen Wochen nach der Ermordung des österreichischen Thronfolgers Erzherzog Franz Ferdinand am 28. Juni 1914 rechneten die Reichsführung in Berlin und der württembergische Ministerpräsident von Weizsäcker noch mit der Abwendung der Kriegsgefahr. Als am 2. August 1914 doch der *Erste Weltkrieg* ausbrach, war auch in Württemberg das Volk opferwillig und voll Zuversicht. Aus Württemberg rückten rasch über 100 000 Mann ins Feld. Seine Truppenteile kämpften mit anerkannter Tapferkeit; Ludendorffs Urteil „Württemberg allein hat nur gute Divisionen" blieb unbestritten. Zuletzt standen 520 000 Mann von 2,5 Millionen Einwohnern des Landes unter den Waffen; sie hatten verhältnismäßig die meisten Toten unter allen deutschen Kontingenten zu beklagen.

In der *Heimat* herrschte vorläufig politischer Burgfriede; auch die Sozialdemokratie, die stärkste Reichstagspartei, stimmte für die Kriegskredite. Es blieb jedoch nicht bei dem zunächst erwarteten kurzen Krieg. Die gesamte Wirtschaft wurde auf den Kriegsbedarf umgestellt. Dabei meinte das Reich, die Leistungen der Industrie durch Aussicht auf hohen Gewinn und die der Arbeiter durch höhere Löhne anspornen zu müssen, schwerwiegende Fehler in einer Zeit, da Soldaten bei bescheidener Löhnung ihr Leben einsetzten. Die feindliche Blockade machte die Ernährung immer schwieriger. Die Not griff um sich, die Kriegsmüdigkeit wuchs. Der Einfluß der Mehrheit des Reichstags, der die ungeheuren Kriegskosten zu bewilligen hatte, stieg unter der unzureichenden politischen Führung, so daß sie schließlich auch der mächtigen Obersten Heeresleitung entgegentreten konnte. Unter der Kanzlerschaft des Grafen Hertling wurde Friedrich Payer Vizekanzler. Auch andere schwäbische Politiker, vor allem Conrad Haußmann, Adolf Gröber und der vitale Zentrumsabgeordnete Matthias Erzberger (1875 bis 1921), der seit 1903 dem Reichstag angehörte und nun zielstrebig auf die Einführung des parlamentarischen Systems und eine Koalition mit der Sozialdemokratie hinwirkte, gewannen wachsenden Einfluß. Die Mehrheit der Sozialdemokratie war gewillt, den Bestand des Reiches zu schützen; eine linksradikale Minderheit war jedoch entschlossen, die Lage zu benützen, um einen gewaltsamen Umsturz der politischen Verhältnisse herbeizuführen. Der Ende Oktober 1918 unter dem Druck der militärischen Niederlage zum Nachfolger Ludendorffs als Erster Generalquartiermeister berufene verdiente württembergische General Wilhelm Gröner

(1867–1939), der ein Jahrzehnt später noch Reichswehr- und Reichsinnenminister wurde, konnte die Lage nicht wenden. Als im Reich am 4. Oktober die parlamentarische Regierung mit Prinz Max von Baden als Reichskanzler ihr Amt antrat, der Payer wieder als Vizekanzler, Gröber, Erzberger und später auch Haußmann als Minister ohne Geschäftsbereich berief, und das parlamentarische System kurz darauf reichsrechtlich verankert wurde, mußten die Bundesstaaten dieser Entwicklung Rechnung tragen. Auch in Württemberg wurde noch am 8. November 1918 eine parlamentarische Regierung aus der Mehrheit des Landtags gebildet. Ministerpräsident sollte der Führer der Volkspartei Theodor Liesching (1865–1922) werden. Von Weizsäcker trat zurück; einige seiner Minister sollten dem neuen Kabinett angehören. Ehe es seine Aufgabe übernehmen konnte, fand auch in Stuttgart eine von radikalen Teilen der sozialistischen Arbeiterschaft geförderte Umwälzung statt. Der stärkste Anstoß kam aus Bayern, wo die Revolution schon am 7. November ausbrach und das Haus Wittelsbach abgesetzt wurde. In Württemberg versuchten die Mehrheitssozialdemokraten die Führung in die Hand zu bekommen. Während einer Massendemonstration in Stuttgart am 9. November, der sich Teile des örtlichen Militärs anschlossen, wurde die Republik ausgerufen. Das Bürgertum verhielt sich resigniert und abwartend. Die Monarchie des Hauses Württemberg war gestürzt, der beliebte König Wilhelm II. genötigt, der Regierung zu entsagen. Er starb am 2. Oktober 1921 in Bebenhausen.
Die Revolution war eine Auswirkung des verlorenen Krieges; in den geordneten Verhältnissen des Landes lag kein Anlaß zu einem Umsturz. Sie ist in Württemberg im allgemeinen ruhiger verlaufen als in anderen Ländern.
Im *Reich* mußte Reichskanzler Prinz Max von Baden am 5. Oktober auf Drängen der Obersten Heeresleitung den amerikanischen Präsidenten Wilson bitten, auf der Grundlage seiner vierzehn Punkte einen Waffenstillstand zu vermitteln. Wilson stellte Vorbedingungen in der Richtung einer Demokratisierung. Der Reichstag beschloß kurz darauf die Umwandlung in eine parlamentarische Monarchie; die oberste Kommandogewalt des Kaisers über das Heer wurde abgeschafft, die Ernennung und Entlassung des Reichskanzlers von der Zustimmung der Mehrheit des Reichstags abhängig gemacht. Ende Oktober begannen Meutereien und Matrosenaufstände in Kiel und in anderen Städten. Am 9. November 1918 brach auch in Berlin die Revolution aus. Prinz Max trat zurück. Die Regierungsgewalt übernahm der aus drei Sozialdemokraten und drei Unabhängigen Sozialisten bestehende „Rat der Volksbeauftragten" unter dem Vorsitz von Friedrich Ebert unter schwierigsten Umständen. Kaiser Wilhelm II. ging auf den Rat des Generalfeldmarschalls von Hindenburg vom Hauptquartier in Spa aus ins Exil in die neutralen Niederlande und verzichtete am 28. November 1918 auf den Thron.

Seine von den Alliierten geforderte Auslieferung zur Aburteilung als Kriegs-
verbrecher hat die niederländische Regierung standhaft abgelehnt. Er starb am
4. Juni 1941 in Haus Doorn.
In Württemberg wurde am 10. November 1918 eine provisorische Regierung
unter der Leitung des angesehenen Sozialdemokraten *Wilhelm Blos* (1849–1927)
als Ministerpräsidenten gebildet; ihr gehörten die Mehrheitssozialdemokraten
Dr. Hugo Lindemann (1867–1950) als Arbeits- und Berthold Heymann als Kultminister, die beiden Unabhängigen Arthur Crispien als Innen- und der Spartakist
Schreiner als Kriegsminister an, dazu drei Bürgerliche: der Demokrat Theodor
Liesching (1875–1922) als Finanz-, der Zentrumsmann Hans Kiene (1852–1919)
als Justiz- und der Nationalliberale Julius Baumann (1868–1932) als Ernährungs-
minister. Entscheidend für die Stellung der Regierung war zunächst ihr Verhältnis
zu den neugebildeten Arbeiter- und Soldatenräten, in denen die Spartakisten zwar
nicht die Mehrheit hatten, aber das Wort führten. Sie waren erbittert über die Zu-
ziehung bürgerlicher Minister zur Regierung. Blos und sein Ministerium waren
noch nicht uneingeschränkt Herr der Lage. Wiederholt, insbesondere im Januar und
im Frühjahr 1919, versuchte eine radikale Minderheit auch im Lande ein bolsche-
wistisches Rätesystem und die Diktatur des Proletariats zu erzwingen. Die Unabhängigen schieden nach den Januarunruhen 1919 aus der Regierung Blos aus, die nun
von Mehrheitssozialisten, Demokraten und Zentrum gebildet war. Während in Bayern im April 1919 die Räterepublik ausgerufen wurde, scheiterten Putschversuche
in Württemberg an der energischen Haltung der Regierung. Die Niederschlagung
der Münchener Räteherrschaft unter Mitwirkung württembergischer Sicherheits-
truppen der Freiwilligenkompanien trug zur Abwehr dieses gefährlichen kommunistischen Aufstandes bei. Im Lande ist es einer Reihe entschlußfreudiger Männer
zu danken, daß die Ordnung nach einer Zeit der Unruhe wieder hergestellt
werden konnte. Zu ihnen gehörte Paul Hahn (1883–1952), zuvor Volksschul-
lehrer und Kunstmaler, als Offizier verwundet, der sich vom Soldatenrat beauf-
tragen ließ, eine Sicherheitstruppe aufzustellen, und mit ihr im Einverständnis mit
Blos bald die Lage im Lande beherrschte. Er wurde später Landespolizeidirektor
und blieb als „Roter Hahn“ in guter Erinnerung. Seine Sicherheitskompanien
wurden durch Studentenkompanien ergänzt, unter deren Führern sich Eberhard
Wildermuth (1890–1952), der spätere Bundesminister für Wohnungsbau, und Hans
vom Holtz bewährten.

XVIII. Baden von 1848 bis 1918

Baden und die Revolution von 1848/49

Das in Baden 1818 im Zeichen einer freiheitlichen Verfassung schwungvoll begonnene politische Leben erstarrte bald. Zwar besserten sich Wohlstand und Staatsfinanzen, aber der reaktionäre Druck nahm zu und erzwang die Aufhebung des liberalen Pressegesetzes von 1832. Die Ära des Ministers Friedrich von Blittersdorf (1792–1861) brachte scharfe Konflikte mit dem Landtag. Das Ende 1846 berufene Ministerium Bekk war der Lage nicht gewachsen. Im Herbst 1847 trennten sich die Radikalen unter der Führung des Mannheimer Rechtsanwalts Friedrich Hecker von den Liberalen. Mit der Februarrevolution steigerte sich die Erregung vor allem in Baden und in der Pfalz. Zunächst brach im Odenwald ein blutiger Bauernaufstand gegen die Standesherren los. Hecker, der Führer des radikalen Aufruhrs, rief im April 1848 im badischen Seekreis die Republik aus und bildete in Konstanz eine provisorische Regierung. Nach wenigen Tagen wurden seine etwa 6000 Freischärler von Regierungstruppen auf der Scheidegg bei Kandern geschlagen; Hecker floh nach Amerika. Die Ablehnung der Reichsverfassung durch die meisten Regierungen führte im April 1849 in Baden und in der Pfalz zu neuen Aufständen. Nach Bildung einer provisorischen Regierung unter Lorenz Brentano ging auch das Militär zur Revolution über. Großherzog Leopold (1830–1852) floh ins französische Elsaß und rief Preußen zu Hilfe, das mit starkem Truppeneinsatz das badische Volksheer niederwarf. 2000 Revolutionskämpfer traten in die Schweiz über, annähernd 6000 wurden in der Festung Rastatt eingeschlossen und am 23. Juli 1849 zur Übergabe gezwungen. Daß man keine Gnade walten ließ, hat in Baden viel Haß gegen Preußen gesät. Preußische Standgerichte verurteilten unter badischer Mitwirkung annähernd 1000 Beteiligte. 40 wurden hingerichtet; einer der zum Tod verurteilten, Carl Schurz (1829–1906), rettete sich durch eine abenteuerliche Flucht und wurde ein führender Staatsmann Amerikas. Zahllose andere teilten mit ihm das Los der Emigration. Der Weg der Revolution war in Baden ein anderer als in Württemberg; daß es hier nicht zu blutigen Kämpfen kam, ist vor allem der Einsicht König Wilhelms und dem Geschick des liberalen Ministers Römer zuzuschreiben.

Großherzog Friedrich I.

Zu den bekanntesten deutschen Fürsten der Reichsgründungszeit gehört Großherzog *Friedrich I.* von Baden. Er hat, 1826 geboren, als vorbildlich konstitutioneller Fürst das Land aus einer Zeit, in der sich noch die Wirren der Revolution von 1848/49 und die folgende Reaktion auswirkten, in eine angesehene Stellung innerhalb des neuen Reiches bis in das 20. Jahrhundert geführt. Friedrich übernahm, zunächst von 1852 bis 1856 als Regent für den kranken Großherzog Ludwig II. (gest. 1858), dann bis 1907 als Großherzog die Regierung. 1856 hatte er sich mit Luise von Preußen, der Tochter des damaligen Prinzen von Preußen, späteren Prinzregenten, Königs und Kaisers Wilhelm I. verheiratet, die in Baden, nicht zuletzt wegen ihrer Initiativen im Bereich der Wohlfahrtspflege, hochgeschätzt war. Das erste Jahrzehnt seiner Regierung war nicht leicht. Reaktion und Mißernten lasteten auf dem Land und führten erneut zu starker Auswanderung. Bald kam es zu scharfen Auseinandersetzungen mit dem streitbaren Freiburger Erzbischof Hermann von Vicari (1773–1868) über das Verhältnis des Staats zur Katholischen Kirche, die insbesondere die Staatsaufsicht über die Ausbildung des Klerus und über die Verwaltung des Kirchenvermögens ablehnte. Der Erzbischof wurde 1854, als er einen staatlichen Kommissar exkommunizierte und die Geistlichen zur Gehorsamsverweigerung aufforderte, verhaftet. In Verhandlungen der Minister Freiherr von Meysenbug und Franz von Stengel (1803–1870) mit der Kurie wurde 1859 ein der Kirche entgegenkommendes Konkordat vereinbart, das im Landtag und in der Kammer 1860 keine Mehrheit fand. Die Regierung stürzte; mit dem neuen Ministerium, dem Anton Stabel (1806–1870), August Lamey (1816 bis 1896) und seit 1861 Freiherr Franz von Roggenbach (1825–1907) angehörten, beginnt die liberale Ära Badens. Der Versuch, den Konflikt mit der Kirche wie in Württemberg durch staatliche Gesetzgebungsakte beizulegen, mit denen den Kirchen weitgehende Freiheit ihrer Angelegenheiten zugestanden, aber ihre Mitwirkung im Schulwesen eingeschränkt und der Katholische Oberkirchenrat abgeschafft werden sollte, führte zunächst nicht zum Erfolg. Der Widerstand der Kirche gegen den Wegfall der geistlichen Schulaufsicht gab Anlaß für eine noch weitergehende Entkonfessionalisierung im Schulbereich, die 1876 zur obligatorischen *Simultanschule* führte. Nach Vicaris Tod 1868 ließ der Widerstand der Kirche nach; ein endgültiger Friede kam aber erst in den achtziger Jahren zustande.

Durch das Verwaltungsgesetz von 1863 wurde die innere Verwaltung umgestaltet. Die Kreisregierungen wurden durch vier Landeskommissäre, die gleichzeitig Mitglieder des Ministeriums des Inneren waren, ersetzt und eine moderne Verwaltungsrechtspflege mit zwei Instanzen eingeführt. Untere Verwaltungsbehörden waren 59 Bezirksämter. Als Träger kommunaler Selbstverwaltung wurden elf Kreise geschaffen. Durch das Gerichtsverfassungsgesetz von 1864 wurde auch das Justizwesen reorganisiert. Ein Gewerbegesetz und eine liberale Gewerbeordnung von 1862, die Regelung der Freizügigkeit, die bürgerliche Gleichstellung der Juden sind weitere Ergebnisse dieser Reformgesetzgebung.

In der deutschen Frage stand die öffentliche Meinung des Landes wie in Württemberg überwiegend auf der Seite Österreichs. Großherzog Friedrich wandte sich zwar auf dem Frankfurter Fürstenkongreß von 1863 gegen Österreichs Pläne eines von ihm geführten Staatenbundes, mußte aber im Krieg von 1866 auf Österreichs Seite treten. Nach Preußens Sieg bei Königgrätz, einigen erfolglosen Gefechten und der Besetzung der nördlichen Landesteile durch preußische Truppen führte der Umschwung der Volksstimmung und die Bildung einer neuen Regierung unter Führung von Karl Mathy (1807–1868) auch in Baden über ein Militärbündnis zum Anschluß an den Norddeutschen Bund, zur Teilnahme am deutschfranzösischen Krieg und am 15. November 1870 zum Vertrag über seinen Eintritt in das Deutsche Reich. Baden wurde im Schutz des Reiches ein blühendes Gemeinwesen, das sich des Rufes als „Musterländle" erfreute. Der Großherzog, der der Reichsgründung freudig zustimmte, nahm gegenüber Bismarcks Politik eine verhältnismäßig selbständige Haltung ein, so gegen das Sozialistengesetz. Von Franz von Roggenbach beraten stand er dem Kreis um Kronprinz Friedrich, dem späteren Kaiser, und der Kronprinzessin nahe; das hinderte ihn nicht, Arthur von Brauer (1845–1926), einen vertrauten Mitarbeiter Bismarcks, 1893 bis 1905 zum Minister und Ministerpräsidenten zu berufen. Im Parteileben wurden neben den Nationalliberalen die Katholische Volkspartei, später auch die Demokraten einflußreich. Durch eine Steuerreform wurde ab 1884 die Einkommensteuer als Ergänzung der Ertragssteuern eingeführt und die Verbrauchssteuern neu geordnet. Ab 1881 beschleunigte sich das Tempo der Industrialisierung, die früh, vor allem im Mannheimer Raum, eingesetzt hatte. Der Bahnbau wurde fortgesetzt, für Karlsruhe ein Rheinhafen angelegt und ab 1906 die in den Jahren 1817 bis 1874 nach den Plänen des Oberbaudirektors Johann Friedrich Tulla (1770 bis 1828) durchgeführte Korrektion des Oberrheins durch eine Regulierung ergänzt, die eine ganzjährige Schiffahrt möglich machte. Um die Jahrhundertwende entstanden am Hochrhein die ersten Elektrizitätswerke. Die Universitäten des Landes, besonders Heidelberg, erlangten weiten Ruf. Im Jahr 1900 wurden hier erstmals in Deutschland Frauen zum Studium zugelassen. Die 1825 gegründete Polytechnische Schule in Karlsruhe wurde 1885 Technische Hochschule. Sie ist die älteste derartige Lehranstalt in Deutschland.

Großherzog Friedrich II.

Friedrichs Sohn und Nachfolger, der letzte Großherzog, *Friedrich II.* (1907 bis 1918) führte im wesentlichen die Politik seines Vaters fort. Die parlamentarische Lage hatte sich durch die Landtagswahl von 1905, die die langjährige führende Stellung der Nationalliberalen beendete und das Zentrum und die Sozialdemokratie stärkte, grundsätzlich geändert. Um eine Führung des Zentrums, das stärkste Partei geworden war, zu verhindern, bildeten Nationalliberale, Demokraten und Sozialdemokraten den sogenannten „Großblock". Den Führern der badischen Sozialdemokratie, vor allem dem Karlsruher Redakteur Wilhelm Kolb und dem Rechtsanwalt Ludwig Frank, der 1914 als Kriegsfreiwilliger fiel, wurde diese Haltung sehr übel genommen. Für die weitere Entwicklung der Sozialdemokratie war es bedeutsam, daß sie damit erstmals im monarchischen Deutschland mit liberalen Parteien eine die Regierung stützende Verbindung einging.

Der Erste Weltkrieg hat auch in Baden zum Ende der Monarchie geführt. Der Thronfolger Prinz Max von Baden (1867–1929), der für einen Verständigungsfrieden eintrat, wurde am Ende des Krieges mit der Einführung des parlamentarischen Systems im Reich zum letzten kaiserlichen Reichskanzler berufen. Er konnte noch erste Waffenstillstandsgespräche einleiten, aber nach der Lage der Dinge den Ausbruch der Revolution am 9. November 1918 nicht verhindern. Auch in Baden kam ein Aufruf des Großherzogs, der die Einberufung des Landtags auf 15. November vorsah, zu spät. Am 22. November verzichtete Großherzog Friedrich auf den Thron. Die vorläufige Regierung erkannte seine Haltung und die Verdienste des Prinzen Max um die Demokratisierung Deutschlands ausdrücklich an.

XIX. Württemberg als Land der Weimarer Republik

Landesverfassung von 1919

Nach Monaten, in denen kommunistische Gruppen in verschiedenen Städten vergeblich die Macht an sich zu reißen versuchten, konnten allmählich wieder einigermaßen ruhige Verhältnisse hergestellt werden. Am 12. Januar 1919, eine Woche vor der Wahl der Verfassunggebenden Nationalversammlung, wurde von allen über Zwanzigjährigen, erstmals auch von den Frauen, die *Verfassunggebende Landesversammlung* gewählt, in der die Mehrheitssozialdemokraten unter Keil (1870–1968) stärkste Partei blieben, die bürgerlichen Parteien, das heißt Demokraten, Zentrum und die Rechte (Bauernbund und Bürgerpartei), aber die absolute Mehrheit errangen. Die Unabhängigen mit Clara Zetkin kamen nur auf wenige Sitze. Die provisorische Regierung Blos wurde bestätigt. Die *Landesverfassung* wurde nach einem Entwurf des Tübinger Juristen Professor Wilhelm von Blume (1867–1927) rasch beraten und beschlossen; doch machte das Inkrafttreten der Weimarer Reichsverfassung vom 11. August 1919 einige Änderungen nötig, so daß sie erst am 25. September 1919 endgültig verkündet werden konnte, genau 100 Jahre nach dem Zustandekommen der Verfassung der konstitutionellen Monarchie. Württemberg war nun wie die anderen deutschen Länder eine *demokratische Republik*. Die Staatsgewalt ging vom Volk aus, wurde aber in der Regel repräsentativ vom Landtag ausgeübt, dessen Stellung als Volksvertretung relativ stärker war als nach der Weimarer Verfassung. Ihm kam die Gesetzgebung und die Bestellung der Regierung zu. In besonderen Fällen waren als Elemente der unmittelbaren Demokratie Volksabstimmungen vorgesehen. Die Erste Kammer verschwand. Der Ministerpräsident führte die Bezeichnung Staatspräsident, ohne eigentliches Staatsoberhaupt zu sein. Nach jeder Landtagswahl war auch er zu wählen und die Regierung neu zu bilden. Dem Arbeiter- und Soldatenrat entzog der Landtag im Juli 1919 die wesentlichen Befugnisse.

Das Reich als Republik – Weimarer Reichsverfassung

Die Nationalversammlung in *Weimar*, in der Sozialdemokraten, Demokraten und Zentrum eine breite Mehrheit bildeten, wählte am 11. Februar 1919 den bisherigen Vorsitzenden des Rats der Volksbeauftragten, den aus Heidelberg stammenden Führer der Mehrheitssozialdemokraten *Friedrich Ebert* (1871 bis 1925) zum ersten Reichspräsidenten. Ebert, der sich, überlegt und verantwortungsbewußt, in den Tagen der Revolution mit der Obersten Heeresleitung, vor allem mit General Gröner zur geordneten Rückführung des Heeres und zur Sicherung der Ordnung verbunden hatte, war ein Staatsmann von schlichter Würde, dem das deutsche Volk seinen Dank schuldig geblieben ist.

Mit der Schaffung der *Weimarer Reichsverfassung* vom 11. August 1919 und der Länderverfassung ging die revolutionäre Epoche der Arbeiter- und Soldatenräte zu Ende. Die Grundlagen für einen demokratischen Staat im Reich und in den Ländern waren gelegt. Die Weimarer Verfassung hat die Stellung der Länder erheblich eingeengt. Der Reichsgedanke war aus dem Krieg ungeschwächt hervorgegangen. Die Zuständigkeit des Reichs und die Möglichkeit seiner Einwirkung wurden nun erheblich verstärkt. Die Einzelstaaten, jetzt Länder genannt, blieben zwar staatsrechtlich noch Staaten, ihre Befugnisse und ihre Beteiligung an der Bildung des Reichswillens durch den Reichsrat waren aber stark eingeschränkt. Vor allem auf dem Gebiet der Finanzen wurde durch Erzbergers zentralistische Finanzreform, die an die Stelle der Matrikularbeiträge der Bundesstaaten ein System von Steuerüberweisungen des Reiches setzte, die Selbständigkeit der Länder wesentlich eingeengt. Einwendungen, die die württembergische Regierung zusammen mit anderen Ländern erhob, blieben ohne nachhaltige Wirkung. Die Reichsverfassung schrieb den Ländern republikanische Staatsform, parlamentarische Regierung und die Grundsätze der Landtags- und Gemeindewahlen vor. Die Reservatrechte hörten auf. Württemberg verlor die eigene Armee; das Ministerium der auswärtigen Angelegenheiten und der Verkehrsanstalten wurde aufgehoben. Staatseisenbahnen, Post- und Telegraphenverwaltung kamen an das Reich. Im Reichsrat, der Vertretung der Länder bei der Gesetzgebung und Verwaltung des Reichs, erhielt Württemberg drei, seit 1921 vier Stimmen.

Die Ministerien Hieber, Bazille, Bolz

Heftige innerpolitische Auseinandersetzungen im Reich, zunächst vor allem um die Annahme des Friedensvertrags, haben die Entwicklung der Republik erheblich erschwert. Im März 1920 suchte die Reichsregierung in den Tagen des rasch zusammengebrochenen rechtsradikalen Kapp-Putsches vorübergehend Schutz in Stuttgart und organisierte von hier aus den Widerstand. Die wirtschaftlichen Folgen des Krieges und die Besetzung weiter Gebiete des Reichs führten zu einer Währungszerrüttung, die Reich und Länder, Volk und Wirtschaft an den Rand des Abgrunds brachten. Nach den Landtagswahlen von 1920, die Sozialdemokraten und Demokraten erhebliche Verluste, dagegen ein Anwachsen der Rechten und vor allem der radikalen Linken gebracht hatten, trat die Sozialdemokratie, die mit der Aufbauarbeit von Blos nicht immer einverstanden war, aus der Regierung aus. Der Demokrat Dr. *Johannes Hieber* (1862–1951), bis 1918 Direktor des Evangelischen Oberschulrats und Führer der Nationalliberalen, wurde Staatspräsident einer von den Sozialdemokraten tolerierten Minderheitsregierung aus Demokraten und Zentrum, die nur vorübergehend durch den Eintritt Wilhelm Keils als Ernährungs- und Wirtschaftsminister eine festere Grundlage erhielt. Sie konnte noch 1920 einen Generalstreik, den letzten Versuch einer gewaltsamen Störung der Ordnung, rasch zu Ende bringen. Trotz Not und Verarmung kehrten allmählich ruhigere Verhältnisse im Lande ein. Die schwache Stellung der Regierung erschwerte Hieber eine seinem Ansehen im Lande entsprechende Wirksamkeit. Die ungeheuren Reparationsforderungen der Alliierten in Höhe von 132 Milliarden Goldmark und einer Abgabe von 26 Prozent der Ausfuhr und die Besetzung des Ruhrgebiets durch die Franzosen unter fadenscheinigen Vorwänden führten zu völligem Währungsverfall und zur Lähmung des Wirtschaftslebens.

Die *Inflation* des Geldes mit ihrem Höhepunkt im Jahr 1923 – bei der Währungsumstellung im November 1923 war für eine neue Rentenmark eine Billion Papiermark zu zahlen – führte zu einer tiefgreifenden sozialen Umschichtung und zur Verarmung besonders auch der bisher staatstragenden Schichten des Mittelstandes. Während des Hitler-Putsches in München im November 1923 und kommunistischer Aufstände in Sachsen und Thüringen, hat die vorübergehende Übertragung der vollziehenden Gewalt in Württemberg an den General Walter Reinhardt (1872–1930), einen Württemberger, der sich 1918 bis 1920 als preußischer Kriegsminister und als erster Chef der Heeresleitung verdient gemacht hatte und nun Wehrkreisbefehlshaber in Stuttgart war, dem Land ernstere Krisen erspart.

Dem Ministerium Hieber gehörten Eugen Bolz (1881–1945) aus Rottenburg a. N. zunächst als Justiz-, dann als Innenminister, und Theodor Liesching als Finanzminister an. Die Sozialdemokratie schied 1923 aus, weil sie nicht das von ihr verlangte Innenministerium erhielt. Ende 1923 wurde die Regierung zu Abbau-

und Sparmaßnahmen ermächtigt. Der Beamtenabbau war schematisch und hart, das finanzielle Ergebnis unbefriedigend; über 15 Prozent der Beamten waren bis 1. Oktober 1924 zu entlassen; 1000 Lehrerstellen wurden freigemacht, eine kaum verständliche Maßnahme. Eine Staatsvereinfachungskommission schlug neben anderem die *Aufhebung* der Kreisregierungen und von 20 *Oberämtern* und Amtsgerichten vor. Der Abbau der Kreisregierungen erfolgte, um die Oberämter kam es zum Kampf. Die Regierung beschränkte sich zunächst auf zwölf, in der Verordnung vom 21. März 1924 auf die sieben kleinen Oberämter und Amtsgerichte Blaubeuren, Brackenheim, Neresheim, Spaichingen, Sulz, Weinsberg und Welzheim sowie auf das Landgericht Hall. Auch diese bescheidene Reform war im Landtag nicht durchzubringen; das Zentrum versagte sich. Die Regierung Hieber trat darauf am 5. April 1924 zurück. Da die Rechtsparteien kurz vor Ablauf der Legislaturperiode die Verantwortung nicht übernehmen wollten, bildete Staatsrat Edmund Rau als Staatspräsident für zwei Monate ein Übergangskabinett.

Kurz vor dem Rücktritt der Regierung Hieber hat der Landtag das staatliche *Kirchengesetz* vom 3. März 1924 verabschiedet, das auf Grund des Artikels 137 der Reichsverfassung, wonach Staatsleistungen an die Religionsgesellschaften durch Landesgesetz abzulösen waren, als erstes deutsches Land die *Trennung von Kirche und Staat* vornahm. Die evangelische und die katholische Kirche sowie die israelitische Kultusgemeinschaft erhielten als Körperschaften des öffentlichen Rechts volles Selbstgesetzgebungs-, Selbstverwaltungs- und Selbstbesteuerungsrecht. Schon die Landesverfassung von 1919 hatte die auf der Verfassung von 1819 beruhenden Vermögensansprüche der evangelischen und katholischen Kirche dahin geändert, daß diese nicht das evangelische Kirchengut und den katholischen Kirchenfonds zurückerhalten, sondern mit einer unveränderlichen Geldrente abgefunden werden sollten, die unter Berücksichtigung der Mitgliederzahlen beider Kirchen nach ihren Bedürfnissen bemessen war. Für die evangelische Kirche war das Gesetz von besonderer Bedeutung, da nach dem Wegfall des landesherrlichen Summepiskopats das Evangelische Konsistorium als Staatsbehörde aufgehoben und die Kirchenleitung dem Evangelischen Oberkirchenrat übergeben wurde, an dessen Spitze der Kirchenpräsident trat. Die Regelung fand auch in anderen Ländern Nachahmung. Schon vor diesem Staatsgesetz hatte ein Kirchengesetz von 1919 bestimmt, daß eine Landeskirchenversammlung die Verfassung der Evangelischen Landeskirche neu gestalten solle. Die *Landeskirchenverfassung* wurde am 24. Juni 1920 verkündet, konnte aber mit Rücksicht auf den Gang der Staatsgesetzgebung erst am 1. April 1924 in Kraft treten. Organ der Kirche waren danach der Landeskirchentag, der Kirchenpräsident und der Oberkirchenrat als oberste Verwaltungsbehörde. Das Amt des Kirchenpräsidenten war kein geistliches, sondern das der Kirchenleitung. Die Kirchenverfassung wurde 1924 durch eine Kirchengemeindeordnung und eine Kirchenbezirksordnung ergänzt.

Die Landtagswahlen vom Juni 1924 brachten einen Erfolg der Rechtsparteien, der Bürgerpartei und des Bauern- und Weingärtnerbundes, die sich der Deutschnationalen Volkspartei angeschlossen hatten und nun mit dem Zentrum die Regierung bildeten. Staatspräsident und Kultusminister wurde der bisherige Führer der deutschnationalen Opposition, *Wilhelm Bazille* (1874–1934), begabt und ein tüchtiger Verwaltungsbeamter, dessen Energie jedoch allmählich durch einen wachsenden Pessimismus gehemmt wurde. Innenminister war wieder Eugen Bolz, Finanzminister wurde für lange Jahre bis 1942 der deutschnationale Alfred Dehlinger (1874–1959), ein bewährter Fachmann. Die Zusammenarbeit zwischen Zentrum und Deutschnationalen basierte vor allem auf den gemeinsamen Interessen für die Bauernschaft. Bazille trat mit Nachdruck für die Erhaltung der möglichen Selbständigkeit des Landes ein. Er regte mehrere umfassende Kodifikationen an, ein „spätes Zeugnis für die Intensität des staatlichen Bemühens in Württemberg" (W. Besson), so 1925 die Erarbeitung des Entwurfs eines Allgemeinen Teils des Verwaltungsrechts, ein für die Weiterentwicklung des deutschen Verwaltungsrechts wichtiges Werk, das zwar nicht mehr Gesetz wurde, aber als Gewohnheitsrecht das Recht im Lande und darüber hinaus beeinflußt hat. Sein Plan einer Kodifikation des gesamten württembergischen Rechts gedieh jedoch nicht weit. Dagegen brachte das Ministergesetz von 1926 erstmals eine klare Abgrenzung der Ressortzuständigkeiten. 1928 folgte ein Landesbesoldungsgesetz. Die Einführung des achten Schuljahrs verhinderten Bauernbund und Zentrum mit Rücksicht auf die Landwirtschaft. Zur Stabilisierung der Wirtschaft bemühte sich die Regierung um eine Verbesserung des Verkehrs vor allem durch Staatsdarlehen, um Hauptstrecken, den Stuttgarter Vorortsverkehr und wichtige Bahnhöfe auszubauen und zu elektrifizieren.

Im Landtag stieß die Regierung Bazille–Bolz auf scharfe Opposition der Sozialdemokraten unter der Führung von Dr. Kurt Schumacher (1895–1952), des späteren Vorsitzenden der Sozialdemokratischen Partei Deutschlands und Bonner Oppositionsführers, damals Hauptschriftleiter der Schwäbischen Tagwacht in Stuttgart. Während der Staatspräsidentschaft Bazilles waren Marx, Luther und dann wieder zwei Jahre Marx Reichskanzler; die Leitung des Reichs lag also im wesentlichen in der Hand des Zentrums. Dieses änderte seinen Entschluß, im Lande mit der Rechten zu regieren, auch nicht, als die Sozialdemokratie bei der Landtagswahl 1928 stärkste Partei geworden war.

Staatspräsident wurde nun *Eugen Bolz,* der schon seit 1912 dem Reichstag und dem Landtag angehörte, 1919 im Lande Justizminister geworden war und sich seit 1923 als Innenminister bewährt hatte, eine ebenso nüchterne wie unbeugsame Persönlichkeit. Er hat das politische Leben des Landes bis 1933 maßgeblich bestimmt. Die Minderheitsregierung aus Zentrum, Bauernbund und Deutschnationalen wurde von der Deutschen Volkspartei, Stresemanns Nachfolgerin der Nationalliberalen, und dem von Kreisen der evangelischen Gemeinschaften gegründeten Christlichen Volksdienst unter Führung von Wilhelm Simpfendörfer toleriert. Der Bauernbund hielt an Bazille als Minister fest; auch Joseph Beyerle (1881–1963) als Justizminister und Dehlinger gehörten dem Kabinett wieder an. Seine parlamentarische Basis war schmal. In Berlin war man, auch im Zentrum, über die württembergische Regierungsbildung nicht erfreut. Das Verhältnis besserte sich unter der Regierung Brüning, zu deren Stützen Bolz gehörte. Das Land wurde gut und sparsam verwaltet, das Landesrecht durch ein Landesbeamtengesetz, das Gesetz über die Auflösung der Fideikommisse und die Gemeindeordnung von 1929 weitergebildet. Bazilles Entwurf eines Landesschulgesetzes drang schon im Kabinett nicht durch. Eine Politisierung des gut geschulten Beamtenstandes unterblieb. 1927 wurde die staatliche Arbeitsverwaltung durch die Reichsanstalt für Arbeitsvermittlung und Arbeitslosenversicherung übernommen. Für Württemberg und Baden bestand bis 1943 ein gemeinsames Landesarbeitsamt in Karlsruhe. Eine fortschrittliche Gemeindeordnung führte man 1929 ein.

Als 1930 der Demokrat Reinhold Maier (1889 bis 1971) das Wirtschaftsministerium übernahm und die Deutsche Volkspartei einen Staatsrat ins Kabinett entsandte, gewann die Regierung wieder eine politische Mehrheit. Der alte Payer beantwortete den Eintritt der Demokraten in die Regierung mit dem Austritt aus seiner Partei. Bazille trat im Sommer 1930 aus der nun von Hugenberg geführten Deutschnationalen Volkspartei aus, blieb aber Minister. Die Wirtschaftskrise warf nun auch in Württemberg stärkere Schatten. Maßnahmen zur Sicherung des Staatshaushalts und zur Staatsvereinfachung wurden eingeleitet. Das erbetene Gutachten des Reichssparkommissars vom März 1930 über die Staatsverwaltung führte jedoch zu keinen Ergebnissen; die erneut vorgeschlagene Verringerung der Oberämter von 61 auf 23 wagte man in der schwierigen Zeit nicht aufzugreifen. Bolz war schon damals der Auffassung, das Parlament könne schwierige Fragen nicht mehr lösen.

Entwicklung im Reich

Im *Reich* war nach dem Zerbrechen der Großen Koalition unter Hermann Müller die Krise des parlamentarischen Systems offenkundig. Die Reichskasse war

leer; die Zahl der Arbeitslosen betrug über vier Millionen. Da eine Regierungs-
mehrheit nicht gefunden werden konnte, berief Reichspräsident von Hindenburg am 30. März 1930 den Vorsitzenden der Zentrumsfraktion *Heinrich Brüning*, zuvor Führer der Christlichen Gewerkschaften, zum *Reichskanzler* an die
Spitze eines von seinem Vertrauen getragenen Präsidialkabinetts. Nach vergeblichen Bemühungen um parlamentarische Unterstützung versuchte Brüning die
Sanierung der Wirtschaft und der Staatsfinanzen auf Grund des Notverord-
nungsartikels 48 der Reichsverfassung durch eine Deflationspolitik mit scharfen
Sparmaßnahmen, Gehaltskürzungen und Preissenkungen zu erreichen. Ein nachhaltiger Erfolg war nicht erkennbar, doch schienen sich außenpolitische Erfolge
auf dem Gebiet der Reparationslasten anzubahnen. Hindenburg, der am 10. April
1932 mit Brünings Hilfe zum zweitenmal zum Reichspräsidenten gewählt worden
war, entzog ihm jedoch, wohl unter dem Einfluß ostdeutscher Agrarier, seine
Unterstützung. Brüning wurde am 30. Mai 1932 entlassen. Seine wirtschafts- und
finanzpolitischen Maßnahmen sind umstritten; seine Persönlichkeit und sein Mut,
die eine Chance boten, dem Verhängnis zu wehren, werden anerkannt bleiben.
Reichskanzler wurde nun der rechtsstehende Zentrumspolitiker Franz von Papen,
der am 20. Juli die sozialdemokratische preußische Regierung, deren Widerstand
man fürchtete, ihres Amtes enthob. Bei der Reichstagswahl am 31. Juli 1932 erhielt
die NSDAP 230 Abgeordnete, 33 Prozent der Stimmen.

Druck der Nationalsozialisten – Geschäftsführende Regierung

In Württemberg waren bei der Landtagswahl vom 4. April 1932 die bisher nur
mit einem Abgeordneten vertretenen Nationalsozialisten mit 29 Prozent der Stimmen und 23 Sitzen stärkste Partei geworden. Sozialdemokraten, Bauernbund und
Demokraten, jetzt Staatspartei genannt, hatten erhebliche Verluste. Koalitions-
bemühungen mit der NSDAP scheiterten an deren Forderungen. Da eine Regierung auf parlamentarischer Grundlage nicht zustande kam, blieb das Kabinett Bolz als *geschäftsführende Regierung* im Amt. Die Unterstützung Brünings
durch die Landesregierung war dadurch gesichert. Der Nationalsozialist Professor Christian Mergenthaler (geb. 1884) wurde Landtagspräsident. Der Landtag opponierte scharf, hatte aber seinen Einfluß verloren. Auch im Lande wurde
seit Oktober 1931 mit Notverordnungen zur Sicherung des Haushalts von Staat
und Gemeinden regiert. Die Politik der Sparsamkeit wurde fortgesetzt. Mit dem
Vorgehen Papens gegen Preußen war die Regierung nicht einverstanden; der
bayerischen und badischen Klage beim Staatsgerichtshof schloß sie sich nicht an

und begnügte sich mit einer Rechtsverwahrung. Bei der Reichstagswahl im November 1932 ging die Zahl der nationalsozialistischen Sitze von 230 auf 196 zurück. Am 3. Dezember wurde Papen durch General von Schleicher als Kanzler eines weiteren Präsidialkabinetts ersetzt.

Wirtschaftliche und soziale Lage

Die württembergische *Wirtschaft* hat sich aus der schweren Lage in und nach der Inflation im allgemeinen rasch erholt. Die Auswanderung der Nachkriegsjahre (1923: 12 700 Personen aus Württemberg) klang bald ab. Das „Wunder der Rentenmark" bewirkte, daß durch eine fiktive Deckung das Vertrauen in die Währung wiederhergestellt wurde. Das Land war bald wieder führend in der verarbeitenden Industrie, vor allem im Kraftfahrzeugbau, in der Elektrotechnik und in der feinmechanischen Industrie. In Friedrichshafen baute man erneut Zeppelin-Luftschiffe, die nun die Erde umfuhren. Im süddeutschen Verlagswesen stand das Land nach wie vor an der Spitze. Auf Grund eines Staatsvertrags zwischen Baden, Hessen und Württemberg, der 1920 durch einen Vertrag mit dem Reich ersetzt wurde, baute man in den Jahren 1923 bis 1935 den Neckar von Mannheim bis Heilbronn als Großschiffahrtsweg aus. Zum Aufbau der Wirtschaft wurden vielfach ausländische, vor allem amerikanische Kredite in Anspruch genommen. Die Kündigung dieser kurzfristigen Mittel nach dem New Yorker Börsenkrach im Oktober 1929 führte auch die deutsche Wirtschaft in die Krise. Die Lage verschlechterte sich auch in Südwestdeutschland. 1932 gab es im Reich mehr als sechs Millionen, in Württemberg 133 000, in Baden 183 500 Arbeitslose (50 bzw. 76 je 1000, im Reich etwa 92). Vor den Arbeits- und Wohlfahrtsämtern warteten Zahllose auf eine kümmerliche Unterstützung. Die Sparpolitik der Regierung schwächte die Kaufkraft und förderte die Radikalisierung. Württemberg erwies sich zwar infolge der vielfältigen Verflechtungen seiner Arbeiterschaft mit dem Lande als verhältnismäßig widerstandsfähig, aber auch hier waren Not und Arbeitslosigkeit groß.

Kirchen

Auf die Entwicklung, die die Verfassung der *Evangelischen Landeskirche* im Zusammenhang mit dem staatlichen Kirchengesetz von 1924 genommen hat, wurde oben hingewiesen. Das Kirchenverfassungsgesetz von 1920 hat die Landessynode in den Landeskirchentag umgewandelt. Die Bemühungen um einen Zusammenschluß der deutschen evangelischen Landeskirchen führten unter besonderer Förderung durch die württembergische Kirchenleitung 1922 zur Gründung des Deutschen Evangelischen Kirchenbundes. Er hat das evangelische Deutschland schon auf der Stockholmer Weltkirchenkonferenz 1925 wirksam vertreten. Auch in Württemberg fand, vor allem unter den jüngeren Theologen, die neue theologische Richtung, die sich seit 1918 unter dem Einfluß des Basler Theologen Karl Barth gebildet hatte, wachsenden Einfluß. Nach der Kirchenverfassung wurde 1924 Prälat Johannes Merz (1857–1929), nach dessen Tod 1929 *Theophil Wurm* (1868–1953) zum Kirchenpräsidenten gewählt und 1933 vom Synodalausschuß aufgefordert, die Amtsbezeichnung *Landesbischof* anzunehmen. Wurm, in Basel geboren, war von 1899 bis 1912 Leiter der Evangelischen Gesellschaft in Stuttgart, später Dekan in Reutlingen und Prälat in Heilbronn; er hatte von 1919 bis 1924 dem Landtag als Abgeordneter der Bürgerpartei angehört.

Die *Katholische Kirche* erlebte nach dem Ersten Weltkrieg eine wesentliche Stärkung ihres Einflusses. Durch einen Erlaß der provisorischen Regierung vom Dezember 1918 wurden auch in Württemberg Männerklöster zugelassen, so Benediktiner in Neresheim und Weingarten, Franziskaner in Rottenburg, Rottweil, Saulgau, Ulm und Wangen, Jesuiten in Stuttgart und Ravensburg, Kapuziner in Laudenbach und Mergentheim. Die Benediktiner von Grüssau in Schlesien siedelten sich 1947 in Wimpfen an. Auch Missionsorden gründeten Niederlassungen. Eine katholische Sportbewegung, die Deutsche Jugendkraft, wurde ins Leben gerufen. Die im Kirchengesetz von 1924 vorgesehene Aufhebung des Katholischen Kirchenrats verzögerte sich bis 1934. Nachfolger des 1926 verstorbenen Bischofs Paul Wilhelm Keppler wurde Bischof *Johannes Baptist Sproll* (1870–1949).

Schule und Wissenschaft

Im *Schulwesen* haben die Jahre zwischen 1918 und 1933 wenig Veränderungen gebracht. Das Kleine Schulgesetz von 1920, das den Erziehungsberechtigten maßgeblichen Einfluß auf die Kinder zusprach, führte endlich die achtjährige Schulpflicht ein, allerdings erst zur Durchführung bis 1928 und auch dann mit Ausnahmemöglichkeiten, ferner Schulgeld- und Lernmittelfreiheit in den Volksschulen. Die Lehrerschaft erstrebte Hochschulbildung, ohne daß es zu einer grundsätzlichen Regelung kam. Höhere Handelsschulen wurden im Lande seit

1932 errichtet. Das 450jährige Jubiläum der Universität Tübingen im Jahre 1927 gab Anlaß zum Ausbau der Neuen Aula und von Instituten und Kliniken. Das Tübinger Stift und die vier evangelisch-theologischen Seminare gingen vom Staat an die Kirche über. Auch die Technische Hochschule in Stuttgart wurde durch erhebliche Erweiterung den Erfordernissen der Zeit angepaßt.

Bedeutende *Wissenschaftler* waren damals außer den schon für die Vorkriegszeit Genannten: in *Tübingen* der evangelische Dogmatiker Karl Heim (1874 bis 1954), der die Anliegen der naturwissenschaftlichen Erkenntnis mit christlicher Glaubensgewißheit verband, der katholische Dogmatiker Karl Adam (1876–1966), der Wirtschaftswissenschaftler und Begründer des ökonomischen Neo-Liberalismus, später in Freiburg lehrende Walter Eucken (1891–1950), der hervorragende Darsteller der deutschen Kunstgeschichte Georg Dehio (1850–1932), der Psychiater und Neurologe Ernst Kretschmer (1888–1964), an der Technischen Hochschule in *Stuttgart* als Chemiker William Küster (1864–1929), als Stratosphären-Physiker Erich Regener (1881–1955), als Verkehrswissenschaftler Carl Pirath (1884–1955) und andere. Außerhalb der Hochschulen wirkten als Autokonstrukteur Ferdinand Porsche (1875–1951), als Flugzeugbauer Ernst Heinkel (1888–1958).

Eine wichtige Stätte zur Pflege der Verbindung der Auslandsdeutschen mit der Heimat und der Kenntnis fremder Länder wurde das 1917 gegründete Deutsche Auslandinstitut, heute Institut für Auslandsbeziehungen, in Stuttgart.

Literatur und bildende Kunst

Wer durch ein langes Leben in der *Literatur* schöpferisch tätig ist, läßt sich kaum in eine Epoche von 15 Jahren einfügen. Wir können hier nur solche nennen, für die die zwanziger Jahre einen gewichtigen Abschnitt ihres Lebens darstellten, in dem Wissen, daß nur die Gesamtleistung eines Lebens die richtige Würdigung zuläßt. Hermann Hesse, der für diese Periode betont von einer Übergangsliteratur spricht, sei hier nochmals erwähnt, ebenso wie Ludwig Finckh. Dazu kommen die beiden oberschwäbischen Satiriker Dr. Erich Blaich (1873–1945), der als Dr. Owlglaß schrieb, und Wilhelm Schussen (1874–1956), ferner die Schwabendichter August Lämmle (1876–1962) und Hans Reyhing (1882–1961). Josef Eberle (geboren 1901) spannt den Bogen weit von den schwäbischen Gedichten des Sebastian Blau bis zu seinen geschliffenen Versen in klassischem Latein. In Württemberg geborene Franken waren der katholische Denker Theodor Häcker (1879 bis 1945), der Lyriker Konrad Weiß (1880–1940) und der in sich gekehrte, auch seine Prosa lyrisch gestaltende Hans Heinrich Ehrler (1872–1951). Albrecht Goes (geboren 1908), evangelischer Theologe, hat zahlreiche lyrische Gedichte geschaffen, die an Eduard Mörike anknüpfen. Otto Heuschele (geboren 1900), den Hermann Hesse „Bewahrer der Ehrfurcht" nannte, hütet in seiner Dichtung die hohen Werte der klassischen Zeit. Schwäbische Prosa hat er in seinem „Geistererbe aus Schwaben", schwäbische Lyrik im „Füllhorn" wägend gesammelt. Auch Otto Rombach (geboren 1904) geht es in seinen zahlreichen psychologisch und historisch gut gezeichneten Romanen um die Wahrung des Vergangenen.

Auch Epochen der *bildenden Kunst* decken sich selten mit Abschnitten der politischen Geschichte, zumal mit so kurzen, wie ihn die Zeit der Weimarer Republik darstellt. Die Künstler, die damals in Württemberg wirkten, gehören überwiegend auch der vorhergehenden Periode an. Unter den Malern hat die von Adolf Hölzel und Willi Baumeister angeregte Generation, zu der Ida Kerkovius (1879 bis 1970) und Max Ackermann (geb. 1887) gehören, die abstrakte Kunst weitergeführt, während sich Oskar Schlemmer dem Kubismus zuwandte und die 1924 gegründete Sezession den Expressionismus vertrat. Traditioneller eingestellte gegenständliche Maler sind Manfred Henninger (geb. 1894) und Werner von Houwald (geb. 1901). Als Maler, Bildhauer und Direktor der Kunstakademie hat Fritz von Graevenitz (1892–1959) anregend gewirkt. Weiten Einfluß auf die Baukunst hatte neben der Stuttgarter Architektenschule die 1927 als Ausstellung „Neues Wohnen" des Deutschen Werkbundes in Stuttgart geschaffene Weißenhofsiedlung, bei der Architekten von europäischem Ruf wie Ludwig Mies van der Rohe, Walter Gropius, Hans Poelzig, Paul Behrens, Richard Doecker und Le Corbusier ihren Ideen Gestalt gegeben haben. Beachtenswerte Gebäude der zwanziger Jahre sind in Stuttgart unter anderen: Hindenburgbau, Tagblatt-Turmhaus, Zeppelinbau, Mittnachtbau, Breuninger-Hochhaus und das 1960 abgerissene Kaufhaus Schocken. Im Kunsthandwerk hat das Land in der Edelmetallverarbeitung, im Textilbereich des Webens und Strickens, in der Keramik und in der Glasgestaltung Meisterliches geschaffen.

Der Deutsche *Rundfunk* war auf Anregung seines Initiators Staatssekretär Bredow von Anfang an föderalistisch organisiert. Am 3. März 1924 gründeten private Geldgeber die Süddeutsche Rundfunk AG in Stuttgart, am 10. Mai 1924 wurden unter Leitung des Intendanten Alfred Bofinger über einen Sender der Reichspost die ersten Sendungen ausgestrahlt. 1925 forderte die Landesregierung eine Absprache der Länder über den weiteren Ausbau, was zum ersten Rundfunkstreit zwischen Reich und Ländern und 1926 zur endgültigen Betriebsgenehmigung führte. Nach der Neugründung unter Papen im Juli 1932 hatten das Reich 51 Prozent, die Länder Württemberg und Baden 49 Prozent der Anteile. Im März 1933 wurde der „Reichssender Stuttgart" Sprachrohr der nationalsozialistischen Machthaber.

XX. Baden von 1918 bis 1945

In der Weimarer Republik

In Baden war am 9. November 1918 im Gegensatz zu den meisten anderen Ländern ohne ernsthafte Zwischenfälle eine Koalitionsregierung aller demokratischen Parteien unter dem Vorsitz des klugen und versöhnlichen Sozialdemokraten Anton Geiß gebildet worden, der auch der Demokrat Hermann Dietrich und der Zentrumsabgeordnete Joseph Wirth angehörten. Großherzog Friedrich II. verzichtete am 22. November auf den Thron. Versuche, in Mannheim eine Räterepublik auszurufen, scheiterten. Die Wahlen zur Badischen Landesversammlung brachten dem Zentrum 39, der Sozialdemokratie 36, der Demokratischen Partei 25 und den Deutschnationalen 7 Sitze; die Unabhängigen gingen leer aus. Am 25. März 1919 wurde die Verfassung verabschiedet und durch einen Volksentscheid bestätigt. Der Staatspräsident war danach aus der Zahl der Minister jährlich neu zu wählen. Am 3. April wurde eine Regierung aus Zentrum, Sozialdemokraten und Demokraten gebildet. Erster Staatspräsident war Anton Geiß (1858–1944). Bei einem radikalen Aufstand im Februar hatte es Tote und Schwerverletzte gegeben. Ein Versuch der Separatisten der Pfalz im Juni 1919, ihre Aktivität auf Baden auszudehnen, schlug fehl. Zur Zeit des Kapp-Putsches im März 1920 brachen nochmals linksradikale Unruhen im Lande aus. Von 1919 bis 1931 hatte das Land nur Regierungen der Großen Koalition. Führend waren dabei der Zentrumsführer und spätere Prälat Josef Schofer (1866–1930), der Sozialdemokrat Adam Remmele und der Demokrat Willy Hellpach (1877–1955). Im Reich haben außer dem Heidelberger Friedrich Ebert eine Reihe weiterer Politiker, so Konstantin Fehrenbach (1852–1926), Joseph Wirth, Heinrich Köhler und Hermann Dietrich maßgebende Stellen eingenommen. Der Mord an Erzberger in Bad Griesbach im Schwarzwald 1921 schreckte die Bevölkerung auf. 1922 kam es noch zu kommunistischen Ausschreitungen in Karlsruhe, Freiburg, Lörrach und Singen. Mit der Ruhrbesetzung 1923 wurden in Baden zu dem schon seit 1919 besetzten Kehl auch Offenburg und Umgebung sowie die Rheinhäfen Karlsruhe und Mannheim durch Franzosen besetzt; der Eisenbahnverkehr von Karlsruhe nach Freiburg war unterbrochen und mußte über Pforzheim, Horb und Villingen aufrecht erhalten werden. Nach der Inflation stabilisierte sich die Wirtschaftslage. Die Energieversorgung wurde rasch ausgebaut, ab 1926 die Höllentalbahn elektrifiziert. Der Bau des Rheinseitenkanals durch Frankreich auf Grund des Versailler Vertrags rief erhebliche Besorgnisse hervor. Die drei Hochschulen wurden mit bedeutenden Mitteln weiter ausgebaut. Das Kirchenvermögensgesetz von 1927 verwirklichte die Trennung von Kirche und Staat im finanziellen Bereich. Der Wunsch der Katholischen Kirche nach Abschluß eines Konkordats zwischen Baden und dem Heiligen Stuhl stieß zunächst auf Schwierigkeiten; 1929 begannen die Verhandlungen. 1931 erweiterte man die Regierung durch Aufnahme der Deutschen Volkspartei nach rechts. Mit der Evangelischen Kirche kam ein Staatsvertrag zustande. Das Konkordat wurde 1932 mit knapper Mehrheit angenommen. In Baden und Württemberg sind die Mitglieder des Domkapitels zugleich Ordinariatsmitglieder. Sie haben nach dem Konkordat in der Erzdiözese Freiburg in Abweichung vom allgemeinen Kirchenrecht noch das Recht einer Bischofswahl, ein in der Oberrheinischen Kirchenprovinz seit langem geübter Brauch. Unter dem Eindruck der Wirtschaftskrise errangen die Nationalsozialisten bei der Landtagswahl 1929 erstmals sechs Sitze; bei den Reichstagswahlen im September 1930 erhielten sie 19,2 Prozent, 1932 im Juli 36,9 Prozent, im November 34 Prozent der Stimmen.

Baden in der Zeit des Nationalsozialismus

Auch in Baden blieb nach der Machtergreifung Hitlers die erst am 10. Januar 1933 aus Zentrum und Volkspartei gebildete Regierung mit Staatspräsident Josef Schmitt und dem parteilosen Innenminister Erwin Umhauer, dem Präsidenten der evangelischen Landessynode, im Amt. Sie trat zurück, als am 8. März der Gauleiter der NSDAP, Robert Wagner, von der Reichsregierung als Polizeikommissar für Baden eingesetzt wurde. Am 11. März wurde eine Regierung gebildet, der Wagner als Staatspräsident und Innenminister, Walter Koehler als Finanz-, Johannes Ludwig Rupp als Justiz-, Otto Wacker als Kultusminister und später der deutschnationale Paul Schmitthenner ohne Geschäftsbereich angehörten. Der Landtag wurde aufgelöst und nach den Stimmenzahlen der Reichstagswahl vom 5. März neugebildet. Da man den Kommunisten ihre Sitze vorenthielt, hatte die NSDAP die Mehrheit. Auf Grund eines Ermächtigungsgesetzes ging das Gesetzgebungsrecht auf die Regierung über, der Landtag wurde aufgehoben. Der zum

Reichsstatthalter ernannte Robert Wagner berief den stellvertretenden Gauleiter Köhler zum Ministerpräsidenten, Finanz- und Wirtschaftsminister. Verwaltung und Organisationen wurden gleichgeschaltet. Die Auseinandersetzungen mit den Kirchen erreichten nicht die Schärfe wie in Württemberg. Die Arbeitslosigkeit wurde durch die Besserung der wirtschaftlichen Lage, den Bau der Reichsautobahn Heidelberg–Karlsruhe–Pforzheim, des Westwalls und durch die Einführung der Wehrpflicht allmählich beseitigt. Der Kriegsausbruch im September 1939 zwang zu vorübergehenden Evakuierungen. Nach dem Einmarsch in Frankreich wurde Reichsstatthalter Wagner 1940 auch Chef der Zivilverwaltung im Elsaß und verlegte seinen Sitz nach Straßburg; der von ihm erstrebte „Reichsgau Oberrhein" kommt jedoch nicht zustande. Die in Baden wohnenden Juden wurden im Oktober 1940 zwangsweise nach Südfrankreich ausgesiedelt. 19 Mitglieder einer von Georg Lechleitner in Mannheim geführten Widerstandsgruppe wurde 1942 und 1943 hingerichtet, ebenso später der Karlsruher Rechtsanwalt Reinhold Frank (1896 bis 1945), der als Verbindungsmann Goerdelers zu badischen Gesinnungsgenossen wirkte. Luftangriffe haben auch in Baden schwere Zerstörungen vor allem in Mannheim (151 Angriffe), Karlsruhe, Pforzheim und Freiburg und in zahlreichen anderen Orten herbeigeführt. In dem furchtbar getroffenen Pforzheim kamen am 23. Februar 1945 über 17 600 Menschen ums Leben. Im März 1945 erreichten die Alliierten den Rhein; im April wurde das nördliche Baden von Amerikanern, das südliche von Franzosen besetzt. Die letzten Kämpfe im Land fanden in der Gegend des Bodensees statt. Das zuerst von Franzosen besetzte Karlsruhe wurde bald zur amerikanischen Zone geschlagen. Robert Wagner stellte sich den Amerikanern, wurde an die Franzosen ausgeliefert und 1946 von einem Militärgericht in Straßburg zum Tode verurteilt und erschossen.

XXI. Württemberg in der Zeit der nationalsozialistischen Herrschaft

Machtergreifung

Die Ernennung Adolf Hitlers zum Reichskanzler am 30. Januar 1933 leitete einen völligen Umschwung im Reich ein. Er wirkte sich in Württemberg zögernder aus als in anderen Ländern. Noch leitete Eugen Bolz, ein überzeugter Gegner des Nationalsozialismus, die geschäftsführende Regierung und versuchte Übergriffe abzuwehren. Die Verbreitung parteipolitischer Auflagennachrichten der Reichsregierung, auch im Rundfunk, lehnte er ab. Am 12. Februar griff Bolz in öffentlicher Rede das Vorgehen des Reiches in Preußen scharf an. Im Wahlkampf kam es zu harten Auseinandersetzungen. Die nach dem Reichstagsbrand von der Reichsregierung erlassene „Notverordnung zum Schutze von Volk und Staat" vom 28. Februar 1933 sah schon die Möglichkeit der Wahrnehmung der Befugnisse oberster Landesbehörden durch das Reich vor. Bei der Reichstagswahl am 5. März erhielten die Nationalsozialisten in Württemberg mit 42 Prozent etwas weniger Stimmen als im Reichsdurchschnitt (Reich 43,9 Prozent, Baden 45,4 Prozent); Sozialdemokraten und Zentrum hatten sich gehalten, die Mitte war zerfallen. Nach der Wahl besetzte die SA am 7. März zahlreiche öffentliche Gebäude. Am 8. März verfügte die Reichsregierung die Einsetzung des SA-Gruppenführers Dietrich von Jagow als Polizeikommissar für Württemberg zur Aufrechterhaltung der angeblich bedrohten Ordnung. Die Landesregierung legte Rechtsverwahrung ein, verhielt sich aber sonst passiv. Der Eingriff sollte auch das Zustandekommen einer parlamentarischen Regierung in Württemberg hindern. In der Nacht vom 10. auf 11. März wurden etwa 200 Kommunisten, darunter auch Landtagsabgeordnete festgenommen. Die nach Abschluß der Koalitionsverhandlungen auf 11. März einberufene Landtagssitzung verschob der Reichs-Polizeikommissar, da die SA gegen die Wahl des Gauleiters Murr Einspruch erhob. Hitler entschied jedoch für Wilhelm Murr (1888–1945), der am 15. März mit 36 gegen 13 Stimmen der Sozialdemokraten bei 19 Enthaltungen des Zentrums und der Demokraten zum Staatspräsidenten gewählt wurde, mit

Mergenthaler als Justiz- und Kultusminister und Dehlinger als Finanz- und Wirtschaftsminister. Die Machtübernahme war damit auch in Württemberg vollzogen und wurde von Zehntausenden stürmisch begrüßt, wobei Murr sich in scharfen Drohungen erging. Das Ermächtigungsgesetz vom 24. März und das Gesetz zur Gleichschaltung der Länder mit dem Reich vom 31. März 1933 beseitigten praktisch die Reichsverfassung und die Länderverfassungen. Der Landtag wurde ohne Neuwahl nach dem Ergebnis der Reichstagswahl vom 5. März neu zusammengesetzt; damit war auch hier die nationalsozialistische Mehrheit gesichert. Gleichzeitig ging das Gesetzgebungsrecht an die Landesregierung über. Die Gemeinde- und Bezirksräte wurden nach dem Führerprinzip umgestaltet. Durch das zweite Gesetz zur Gleichschaltung der Länder wurde das Amt des Staatspräsidenten aufgehoben. Staatspräsident Murr wurde nun Reichsstatthalter. Als solcher war er Vertreter der Reichsführung, nicht Sachwalter des Landes. Murr war subaltern und seiner Aufgabe nicht gewachsen, aber nicht ungefährlich. Sein Einfluß bei der Spitze des Reiches und der Partei war gering, derjenige des Landes ging zurück. Das Landeskabinett wurde umgebildet: Mergenthaler, der in starkem persönlichen Gegensatz zu Murr stand, wurde Ministerpräsident und Kultusminister, der Rechtsanwalt Jonathan Schmid Innen- und Justizminister, Dehlinger blieb Finanzminister. Am 8. Juni beschloß der Landtag ein Ermächtigungsgesetz, das der Regierung außerordentliche Vollmachten erteilte. Verschiedene nichtnationalsozialistische Parteien lösten sich auf. Die SPD wurde im Juni zur „volks- und staatsfeindlichen Partei" erklärt. Im Juli wurden auch die restlichen Parteien außer der NSDAP aufgelöst und im Oktober der Landtag ganz aufgehoben. Im Dezember wurde die Politische Polizei in Württemberg dem Reichsführer der SS, Heinrich Himmler unterstellt und ein Politisches Landespolizeiamt eingerichtet; dessen erster Leiter ist selbst der Revolte vom 30. Juni 1934 zum Opfer gefallen. Die Hoheitsrechte der Länder gingen auf das Reich über; die Landesregierungen wurden der Reichsregierung unterstellt und der Reichsrat aufgehoben. Der letzte Rest der Staatshoheit der Länder fiel damit weg; sie waren Verwaltungsbezirke des Einheitsstaates geworden. Das gesamte öffentliche Leben wurde in die Gleichschaltung einbezogen und das Führerprinzip in Behörden und Organisationen durchgeführt. Die Polizei unterstellte man der unmittelbaren Verfügungsgewalt des Reiches. Als Hindenburg am 2. August 1934 im 87. Jahre starb, vereinigte Hitler das Amt des Reichspräsidenten und das des Reichskanzlers in seiner Hand; von ihm als „Führer und Reichskanzler" ging nun die ganze Staatsgewalt aus. Die Diktatur war vollendet, der „außernormative Führerwille" an keine vorgegebene Ordnung gebunden. Politische Gegner wurden verfolgt, zur Emigration getrieben oder in Konzentrationslagern

festgehalten. Schwer hatten auch in Württemberg die *Juden* zu leiden. Die sogenannte „Kristallnacht" im November 1938, in der auch im Lande eine Reihe
von Synagogen angezündet und zahlreiche jüdische Geschäfte zerstört wurden,
war ein erschreckendes Zeichen für den immer radikaleren Antisemitismus, der
sich in der nationalsozialistischen Bewegung durchsetzte. Auch der Weg der
württembergischen Juden hat, soweit sie nicht das Land verlassen konnten, vielfach in furchtbaren Vernichtungslagern geendet. Als geschäftsführender Vorsitzender der Reichsvertretung der Juden in Berlin hat sich zwischen 1933 und 1940
der aus Württemberg stammende frühere Ministerialrat Dr. Otto Hirsch (1889 bis
1941) besonders verdient gemacht.

„Die Partei befiehlt dem Staat"

Der dem Extremen abgeneigte schwäbische Volkscharakter bremste manchen
Fanatismus. Weite Kreise der Bevölkerung waren aber zunächst bereit, der neuen
Staatsführung eine Chance zur Behebung der wirtschaftlichen und nationalen
Not zu geben. Bald griffen jedoch Ernüchterung und Befürchtungen um sich.
Rechtsprechung und Verwaltung bemühten sich trotz vielfacher Einwirkungs-
versuche, den rechtsstaatlichen Charakter im täglichen Leben zu wahren. Die
Justizverwaltung wurde 1935 vom Reich übernommen. Außer dem Staatsministerium blieben nur Innen-, Kultus- und Finanzministerium; dazu kam noch das
Wirtschaftsministerium unter Professor Oswald Lehnich. Die Aktionsfreiheit
der Behörden schien zunächst durch den Wegfall parlamentarischer Kontrollen
gesteigert; die Wirkung wurde aber durch die Einmischung von Parteistellen
und durch das Gegeneinanderarbeiten zahlreicher Sonderorganisationen aufgehoben. Durch die Kreisordnung von 1934 führte man die preußischen Bezeich-
nungen „Kreis" und „Landrat" ein und bildete die Amtskörperschaften in Kreis-
verbände mit Kreisrat und Kreistag statt Bezirksrat und Amtsversammlung um.
Die 63 noch bestehenden Oberämter und der Stadtdirektionsbezirk Stuttgart
wurden 1938 in 34 Landkreise und die drei Stadtkreise Stuttgart, Ulm und
Heilbronn zusammengelegt, eine seit langem erstrebte Verwaltungsvereinfachung,
die sich im demokratischen Staat gegen lokale Interessen nicht hat durchsetzen
lassen. Die *34 Landkreise* sind: Aalen, Backnang, Bad Mergentheim, Balingen,
Biberach, Böblingen, Calw, Crailsheim, Ehingen, Esslingen, Freudenstadt, Göp-
pingen, Heidenheim, Heilbronn, Horb, Künzelsau, Leonberg, Ludwigsburg,
Münsingen, Nürtingen, Öhringen, Ravensburg, Reutlingen, Rottweil, Saulgau,
Schwäbisch Gmünd, Schwäbisch Hall, Tettnang, Tübingen, Tuttlingen, Ulm,
Vaihingen, Wangen und Waiblingen; dazu die genannten drei Stadtkreise.

Der Aufbau der *Wehrmacht* unter Ausschaltung landsmannschaftlicher Bindungen und die Ausgestaltung der Sicherheits- und Ordnungspolizei durch das Reich zu einer außerhalb der inneren Verwaltung stehenden Sonderorganisation unter einem „Höheren SS- und Polizeiführer" schränkte den Wirkungsraum der Länder weiter ein. Die These „Die Partei befiehlt dem Staat" führte zwar in Württemberg nicht in dem Maße zu unmittelbaren Einflußnahmen der Parteistellen auf Gau-, Kreis- und Ortsebene und der zahlreichen nationalsozialistischen Fachorganisationen auf die Verwaltung wie in manchen anderen Ländern, aber sie blieb doch ein steter Ansporn zu Einmischungsversuchen. Wer sich durchsetzte, war oft eine Persönlichkeitsfrage.

Von erheblicher Bedeutung waren die Eingriffe im kulturellen Bereich. Im *Schulwesen* wurde die bisherige konfessionelle Scheidung der Volksschulen aufgehoben. Das humanistische Gymnasium, das seit Jahrhunderten die höhere Bildung im Land bestimmt hatte, wurde fast ganz beseitigt; an seine Stelle traten Oberschulen. Auch die *Hochschulen,* bei denen sich der personalpolitische Einfluß des Reichsministers für Wissenschaft, Erziehung und Volksbildung verstärkte, gerieten immer mehr in die Abhängigkeit des totalitären Systems. In der Universität und in der Studentenschaft wurde das Führerprinzip eingeführt und die Selbstverwaltung beseitigt.

Am 16. März 1935 machte Hitler die zunächst geheim begonnene Aufrüstung durch die Einführung der *Wehrpflicht* offenkundig.

Kirchenkampf

Tiefgreifender und schwerwiegend war der Kampf des Nationalsozialismus gegen die *Kirchen.* Auch in ihren Reihen war man zunächst zu Zugeständnissen an die veränderten Verhältnisse bereit. 1934 kam es zum *Kirchenkampf.* In ihm haben die Kirchen als erste nachdrücklichen Widerstand geleistet und trotz vielfacher Bedrängnis ihre Selbständigkeit und die Freiheit ihrer Lehre gewahrt und damit dem Regime die erste Niederlage bereitet.

In der *Evangelischen Landeskirche* begann der Widerstand bei dem Versuch, zwangsweise eine „Deutsche Evangelische Kirche" unter nationalsozialistischer Führung einzurichten. Die auf Grund der auch von Landesbischof Wurm unterschriebenen Kirchenverfassung durch Hitler überstürzt angeordneten Kirchenwahlen ergaben eine schwache Mehrheit der „Deutschen Christen". Als deren Ziel, die politische Gleichschaltung der Kirche, deutlich wurde, brach diese Gruppe auseinander. Die meisten Pfarrer stellten sich hinter den Landesbischof, dem es zunächst gelang, einen Einbruch des „Reichsbischofs", eines Vertrauensmanns Hitlers, zu verhindern. Im September 1934 wurden der Landesbischof beurlaubt und polizeilich unter Hausarrest gestellt, zahlreiche Geistliche gemaßregelt und ein kommissarischer Landesbischof eingesetzt. Das Kirchenvolk opponierte in solcher Geschlossenheit, daß der Reichsbischof seine Maßnahmen zurücknehmen mußte. Die Landeskirche blieb intakt. Sie konnte ihren Bestand erhalten und die schwerwiegendsten Einwirkungsversuche auch weiter zurückweisen. Landesbischof Wurm ist in diesen Jahren und später, vor allem im Kampf gegen die sogenannte Euthanasie, – die im beschlagnahmten Schloß Grafeneck bei Münsingen vom Herbst 1939 bis Frühjahr 1941 durchgeführte Vergasung von etwa 10 000 Geisteskranken aus Heilanstalten des Landes wurden auf seinen Protest eingestellt – ein unbeugsamer Wortführer der deutschen evangelischen Kirchen gegen Gewalt und Unrecht geworden, der 1945 an die Spitze des Rates der Evangelischen Kirche in Deutschland berufen wurde.

Die *Katholische Kirche* erfuhr durch das Reichskonkordat vom 20. Juli 1933 nur vorübergehend einen gewissen Schutz. Auch sie bekam bald den christentumsfeindlichen Charakter der herrschenden Kräfte zu spüren. Bischof Sproll wies als scharfer Gegner des Nationalsozialismus Einmischungsversuche, vor allem auf dem Gebiet des Schulwesens und der Jugendarbeit mutig zurück. Nach einer gegen ihn inszenierten Demonstration wurde er 1938 vom Reichsstatthalter Murr des Landes verwiesen. Er mußte aus seiner Diözese weichen und leitete sie bis 1945 von seiner Flüchtlingsunterkunft in Klöstern der Diözese Augsburg.

Zweiter Weltkrieg

Im Zweiten Weltkrieg 1939 bis 1945 hat das schwäbische wie das ganze deutsche Volk eine nüchterne, zum Einsatz für die Heimat bereite Haltung gezeigt. Von einer Begeisterung wie 1914 war nichts zu spüren; man war sich des Ernstes der Lage bewußt. Auch viele, die das System ablehnten, haben ihre Pflicht als Soldaten erfüllt und Kritik zurückgestellt. Das Land blieb von unmittelbaren Kriegseinwirkungen zunächst verschont. Die Ernährung war eher ausreichend als im Ersten Weltkrieg. Die Wirtschaft wurde rasch auf Kriegsproduktion umgestellt und allmählich das ganze Leben des Volkes in die „totale Mobilmachung" einbezogen. Der Gauleiter erhielt als Reichsverteidigungskommissar eine Erweiterung seiner Machtstellung. Die Württemberger kämpften in den verschiedensten Verbänden auf allen Kriegsschauplätzen. Vor allem Generalfeldmarschall Erwin Rommel (1891–1944) erwarb sich als Führer des deutschen Afrikakorps Achtung und Bewunderung über die deutschen Grenzen hinaus.

Die Lage änderte sich, als der Krieg durch den Angriff auf Rußland zum wirklichen Mehrfrontenkrieg wurde und als ab 1943 die *Luftangriffe* auf die Heimat ständig zunahmen und im Sommer 1944 schwerste Ausmaße erreichten. Ziele waren fast alle größeren Städte des Landes, dazu Industriewerke, Verkehrsanlagen und auch zahlreiche kleinere Ortschaften. Besonders schwer getroffen wurden Stuttgart, Heilbronn, Ulm, Reutlingen, Friedrichshafen und Neckarsulm. In Stuttgart wurden durch 53 Angriffe vor allem im Juli und September 1944 die Innenstadt mit Altem und Neuem Schloß, alle alten Kirchen und die meisten historischen Gebäude zerstört. Zahlreiche Bunker und Stollen minderten hier zwar die Menschenverluste; trotzdem blieben 4562 Tote zu beklagen. In Heilbronn wurden am 4. Dezember 1944 über 80 Prozent der Stadt zerstört und über 7000 Menschen getötet. Insgesamt kamen durch Luftangriffe in Württemberg rund 20 000 Zivilisten um; etwa doppelt soviele wurden verwundet. Hunderttausende Wohnungen und Arbeitsstätten waren vernichtet, der überkommene Charakter der schwergetroffenen Städte ausgelöscht. Die Bevölkerung hat den Luftterror mit großer Widerstandskraft und viel Hilfsbereitschaft getragen. Die Luftangriffe brachten trotz weitgehender Evakuierung der Menschen und Betriebe Wirtschaft und Verkehr allmählich zum Erliegen.

Während des Krieges hat sich eine Reihe mutiger Gegner des Systems in *Widerstandsgruppen* dem immer deutlicher werdenden Weg in die Katastrophe entgegenzustellen versucht. Die aus Ulm stammenden Geschwister Sophie und Hans Scholl demonstrierten als Studenten der Universität München durch Verbreitung von Flugblättern gegen Hitlers Gewaltherrschaft; sie wurden dort am 22. Februar 1943 hingerichtet, ebenso wie einige andere Mitglieder der Studentengruppe „Weiße Rose", so der Philosophieprofessor Kurt Huber, der in Stuttgart aufwuchs. Unter den Teilnehmern des Aufstandsversuchs vom 20. Juli 1944 waren eine Reihe von Württembergern, vor allem Claus Schenk Graf von Stauffenberg (1907–1944), damals Oberst und Chef des Stabes im Allgemeinen Heeresamt beim Befehlshaber des Ersatzheeres in Berlin, ein Sohn des letzten württembergischen Hofmarschalls, der als Triebfeder und Seele des Unternehmens das nicht geglückte Attentat auf Hitler ausführte, sein Bruder Berthold (1905 bis 1944), Cäsar von Hofacker (1896–1944), Oberst Eberhard Finckh (1899–1944), der frühere Staatspräsident Eugen Bolz, dem Hitler seinen Widerstand gegen den Nationalsozialismus nie vergessen hat, und Fritz Elsas (1890–1945), früher Rechtsrat der Stadt Stuttgart und demokratischer Abgeordneter, später Bürgermeister der Stadt Berlin. Sie alle mußten ihren Einsatz mit dem Tod bezahlen. Auch Generalfeldmarschall Rommel wurde am 14. Oktober 1944 wegen seiner Mitwisserschaft von Beauftragten Hitlers in den Tod getrieben, zur Täuschung

der Öffentlichkeit aber in feierlichem Staatsbegräbnis bestattet. Sein Gesinnungs-
freund General Hans Speidel (geb. 1897) und der damalige Oberbürgermeister
von Stuttgart, Karl Strölin (1890–1963), entgingen der Gestapo. Im Wehrkreis V
in Stuttgart, dessen Befehlshaber General Rudolf Veiel wohl in den Plan ein-
geweiht war, wurde das Scheitern des Staatsstreichs so früh bekannt, daß keine
weiteren Maßnahmen in Betracht kamen.

Zusammenbruch

Ende März 1945 überschritten amerikanische und französische Armeen den Rhein
und drängten die geschwächten deutschen Verbände zurück. Erstmals seit der na-
poleonischen Zeit war Südwestdeutschland wieder Kriegsschauplatz geworden.
Anfang April waren Bruchsal, Wimpfen und Mergentheim erreicht. Auf der Linie
Lauffen–Heilbronn–Öhringen–Ilshofen und um Crailsheim fanden hartnäckige
Kämpfe statt, bei denen die Stadt Crailsheim völlig zerstört wurde. Schwere Zerstörungen erlitten unter anderem Löwenstein, Brettach und Waldenburg; auch
Wäschenbeuren, Nußdorf, Heimsheim und die einstigen Waldensergemeinden
Serres und Wurmberg mußten erhebliche Schäden hinnehmen. Mitte April wurde
das Land westlich des Neckars durch unabhängig vom amerikanischen Oberkommando operierende französische Truppen besetzt und dabei noch weitere Ortschaften, so die Lazarettstadt Freudenstadt zerstört. Reichsstatthalter Murr flüch-
tete mit anderen Parteifunktionären nach Vorarlberg und hat dort Hand an sich gelegt. Die Regierungsgewalt ging auf die Militärbefehlshaber der Alliierten über. Die
bedingungslose Kapitulation setzte den Kämpfen, aber nicht der schweren Not
des Volkes ein Ende. Mehrere Millionen deutscher Soldaten waren in Gefangenschaft geraten. Zunächst herrschte weitgehend Auflösung.

XXII. Wiederaufbau 1945 bis 1949 – Der Weg zum Südweststaat

Besatzungszonen Württemberg-Baden
und Südwürttemberg-Hohenzollern

Das besetzte Deutschland wurde nach den Beschlüssen der Konferenz von Jalta in Besatzungszonen aufgeteilt. Frankreich erreichte durch eine Vereinbarung im Dezember 1944, die erst während der Potsdamer Konferenz 1945 unterzeichnet wurde, nachträglich die Zuerkennung einer eigenen Zone. Sie waren als Provisorien gedacht, haben aber die weitere Entwicklung wesentlich beeinflußt. Durch Absprache zwischen dem amerikanischen und dem französischen Oberkommando kam nach kurzer Übergangszeit der nördliche Teil Württembergs, etwa drei Fünftel des Landes, zur amerikanischen, der südliche zur französischen Zone; die scharf abgesperrte Grenze verlief südlich der Autobahn Karlsruhe–Ulm. Nordwürttemberg und Nordbaden wurden bald zu einer Verwaltungseinheit zusammengefaßt, Hohenzollern kam zu Südwürttemberg. Südbaden sollte ein besonderes Land der französischen Zone bilden. Alle NS-Organisationen wurden aufgelöst, NS-Gesetze aufgehoben, jeder nationalsozialistische Einfluß ausgemerzt. Wer NS-Organisationen angehört hatte oder sonst verdächtig erschien, wurde aus Amt und Stellung entfernt, viele verhaftet und in Internierungslagern festgehalten. Die Not war groß. Während die Amerikaner ihre Lebensmittel mitbrachten, jedoch umfangreiche intakte Wohngebiete beschlagnahmten, lebten die Franzosen, oft mit zahlreichen Familienangehörigen, aus dem Lande. Erst allmählich kam in Gemeinden und Kreisen die öffentliche Verwaltung unter Aufsicht örtlicher Militärkommandanten wieder in Gang. In Stuttgart wurde noch durch die Franzosen der Rechtsanwalt Dr. Arnulf Klett (geboren 1905) zum vorläufigen Oberbürgermeister bestellt. Er hat den Aufbau der Stadt rasch in Gang gebracht. Den Landräten wurden alle öffentlichen Funktionen innerhalb ihres Kreises übertragen. Der erste Versuch eines Zusammenwirkens deutscher Instanzen war eine Landrätekonferenz in Murrhardt am 20. Juni 1945. Die verständnisvolle Haltung des ersten Direktors der Militärregierung Württemberg-Baden, des amerikanischen Obersten

William W. Dawson (1891–1947) hat die Anfänge des demokratischen Wiederaufbaus im Lande wesentlich gefördert. Im August 1945 wurde in Stuttgart, kurz darauf in Tübingen, je eine besondere deutsche Landesverwaltung eingesetzt. Ministerpräsident wurde Reinhold Maier, Justizminister Josef Beyerle, Innenminister Fritz Ulrich, Kultusminister Theodor Heuss, Wirtschaftsminister Josef Andre und Postminister Otto Steinmayer. Am 1. September wurde Heinrich Koehler, der frühere Reichsfinanzminister, Präsident der Landesbezirksdirektion Nordbaden. Durch eine Proklamation vom 19. September ordnete General Eisenhower die Bildung des Landes *Württemberg-Baden* an. Am 29. Oktober wurde Nordbaden mit Nordwürttemberg zum Land Württemberg-Baden zusammengefügt. Koehler wird neben seinem Amt als Landesbezirkspräsident Finanzminister und stellvertretender Ministerpräsident. Die Landesbezirksdirektion in Karlsruhe wurde weithin selbständig verwaltet. Noch bis 1949 werden alle wichtigeren Entscheidungen von den Militärregierungen getroffen.

Die französische Besatzungsmacht setzte in ihrer Zone sowohl für Südbaden wie für *Südwürttemberg-Hohenzollern*, hier am 16. Oktober 1945, je ein Staatssekretariat ein. Staatssekretär wurde der damalige Landgerichtsrat und Privatdozent, spätere Professor und Vizepräsident des Deutschen Bundestags, Carlo Schmid (geboren 1896). Württemberg war damit nach fast 500 Jahren erstmals wieder in zwei Staatswesen geteilt, deren Entwicklung nicht immer parallel verlief: jedes Land mußte sich beim Aufbau den Forderungen und Vorstellungen seiner Besatzungsmacht fügen. Die Franzosen griffen dabei stärker in den Lebensstandard ihrer Zone ein, waren aber in der Entnazifizierung zurückhaltender als die Amerikaner. Der Verkehr der beiden Landesteile und ihrer Dienststellen wurde möglichst unterbunden. Beide Landesregierungen haben sich, zunächst mit nur geringen Vollmachten, um die Ernährung und das Ingangbringen des öffentlichen Lebens, der Verwaltung, der Rechtspflege, des Verkehrs und der Schulen sehr verdient gemacht.

In *Nordbaden* haben die Amerikaner etwas früher als in Nordwürttemberg deutsche Landesbehörden eingerichtet. Schon im April 1945 war eine Reihe von Oberbürgermeistern und Landräten eingesetzt. In Karlsruhe bildete zunächst die französische Militärregierung deutsche Verwaltungsstellen, die später nach Freiburg verlegt wurden. Am 8. Juni wird für das amerikanisch besetzte Nordbaden ein Landeskommissariat unter dem Karlsruher Professor Karl Holl errichtet, das am 1. September Heinrich Koehler als Landesbezirkspräsident übernimmt. Oberbürgermeister in Karlsruhe wird Rechtsanwalt Hermann Veit, der spätere Wirtschaftsminister und stellvertretende Ministerpräsident. Der Landesbezirk wußte auch nach der Bildung des Landes Württemberg-Baden sein Eigenleben zu wahren.

Die Aufgaben im *südlichen Baden* waren besonders schwierig. Die Besatzung war dichter als in anderen Landesteilen. In Baden-Baden hatte das französische Oberkommando für Deutschland seinen Sitz; Freiburg, Sitz der Militärregierung und der deutschen Landesstellen, war stark zerstört. Das politische Leben mit Parteien und Gewerkschaften kam jedoch bald in Gang; der Ausbau der Landesregierung wurde im Januar 1946 fortgeführt. Im September fanden Gemeindewahlen, am 17. November 1946 die Wahl der Beratenden Landesversammlung statt, in der die Badische Christlich-demokratische Volkspartei eine starke Mehrheit gewinnt. Leo Wohleb wird Staatssekretär und Leiter der Regierung. Ein Volksentscheid am 18. November 1947 brachte eine Zweidrittelmehrheit für den Verfassungsentwurf, die gleichzeitigen Landtagswahlen wieder eine klare Mehrheit der Christlichen Demokraten. Wohleb wird nun Staatspräsident, muß aber den Parteivorsitz an Anton Dichtel abgeben. Das Land leidet unter der schlechten Ernährungs- und Finanzlage, unter Demontagen und anderen Eingriffen der Besatzung in die Wirtschaft.

Die *Kirchen* haben in Württemberg und Baden den Zusammenbruch unversehrt überdauert und konnten, nicht zuletzt durch ihre vom Ausland unterstützte Hilfe in der materiellen Not, ihre Stellung auch für die weiteren Jahre erheblich stärken. Mit dem „Stuttgarter Schuldbekenntnis" vom 19. Oktober 1945 hat der Rat der Evangelischen Kirche in Deutschland zur Bereinigung des Verhältnisses zur kirchlichen Ökumene beigetragen. Es war ein erster Schritt auf dem Wege zur „Bewältigung der Vergangenheit", die dem deutschen Volk noch lange zu schaffen machte. In der Linderung der Not hat sich in der Zeit nach dem Zusammenbruch vor allem das von D. Eugen Gerstenmaier gegründete Evangelische Hilfswerk Verdienste erworben. Als Zentrum des Gesprächs der Kirchen mit den verschiedenen Gesellschaftsgruppen wurde 1945 die Evangelische Akademie in Bad Boll unter der Leitung von D. Eberhard Müller gegründet, die Vorbild für viele Einrichtungen in Deutschland und anderen Ländern geworden ist. Auf katholischer Seite hat der Caritasverband in der Hilfe für Vertriebene und Flüchtlinge und für andere Notleidende viel geleistet. Eine Akademie der Diözese Rottenburg entstand in Stuttgart-Hohenheim.

Der Wiederaufbau der *politischen Parteien* wurde durch die uneinheitliche Haltung der Besatzungsmächte erschwert. In Württemberg-Baden gründeten die Sozialdemokraten im November 1945 einen Landesverband. Der zunächst auch vom bischöflichen Ordinariat in Rottenburg unterstützte Wunsch, das Zentrum wieder ins Leben zu rufen, trat bald hinter den Bestrebungen zurück, auch evangelische Kräfte in eine christliche Sammlungspartei einzubeziehen. Die Bemühungen gingen in den Landesteilen verschiedene Wege, führten aber in allen zur Gründung

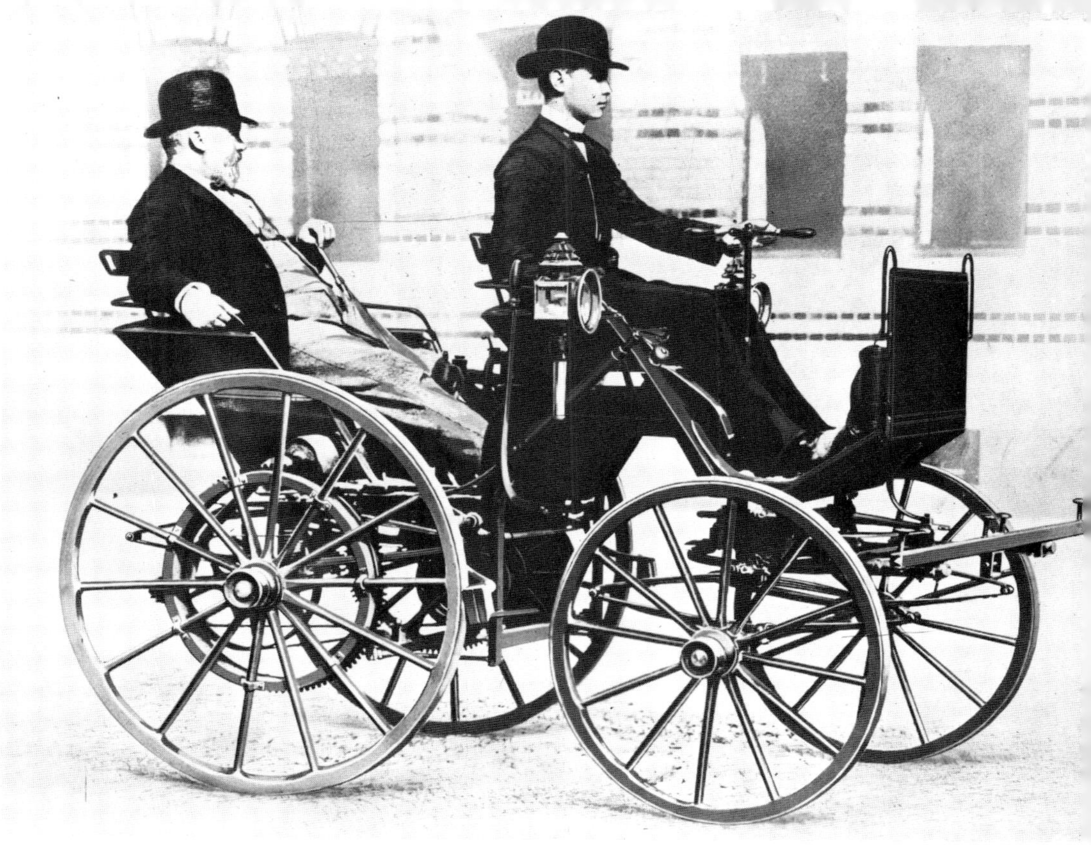

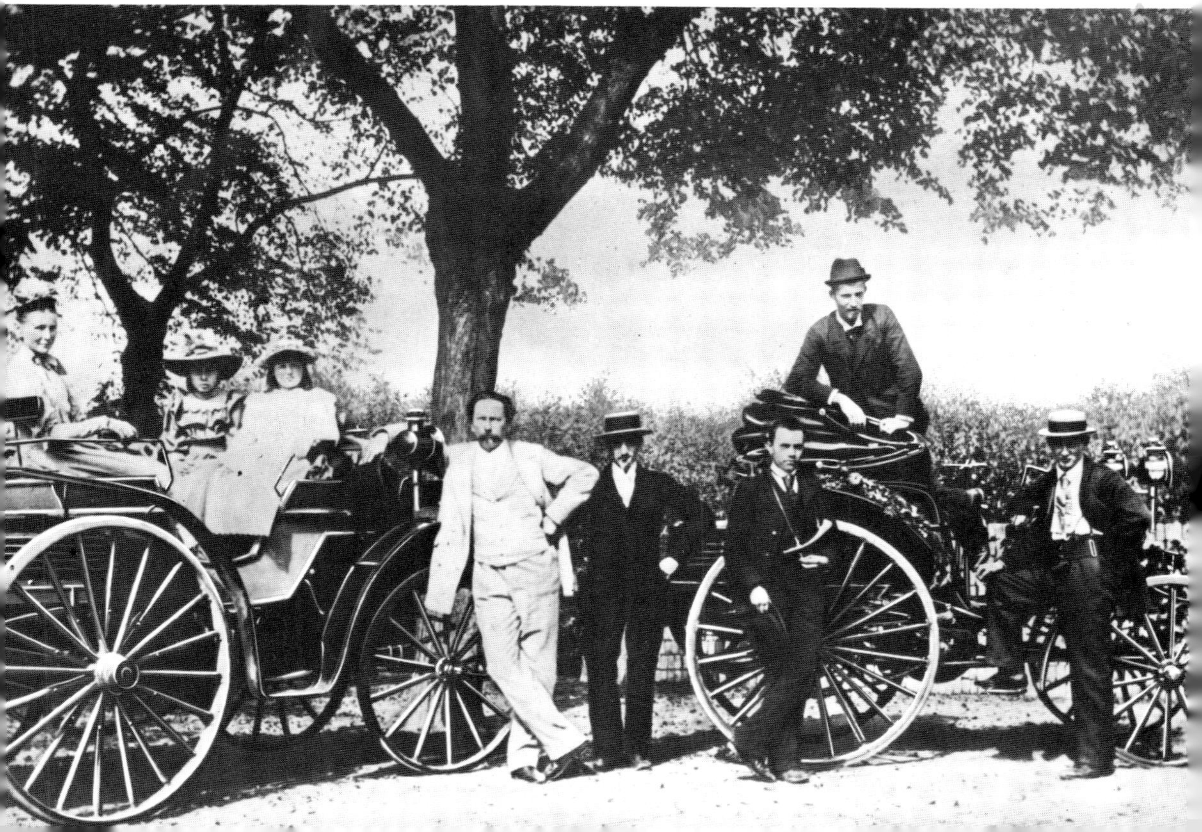

111 Staatspräsident Eugen Bolz
112 Landesbischof Theophil Wurm
113 Generalfeldmarschall Rommel

109 (umseitig oben) Gottlieb
Daimler in seinem Daimler-Wagen
1886
110 (umseitig unten) Karl Benz
mit Familie und zwei seiner
Benz-Victoria-Wagen 1894

116 *Bundespräsident Theodor Heuss mit Reinhold Maier, dem ersten Minister-*
präsidenten des Landes Baden-Württemberg

114 *(umseitig oben) Das zerstörte Stuttgart 1946*
115 *(umseitig unten) Die zerstörte Kilianskirche in Heilbronn 1946*

selbständiger Landesverbände der Christlich-demokratischen Union durch frühere Zentrumsmitglieder in Verbindung mit einstigen Anhängern des Christlichen Volksdienstes. Die Demokraten sammelten sich am 6. Januar 1946 unter Führung von Reinhold Maier und Wolfgang Haußmann in Stuttgart. Im Juli 1946 wurde der Gewerkschaftsbund Württemberg-Baden gegründet.

Landesversammlungen und Landesverfassungen

Für das Land *Württemberg-Baden* tagte im Januar 1946 eine „Vorläufige Volksvertretung" mit beratender Funktion und 118 Mitgliedern aus Landräten, Oberbürgermeistern und Vertretern der Parteien, Gewerkschaften, Kirchen und Verbänden. Am 30. Juni 1946 wird die Verfassunggebende Landesversammlung gewählt: Die CDU erhielt 41, die SPD 32, die DVP 17 und die KPD 10 Sitze. Die auf Weisung der Militärregierung von einem Ausschuß vorbereitete Landesverfassung, der ein Volksentscheid mit 90 Prozent zugestimmt hatte, wird am 28. November 1946 vom Landtag beschlossen. Sie knüpft an die demokratischen Verfassungen der beiden Länder an. Reinhold Maier bildete eine Regierung aller zugelassenen Parteien, deren Befugnisse die Militärregierung langsam erweiterte.

In der französischen Zone behielt die Militärregierung länger alle Befugnisse. Erst im November 1946 wurde eine Beratende Landesversammlung zugelassen. Die Verfassung für *Württemberg-Hohenzollern* wurde von der Landesversammlung in Bebenhausen beraten und am 20. Mai 1947 verkündet. An der Regierungsbildung waren CDU, SPD und DVP beteiligt. Staatspräsident und Regierungschef wurde Lorenz Bock (1883–1948), nach dessen Tod Dr. Gebhard Müller (geb. 1900), der spätere Ministerpräsident von Baden-Württemberg und Präsident des Bundesverfassungsgerichts. In Württemberg-Hohenzollern wurde der Aufbau durch Demontagen, Eingriffe in die Wirtschaft, Kahlschlag von Wäldern für Zwecke der Besatzungsmacht verzögert und die Aufnahme von Vertriebenen zunächst verhindert, da die Franzosen an der Potsdamer Konferenz nicht beteiligt worden waren. Kriegsschäden konnten dort vielfach erst ab 1949 beseitigt werden.

Vertriebene und Flüchtlinge

So war in allen Teilen des Landes die Not groß, wenn auch nicht gleichmäßig verteilt. Wer über Waren zum Tauschhandel verfügte, konnte besser leben als der auf Lohn oder karge soziale Leistungen Angewiesene. Das mußte in weiten Krei-

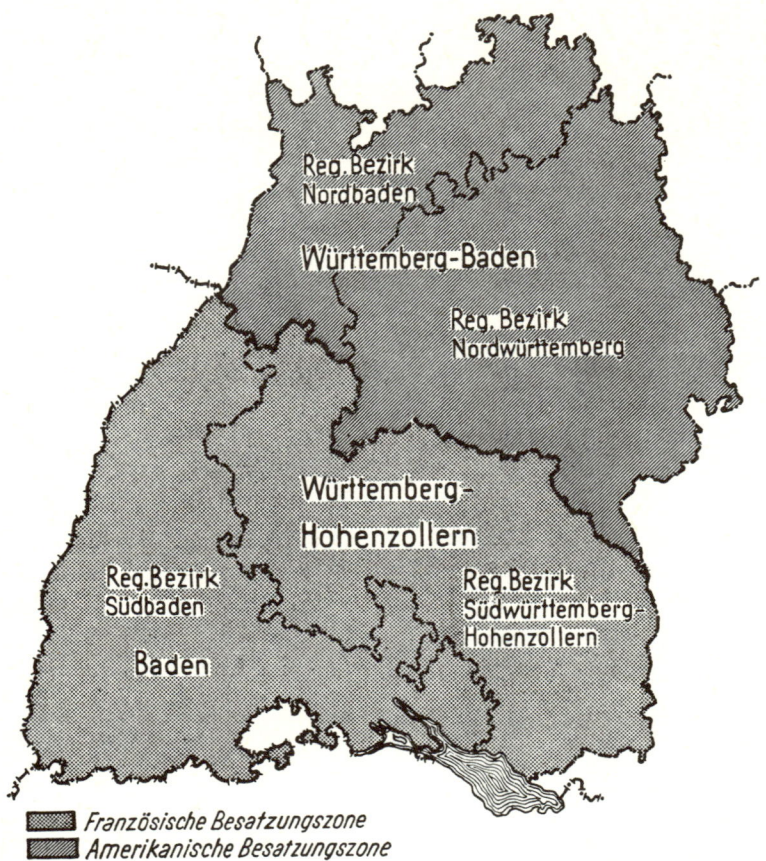

Reg.Bezirk Nordbaden

Württemberg-Baden

Reg. Bezirk Nordwürttemberg

Württemberg-Hohenzollern

Reg.Bezirk Südbaden

Baden

Reg.Bezirk Südwürttemberg-Hohenzollern

▨ *Französische Besatzungszone*
▩ *Amerikanische Besatzungszone*

Karte 12: Besatzungszonen und Länder 1945—1952 sowie Regierungsbezirke des späteren Bundeslandes Baden-Württemberg

sen verbittern. Erst die *Währungsreform* vom 20. Juni 1948 legte die Grundlagen für eine allmähliche Besserung der wirtschaftlichen Verhältnisse. Der Aufbau war dadurch erschwert, daß das Land mit dem Zusammenbruch und in den folgenden Jahren Millionen von *Vertriebenen und Flüchtlingen* aus Jugoslawien, Ungarn, dem Sudetenland, der Bukowina und den von Deutschland abgetrennten Gebieten aufzunehmen hatte. Zehntausende wurden damals täglich mittellos über die Grenze abgeschoben. Nach Württemberg-Baden kamen allein im Jahre 1946 mehr als 560 000, von denen über zwei Drittel im württembergischen Landesteil aufgenommen wurden; die französische Besatzungsmacht lehnte zunächst die Übernahme ab. In das heutige Land Baden-Württemberg strömten insgesamt 2,1 Millionen Vertriebene und Flüchtlinge. Daß die Aufnahme dieser vom Schicksal hart Getroffenen in der Zeit schwerer Nahrungsmittel- und Wohnungsnot in spontaner Hilfsbereitschaft vieler Stellen und Menschen gelungen ist und daß die Flüchtlinge opferwillig auch lange primitive Lagerunterbringung hingenommen haben, ohne daß es zu schweren sozialen Erschütterungen kam, war die erste große Leistung des deutschen Volkes nach dem Zusammenbruch. Kräfte der Kirchen und der Organisationen der freien Wohlfahrtspflege, der Landesverwaltung und der Kommunen haben in dieser Aufgabe neue Gestalt gewonnen und den Blick erstmals wieder von der bescheidenen eigenen Existenz auf die Not anderer hingewandt. Dieser Rückstrom der Deutschen aus dem Osten ist die tiefgreifendste Umschichtung unseres Volkes seit der Völkerwanderung. Sie hat dem in Jahrhunderten gewachsenen Volkstum unseres Landes einschneidende Veränderungen gebracht und ihm eine starke Mischung aus anderen deutschen Stämmen beigefügt, die die stammesmäßige und konfessionelle Geschlossenheit des schwäbischen Dorfes beseitigte. Mit den Vertriebenen kamen viele wertvolle Kräfte ins Land, die gewillt, sich eine neue Existenz zu erarbeiten, mit ihrem Fleiß und ihrer Tatkraft wesentlich zum Wiederaufbau des Landes beigetragen haben. Zahlreiche neue Betriebe sind dank ihrer Initiative im Lande entstanden. So ließen sich die weltbekannten Carl-Zeiss-Werke in Oberkochen und Stuttgart nieder, ein Teil der Gablonzer Glas- und Schmuckwarenindustrie fand in Schwäbisch Gmünd, die Taschentuchindustrie aus Hohenelbe in Heidenheim, die aus Lauban in Aalen und Göppingen, die Rathenower Brillenindustrie in Stuttgart und Leonberg eine neue Heimat. Den vertriebenen Bauern konnte in dem stark parzellierten Südwestdeutschland allerdings nur selten ein Neubeginn auf eigener Scholle ermöglicht werden. Die „Charta der Heimatvertriebenen", zu der sich deren Verbände 1950 in Stuttgart bekannten, versuchte das Recht auf die Heimat mit dem Verzicht auf jede gewaltsame Wiedergewinnung zu verbinden. Außerhalb ihrer Heimat wirkten Karl Arnold (1901–1958; geb. in Herrlishöfen) von 1947 bis 1956 als Ministerpräsident des Landes Nordrhein-Westfalen, und Heinrich Rau (1899–1961; geb. in Stuttgart-Feuerbach) als stellvertretender Ministerpräsident in der DDR.

Vom Länderrat zum Parlamentarischen Rat

Die Entnazifizierung auf Grund des Kontrollratsgesetzes über die Befreiung des deutschen Volkes von Nationalsozialismus und Militarismus wurde seit 1946 durch deutsche Spruchkammern durchgeführt. Die schwierige Aufgabe fand viel Kritik. Die Internierungslager wurden in deutsche Verwaltung überführt. Allmählich wurden auch die *Kontakte mit den anderen deutschen Ländern* wieder aufgenommen und verstärkt. Die Ministerpräsidenten der Länder der amerikanischen Zone, also von Bayern, Groß-Hessen, Württemberg-Baden und Bremen, bildeten am 6. November 1945 in Vollzug der sich wandelnden amerikanischen Politik und in Gegenwart von General Lucius D. Clay den *Länderrat* mit dem Sitz in der Villa Reitzenstein in Stuttgart, heute wieder Staatsministerium. Generalsekretär wurde Erich Roßmann. Zunächst vor allem um die Verbesserung der Ernährung und des Güteraustausches bemüht, bezog der Länderrat immer mehr Sachgebiete in seine Beratungen ein, besaß aber keine Hoheitsrechte. Seine Beschlüsse mußten sich im Rahmen der Politik der Militärregierung halten und traten erst auf Grund von Landesgesetzen in Kraft. Er hat gute Arbeit geleistet. Allerdings verschlechterten sich die Beziehungen zwischen der Militär- und der Landesregierung unter den Nachfolgern von Oberst Dawson infolge der nach wie vor schwierigen Ernährungslage und zahlreicher Demontagen. Nächster Schritt war die Bildung bizonaler Einrichtungen für die amerikanische und britische Zone, so des Wirtschaftsrats für das Vereinigte Wirtschaftsgebiet und verschiedener Hauptverwaltungen, zunächst für Wirtschaft und Verkehr. Sie sollten ein neues deutsches Staatswesen auf föderalistischer Grundlage vorbereiten. Eine *Ministerpräsidenten-Konferenz*, die am 6. und 7. Juni 1947 auf Einladung Bayerns in München zusammentrat und zu der auch die Vertreter der Regierungen der sowjetischen Besatzungszone erschienen, wurde durch deren Abreise schon vor Beginn der eigentlichen Verhandlungen gesprengt. Schon damals zeigte sich die infolge des weltpolitischen Konflikts zwischen den Westmächten und der Sowjetunion eingetretene Entfremdung zwischen den Landesregierungen. Die Rumpfkonferenz verlief ohne Ergebnisse. Die französische Besatzungsmacht verhinderte die Beratung anderer als wirtschaftlicher Fragen; sie sträubte sich auch weiterhin gegen solche Bemühungen, da Zusammenschlüsse auf deutschem Gebiet den Grundsätzen ihrer Politik widersprachen. Jedoch bewies sie allmählich mehr Verständnis für die Bedürfnisse ihrer Zone und schränkte Lebensmittelentnahmen und Holzschlag ein. Der lästige Passierscheinzwang zwischen den Zonen entfiel im August 1947.

Es zeigte sich, daß die ursprüngliche Absicht der Alliierten, die Wirtschaftskapazität Deutschlands durch Demontagen und Produktionsbeschränkungen auf etwa zwei Drittel des Bestands von 1936 herabzudrücken, zu einer politisch und sozial gefährlichen Situation in Deutschland geführt hätte. Der Wandel der amerikanischen Deutschlandpolitik, den Staatssekretär James F. Byrnes in seiner denkwürdigen Rede in Stuttgart am 6. September 1947 ankündigte, führte 1948 zum *Marshall-Plan*, der Zuschüsse und langfristige Kredite der Amerikaner zum Wiederaufbau der europäischen Wirtschaft vorsah.

Da der weltpolitische Gegensatz der großen Mächte der Wiedervereinigung aller Zonen entgegenstand, ermächtigten die drei westlichen Militärregierungen auf Grund der Empfehlungen der Londoner Sechs-Mächte-Konferenz vom Juni 1948 die Ministerpräsidenten der westdeutschen Länder, Verhandlungen zum Wiederaufbau einer bundesstaatlichen Ordnung in Deutschland aufzunehmen. Der von den Landtagen gewählte *Parlamentarische Rat* beriet den von einer Sachverständigenkonferenz in Schloß Herrenchiemsee vom 10. bis 23. August 1948 erarbeiteten Entwurf eines Grundgesetzes für die Bundesrepublik Deutschland. Nach Berücksichtigung ihrer vor allem auf eine stärkere Föderalisierung gerichteten Vorbehalte fand er die Billigung der Militärbefehlshaber und das Grundgesetz wurde von den Landtagen (mit Ausnahme Bayerns, das aber erklärte, sich an das Grundgesetz gebunden zu fühlen) angenommen. Es wurde darauf am 8. Mai vom Parlamentarischen Rat verabschiedet und am *23. Mai 1949* verkündet. Das *Grundgesetz* versucht, die Mängel der Weimarer Verfassung, vor allem hinsichtlich der Stabilität der Bundesregierung zu vermeiden, schwächte die Stellung des Bundespräsidenten und schuf im Bundesrat wieder ein Organ für die nun verstärkte Mitwirkung der Länder an der Gesetzgebung des Bundes. Die Länder führen die Bundesgesetze durch und regeln die Einrichtung der Behörden, soweit das Grundgesetz nicht anderes bestimmt. Nur wenige Bereiche verblieben in bundeseigener Verwaltung. Die Verteilung der Finanzverantwortung zwischen Bund und Ländern, die während der Beratungen zu lebhaften Auseinandersetzungen geführt hatte, wurde neu geordnet. Die Übernahme zahlreicher Reichsaufgaben durch die Länder war damit sanktioniert. Wie im Bismarckreich hat aber auch hier die weitere politische Praxis die *bundeseinheitlichen Tendenzen,* vor allem in den Bereichen der Wirtschaft, der Sozialpolitik und schließlich des Wehrwesens mit ihren wachsenden internationalen Verflechtungen und supranationalen Einrichtungen gesteigert.

Die vom Direktor für Wirtschaft in der Bizone, dem späteren Landwirtschaftsminister und Bundeskanzler Ludwig Erhard eingeleitete Aufhebung der Preis- und Bewirtschaftungsvorschriften im Zuge der beginnenden *sozialen Marktwirtschaft* ermöglichten eine Ausweitung der Produktion. Die für das Land typische Verarbeitungs- und Veredelungsindustrie hatte an dieser Entwicklung lebhaften Anteil und konnte infolge ihrer Mannigfaltigkeit die Exportmöglichkeiten rasch steigern. Die wachsende Zahl der Arbeitsplätze trug wesentlich zur Besserung der sozialen Verhältnisse bei und erleichterte die Eingliederung der Heimatvertriebenen.

Der Weg zum Südweststaat

Schon nach dem Ersten Weltkrieg gab es da und dort Bestrebungen, die beiden südwestdeutschen Länder Württemberg und Baden zusammenzuschließen. Sie sind weder in der Weimarer Zeit noch in der des Nationalsozialismus weitergediehen, nicht zuletzt da in beiden Ländern trotz der Stammesgemeinschaft in den schwäbisch-alemannischen und in den fränkischen Gebieten eine starke Anhänglichkeit an die in der napoleonischen Zeit entstandenen Staatswesen gewachsen war. Preußen war schon 1921 bereit, auf Hohenzollern zugunsten eines Südweststaates zu verzichten, nicht aber zur Angliederung an eines der Nachbarländer. Die als unbefriedigend empfundene Zerreißung des Südwestraumes durch die Besatzungsmächte in drei Länder und das gute Zusammenfinden im Lande Württemberg-Baden haben die Vereinigungstendenzen neu belebt, nicht zuletzt aus der Sorge, die Franzosen könnten den Zusammenhang des von ihnen besetzten Gebiets zu den übrigen Ländern immer mehr lockern. Schon im Oktober 1946 erging eine entsprechende Anregung des Präsidenten der Verfassunggebenden Landesversammlung in Stuttgart, Wilhelm Keil, nach Tübingen und Freiburg. Sie wurde aus Freiburg mit einem Vorschlag für den Zusammenschluß von Südbaden mit Württemberg-Hohenzollern beantwortet. Im Juli 1948 wurden die Ministerpräsidenten der Länder von den Besatzungsmächten, die die Bildung eines westdeutschen Staates in Aussicht nahmen, aufgefordert, Vorschläge für eine Änderung der Ländereinteilung zu machen. Die Verhandlungen der im Südwesten beteiligten drei Regierungen führten jedoch zu keinem Ergebnis, da man zwar in Württemberg und Nordbaden überwiegend einem Zusammenschluß zuneigte, in Südbaden aber eine Gruppe unter Führung des Staatspräsidenten Leo Wohleb (1888–1955) in steigendem Maße Einwendungen erhob. Überdies zeigte sich Frankreich an der Wiederherstellung des alten Landes Baden interessiert in der Hoffnung, dadurch, etwa im Tausch mit Württemberg-Hohenzollern, die Ausweitung seiner Besatzungszone auf dem rechten Rheinufer zu erreichen. Den von einer vorbereitenden Kommission ausgearbeiteten Karlsruher Entwurf vom 24. August 1948, der eine weitgehende Selbständigkeit der vier Landesbezirke vorsah, lehnte Wohleb ab und legte den sogenannten Bühler Entwurf vor, nach dem Baden faktisch ein selbständiges Land innerhalb eines Südweststaates geblieben wäre. Der Versuch, das neue Land auf Grund einer Einigung der südwestdeutschen Länder durch eine Entscheidung der Militärgouverneure zu bilden, war damit gescheitert.

Mit dem Inkrafttreten des Bonner Grundgesetzes am 23. Mai 1949 war eine neue Lage geschaffen: Artikel 29 sah allgemein eine Neugliederung des Bundesgebiets durch Bundesgesetz unter Berücksichtigung der landsmannschaftlichen Verbundenheit, der geschichtlichen und kulturellen Zusammenhänge, der wirtschaftlichen Zweckmäßigkeit und des sozialen Gefüges vor. Mit dem auf Initiative Gebhard Müllers eingeführten Artikel 118, gegen den der französische Hohe Kommissar François Poncet erfolglos Einspruch erhoben hatte, gab das Grundgesetz für den südwestdeutschen Raum die Möglichkeit einer Sonderregelung: die Neugliederung konnte hier auch durch Vereinbarung der beteiligten Länder erfolgen und, wenn diese nicht zustande kam, durch Bundesgesetz vorgenommen werden. Nach verschiedenen vergeblichen Versuchen wurde in der Freudenstädter Einigung der drei Ministerpräsidenten vom 24. September 1950 eine *informatorische Volksbefragung* in den drei südwestdeutschen Ländern vereinbart. Bei ihr haben sich am 24. September 1950 Nordwürttemberg, Nordbaden und Südwürttemberg-Hohenzollern mit insgesamt über 70 Prozent der Stimmen für die Bildung des Südweststaats ausgesprochen; in Südbaden stimmten 40,4 Prozent für den Südweststaat, 59,6 Prozent für die Wiederherstellung des Landes Baden, im alten Land Baden bei der Durchzählung der Stimmen 49,3 Prozent für den Südweststaat, 50,7 Prozent für die alten Länder. Da eine Vereinbarung trotz der unermüdlichen Vermittlungsversuche des Staatspräsidenten Dr. Gebhard Müller von Württemberg-Hohenzollern am Widerstand Südbadens scheiterte, war nun der Bund berufen, eine Lösung zu finden: Das *Zweite Neugliederungsgesetz* vom 4. Mai 1951 ordnete die Durchführung einer Volksabstimmung an und regelte die Folgerungen aus dem Ergebnis. Die Vereinigung der drei Länder war danach durchzuführen, wenn sich bei der Abstimmung die Mehrheit im Gesamtgebiet und in mindestens drei der vier Abstimmungsbezirke dafür aussprach; andernfalls sollten die alten Länder wiederhergestellt werden. Entgegen einem Antrag der südbadischen Landesregierung bejahte das Bundesverfassungsgericht am 23. Oktober 1951 die Gültigkeit der wesentlichen Bestimmungen dieses Neugliederungsgesetzes. Bei der *Volksabstimmung am 9. Dezember 1951* stimmten in Nordwürttemberg 93,5, in Südwürttemberg-Hohenzollern 91,4, in Nordbaden 57,1 und in Südbaden 37,8, insgesamt 69,7 Prozent für die Bildung des Südweststaates. In Baden hatte sich zwar eine knappe Mehrheit (52,16 Prozent) für die Wiederherstellung des alten Landes ausgesprochen. Die Mehrheit im Gesamtergebnis war aber eindeutig; die Voraussetzungen des Bundesgesetzes waren erfüllt. Durch die Bildung der vorläufigen Regierung am 25. April 1952 wurden die drei Länder zu einem *Bundesland* vereinigt.

Im Gegensatz zu der in die Zukunft blickenden Mehrheit wollte sich der sogenannte altbadische Teil der badischen Bevölkerung mit dieser Entwicklung nicht abfinden: ein Ende 1955 vom „Heimatbund Badener-Land" beantragtes Volksbegehren mit dem Ziel, einen Volksentscheid über die Wiederherstellung des alten

Landes Baden herbeizuführen, wurde zunächst vom Bundesminister des Inneren abgelehnt, vom Bundesverfassungsgericht aber am 30. Mai 1956 zugelassen: es vertrat den Standpunkt, auch das Land Baden-Württemberg sei nach wie vor in die Möglichkeit der Neugliederung des Bundesgebiets nach Artikel 29 einbezogen. Das Volksbegehren wurde im September 1956 in den badischen Landesteilen durchgeführt und erreichte mit 15,1 Prozent (8,7 in Nord- und 22,9 Prozent in Südbaden) die notwendige Stimmenzahl. Zur Durchführung eines Volksentscheids kam es jedoch zunächst nicht, da Bundestag, Bundesrat und Bundesregierung eine umfassende Neugliederung des Bundesgebiets, die eine Gesamtkonzeption erfordert hätte, nicht zur Entscheidung stellen wollten und Teillösungen als nicht zulässig angesehen wurden. Das Bundesverfassungsgericht entschied am 11. Juni 1961 gegen diese Auffassung. Über die von der Bundesregierung Ende 1962 vorgeschlagene Regelung wurde auch in der folgenden Legislaturperiode nicht entschieden. Erst im Sommer 1969 ermöglichte eine Änderung des Artikels 29 des Grundgesetzes und ein entsprechendes Bundesgesetz einen *Volksentscheid in Baden* über die Zugehörigkeit des badischen Gebietsteils zum Land Baden-Württemberg. Bei der Abstimmung am 7. Juni 1970 stimmten 18,1 Prozent für die Wiederherstellung des früheren Landes Baden, *81,9 Prozent für sein Verbleiben beim Bundesland Baden-Württemberg.* Die Badener hatten damit die Frage eindeutig entschieden. Baden-Württemberg, das sich in den 18 Jahren seines Bestehens als ein lebenskräftiges, wohlabgerundetes und wirtschaftlich führendes Land der Bundesrepublik mit einer weitgehend homogenen Bevölkerung erwiesen hatte, wurde eindrucksvoll bestätigt.

117 Gebhard Müller, Staats- und Ministerpräsident, 1958—1972 Präsident
des Bundesverfassungsgerichts
118 Wilhelm Keil, Landtagspräsident

119 *Großes Landeswappen von Baden-Württemberg.*
Das durch Gesetz von 1954 eingeführte neue Landeswappen wird als großes und kleines Wappen
geführt und zeigt in goldenem Schild drei schreitende schwarze Löwen mit roten Zungen; sie sind
dem Stauferwappen entnommen.
Beim großen Landeswappen ruht auf dem Schild ein Kronreif mit folgenden historischen Wappen:
In der Mitte die Wappen von Baden und Württemberg, links die weißroten Speerspitzen des
ehem. Herzogtums Franken und der schwarzweiß gevierte Schild von Hohenzollern. Rechts der
Löwe von Kurpfalz und der rot-weiß-rote Schild der ehemals österreichischen Lande. Schildhalter
sind der württembergische Hirsch und der badische Greif.
Das kleine Landeswappen trägt eine sog. Blattkrone oder Volkskrone

120 *Universität Freiburg. Erweiterung des Kollegiengebäudes*
121 *Universität Tübingen. Mathematisch-naturwissenschaftliches Zentrum auf dem Schnarrenberg.*

122 *(umseitig) Luftbild der Innenstadt Stuttgart mit neuem Landtagsgebäude*

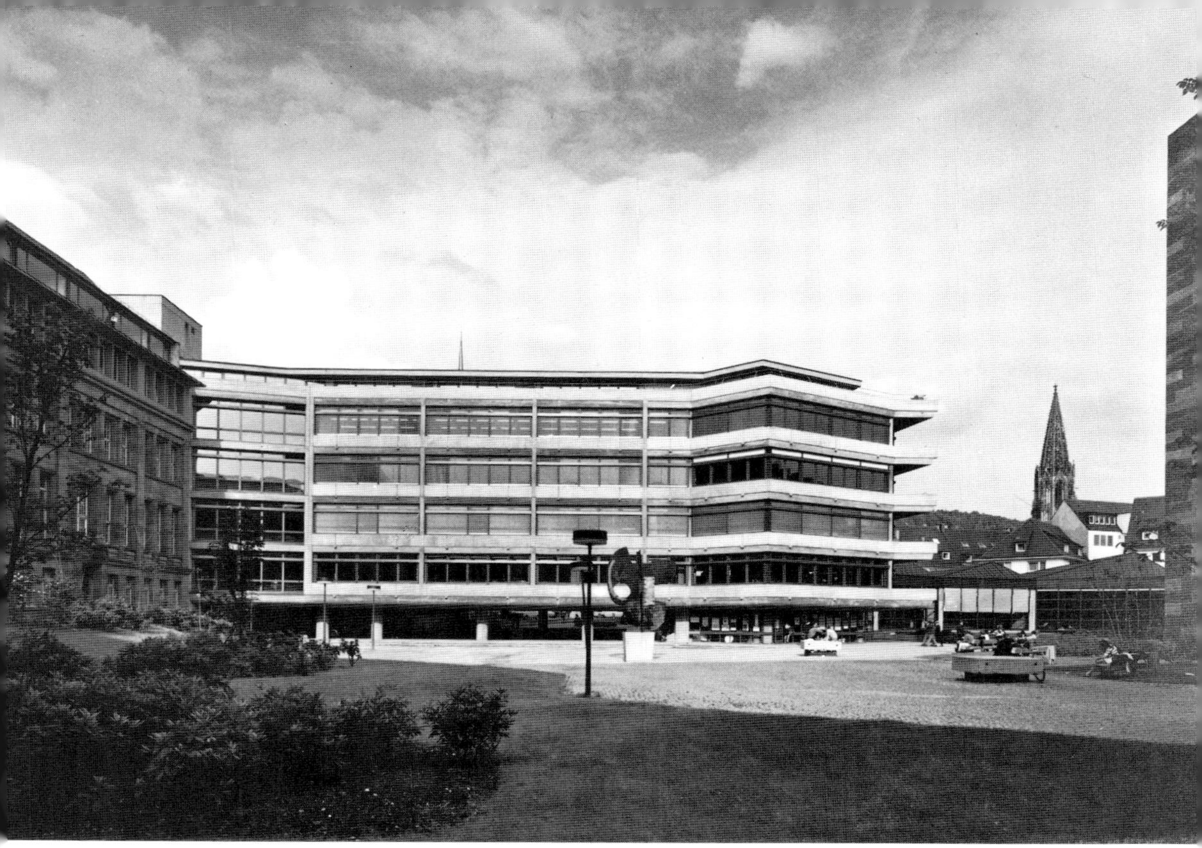

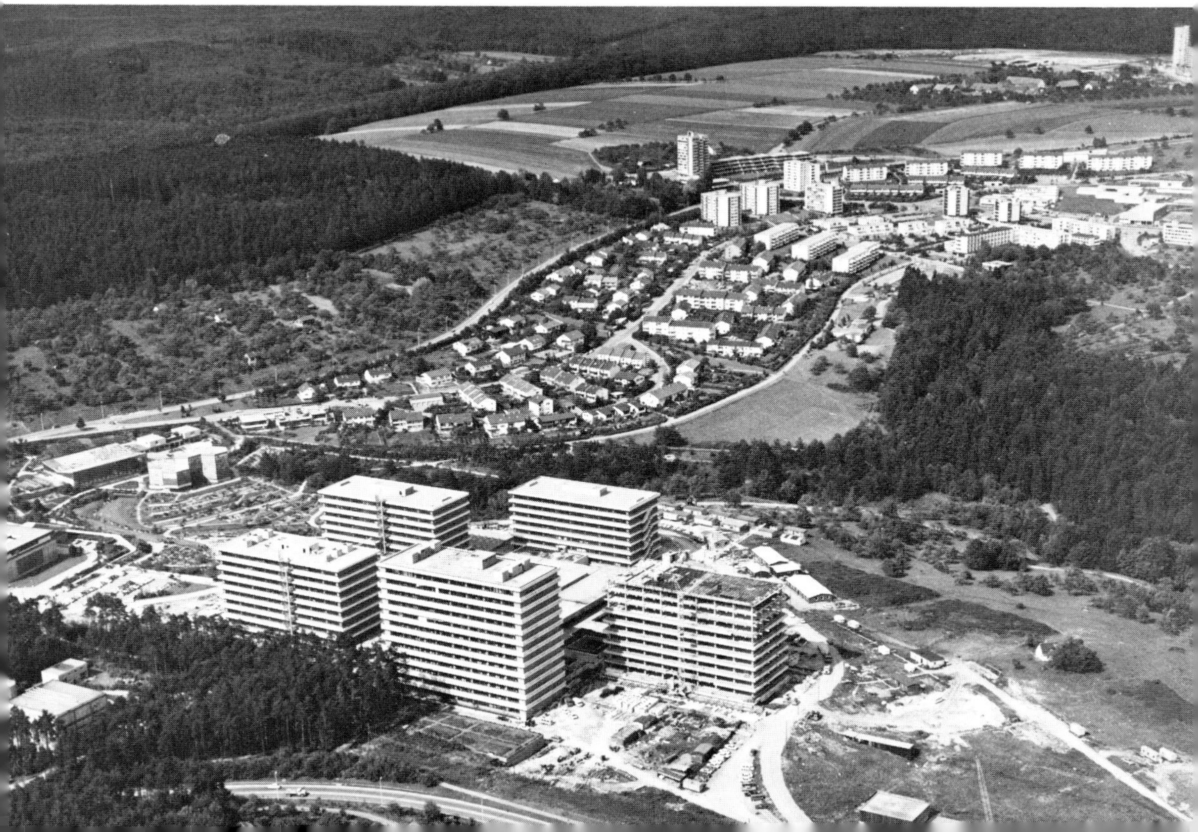

XXIII. Das Land Baden-Württemberg

Das neue Bundesland – Regierung Reinhold Maier

Die vom Bund angeordnete Volksabstimmung vom 9. Dezember 1951 mit ihrem für den Südweststaat positiven Ergebnis machte die Bahn frei für die Bildung des neuen Bundeslandes. Die Regierungen der drei bisherigen Länder bildeten einen Ministerrat zur Durchführung der Wahl der *Verfassunggebenden Landesversammlung*. Die Wahl fand am 9. März 1952 statt: die CDU erhielt 50, die SPD 38, die FDP/DVP 23, der Bund der Heimatvertriebenen (BHE) 6 und die Kommunisten 4 Sitze. Die Landesversammlung konstituierte sich am 23. März im bisherigen Sitzungssaal des württembergisch-badischen Landtags in Stuttgart. Ihr Präsident wurde der CDU-Abgeordnete Carl Neinhaus. Am 25. Mai 1952 wurde Reinhold Maier zum Ministerpräsidenten gewählt. Er bildete nicht die erwartete Allparteienregierung, sondern ein Kabinett aus Sozialdemokraten, Demokraten und Mitgliedern des BHE. Damit waren die bisherigen Länder Baden, Württemberg-Baden und Württemberg-Hohenzollern nach der bundesrechtlichen Regelung aufgehoben und zum neuen *Bundesland* vereinigt. Daß Maier bei der Regierungsbildung die stärkste Partei des Landes, die in Württemberg-Hohenzollern und in Baden die absolute Mehrheit besaß, nicht beteiligte, wurde scharf kritisiert und hat die Verfassungsverhandlungen und die ersten Jahre des Zusammenwachsens der bisherigen Länder erschwert.

Das neue, wohlabgerundete Bundesland umfaßt 35 750 qkm, rund ein Siebtel des Gebiets der Bundesrepublik mit (1970) 9 Millionen Einwohnern. In den achtziger Jahren wird das Land voraussichtlich rund 10 Millionen Einwohner haben. Auf einen Quadratkilometer kamen 217 Menschen; 1880 waren es rund 100, 1939 etwa 153. Nach *Fläche und Bevölkerungszahl* nimmt es den dritten Platz in der Bundesrepublik ein.

Durch das Überleitungsgesetz vom 15. Mai 1952 erhielt das neue Bundesland eine vorläufige staatsrechtliche Ordnung und die ebenfalls vorläufige Bezeichnung *Baden-Württemberg*. Der historisch naheliegende Name „Schwaben" drang nicht

durch, da man mit Rücksicht auf die badischen Landesteile die Namen der alten
Länder erhalten wollte. Die *Landesfarben* sind schwarz-gold. Sie entsprechen den
Farben des alten Herzogtums Schwaben; die württembergischen Farben waren
schwarz-rot, die badischen rot-gelb-rot. Das durch Gesetz von 1954 eingeführte
Landeswappen wird als großes und kleines Wappen geführt und zeigt in goldenem
Schild drei schreitende schwarze Löwen mit roten Zungen; sie sind dem Stauferwappen entnommen. Beim großen Wappen ruht auf dem Schild ein Kronreif mit
historischem Wappen: in der Mitte die Wappen von Baden und Württemberg,
links die weißroten Speerspitzen des Herzogtums Franken und der schwarz-weiß
gevierte Schild von Hohenzollern, rechts der Löwe der Kurpfalz und der rot-
weiß-rote Schild der österreichischen Lande. Schildhalter sind der württembergische
Hirsch und der badische Greif. Das kleine Wappen trägt eine Blattkrone, die
sogenannte Volkskrone. Im kleinen württembergischen Schild des großen Landes-
wappens hat übrigens die dritte Hirschstange vier Enden zum Unterschied vom
Familienwappen des Königlichen, jetzt Herzoglichen Hauses.

Regierung Gebhard Müller – Landesverfassung, Organisationsgesetze

Die Beratung der Landesverfassung zog sich vom Frühjahr 1952 bis Herbst 1953
hin. Eine Einigung konnte erst erzielt werden, als nach der Bundestagswahl
vom 6. September 1953, die der CDU großen Stimmengewinn brachte, Ministerpräsident Maier auf Drängen seiner Partei zurücktrat und *Gebhard Müller* eine
Regierung aller Parteien außer den Kommunisten bildete, der mit ihm vier Minister der CDU, vier der SPD, zwei der FDP, einer des BHE sowie zwei CDU-
Staatsräte angehörten. Erst jetzt gelang ein Kompromiß über die Landesverfassung; wichtige Probleme blieben ungelöst. In der Volksschulfrage konnte eine
Einigung nur dadurch erzielt werden, daß die Beibehaltung der bestehenden
Volksschulformen – in Württemberg-Hohenzollern im wesentlichen Bekennt-
nis-, in den anderen Landesteilen Gemeinschaftsschulen – verfassungsmäßig anerkannt wurde, so daß eine Neuregelung der Zweidrittelmehrheit bedurfte. Die
Entwicklung ist später andere Wege gegangen. Die *Verfassung* des Landes Baden-
Württemberg wurde am 1. November 1953 mit 102 von 114 Stimmen angenommen und am *16. November 1953* verkündet. Die Landesverfassung wiederholt in
ihrem ersten Hauptteil manches, was das Grundgesetz der Bundesrepublik schon
enthält, fügt aber das „unveräußerliche Menschenrecht auf die Heimat" hinzu
und unterstreicht gemäß der Abgrenzung der Aufgaben zwischen Bund und
Ländern die kulturellen Belange, die Rechte der Kirchen und das Recht der

Eltern, die Erziehung und Bildung ihrer Kinder mitzubestimmen. Der zweite Hauptteil „Vom Staat und seinen Ordnungen" bestimmt, daß das Land ein republikanischer, demokratischer und sozialer Rechtsstaat und ein Glied der Bundesrepublik Deutschland ist, und bringt die wesentlichen Grundsätze über den Aufbau des Staates, über Landtag, Regierung, Gesetzgebung, Verwaltung und Finanzwesen. Die Forderungen der CDU nach einem vom Volk gewählten Staatspräsidenten und einem Senat als erster Kammer drangen nicht durch. Die Wahlperiode des Landtags dauert vier Jahre. Der Ministerpräsident, der vom Landtag gewählt wird, beruft die Regierung, die der Bestätigung durch den Landtag bedarf. Die Stellung des Landtags ist verhältnismäßig stark; die des Kabinetts wird gegenüber dem Ministerpräsidenten, der die Richtlinien der Politik bestimmt, dadurch betont, daß über Gesetzesvorlagen, über die Stimmabgabe des Landes im Bundesrat, überhaupt über Fragen von grundsätzlicher und weittragender Bedeutung die Regierung entscheidet. Das eigentümliche Landtagswahlrecht verbindet Persönlichkeits- und Verhältniswahlrecht, kennt aber keine Landesliste, sondern je einen Wahlkreisabgeordneten und eine Zweitauszählung der Stimmen. Ein Volksentscheid ist in einigen Fällen möglich; die justizstaatlichen Elemente sind gestärkt, ein Staatsgerichtshof vorhanden. Den Gemeinden und Gemeindeverbänden wird in allgemeinen Fragen, die sie berühren, ein Anhörungsrecht zuerkannt. In der parlamentarischen Praxis der zunächst folgenden Zeit wurde die Solidarität der Fraktionen nicht selten durch regionale Erwägungen aufgelockert. Die Abgeordneten der Landesversammlung bildeten ohne Wahl den ersten Landtag bis 1956.

Mit der Verfassung waren die Voraussetzungen für die grundlegenden *Organisationsgesetze* geschaffen. Sie sind solid, aber im Bemühen, die Eigenständigkeit der Länderteile zu berücksichtigen, nicht sehr wagemutig ausgefallen. Das *Landesverwaltungsgesetz* vom 7. November 1955 regelt den Aufbau der Verwaltung, insbesondere die Einrichtung der obersten Landesbehörden und teilte das Land in vier Regierungsbezirke mit je einem Regierungspräsidium ein. Die Grenzen der Regierungsbezirke Nordwürttemberg mit dem Sitz in Stuttgart, Südwürttemberg-Hohenzollern in Tübingen, Nordbaden in Karlsruhe und Südbaden in Freiburg entsprachen denen der Länder und Zonengrenzen von 1945 und sind daher teilweise willkürlich gezogen; sie bilden aber leistungfähige Organe einer dezentralisierten Verwaltung. Ihre Aufhebung hat man trotzdem im Rahmen der Verwaltungsreform von 1971 in Aussicht genommen; sie soll jedoch nicht vor 1977 durchgeführt werden. Die Allzuständigkeit der Regierungspräsidien auf der mittleren Ebene wurde durch die Schaffung von Oberschulämtern und Sonderbehörden für den Bereich der Landwirtschaft und des Forstwesens durchbrochen. Daneben bestehen im Lande die im Grundgesetz verankerten bundeseigenen Verwaltungen auf dem Gebiete der Bundeswasserstraßen, der Verteidigung, der Zölle, der Bundesbahn und der Bundespost. Als *Landesoberbehörden* wurden eingerichtet: Landesgewerbeamt, Landeskriminalamt, Landesamt für Verfassungsschutz, Oberbergamt und Geologisches Landesamt (diese beide in Freiburg), Statistisches Landesamt, Landesausgleichsamt, Landesamt für Umlegung und Siedlung (in Ludwigsburg), Landesvermessungsamt und Autobahnamt. *Untere Verwaltungsbehörden* sind in den Landkreisen die Landratsämter, in den Stadtkreisen und begrenzt in den Großen Kreisstädten die Bürgermeisterämter. Nur neun Großstädte bilden einen eigenen Stadtkreis im Unterschied zum benachbarten Bayern, das 48, zum Teil recht kleine kreisfreie Städte kennt. Baden-Württemberg hatte bis 1971 9 Stadt- und 63 Landkreise mit 3381 Gemeinden. Der ehemals württembergische Landesteil umfaßte die drei Stadtkreise Stuttgart mit 628 000, Heilbronn mit 101 000 und Ulm mit nahezu 100 000 (Stand 1970) sowie 34 Landkreise mit durchschnittlich 120 000 Einwohnern. 38 Gemeinden mit mehr als 20 000 Einwohnern sind von der Landesregierung zu *„Großen Kreisstädten"* erklärt worden. Ihre Verwaltungzuständigkeit ist erheblich erweitert; sie scheiden jedoch nicht aus dem Landkreis aus. In den Stadtkreisen und Großen Kreisstädten führt der Bürgermeister die Amtsbezeichnung Oberbürgermeister. Von den 45 Großen Kreisstädten liegen 32 auf ehemals württembergischem Gebiet: Aalen, Backnang, Biberach, Bietigheim, Böblingen, Crailsheim, Ebingen, Ellwangen, Esslingen, Fellbach, Friedrichshafen, Geislingen, Göppingen, Heidenheim, Kirchheim u. T., Kornwestheim, Leonberg, Ludwigsburg, Nürtingen, Ravensburg, Reutlingen, Rottenburg, Rottweil, Schorndorf, Schramberg, Schwäbisch Gmünd, Schwäbisch Hall, Schwenningen, Sindelfingen, Tübingen, Tuttlingen und Waiblingen (Stand Sommer 1972); im badischen Bereich liegen sechs Stadtkreise und 13 Große Kreisstädte.

Die *Gemeindeordnung* vom 25. Juli 1955 knüpft an das gewordene Gemeinderecht an, bringt aber Neuregelungen auf dem Gebiet der Gemeindeverfassung und Gemeindewirtschaft. So kann in Gemeinden mit mehr als 3000 Einwohnern neben dem Gemeinderat ein Bürgerausschuß bestellt werden; in solchen mit weniger als 200 Einwohnern kann die Gemeindeversammlung an die Stelle des Gemeinderats treten. Für die Gemeinde gelten weiter die Grundsätze der Allzuständigkeit für örtliche Aufgaben und der Einheit der Verwaltung im Gemeindebereich.

Die *Landkreisordnung* vom 10. Oktober 1955 überträgt den Landkreisen, die sowohl Gemeindeverband wie Gebietskörperschaft sind, vor allem solche öffentlichen Aufgaben, die die Leistungsfähigkeit der Gemeinden übersteigen. Der

Landkreis ist in Württemberg aus Amt und Amtskörperschaft erwachsen und verbindet noch heute kommunale und staatliche Aufgaben. Der Landrat, einst Staatsbeamter, ist nun vom Kreistag auf acht Jahre gewählter Beamter des Landkreises, vertritt den Landkreis und ist Vorsitzender des Kreisrats und des Kreistags. Das Landratsamt ist Kreiskommunalbehörde und zugleich untere Verwaltungsbehörde des Staates. Für die letztere stellt das Land Beamte, die übrigen stehen im Dienst des Landkreises. Der Kreistag ist gewählte Volksvertretung, der Kreisrat das Verwaltungsorgan des Kreises für alle Angelegenheiten des Landkreises, die nicht dem Kreistag oder dem Landrat übertragen sind. Seine kommunalen Aufgaben, zum Beispiel Kreisstraßen, Kreiskrankenhaus, Sozial- und Jugendhilfe, Landwirtschaftsschulen, regelt der Kreis in eigener Verantwortung. Jedoch stehen ihm keine eigenen Steuerquellen zur Verfügung; er ist vielmehr auf Umlagen der Kreisgemeinden angewiesen. Staatliche Aufgaben des Kreises sind die Rechtsaufsicht über die Gemeinden, die Ordnungsverwaltung, insbesondere auf den Gebieten des Verkehrs- und Bauwesens, dazu Versicherungsaufsicht, Durchführungsmaßnahmen im Bereich der Wehrpflicht, des Luftschutzes und Sicherung gegen andere Notstände.

Die Landtagswahl 1956 ergab keine wesentliche Verschiebung der politischen Kräfte. Das Kabinett Müller blieb fast unverändert. Kultusminister wurde Gerhard Storz (geb. 1898). Bei der Bundestagswahl erhielt die CDU im Lande 52,8, die SPD 25,8 und die FDP 14,4 Prozent der Stimmen. Zur Koordinierung der wirtschaftlichen Planung und der staatlichen Förderungsmaßnahmen wurde 1957 die Vorlage eines *Landesentwicklungsplans* beschlossen, der auf Grund von Strukturanalysen und Prognosen Entwicklungs- und Raumordnungspläne für Teilgebiete und für das ganze Land erarbeiten soll. Ein Landesplanungsgesetz für Baden-Württemberg wurde 1962 verabschiedet, ein Raumordnungsbericht der Landesregierung lag 1966, der Entwurf des Landesentwicklungsplans im Januar 1969 vor. Er sieht, von Verdichtungsräumen und -bereichen ausgehend, Entwicklungsachsen und zentrale Orte (Mittelpunktsgemeinden, Unter-, Mittel- und Oberzentren) vor. Die Vorschläge haben naturgemäß zu lebhaften Diskussionen geführt.

Nach der finanziellen Seite wurden diese Organisationsgesetze durch das Gesetz über den *Finanzausgleich* von 1961 zwischen dem Land und den Gemeinden und Gemeindeverbänden ergänzt, das die Kostenverteilungen und Schlüsselzuweisungen für Gemeinschaftsaufgaben zum Beispiel auf den Gebieten des Schul- und Straßenwesens und der Polizei regelt.

Landeshauptstadt Stuttgart

Eine besondere Stellung unter den Kommunen nimmt nicht rechtlich, aber faktisch die schön und zentral gelegene *Landeshauptstadt Stuttgart* ein, die im 19. Jahrhundert als königliche Residenz von der Weingärtner- und Beamtenstadt zum Verkehrsknotenpunkt des Landes und zur südwestdeutschen Wirtschaftsmetropole, vor allem aber zum Mittelpunkt der Politik, der Regierung und Verwaltung und zu einer Stadt mit starker kultureller Ausstrahlung und Anziehungskraft, auch zu einer viel besuchten Ausstellungsstadt geworden ist. Ursprünglich eng ins Tal gedrängt, stieß sie nach allen Seiten über die umgebenden Höhen hinaus und ins Neckartal vor, ohne die liebliche Landschaft mit ihren Gärten und Wäldern ganz zu verdrängen. Selbst mancher alte Weinberg hält zwischen Hochhäusern, Wirtschaftsunternehmungen und Villen seinen Platz. Eingemeindet wurden 1901 Gaisburg, 1905 Cannstatt, Untertürkheim und Wangen, 1908 Degerloch, 1922 Botnang, Kaltental, Hedelfingen, Obertürkheim, 1929 Hofen, 1931 Zuffenhausen, Rotenberg und Münster, 1933 Feuerbach, Mühlhausen, Zazenhausen und Weilimdorf, 1937 Heumaden, Rohracker, Sillenbuch und Uhlbach, 1942 Birkach, Riedenberg, Hohenheim, Plieningen, Sonnenberg, Vaihingen/Filder, Rohr und Stammheim. 1936 erhielt Stuttgart die Bezeichnung „Stadt der Auslandsdeutschen", die 1945 untersagt wurde. Die Stadt, die um 1800 knapp 20 000, 1852 erst 50 000, 1880 rund 117 000 und 1910 schon 286 000 Einwohner hatte, war 1963 auf 640 000 angewachsen, hat aber seither infolge der Verlagerung von Betrieben etwas abgenommen; sie zählte am 1. Juli 1971: 631 341. Im Zweiten Weltkrieg wurde die Stadt durch 53 Fliegerangriffe – die schwersten fanden am 25. und 26. Juli, am 12. September und am 19. Oktober 1944 statt – so getroffen, daß Alt-Stuttgart weitgehend vernichtet und seine historischen Bauten, vor allem das Alte und Neue Schloß, die mittelalterlichen Kirchen, Landschaftshaus, Landtag, Rathaus, zahlreiche öffentliche Gebäude, Schulen und Krankenhäuser und über zwei Drittel der Wohnhäuser zerstört oder schwer beschädigt wurden. Von den Schäden des Luftkrieges hat sich die Stadt, seit 1945 ununterbrochen von Oberbürgermeister Dr. Arnulf Klett geführt, verhältnismäßig rasch erholt. Zahlreiche Randsiedlungen, die teilweise den Charakter von Randstädten annahmen, entstanden vor allem im Norden der Stadt sowie auf den Fildern und rechts des Neckars. Die Wirtschaft ist wieder vielseitig und leistungsfähig. Stuttgart blieb Sitz von mehr als 300 Verlagen und ist damit auch heute noch Mittelpunkt des süddeutschen Buchhandels und Buchdruckgewerbes. Eine vielbeachtete Entwicklung nahmen das Württembergische Staatstheater, von 1949 bis 1972 unter Generalintendant Walter Erich Schäfer (geb. 1901), und die Württembergische Staatsgalerie. Das Württembergische Landesmuseum, das die Geschichte des Landes in einmaliger Weise widerspiegelt, erhielt im aufgebauten Alten Schloß den ihm zukommenden Platz und richtete folgende Zweigmuseen ein: Limesmuseum in Aalen, „Mittelalterliche Kunst" im Kloster Bebenhausen, „Höfische Kunst des Barock" im Schloß Ludwigsburg, als weitere Zweigmuseen Schloß Urach und Schloß Weikersheim, dazu als Zweigstellen das Federseemuseum in Bad Buchau und den Römischen Weinkeller in Oberriexingen. Auch der Wiederaufbau des Neuen Schlosses konnte trotz mancher Widerstände durchgesetzt werden. Mit dem 216 Meter hohen, 1955 von Fritz Leonhardt erbauten Fernsehturm, der den Blick weit über das Land freigibt, hat die Stadt ein neues Wahrzeichen erhalten.

Die Ministerpräsidenten Kiesinger und Filbinger

Nach der Berufung von Dr. Gebhard Müller zum Präsidenten des Bundesverfassungsgerichts wurde Ende 1958 der CDU-Bundestagsabgeordnete *Kurt Georg Kiesinger* (geb. 1904 in Ebingen) zum Ministerpräsidenten gewählt. Er behielt die Allparteienregierung bei. Bei der Landtagswahl 1960 gingen die Stimmen der CDU und FDP zurück, die der SPD stiegen an (CDU 52, SPD 44, FDP 18, BHE 7 Sitze). Kiesinger, wieder Ministerpräsident, bildete trotzdem eine kleine Koalition aus CDU und FDP; die SPD trat erstmals seit der Gründung des Bundeslandes in Opposition. Hans Filbinger wurde Innenminister, Hermann Müller Finanzminister. 1961 wird ein vorbildliches Finanzausgleichsgesetz verabschiedet. Während die CDU bei der Bundestagswahl 1961 Stimmen verlor, gewinnen CDU und SPD bei der Landtagswahl 1964. Die Koalition blieb, an die Stelle von Gerhard Storz als Kultusminister trat der Heidelberger Theologieprofessor Dr. Wilhelm Hahn (geb. 1909 in Dorpat).
Im Dezember 1966 wird Ministerpräsident Kiesinger, der sich im Land eine starke Stellung geschaffen hatte, zum *Bundeskanzler* gewählt. Damit tritt erstmals seit der Gründung des Reichs und der Bundesrepublik ein Württemberger an die Spitze der Staatsführung. Sein Nachfolger als Ministerpräsident in Stuttgart wird der Freiburger Rechtsanwalt und bisherige Innenminister *Hans Filbinger* (geb. 1913 in Mannheim). Er bildet vor allem unter dem Gesichtspunkt der mit verfassungsändernder Mehrheit zu regelnden Schulfrage ein wesentlich verjüngtes Kabinett der *Großen Koalition* aus CDU und SPD. Der SPD-Abgeordnete Walter Krause (geb. 1912) wird Innenminister und Stellvertreter des Ministerpräsidenten, Robert Gleichauf (geb. 1914) Finanzminister; Hahn bleibt Kultusminister. Bei der Bundestagswahl 1969 erringt die CDU Erfolge; sie erhält die absolute Mehrheit im Lande, jedoch nicht im Bund. Bundeskanzler einer sozial-

Karte 13: Verwaltungseinteilung bis 1971. Alte Regierungsbezirks- und Kreisgrenzen noch unverändert.

Karte 14: Verwaltungsneugliederung von 1971 (35 Kreise und 12 Regionen) mit Wirkung vom 1. 1. 1973.

liberalen Koalition von SPD und FDP wird Willy Brandt. Im Lande wird die
Große Koalition von CDU und SPD jedoch zunächst fortgesetzt.
Bei der *Landtagswahl vom 23. April 1972* errang die CDU unter Führung von
Hans Filbinger mit 53 v. H. der Stimmen die absolute Mehrheit. Die SPD erhielt
37,5, die FDP 8,9 v. H. Die neue Regierung, wieder unter *Ministerpräsident Fil-
binger*, wurde nun von der CDU allein gebildet.

Verwaltungsreform

Die Innenpolitik des Landes wandte sich nun vor allem der Kulturpolitik und
in wachsendem Maße auch den Bemühungen um eine *Verwaltungsreform und
Gebietsneuordnung* zu. Vorstufen dafür waren außer dem Landesplanungsgesetz
und dem Landesentwicklungsplan zwei Gesetze über die Stärkung der Verwal-
tungskraft der Gemeinden von 1968 und 1970, die die Bildung kräftiger Verwaltungseinheiten erleichtern wollen. Zur Vorbereitung einer tiefgreifenden Reform der staatlichen und kommunalen Verwaltung wurde je eine Kommission
unter dem Vorsitz des Mannheimer Oberbürgermeisters Hans Reschke und des
früheren Regierungspräsidenten von Südbaden, Anton Dichtel, eingesetzt. Die
Verwaltungsreform soll eine möglichst gleichmäßige Leistungsfähigkeit und Ausstattung der Verwaltungseinheiten mit öffentlichen Einrichtungen wie Straßen,
Schulen, Krankenhäusern, Wasserversorgung gewährleisten und die Landesverwaltung auf solche Aufgaben konzentrieren, die für das ganze Land gestellt sind.
Im Vordergrund stand die besonders von Innenminister Walter Krause betriebene
Kreisreform. Die Vorschläge der Kommissionen und der Landesregierung zur
Neugliederung der Kreise führte zu lebhaften Auseinandersetzungen, aber nicht
zu den harten politischen Kämpfen wie bei früheren Gebietsreformversuchen
(vgl. S. 292). Das Kreisreformgesetz von 1971 setzte die Zahl der *Landkreise* mit
Wirkung vom 1. Januar 1973 von 63 auf 35 herab. Die Zahl der Stadtkreise blieb
unverändert. Durch das Regionalverbandsgesetz des gleichen Jahres wurden, zunächst vor allem für Planungsaufgaben, zwölf *Regionalverbände* errichtet (siehe
Karte am Ende des Buches). Beide Neueinteilungen überschneiden die bisherigen
Grenzen der Regierungsbezirke und der alten Länder vor allem im Bodenseeraum, im Schwarzwald und im Taubergebiet, fördern damit das Zusammenwach-
sen der Landesteile, werfen aber auch manche rechtlichen, wirtschaftlichen und
kirchlichen Fragen auf. Die Verwaltungsfragen soll ein Eingliederungsgesetz
regeln, mit dem Ziel, die Bezirke der verschiedenen Verwaltungsbereiche, so der
Landrats-, Finanz-, Gesundheits-, Straßenbau-, Wasserwirtschafts-, Vermessungs-
und Schulämter möglichst deckungsgleich zu machen („Einräumigkeit der Verwal-

tung") und, soweit geboten, eine engere Verbindung zwischen den Behörden herzustellen. Die Regierungsbezirke sollen zum 1. Januar 1977 aufgehoben werden; für die Übergangzeit von 1973 bis 1977 wurde eine Neuabgrenzung der Regierungsbezirke beschlossen, nach der die Kreise Calw und Freudenstadt nun zum Regierungsbezirk Karlsruhe, die Kreise Rottweil und Tuttlingen zu Freiburg, der Tauberkreis mit dem Sitz in Tauberbischofsheim zu Stuttgart und der Alb-Donau-Kreis um Ulm zu Tübingen gehören. Die *Gemeindereform* strebt die Vergrößerung der Verwaltungseinheit auf etwa 5000 Einwohner an. Zahlreiche Gemeinden schlossen sich freiwillig zusammen. Auch die Geschäftsbereiche der Ministerien sollen neu abgegrenzt werden, wobei ein einheitliches Rechtspflegeministerium für die verschiedenen Zweige der Gerichtsbarkeit in Aussicht genommen ist.

Bildungswesen, Wissenschaft

Die Reform des Bildungswesens, schon unter Minister Storz eingeleitet, wurde unter Kultusminister Hahn seit 1964 Kernstück der landespolitischen Arbeit. 1965 bis 1970 wird das 9. Volksschuljahr eingeführt. Die pädagogischen Akademien – simultane in Esslingen, Schwäbisch Gmünd, Reutlingen, Ludwigsburg und Karlsruhe, katholische in Weingarten und Freiburg und eine evangelische in Heidelberg – werden durch Gesetz von 1958 in Pädagogische Hochschulen umgewandelt; eine weitere pädagogische Hochschule in Lörrach kam 1966 hinzu. Soweit sie konfessionellen Charakter hatten, fiel er durch ein verfassungsänderndes Gesetz von 1969 weg. Der auf Grund des Schulverwaltungsgesetzes von 1964 erarbeitete, 1965 veröffentlichte *Schulentwicklungsplan*, der erste seiner Art in der Bundesrepublik, enthält in seinem ersten Teil eine Planung für das allgemeinbildende Schulwesen bis 1980. Ihm folgten weitere Pläne für das Berufliche Schulwesen, für den Hochschulbereich und für die Erwachsenenbildung. Der Kern der Volksschulreform ist die Einrichtung der *Hauptschule* mit Jahrgangsklassen für die Schüler des fünften bis neunten Schuljahrs, die oft durch Schaffung von *Nachbarschaftsschulen* verwirklicht wird. Dazu kommt der Ausbau des Sonderschulwesens. Die Grundschule vom ersten bis vierten Jahrgang bleibt in der Regel in der Gemeinde. Auf Grund dieser umfassenden Bildungsplanung hat sich das Schulwesen in Baden-Württemberg in kurzer Zeit tiefgreifend gewandelt. Ein großzügiges System der Schülerbeförderung mit Fahrkostenerstattung wurde eingerichtet. Die 1966 zwischen CDU und SPD geschlossene Koalition hat es ermöglicht, durch ein verfassungsänderndes Gesetz vom 8. Februar 1967 die Schulreform der *christlichen Gemeinschaftsschule* badischer Prägung im ganzen Land einzuführen und dadurch auch in Südwürttemberg-Hohenzollern die Schulplanung zu erleichtern. Die Evangelische Landeskirche, die sich früher für eine Konfessionsschule in Südwürttemberg eingesetzt hatte, trat nun für die christliche Gemeinschaftsschule ein. Das Ergebnis des Schulentwicklungsplans in diesem Teil ist eine als vorbildlich angesehene Reform der Volksschule, die dazu beiträgt, das Bildungsgefälle zwischen Stadt und Land zu beseitigen. Heute werden rund 99 Prozent der Hauptschüler in Jahrgangsklassen unterrichtet (1965 erst 61 Prozent). Die Nachbarschaftsschulen haben sich trotz mancher örtlicher Schwierigkeiten dank der verständnisvollen Haltung der Gemeinden und der Eltern bewährt. Der große Nachholbedarf an Sonderschulen – man rechnet heute, daß 5 Prozent eines Altersjahrgangs sonderschulbedürftig sind – konnte zum erheblichen Teil bewältigt werden; die Zahl der Sonderschulen und -klassen hat sich von 1966 bis 1971 mehr als vervierfacht. Die Schaffung von Bildungszentren, die mehrere Schularten verbinden, ist im Gang.

Im Bereich der *höheren Schulen* entspricht der starke Andrang dem Aufstiegswillen breiter Bevölkerungsschichten. Die Zahl der Realschulen und Gymnasien wurde erheblich vermehrt und dadurch auch in ländlichen Gegenden der Übergang von der Volksschule erleichtert.

Der Ausbau der wissenschaftlichen *Hochschulen* belastet das Land finanziell stark. Seine Leistungen stiegen von 1953 bis 1971 jährlich von 70 auf 711,5 Millionen DM; dazu kommen 381 Millionen DM für Universitätskliniken. Die Zahl der Studierenden wuchs in der gleichen Zeit von 33 500 auf 83 000 (einschließlich der Studierenden an Pädagogischen Hochschulen, Kunst- und Fachhochschulen), wobei Tübingen, Heidelberg und Freiburg in wechselnder Reihenfolge fast die gleiche Studentenzahl aufzuweisen haben. Für Freiburg und Stuttgart, deren Hochschulen im Krieg besonders schwer getroffen wurden, waren umfangreiche Baumaßnahmen notwendig. 1963 wird auf Initiative von Ministerpräsident Kiesinger zunächst die Universität Konstanz, 1967 die Medizinisch-naturwissenschaftliche Hochschule Ulm gegründet. 1967 erhalten auch die Technischen Hochschulen Stuttgart und Karlsruhe, die Landwirtschaftliche Hochschule Hohenheim, die Wirtschaftshochschule Mannheim und die Medizinisch-naturwissenschaftliche Hochschule Ulm die Bezeichnung „Universität". Das Land zählt damit neun Universitäten; es ist das hochschulreichste Land der Bundesrepublik. Die Unzufriedenheit mit den Verhältnissen an den Hochschulen, ihrer Überfüllung, den Zulassungsbeschränkungen zahlreicher Fakultäten, überhaupt mit ihrer nicht mehr zeitgemäßen Struktur führte seit 1968 wie an anderen deutschen und ausländischen Hochschulen zu *Unruhen* und Protesten eines Teils der Studentenschaft. Ihre Ursachen liegen allerdings nicht nur im Hochschulbereich, sondern in allgemeinen gesellschaftspolitischen Prozessen, die hier ihre besondere Ausprägung erfahren haben. Die Vorgänge haben auch in Baden-Württemberg das Hochschulleben beeinträchtigt und teilweise den Hochschulfrieden erheblich gestört. Durch das *Hochschulgesetz von 1968*, das Fachhochschulgesetz von 1971 und die beiden Hochschulgesamtpläne I von 1969 und II von 1972, in denen die verschiedenen Einrichtungen im Zusammenhang gesehen werden, wurde eine innere Reform der Hochschulen einschließlich der Ingenieurschulen und anderer höherer Fachschulen in die Wege geleitet, die Studienbedingungen verbessert und die Durchlässigkeit der verschiedenen Studiengänge erleichtert. In den im Hochschulgesetz vorgesehenen Grundordnungen hat jede Universität zu bestimmen, ob sie sich eine Rektorats- oder eine Präsidialverfassung geben will. Die Universitäten Hohenheim und Tübingen haben sich für eine Präsidialverfassung entschieden.

Schon 1957 beschloß das Land den Ausbau weiterer *Ingenieurschulen* verschiedener Fachrichtungen, die im März 1972 zu Staatlichen Fachhochschulen erhoben wurden. Insgesamt bestehen in Baden-Württemberg nun 15 Staatliche Fachhochschulen für Ingenieure: Aalen (gegr. 1962), Biberach (1964), Esslingen (1865), Furtwangen (1850), Heilbronn (1961), Karlsruhe (1878), Konstanz (1906/1936), Mannheim (1898), Offenburg (1964), Ravensburg (1964), Stuttgart (Staatsbauschule, 1870), Ulm (1960); dazu Nürtingen für den Landbau (1949), Reutlingen für Textilwesen (Technikum für Textilindustrie, 1855/1966), und Stuttgart für Wirtschafts- und Betriebstechnik der graphischen Industrie (1935).

Staatliche Fachhochschulen sind jetzt auch: die Höhere Wirtschaftsschule Pforzheim (1963), die Werkkunstschule Gmünd (früher Fachschule für Edelmetallindustrie, 1907/1965) und die Kunst- und Werkschule Pforzheim (1877/1966) sowie bisherige höhere Fachschulen für Sozialarbeit.

Im Dienst der *Wissenschaft* lehrten in den Jahrzehnten nach dem Zweiten Weltkrieg an den Hochschulen des Landes eine Reihe bedeutender Männer, von denen hier nur wenige genannt werden können. Zunächst fanden im Südwesten eine Anzahl von Wissenschaftlern von hohem Rang Zuflucht, die aus ihrer Heimat vertrieben waren oder von ihrem Lehrstuhl hatten weichen müssen; andere kehrten aus der Emigration zurück. Zu ihnen gehören in *Tübingen* der gefeierte Philosoph und Pädagoge der Berliner Universität Eduard Spranger (1882–1963) und der Historiker Hans Rothfels (geb. 1891), früher in Königsberg, dann in USA, von 1945 bis 1955 auch der Naturwissenschaftler und Nobelpreisträger Adolf Butenandt (geb. 1903) als Direktor des nach Tübingen verlegten Max-Planck-Instituts für Biochemie. Weiter wirkten oder wirken dort der frühverstorbene Historiker Rudolf Stadelmann (1902–1949), der klassische Philologe Wolfgang Schadewaldt (geb. 1900), der Archäologe Kurt Bittel (geb. 1907), bedeutender Kelten- und Hethiterforscher, und der Historiker und Philologe Theodor Eschenburg (geb.

1904), der wesentlich an der Schaffung des Südweststaates mitwirkte. In *Heidelberg* hat sich in den ersten Jahren nach dem Krieg der greise Volkswirtschaftler und Kultursoziologe Alfred Weber (1868–1958), Bruder Max Webers, um den Wiederaufbau der Universität verdient gemacht. Dort lehrten auch der Astronom Hans Kienle (geb. 1895), der Philosoph Hans-Georg Adamer (geb. 1900) und der evangelische Theologe Gerhard vom Rat (geb. 1901). In *Freiburg* wirkte noch der Historiker Gerhard Ritter (1888–1967), der der Widerstandsbewegung 1944 angehörte und ihre Geschichte schrieb, und der Romanist Hugo Friedrich (geb. 1904) sowie der Mediziner Ludwig Heilmeyer (1899–1969), zuletzt Gründungsrektor der Universität *Ulm;* in *Stuttgart* der Architekt Rolf Gutbrod (geb. 1910). Die neue Universität *Konstanz* zog vor allem jüngere fortschrittliche Kräfte an, darunter den frühverstorbenen Historiker und Politologen Waldemar Besson (1929 bis 1971). Der in Mannheim geborene Historiker Franz Schnabel (1887–1966), der von 1920 bis 1936 in Karlsruhe wirkte, lehrte ab 1947 in München.

Kirchen

Mit dem Generationenwechsel des letzten Jahrzehnts hat sich die Stellung der Kirchen in der Gesellschaft geändert. Das Ansehen und der gesteigerte Einfluß, die ihnen ihre Haltung in der Zeit des Nationalsozialismus, ihre karitativen Leistungen nach Kriegsende und das Ausfüllen mancher Lücke in den Anfängen staatlicher Gestaltung verschafft hatten, und die im Grundgesetz und in den Länderverfassungen ihren Niederschlag fanden, waren in nachrückenden Generationen nicht mehr in gleichem Maße gegenwärtig. Die Kirchen bemühten sich, mehr Abstand vom politischen Tagesgeschehen zu gewinnen und sich in gesteigertem Maße ihren besonderen Anliegen zuzuwenden. Auch jetzt noch hielt der überwiegende Teil der Bevölkerung Verbindung mit seiner Kirche. Aber das nach Kriegs- und Notzeit aufgestaute Bedürfnis zur individuellen Lebensgestaltung, das vom Selbsterhaltungstrieb und Erwerbsstreben bei vielen zu einer Wohlstandsgesinnung führte, hat viele herkömmliche Bindungen gelockert. Das Verhältnis von Staat und Kirche mußte sich seit der Schaffung des neuen Bundeslandes auch dadurch lockern, daß dem einen Land nun je die Kirchen der beiden alten Länder Württemberg und Baden mit ihren verschiedenen Traditionen und Entwicklungen gegenüberstanden. Die *Evangelische Landeskirche in Württemberg* führte nach dem Abschluß der kirchlichen Nothilfe und Wiederaufbauarbeit eine Reihe kirchengesetzlicher Maßnahmen durch, um die bestehende Kirchenordnung gewandelten Verhältnissen anzupassen. So wurde die kirchliche Wahlordnung umgestaltet, eine Lehrzuchtordnung erlassen und die Verhältnisse der Mitarbeiter geregelt. Die

Landeskirchenversammlung hieß nun wieder Synode. Die Kirchensteuer wird seit 1956 durch staatliche Organe eingezogen, was nicht unwidersprochen blieb. Gespräche zwischen Vertretern der evangelisch-theologischen Wissenschaft und der pietistischen Gemeinschaften führten nicht zu voller Einigung. Der verdiente Landesbischof Martin Haug (geb. 1895), seit 1949 Nachfolger von Theophil Wurm, trat 1962 zurück. Sein Nachfolger wurde Erich Eichele (geb. 1904), der sein Amt 1969 Bischof Helmut Claß übergab.

Namens der *Katholischen Kirche* hat sich das bischöfliche Ordinariat in Rottenburg während der Beratung der Landesverfassung mit Nachdruck und zunächst mit Erfolg für die Erhaltung der Konfessionsschule in Südwürttemberg-Hohenzollern eingesetzt. Die Entwicklung der komplizierten Schulfrage ist oben dargelegt worden. Die Kirche konnte ihren Standpunkt bei den politischen und gebietlichen Gegebenheiten auf die Dauer nicht durchsetzen. 1970 wurde die für 4,3 Millionen Katholiken zuständige Diözese Rottenburg ohne Beeinträchtigung ihrer einheitlichen Verwaltung in drei Regionen eingeteilt. Dem Bischof Karl Joseph Leiprecht (geb. 1903), seit 1949 Leiter der Diözese Rottenburg, wurden zwei Weihbischöfe (Georg Moser und Anton Herre) zu Seite gestellt. In Freiburg wirkt als Erzbischof der Oberrheinischen Kirchenprovinz seit 1958 Dr. Hermann Schäufele (geb. 1908). Eine bedeutsame Arbeit der katholischen Theologie leistet als Forschungsstelle das Vetus-Latina-Institut der Erzabtei Beuron, das altlateinische Texte sammelt und für die Berichtigung des Bibeltextes auswertet.

Kunst

Für die bildende Kunst war das Ende des Zweiten Weltkriegs nach schweren Eingriffen eine Zäsur: die moderne Kunst, seit Jahrzehnten existent und im Dritten Reich verfemt, gewann die Freiheit und setzte sich nun weitgehend durch. Die *Malerei* knüpft in Stuttgart vor allem an das Werk Willi Baumeisters, des Vorkämpfers der Abstrakten, in Karlsruhe an den empfindsamen Expressionisten Erich Heckel, einst der „Brücke" zugehörig, an. In Stuttgart klingt Hölzels Schule mit Ida Kerkovius und Max Ackermann aus. Heinrich Wildenmann (geb. 1904) gehört noch zu den gewichtigen Gegenstandslosen. Aber auch die Tradition gegenständlicher Maler wirkt weiter: Manfred Henninger (geb. 1894) ist Spätimpressionist, Karl Rössing (geb. 1897) schafft als Graphiker vor allem eindrucksvolle Holzschnitte. Bedeutend als Maler und Graphiker, vor allem in seinen Holzschnitten ist HAP Grieshaber (geb. 1909), dem sich ein Kreis junger Künstler verbunden weiß. Sein Hauptwerk, die „Josefslegende" in 36 Tafeln, schmückt seit

1970 die evangelische Kirche in Stuttgart-Untertürkheim. Der in Ulm wirkende Maler Wilhelm Geyer (1900–1968) hat mit starker Ausdruckskraft für zahlreiche katholische Kirchen eindrucksvolle religiöse Bilder und Fenster geschaffen. Der in Murrhardt geborene vielseitige Reinhold Naegele (1884–1972) war in der Heimat und in der Emigration vor allem als Hinterglasmaler bedeutend. Eine Gruppe begabter junger Gestalter und Designer wurde durch die Hochschule für Gestaltung in Ulm und ihren zeitweiligen Leiter Max Bill (geb. 1908) angezogen, die 1969 als Institut für Umweltplanung der Universität Stuttgart angeschlossen und 1972 aufgehoben wurde.

Für die *Baukunst* gab zunächst der Aufbau der zerstörten Städte viel Arbeit, aber wenig Möglichkeiten unabhängiger Gestaltung. Größter Bauherr des Landes war die staatliche Hochbauverwaltung. In Stuttgart gelang es, dem Kern um Schloßplatz und Stiftskirche in überkommener Form seine zentrale Bedeutung zu erhalten. Auch in der Landeshauptstadt hat aber die an ihrem Boden hängende Bevölkerung notwendige großzügige Planungen erschwert. Als bemerkenswerte Neubauten entstanden in Stuttgart 1953 die Schulgruppen am Gänsberg von Günther Wilhelm, 1955/56 das Konzerthaus Liederhalle von Adolf Abel, Rudolf Gutbrod und Blasius Sprang, 1956 der Neubau des Rathauses, 1956 bis 1961 der neue Landtag von Erwin Heinle und 1959 bis 1962 das Kleine Haus des Staatstheaters von Hans Volkart (1895–1965). Der jäh wachsende Verkehr stellt die Stadt vor technisch und baukünstlerisch schwierige Aufgaben, die man ab 1966 durch eine Unterpflasterstraßenbahn und komplizierte Kreuzungsbauwerke zu lösen begann. Esslingen, Tübingen, Schwäbisch Gmünd, Ravensburg haben ihre erhaltene Altstadt mit ausgreifenden Bauten umgeben; Heilbronn, Ulm, Reutlingen mußten wie Pforzheim ihre Stadt unter Wahrung des wenigen Erhaltenen weitgehend neu gestalten. Eine Reihe aufstrebender Mittelstädte hat ihre Wirtschaftskraft durch neue bauliche Schöpfungen unterstrichen, so Sindelfingen, Schwenningen, Ebingen; andere wahren die eindrucksvollen Stadtbilder ihrer Vergangenheit, so vor allem Schwäbisch Hall. Die zerstörten alten und die neuen Universitätsstädte, zunächst Freiburg und Stuttgart, dann Konstanz erfreuten sich der besonderen Förderung des Landes. Der Kirchenbau erweist sich in der pluralistischen Gesellschaft als schwieriges Problem; trotzdem sind eine Reihe schöner Bauwerke entstanden.

Die *Theater* sind in Baden-Württemberg trotz der weitgehenden Kriegszerstörungen in überraschender Vielfalt wieder erstanden, obwohl Südwestdeutschland nicht über die urtümliche Theaterfreudigkeit der bayerischen Nachbarn verfügt. Stuttgart, das vor und nach dem Ersten Weltkrieg eine große Operntradition aufzuweisen hatte und wo das Große Haus des Landestheaters erhalten blieb, wirkte zunächst durch seine Oper beispielhaft. Sie wußte ebenso Wieland Wagner wie moderne Werke zu fördern. Später hat das Ballett internationalen Rang gewonnen. Die Theater in anderen Städten haben sich, teilweise mit bedrängenden Provisorien, neuen Boden geschaffen. Die Schwäbische Volksbühne, die Landesbühne in Esslingen, das Landestheater Württemberg-Hohenzollern in Tübingen und das Theater in Ulm erwarben sich durch Spiel in einer großen Reihe von Orten ein weitgestreutes, dankbares Publikum. In Mannheim konnte das 1779 gegründete Nationaltheater 1954 bis 1957 neu erstehen.

Verlage, Presse, Rundfunk

Das in Stuttgart traditionelle Verlagswesen hatte an der Zahl der Verlage gemessen einen Aufschwung zu verzeichnen. Aber nur wenige der neu Hinzugekommenen haben die schweren Jahre überstanden. Das südwestdeutsche Verlagswesen stützt sich vorwiegend auf eine Reihe alteingesessener und einige neue Buchverlage. Sie waren und sind im allgemeinen nicht auf modische Tagesströmungen eingestellt. Primitive Unterhaltungslektüre wird im Lande weniger produziert als in anderen; dagegen bemühen sich eine Reihe von Verlagen um hochqualifizierte Leistungen in der Auswahl der Autoren wie in Druck und Bild. Für Werke der Wissenschaft, oft von Fachverlagen gepflegt, und der Kunst besteht ein guter Boden. Die ältesten Stuttgarter Verlage sind Cotta (1659 in Tübingen, seit 1810 in Stuttgart), Metzler (1682), Steinkopf (1792), Franckh (1822), Deutsche Verlagsanstalt (1848), Kohlhammer (1866) und Klett (1867). Leipziger Verlage wie Baedeker, Reclam, Teubner und Thieme fanden hier eine neue Heimat.

Mit dem Einmarsch der Alliierten war 1945 für alle im Lande herausgegebenen *Zeitungen*, die nicht schon vorher eingestellt worden waren, der letzte Tag ihres Erscheinens gekommen. Da das nationalsozialistische Regime bei den meisten Zeitungsverlagen mindestens eine Mehrheitsbeteiligung, vielfach unter Zwang, herbeigeführt oder die Zeitungen auf andere Weise gleichgeschaltet hatte, verboten die Militärregierungen die Herausgabe. Erst allmählich führten sie ein Lizenzsystem ein, durch das einzelne deutsche Persönlichkeiten, die sich als Gegner des Nationalsozialismus gezeigt hatten, die Erlaubnis zur Herausgabe von Tages- und Wochenzeitungen erhielten: Als erste erschienen in der amerikanischen Zone im Herbst 1945 die „Stuttgarter Zeitung" und die „Schwäbische Donauzeitung" in Ulm, ab 1946 folgten u. a. die „Heilbronner Stimme", die „NWZ – Neue Württembergische Zeitung", die „Schwäbische Post" in Aalen, die „Eßlinger Zeitung" und die „Stuttgarter Nachrichten". Die französische Militärregierung lizenzierte schon 1945 das „Schwäbische Tagblatt" in Tübingen und die „Schwäbische Zeitung" in Leutkirch.

Als im Jahre 1949 eine Generallizenz erteilt wurde, konnten auch die „Altverleger" ihre vielfach seit mehr als 100 Jahren im Familienbesitz befindlichen Zeitungen wieder erscheinen lassen („Schwarzwälder Bote", Oberndorf, „Ludwigsburger Kreiszeitung" u. a.). Ein Teil der Altverleger fand vertragliche Regelungen mit den Lizenzträgern wie die „Stuttgarter Zeitung", die „Schwäbische Donauzeitung" in Ulm und die Verleger der französischen Besatzungszone, die mit dem „Schwäbischen Tagblatt", Tübingen, eine gemeinsame „Südwest-Presse GmbH" gründeten. Die nordwürttembergischen Kreiszeitungen – von denen das „Haller Tagblatt" im Jahre 1788, die „Tauber-Zeitung" Bad Mergentheim, 1791 gegründet wurden – schlossen sich mit der „Schwäbischen Post" zu einer Genossenschaft „Südwestdeutscher Zeitungsverband eGmbH" zusammen. In ähnlicher Weise bildeten 1964 eine Anzahl nordwürttembergischer Heimatzeitungen eine Redaktionsgemeinschaft mit der „NWZ – Neue Württembergische Zeitung" in Göppingen. 1968 erweiterte die Tübinger Gruppe ihre Kooperation mit dem „Ulmer Zeitungsverlag" und dem „Südwestdeutschen Zeitungsverband" zur „Südwest-Presse". Die Landespressegesetze von 1949 und 1964 schufen zeitgemäße Rechtsgrundlagen für ein unabhängiges Pressewesen. Unter den Wochenzeitungen hat sich die 1948 gegründete „Christ und Welt" (seit 1971 Deutsche Zeitung) von Stuttgart aus im deutschen Sprachgebiet eine bedeutende Stellung erworben.

Rundfunk und Fernsehen sind im südwestdeutschen Raum durch zwei Sender vertreten, deren Sendegebiet der früheren amerikanischen und französischen Zone entspricht: den Süddeutschen Rundfunk in Stuttgart und den Südwestfunk in Baden-Baden. Der *Süddeutsche Rundfunk*, 1924 für Württemberg und Baden gegründet, wurde 1945 zunächst Sender der amerikanischen Militärregierung. Das Radio-Gesetz des Landes Württemberg-Baden vom April 1949 errichtete ihn neu als gemeinnützige Anstalt des öffentlichen Rechts. Der *Südwestfunk* in Baden-Baden entstand 1946 als Sender für die französische Besatzungszone, also für Südbaden, Württemberg-Hohenzollern und Rheinland-Pfalz; sein Sendegebiet ist größer als das des Süddeutschen Rundfunks. Durch einen Staatsvertrag dieser Länder von 1951 wurde auch er Anstalt des öffentlichen Rechts mit dem Unterschied in der Organisation, daß im Rundfunkrat und Verwaltungsrat des Senders in Stuttgart die Regierung nicht vertreten ist, dagegen in Baden-Baden. Eine dichte Kette von Sendetürmen strahlt die Programme aus. Baden-Württemberg ist sowohl mit Produktionsstätten wie mit Sendern besonders gut versehen. Am bekanntesten ist der 1955 errichtete Fernsehturm in Stuttgart geworden. Das Fernsehen hat sich seit 1954 in Baden-Württemberg zunächst zögernd, dann immer rascher eingebürgert.

Wirtschaft

Die Wirtschaft Südwestdeutschlands war wie die ganz Deutschlands nach Kriegsende zunächst in einer katastrophalen Verfassung: die früheren Länder Württemberg und Baden waren durch die Besatzungsmächte auseinandergerissen. Deren Auffassungen über die Bewältigung der Not und der wirtschaftlichen Aufgaben unterschieden sich erheblich: Frankreich wollte seine Zone möglichst für seine Zwecke ausschöpfen; die Amerikaner sahen früher ein, daß nur allmähliches Ingangbringen der Wirtschaft einer gefährlichen Radikalisierung entgegenwirken konnte. Als vier Jahre nach der Währungsreform das Land Baden-Württemberg entstand, hatten sich die Verhältnisse in der US-Zone gebessert und auch die Franzosen schwenkten auf eine verständnisvollere Linie der Besatzungspolitik ein. Der Aufbau beschleunigte sich.

Die *Bevölkerung* des Gebiets, das heute das neue Bundesland bildet, betrug 1871 nur 3,34; 1910: 4,65; 1939: 5,47 und 1972 rund 9 Millionen. Allein die letzten 30 Jahre brachten mit 62 v. H. eine Zuwachsrate, die fast 50 v. H. über dem Bundesdurchschnitt liegt. Ursache war die Aufnahme von Vertriebenen, eine vorübergehende Geburtensteigerung und im letzten Jahrzehnt vor allem der Zustrom ausländischer Arbeitskräfte. Der Geburtenüberschuß ging ab 1967 erheblich zurück.

Die Förderung des *Wohnungsbaus* war unter diesen Umständen eine dringende Notwendigkeit, um menschenunwürdige Unterkünfte zu beseitigen. Auch in Baden-Württemberg hat dabei der soziale Wohnungsbau nachhaltig geholfen, der auf Grund der Wohnungsbaugesetze und -programme des Bundes und der Länder durch die Landeskreditanstalten sowie öffentliche und private Bausparkassen durchgeführt wurde. Seit Mitte der fünfziger Jahre trat der private Wohnungsbau in den Vordergrund. Von der Währungsreform des Jahres 1948 bis 1969 wurden im Land über 1,6 Millionen Wohnungen fertiggestellt bei einem Gesamtbestand von nun 2,8 Millionen.

Die *Industrie* Baden-Württembergs hat seit der Schaffung des Bundeslandes einen stetigen Aufstieg zu verzeichnen. Anfangs zwang die notwendige Erneuerung zerstörter Produktionsmittel zu einer Modernisierung der Maschinen, die die Konkurrenzfähigkeit steigerte. Die südwestdeutsche Industrie gewann wieder den Charakter einer exportintensiven Verarbeitungs- und Veredelungsindustrie. Das Bruttosozialprodukt, die Jahressumme der produzierten Güter und geleisteten Dienste, betrug 1952 in Baden-Württemberg rund 19 Milliarden DM, 1960: 41,6; 1969: 87,5 und erreichte 1970 annähernd 100 Milliarden DM, wobei der Preisanstieg zu berücksichtigen ist. Mit 1,6 Millionen Industriebeschäftigten im Jahre 1970 – 173 auf 1000 Einwohner – hat das Land der Beschäftigtenzahl nach den

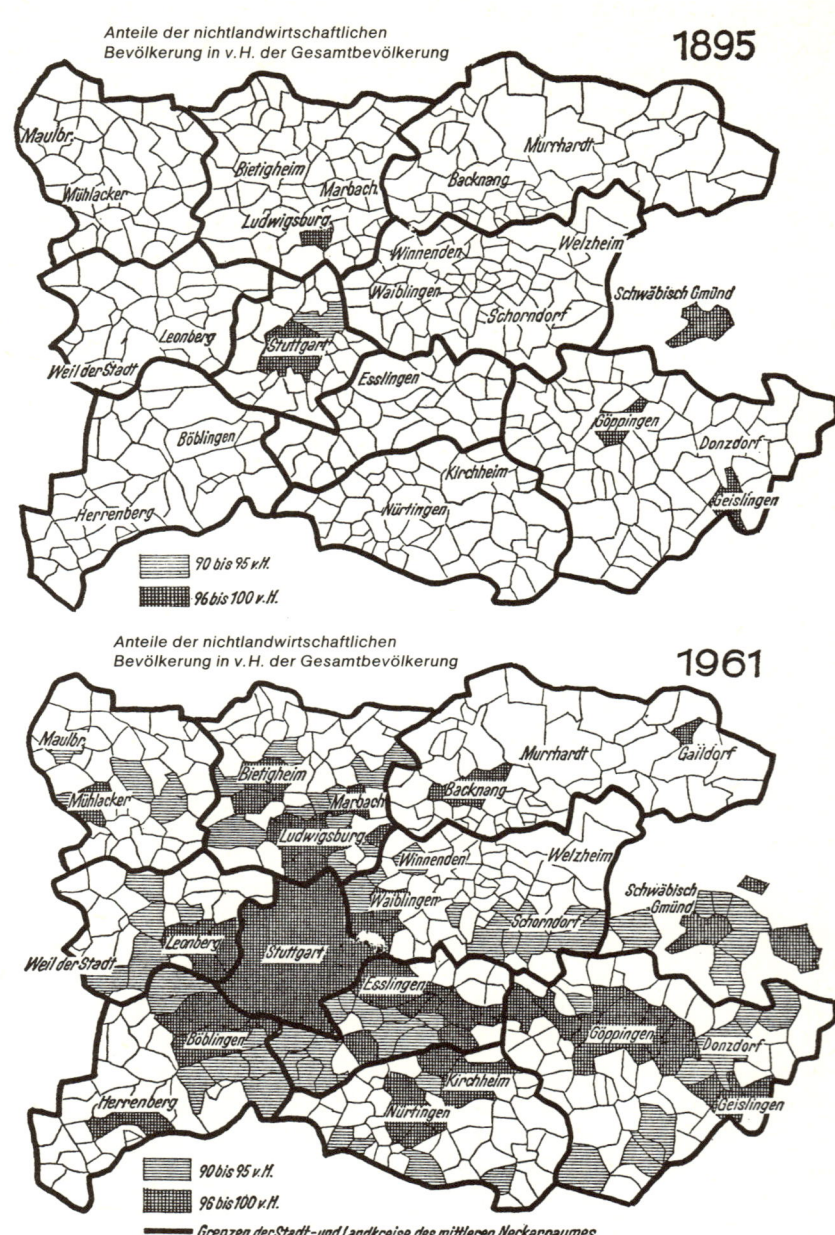

Karte 15 a und b: *Anteil der nichtlandwirtschaftlichen Bevölkerung im mittleren Neckarraum*
1895 / 1961

höchsten Industrialisierungsgrad aller Bundesländer erreicht (Nordrhein-Westfalen 153, Bayern 128, Schleswig-Holstein 78). Der rasche Aufschwung führte allerdings zu einer starken Verknappung der Arbeitskräfte. Die Lücken wurden durch die wachsende Zahl ausländischer Gastarbeiter, vor allem Italiener, Jugoslawen, Griechen und Türken geschlossen. Der Umsatz betrug 1969 gegenüber 1950 mehr als das Sechsfache, die Zahl der Beschäftigten das Doppelte, die Lohnsumme das Achtfache. Mit seiner industriellen Leistungsfähigkeit rückte das Land hinter Nordrhein-Westfalen an die zweite Stelle. Die Entwicklung der letzten zwei Jahrzehnte ließ die Bindungen zur Europäischen Wirtschaftsgemeinschaft immer enger werden, ohne den traditionellen Handel mit anderen Ländern, zum Beispiel mit Österreich und der Schweiz zu hemmen. Im gewerblichen Bereich hat sich die Wirtschaft des Landes stetig entwickelt. Sie blieb arbeitsorientiert und dezentralisiert; doch bildete sich eine Anzahl von Ballungsgebieten noch stärker aus. Der Anteil der verarbeitenden Gewerbe stieg weiter an (1967: 47,3 v. H., Landwirtschaft nur noch 4,3 Prozent). Hand in Hand damit vollzog sich ein erheblicher *Strukturwandel* bei uneinheitlicher Entwicklung der verschiedenen Industriegruppen. Am stärksten vertreten ist nicht mehr die Textil-, sondern die metallverarbeitende Industrie, ihnen folgt die chemische, die Papier- und Druck-, die Nahrungsmittel- und die holzverarbeitende Industrie. Die Branchenstruktur änderte sich gegenüber der Zeit vor dem Zweiten Weltkrieg erheblich. Wachstumsschwache Industrien, so gewisse Sparten der Textilindustrie, mußten einen Rückgang hinnehmen. Manche arbeitsintensive Industrien treten gegenüber kapitalintensiven zurück. Der *Anteil der Beschäftigten* betrug Ende 1969 in der Grundstoff- und Produktionsgüterindustrie (z. B. Steine/Erden, Elektrotechnik, Feinmechanik, Optik) über 56 v. H., in der Verbrauchsgüterindustrie (Textil, Bekleidung, Holzverarbeitung, Druck, Musikalien, Spielwaren) 27 v. H., in der Nahrungs- und Genußmittelindustrie 4 v. H.

Die für das Land immer noch vielfach typische *mittelständische Industrie* erwies sich als widerstandsfähig, obwohl in Branchen mit ausgeprägter Massenproduktion der Großbetrieb immer weiter vordrang. Klein- und Mittelbetriebe, die sich dem technischen Fortschritt anpassen, bleiben ein wesentlicher Bestandteil der südwestdeutschen Industrie.

Das *Handwerk* vermochte seine Arbeit den veränderten Verhältnissen anzupassen. Es spielt in Baden-Württemberg auch heute noch eine überdurchschnittliche Rolle. Trotz der Tendenz zur Betriebsvergrößerung und einem leichten Rückgang der Zahl der Betriebe stieg die Zahl der Beschäftigten und der Gesamtumsatz: Baden-Württemberg ist auch heute noch das handwerkintensivste Land der Bundesrepublik.

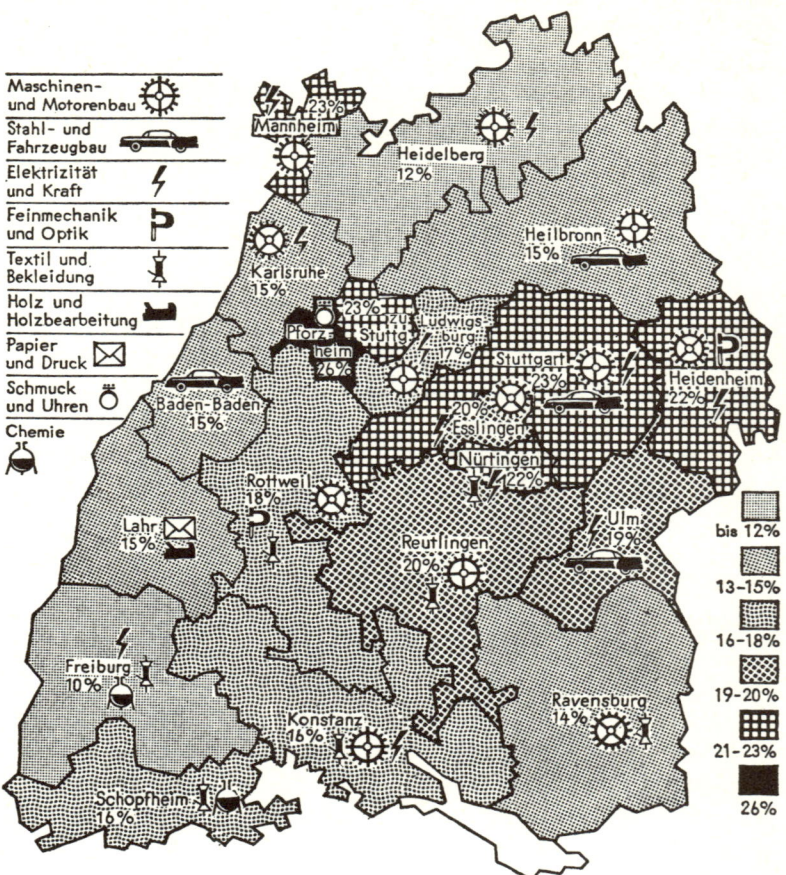

Karte 16: *Anteil der Industriebeschäftigten und führende Industriezweige*

Von besonderer Bedeutung für die Wirtschaft des Landes blieb die *Ausfuhr*. Baden-Württemberg ist das exportintensivste Bundesland. 94 v. H. des Ausfuhrwertes fallen auf Fertigwaren. Rund Dreiviertel des Exports gehen in europäische Länder. Hohen Ausfuhranteil haben vor allem die Uhrenindustrie mit etwa 90, Feinmechanik und Optik mit 33, Fahrzeugindustrie, Maschinenbau und Elektrotechnik mit 23 bis 24 v. H.

Räumlich gliedert sich die *Industrie* des Landes in neun *Bereiche besonderer*

Dichte, die sich, wenn auch nicht gleichmäßig, über das ganze Land verteilen und damit zu seiner gesunden Struktur beitragen. In Württemberg sind es vier: an erster Stelle das *Industriegebiet Mittlerer Neckar* mit Stuttgart als Mittelpunkt, das von Geislingen an der Steige bis Heilbronn reicht (also etwas weiter als der Regionalverband gleichen Namens) und die Kreise Böblingen, Ludwigsburg und Waiblingen einbezieht. In Stuttgart selbst finden sich besonders Werke der Elektrotechnik (so Bosch, Fein, Bauknecht, Standard Elektrik), des Kraftfahrzeug- und Motorenbaus (Daimler-Benz, Porsche, Heinkel), des Kolbenbaus (Mahle), des Maschinenbaus (Werner und Pfleiderer), der Textilindustrie, Feinmechanik und Optik. Das Wachstum der Nachkriegsjahre kam hier weniger der Stadt Stuttgart selbst als den Außenbezirken des Wirtschaftsraums zugute. Vielfältige Industriebetriebe – bei denen immer nur besonders typische genannt werden können – finden sich vor allem im Filstal, so in Geislingen Metallindustrie (Württ. Metallwarenfabrik), in und um Göppingen Maschinen (Schuler, Böhringer), Textilien, Metallspielwaren (Märklin), im Raum Esslingen metallverarbeitende, Maschinen (Maschinenfabrik Esslingen in Mettingen), Werkzeugfabriken und Glas, in Kornwestheim Schuhe (Salamander), in Ludwigsburg (Unifrank), in Bietigheim Linoleumwerke, in Besigheim Stahlhalter, in Heilbronn metallverarbeitende Industrie, Textilien, Holzverarbeitung, Nahrungs- und Genußmittel (Knorr) und in Neckarsulm die bekannten Fahrzeugwerke. Erstaunlich ist die Industrialisierung im Böblinger Raum, vor allem in Sindelfingen (1939: 8 465; 1950: 11 448; 1970: 41 029 Einwohner), wo sie 1916 mit dem Daimler-Werk begann und seit 1949 als Sitz der Internationalen Büro-Maschinenfabrik (IBM Deutschland) Stätte des Baus moderner Computer und Großrechenanlagen geworden ist, deren Hauptverwaltung 1972 nach Stuttgart-Vaihingen verlegt wurde. Für Stuttgart ist noch von besonderer Bedeutung das Versicherungs- und Verlagswesen. Der Umschlag des Stuttgarter Neckarhafen betrug 1961 rund 4,5 Millionen, ging aber auf unter 3 Millionen Tonnen zurück. Weitere Massierungen finden sich, um nur die wichtigsten zu nennen, in den Räumen *Reutlingen* (Textilherstellung und -verarbeitung, Maschinenbau und Elektroindustrie), *Balingen* (Textil, Schuhe, Schnellwaagen), *Ebingen* (Wirkwaren, Samt und feine Wirk- und Strickmaschinennadeln), *Tuttlingen* (Feinmechanik, Schuhe), ferner *Ravensburg* (Maschinen) und *Friedrichshafen* (Zahnradfabrik, Motorenbau, Metallwerke) und *Aalen-Heidenheim* (Wasseralfingen: Schwäbische Hüttenwerke; Oberkochen: Carl-Zeiss-Werke; Heidenheim: Voith-Turbinen, Textilien, Verbandstoffe). In *Baden* bestehen fünf Wirtschaftsräume: Mannheim-Heidelberg, Karlsruhe-Pforzheim, der mittelbadische Raum mit Lahr und Offenburg, der Hochrhein und schließlich Konstanz und Singen.

Die fortschreitende Automation wird einen Wandel in der Struktur der Arbeiterschaft und damit in der gesellschaftlichen Ordnung herbeiführen. Bei dem Mangel an Bodenschätzen kommt der *Energiewirtschaft* besondere Bedeutung zu. Während in Baden der Rhein und seine vielen Schwarzwald-Nebenflüsse zahlreiche Wasserkraftwerke betreiben, ist Württemberg für die Stromversorgung vor allem auf Kohle-Dampfkraftwerke angewiesen. Mit dem Fortschritt der Neckarkanalisierung entstand auch hier eine größere Anzahl von Wasserkraftwerken. Große Pumpspeicheranlagen, so das Schluchseewerk im badischen Schwarzwald, schaffen Stromreserven. Neben den bedeutenden Versorgungsunternehmen des Landes (Energie-Versorgung Schwaben, Badenwerk, Neckarwerke und die Werke der Städte Stuttgart und Karlsruhe) decken in Württemberg meist mittlere Werke den kommunalen Bedarf. Mit dem Bau von Kernkraftwerken wird die Stromversorgung in ein neues Stadium treten. Die Gasversorgung erhält durch den Bezug von Erdgas andere Aspekte.

Die erheblichen Unterschiede der Bevölkerungsdichte in den einzelnen Kreisen (Esslingen 980, Münsingen 62 Einwohner pro qkm!) macht den *Ausbau der regionalen Wirtschaftspolitik* erforderlich. Die Verschiedenheit der Industriedichte führt zu einem Gefälle in der Realsteuerkraft. Regionale Strukturpolitik wird deshalb auf der Grundlage der Regionalplanung aktiviert, wobei die Verdichtungsgebiete in ihrer Entwicklung nicht gehemmt werden sollen.

Die südwestdeutsche *Landwirtschaft* ist mannigfaltig, die Bonität des Bodens uneinheitlich. Neben fruchtbaren Gebieten an Rhein und Neckar, im Gäu und in Hohenlohe müssen Schwäbische Alb, Klettgau, Schwarzwald und die Keuperhöhen des Schwäbischen Waldes erheblich zurückstehen. In weiten Gebieten erschwert auch heute starke Parzellierung eine rentable Bewirtschaftung. Noch überwiegt der kleinbäuerliche Familienbetrieb; er ist technisiert und spezialisiert, vermag sich aber oft nur dadurch zu halten, daß Familienmitglieder noch einem anderen Erwerb nachgehen. Dabei finden sich zahlreiche Abstufungen vom zuverdienenden Landwirt zum Teil- und Arbeiterbauern bis zum Freizeitbauern. Wenn heute mehr als 90 v. H. der landwirtschaftlichen Arbeitskräfte Familienangehörige sind, so wird damit vor allem die große Arbeitslast der Landfrau deutlich und der Drang der Bauernsöhne und -töchter nach anderer Arbeit verständlich. Die Zahl der ländlichen Arbeitskräfte geht daher zurück und kann durch Mechanisierung nur zum Teil rentabel ausgeglichen werden. Die Motorisierung macht jedoch große Fortschritte: 1949 gab es in Baden-Württemberg 11 000 Schlepper, 1969 schon 202 000. Die Eingliederung in die Europäische Wirtschaftsgemeinschaft zwingt zu weiterer Umstrukturierung der Landwirtschaft und zu einem Konzentrationsprozeß mit der Tendenz zur Auflösung kleiner Betriebe und zur Aufstockung von

Höfen über 15 ha. Die Zahl der landwirtschaftlichen Betriebe (1949: 396 000; 1969: 265 000) geht daher zurück und mit ihm die Bedeutung des Agrarsektors im Rahmen der Gesamtwirtschaft. Die Bemühungen um noch weitergehende Flurbereinigung der Grundstücke, Wegebau, Schaffung von Gemeinschaftseinrichtungen und Arbeitsteilung werden fortgesetzt, zu denen noch ländliche Sozialprobleme und Industrieverlagerung hinzukommen. Die Anpassungsfähigkeit an notwendigen Strukturwandel und die Erhaltung bewährter Kräfte werden auch die Stellung des südwestdeutschen Bauern im Rahmen der deutschen Landwirtschaft und der Europäischen Wirtschaftsgemeinschaft bestimmen.

Im *Bankenwesen* des Landes sind unter den öffentlich-rechtlichen, privaten und genossenschaftlichen Kreditinstituten die Sparkassen die größte Gruppe und die Städtische Sparkasse – Städtische Girokasse Stuttgart die größte Sparkasse des Bundesgebiets. Die 1818 auf Anregung der Königin Katharina von der Zentralleitung des Wohltätigkeitsvereins gegründete Württembergische Landessparkasse hat heute mehr als 900 Zweigstellen im Lande. Unter den privaten Kreditinstituten steht die Deutsche Bank, in der 1924 die führende Württembergische Vereinsbank und die mit ihr zusammengeschlossene Württ. Hofbank aufgingen, an erster Stelle. Namhaft vertreten sind auch die Dresdner Bank, die Commerzbank und die Bank für Gemeinwirtschaft. Als Regionalbanken sind die Württembergische Bank, die Badische Bank, beide bis 1935 Privatnotenbanken, an denen das Land maßgeblich beteiligt ist, von Bedeutung. Gewicht haben auch die gewerblichen Kreditgenossenschaften, früher Gewerbebanken; Privatbanken spielen eine geringere Rolle als an anderen Bankplätzen. Älteste und größte *Bausparkasse* im Bundesgebiet ist die Gemeinschaft der Freunde Wüstenrot, die ihren Sitz seit 1928 in Ludwigsburg hat. Die zweitgrößte private, die Bausparkasse Schwäbisch Hall der Volksbanken und Raiffeisenkassen übersiedelte nach 1945 von Berlin dorthin. Größte öffentliche Bausparkasse in der Bundesrepublik ist die Öffentliche Bausparkasse Württemberg in Stuttgart. Daß die Bausparkassen in Baden-Württemberg etwa drei Fünftel der Geschäftsabschlüsse westdeutscher Bausparer buchen können, zeigt, wie stark Sparwille und Bauspargedanke hier verankert sind. Auch das *Versicherungswesen* hat in Südwestdeutschland Tradition und Gewicht. Die größte Lebensversicherungsgesellschaft des Kontinents, die Allianz, hat den Sitz ihrer Geschäftsführung in Stuttgart.

Im Bereich des *Verkehrs* haben sich nach dem Zusammenbruch die zentralen Verwaltungen der Bahn und Post zunächst auf der Ebene der Zonen, dann des Bundes rasch wieder konstituiert. Für den *Straßenverkehr* standen anfangs 1972 rund 591 km Autobahnen, 4 666 km Bundesstraßen, 12 679 km Landstraßen, 9 030 km Kreisstraßen sowie 39 208 km nicht qualifizierte Gemeindestraßen, davon 23 930 km

in geschlossenen Ortschaften zur Verfügung. Auf das Bundesland entfallen
etwa 18 Prozent der klassifizierten Straßen. Mit Autobahnen und Bundesstraßen liegt das Land nicht über dem Durchschnitt; ihr Netz entspricht nicht voll
seinen Wirtschaftsbedürfnissen. Neu gebaut wurden die Autobahnstrecken Karlsruhe–Basel und Mannheim–Walldorf–Heilbronn; die Autobahnen Stuttgart–westlicher Bodensee, Heilbronn-Würzburg und Heilbronn-Nürnberg sind im Bau. Die
Motorisierung schritt rasch voran: 1958 gab es im Bundesland 1 Million, 1969
schon 2,37 Millionen Kraftfahrzeuge, 268 auf 1000 Einwohner. Im *Eisenbahn-
wesen* wurde die zwischen beiden Weltkriegen begonnene Elektrifizierung fortgesetzt und dadurch erhebliche Beschleunigungen erreicht. Die Verkehrsleistungen
beginnen unter der Konkurrenz anderer Verkehrsmittel teilweise rückläufig zu
werden. Der *Luftverkehr* wurde 1949 auf dem 1937 begonnenen Flughafen Stutt-
gart-Echterdingen, der zunächst der deutschen Luftwaffe, dann der amerikanischen
Besatzung diente, wieder aufgenommen. Der Flughafen wurde ausgebaut, die
Startbahn, wiederholt verlängert, wird jedoch für Großflugzeuge und für die Steigerung des Verkehrs nicht mehr lange ausreichen. Er steht an achter Stelle in der
Bundesrepublik. Der *Fremdenverkehr* ist vor allem durch Kur- und Erholungs-
aufenthalte bestimmt. Die zahlreichen Bäder und Luftkurorte sind weit im Land
gestreut. Schwarzwald und Bodensee bilden besondere Anziehungspunkte. Bedeutende Bäder sind Bad Mergentheim, Baden-Baden, Wildbad und Badenweiler. Als
Luftkurort wird Freudenstadt viel besucht. Unter den *Wasserstraßen* steht der
Oberrhein weitaus an erster Stelle. Der Neckarkanal wurde zweischleusig ausgebaut und erreichte 1968 Plochingen. Die Donau verläuft als Bundeswasserstraße
nur 7 km im Lande; sie ist bis Regensburg ohne Bedeutung; dieser Teil wird durch
den Ausbau der Rhein-Main-Donau-Verbindung weiter in den Hintergrund gedrängt. Umstritten ist der Ausbau des Hochrheins, nicht zuletzt aus Gründen des
Landschafts- und Gewässerschutzes für den Bodenseeraum. Hier sind wesentliche
Interessen der Schweiz beteiligt.
Die überörtliche *Wasserversorgung* ist in Baden-Württemberg seit der Schaffung
der Albwasserversorgung in den Jahren 1869 bis 1889 rasch in Gang gekommen
und zunächst vor allem durch kommunale Gruppenversorgungen gesichert worden. Vom Staat erbaut wurden in den Jahren 1912 bis 1917 die große württembergische *Landeswasserversorgung*, die das Wasser durch zwei über 100 km lange
Fernleitungen aus der Gegend von Langenau in das Verwendungsgebiet in Ostwürttemberg und im Neckarbereich führt. Sie wurde 1957 durch das Egauwasser-
werk bei Dischingen ergänzt. Da der durch das Anwachsen der Bevölkerung, der
Industrie und des Gartenbaus bestimmte Bedarf nicht mehr auf lange Zeit gesichert
war, wurde 1954 durch 13 Städte der Zweckverband *Bodensee-Wasserversorgung*

gegründet, der nach Verträgen mit den Anliegerstaaten des Bodensees und nach dem Bau einer zweiten Fernleitung jährlich 237 Millionen Kubikmeter oder 7500 Liter Wasser je Sekunde an rund 2,5 Millionen Einwohner des Landes liefern kann. Es wird durch eine 160 km lange Leitung, die größte Europas, von Sipplingen am Überlinger See in das Verbrauchergebiet gebracht. Das Land hat diese Maßnahme erheblich gefördert. Um der Wasserverschmutzung entgegenzuwirken, wurden durch das Wasserhaushaltsgesetz des Bundes und das Landeswassergesetz von 1960 rechtliche Grundlagen geschaffen.

Landesplanung — Raumordnung

Die wachsenden Aufgaben der Raumordnung, vor allem für die Bereiche der Besiedlung, des Verkehrs und der Wirtschaft, haben in steigendem Maße die Zusammenarbeit der Beteiligten bei der Planung erforderlich gemacht. Seit 1956 bemühte sich die Landesregierung in gesteigertem Maße, die Ortsplanung durch eine Regionalplanung auf freiwilliger Grundlage zu ergänzen. Das 1962 verabschiedete Landesplanungsgesetz schuf die Rechtsgrundlagen für eine wirksame Landesplanung, die nicht nur Wirtschaftsinteressen Rechnung tragen, sondern auch Einrichtungen des Schul-, Kultur-, Gesundheits- und Sozialwesens sowie andere Bereiche, wie Wasser- und Energieversorgung, Landschafts- und Umweltschutz einbeziehen soll. Das Innenministerium hat als oberste Planungsbehörde die Aufgabe, in Zusammenwirken mit den regionalen Planungsgemeinschaften eine Rahmenkonzeption zu erarbeiten. Für die Regionalplanung stehen künftig die 12 Regionalverbände zur Verfügung, denen durch das Gesetz bisher in erster Linie Planungsaufgaben zugedacht sind.

Soziale Lage

Die sozialen Verhältnisse des Landes sind vor allem abhängig von der Entwicklung des gesellschaftlichen Gefüges und von seiner wirtschaftlichen Lage. Die verhältnismäßig ausgewogene Struktur der südwestdeutschen Bevölkerung darf nicht darüber hinwegtäuschen, daß bis in die Mitte des 19. Jahrhunderts auf dem Lande meist recht bescheidene Verhältnisse und in Mißjahren bittere Not herrschten. Das galt auch für die Arbeiter in der Frühzeit der Industrialisierung, die vor allem bei größerer Familie ein sehr kärgliches Leben führten. Mit dem wirtschaftlichen Anstieg und dem Erstarken der Arbeiterbewegung haben sich Löhne und Rechtslage allmählich verbessert. Zur sozialen Sicherung bei Krankheit, Unfall und für das Alter trug die deutsche Sozialversicherung entscheidend bei. Für die überschüssige ländliche Bevölkerung erwies sich die Veredelungsindustrie des Landes als Auffangbecken, auch für qualifizierte Kräfte. Als nach dem Zusammenbruch und der Währungsreform sich die wirtschaftlichen Verhältnisse besserten, traten statt Problemen der Eingliederung der Vertriebenen, der Beseitigung der Arbeitslosigkeit und der Berufsnot der Jugend nun Fragen des Wohnungsbaus, der Umschulung, der Rehabilitation Behinderter, der Hilfe für alte Menschen und des Umweltschutzes in den Vordergrund. Die Vollbeschäftigung mit der Aufnahme von 600 000 ausländischen Arbeitskräften (1970) und mehreren hunderttausend Familienangehörigen warf neue Sozialprobleme auf. Auch heute gibt es noch individuelle Not, die selbst mit den weitreichenden Mitteln der Sozialversicherung nicht aufgefangen werden kann. Neben der vom Bundesgesetzgeber modernisierten und dynamisierten, sich in ihren Leistungen der Entwicklung anpassenden *Sozialversicherung* und Versorgung sind Hilfen notwendig, die der besonderen Lage des Einzelfalles Rechnung tragen. Das wurde erreicht durch die Schaffung des Bundessozialhilfegesetzes von 1961, mit dem das bisherige Fürsorgerecht wesentlich verbessert und dem einzelnen gegebenenfalls ein klagbarer Rechtsanspruch zuerkannt wurde. Aufgabe der *Sozialhilfe* ist es danach, dem Empfänger die Führung eines Lebens zu ermöglichen, das der Würde des Menschen entspricht. Gleichzeitig wurde das *Jugendwohlfahrtsgesetz* den veränderten Verhältnissen angepaßt. Beide Gesetze haben das umstrittene Subsidiaritätsprinzip verankert, das der freien Wohlfahrtspflege eine Vorrangstellung bei der Durchführung einräumt. In Baden-Württemberg hat sich dadurch an dem guten Zusammenwirken der öffentlichen und freien Sozial- und Jugendhilfe nichts geändert. Die Schaffung eines neuen Jugendhilfegesetzes und der weitere Ausbau der Sozialhilfe auf Bundesebene sind in Gang. Durch die Ausführungsgesetze des Landes wurden anstelle der drei Landesfürsorgeverbände die beiden kommunalen *Landeswohlfahrtsverbände* Württemberg-Hohenzollern in Stuttgart und Baden in Karlsruhe als überörtliche Träger der Sozial- und Jugendhilfe eingerichtet. Die Verbände der *freien Wohlfahrtspflege* haben ihre Arbeit ausgebaut und mit öffentlicher Förderung zahlreiche Heime und Einrichtungen der Sozialarbeit und dazu ein dichtes Netz bezirklicher Hilfs- und Beratungsstellen im Lande geschaffen. Die Innere Mission und das Hilfswerk der Evangelischen Kirche schlossen sich zum Diakonischen Werk zusammen. Durch die Schaffung eines Landesjugendplans konnten in zwanzig Jahren neben Bundesgeldern erhebliche Landesmittel bereitgestellt werden, so für den Ausbau von Jugenddörfern wie Wahlwies bei Stockach, Kaltenstein bei Vaihingen/Enz, Klinge bei Seckach und Waldenburg in Hohenlohe, und für vielfältige andere Maßnahmen der Jugendhilfe und Jugendarbeit, insbesondere für Kindertagesstätten und Studentenwohnheime. Das Kindergartengesetz des Landes trat 1972 in Kraft. Auf dem Gebiet der Altenhilfe hat Baden-Württemberg als erstes Land durch umfangreiche Bestandsaufnahmen und Bedarfsermittlungen Unterlagen für die weitere Arbeit geschaffen und dadurch zahlreiche Einrichtungen wie Altenheime, Altenpflegeheime, Altenwohnungen, Altenklubs und Beratungsstellen angeregt. Die Hilfe für Behinderte wurde sowohl durch die Erweiterung bewährter Einrichtungen, so von Stetten im Remstal, Mariaberg, Liebenau, der Zieglerschen Anstalten in Königsfeld, der Gustav-Werner-Stiftung in Reutlingen u. a., wie durch die Schaffung neuer Rehabilitationszentren, so in Heidelberg, Neckargemünd, Isny im Allgäu und an anderen Orten ausgebaut. Das von Bund und Land getragene Deutsche Krebsforschungszentrum in Heidelberg betreibt seit 1964 auf breiter Basis Grundlagenforschung über Ursachen, Entstehung, Verhütung und Bekämpfung der Krebskrankheiten. Die Ausbildung für soziale Berufe wurde erweitert, die Überleitung der höheren Fachschulen für Sozialarbeit in Fachhochschulen in die Wege geleitet.

XXIV. Baden-Württemberg und der Bund

Seit 1949 waren die drei Länder Württemberg-Baden, Württemberg-Hohenzollern und Baden, seit 25. April 1952 ist das neue Bundesland Teil der Bundesrepublik. Die Bevölkerung von Baden und Württemberg hat sich seit langem zur deutschen Einheit bekannt, das Ausscheiden Österreichs aus dem Deutschen Bund bedauert und die Reichsgründung 1871 begrüßt. Sie ist bei aller gewollten Wahrung ihrer Eigenart und Anhänglichkeit an überlieferte Zustände und Einrichtungen, nicht zuletzt an die angestammten Herrscherhäuser, bereitwillig und ohne Vorbehalt in das neue Reich hineingewachsen. Beide Länder waren nie partikularistisch eingestellt. Südwestdeutschland war überzeugt reichstreu; es war sich aber stets bewußt, daß es auch bei enger politischer und wirtschaftlicher Verbindung seine geistigen Besonderheiten nicht verlieren darf, sie vielmehr als Beitrag für das größere Ganze einbringen soll. Im Deutschen Kaiserreich waren allerdings Macht und Einfluß Preußens so stark, daß das politische Gewicht auch der mittleren Bundesstaaten in Fragen des gesamten Volkes nur wenig zur Geltung gebracht werden konnte. Man nahm das im allgemeinen hin und suchte die rechtlichen und gesellschaftlichen Besonderheiten der Länder, auch die überkommene demokratische Haltung süddeutscher Prägung nach Möglichkeit zu wahren. Der Kontakt der einzelnen Bundesstaaten, die in einer gewissen Scheinsouveränität lebten, reichte selten hin, um über das Festhalten am Bestehenden hinaus die Gesamtentwicklung zu beeinflussen. In der Zeit des Nationalsozialismus ging der Einfluß der Länder allgemein und der der südwestdeutschen im besonderen zurück. Bezeichnenderweise gehörte damals weder ein Badener noch ein Württemberger zur Parteispitze; das einzige aus Württemberg stammende Kabinettsmitglied, der aus der Regierung Papen übernommene Reichsaußenminister Konstantin von Neurath (1873–1956) mußte 1938 weichen.

Die Bemühungen um die Schaffung der *Bundesrepublik* wurden von den südwestdeutschen Ländern mit Nachdruck gefördert. Carlo Schmid, Theodor Heuss, Reinhold Maier, Gebhard Müller und andere haben bei der Beratung des Grundgesetzes eifrig mitgewirkt. Die jahrelangen Auseinandersetzungen über die Südweststaat-Frage waren zunächst der Ausübung eines der wirtschaftlichen Kraft und Leistung des Landes entsprechenden Einflusses auf Bundesebene nicht förderlich. Zudem war Konrad Adenauer, der ungern auf die Bundesratsstimmen von Württemberg-Hohenzollern und (Süd-)Baden verzichtete, kein besonderer Freund des Südweststaates. Mit der zweimaligen Wahl von Professor *Theodor Heuss* (geboren 1884 in Brackenheim, gestorben 1963 in Stuttgart) zum Bundespräsidenten stand von 1949 bis 1959 ein Mann an der Spitze der Bundesrepublik, der seinem Amt unverwischbare Züge geistiger Repräsentation gegeben und damit auch seine Heimat aufs beste vertreten hat. Seine Frau Elly Heuss-Knapp (1884 bis 1954) machte sich durch die Schaffung des Müttergenesungswerkes verdient. Bundestagspräsident war von 1955 bis 1969 D. Eugen Gerstenmaier (geb. 1906), der tatkräftige Gründer des Evangelischen Hilfswerks; Stellvertreter war lange Professor Carlo Schmid. Daß dem im Krieg und Frieden verdienten Eberhard Wildermuth (1890–1952), der als Bundesminister den Wohnungsbau nachhaltig förderte, kein längeres Wirken in der Bundesregierung beschieden war, blieb auch für das Land ein Verlust. Von 1966 bis 1969 war *Kurt Georg Kiesinger*, bis dahin verdienter Ministerpräsident des Landes, *Bundeskanzler*. Er hat die schwierige Aufgabe der Führung einer Großen Koalition aus CDU und SPD mit Geschick und der schwäbischen Bereitschaft zum Ausgleich geführt. Im Bundeskabinett wirkten nur wenige Württemberger und Badener, so Hans Lenz (1907–1968) als Schatz-, dann als Wissenschaftsminister, Lothar Bucher als Justiz- und Bruno Heck als Bundesminister für Familien- und Jugendfragen, in der Großen Koalition auch Carlo Schmid als Minister für Angelegenheiten des Bundesrates. Dem sozial-liberalen Bundeskabinett Brandt gehörte Alex Möller, zuvor lange einflußreicher Landespolitiker im Stuttgarter Landtag, bis Mai 1971 als Bundesfinanzminister an, Erhard Eppler wurde Minister für wirtschaftliche Zusammenarbeit. Die Vertretung des Landes Baden-Württemberg in Bonn, durch Jahre von Minister Adalbert Seifriz geführt, hat den Einfluß des Landes in der Bundeshauptstadt mit Geschick zur Geltung gebracht.

Auf dem Gebiet der *Finanzen* hat das Grundgesetz eine klare Scheidung zwischen Bundes- und Länderfinanzen getroffen und in Artikel 106 festgelegt, welche Steuern an den Bund gehen und wieviel von der Einkommens- und Körperschaftssteuer den Ländern zusteht. Die Zeiten der Matrikularbeiträge der Länder und der Finanzzuweisungen des Reiches waren vorüber. Zur Deckung der Bundesausgaben wurde der Bundesanteil an den genannten Steuern mehrmals erhöht: er betrug zunächst 33$^1/_3$ Prozent, ab 1958: 35 Prozent, 1963: 38 Prozent, 1964 bis 1966: 39 Prozent; ab 1967: 37 und ab 1972: 35 Prozent. Nach dem Grundgesetz findet jährlich zwischen leistungsfähigen und leistungsschwachen Ländern ein

Finanzausgleich statt, aus welchem dem Land erhebliche Ausgaben erwachsen. Die Einnahmen des Landes betrugen 1970 rund 10,7 Milliarden DM, von denen 1,8 Milliarden den Gemeinden zuflossen; für Schulen wurden 1,5, für Hochschulen 1,2 Milliarden DM ausgegeben.

Die Integration der *Bundeswehr* in die NATO, mit der die deutschen Feldstreitkräfte NATO-Kommandobehörden unterstellt wurden, hat auch in Baden-Württemberg eine für die deutsche Militärgeschichte neue Lage geschaffen: waren noch in der Zeit der Reichswehr ab 1920 landsmannschaftliche Bindungen vorhanden, so sind sie nunmehr aufgegeben.

Anders liegen die Dinge bei der Territorialen Verteidigung, die unter nationalem Kommando steht und der besondere Aufgaben neben den Feldstreitkräften obliegen: sie soll den Schutz im rückwärtigen Gebiet übernehmen, Anlagen sichern und den NATO-Verbänden gegebenenfalls Operationsfreiheit gewährleisten. Oberste Kommandobehörde der Territorialen Verteidigung für Baden-Württemberg ist das Wehrbereichskommando V in Stuttgart-Bad Cannstatt; ihm sind Verteidigungsbezirkskommandos auf der Ebene der Regierungspräsidien und Verteidigungskommandos für mehrere Landkreise nachgeordnet. Auch die Hauptquartiere der 7. US-Armee und der 1. Französischen Armee liegen in Baden-Württemberg.

Baden-Württemberg hat seine Stellung im Bund im Laufe des letzten Jahrzehnts erheblich gestärkt und ist nun eines der wirtschaftlich kräftigsten und politisch und konfessionell ausgeglichenen Gebiete der Bundesrepublik. Die Südweststaatfrage gehört der Vergangenheit an; mit der Volksabstimmung in Baden sind die Zweifel am Willen der großen Mehrheit der Bevölkerung behoben. Das Land hat damit ein *zukunftsweisendes Beispiel* für die Schaffung lebenskräftiger Länder durch eine Neugliederung des Bundesgebiets gegeben. Daß der Zusammenschluß wirtschaftlich einen Fortschritt bedeutet und die Stellung Südwestdeutschlands im Bund und in der Europäischen Wirtschaftsgemeinschaft stärkt, ist offenkundig. Zu erwarten ist, daß ohne wesentliche Beeinträchtigung historisch gewachsener Eigenständigkeiten und Besonderheiten der Landesteile und des damit verbundenen Heimatgefühls der Bevölkerung sich weitere gemeinsame Grundlagen bilden. Für die Bewältigung der Aufgaben, die entscheidende Strukturwandlungen, gesellschaftliche Neuordnung sowie die notwendige Weiterführung der Bildungs- und Verwaltungsreform dem Lande stellen und für die Fortführung der soliden, beharrlichen und gleichzeitig dynamischen Entwicklung im südwestdeutschen Raum ist die Kenntnis der Geschichte des Landes und seiner Teile notwendig.

Zeittafel

Vor Chr.

600 000–80 000	Ältere Altsteinzeit
um 530 000	Urmensch von Mauer bei Heidelberg
um 200 000	Urmensch von Steinheim/Murr
um 80 000–8000	Jüngere Altsteinzeit
um 8000–4000	Mittelsteinzeit
um 4000–2000	Jungsteinzeit, stärkere Besiedlung, Ackerbau
um 2000–1700	Kupferzeit in Südwestdeutschland
um 1700–750	Bronzezeit
um 800–1. Jahrh. n. Chr.	Kelten in Süddeutschland
um 750–450	Ältere Eisenzeit (Hallstattzeit); Heuneburg bei Hundersingen
um 450–1. Jahrh. n. Chr.	Jüngere Eisenzeit (Latènezeit)
um 80	Einbruch germanischer Sueben in Südwestdeutschland
um 15	Eroberung Rätiens durch die Römer

Nach Chr.

ab 50	Römer in Oberschwaben; Donaugrenze
ab 74	Allmähliche Besetzung des Neckarlands durch die Römer; Einzelhöfe, Straßen, Kastelle
um 85–90	Neckarlimes
um 155	Obergermanischer und Rätischer Limes
213	Erstes Auftreten der Alamannen am Main; Sieg Kaiser Caracallas an der oberen Donau
259	Alamannen erobern Südwestdeutschland
269	Einfälle der Alamannen in Italien

288–289	Feldzug Diokletians gegen die Alamannen
296	Feldzug des Constantius Chlorus an die obere Donau
357	Julian schlägt ein Alamannenheer bei Argentoratum (Straßburg)
406	Zug der Vandalen, Alanen und Quaden durch Süddeutschland; Suebenreich in Nordspanien
496	Sieg des Frankenkönigs Chlodwig bei Tobiacum; das nördliche Alamannenland fränkisch
506–536	Südalamannien unter Schutzherrschaft des Ostgotenkönigs Theoderich
533/534	Niederlage der Alamannen in Italien; allmähliche Annahme des Christentums; Entstehung des alamannischen Herzogtums
536	Alamannien Teil des Frankenreichs
um 600	Ältestes alamannisches Stammesrecht: Pactus Alamannorum
um 718	Lex Alamannorum Herzog Lantfrits
709–711	Feldzug Pippin des Mittleren gegen Alamannien
724	Gründung des Klosters Reichenau, Pirmin
725	Feldzug Karl Martells gegen die Alamannen
um 730	Aufhören des Alamannischen Herzogtums
742–746	Kampf karolingischer Hausmeier gegen Alamannien
746	Gerichtstag und Blutbad in Cannstatt
768–814	Karl König der Franken
771	Karl heiratet die alamannische Fürstentochter Hildegard
800	Karl der Große Römischer Kaiser
816	Bau der Klosterkirche Mittelzell auf der Reichenau
842–849	Walahfried Strabo Abt der Reichenau
843	Alamannien Teil des Ostfränkischen Reiches
913	Ungarneinfall in Schwaben
917–1268	Herzogtum Schwaben
917–926	Burkhard I. Herzog von Schwaben
926–948	Der Franke Hermann I. Herzog von Schwaben
950	Luidolf, Sohn Kaiser Ottos des Großen, Herzog von Schwaben; 954 abgesetzt
1012–1038	Schwabenherzöge aus dem Hause Babenberg
1030	Empörung und Tod Herzog Ernsts II. von Schwaben
1055	Aussterben des älteren Welfengeschlechts
1057–1079	Rudolf von Rheinfelden Herzog von Schwaben; 1077 Gegenkönig Heinrichs IV.

1061	Verleihung des Herzogtums Kärnten an Berthold I. von Zähringen, Graf im Breisgau
1069–1091	Abt Wilhelm von Hirsau Haupt der päpstlichen Partei in Schwaben
1074	Anerkennung des Vorstreits der Schwaben durch Kaiser Heinrich IV.
1079–1105	Friedrich I. von Hohenstaufen Herzog von Schwaben
1080	Tod des Gegenkönigs Rudolf von Rheinfelden in der Schlacht bei Hohenmölsen
1092	Konrad von Wirtemberg; erste Erwähnung des Hauses
ab 1096	Kreuzzüge; Judenverfolgungen
1102	Gründung des Klosters Lorch durch Herzog Friedrich von Schwaben
1105–1147	Friedrich II. von Hohenstaufen Herzog von Schwaben
1130	Eroberung der staufischen Feste Ulm durch die Welfen
1138–1254	Deutsche Könige und Kaiser aus dem Hohenstaufenhause
1138–1152	Konrad III. von Hohenstaufen Deutscher König
1140	Belagerung der Welfenfeste Weinsberg durch König Konrad; Weibertreu
1152–1190	Friedrich I., Barbarossa, König; 1155 Kaiser
1162–1250	Staufische Städtegründungen in Schwaben
1164–1166	Tübinger Fehde zwischen Pfalzgraf Hugo II. und den Welfen
1179	Verkauf des süddeutschen Welfenerbes an Friedrich Barbarossa
1180	Sturz Heinrichs des Löwen
1186–1218	Berthold V. letzter Herzog von Zähringen
1190–1197	Kaiser Heinrich VI.
1198–1208	Philipp von Schwaben Deutscher König; durch Otto von Wittelsbach ermordet
1215–1250	Kaiser Friedrich II.
1241–1265	Graf Ulrich I. von Wirtemberg, Führer der Hohenstaufengegner in Schwaben
1246	Niederlage der Staufer bei Frankfurt. Krieg in Schwaben
1250–1254	König Konrad IV.
1265–1325	Graf Eberhard I., der Erlauchte, von Wirtemberg
1268	Hinrichtung Konradins von Hohenstaufen, des letzten Herzogs von Schwaben, in Neapel

um 1274	Errichtung der Reichslandvogteien Oberschwaben, Niederschwaben und Wimpfen
1283	Vergebliche Versuche Rudolfs von Habsburg zur Gewinnung des Herzogtums Schwaben
1286–1287	Belagerung von Stuttgart durch König Rudolf; Sühnevertrag
1291	Gründung der Schweizer Eidgenossenschaft
1310–1313	Reichskrieg gegen Graf Eberhard I.
1321	Verlegung des Stiftes Beutelsbach nach Stuttgart
1331	Landfriedensbündnis der Reichsstädte
1336	Ulrich III. erhält Markgröningen mit der Reichssturmfahne
1342	Kauf von Stadt und Burg Tübingen durch Wirtemberg
1344–1392	Graf Eberhard II., der Greiner
1349	Pest und Judenverfolgungen
1364–1431	Markgraf Bernhard II. von Baden
1368	Freiburg im Breisgau österreichisch
1370	Schwäbischer Landfriedensbund
1372	Sieg Eberhards des Greiners über die Städter bei Altheim
1375	Münzprivileg Kaiser Karls IV. für Wirtemberg
1376–1389	Älterer Schwäbischer Städtebund unter Führung Ulms
1377	Städtekrieg; Schlacht bei Reutlingen. Beginn des Münsterbaus in Ulm
1380–1530	Große Ravensburger Handelsgesellschaft
1381	Bündnis der schwäbischen und rheinischen Städte
1386	Rückfall der oberschwäbischen Landvogtei an das Reich. Gründung der Universität Heidelberg
1388	Niederlage der Städter bei Döffingen
1395	Niederlage des Ritterbundes der Schlegler bei Heimsheim
1409–1793	Mömpelgard (Montbéliard) wirtembergisch
1414–1418	Konzil von Konstanz
1423	Zerstörung der Burg Zollern
1427	Jüngerer Schwäbischer Städtebund
1431–1449	Konzil von Basel
1442–1482	Nürtinger Vertrag; Teilung der Grafschaft Wirtemberg
1449–1450	Städtekrieg
1450–1497	Graf Eberhard V. im Bart, volljährig 1459
1457	Erste Landtage in Stuttgart und Leonberg. Gründung der Universität Freiburg
1462	Sieg Kurfürst Friedrichs III. von der Pfalz bei Seckenheim

1463	Rottweil zugewandter Ort der Eidgenossenschaft
1472	Erster Buchdruck in Esslingen durch Konrad Fyner
1477	Gründung der Universität Tübingen durch Eberhard im Bart
1482	Münsinger Vertrag: Wiedervereinigung des Landes; Stuttgart Hauptstadt
1487–1534	Schwäbischer Bund
1490	Vorderösterreich gelangt an König Maximilian (1493 Kaiser)
1492	Esslinger Vertrag: Festsetzung der Unteilbarkeit des Landes
1495	Eberhard im Bart Herzog; Wirtemberg Herzogtum
1497	Reichsreform: Schwäbischer Kreis
1497–1560	Philipp Melanchthon aus Bretten
1498	Erste Landesordnung. Absetzung des geisteskranken Herzogs Eberhard II.; Regentschaft der Landstände. Ausschließung der Juden aus Wirtemberg
1498–1550	Herzog Ulrich, 1503 volljährig
1499–1570	Johannes Brenz
1514	Aufstand des Armen Konrad
1514	Tübinger Vertrag; Grundlage der ständischen Landesverfassung
1519	Vertreibung Herzog Ulrichs durch den Schwäbischen Bund
1520–1534	Wirtemberg österreichisch
1523–1534	Durchführung der Reformation in den meisten schwäbischen Reichsstädten
1524–1525	Bauernkrieg
1530	Beitritt von Ulm, Reutlingen, Biberach und Isny zum Schmalkaldischen Bund
1534	Rückführung Herzog Ulrichs durch Landgraf Philipp von Hessen. Erste Reformation in Wirtemberg
1535	Teilung der badischen Lande: Markgrafschaften Baden-Baden und Baden-Durlach
1546	Teilnahme der schwäbischen Protestanten am Schmalkaldischen Krieg
1548–1552	Augsburger Interim
1550–1568	Herzog Christoph; Fortsetzung der Reformation, Johannes Brenz
1551	Confessio Wirtembergica
1552	Landesordnung
1555	Augsburger Religionsfriede. Wirtembergisches Landrecht

1556	Errichtung evangelischer Klosterschulen und des Evangelischen Stifts in Tübingen. Einführung der Reformation in Baden-Durlach und in Kurpfalz
1558–1634	Heinrich Schickhardt
1559	Große Kirchenordnung
1561	Reichsunmittelbarkeit der schwäbischen Ritterschaft
1563	Heidelberger Katechismus des reformierten Bekenntnisses
1568–1593	Herzog Ludwig
1571–1630	Johannes Kepler
1577	Konkordienformel
1593–1608	Herzog Friedrich I.
1599	Prager Vertrag: Wirtemberg wieder Reichslehen. Gründung von Freudenstadt
1608–1621	Evangelische Union
1609	Katholische Liga
1618–1648	Dreißigjähriger Krieg
1620	Ulmer Vertrag zwischen Liga und Union
1622	Sieg Tillys über Markgraf Georg Friedrich von Baden-Durlach bei Wimpfen
1628–1674	Herzog Eberhard III.; 1634 bis 1638 vertrieben
1629	Restitutionsedikt
1633	Heilbronner Konvent
1634	Sieg der Kaiserlichen bei Nördlingen; Verwüstung des Landes
1635–1638	Pest in Wirtemberg
1648	Westfälischer Friede: Erhaltung des schwer getroffenen Landes
1649	Einführung der allgemeinen Volksschulpflicht in Wirtemberg
1650	Entstehung der Calwer Zeughandelskompagnie
1677–1707	Markgraf Ludwig Wilhelm v. Baden-Baden, der „Türkenlouis"
1677–1733	Herzog Eberhard Ludwig, 1693 volljährig
1680–1699	Türkenkriege; Markgraf Ludwig Wilhelm von Baden-Baden Reichsfeldherr
1687–1752	Johann Albrecht Bengel
1688–1697	Pfälzischer Erbfolgekrieg; Franzoseneinfälle, zahlreiche Zerstörungen
1699	Aufnahme vertriebener Waldenser in Wirtemberg
1701–1714	Spanischer Erbfolgekrieg; Prinz Eugen von Savoyen
1701–1785	Johann Jakob Moser
1704	Beginn des Schloßbaus und Gründung der Stadt Ludwigsburg

1715	Gründung der Stadt Karlsruhe
1715–1780	Zeit des oberschwäbischen Kirchenbarocks
1733–1737	Herzog Karl Alexander
1737–1793	Herzog Karl Eugen
1738	Gemeinsames Landrecht der Grafschaft Hohenlohe
1738–1811	Markgraf und Großherzog Karl Friedrich von Baden
1759–1805	Friedrich Schiller
1770	Erbvergleich Karl Eugens mit der Landschaft
1770–1793	Hohe Karlsschule
1770–1843	Friedrich Hölderlin
1770–1831	Georg Wilhelm Friedrich Hegel
1775–1854	Friedrich Schelling
1783	Aufhebung der Leibeigenschaft in der Markgrafschaft Baden
1787–1862	Ludwig Uhland
1789–1846	Friedrich List
1793–1805	Beteiligung Wirtembergs an den Koalitionskriegen gegen Frankreich
1793	Besetzung Mömpelgards durch die Franzosen
1796	Friede zu Paris: Abtretung der linksrheinischen Besitzungen Wirtembergs an Frankreich
1797–1815	Herzog Friedrich II., 1802 Kurfürst, 1806 König Friedrich I.
1802	Reichsstädte Aalen, Esslingen, Gmünd, Hall, Heilbronn, Reutlingen, Rottweil, Weil der Stadt und geistliche Gebiete wirtembergisch; absolute Regierung in „Neuwirtemberg"
1803	Reichsdeputationshauptschluß: Wirtemberg und Baden Kurfürstentum
1804–1875	Eduard Mörike
1805	Anschluß Wirtembergs an Napoleon. Neue Landesvergrößerung. Aufhebung der altständischen Verfassung
1806	Württemberg Königreich; Baden Großherzogtum. Mediatisierung der kleineren weltlichen Reichsstände
1807–1887	Friedrich Theodor Vischer
1808–1879	David Friedrich Strauß
1809–1887	Gustav Werner
1810	Vertrag von Compiègne: Württemberg und Baden erhalten ihre bis 1945 gültigen Grenzen
1810	Einführung der Code Napoléon in Baden
1812	Gründung der Württembergischen Bibelanstalt

1813	Beitritt Württembergs und Badens zum Bündnis gegen Napoleon
1814–1878	Robert Mayer
1815	Wiener Kongreß. Verfassungskampf
1815–1866	Württemberg und Baden im Deutschen Bund
1816–1864	König Wilhelm I. von Württemberg
1817	Notjahr; Gründung der Zentralleitung für Wohltätigkeit. Beseitigung der bäuerlichen Feudal-Lasten in Württemberg
1817	Beginn der Korrektur des Oberrheins; Johann Friedrich Tulla
1818	Verfassungsurkunde für das Großherzogtum Baden
1818	Gründung des Landwirtschaftlichen Instituts in Hohenheim (1847 Akademie, 1904 Hochschule)
1818–1830	Großherzog Ludwig von Baden
1819	Verfassungsvertrag für Württemberg
1821	Union der lutherischen und reformierten Kirche in Baden. Errichtung des Erzbistums Freiburg
1824	Zollvertrag Württembergs mit Hohenzollern. Erstes Dampfschiff „Wilhelm" auf dem Bodensee
1828	Errichtung des Bistums Rottenburg. Israelitengesetz, Emanzipation. Zollverein mit Bayern
1829	Gründung der Gewerbeschule in Stuttgart (1840 Polytechnikum, 1890 Technische Hochschule)
1833	Beitritt Württembergs zum preußisch-hessischen Zollverein: Gründung des Deutschen Zollvereins
1834–1900	Gottlieb Daimler
1835	Anschluß Badens an den Deutschen Zollverein
1838–1917	Ferdinand Graf von Zeppelin
1843–1880	Bau der württembergischen Staatseisenbahnen
1844	Beginn des Baues der Festung Ulm
1848	Liberale und nationale Freiheitsbewegung; Märzministerium. Gründung der Zentralstelle für Gewerbe und Handel (später Landesgewerbeamt)
1848–1854	Starke Auswanderung aus Württemberg
1849	Soldatenmeutereien und Aufstand in Baden. Rumpfparlament der Frankfurter Nationalversammlung in Stuttgart
1851	Ablösung des Postprivilegs der Fürsten Thurn und Taxis; Württembergische Staatspost
1852–1907	Großherzog Friedrich I. von Baden

1855	Errichtung von Handels- und Gewerbekammern. Ausbau des Telegraphennetzes
1856	Ferdinand Steinbeis Leiter der staatlichen Gewerbeförderung
1859	Badisches Konkordat mit dem Päpstlichen Stuhl
1861–1942	Robert Bosch
1862	Einführung der Gewerbefreiheit; rasche Entwicklung der Industrie. Regelung des Verhältnisses von Staat und katholischer Kirche
1864–1891	König Karl
1866	Krieg mit Preußen; Niederlage Österreichs und der Mittelstaaten. Militärbündnis mit Preußen. Austritt aus dem Deutschen Bund
1867	Errichtung der Evangelischen Landessynode
1868	Freiheitliches Vereinsgesetz
1869	Erweiterung des Zollvereins; Zollparlament
1870–1871	Teilnahme am deutsch-französischen Krieg
1870–1900	Hermann von Mittnacht Ministerpräsident
1877–1962	Hermann Hesse
1882	Eröffnung des Fernsprechnetzes in Stuttgart
1884–1963	Theodor Heuss
1891–1918	König Wilhelm II. von Württemberg
1891	Errichtung der Kommission für Württ. Landesgeschichte
1894	Erstes deutsches Arbeitsamt in Esslingen
1903–1906	Steuer- und Verfassungsreform
1904	Verfassungsänderung in Baden
1907	Kongreß der Sozialistischen Internationale in Stuttgart
1907–1918	Großherzog Friedrich II. von Baden
1907–1944	Claus Schenk Graf von Stauffenberg
1908	Luftschiffkatastrophe bei Echterdingen
1912–1916	Landeswasserversorgung
1914–1918	Erster Weltkrieg
1918	Staatsumwälzung; Württemberg Volksstaat, Baden Republik
1919	Weimarer Reichsverfassung. Demokratische Landesverfassungen in Württemberg und Baden
1920–1924	Johannes Hieber Staatspräsident
1923	Inflation. Hitler-Putsch in München

1924	Trennung von Kirche und Staat. Gründung des Süddeutschen Rundfunks in Stuttgart
1924–1928	Wilhelm Bazille Staatspräsident
1928–1933	Eugen Bolz Staatspräsident
1933	Machtergreifung des Nationalsozialismus; Aufhebung der Landesverfassung, Einsetzung eines Reichsstatthalters; „Gleichschaltung"
1934	Kirchenkampf; Bau der Reichsautobahn
1938	Neue Kreiseinteilung. Judenverfolgung
1939–1945	Zweiter Weltkrieg; Luftangriffe, Zerstörung zahlreicher Städte; Endkämpfe im Norden des Landes
1945	Zusammenbruch, Besetzung von Württemberg und Baden durch die Amerikaner und Franzosen; Flüchtlingszustrom; Bildung der Länder Württemberg-Baden, Württemberg-Hohenzollern und (Süd-)Baden. Einigung der deutschen evangelischen Landeskirchen unter Führung von Landesbischof Theophil Wurm
1946	Länderrat in Stuttgart
1949	Württemberg-Baden, Württemberg-Hohenzollern und Baden Länder der Bundesrepublik Deutschland. Schaffung neuer Industriegebiete vor allem im Osten des Landes
1950	Volksabstimmung bejaht Bildung des Südweststaats
1952	Bildung des Landes Baden-Württemberg; Reinhold Maier Ministerpräsident. Aufhebung des Besatzungsstatuts
1953	Gebh. Müller Ministerpräsident; Verfassung für Baden-Württ.
1955	Landesverwaltungsgesetz, Gemeindeordnung, Landkreisordnung und Polizeigesetz für Baden-Württemberg
1958	Neckarkanalisierung bis Stuttgart. Bodenseewasserversorgung. Gründung der Europäischen Wirtschaftsgemeinschaft
1959	Kurt Georg Kiesinger Ministerpräsident
1963	Gründung der Universität Konstanz
1966	Kiesinger Bundeskanzler. Hans Filbinger Ministerpräsident
1967	Gründung der Medizinisch-naturwissenschaftlichen Hochschule Ulm
1971	Verwaltungsreform in Baden-Württemberg; Neueinteilung in 35 Land- und 9 Stadtkreise
1972	Landtagswahl; Regierungsneubildung durch Ministerpräsident Filbinger

Stammtafeln

1. Stammtafel der Staufer und Welfen

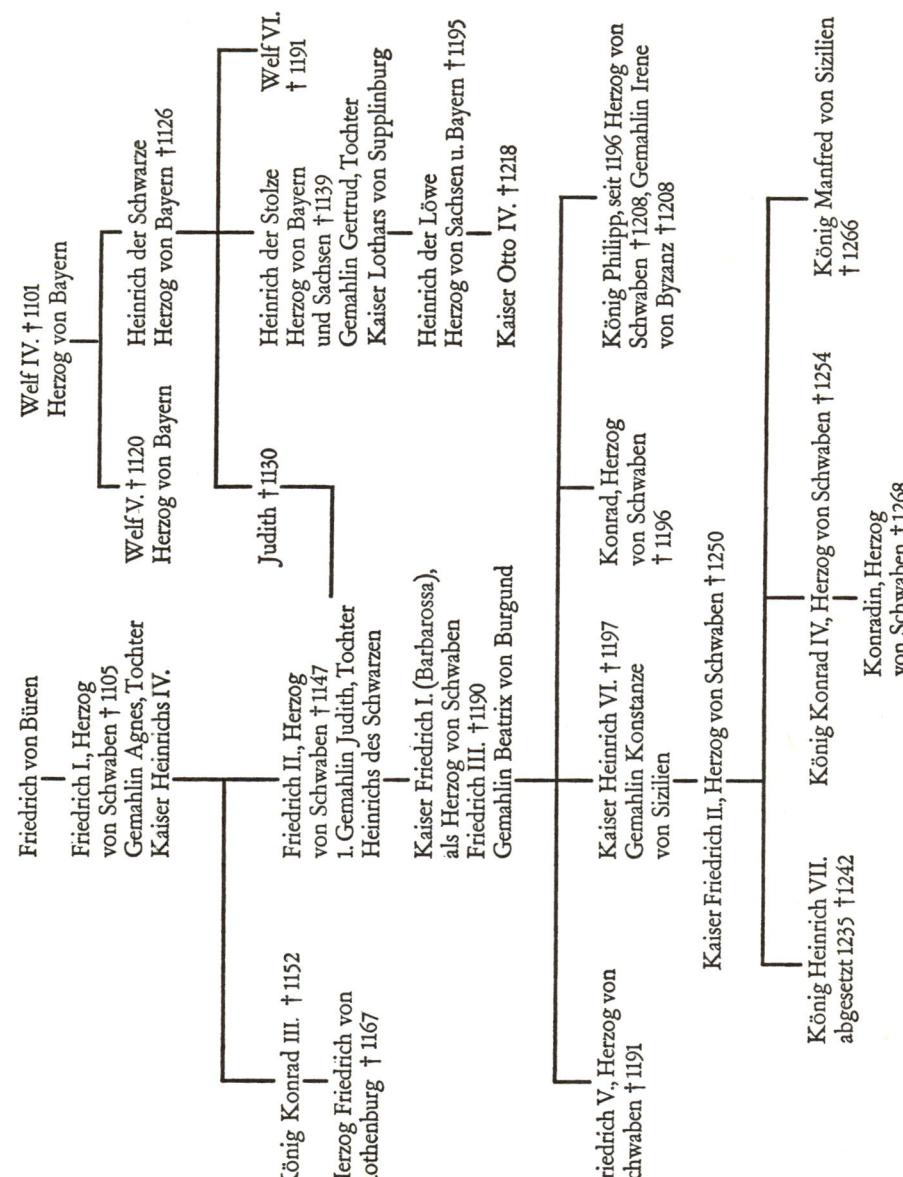

2. Stammtafel der Grafen und Herzöge von Wirtemberg

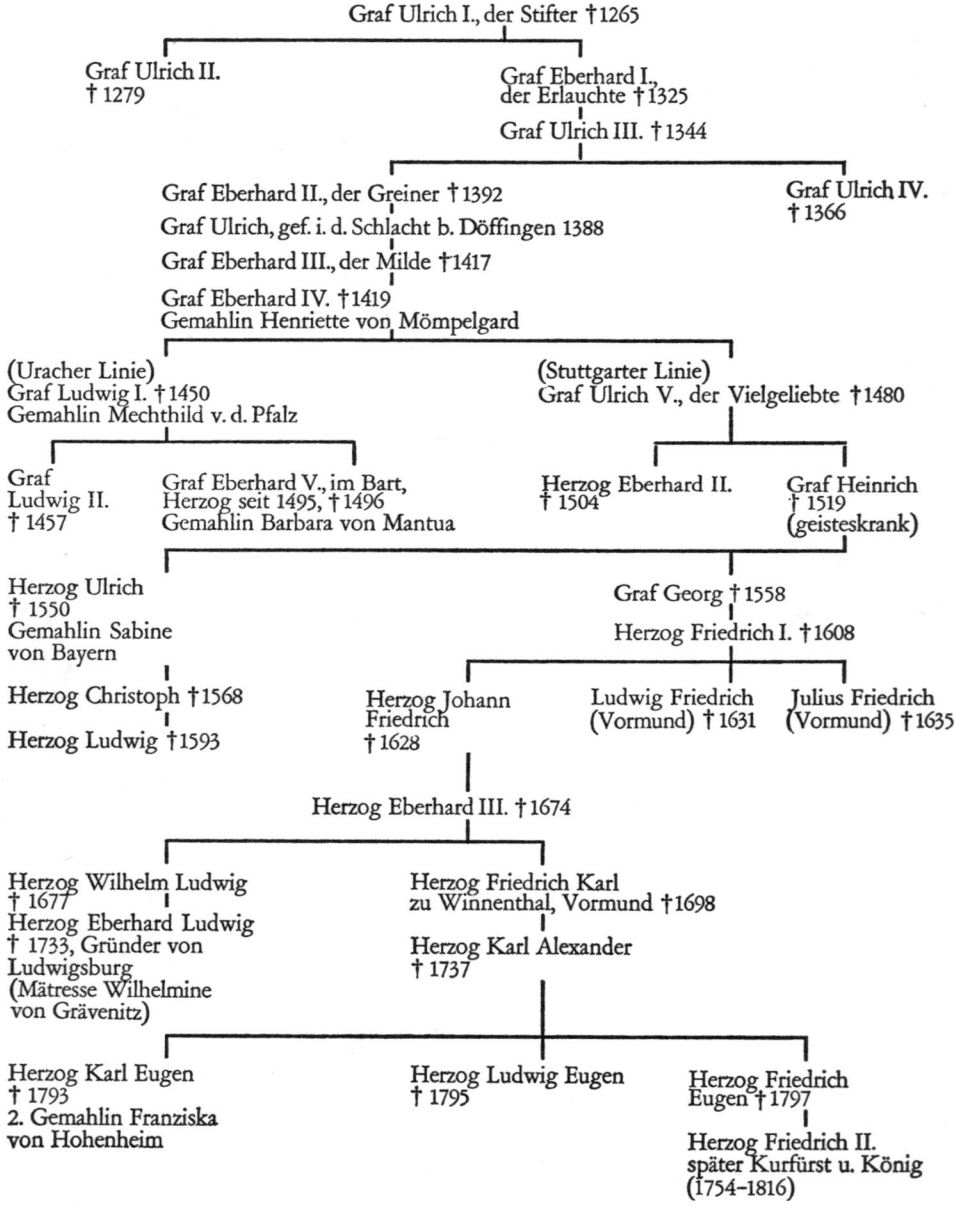

Graf Ulrich I., der Stifter † 1265

Graf Ulrich II.
† 1279

Graf Eberhard I.,
der Erlauchte † 1325

Graf Ulrich III. † 1344

Graf Eberhard II., der Greiner † 1392

Graf Ulrich, gef. i. d. Schlacht b. Döffingen 1388

Graf Eberhard III., der Milde † 1417

Graf Eberhard IV. † 1419
Gemahlin Henriette von Mömpelgard

Graf Ulrich IV.
† 1366

(Uracher Linie)
Graf Ludwig I. † 1450
Gemahlin Mechthild v. d. Pfalz

(Stuttgarter Linie)
Graf Ulrich V., der Vielgeliebte † 1480

Graf
Ludwig II.
† 1457

Graf Eberhard V., im Bart,
Herzog seit 1495, † 1496
Gemahlin Barbara von Mantua

Herzog Eberhard II.
† 1504

Graf Heinrich
† 1519
(geisteskrank)

Herzog Ulrich
† 1550
Gemahlin Sabine
von Bayern

Herzog Christoph † 1568

Herzog Ludwig † 1593

Graf Georg † 1558

Herzog Friedrich I. † 1608

Herzog Johann
Friedrich
† 1628

Ludwig Friedrich
(Vormund) † 1631

Julius Friedrich
(Vormund) † 1635

Herzog Eberhard III. † 1674

Herzog Wilhelm Ludwig
† 1677

Herzog Eberhard Ludwig
† 1733, Gründer von
Ludwigsburg
(Mätresse Wilhelmine
von Grävenitz)

Herzog Friedrich Karl
zu Winnenthal, Vormund † 1698

Herzog Karl Alexander
† 1737

Herzog Karl Eugen
† 1793
2. Gemahlin Franziska
von Hohenheim

Herzog Ludwig Eugen
† 1795

Herzog Friedrich
Eugen † 1797

Herzog Friedrich II.
später Kurfürst u. König
(1754–1816)

x siehe Beilage von Roland Raff!

3. Haus Württemberg

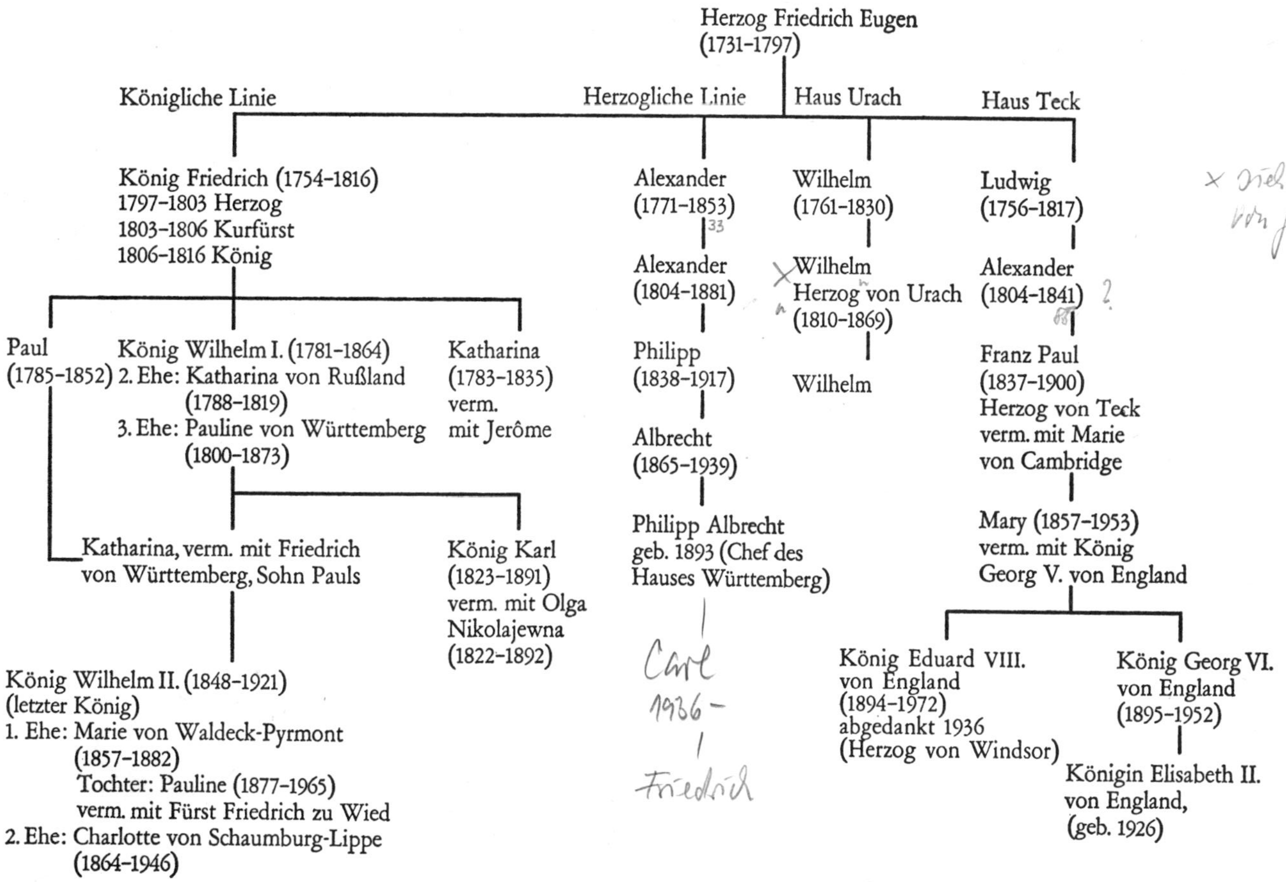

Herzog Friedrich Eugen
(1731–1797)

Königliche Linie — **Herzogliche Linie** — **Haus Urach** — **Haus Teck**

König Friedrich (1754–1816)
1797–1803 Herzog
1803–1806 Kurfürst
1806–1816 König

Paul
(1785–1852)

König Wilhelm I. (1781–1864)
2. Ehe: Katharina von Rußland
(1788–1819)
3. Ehe: Pauline von Württemberg
(1800–1873)

Katharina
(1783–1835)
verm. mit Jerôme

König Karl
(1823–1891)
verm. mit Olga
Nikolajewna
(1822–1892)

Katharina, verm. mit Friedrich
von Württemberg, Sohn Pauls

König Wilhelm II. (1848–1921)
(letzter König)
1. Ehe: Marie von Waldeck-Pyrmont
(1857–1882)
Tochter: Pauline (1877–1965)
verm. mit Fürst Friedrich zu Wied
2. Ehe: Charlotte von Schaumburg-Lippe
(1864–1946)

Alexander
(1771–1853)
33

Alexander
(1804–1881)

Philipp
(1838–1917)

Albrecht
(1865–1939)

Philipp Albrecht
geb. 1893 (Chef des
Hauses Württemberg)

Carl 1936 –
Friedrich

Wilhelm
(1761–1830)

X Wilhelm
Herzog von Urach
(1810–1869)

Wilhelm

Ludwig
(1756–1817)

Alexander
(1804–1841) ?

Franz Paul
(1837–1900)
Herzog von Teck
verm.mit Marie
von Cambridge

Mary (1857–1953)
verm. mit König
Georg V. von England

König Eduard VIII.
von England
(1894–1972)
abgedankt 1936
(Herzog von Windsor)

König Georg VI.
von England
(1895–1952)

Königin Elisabeth II.
von England,
(geb. 1926)

4. Stammtafel der Herzöge von Zähringen

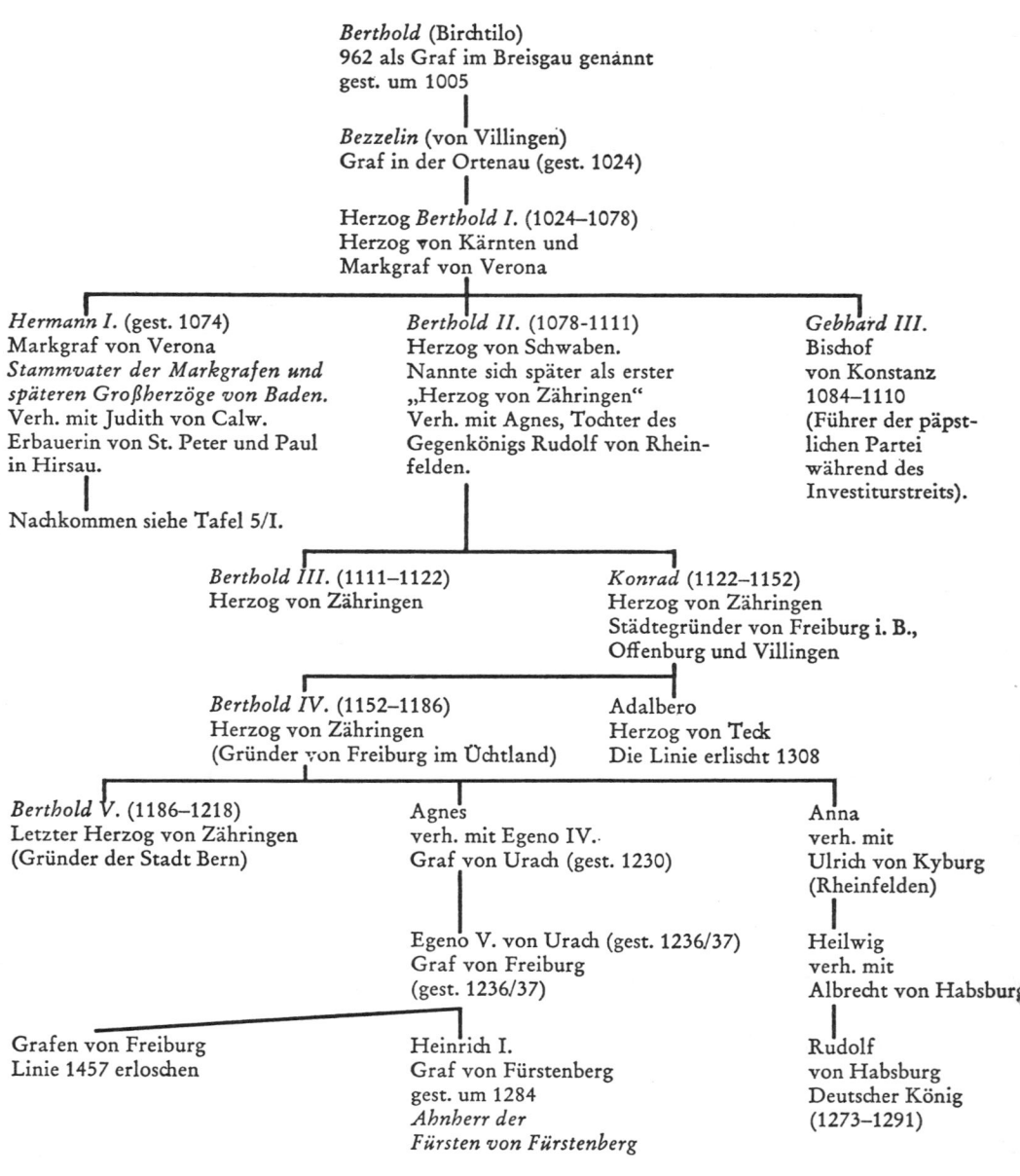

Berthold (Birchtilo)
962 als Graf im Breisgau genannt
gest. um 1005

Bezzelin (von Villingen)
Graf in der Ortenau (gest. 1024)

Herzog *Berthold I.* (1024–1078)
Herzog von Kärnten und
Markgraf von Verona

Hermann I. (gest. 1074)
Markgraf von Verona
*Stammvater der Markgrafen und
späteren Großherzöge von Baden.*
Verh. mit Judith von Calw.
Erbauerin von St. Peter und Paul
in Hirsau.

Nachkommen siehe Tafel 5/I.

Berthold II. (1078-1111)
Herzog von Schwaben.
Nannte sich später als erster
„Herzog von Zähringen"
Verh. mit Agnes, Tochter des
Gegenkönigs Rudolf von Rhein-
felden.

Gebhard III.
Bischof
von Konstanz
1084–1110
(Führer der päpst-
lichen Partei
während des
Investiturstreits).

Berthold III. (1111–1122)
Herzog von Zähringen

Konrad (1122–1152)
Herzog von Zähringen
Städtegründer von Freiburg i. B.,
Offenburg und Villingen

Berthold IV. (1152–1186)
Herzog von Zähringen
(Gründer von Freiburg im Üchtland)

Adalbero
Herzog von Teck
Die Linie erlischt 1308

Berthold V. (1186–1218)
Letzter Herzog von Zähringen
(Gründer der Stadt Bern)

Agnes
verh. mit Egeno IV.
Graf von Urach (gest. 1230)

Anna
verh. mit
Ulrich von Kyburg
(Rheinfelden)

Egeno V. von Urach (gest. 1236/37)
Graf von Freiburg
(gest. 1236/37)

Heilwig
verh. mit
Albrecht von Habsburg

Grafen von Freiburg
Linie 1457 erloschen

Heinrich I.
Graf von Fürstenberg
gest. um 1284
*Ahnherr der
Fürsten von Fürstenberg*

Rudolf
von Habsburg
Deutscher König
(1273–1291)

5. Stammtafel der Markgrafen und Großherzöge von Baden (I)

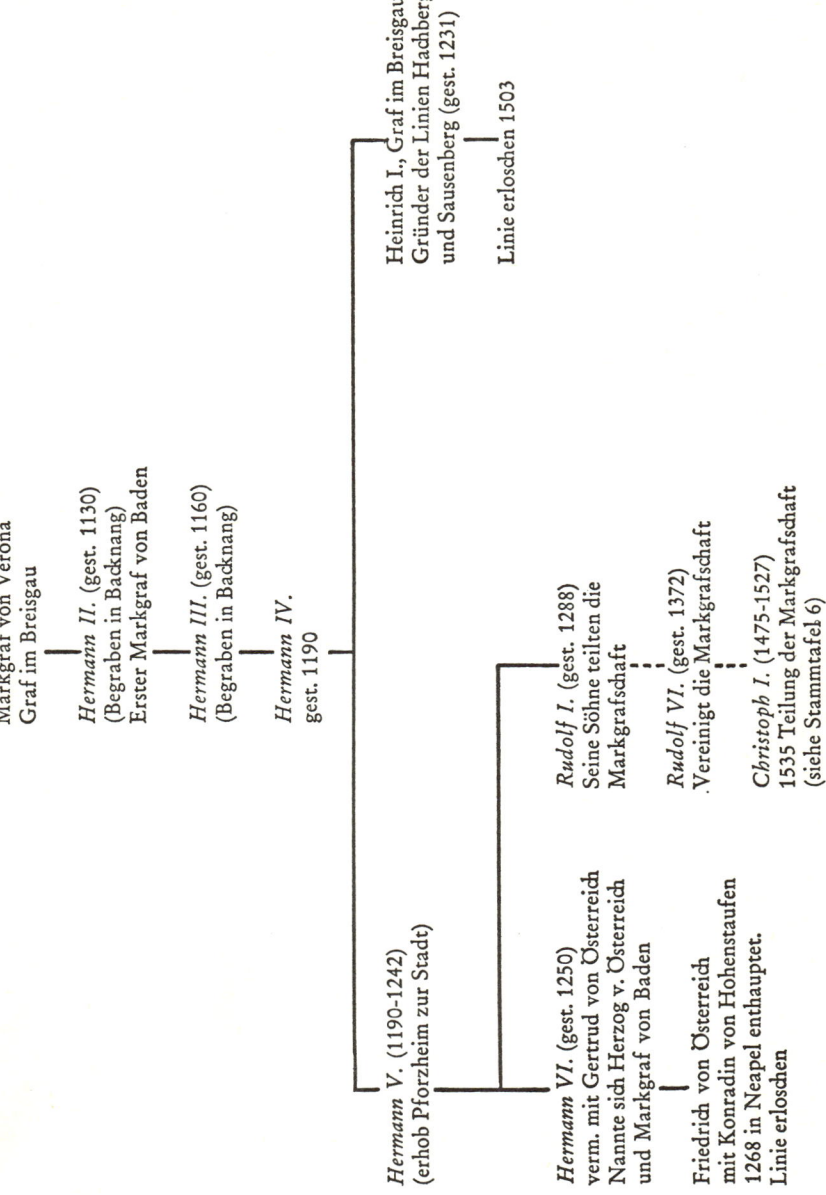

Hermann I. (gest. 1074)
Markgraf von Verona
Graf im Breisgau

Hermann II. (gest. 1130)
(Begraben in Backnang)
Erster Markgraf von Baden

Hermann III. (gest. 1160)
(Begraben in Backnang)

Hermann IV.
gest. 1190

Hermann V. (1190-1242)
(erhob Pforzheim zur Stadt)

Hermann VI. (gest. 1250)
verm. mit Gertrud von Österreich
Nannte sich Herzog v. Österreich
und Markgraf von Baden

Friedrich von Österreich
mit Konradin von Hohenstaufen
1268 in Neapel enthauptet.
Linie erloschen

Rudolf I. (gest. 1288)
Seine Söhne teilten die
Markgrafschaft

Rudolf VI. (gest. 1372)
Vereinigt die Markgrafschaft

Christoph I. (1475-1527)
1535 Teilung der Markgrafschaft
(siehe Stammtafel 6)

Heinrich I., Graf im Breisgau
Gründer der Linien Hachberg
und Sausenberg (gest. 1231)

Linie erloschen 1503

6. Stammtafel der Markgrafen und Großherzöge von Baden (II).

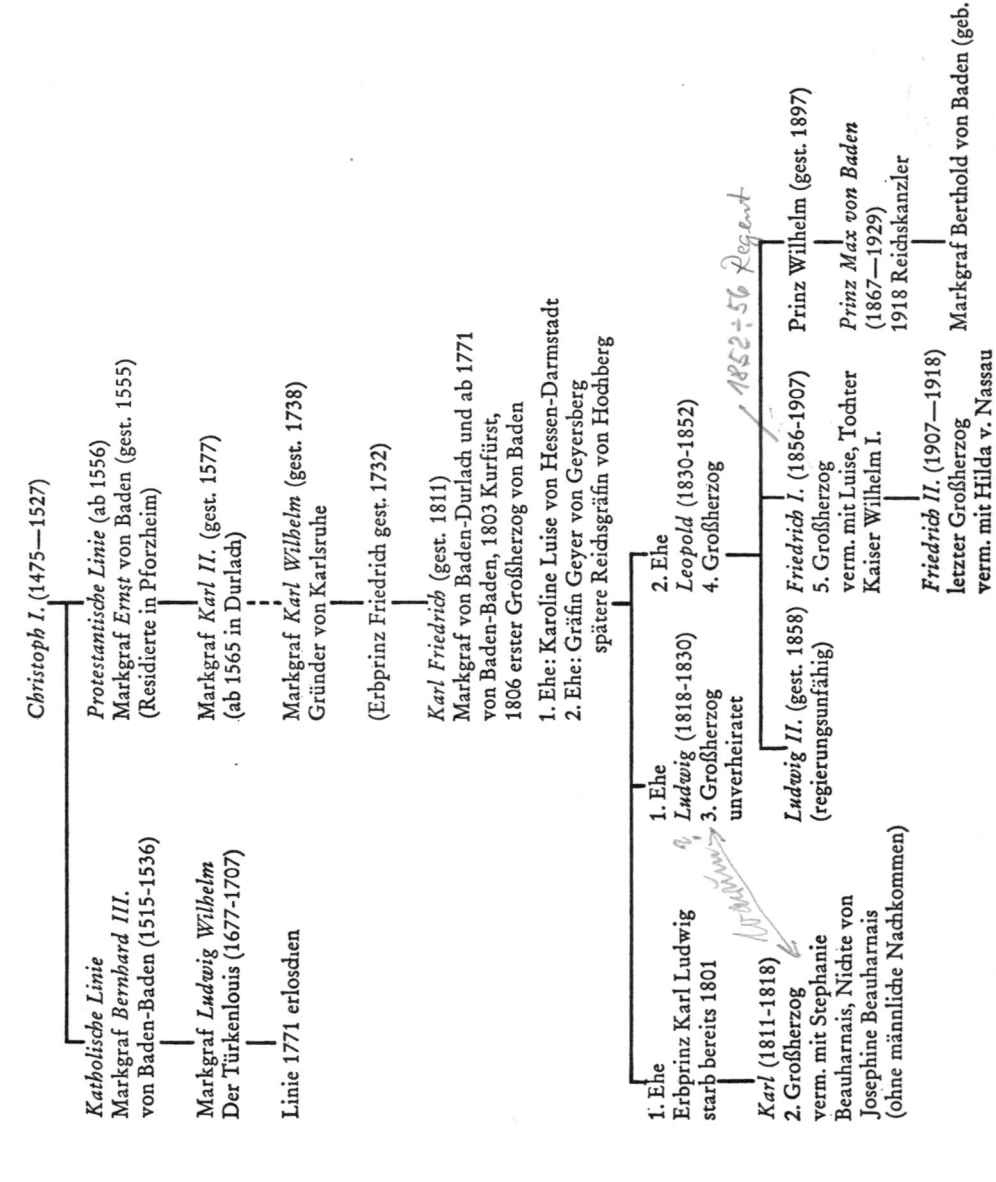

Christoph I. (1475—1527)

Katholische Linie
Markgraf *Bernhard III.*
von Baden-Baden (1515-1536)

Protestantische Linie (ab 1556)
Markgraf *Ernst* von Baden (gest. 1555)
(Residierte in Pforzheim)

Markgraf *Ludwig Wilhelm*
Der Türkenlouis (1677-1707)

Markgraf *Karl II.* (gest. 1577)
(ab 1565 in Durlach)

Linie 1771 erloschen

Markgraf *Karl Wilhelm* (gest. 1738)
Gründer von Karlsruhe

(Erbprinz Friedrich gest. 1732)

Karl Friedrich (gest. 1811)
Markgraf von Baden-Durlach und ab 1771
von Baden-Baden, 1803 Kurfürst,
1806 erster Großherzog von Baden

1. Ehe: Karoline Luise von Hessen-Darmstadt
2. Ehe: Gräfin Geyer von Geyersberg
   spätere Reichsgräfin von Hochberg

1. Ehe
Erbprinz Karl Ludwig
starb bereits 1801

Karl (1811-1818)
2. Großherzog
verm. mit Stephanie
Beauharnais, Nichte von
Josephine Beauharnais
(ohne männliche Nachkommen)

1. Ehe
Ludwig (1818-1830)
3. Großherzog
unverheiratet

Ludwig II. (gest. 1858)
(regierungsunfähig)

2. Ehe
Leopold (1830-1852)
4. Großherzog

Friedrich I. (1856-1907)
5. Großherzog
verm. mit Luise, Tochter
Kaiser Wilhelm I.

1852÷56 Regent

Friedrich II. (1907—1918)
letzter Großherzog
verm. mit Hilda v. Nassau

Prinz Wilhelm (gest. 1897)

Prinz Max von Baden
(1867—1929)
1918 Reichskanzler

Markgraf Berthold von Baden (geb. 1906)

Grundlegende Literatur zur Geschichte Württembergs

(mit Hinweisen zur Geschichte Badens)

Die *württembergische Geschichte* gehört zu den besonders intensiv bearbeiteten Gebieten deutscher Landesgeschichte sowohl in der Einzelforschung wie in der Gesamtdarstellung. Für die Geschichte der Grafschaft und des Herzogtums Wirtemberg haben in der zweiten Hälfte des 18. Jahrhunderts Christian Friedrich Sattler durch die Sammlung der Quellen, Ludwig Timotheus Spittler als gedankenreicher Deuter der Territorialgewalt vorgearbeitet. Grundlegend für die ganze ältere Geschichte des später württembergischen Gebiets ist Christoph Friedrich Stälins „Wirtembergische Geschichte" in vier Bänden, erschienen 1841—1873. Sie reicht bis 1593 und behandelt auch die erst in der napoleonischen Zeit zum Lande gekommenen Territorien. Dessen Sohn Paul Friedrich Stälin verfaßte eine kürzere Darstellung bis 1495 (Geschichte Württembergs I., 1882—1887). Für die politische Geschichte der Grafen-, Herzogs- und Königszeit bis 1871 ist Eugen Schneider, „Württembergische Geschichte", 1896, inhaltsreich. Die Geschichte der Landstände hat Walter Grube in seinem Werk „Der Stuttgarter Landtag 1457 bis 1957" dargestellt.
Für die *badische Geschichte* sind besonders Friedrich von Weech, Badische Geschichte, 1890, Berthold Sütterlin, Geschichte Badens Bd. I: Frühzeit und Mittelalter, 2. Auflage, 1971, sowie Theodor Mayer, Der Staat der Zähringer, 1935, von Bedeutung. Einen Überblick über das neue Bundesland *Baden-Württemberg* gibt das zu seinem zehnjährigen Bestehen 1962 von Theodor Pfizer herausgegebene Sammelwerk „Baden-Württemberg. Staat, Wirschaft, Kultur".
Die *„Bibliographie* der Württembergischen Geschichte" hat Wilhelm Heyd 1895—1896 begründet. Band 10 erschien 1968, bearbeitet von Wolfgang Irtenkauf. Sie wird ergänzt durch die als Beilage der Zeitschrift für Württembergische Landesgeschichte erscheinenden „Württembergischen Geschichtsliteratur der Jahre 1946—1969", bearbeitet von E. Lißberger und W. Irtenkauf.
Um die Förderung der laufenden *Forschung* hat sich vor allem die 1891 gegründete „Württembergische Kommission für Landesgeschichte", seit 1954 „Kommission für geschichtliche Landeskunde in Baden-Württemberg" verdient gemacht. Ihr Wirken schilderte Max Miller in seinem Werk „70 Jahre landesgeschichtlicher Forschungsarbeit. Bericht über die Tätigkeit der Württembergischen Kommission für Landesgeschichte 1891 bis 1954 und der Kommission für geschichtliche Landeskunde in Baden-Württemberg 1954 bis 1961". Sie gibt die „Zeitschrift für Württembergische Landesgeschichte" (früher: Württembergische Vierteljahreshefte) und andere Veröffentlichungen heraus. Der Forschung dienen ferner u. a. die „Fundberichte aus Schwaben" und die „Badischen Fundberichte", die Veröffentlichungen der Staatlichen Ämter für Denkmalpflege in Stuttgart, Tübingen und Freiburg, die „Blätter für württembergische Kirchengeschichte" und für Baden insbesondere die „Zeitschrift für die Geschichte des Oberrheins".

Quellen

Wirtembergisches Urkundenbuch. Bd. 1–11. 1849–1913.
Württembergische Regesten 1301–1500. 1.–3. Teil. 1916–1940.
Württembergische Archivinventare. Bd. 1–24. 1907–1953.
Inventare der nichtstaatlichen Archive in Baden-Württemberg. Heft 1–8. 1954–1961.
Württembergische Geschichtsquellen. Hrsg. v. d. Württ. Kommission für Landesgeschichte. Bd. 1 bis 25. 1894–1956.

Württembergische Landtagsakten. 4 Teile: 1498–1515, 1593–1620. 1913/19.
Darstellungen aus der Württembergischen Geschichte. Bd. 1–42. 1904–1954.
Veröffentlichungen der Kommission für geschichtliche Landeskunde in Baden-Württemberg.
Reihe A: Quellen. Bd. 1–21. 1958–1969. Reihe B: Forschungen. Bd. 1–63. 1958–1970.
Veröffentlichungen der Staatl. Archivverwaltung Baden-Württemberg. 1954 ff.
Forschungen zur oberrheinischen Landesgeschichte, hrsg. von Clemens Bauer, Bruno Bresch, Josef Fleckenstein, Erich Hassinger. Otto Harding, Friedrich Maurer, Gerhard Ritter und Gerd Tellenbach.

Historische Karten

Der deutsche Südwesten am Ende des alten Reiches. Geschichtliche Karte des reichsdeutschen und benachbarten Gebiets 1 : 200 000 mit Beiwort. Bearbeitet von Erwin Hölzle u. Helmut Kluge. 1938.
Arbeiten zum Historischen Atlas von Südwestdeutschland. Heft 1–6. 1954–1970.
Historischer Atlas von Baden-Württemberg. Hrsg. von der Kommission für geschichtliche Landeskunde i. V. mit dem Landesvermessungsamt Baden-Württemberg. 1. Lieferung 1972.

Bibliographie

Wilhelm Heyd, Theodor Schön, Otto Leuze, Heinrich Ihme, Wolfgang Irtenkauf, Bibliographie der Württembergischen Geschichte. Bd. 1–10. 1895–1970.
Württembergische Geschichtsliteratur. Beihefte der Ztschr. f. Württ. Landesgeschichte. Hrsg. v. E. Lißberger 1952 ff., von W. Irtenkauf 1960 ff.
Bibliographie der badischen Geschichte. Begründet von Friedrich Lautenschlager, bearb. von Werner Schulz. 5 Bde. 1929–1938 und 1961–1966.

Gesamtdarstellungen

Martinus Crusius (1526–1607), Annales Suevici (lat.). 1595. Deutsch, hrsg. und fortgesetzt von Johann Jacob Moser: Schwäbische Chronik 1733.
Christian Friedrich Sattler (1705–1785), Geschichte des Herzogthums Würtemberg unter der Regierung der Graven. 4 Bde. 1767/68. – Unter der Regierung der Herzogen. 13 Bde. 1769/83.
Ludwig Timotheus Spittler (1752–1810), Geschichte Wirtembergs unter der Regierung der Grafen und Herzöge. 1783.
Johann Christian Pfister (1772–1835), Geschichte von Schwaben (bis 1493). 5 Bde. 1803–1827.
Christoph Friedrich Stälin (1805–1873), Wirtembergische Geschichte (bis 1593). 4 Bde. 1841 bis 1870. Grundlegend für die ältere Geschichte des Landes.
Paul Friedrich Stälin (1805–1900), Geschichte Württembergs (bis 1496). Bd. I, 1 u. 2., 1882/87.
Eugen Schneider (1854–1937), Württembergische Geschichte. 1896.
Karl Weller (1866–1943), Württemberg in der deutschen Geschichte. 1900.
Karl Weller, Württembergische Geschichte. 6 Auflagen 1909–1971.
Ernst Marquardt, Geschichte Württembergs. 2. Aufl. 1962.
Ernst Müller, Kleine Geschichte Württembergs. 1963.
Karl Siegfried Bader, Der deutsche Südwesten in seiner territorial-staatlichen Entwicklung. 1950.

Landeskunde

Christian Friedrich Sattler, Historische Beschreibung des Herzogthums Württemberg und aller seiner Städte, Klöster und Ämter. 1752. 2. Aufl. 1762, 3. Aufl. 1784.
Oberamtsbeschreibungen. Hrsg. vom Württ. Statist. Landesamt 1824 ff. 2. Bearbeitung 1893 ff.
3. Bearbeitung: Die Stadt- und Landkreise in Baden-Württemberg 1953 ff. (bisher: Crailsheim 1953, Balingen 1960, Öhringen 1961, Tübingen.

Das Königreich Württemberg. Eine Beschreibung nach Kreisen, Oberämtern und Gemeinden. Hrsg. Kgl. Stat. Landesamt. 3 Bde. 1882/86. Neubearb. 4 Bde. 1904/07.
Das Land Baden-Württemberg. Amtliche Beschreibung nach Kreisen und Gemeinden. Hrsg. Staatl. Archivverwaltung Baden-Württemberg. Erschienen: Bd. II, Nordwürttemberg, Teil 1 (Landkreise Aalen, Backnang, Böblingen, Crailsheim, Esslingen, Göppingen, Heidenheim, Künzelsau, Leonberg, Stadt und Landkreis Heilbronn). Vorgesehen 7 Bände.
Robert Gradmann (1865–1950), Süddeutschland. 2 Bde. 1931. Neudruck 1956.
Josef Griesmeier, Die Entwicklung der Wirtschaft und Bevölkerung in Baden-Württemberg im 19. u. 20. Jahrhundert. 1954.
Reinhard Appel, Max Miller, Jan Ph. Schmitz, Baden-Württemberg. Land und Volk in Geschichte und Gegenwart. 1960.
Friedrich Huttenlocher, Baden-Württemberg. Kleine geographische Landeskunde. 1968.
Handbuch der historischen Stätten Deutschlands. Bd. 6: Baden-Württemberg. Hrsg. Max Miller. 1965.
Württembergisches Städtebuch. Hrsg. Erich Keyser. 1962.
Badisches Städtebuch. Hrsg. Erich Keyser. 1959.
Schriften zur Südwestdeutschen Landeskunde. Hrsg. Institut für geschichtliche Landeskunde, Tübingen. Bd. 1: 1963 ff.
Matthäus Merian. Schwaben 1643. Topographie Sueviae, Faksimile-Ausgabe 1960.
Max Schefold, Alte Ansichten aus Württemberg. 2 Bde. 1956/57.
Max Schefold, Alte Ansichten aus Baden. 1971.
Luftbildatlas Baden-Württemberg. Eine Landeskunde. 1971

Zu den einzelnen Zeitabschnitten

Vorgeschichte

Oskar Paret, Württemberg in vor- und frühgeschichtlicher Zeit. 1961.
Wolfgang Kimmig (Text) u. Hellmut Hell (Aufnahmen), Vorzeit an Rhein und Donau. Südwestdeutschland, Nordschweiz, Ostfrankreich. 1958.
Ernst Wahle, Vorzeit am Oberrhein. 1937.
Veröffentlichungen des Staatl. Amts für Denkmalpflege in Stuttgart. Reihe A: Vor- und Frühgeschichte. Hrsg. Hartwig Zürn. 1956 ff.
Urkunden zur Vor- und Frühgeschichte. Hrsg. Staatl. Amt für Denkmalpflege in Tübingen. 1959 ff.
Fundberichte aus Schwaben. 1893 ff. Neue Folge 1917 ff.
Badische Fundberichte. 1925 ff.

Keltenzeit

Kurt Bittel, Die Kelten in Württemberg. 1934.

Römerzeit

Friedrich Hertlein, Oskar Paret, Peter Gössler, Die Römer in Württemberg. 3 Bde. 1928/32.
Friedrich Haug und Gustav Sixt, Die römischen Inschriften und Bildwerke Württembergs. 1900. 2. Aufl. 1915. Reprint 1970.
Wilhelm Schleiermacher, Der römische Limes in Deutschland. 3. Aufl. 1967 (Limesführer).

Alamannenzeit

Karl Weller, Besiedlung des Alemannenlandes. 1898.
Karl Weller, Besiedlungsgeschichte Württembergs vom 3. bis 13. Jahrhundert n. Chr. 1938.
Karl Weller, Alamannenforschung. 1943.
Viktor Ernst (1871–1933), Die Entstehung des deutschen Grundeigentums. 1931.
Walther Veeck, Die Alamannen in Württemberg. 1931.
Gerhard Julius Wais, Die Alamannen in ihrer Auseinandersetzung mit der römischen Welt. 1940.
Grundfragen der alemannischen Geschichte. Vorträge und Forschungen Band 1. Hrsg. vom Konstanzer Arbeitskreis f. mittelalterliche Geschichte, geleitet von Th. Mayer. 2. Aufl. 1962.
Heinrich Dannenbauer (1897–1961), Bevölkerung und Besiedlung Alemanniens in der fränkischen Zeit. 1954.

Schwaben bis zum Ende der Stauferzeit

Karl Weller, Geschichte des schwäbischen Stammes bis zum Untergang der Staufer. 1944.
Karl Weller, Die staufische Städtegründung in Schwaben. 1930.
Karl Weller, Die Reichsstraßen des Mittelalters im heutigen Württemberg. 1927.
Karl Otto Müller, Die oberschwäbischen Städte. Ihre Entstehung und ältere Verfassung. 1912.
Hansmartin Decker-Hauff, Geschichte der Stadt Stuttgart. Bd. 1: Von der Frühzeit bis zur Reformation. 1966.

Vom Interregnum bis zur Reformation

Karl Weller, Die Grafschaft Württemberg und das Reich bis zum Ende des 14. Jahrhunderts. 1932/40.
Fritz Ernst, Eberhard im Bart. Politik eines deutschen Landesherrn am Ende des Mittelalters. 1933.
Ludwig Friedrich Heyd, Herzog Ulrich von Württemberg. 3 Bde. (3. Band von Karl Pfaff vollendet). 1841/43.
Günther Franz, Der deutsche Bauernkrieg. 8. Aufl. 1969.

Von der Reformation bis zum Ende des alten Reiches

Johann Christian Pfister, Herzog Christoph zu Wirtemberg. 2 Bde. 1819/20.
Bernhard Kugler, Christoph Herzog zu Wirtemberg. 2 Bde. 1868/72.
Viktor Ernst, Briefwechsel des Herzogs Christoph von Wirtemberg. 4 Bde. 1899/1907.
Herzog Karl Eugen von Württemberg und seine Zeit. Hrsg. Württ. Geschichts- und Altertumsverein. 2 Bde. 1907/09.
Robert Uhland, Geschichte der Hohen Karlsschule in Stuttgart. 1953.
Erwin Hölzle, Das Alte Recht und die Revolution. Eine politische Geschichte Württembergs in der Revolutionszeit 1789–1805. 1931.
Max Miller, Neuwürttemberg unter Herzog und Kurfürst Friedrich. Organisation und Verwaltung. 1934.

Die Zeit von 1806–1870

Albert Pfister, König Friedrich von Württemberg und seine Zeit. 1888.
Erwin Hölzle, Württemberg im Zeitalter Napoleons und der Deutschen Erhebung. 1937.
Karl-Johannes Grauer, Wilhelm I., König von Württemberg. 1960.
Walter Seefried, Mittnacht und die deutsche Frage bis zur Reichsgründung. 1928.
Adolf Rapp, Die Württemberger und die nationale Frage 1863–1871. 1910.

Württemberg im Deutschen Reich 1871–1945

Württemberg unter der Regierung König Wilhelms II. Hrsg. Viktor Bruns. 1916.
Karl Weller, Die Staatsumwälzung in Württemberg 1918–1920. 1930.
Waldemar Besson, Württemberg und die deutsche Staatskrise 1928 bis 1933. 1959.
Max Miller, Eugen Bolz, Staatsmann und Bekenner. 1951.

Wilhelm Keil, Erlebnisse eines Sozialdemokraten. 2 Bde. 1947/48.
Reinhold Maier, Ende und Wende. Das schwäbische Schicksal 1944 bis 1946. 1948.
Max Miller/Paul Sauer, Die württembergische Geschichte von der Reichsgründung bis heute. 1971.

Der Weg zum Südweststaat

Reinhold Maier, Ein Grundstein wird gelegt. Die Jahre 1945 bis 1947. 1964.
Theodor Heuß, Aufzeichnungen 1945 bis 1947. Hrsg. von Eberhard Pikert. 1966.
Theodor Eschenburg, Aus den Anfängen des Landes Württemberg-Hohenzollern. In: Festgabe für Carlo Schmid. 1962.
Der Kampf um den Südweststaat. Verhandlungen und Beschlüsse der gesetzgebenden Körperschaften des Bundes und des Bundesverfassungsgerichts. 1952.
Eberhard Konstanzer, Die Entstehung des Landes Baden-Württemberg. 1969.

Baden-Württemberg

Baden-Württemberg. Staat, Wirtschaft, Kultur. (Sammelwerk) Hrsg. von Theodor Pfizer. 1963.
Rudolf Spreng, Willy Birn, Paul Feucht, Die Verfassung des Landes Baden-Württemberg. 1954.

Geschichte einzelner Landesteile außerhalb Alt-Wirtembergs

Hohenlohe

Adolf Fischer, Geschichte des Hauses Hohenlohe. 3 Bde. 1866/71.
Karl Weller, Geschichte des Hauses Hohenlohe (bis 1350). 2 Bde. 1903/1908.
Karl Weller, Hohenlohisches Urkundenbuch. 3 Bde. 1899–1912.
Fritz Ulshöfer, Die hohenlohischen Hausverträge. Grundlinie einer Verfassungsgeschichte der Grafschaft Hohenlohe seit dem Spätmittelalter. 1961.

Hohenberg – Vorderösterreich

Ludwig Schmidt, Geschichte der Grafen von Zollern-Hohenberg und ihrer Grafschaft. 2 Bde. 1862.
Eugen Stemmler, Die Grafschaft Hohenberg und ihr Übergang an Württemberg (1806). 1950.
Friedrich Metz (Hrsg.), Vorderösterreich. Eine geschichtliche Landeskunde. 2. Aufl. 1967.
Hans Feine, Die Territorialbildung der Habsburger im deutschen Südwesten. 1950.

Oberschwaben

Otto Feger, Geschichte des Bodenseeraums. 4 Bde. Bd. 1: 1956, Bd. 2: 1958, Bd. 3: 1963.
Josef Vochezer, Geschichte des fürstlichen Hauses Waldburg in Schwaben. 3 Bde. 1888/1907.
Franz Ludwig Baumann, Geschichte des Allgäus. 3 Bde. 1883/94. 4. Band (19. Jahrh.) von Josef Rottenkolber. 1928.
Oberschwaben. Gesicht einer Landschaft. Hrsg. von Adolf Köhler, Stefen Ott, Karlheinz Schaaf, Werner Knoblauch, Enno Seifriz. 1971.

Hohenzollern

Ludwig Schmid, Die älteste Geschichte des erlauchten Gesamthauses der Königlichen und Fürstlichen Hohenzollern. 3 Bde. 1884/88.
Die Bau- und Kunstdenkmäler in den Hohenzoller'schen Landen. 1896.

Fürstenberg

Sigmund Riezler, Geschichte des fürst. Hauses Fürstenberg und seiner Ahnen. 1883.
Geo Tumbült, Das Fürstentum Fürstenberg von seinen Anfängen bis zur Mediatisierung im Jahre 1808. 1908.

Mömpelgard

Louis Renard, Histoire du Pays de Montbéliard. 1941.
Albert Eugen Adam, Mömpelgard und sein staatsrechtliches Verhältnis zu Württemberg und dem alten deutschen Reich. 1884.
Walter Grube, Mömpelgard und Altwürttemberg (in: Alemannisches Jahrbuch 1959).

Wichtige Werke zur Geschichte Badens

Johannes Daniel Schoepflin, Historia Zaringo-Badensis. 7 Teile. 1763/1766.
Friedrich von Weech, Badische Geschichte. 1890.
Berthold Sütterlin, Geschichte Badens. Bd. 1: Frühzeit und Mittelalter. 2. Aufl. 1971.
Albert Krieger, Badische Geschichte. 1921.
Theodor Mayer, Der Staat der Herzoge von Zähringen. 1935.
Eduard Heyck, Geschichte der Herzöge von Zähringen. 1891.
Friedrich Metz (Hrsg.), Vorderösterreich. Eine geschichtliche Landeskunde. 2. Aufl. 1967.
Erdmannsdörfer u. Obser, Politische Korrespondenz Karl Friedrichs von Baden. 5 Bde. 1888/1915.
Willy Andreas, Geschichte der badischen Verwaltungsorganisation u. Verfassung 1802–1818. 1913.
Franz Schnabel, Sigismund von Reitzenstein, der Begründer des badischen Staates. 1927.
Lothar Gall, Der Liberalismus als regierende Partei. Das Großherzogtum Baden zwischen Restauration und Reichsgründung. 1968.
Ernst Wagner, Fundstätten und Funde aus vorgeschichtlicher, römischer und alamannisch-fränkischer Zeit im Großherzogtum Baden. 2 Bde. 1908–1911.
Das Großherzogtum Baden in geographischer, naturwissenschaftlicher, geschichtlicher, wirtschaftlicher und staatlicher Hinsicht dargestellt. 1885.
Albert Krieger, Topographisches Wörterbuch des Großherzogtums Baden. Hrsg. von der Badischen Kommission. 2 Bde. 2. Aufl. 1905/06.
Friedrich Wielandt, Badische Münz- und Geldgeschichte. 1955.

Kirchengeschichte

Württembergische Kirchengeschichte. Hrsg. Calwer Verlagsverein. 1893.
Karl Weller, Württembergische Kirchengeschichte bis zum Ende der Stauferzeit. 1936.
Hermann Tüchle, Kirchengeschichte Schwabens. 2 Bde. 1950/54.
Otto Linck, Mönchtum und Klosterbauten Württembergs im Mittelalter. 2. Aufl. 1953.
Die Kultur der Abtei Reichenau. Hrsg. Konrad Beyerle. 2 Bde. 1925.
Hermann Tüchle u. August Willburger, Geschichte der katholischen Kirche in Württemberg. 1954.
August Hagen, Geschichte der Diözese Rottenburg. 3 Bde. 1956/60.
Julius Rauscher, Württembergische Reformationsgeschichte. 1934.
Heinrich Hermelink, Geschichte der evangelischen Kirche in Württemberg von der Reformation bis zur Gegenwart. 1949.
Gerhard Schäfer, Kleine Württembergische Kirchengeschichte. 1964.
Martin Leube, Die Geschichte des Tübinger Stifts. Teil 1–3. 1921–36.
Martin Leube, Das Tübinger Stift 1770–1950. 1954.
Die Evang. Landeskirche in Württemberg und der Nationalsozialismus. Bd. I: Um das politische Engagement der Kirche 1932–1933. Hrsg.: Gerhard Schäfer. 1971.
Wilhelm Burger, Das Erzbistum Freiburg in Vergangenheit und Gegenwart. 1927.

Kunstgeschichte

Die Kunst- und Altertumsdenkmale im Königreich Württemberg. Bearb. von Eduard Paulus. 1889–1936. Fortsetzung: Die Kunstdenkmäler in Württemberg (nach Kreisen). 1937 ff.
Die Kunstdenkmäler des Großherzogtums Baden. Hrsg. M. Wingenroth. 1887/1913.
Die Bau- und Kunstdenkmäler in den Hohenzoller'schen Landen. Hrsg. Zingeler und Lauer. 1896.
Neubearb.: Die Kunstdenkmäler Hohenzollerns. Bd. 2: Kreis Sigmaringen. 1948.

Georg Dehio, Handbuch der deutschen Kunstdenkmäler: Baden-Württemberg. Bearb. von Friedrich Piel. 1964.

Adolf Mettler, Mittelalterliche Klosterkirchen und Klöster der Hirsauer und Zisterzienser in Württemberg. 1927.

Hans Koepf, Schwäbische Kunstgeschichte. 4 Bde. 1962/65.

Werner Fleischhauer, Die Renaissance im Herzogtum Württemberg. 1971.

Werner Fleischhauer, Barock im Herzogtum Württemberg. 1958.

A. Wintferlin, Württembergische Künstler in Lebensbildern. 1895.

Otto Fischer, Schwäbische Malerei des neunzehnten Jahrhunderts. 1925.

Werner Fleischhauer, Julius Baum, Stina Kobell, Die schwäbische Kunst im 19. und 20. Jahrhundert. 1952.

Albert Knoepfli, Kunstgeschichte des Bodenseeraums. 3 Bde. Bd. 1: 1961, Bd. 2: 1969.

Eugen Gradmann und Cord Meckseper, Kunstwanderungen in Württemberg und Hohenzollern. 4. Aufl. 1970.

Emil Lacroix und Heinrich Niester, Kunstwanderungen in Baden. 1959.

Literatur- und Geistesgeschichte. Schulwesen

Rudolf Krauss, Schwäbische Literaturgeschichte. 2 Bde. 1897/99.

Theodor Klaiber, Die Schwaben in der Literatur der Gegenwart. 1905.

Wilhelm E. Oeftering, Geschichte der Literatur in Baden. 3 Bde. 1930/39.

Hermann Fischer, Schwäbisches Wörterbuch. 6 Bde. 1904/36.

Ernst Ochs, Badisches Wörterbuch. 1925 ff. (A bis Ho erschienen).

Johannes Haller, Die Anfänge der Universität Tübingen 1477–1537. 2 Bde. 1927/29.

Gustav Lang, Geschichte der württembergischen Klosterschulen seit der Reformation. 1938.

Geschichte des humanistischen Schulwesens in Württemberg. 3 Bde. 1912/28.

Mattheis Mayer, Geschichte des württembergischen Realschulwesens. 1923.

Eugen Schmid, Geschichte des Volksschulwesens in Alt-Württemberg. 1927.

Eugen Schmid, Geschichte des württ. evang. Volksschulwesens von 1806 bis 1910. 1933.

Rolf Winkeler, Schulpolitik in Württemberg-Hohenzollern 1945–1952. Eine Analyse der Auseinandersetzungen um die Schule zwischen Parteien, Verbänden und französischer Besatzungsmacht. 1971.

Rechts-, Verfassungs- und Verwaltungsgeschichte

August Ludwig Reyscher (1802–1880), Staatsgrundgesetze, Band 1: Einleitung und 1361 bis 1492, Band 2: 1495–1805. 1828/29 (enthalten in: Sammlung der württembergischen Gesetze. 19 Bände. 1828–1851).

Robert von Mohl (1797–1875), Das Staatsrecht des Königreichs Württemberg. 2 Bde. 2 .Aufl. 1840.

Carl Viktor Fricker, Theodor von Gessler, Geschichte der Verfassung Württembergs. 1869.

Karl Goez, Das Staatsrecht des Königreichs Württemberg. 1908.

Albert Eugen Adam, Ein Jahrhundert württembergischer Verfassung. 1919.

Alfred Dehlinger, Württembergs Staatswesen in seiner geschichtlichen Entwicklung bis heute. 2 Bde. 1951/53.

Walter Grube, Der Stuttgarter Landtag 1457–1957. 1957.

Walter Grube, Vogteien, Ämter, Landkreise in der Geschichte Südwestdeutschlands. 2. Aufl. 1960.

Friedrich Wintterlin, Geschichte der Behördenorganisation in Württemberg. 2 Bde. 1902/06.

Wirtschafts- und Sozialgeschichte

Aloys Schulte, Geschichte der Großen Ravensburger Handelsgesellschaft 1380–1530. 3 Bde. 1923. Neudruck 1964.

Hans Jänichen, Beiträge zur Wirtschaftsgeschichte des schwäbischen Dorfes. 1970.
Theodor Knapp, Der Bauer im heutigen Württemberg. 2. Aufl. 1919.
Eckart Schremmer, Die Bauernbefreiung in Hohenlohe. 1963.
Fritz Neukammer, Wirtschaft und Schule in Württemberg von 1770 bis 1836. 1956.
Karl Weidner, Die Anfänge einer staatlichen Wirtschaftspolitik in Württemberg. 1931.
Paul Gehring, Das Wirtschaftsleben in Württemberg unter König Wilhelm I. 1949/50 (In: Zeitschr.
f. württ. Landesgeschichte. 1949/50.).
Paul Siebertz, Ferdinand von Steinbeis. 1952.
Walther Mosthaf, Die württembergischen Industrie- und Handelskammern 1855–1955. 2 Bde.
1955/62.
Eberhard Gothein, Wirtschaftsgeschichte des Schwarzwalds und der angrenzenden Landschaften.
1892.
Hermann Kellenbenz, Das Unternehmertum in Süddeutschland (in: Tradition 1965, Heft 10).
Bernhard Zeller, Die schwäbischen Spitäler. (In: Zeitschr. f. württ. Landesgesch. 1954).
Gustav Bossert, Die Liebestätigkeit der evangelischen Kirche Württembergs von der Zeit des Her-
zogs Christoph bis 1650. (In: Württ. Jahrb. 1905/06).
Friedrich Fritz, Die Liebestätigkeit der württembergischen Gemeinden von der Reformationszeit
bis 1650. (In: Blätter f. württ. Kirchengeschichte 1912/15).
Hans Joachim Ernst, Das württembergische Armenwesen im 18. Jahrhundert. 1953.
Arnold Weller, Wohlfahrtspflege in Württemberg 1817–1966 (in: 150 Jahre Wohlfahrtspflege in
Baden-Württemberg, hrsg. Landeswohlfahrtswerk für Baden-Württemberg. 1967).
Wolfgang Schmierer, Von der Arbeiterbildung zur Arbeiterpolitik. Die Anfänge der Arbeiter-
bewegung in Württemberg 1862/63 bis 1878 (Schriften des Forschungsinstituts der Friedrich-
Ebert-Stiftung, B).

Verkehr

Albert Mühl und Kurt Seidel, Die Württembergischen Staatseisenbahnen. 1970.
Albert Kuntzenmüller, Die badischen Eisenbahnen. 2. Aufl. 1953.
Kaspar Löffler, Geschichte des Verkehrs in Baden von der Römerzeit bis 1872. 1910.

Juden in Württemberg

Aaron Tänzer, Die Geschichte der Juden in Württemberg. 1937.
Karl Pfaff, Die früheren Verhältnisse und Schicksale der Juden in Württemberg (In: Württ.
Jahrb. f. vaterl. Geschichte 1857/59).
Helmut Veitshans, Die Judensiedlungen der schwäbischen Reichsstädte und der württembergischen
Landstädte im Mittelalter. 1970.
Utz Jeggle, Judendörfer in Württemberg 1969.
Paul Tänzer, Die Rechtsgeschichte der Juden in Württemberg 1806–1828. 1922.
Heinz Keil, Dokumentation über die Verfolgung der jüdischen Bürger von Ulm. 1961.
Hans Franke, Geschichte und Schicksal der Juden in Heilbronn (1050–1945). Hrsg. Stadtarchiv
Heilbronn. 1963.
Maria Zelzer, Weg und Schicksal der Stuttgarter Juden. Hrsg. Stadtarchiv Stuttgart. 1964.
Paul Sauer, Die Schicksale der jüdischen Bürger Baden-Württembergs während der nationalsozial-
stischen Verfolgungszeit 1933–1945. 1969.

Heeresgeschichte

Leo Ignaz Stadlinger, Geschichte des Württembergischen Kriegswesens von der frühesten bis zur
neuesten Zeit. 1856.
Heinz Kraft, Die Württemberger in den napoleonischen Kriegen. 1953.

Paul Sauer, Das württembergische Heerwesen im 19. Jahrhundert. 1958.
Otto von Moser, Die Württemberger im Weltkrieg. 2. Aufl. 1928.
Karl v. Seeger, 2000 Jahre schwäbisches Soldatentum. 1937.

Biographisches

Karl Weller und Viktor Ernst, Württembergischer Nekrolog für die Jahre 1913 bis 1921. 7 Bde. 1916/28.
Schwäbische Lebensbilder (ab Band 7: Lebensbilder aus Schwaben und Franken). Hrsg. Hermann Haering, Otto Hohenstatt, Max Miller und Robert Uhland. 11 Bde. 1940/1970.
Friedrich Weech und Arnold Krieger (Hrsg.), Badische Biographien. 5 Bde. 1875/1906.
August Hagen, Gestalten aus dem Schwäbischen Katholizismus. 4 Bde. 1948/62.

Genealogie und Heraldik

Eberhard E. v. Georgii-Georgenau, Biographisch-Genealogische Blätter aus und über Schwaben. 1879.
Ferdinand Fr. Faber, Die württembergischen Familienstiftungen. 6 Bde. Neudruck 1940.
Deutsches Geschlechterbuch, Genealogisches Handbuch Bürgerlicher Familien. Hrsg. Bernhard Koerner. Sonderbände für Schwaben, Baden bzw. Stuttgart und Reutlingen. 1923/40.
Walter Pfeilsticker, Neues Württembergisches Dienerbuch. 3 Bde. 1957 ff.
Otto v. Alberti, Württembergisches Adels- und Wappenbuch. 2 Bde. 1889/98.

Zeitschriften

Württembergische Vierteljahreshefte für Landesgeschichte. 1878–1936.
Zeitschrift für Württembergische Landesgeschichte. 1937 ff.
Württembergische Geschichtsliteratur, Beilage zur Zeitschrift f. Württ. Landesgeschichte (s. Bibliographie).
Zeitschrift für die Geschichte des Oberrheins. 1850 ff.
Blätter für württembergische Kirchengeschichte. 1886 ff.
Württembergische Jahrbücher für Statistik und Landeskunde. 1863 ff. (1832 ff: Württ. Jahrbücher für vaterländische Geschichte, Geographie, Statistik und Topographie).
Jahrbücher für Statistik und Landeskunde von Baden-Württemberg. 1954 ff.
Statistische Monatshefte Baden-Württemberg. 1952 ff.
Beiträge zur Landeskunde. Beilage zum Staatsanzeiger für Baden-Württemberg. 1954 ff.
Schwäbische Heimat. 1950 ff.
Badische Heimat. 1914 ff.
Blätter für württ. Familienkunde. 1912/44; Südwestdeutsche Blätter für Familien- und Wappenkunde. 1949 ff.
Württembergisch Franken. Jahrbuch des Historischen Vereins für Württ. Franken. 1847 ff.
Ulm und Oberschwaben. Zeitschrift des Vereins für Geschichte und Kunst in Ulm und Oberschwaben. 1843 ff. und 1951 ff.
Hohenzollerische Jahreshefte. 1934.
Zeitschrift für hohenzollerische Geschichte. 1965 ff.
Jahrbuch für Geschichte der oberdeutschen Reichsstädte (Esslinger Studien). 1955 ff.

Abbildungsnachweis

Badisches Landesmuseum, Karlsruhe: 10
Bosch-Pressebild: 108
Daimler-Benz-Pressebild: 109, 110
Dieter Geißler, Stuttgart: 21 (Stadtarchiv Schwäbisch Hall)
Grohe, Kirchentellinsfurt: 121
Hauptstaatsarchiv Stuttgart: 39 (Vorlage und Foto)
Heimatmuseum Ludwigsburg: 105
Theodor-Heuss-Archiv, Stuttgart: 116
Bernhard Hildebrand, Aalen: 12—14
Werner Jäckh, Stuttgart: 34, 57—60, 65, 66, 69, 77
Landesbildstelle Württemberg, Stuttgart: 1—8, 17—20, 22—26, 30—33, 35—38, 40—55, 61—68, 70—73, 78—94, 96—103, 104, 106, 107, 114, 115
Landeskirchliches Archiv Stuttgart: 112
Landtag von Baden-Württemberg, Stuttgart: 117, 118
Luftbild Albrecht Brugger, Echterdingen: 15 (2/22475), 122 (2/28872), 123 (2/31312), 124 (2/11134), 125 (2/30854)
Manfred Rommel, Stuttgart: 113
Staatliches Amt für Denkmalspflege, Stuttgart: 9, 11, 16
Südwestdienst dpa-Bildbüro, Stuttgart: 111
Universitätsbauamt Freiburg: 120
Württembergische Landesbibliothek, Stuttgart: 95
Württembergisches Landesmuseum, Stuttgart: 27—29, 74—76

Kartennachweis

Karte 1: nach Kleine Vor- und Frühgeschichte Württembergs (Württembergisches Landesmuseum). Stuttgart 1963
Karte 2: nach Weller, Geschichte des schwäbischen Stammes. München 1944
Karte 3: nach Harms, Neuer Geschichts- und Kulturatlas. Hamburg 1950
Karte 4: nach Harms, Neuer Geschichts- und Kulturatlas. Hamburg 1950.
Karte 5: nach Forderer, Herrschaft und Bauer in den Tübinger Grafschaften im Hoch- und Spätmittelalter. Tübinger Blätter Dez. 1955
Karte 6: nach Grube, Vogteien, Ämter, Landkreise. Stuttgart 1960 (Zeichnung Kluge-Hanisch)
Karte 7: nach Adelheid Schumm, Entwicklung des Medizinalwesens in der Grafschaft Hohenlohe. Tübingen 1964
Karte 8: nach Heinz Autenrieth, Der Deutsche Orden in Württemberg und Baden. Stuttgart 1971
Karte 9: nach Metz, Ländergrenzen im Südwesten. Remagen 1951
Karte 10: nach Huttenlocher, Kleine geographische Landeskunde. Karlsruhe 1961
Karte 11: nach Grube, Vogteien, Ämter, Landkreise. Stuttgart 1960 (Zeichnung Kluge-Rieber)
Karte 12: vom Verlag neu
Karte 13: nach Grube, Vogteien, Ämter, Landkreise. Stuttgart 1960 (Zeichnung Statistisches Landesamt Baden-Württemberg)
Karte 14: nach Stuttgarter Nachrichten 27. 7. 1971
Karte 15: nach Oswald Rathfelder, Naturschutz und Mensch der Gegenwart. Schwäbische Heimat 3/1970
Karte 16: nach M. B. Holtermann, Das Werden der Ostalbwirtschaft. Baden-Württemberg 3/1967

Register

Kursiv gesetzte Seitenzahlen bedeuten Hinweise auf wesentliche Textstellen zum Stichwort.
Um dem Leser die Benutzung des Registers zu erleichtern, wurden unter den Ortsnamen und anderen Hauptstichworten sachliche Untergliederungen gebracht. Diese sind chronologisch aufgeführt.

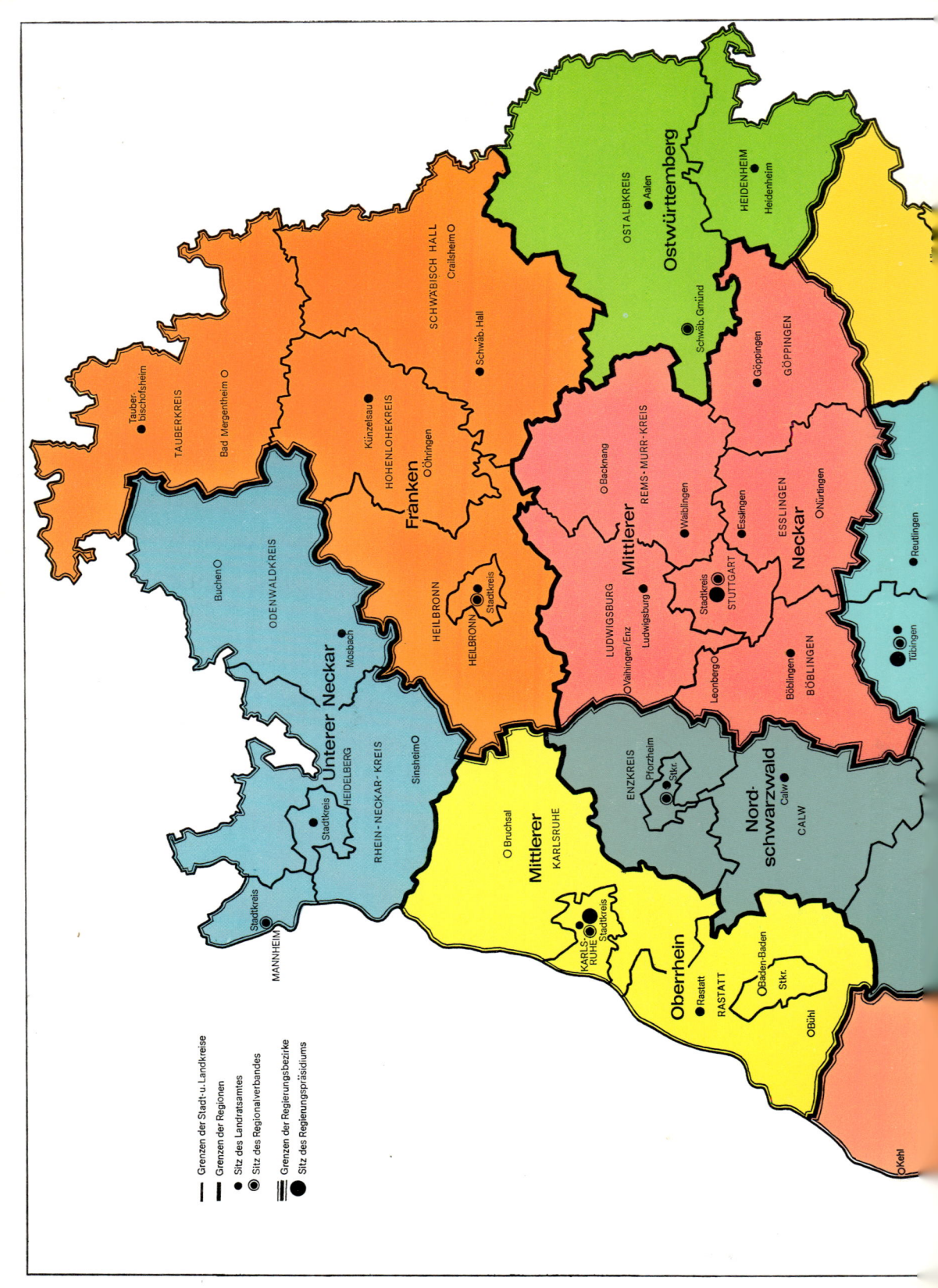

OSTALBKREIS

Aalen

Ostwürttemberg

HEIDENHEIM

Heidenheim

SCHWÄBISCH HALL

Crailsheim O

Schwäb. Hall

Schwäb. Gmünd

Göppingen

GÖPPINGEN

Tauber-
bischofsheim

TAUBERKREIS

Bad Mergentheim O

Künzelsau

HOHENLOHEKREIS

Öhringen

Franken

O Backnang

Mittlerer

REMS · MURR · KREIS

Waiblingen

ESSLINGEN

Esslingen

ONürtingen

Neckar

Reutlingen

Buchen O

ODENWALDKREIS

HEILBRONN

Stadtkreis

HEILBRONN

LUDWIGSBURG

OVaihingen/Enz

Ludwigsburg

Stadtkreis

STUTTGART

Böblingen

BÖBLINGEN

Tübingen

Mosbach

Unterer Neckar

HEIDELBERG

Stadtkreis

RHEIN - NECKAR - KREIS

Sinsheim O

Leonberg O

ENZKREIS

Pforzheim

Stkr.

Nord-
schwarzwald

Calw

CALW

Stadtkreis

MANNHEIM

O Bruchsal

Mittlerer

KARLSRUHE

KARLS-
RUHE

Stadtkreis

Oberrhein

Rastatt

RASTATT

OBaden-Baden

Stkr.

OBühl

OKehl

Grenzen der Stadt- u. Landkreise
Grenzen der Regionen
● Sitz des Landratsamtes
◉ Sitz des Regionalverbandes
Grenzen der Regierungsbezirke
Sitz des Regierungspräsidiums